W0302706

Dieses Buch erscheint
dank der freundlichen Unterstützung durch

S.H. Sheikh Dr. Sultan
Bin Mohammed Al Qassimi
Emir von Sharjah

DOCUMENTA ARABICA

Herausgegeben von
Günter Meyer und Rudolf Sellheim

Teil I

Reiseliteratur

2004
Georg Olms Verlag
Hildesheim · Zürich · New York

Friedrich Wilhelm Hackländer

Reise in den Orient

2 Bände in 1 Band

2004
Georg Olms Verlag
Hildesheim · Zürich · New York

Dem Nachdruck liegt das Exemplar der Staatsbibliothek zu Berlin,
Stiftung Preußischer Kulturbesitz, zugrunde.

Signatur: Uk 4047

Umschlagmotiv:
Johann Baptiste Zwecker, F. W. Hackländer kehrt mit dem
arabischen Fuchshengst Es Sham ins Lager zurück
Mit freundlicher Genehmigung von Dr. Eleonore Hackländer

Bibliografische Information Der Deutschen Bibliothek:
Die Deutsche Bibliothek verzeichnet diese Publikation in der
Deutschen Nationalbibliografie; detaillierte bibliografische
Daten sind im Internet über http://dnb.ddb.de abrufbar.

Bibliographic information published by Die Deutsche Bibliothek:
Die Deutsche Bibliothek lists this publication in the
Deutsche Nationalbibliographie; detailed bibliographic
data ist available in the Internet at http:// dnb.ddb.de.

∞ ISO 9706
Neudruck nach der 2. verbesserten Auflage
der *Daguerreotypen*, Stuttgart 1846
Neusatz in Antiqua durch Editura GmbH, Berlin
Georg Olms Verlag AG, Hildesheim 2004
www.olms.de
Printed in Germany
Gedruckt auf säurefreiem und alterungsbeständigem Papier
Umschlagentwurf: Prof. Paul König, Hildesheim
Herstellung: Druckpartner Rübelmann, 69502 Hemsbach/Bergstraße
ISBN 3-487-12636-2
ISSN 1613-6403

FW Hackländer

Reise in den Orient

von

F.W. Hackländer.

Zweite verbesserte Auflage der:

Daguerreotypen.

Erster Band.

Mit dem Bildniß des Verfassers.

Stuttgart.
Verlag von Adolph Krabbe.
1846.

Seinem

edlen und lieben Freunde,

Wilhelm Baron v. Taubenheim,

Oberst-Stallmeister und Kammerherr Sr. Majestät des Königs von Württemberg

widmet auch die zweite Auflage dieses Buches

in dankbarer Verehrung

Der Verfasser.

Inhalt.

Reise in den Orient.

Erstes Kapitel.

Fahrt auf der Donau von Regensburg bis Giorgewo.

Abreise von Stuttgart. - Regensburg. - Linz. - Wien. - Preßburg. - Pesth. - Bunda und Costek. - Lord L. Oberstlieutenant von P. - Emin Pascha. - Ungarische Nationallieder. - Semlin. - Eine Jagdparthie in Drenkowa. - Die Mordmücken. - Alt-Orsova. - Neu-Orsova. - Das eiserne Thor. - Giorgewo.

Es war am Abende des letzten September 1840 eines unfreundlichen regnerischen Herbsttages, als ich von meinen Bekannten und Freunden Abschied nahm, um meine Reise in den Orient anzutreten. Von wichtigen Momenten meines Lebens erinnere ich mich gern kleiner Umstände, die mir in den Augenblicken bemerkenswerth schienen. So wurde an demselben Abend im königlichen Schauspielhause Calderons „Leben ein Traum" gegeben. Mir kam mein eigenes Leben in dem letzten Jahre, besonders der Augenblick meiner Abreise, so zauberhaft, fast wie ein schöner Traum vor. Meinem Freunde Moritz sagte ich in der Garderobe des Theaters ein herzliches Lebewohl in dem Augenblicke, wo er sich aus dem ärmlichen Costüm des unglücklichen Verstoßenen in das glänzende des Königssohnes warf. Lachend reichte er mir die Hand, diese Metamorphose auch mir prophezeihend. Und er hatte Recht. Wenn ich mich auch seit jenem dunklen traurigen Herbstabend nicht zum Glanz eines Königssohnes erhob, so gingen mir doch schöne freundliche Tage auf, Tage, die gewiß mit den herrlichsten Edelsteinen wetteifern konnten.

Von den Leiden in unseren deutschen Eilwägen will ich nicht reden, nur versichere ich, daß wir, wie immer, auch heute Nacht fast gerädert auf unserer Station ankamen. Dies war Göppingen; wir verließen die große Straße, um den Weg nach Heidenheim zu nehmen, wo Seine Hoheit, der Herzog Paul von Würtemberg, dem Baron von Taubenheim ein Rendez-vous gegeben hatte. Der Herzog war, wie bekannt, eben erst von seiner großen Tour nach der Türkei und Aegypten zurückgekehrt, und da wir fast denselben Weg nehmen wollten, den er gemacht, konnte er uns über Zeitverwendung und Reisemittel die besten Rathschläge geben.

Nachdem wir uns in Göppingen sehr lange um einen Wagen bemüht, fuhren wir gegen zwei Uhr in der Nacht weiter. Der dunkle Himmel hatte sich etwas aufgeklärt und der Mond, der zuweilen durchblickte, ließ uns in eine weite Ebene sehen, durch die wir fuhren und welche rings von Bergen umgränzt ist. Als ich um fünf Uhr aus einem kleinen Schlummer erwachte, schaute uns zur linken Seite der Rechberg und der Hohenstaufen ernst und traurig durch den Nebel entgegen.

Gegen Mittag kamen wir nach Heidenheim, wo wir einige Stunden in der Gesellschaft des Herzogs Paul äußerst interessant und lehrreich für uns verbrachten. Er sprach von manchen Schwierigkeiten, die uns auf der Reise treffen könnten, und gab uns Rathschläge dagegen, deren Befolgung uns später vielen Verlegenheiten entriß. Die freundliche Aufnahme, die uns durch seine Empfehlungsbriefe an einigen Orten der Türkei und Aegyptens zu Theil wurde, zeigte uns, wie sehr es der Herzog auch dort verstanden, sich die Hochachtung und Liebe seiner Bekannten zu erwerben.

Von Heidenheim reisten wir über Augsburg nach Regensburg, wo wir gegen Morgen ankamen und das Glück hatten, noch das Dampfboot benützen zu können, welches ein paar Stunden später nach Linz abging. Bis jetzt war unsere Reisegesellschaft noch nicht ganz beisammen gewesen, hier aber traf der Maler F. bei uns ein, so daß nun unsere Caravane vier Mann zählte und vollständig war, nämlich unser lieber Reisechef, der Baron von T., der Doctor Bopp, ein junger Mediciner, der eben die Universität verlassen, der Maler Frisch und ich.

Bis Linz hatten wir ziemlich gutes Wetter und wenig Passagiere; doch die ganze Tour von Linz nach Wien, es war am 5. October, mußten wir bei immerwährendem Regen in den überfüllten Kajüten zubringen. Endlich gegen fünf Uhr Abends sahen wir den Kahlenberg, und das Schiff legte bei Nußdorf, eine kleine Stunde vor Wien, an. Gegen sechs ein halb Uhr fuhren wir in's Gasthaus zum goldenen Lamm in der Leopoldsvorstadt und waren in der Kaiserstadt, waren in Wien.

Wollte ich mir einreden, in den acht Tagen, die wir in Wien waren, diese Stadt kennen gelernt zu haben und mir anmaßen, ein Urtheil über dieselbe zu fällen, so wäre dieß in der That lächerlich. Aber daß ich hinschreibe, wie dem unbefangenen Zuschauer das rege Treiben und Leben erschien, wird mir vielleicht Mancher, der nicht Gelegenheit hatte, es selbst zu sehen, Dank wissen.

Nach einem festen Schlaf auf die Mühseligkeiten des vergangenen Tages betrat ich die Straßen und glaubte fortzuträumen. Ein ähnliches

Leben und Treiben hatte ich bisher nie gesehen. Jede Straße war ein Strom, welchen Wellen von Menschen, Wagen und Karren hinabfluthen, dem man folgen oder sich an's Ufer, die Häuser, retten muß.

„Man glaubt zu schieben und man wird geschoben."

Ein betäubendes Gemurmel, ein Drängen und Anstoßen; man könnte wenigstens zwei Dutzend Augen gebrauchen, wollte man neben dem Ausweichen der einem stets begegnenden Wagen und Menschen auch etwas sehen. Obgleich ich gerade in keinem Dorfe, sondern in einer ziemlich bedeutenden Stadt gewohnt, erging es mir dennoch wie dem Landmann, wenn er zum Jahrmarkt in die Stadt kommt, und mit offenem Munde den prächtigen Waarenausstellungen und verwundert der auf- und abwandelnden Menschenmasse zuschaut. Ich stand und sah zu, bis ich fortgeschoben wurde und blieb wieder vor einem andern reichen Gewölbe stehen, bis mich auch da ein unsanfter Rippenstoß verscheuchte. Dabei ist das gellende Geschrei der Lohnkutscher und Lastträger, ihr ewiges Hoe! Hoe! - ein Zeichen, daß man ihnen ausweichen soll - so verwirrend, und klingt so in den Ohren nach, daß man stets glaubt, angerufen zu werden und in beständiger Unruhe bald rechts bald links springt.

Wie sich der ermattete Schwimmer mit einem behaglichen Rettungsgefühl zwischen die Felsen birgt, die ihm aus den schäumenden Wellen entgegen treten, so schöpfte ich auch leichter Athem, als die Menschenmasse, die mich von der Leopoldsvorstadt durch die Kärnthnerthorstraße geführt, ihren unaufhaltsamen Lauf nach dem Graben fortsetzte und mich auf den Stephansplatz warf an den herrlichen Dom, meinen Hafen.

Von der Stephanskirche schlenderte ich über den Platz zum Stock am Eisen, welcher seinen Namen einem Baumstamme verdankt, der da in einer Nische zu sehen und über und über so mit Nägeln beschlagen ist, daß er auf diese Art eine vollständige eiserne Rinde erhalten hat. Die Sage, die um alle dergleichen Gegenstände ihre poetischen Fäden schlingt, erzählt von ihm: Ein Schlossergeselle liebte die Tochter seines Meisters, der sie ihm jedoch nur unter der Bedingung zur Frau geben wollte, wenn der Geselle die Geschicklichkeit besäße, zu einem überaus künstlichen Schlosse, das der Meister hatte, einen Schlüssel anzufertigen. Nach vielen mißlungenen Versuchen und als er die Unmöglichkeit einsieht, das Meisterwerk zu Stande zu bringen, wandert der Geselle in den Wald hinaus und beklagt da laut die Hartherzigkeit des Vaters. Plötzlich erscheint ihm ein Kobold und verspricht bei der Anfertigung des Schlosses behülflich zu seyn, wenn der Geselle dafür in einen bezeichneten Baum einen Nagel einschlagen und denselben auf diese Art von einem bösen Zauber befreien wolle. Mit Freuden erfüllt der Geselle diese Bedingung, erhält seinen Schlüssel und heirathet. Seit der Zeit lief Jeder, der einen Wunsch auf dem Herzen hatte, in den Wald zu dem Baum, schlug einen Nagel ein und wartete, ob nicht ein Kobold erscheine, welcher ihm helfen wolle. Ob dieß Mittel den Geist auf's Neue hervorgerufen hat, kann ich nicht sagen. Doch war der Baum in kurzer Zeit so über und über mit Nägeln beschlagen, wie er jetzt auf dem Platz nahe bei der Stephanskirche zu sehen ist.

Dies erzählte mir ein freundlicher Wiener, den ich um Auskunft gebeten, während er mich nach dem Casino begleitete, wo ich mir mit meinen Reisegefährten ein Rendezvous gegeben hatte.

Die Sitte in Wien, auch Mittags nach der Karte, anstatt wie bei uns an einer oft langweiligen Table d'Hôte zu speisen, und da verzehren zu müssen, was einem vorgesetzt wird, ist besonders für den Fremden sehr angenehm. Man sucht sich auf dem reichhaltigen Speisezettel aus, was einem schmeckt oder was man kennen zu lernen wünscht, braucht sich dabei an keine Zeit zu binden, sondern kann von Vormittags eilf Uhr bis Abends zu jeder beliebigen Stunde diniren. Nur kommt das Essen nach der Karte etwas theurer zu stehen, als die Wirthstafel. Was Güte und Billigkeit der Speisen betrifft, so wie die elegante Ausstattung des Locals, kann ich jedem Fremden das Casino auf dem Mehlmarkt empfehlen.

Eine Unbequemlichkeit für den Fremden, welche uns beständig bei dem Bezahlen belästigte, ist das Rechnen mit sogenannten Scheingulden. Jede Zeche im Gasthof, jede Waare, die man kauft, wird darnach berechnet, was man dann in Conventionsmünze reduciren und so auszahlen muß. Ein Gulden Schein beträgt vier und zwanzig Kreuzer Conventionsmünze oder zwei G. Sch. sind gleich fünf G. M. Das Umsetzen ist mir besonders bei kleinen Summen sehr beschwerlich geworden und ich habe mich dabei meistens auf die Ehrlichkeit der Wiener verlassen, wobei ich nie zu kurz gekommen bin.

Ein sehr elegantes Kaffeehaus ist auf dem Josephsplatz. Man bekommt dort zum Kaffee gestopfte Pfeifen, ein Anflug von türkischer Sitte und äußerst angenehm. Wir saßen oft an den Fenstern dieses Kaffeehauses und schauten auf den schönen Platz hinaus, wo die Reiterstatue Joseph II. steht.

Dieser Platz ist auf drei Seiten von Gebäuden der kaiserlichen Burg eingeschlossen, links ist das Naturaliencabinet und die kaiserlichen Redoutensäle, rechts das Burgtheater und die Bibliothek. Mit vieler Muße konnten wir uns hier das kaiserliche Militär ansehen, das in den verschiedensten Waffengattungen jeden Augenblick bei uns vorbeispazierte. Abgesehen von den verdächtigen Haselstöcken, womit die Corporale paradirten, gefielen uns Uniform, Waffen und Haltung der Leute sehr wohl; vor Allen die Ungarischen Garderegimenter, welche hier liegen. Sie haben eng anliegende blaue mit gelben Litzen besetzte Hosen, ein Ueberbleibsel ihrer Nationaltracht. Ein Bekannter erzählte uns von diesen Ungarn, man habe ihnen, wie den andern Truppen, weite leinene Beinkleider gegeben, um ihnen während der Sommerhitze einen leichtern Anzug zu verschaffen; doch hätten sie sich lange geweigert, dieselben zu gebrauchen, und als sie endlich doch in ihren neuen weißen Hosen so während der Hundstage auf die Wache ziehen mußten, hätten sie dennoch unter denselben ihre engen blauen Hosen getragen. Indeß ist dies Geschichtchen ohne Zweifel nur ein Wiener *bon mot*.

Wenn das Militär die Wache in der Burg bezieht, so muß es zu demselben Thore wieder hinaus, wo es einmarschirt ist. Es darf nicht d u r c h die Burg ziehen, mit Ausnahme des Graf Ignaz Hardegg'schen Regiments, früher Dampierre Cürassiere. Dieß hat sich durch seine besondere Anhänglichkeit an das Kaiserhaus bei dem Aufstande im Jahre 1618 das Recht erworben, sein Hauptquartier im Schloßhofe aufzuschlagen, und durfte auch drei Tage dort öffentliche Werbung anstellen. Der jedesmalige Oberst dieses Regiments geht noch heute unangemeldet zum Kaiser.

Eines Abends hatte Johann Strauß, der Walzerkönig, eine musikalische Unterhaltung im Volksgarten angekündigt. Wir gingen hin und ich wunderte mich nicht wenig, nur zehn Kreuzer Entree zahlen zu müssen, denn ich erinnerte mich noch lebhaft der zwei Thaler preußisch Courant, die ich einstens in Köln für denselben Genuß gezahlt hatte. Strauß dirigirte selbst, und man kennt den blassen hagern Mann hinlänglich, so wie auch seine entzückende Musik. Ich glaube, beim Klange derselben hätte es keines der hier versammelten sehr eleganten Männer- und Damenwelt ausgehalten, ruhig sitzen zu bleiben, weshalb auch alle auf- und abgingen, genau nach dem Takte der Musik, eine wohl besetzte glänzende Polonaise ausführend. Wie verschwand uns die Zeit! Ich sprach noch M.G. Saphir, dem ich brieflich empfohlen war, und welcher mich auf den folgenden Tag zu sich einlud. Ehe wir's uns versahen, war es sieben Uhr geworden; also rasch in's Burgtheater. So hat man in Wien jede Secunde nöthig und könnte noch zwölf Stunden zu den uns täglich vergönnten brauchen, um dieß bewegte lustige Leben in kurzer Zeit zu schmecken und nur einigermaßen zu genießen.

Außer dem Burgtheater besuchten wir die kleineren Bühnen der Vorstädte und vor allen das Theater an der Wien, unter der Leitung des Directors Carl, das dieser, so wie die beiden trefflichen Komiker Scholz und Nestroy, täglich durch neue Possen zu füllen wissen.

Von den Bilderschätzen, die Wien besitzt, ließ uns theils eigene Schuld, theils Zeitumstände, fast nichts sehen. Die schöne Esterhazy'sche Gallerie stand in Kisten gepackt und war deßhalb nicht zu sehen, und um die k.k. Gemäldesammlung im Belvedere zu besuchen, hatten wir den dazu bestimmten Tag - es ist der Dienstag - versäumt. Doch hätten wir bei der wenigen Zeit, die wir zum Aufenthalt in Wien bestimmt hatten, und bei den vielen Schönheiten, die man, wenn auch nur oberflächlich, ansehen mußte, diese Bildersammlungen doch nur flüchtig beschauen und wenig davon genießen können. Ein guter Zwanziger Conventions-Münze verschaffte uns dagegen Eintritt in das k.k. Zeughaus, wo seltene und kostbare Waffenschätze wirklich sinnreich und geschmackvoll aufgestellt sind. Im Hof, wo einige hundert Feld- und Belagerungs-Geschütze aus alten Zeiten auf Balken liegen, sahen wir an den Mauern, die ungeheure, 160,000 Pfund schwere Kette aufgehängt, mit welcher die Türken im Jahr 1529 bei Ofen den wahnsinnigen Versuch machten, die Donau zu sperren. Wir erstiegen eine Treppe, und fanden oben im ersten Saal eine große Gesellschaft Herren und Damen um einen der Aufseher versammelt, welcher die Erklärung der aufgestellten Waffen und Rüstungen auswendig und gedankenlos herplapperte. Die ersten Säle enthielten Flinten und Säbel der neuern Zeit, welche in Pyramiden und Wandverzierungen aufgestellt und arrangirt waren. In einem der folgenden Säle waren alte Waffen, als Gewehre mit Radschlössern, Sensen, Kolben, Streitäxte, und hier fiel mir besonders die Deckenverzierung auf. Es war der östreichische Doppeladler, aus Säbeln, Messern, Flintenläufen, Bajonetten, kupfernen Beschlägen, ungemein künstlich und schön zusammengesetzt. Ferner sahen wir bei unserer Wanderung durch zwölf Säle die Rüstungen vieler deutscher Kaiser, so wie des Königs Ludwigs II. von Ungarn, der bei Mohacs von den Türken verfolgt in einen Sumpf versank und umkam. Der arme kleine König war 21 Jahre alt und hatte die Gestalt eines zehnjährigen Knaben. Von allen diesen alten eisernen Figuren, welche drohend von ihren Gestellen schauten, haben keine einen größeren Eindruck auf mich gemacht, als die Rüstungen der beiden Böhminnen Libussa und Wlaska, die einander in einem der letzten Säle gegenüber standen. Das Visir der letztern war herabgelassen und zeigte eine fratzenhafte menschliche Gesichtsbildung, zwei runde Löcher bildeten die Augen und unten war eine Reihe spitzer Zähne eingeschnitten. Das ganze Waffenzeug zeigte, daß die böhmische Magd eine colossale Figur gehabt haben muß. Libussa, die schöne Herzogin, stand schmächtig und zierlich gebaut da; an ihren eisernen Stiefeln fielen mir die ungefähr einen Fuß langen scharfen Spitzen auf, mit denen sie, wie unser Mentor unbefangen erzählte, im Bade ihre Liebhaber ermordet hätte. Mit einem eigenen Gefühl legte ich meine Hand auf das zerschossene Koller Gustav Adolphs, lauschte an Wallensteins Harnisch, ob nicht das heftige

Klopfen seines ehrgeizigen Herzens vielleicht noch unter dem Eisen nachklinge, und summte, als ich ein altes ledernes Wams berührt, das zerfetzt und bestaubt an der Wand hing, ein bekanntes Lied vor mich hin, welches anfängt:

„Prinz Eugen, der edle Ritter etc."

denn sein Kleid war es, was uns der Aufseher mit vieler Ehrerbietung zeigte.

Eine längst vergangene großartige Zeit umgab uns hier, und wem das Herz nur einigermaßen warm in der Brust schlug, mußte diesen Friedhof feierlich gestimmt verlassen.

So vergingen die acht Tage, welche wir in Wien zubrachten, wie eben so viele Stunden. Im Fluge besahen wir Schönbrunn mit seinen schnurgeraden Alleen und winkelrecht verschnittenen Hecken in altfranzösischem Geschmack, so wie die Menagerie, die sich jedoch nicht im besten Zustande befindet. Ehe wir's uns versahen, saßen wir eines Morgens mit unserer Masse von Koffern und Nachtsäcken in einem Fiaker und fuhren durch den Prater, wo wir uns besonders an den zahlreichen Hirschen, die da herumspringen, manche Stunde amüsirt hatten.

An den sogenannten Kaisermühlen lag das Dampfboot Galathea, auf welchem wir unsere Plätze bist Pesth genommen hatten. Für die späte Jahreszeit trafen wir auf dem Schiffe noch eine zahlreiche Gesellschaft; man hörte deutsch, englisch, französisch, ungarisch, lateinisch, italienisch, und die Eigenthümer dieser verschiedenen Sprachen hatten auch eben so viele verschiedene Physiognomien. Vor Allen gefiel mir der Ungar mit seinem edlen stolzen Gesicht von dunkler Farbe und mit den schwarzen Haaren, besonders durch seine zuvorkommende, freundliche Zuneigung gegen uns Fremde. Ich muß gestehen, ich habe von keiner andern Nation, besonders von meinen Landsleuten, wenn sie mir unbekannt waren, so viel Artigkeit erfahren.

Die Gegend hier ist wenig interressant; die ganz flachen Ufer erheben sich erst bei Fischament an der rechten Seite wieder mehrere Fuß über dem Wasserspiegel; bei Petronell sieht man den Triumphbogen des Tiberius, dann später die Ruinen des römischen Carnuntum. Eine Strecke weiter hinab bildet der Strom eine Art See, an dessen Ende man Hainburg (Hunnenburg) erblickt. Man sieht vor diesem Orte einen sechzig Fuß hohen Hügel mit einer Ruine König Etzels - unter dem Volk als Attilas Reste bekannt, und erinnert sich des Nibelungenliedes. Am linken Ufer des Stroms steigen nicht weit von Preßburg die Ruinen des Schlosses Theben *(Deven)* empor. Sie liegen auf den Ausläufen der kleinen Carpathen, die hier bis in die Donau treten. Swatopolk, der Gründer des großmährischen Reiches und der Erbauer des Preßburger Schlosses soll im neunten

Jahrhundert hier gehaust haben. Der Weg von Wien nach Preßburg beträgt zu Lande zwölf Stunden, die wir in drei gemacht hatten. Wir waren um zwei Uhr abgefahren und erreichten Preßburg gegen fünf. Wir machten einen Gang durch die Stadt; doch hinderte uns die eintretende Dunkelheit viel zu sehen. Der Mond aber, der an dem klaren Himmel emporstieg, lockte uns in's Freie, weßhalb wir auf sehr holprigem und schlechtem Wege zu dem alten Schlosse Preßburgs emporstiegen, das auf einem steilen Felsen der Donau gelegen, weit das Land beherrscht und uns von seinen zerfallenen Mauern auf die vom Vollmond beleuchtete Gegend und den schönen Strom eine herrliche Aussicht gewährte. Die Schloß-Ruine zeigt noch ein regelmäßiges Viereck mit Thürmen versehen und hat in seiner Lage über der Stadt der lustigen Preßburger und mit dem hinten überragenden Bergen Aehnlichkeit mit den unvergleichlichen Ruinen des Heidelberger Schlosses. Sie ist nur von einem armen Hirten bewohnt, der an einer der mächtigen Mauern ein hölzernes Häuschen gebaut hat. Er hatte sein Stübchen beleuchtet und saß, aus einer kurzen Pfeife rauchend, vor seiner Hütte, wie wir den wundervollen Abend genießend. Seine Schaafe liefen in dem Gemäuer herum und wir hörten das Läuten der Glöckchen, die einige von ihnen am Halse trugen.

Am folgenden Morgen fuhren wir gegen halb sechs Uhr von Preßburg ab, waren aber kaum eine Stunde gefahren, so brachte unser Conducteur die untröstliche Nachricht, daß wegen des kleinen Wassers gestern im Herauffahren das Schiff Nagor auf einer seichten Stelle, an welche wir gleich kämen, beinahe sitzen geblieben sey und da man befürchte, uns könnte ein ähnliches Schicksal bevorstehen, haben die Capitäns beider Schiffe gegenseitig die Uebereinkunft getroffen, ihre Passagiere zu wechseln. Wir warfen, eine Viertelstunde von dem Nador entfernt, die Anker und unsere Passagiere, vielleicht 130 an der Zahl, betraten vermittelst eines Gangbordes das Ufer, an dem wir eine Strecke aufwärts gingen und dann in einer großen Schaluppe an das andere Schiff gebracht wurden. Diese Uebersiedlung hielt uns an zwei Stunden auf und es war noch ein Glück zu nennen, daß wir wenigstens gutes Wetter hatten. Gegen Mittag kamen wir nach Comorn, der jungfräulichen Festung, wo wir an der Donau viele Getreidemühlen und auch einige Goldwäschereien sahen, welche letztere jedoch hier wenig abwerfen, denn ein recht geschickter, fleißiger Wäscher kann den Tag höchstens dreißig Kreuzer verdienen, obgleich er von dem Ertrag gewisse Prozente bekommt. Das Ufer hier ist mit Reben und Obstbäumen bepflanzt und wird unterhalb Comorn wieder sehr hügelig. Bei Gran auf einem steilen Felsen wird eine schöne Kirche erbaut; das mit Gerüst umgebene Gebäude hatte mit der Walhalla bei Regensburg einige Aehnlichkeit. Wir sahen die Bergveste Vissegrad, die Plentenburg, wo Matthias Corvinus einige Zeit wohnte, in der schönsten Abendbeleuchtung. Als wir bei Weizen vorüberschifften, ging der Mond auf, und sein weißes Licht, womit er die Ufer fast taghell erleuchtete, versprach uns einen prächtigen Anblick der beiden großartigen Städte Ofen und Pesth. Nachdem wir schon eine Stunde vorher den hohen Blocksberg mit seiner Sternwarte in dunkeln Umrissen gesehen, lagen die gewaltigen Häusermassen dieser Städte vor uns. Das Schiff begrüßte das Ziel seiner heutigen Fahrt, mit drei Kanonenschüssen, welche mit lautem Donner in den Bergen wiederhallten. Rechts lag die an den Berg hinan gebaute Festung Ofen mit der Stadt, welche in einer Ausdehnung von ungefähr einer Stunde längs der Donau gebaut ist, und auf der Krone der Festungswerke das Schloß, in welchem der Palatin von Ungarn wohnt, links Pesth mit tausend erleuchteten Fenstern und den Ufern voll Menschen, welche der Ankunft des Dampfbootes entgegensahen.

Wir stiegen in dem Gasthof zu der Königin von England ab; er liegt an dem Quai und seine Fenster gewähren eine Ansicht auf Ofen, auf den schönen Strom und das rege Treiben an den Ufern und auf der großen Schiffbrücke. Kaum hatten wir uns zu Tische gesetzt und die ersten Gläser feurigen Türkenblutes zu uns genommen, als plötzlich in Ofen die Glocken zu läuten begannen und ein Kellner die versammelten Gäste durch die Botschaft in Aufruhr brachte, es sey drüben Feuer ausgebrochen. Wir gingen hinaus und hatten einen großartigen Anblick. An dem einen Ende Ofens stand ein großes Haus in vollen Flammen, die sich in den Wellen der Donau glühendroth wiederspiegelten.

Wir nahmen ein Boot und fuhren ans jenseitige Ufer gegen die Brandstätte. Das Fahrzeug schien in purer Flamme zu tanzen, und es war entzückend zu sehen, wie die rothen Wellen durch die Ruderschläge zertheilt rechts und links neben uns, wo das Mondlicht den Glanz des Feuers bewältigte, in tausend silberne Sternchen aufflogen. So schön der Anblick für uns, um so trauriger war er für die armen Leute, deren Häuser - es brannten zwei nieder - ein Raub des gefräßigen Elementes wurden. Doch sind die Lösch- und Rettungs-Anstalten in Pesth sehr gut und die Abgebrannten sollen wenig verloren haben. Trotz der Flamme des Brandes, die meine Phantasie, und des feurigen Ungarweis, der mein Blut durchglühte, schlief ich sehr gut und träumte von der Heimath.

Nur zwei Tage brachten wir in Pesth zu, die wir dazu anwandten, einige Merkwürdigkeiten der Stadt zu sehen, so wie unser Reisegeräthe so viel wie möglich zu vervollkommnen. Vor Allem bestiegen wir den Blocksberg, auf dem rechten Ufer der Donau, von welchem man eine herrliche Aussicht auf die weite ungarische Ebene, so wie auf die beiden schönen Städte genießt, die mit dem dazwischen fließenden Strome einen imposanten Anblick gewähren. Neben der langen Schiffbrücke, die Ofen und Pesth bis jetzt verband, wird ungefähr zweihundert Schritte abwärts von ihr eine neue Kettenbrücke gebaut, von der wir die ersten Pfeiler schon eingerammt sahen. Viele Stunden brachten wir auf dem Quai zu, wo uns die sonderbaren Costüme und das rege Treiben der Ungarn sehr anzog. Meistens sind es schlanke magere Gestalten mit gebräunter Gesichtsfarbe und schwarzen Augen und Bart. Die Kleidung der niedern Volksclassen, besonders der Bauern und Schiffszieher, besteht in weiten Hosen, mit einer langen Jacke von Schafspelzen. Die Leute, welche das Ziehen der Schiffe mittelst ihrer Pferde besorgen, gaben unsrem Maler mannigfaltigen Stoff zu sehr interessanten Skizzen. Ihre kleinen mageren, aber sehr starken Pferdchen sahen wir, von der Arbeit ermüdet oft in großen Gruppen um ein ausgebreitetes Tuch liegen, von dem sie ihr geringes Futter verzehrten, und die Treiber lagen daneben, aus kleinen Pfeifen rauchend.

Es lag im Plan unserer Reise, die Donau-Dampfboote bis gegen Rustschuk zu gebrauchen und von dort über den Balkan nach Constantinopel zu reiten, zu welcher Tour wir uns hier in Pesth und nach unsern Begriffen auf's Beste einrichteten. Doch würden wir von all den Artikeln, die wir hiezu kauften, wenn wir noch einmal in den Fall kämen, die Reise zu machen, den größten Theil zurücklassen und uns dafür ganz andere anschaffen. Das Erste, wozu ich jedem, der nach uns diesen Ritt machen will, rathe, ist, sich einen guten englischen Sattel zu kaufen, denn ein solcher ist in jenen Gegenden unbezahlbar. Ferner kaufe man sich ein Bunda, mit welchem Namen die Ungarn einen sehr weiten Mantel bezeichnen, der aus schwarzen oder weißen Schaffellen besteht. Die Narbenseite des Leders, die bunt ausgenäht ist, wird bei trockenem Wetter nach Außen getragen und bei schlechtem Wetter macht man es umgekehrt, damit der Regen und Schnee an dem dicken Pelz herabfällt. Die Bunda ist das gewöhnliche Kleidungsstück der Ungarn und man kann ganz geringe von zehn Gulden, so wie feine von zweihundert Gulden W.W. kaufen. Zu einer ähnlichen Reise wie die unserige thut aber eine von zwanzig bis fünf und zwanzig Gulden die besten Dienste. Diese sind schon sehr weit, von dickem Pelz und hartem Leder und bald kann man sie als Mantel, bald als Bett und Bettdecke zugleich gebrauchen. An Kleinigkeiten, die man sich zum Andenken aus Pesth mitnimmt, findet man unter Anderem lederne Tabacksbeutel, die mit bunter Seide zierlich ausgenäht sind, Costek genannt, die ihrem Zweck vollkommen entsprechen. Die ungarischen, unzubereiteten Tabacke sind berühmt, sowie die kleinen, braunen Pfeifenköpfe aus Erde. Wir nahmen mehrere mit, so wie Lettinger Taback und Weißkirchner Cigarren.

Den Abend vor unserer Abreise besuchten wir das ungarische Nationaltheater und hörten den Babier von Sevilla in der Landessprache. Das Gebäude, besonders sein Inneres, ist sehr geschmackvoll eingerichtet und wird durch Gas erleuchtet, war aber heut Abend erstaunlich leer.

Am 18. Oktober Sonntag Morgens um sechs Uhr bestiegen wir auf's Neue das Dampfboot, das sich mit drei Kanonenschüssen von Ungarns Hauptstadt verabschiedete und mit sechs Flaggen versehen, worunter die großbritanische und die türkische, brausend die Donau hinabfuhr. Es war der Zriny, der, ebenso wie der Nador, auf dem wir die Fahrt bis Pesth gemacht, vor ein Paar Jahren den hochverehrten Herrn von Schubert, dessen Reisebeschreibung wir bei uns hatten, auf der gleichen Reise nach dem Orient durch Oestreichs und Ungarns Fluren führte. Bald war Ofen, Pesth und der hohe Blocksberg unsern Augen entschwunden und das große schöne Schiff, den Helden Zriny mit dem Buszogan, eine Art Morgenstern bewaffnet, in weißer Rüstung vorn am Kiel, flog rasch durch die grüne Wasserstraße. Rechts und links sanken die Ufer fast bis auf den Wasserspiegel und schienen den Helden zu grüßen, dessen Name aus den unübersehbaren Ebenen, durch welche wir nun fuhren, bis zu den fernsten Enden Europa's gedrungen war. Zriny und Sigeth hallte es in meiner Brust wieder, als ich vorn am Schiffe stand und s e i n e m Brustbilde zu schaute, das die Wellen zertheilte, wie vordem sein Arm die Türkenschwärme.

Die felsigen Ufer des Stroms, welche uns mit kurzen Unterbrechungen bis Pesth so ziemlich zur Seite geblieben waren, verschwanden gänzlich, und sehr langweilige Flächen, bald mit Gras und Haide, bald mit niederem Laubwerk bewachsen, traten an ihre Stelle. Wir blieben noch eine Zeit lang auf dem Verdeck und sahen dem Treiben einiger für uns fremdartigen Vögel zu; über uns flogen wilde Gänse, schwarze Pelikane und Löffelgänse hielten in dem Strom ihr Frühstück. Auch erblickte ich einen Seeadler, der dem Laufe des Schiffes, wie mit stolzer Verachtung zuschaute und sich alsdann hoch in die Luft aufschwang. Obgleich der Morgen sehr schön gewesen war, überzog sich der Himmel doch wenige Stunden nach unserer Abfahrt, und ein sehr scharfer Wind nöthigte uns zum Rückzug in die Kajüte, wo uns ein starker Regen, der gleich darauf vom Himmel stürzte, Muße genug ließ, unsere Reisegesellschaft anzusehen, die wirklich heute äußerst interessant zusammengesetzt war. Die beiden Kabinen auf dem Verdeck hatte Lord Londonderry mit seiner Gemahlin eingenommen, weshalb das Schiff oben ganz englisch aussah; die achtzehn Leute seines Gefolges, Kammerdiener und Kammerfrauen, Kutscher, Köche, überrannten sich und die übrigen Gäste beinahe mit ihren Theekannen und Beefsteakpfannen und hatten gegen die frischen regsamen Physiognomien der Ungarn ganz entsetzlich langweilige Gesichter. Seine Herrlichkeit war ein mittelgroßer Mann mit grauen Haaren, der den Hut beständig auf dem Hinterkopf hängend trug; dabei aber sah er jedem, der ihm auf dem Verdeck begegnete, freundlich und sehr aufmerksam in's Gesicht. Die Lady, die schon hoch in den vierzigen war, mußte in ihrer Jugend eine große Schönheit gewesen seyn, von der man noch jetzt an ihr gut erhaltene Ruinen entdeckte. Uebrigens brauchte sie auch wahrscheinlich alle möglichen Mittel, ihren Teint zu erhalten: sie kam fast gar nicht an die Luft, denn in den fünf Tagen, wo wir mit ihr zusammen auf dem Schiffe waren, hatte man sie nur dreimal auf dem Verdeck gesehen. Doch saß sie schon vom frühen Morgen an in großer Toilette in ihrer Kajüte, nahm Besuche an oder ließ sich von dem Herrn Gemahl und ihrem Guide sagen, wo sie sich gerade befand, ohne der Gegend selbst einen Blick zu schenken. Unten in der großen Kajüte war der bekannte Emin Pascha, ein junger, sehr liebenswürdiger Mann, der außer seiner Landessprache französisch und englisch verstand und sich sehr gerne mit uns unterhielt. Er reiste in Begleitung seines Arztes, eines Italieners, nach Constantinopel zurück. In Paris, London und Wien war er gewesen und hatte in diesen Städten Kriegswissenschaften studirt.

Für und gegen das Reisen mit dem Dampfboot oder dem Wagen ist schon viel gesprochen worden. Der Wagen hat etwas Heimliches, etwas sehr Angenehmes, wenn man genießbare Reisegesellschaft trifft; im Gegentheil aber, und ich will nichts darüber sagen, weiß jeder wohl, welche Qualen ein unangenehmes Gegenüber in dem engen Wagen verursachen kann. Auf dem Schiffe ist das ganz anders; den Passagieren, die uns nicht gefallen, geht man aus dem Wege und braucht in keine Berührung mit ihnen zu treten; woher es aber auch kommt, daß man sich auf dem Schiffe leicht isolirt, und wenn man allein reist, oft sehr langweilt.

Wir hatten das Glück, gleich in Pesth mit einer äußerst angenehmen Reisegesellschaft zusammen zu kommen, mit welcher wir, bis zu unserem Abgange bei Rustschuk, ich möchte sagen eine große Familie ausmachten. Zu ihr gehörte der Pascha mit seinem Arzt, eine Baronin von B. aus Berlin, die Mutter des Grafen Königsmark, preußischen Gesandten in Constantinopel, eine liebenswürdige alte Dame, die sich aber auf der ganzen Reise unwohl befand, und das traurige Schicksal hatte, ihre Heimath nicht wieder zu sehen, denn sie starb in Bujukdere; ferner der östreichische Oberstlieutenant von Philippowich, der mit Einwilligung seiner Regierung provisorisch in türkische Dienste getreten war, ein gebildeter Offizier und praktischer Geschäftsmann. Schon früher hatte er sich das Verdienst erworben, eine Postroute von Belgrad nach Constantinopel einzurichten. Ihm gelang es, den Fürsten Milosch und den Paschas die Vortheile einer bleibenden sichern Straße durch ihre Provinzen begreiflich zu machen. Er veranlaßte das Aushauen von Wäldern und verstand es, selbst die Einwohner zur Einsicht zu bringen, daß erst durch unverletzliche Heiligkeit des Postwesens Verkehr und Handel belebt und dadurch der Wohlstand der Bewohner verbürgt werden könne. Man folgte seinem Rath und von der Thätigkeit dieses Mannes zeugt die gegenwärtig geordnete Einrichtung, die eine regelmäßige Verbindung zwischen Wien und Constantinopel möglich macht. Jetzt wollte er den Feldzug gegen Ibrahim Pascha mitmachen und war uns noch lange durch die Türkei und Syrien ein lieber Reisegesellschafter. Ein ungarischer Husaren-Offizier, der mit seiner Schwester nach Gallacz reiste, ein junger Engländer, Namens Napier, ein Verwandter des englischen Commodore, der Arzt des Lord L., ein artiger alter Engländer, waren die Hauptbestandtheile unserer Familie.

Wir hielten uns sehr viel in der zweiten Kajüte auf, wo ein viel fremdartigeres Leben herrschte; denn da waren Serbier, Wallachen, Ungarn, Italiener, kurz eine ganze Musterkarte von verschiedenen Menschenarten. In einer Ecke kauerten unbeweglich auf ihren Teppichen ein paar Juden aus Salonich, Vater und Sohn, die ersten Leute, die wir in türkischem Costüm sahen. Sie trugen lange, sehr schmutzige Kaftans und einen eben solchen Turban. Der Vater, schon ein sehr alter Mann, hatte einen langen schneeweißen Bart, war aber äußerst munter und sah recht gesund aus, wogegen des Sohnes bleiche Gesichtsfarbe, durch den kohlschwarzen Bart, der sein Kinn umgab, noch schärfer hervorgehoben wurde. Sie waren Handelsleute und kamen aus Wien. Eine Jüdin aus Bucharest, die ebenfalls hier war, hatte ihre neunjährige Tochter bei sich, ein wunderschönes Mädchen; feurigere braune Augen, als die kleine Skella besaß, hatte ich in meinem Leben nicht gesehen. Die meisten übrigen Passagiere waren Ungarn, die sich, wie ich auch schon früher sagte, durch Zuvorkommenheit gegen uns Fremde musterhaft auszeichneten. Von allen Seiten boten sie uns Taback und Cigarren an, und es machte ihnen viel Spaß, wenn wir für diese und jene Sachen das bezeichnende Wort ihrer Landessprache hören wollten. Eine niedliche schlanke Ungarin lehrte mich unter Anderem - *szép léany* heiße ein hübsches Mädchen und *szeretlek* ich liebe dich; *csók* bedeute einen Kuß, und den Unterschied eines ungarischen *csók* gegen einen deutschen brachte sie mir später praktisch bei, und ich muß gestehen, er schmeckte wie Tokaier gegen Rheinwein.

In einer Ecke der Kajüte saß ein alter ärmlich gekleideter ungarischer Edelmann, der erschrecklich aus seiner kurzen Pfeife rauchte oder Volkslieder sang mit sehr traurigen Melodien. Eine Strophe eines seiner magyarischen Lieder, das er oft sang, lauschte ihm meine hübsche Lehrerin ab und übersetzte sie mir folgendermaßen:

Gebe Gott, daß der Ungar
Die halbe Welt besäße,
Und die mit seinem Blute gewonnene Freiheit
Nie gestehen müße, daß sie geschmälert sey.

Der alte Herr merkte aber gleich, daß das Mädchen uns etwas von seinen Liedern verrathen habe, denn er gab mir einen Wink, ich möchte zu ihm kommen, worauf er mir lächelnd in einem sehr holprichten Deutsch den bekannten Rath gab, ich solle mich vor den Mädchen, besonders vor den ungarischen in Acht nehmen, und zum Beleg theilte er mir folgende Strophen mit, ein altes Volkslied, das vielleicht seinen größten Werth durch die eigenthümliche, ergreifend traurige Melodie hatte, mit der er es mir später sang.

Es reift schon die rothe Zwetschge von Bistritz,
Mein wirst du seyn, meine süße Babi, nach zwei Wochen,
Schon reift der wilde Apfel; die Braune ist wohl falscher:
Schon blüht die weiße Rose; die Blonde ist mehr heimlich.

Ich gehe bis an's Ende im Hofe einer schönen Frau,
Unwillkührlich blicke ich in ein Fenster hinein,
Ich sehe meine Liebste in eines Andern Armen,
Nun träfe mich schon Alles - Gott, wie bedaur' ich.

Und sie sagte mir doch, sie sey meine treue Geliebte,
Es war aber nur ein eitles Geschwätz;
Ich glaube ihren Worten nicht mehr; o könnt' ich beide vergessen:
Falsch ist ihr Leib und Seele, der Blonden wie der Braunen.

Der alte Ungar und ich wurden später gute Freunde und rauchten manche Pfeife zusammen. Den ganzen Tag über hatte sich das Wetter nicht gebessert. Bald stürmte der Wind heftig und machte den Aufenthalt auf dem Verdeck unangenehm, dann regnete es wieder und trieb uns vollends in die Kajüten. Doch abgesehen davon, daß die freie Luft oben viel angenehmer ist, als die Atmosphäre unter dem Deck, verloren wir heute an der Aussicht nicht viel; denn im Allgemeinen sind die einförmigen Ebenen, durch welche sich von Pesth bis Apatin der Strom hinzieht, ohne Reiz für das Auge; erst wenn man sich den Gränzen des Banats und Serbiens nähert, gewinnt die Landschaft ein großartigeres Ansehen durch die Gebirge Bosniens und Serbiens, welche bei heiterem Wetter von Zeit zu Zeit sichtbar werden. Abends gegen neun Uhr kamen wir nach Baja, wo wir dicht am Ufer Anker warfen, um, da die Dunkelheit der Nacht es nicht erlaubte, weiter zu fahren, hier den Morgen zu erwarten. Wir richteten uns in den Kajüten so gut wie möglich ein. Die älteren Herren aus der Gesellschaft nahmen die Betten in Beschlag, die da waren, und wir jüngern mußten uns mit den gepolsterten Bänken begnügen. Doch nahm ich meinen Reisesack unter den Kopf, deckte meinen Mantel über mich und man kann denken, daß ich bald einschlief; denn war ich nicht gesund, jung, und glücklich, indem ich die schöne Reise in das gelobte Land vor mir hatte.

Den folgenden Tag hatte sich das Wetter noch nicht gebessert, es stürmte und regnete in Einem fort. Ich hatte mich sehr auf die Ufer gefreut, bei denen wir heute vorbeifuhren; doch erlaubte uns das Wetter nicht viel mehr, als das Land durch die Kajütenfenster zu betrachten. Wir kamen Abends nach Neusatz und Peterwardein, dem Grabe des tapfern Savojenfürsten Eugen, der riesigen Festung, deren Bastionen sich, mit zahllosen Feuerschlünden besetzt, hoch über einander erheben. Die Großartigkeit dieser Festung tritt aber dem Vorüberziehenden erst recht in's Auge, wenn er die Landzunge umschifft, welche völlig und eben so riesenhaft befestigt ist. Eine Militär-Schiffbrücke, die aber Morgens und Abends nach gegebenem Signalschuß gesperrt wird, verbindet Neusatz mit Peterwardein. Wir brachten die Nacht am Ufer zu und verlebten den folgenden Tag, den 20. October, fast wieder beständig in den Kajüten. Heute behandelte uns aber auch der Himmel auf die betrübendste Weise. Der Regen strömte vom frühen Morgen herab, und als wir gegen Mittag 11 Uhr bei Semlin anlegten, war es nur der alte bekannte Name dieser Stadt, der mich bewog, das Schiff zu verlassen, um den Platz zu sehen, von dem das alte Lied sagt:

Bei Semlin schlug man das Lager,
Alle Türken zu verjagen.

Ich kaufte mir zum Andenken an diesen Ort einen Pfeifenkopf, den ich noch heute aufbewahre. Nach einigen Stunden lichteten wir auf's Neue die Anker und sahen bald Belgrad vor uns liegen. Hier befindet man sich schon halb in der Türkei; nur das linke Ufer gehört noch zu Oestreich, daher auch die Schiffe demselben möglichst nahe bleiben, indem durch die Berührung der rechten Seite man die Pest oder nach der Rückkehr in's Oestreichische Gebiet die Quarantaine zu fürchten hat. Ich kleidete mich gerade etwas um, da mich die Tour nach Semlin sehr durchnäßt hatte, als ich bemerkte, daß unser Schiff nach einem gelinden Stoße plötzlich fest saß. Alles lief auf's Verdeck, wo wir bald gewahr wurden, daß wir auf einer Sandbank mitten in der Donau festsaßen. Im dichtesten Regen ließ man die Boote in's Wasser, um seitwärts einen Anker zu werfen, an dem man das Schiff vermittelst der Winde drehen und von der Bank herunter bringen könne. Doch mußte dies Manöver mehrmals wiederholt werden, ehe sich das Schiff von der Stelle bewegte, und auf diese Art dauerte es mehrere Stunden, bis wir wieder flott wurden.

Das beständig trübe Wetter und die dichten Nebel, die jede Aussicht sperrten und uns den Morgen erst spät abfahren, den Abend früh anhalten ließen, hemmten sehr den Fortgang unserer Reise und ließen uns die Station, bis zu welcher unser Dampfboot, der Zriny, ging, statt heute, erst morgen erreichen. Schon früh am Abend zwang uns die Dunkelheit, diesmal mitten in der Donau anzuhalten, und wir kamen erst am 21. gegen Abend nach Drenkowa, eine Station der Dampfschiffe, welche aus zwei Häusern, wovon das eine ein Kohlenmagazin, das andere ein Gasthaus für Fremde ist, oder vielmehr seyn soll, besteht. Doch fanden wir es so ärmlich eingerichtet, ohne Betten, daß es keinem von uns auch nur in den Sinn kam, das wohl eingerichtete Dampfboot die Nacht über zu verlassen.

Wir hatten hier ein sonderbares Abenteuer. Der Maler F., Doctor B. und ich gingen, als der Regen etwas nachgelassen hatte, an den Strand, wo wir kleine Kiesel und Muscheln auflasen. Plötzlich deutete F. in die Berge hinauf, die hier mit dichtem Wald bewachsen, an's Ufer der Donau treten, und behauptete, da oben einen Bären gesehen zu haben. Ich muß gestehen, es kam mir auch so vor, als habe ich im Augenblick ein großes Thier zwischen den Gebüschen verschwinden gesehen. Wir eilten in's Schiff zurück, nahmen unsere Gewehre und stiegen, in Begleitung von einigen Andern aus der Gesellschaft, die Höhen hinan. Wirklich fanden wir auch oben auf der Höhe die Spuren eines großen Raubthiers. Doch war der Boden sehr ungünstig mit dickem Laub bedeckt, weshalb wir die Fährte nicht genau unterscheiden und verfolgen konnten. Ein paar Stunden liefen wir so in den Bergen herum, ohne jenes Thier wieder zu sehen. Doch schoß der Maler einen Fuchs und der Baron v. T. und ich einen Reiher, der, als wir wieder zur Donau hinabstiegen, vor uns aufging.

Am folgenden Morgen spähten wir, ängstlicher als die vorhergehenden Tage, nach dem Wetter; denn heute mußten wir das Dampfboot verlassen und uns einem kleinen flachen Fahrzeug anvertrauen, denn nur auf einem solchen gelangt man über die vielen Untiefen.

Nachmittags kamen wir an eine der prächtigsten Stellen der Donau, wo dieselbe an zweitausend Schritte Breite hat, und mit ihren wilden Felsufern den schönsten See bildet. Vor uns sahen wir ein altes Schloß mit hohen Thürmen und Mauern, Columbacs, dessen Werke sich auf einen spitzen Felskegel hinauf- und hinabziehen. Dies Schloß hat ein wunderbares, geheimnißvolles Aussehen, und gewährt in der gewaltigen wilden Natur allein stehend, einen der schönsten Anblicke. Der Sage nach war der Thurm dieses Schlosses, der am höchsten liegt, das Gefängniß der schönen griechischen Kaiserin Helene.

Am Fuße dieses seltsamen Gebäudes verengt sich der mächtige Strom auf einmal bis auf eine Breite von vierhundert Schritt und fließt zwischen senkrechten himmelhohen Felswänden, wie in einer düstern Schlucht in rascherm Laufe weiter. Auf der linken Seite des Stromes, dem Columbascer Schlosse gegenüber, befindet sich ein hoher kegelförmiger Felsen, Babekage, von dem man erzählt, daß ein Fischer, der eine sehr böse Frau gehabt habe, sie unter dem Vorwande, dort unter dem Felsen Netze auszustellen, mit hinaufgenommen und gleich einer zweiten Ariadne verlassen, wo sie aber elend um's Leben gekommen. Nicht weit davon sieht man aus dem Strom zwei kleinere Felsen emporragen, wegen ihrer seltsamen Gestalt, nach der man sie, aus der Ferne gesehen, für zwei schwimmende Büffel halten könnte, Bivoli genannt.

So schön diese Gegend ist, so schön die malerischen Felsenwände, mit dem saftigsten Grün bedeckt und mit Quellen verziert sind, die hie und da kleine Wasserfälle bilden, so erzeugt doch diese herrliche Gegend, besonders die Höhlen und Schlünde um das Columbascer Schloß, eine der größten Plagen für das umliegende Land, die sogenannten Mordmücken. Im Anfange des Sommers dringen nämlich von hier aus unermeßliche Schwärme dieser kleinen Mückenart *(Similium reptans)*, die auch bei uns, aber in geringer Anzahl vorkommt, über die Ebene, überfallen ganze Heerden Vieh, dem sie durch die Nase und den Mund in die Luftröhre und die Eingeweide kriechen und tödten es plötzlich oder bringen es wenigstens in große Lebensgefahr.

Eine kurze Strecke weiter unten sieht man zu beiden Seiten zwei großartige Werke der ältesten und neuesten Zeit. Auf der rechten Seite der Donau, ungefähr dem Dorfe Jeschelnitza gegenüber, befindet sich eine Inschrift an der Felswand, deren Charaktere man jedoch vom Boot aus nicht entziffern kann, da sie von dem Feuer der Hirten fast ganz mit Ruß überzogen sind. Sie bezieht sich auf einen Leinpfad, den die Römer zu Trajans Zeiten anlegten, um ihre Schiffe aufwärts zu ziehen. Es muß ein wahres Riesenwerk gewesen seyn, denn die Ufer fallen hier in senkrechten Felswänden bis in die Donau. An einigen Stellen ist der schmale Gang dicht über dem Niveau des höchsten Wasserstandes in den Stein hineingemeißelt, an andern, wo diese Arbeit gar zu mühselig gewesen wäre, sieht man noch kleine viereckige Löcher in die Felsen gehauen, worin Balken steckten, auf welche Bretter gelegt wurden, die eine Brücke bildeten.

Da dies rechte Ufer wegen der Pest als „compromittirt" für den Verkehr geschlossen ist, so hat sich der Graf Szechenyi für sein Vaterland sehr verdient gemacht, indem er dagegen auf dem linken Ufer eine neue Straße von Ogradina bis Kaszan baute. Diese zieht sich, breite, hohe Gallerien bildend, durch senkrechte Felswände hin, die gegen den Strom zu geöffnet sind, wobei sich durch die mannigfachen Krümmungen, welche die Straße macht, überraschende und prachtvolle Gebirgsparthien entfalten, welche den Blick des Reisenden, bald auf dem linken, bald auf dem rechten Ufer fesseln. Es gewährt ein besonderes Vergnügen, auf dem brausenden Strome zwischen den colossalen Felsmassen, wie auf einer bequemen Straße hinzuziehen und ist besonders reizend für den, welcher Berge und Thäler auf unwegsamen Pfaden zu durchstreifen gewohnt ist. Am Fuß des Berges Schukuru, der Blutberg, von einer Niederlage, die die Türken hier erlitten, so genannt, legte unser Boot an, und wir erstiegen den Berg, um die von alten Schanzen umgebene und durch die überhängende Felswand geschützte Höhle zu betreten, aus welcher im Jahr 1592 der General Veterani mit dreihundert Deutschen und einer kleinen Anzahl serbischer Soldaten die Schifffahrt der Türken auf der Donau und selbst ihre Bewegungen auf dem Lande fast gänzlich hemmte. Die Höhle, die in alter Zeit Romanaz hieß, wird jetzt allgemein die Veteranische genannt. Sie besteht aus einem einzelnen größeren Gewölbe und ist so geräumig, daß sie wohl siebenhundert Mann Besatzung fassen könnte.

Bald erweiterte sich die Schlucht, und wir sahen auf dem linken Ufer Alt-Orsowa liegen, das mit freundlichen Häusern, die hie und da zwischen Gärten vertheilt sind, bei heiterem Wetter einen ganz andern Eindruck auf uns hervorbrachte, wie gestern Drenkowa. Alt-Orsowa sprach mich besonders an: in diesem Städtchen, dessen Handel und Gewerbe zur Zeit der Continentalsperre, wo der Weg von der Levante hier durchging, sehr blühend war, später aber ganz in Verfall gerieth, zeigt sich wieder frisch aufblühendes Leben. Die Schifffahrt ist hier der Untiefen wegen nur für kleinere Fahrzeuge zugänglich, daher die Waaren umgeladen und aufgespeichert werden müssen. Indem man den Ort zum Hauptstapelplatz dieser Gegend wählte, zog man eine gute Zahl Menschen an, deren kräftige Hände bei den nöthigen Bauten zum Felsensprengen etc. verwendet werden. So fanden Viele Erwerb und bevölkerten die neue Stadt. Die Dampfschifffahrts-Gesellschaft ließ hier ein schönes Haus an einer reizenden Stelle des Ufers erbauen, in welchem sie ihre Reisenden unentgeldlich beherbergt, damit sie nicht genöthigt sind, sich den schlechten Wirthshäusern anzuvertrauen. Wir fanden hier freundliche Zimmer, gute Betten und ließen uns den trefflichen Caffee schmecken. Aus unserem Zimmer hatten wir die herrlichste Aussicht: auf einer Insel der Donau, welche hier von hohen Gebirgen eingeschlossen, wieder einem kleineren See gleicht, erblickt man die türkische Festung Neu-Orsowa, deren Lage an Isola bella im Lago Maggiore erinnert. Behaglich in meiner gastlichen Wohnung überließ ich mich den Träumen, die in solcher von der Natur ausgezeichneten Oertlichkeit sich ungesucht einfinden. Im Angesicht der Türken denkt man gern an die Wohlthaten, welche eine verständige Verwaltung hier verbreiten könnte. Die Völker sind kräftig und gut, das Land fruchtbar und durch seine Lage an der Gränze zweier Welttheile begünstigt. Es wäre nicht nöthig, die Türken auszurotten oder zu verjagen, man sollte ihnen nur zu Hülfe kommen durch Einführung einer geordneten civilisirten Regierung. Wird die nächste Zukunft den Beweis höherer europäischer Gesittung liefern, indem sie die Barbarei aus diesen schönen Ländern entfernt? Wir wollen es hoffen.

Der Abend war gar schön. Die Sonne ging freundlich hinter den Bergen unter und füllte das Thal mit einem blauen Duft, und ich verließ mein Zimmer, um die Geschäftigkeit des Orts in Augenschein zu nehmen. Mit Interesse war ich Zeuge des hier bedeutenden Fischfangs, durch welchen unzählige Störe und Hausen gewonnen werden. Man bereitet aus ihnen Caviar, der jedoch an Güte dem russischen nicht gleichkommen soll. Zu Gunsten der Feinschmecker wird man vielleicht künftig für kunstreichere Bereitung sorgen.

Auch die hiesigen Goldwäschereien in der Donau lernte ich kennen. Sie sind weit einträglicher, als die auf dem obern Theile der Donau. Man erzählte mir von einem Manne, der binnen vier Wochen für sich allein Gold, achtzig Gulden Conventions-Münze an Werth, durch die Wäsche gewonnen hatte. Das Metall soll vorzüglich durch Flüsse, die aus den türkischen Gebirgen kommen, herbeigeführt werden.

Die wichtigste, belebendste Thätigkeit geht jedoch hier von der Dampfschifffahrtsgesellschaft aus. Sie ließ damals kleine eiserne Dampfboote von zwanzig Pferdekraft bauen, mit denen der Engpaß Islaz und das eiserne Thor befahren werden sollten.

Am andern Morgen verließen wir in zwei kleinen Schiffen Alt-Orsowa; im ersten waren wir, im zweiten der Lord Londonderry mit seinem Gefolge. Wir nannten letzteres nur das Herrenschiff aus Uri. Nach einer Stunde fuhren wir bei der türkischen Festung Neu-Orsowa vorbei. Die Oestreicher bauten sie unter Leopold I. Die Türken eroberten aber später den Platz, und obgleich, seitdem ihre Gränzen von den Karpathen bis zu dem Balkan zurückgedrängt wurden, blieb ihnen doch noch dies Eiland und bis heute haust noch ein Pascha in Neu-Orsowa, das von den Türken Ada-Kalessi, die Insel-Festung genannt wird. Sie hat viel Mauerwerk, sogar zwei detaschirte Forts, aber Alles ist im kleinsten Maßstab gebaut. Ihre Geschütze beherrschen die Fahrt auf der Donau vollkommen; doch sah mir das kleine, schmutzige, zerfallene Nest so aus, als würde man bei näherer Besichtigung alles Andere eher finden, wie Geschütze und Munition in brauchbarem Zustand.

Ada-Kalessi gegenüber liegt an dem schroff abfallenden Ufer das Fort Elisabeth, das mit seinen massiven Bastionen und seinem schön gebauten Thurm einen bessern Anblick gewährt.

Näher und näher kamen wir indessen dem eisernen Thor, diesem Engpaß der Donau, über den man nur auf kleinen Kähnen setzen kann, hörten sein gewaltiges Brausen und Rauschen und sahen das Wasser auf einer langen Strecke wallend aufsprudeln, als würde es durch unterirdische Feuer erhitzt. Die Donau fließt hier in einer Länge von fünfzehnhundert Schritt über mehrere niedrige Felsbänke, die das Bette quer durchsetzen. Obgleich nur bei ganz niedrigem Wasserstande die Klippen sichtbar sind, so entsteht doch durch das starke Gefälle des Stromes, der hier acht bis neun hundert Fuß breit ist, ein heftiger Strudel und Wirbel, an dem man die Fahrzeuge nur mit der größten Umsicht vorbeisteuern kann.

Unsere beiden Schiffe gelangten ohne Gefahr und glücklich durch das eiserne Thor, unterhalb welchem das Dampfboot Panonia, das zu unserer Weiterbeförderung bestimmt war, bei Szkella Gladowa lag.

Das Wetter war heute wieder recht günstig und gewährte uns eine entzückende Aussicht auf die Karpathen; welche sich in der Ferne mit ihren beschneiten Gipfeln ausbreiteten.

Da wir am andern Tage das Dampfboot verlassen wollten, um unsern Weg zu Land durch die Türkei fortzusetzen, so beschäftigten wir uns heute damit, unser Gepäck zu theilen, um das Nöthigste, was wir an Wäsche und sonstigen Sachen brauchten, mit uns zu nehmen, und die schwereren Koffer auf dem Dampfboote nach Constantinopel gehen zu lassen. Wir hatten in Wien kleine lederne Koffer gekauft, die dazu eingerichtet waren, um sie wie Tragkörbe rechts und links an ein Pferd hängen zu können. Diese, so wie unsere leichteren Nachtsäcke, wurden mit den nöthigsten Sachen angefüllt.

Früher einmal hatte die Lady L. den Wunsch geäußert, die Reise durch die Wallachei und Rumelien ebenfalls zu machen und erst unsern dringenden Vorstellungen, so wie denen des Herrn Gemahls und der Schiffsoffiziere, daß dort oft nicht einmal an gute Wege für Saumthiere, geschweige an einen Wagen zu denken sey, und daß die Pässe im Balkan in dieser Jahreszeit mit Schnee und Eis bedeckt und von Räubern unsicher gemacht seyen, gab sie endlich nach und ihr Vorhaben, mit uns zu reiten, auf. Ihr junger Landsmann Napier dagegen schloß sich als ein sehr willkommener Reisegesellschafter uns an.

Die Sonne, welche heute freundlich untergehend, auf Morgen einen guten Tag versprach, hielt uns nicht Wort; denn als ich am folgenden Morgen von meiner Bank, auf der ich die Nacht über gelegen, durch's Fenster sah, war der Himmel mit dunkeln Wolken überzogen, die uns eine Stunde darauf einen anhaltenden Regen herabsandten, der bis zur Nacht, wo wir bei Giorgewo anlegten, fortdauerte.

Der Abend vereinigte unsere ganze Gesellschaft noch einmal in der großen Kajüte, wo wir bei einem Glase Punsch die vergnügten Stunden durchgingen, welche wir in den Tagen, die wir zusammen auf dem Boote zubrachten, genossen hatten. Es that uns leid, von so angenehmer Gesellschaft scheiden zu müssen, von so guten Menschen, die wir vielleicht nie wieder sehen.

Zweites Kapitel.

Ritt durch die europäische Türkei.

Türkische Posteinrichtung. - Giorgewo: Schmutz auf den Straßen. Quarantaine. Kleidung der Türken. - Rustschuk. Tartaren. Das Paßbureau. Bulgarische Fußbekleidung. Unsere Pferde. Der Ramasan. - Rasgrad. - Schumla. - Ritt über den Balkan. - Dobrol. - Faki. - Adrianopel: Quarantaine. Das alte Serail. Selims Moschee. Eine Soirée beim Pascha. Illumination. Tanzende Knaben. Schatal Burgas. Silivri. - Das Meer. - Ankunft in Constantinopel.

Wenn man in civilisirten Ländern über Reisebeschwerden klagt, so versteht man darunter ein paar Nächte, die man vielleicht im bequemen, dicht verschlossenen Wagen zubringen mußte, oder eine holprichte Straße, eine Station, auf der man unbeschreiblich schlecht zu Mittag gespeist, oder wo der knausernde Wirth so boshaft langsam servirt, daß einen das zur Abfahrt mahnende Horn des Schwagers schon aus den angenehmen Rindfleischträumen reißt und man die Herrlichkeiten des Bratens u.s.w. nur in Gedanken genießt. Das Schlimmste, was passiren kann, ist das Umschlagen des Wagens, oder ein überfüllter Gasthof, wo nur die Barmherzigkeit des Oberkellners dem unglücklichen Ankömmling irgend ein Winkelchen anweist. Wem schon solche Kleinigkeiten überlästig vorgekommen sind, der unterstehe sich ja nicht, zu Lande nach Constantinopel zu gehen, oder auch nur eine kurze Strecke im Innern der Türkei zu reisen, sondern bleibe von Wien auf dem Dampfboote, wo er eine reinliche Kajüte, ziemlich gutes Essen und am Abend weiche Matratzen hat.

Die türkische Posteinrichtung befindet sich noch in der unmündigsten Kindheit. Man kann zu Wagen reisen, was etwas bequemer, indeß nur im hohen Sommer überhaupt möglich ist, wo die Haiden, über welche meistens der Weg geht, von der Sonnenhitze fest getrocknet sind. Das Fuhrwerk ist ein Leiterwagen, mit Matten bedeckt und mit Stroh gefüllt, auf dem sich der Reisende ausstreckt, und es dann der Vorsehung und dem in vollem Galopp dahinbrausenden Postillon überlassen muß, ob er überhaupt und mit ganzen Gliedern nach dem Orte seiner Bestimmung kommt.

Die auch beim heißesten Wetter in ihre dicken Pelze gehüllten Bursche - ich spreche jetzt hauptsächlich von der Wallachei, da in Bulgarien und Rumelien das Reisen im Wagen fast unerhört ist - jagen dahin, ohne sich viel umzusehen, und wenn der Reisende durch einen starken Stoß von seinem Sitz auf die Straße geschleudert wird und sein Geschrei nicht zu den Ohren des Postillons gelangt, so ist es schon gekommen, daß die Rosselenker auf der Station angelangt sind und nachher wieder umkehren mußten, ihren Passagier zu suchen.

Wir zogen es vor, zu Pferde zu reisen, da man so schneller fortkommt, und wir zudem das Balkangebirge zu übersteigen hatten, wo an kein Fahren zu denken ist. Auf dem Dampfschiffe hatten uns fast alle des Landes und des Weges Kundige abgerathen, überhaupt in dieser Jahreszeit die Türkei zu Lande zu bereisen, wobei man uns fast unüberwindliche Hindernisse vormalte. Da wir aber einiges Ungemach zu ertragen bereit waren, um ein Land wie das Innere der Türkei kennen zu lernen, wir auch alle kräftige junge Leute waren, so brachte keine Vorstellung uns von unserem Vorhaben ab.

Schon in Orsova hatten wir das Vergnügen, den ersten wallachischen Postzug zu sehen, jedoch nicht vollständig, indem die Pferde vor eine Wiener Kalesche gespannt waren. Sie erwartete hier einen Herrn Floresco, Polizeidirector in Bucharest, der mit uns von Pesth an auf dem Dampfschiff gewesen war. Der Wagen war mit acht Pferden bespannt, welche von zwei baumlangen, in zottige Schafpelze gehüllten Burschen gelenkt wurden, deren Füße bei der Kleinheit der Thiere beinahe den Boden berührten, was äußerst drollig aussah. Hinterdrein ritt eine Escorte von vier Gensdarmen, in weiten Hosen, blauen runden Jacken, das Fez auf dem Kopfe, Pistolen und Dolch im Gürtel und den Kantschuh an der Faust. Sie sausten im Carrière dahin und waren in wenigen Minuten aus unserem Gesichtskreise.

Am 25. October Abends kamen wir bei der türkischen Stadt Rustschuk vorüber, welche unser Schiff mit drei Kanonenschüssen salutirte, weil wir, dem strömenden Regen zum Trotze, zwei Flaggen am Mast führten, an der Spitze die großbritannische, zu Ehren des Lord Londonderry, und darunter die türkische, den goldenen Halbmond im rothen Felde, für den Emin Pascha. Wir legten am linken Donauufer an, bei Giorgewo, welcher Ort jedoch eine halbe Stunde vom Fluß abliegt. Da der Regen über Nacht aufgehört hatte und der heitere Himmel einen angenehmen Tag versprach, verließen wir am folgenden Morgen das Schiff und gingen zu Fuß nach Giorgewo, wo unsere Pässe visirt werden mußten, worauf wir nach Rustschuk auf's rechte Donauufer überfahren wollten, um von da unsere Reise zu Pferd fortzusetzen.

Giorgewo oder Gjurgew war die erste wallachische Stadt, die wir betraten. Wenn ich mir auch nach Allem, was ich über den türkischen Schmutz gelesen, keine große Vorstellung von diesem Ort gemacht hatte, so ging doch das, was ich hier in der Wirklichkeit vor mir sah, völlig über meine Begriffe. Wären nicht aus den mit Zweigen durchflochtenen und mit Mist bedeckten vier Pfählen schmutzig braune, menschliche Gestalten hervorgekrochen, so hätte ich geglaubt, die Erdhöhlen, an denen wir vorbeikamen, seyen Stallungen für Büffel und Schweine, d. h. für türkisches Vieh, denn ein ordentlicher deutscher Ochse würde sich geweigert haben, in diese Schmutzlöcher zu kriechen. Die kleinen wallachischen Kinder saßen auf der Erde, plätscherten mit den Händen in der Mistjauche und sahen uns verwundert an; wohin man blickte, nichts als Elend und eine Unreinlichkeit über alle Vorstellung. Die meisten Wohnungen hatten nicht einmal vier Pfähle, sondern bestanden nur aus einem in die Erde gegrabenen Loche, mit Zweigen und Rasen bedeckt; Männer und Weiber waren in braune oder schwarze Schafpelze gehüllt und fast nicht von einander zu unterscheiden. Indessen bot nicht der ganze Ort einen so betrübenden Anblick dar; bald erschienen rechts und links Häuser aus Ziegelsteinen, deren Fenster aber meistens aus Papier bestanden, und endlich befanden wir uns in einer bessern Region, wo um die Kirche mit ihren byzantinischen Kuppelthürmen etwa zwanzig ziemlich gut aussehende Häuser lagen.

Mit leichterem Herzen, denn was wir vorhin gesehen, hatte uns ernstlich für unsere nächste Zukunft besorgt gemacht, steuerten wir einem der Häuser zu, an welchem in russischer und französischer Sprache zu lesen war, daß hier der Agent der östreichischen Donaudampfschifffahrtsgesellschaft wohne. Sein Name ist Staude; ein sehr artiger Mann, der uns auf's Zuvorkommendste empfing und für unser schnelles Fortkommen aufs Beste sorgte. Bald begaben wir uns in Begleitung dieses Mannes mit unserm wenigen Gepäck, unsern Mänteln, Pelzen und Waffen nach der Quarantaine von Giorgewo, wo uns ein türkisches Schiff, welches Früchte herübergebracht hatte, aufnehmen und übersetzen sollte. An der Quarantäne herrschte reges Leben. Es wurde eben zwischen doppelten Barrièren Markt gehalten. Weil die Türken des rechten Ufers sich nicht mit den Wallachen vermischen dürfen, so legen die erstern ihre Trauben, ihren Honig u.s.w. zwischen die Barrièren, wo sie von den letztern weggenommen und auf dieselbe Art bezahlt werden. Es ist ein unheimliches Gefühl, wenn man sieht, wie ein Mensch den andern meidet, wie ein giftiges Thier, und stets den langen Stock vor sich hinstreckt, um ja nicht berührt zu werden.

Zum ersten Male sahen wir uns hier mitten in das für uns so fremdartige Treiben der Türken versetzt, sahen uns umgeben von Turbanen und langen Bärten. Mir schwebten die Mährchen der tausend und einen Nacht lebhaft vor, als ich sie in ihren weiten Pantoffeln sich träg daher schleppen sah, wobei sie mit halbgeschlossenen Augen in langen Zügen den Tabakrauch einschlürften, um ihn wieder eben so langsam von sich zu blasen. Ihre Kleidung besteht hier in sehr weiten Beinkleidern, meistens von dunkler Farbe, grau, blau, grün, aus weißen wollenen Strümpfen mit Pantoffeln, einer farbigen Jacke und dem unentbehrlichen Gürtel, einer Schärpe von ungeheurer Länge, die sie viermal um den Leib wickeln, und in welcher sie ihre Waffen, lange Pistolen und Dolche und eine eiserne Feuerzange tragen, die ungefähr anderthalb Fuß lang ist und zum Auflegen der Kohlen auf die Pfeife dient.

In diesem Gürtel steckt ferner die Pfeife, Tabak, Brod, ein Taschentuch, das selbst beim geringsten Bootsknecht mit Gold und Seide gestickt ist, und noch so viele andere Gegenstände, daß er nicht selten mehrere Schuh dick aufschwillt und sich äußerst lächerlich ausnimmt. Der Türke aber sieht mit Wohlgefallen auf dieses Vorgebirge und drückt die langen Hälse seiner Pistolen vor, so weit immer möglich.

Nachdem wir für zwanzig Kreuzer beinahe eine halbe Schiffsladung der schönsten süßesten Trauben gekauft, um sie während der Ueberfahrt zu verzehren, traten wir zu den Türken hinter die Barrière, und durften nun die Wallachei nicht mehr betreten, ohne fünf Tage Quarantaine zu halten, deren strenge Hand uns auf diese Art unwiderruflich von der Heimath schied. Wir setzten in einem ziemlich geräumigen Boote nach Rustschuk über. Da dieses oberhalb Giorgewo liegt, mußten wir stromaufwärts fahren und blieben so zwei Stunden auf der Donau, welche hier sehr breit ist. An's Land gestiegen, wurden wir von einem Haufen Türken umringt, welche neugierig unsere Sachen musterten, hauptsächlich die Percussionsschlösser unserer Gewehre und Pistolen; denn ihre Feuerwaffen sind noch alle mit äußerst dünnen, scharfen Steinen versehen. Der Steuermann des Boots brachte uns zum Agenten der Donaudampfschifffahrts-Gesellschaft, an den der Baron empfohlen war, und mit dem er die Mittel zu unserm fernern Fortkommen besprach. Die Post in der Türkei ist keine von der Regierung geleitete oder unterstützte Anstalt. Jeder Pascha hält sich zuverlässige, des Weges kundige Leute, sogenannte Tartaren. Diese bringen als reitende Boten die Depeschen aus den verschiedenen Districten nach der Hauptstadt, begleiten aber auch Reisende. Die Transportmittel, Pferde und Wagen, werden von Privaten geliefert, welche dafür eine vom Staat festgesetzte Bezahlung erhalten. Wir ließen den Chef der Rustschuk'schen Tartaren kommen, um mit ihm alle Kosten unserer Reise zu verdingen; denn meistens sorgt der Tartar außer den Pferden auch für Nahrung und Nachtquartier. Für uns brauchten wir fünf Pferde, ferner eines für den Tartaren, eines für das Gepäcke und zwei für die Sürüdschi - so heißen die Reitknechte, welche die Pferde zur Station zurückbringen - im Ganzen neun; wofür wir bis Constantinopel, mit Einschluß aller Lebensmittel und Quartierkosten, 7000 Piaster, also 700 Gulden C. M. bezahlen mußten. Die Taxe, welche schwankt, war im Augenblick drei Piaster für jedes Pferd und jede Stunde. Die Hälfte obiger Summe wurde mit 350 Gulden dem Chef der Tartaren eingehändigt; die andere Hälfte bekam unser Führer bei unserer Ankunft in Constantinopel.

Jetzt mußten unsere Pässe bei der türkischen Behörde visirt werden, und ich ging unter Begleitung des Apothekers des Orts, welcher etwas italienisch verstand, nach der Burg des Pascha.

Der Theil der Stadt, den wir durchschritten, um zur Residenz zu gelangen, sah nicht sehr erbaulich aus. Drei ziemlich lange Straßen, zu beiden Seiten mit Kramläden oder offenen Gewölben besetzt, in welchen Handwerker aller Art saßen, führten dahin. Keine war gepflastert oder auch nur geebnet. Die Türken, welche uns, meistens in ziemlich schmutzigen Anzügen, begegneten, traten auf große platte Steine, welche hie und da an den Häusern lagen und die Trottoirs vorstellten, und nur so war es möglich, durch die Stadt zu kommen, ohne mit jedem Schritt bis an die Knöchel einzusinken. Dabei herrschte überall ein abscheulicher Knoblauchgeruch.

Die Weiber, denen ich begegnete, waren durchgängig alt und dick, trotz dem aber sorgsam in ihre Schleier gewickelt, aus denen nur Auge und Nase vorsahen.

Die Burg des Pascha gleicht dem Wohnhaus eines wohlhabenden deutschen Landmanns, diverse Mistpfützen eingerechnet, in welchen sich Enten und ein paar langbeinige Störche herumtrieben, welch' letztere mich vornehm über die Achsel anschauten. Das Schloß hatte eine Art Terrasse, auf der ein Dutzend Türken lagen, nichts thaten und Taback dazu rauchten. Im Hof stand das reich gezäumte und mit einer rothsamtenen Decke versehene Pferd des Pascha, der im Begriff war, auszureiten, umgeben von drei, vier großen schmutzigen Burschen, mit langen Stöcken bewaffnet. Ich dachte lebhaft an die Bastonade.

Mein Apotheker führte mich in ein Zimmer zu ebener Erde, wo sämmtliche Beamte des Pascha beschäftigt waren. Links in der Ecke des Gemachs, an dessen vier Wänden sich breite Divans befanden, lag ein alter Mann mit langem, schneeweißen Barte und zählte aus einer eisernen Geldkiste die Münzen in kleinen Häuschen vor sich hin; es war der Finanzminister. Neben ihm siegelte ein noch ziemlich junger Mann einige

Briefe zu, wahrscheinlich der Mann der auswärtigen Angelegenheiten. Zu einem Dritten, der mit halb geschlossenen Augen dalag und äußerst langsam und bedächtig schrieb, brachte mich mein Führer und händigte ihm unsere Pässe ein. Er durchsah sie, und ich mußte ihm unsere Namen vorsagen, die er dann in den gräßlichsten Verrenkungen wieder von sich gab, wobei auf dem äußerst langweiligen Gesichte ein kleines Lächeln emporstieg. Auch mußte ich ihm das Signalement eines jeden von uns vorsagen, wobei er sich den Spaß machte und mich fragen ließ, ob alle meine Reisegefährten so große Bärte hätten, wie ich.

Die Feder eines Reihers, den F. den Tag vorher an der Donau geschossen und die ich auf meine Mütze gesteckt, erregte sein Aufmerksamkeit. Er ließ mich fragen, ob sie vielleicht ein Zeichen meines Standes und meiner Würde sey, und als ich dies verneinte, bat mich der Apotheker, sie abzunehmen. Auf dem Rückwege nöthigte mich dieser in seine Wohnung, wo etwa zwanzig Töpfe und Gläser auf einem Gestelle die ganze Offizin ausmachten. Er stopfte mir eine Pfeife (Tschibuk), auf welche sein Diener - ein langer Schlingel, der in einem weißleinenen Kittel und mit herzlich dummem Gesichte dem Pierrot der italienischen Komödie vollkommen ähnlich sah - eine feurige Kohle legte. Nachdem ich einige Züge geraucht, führte er mich zum Hause des Agenten zurück, wo unsere Pferde schon bereit standen, das heißt, mit einem Halfter aus Stricken gezäumt, und auf dem Rücken eine schmutzige Decke. So werden sie in der Türkei geliefert, und der Reisende muß sich Sattel und Zeug selbst anschaffen. Wir kauften drei alte türkische und zwei neue tartarische Sättel, die nebst Zaum und Kantschuh fünfundfünfzig Gulden kosteten.

So gut und zweckmäßig wir auch für unser Reitcostüm schon in der Heimath gesorgt hatten, so fanden wir es doch hier für nöthig und äußerst geschickt, unsere Fußbekleidung auf bulgarische Art einzurichten, und ich rathe jedem Reisenden, in gleichem Falle die Auslage einiger Gulden nicht zu scheuen. Man kauft nämlich ein Paar ganz dünne ziegenlederne Schuhe, die man über die gewöhnlichen Strümpfe zieht; sie kosten an zwölf Piaster; über diese ein Paar sogenannte bulgarische Strümpfe, die bis über's Knie hinaufreichen, von Tuch und mit buntem Garn ausgenäht sind, im Preis von dreißig Piaster. Dann kommen ein Paar schwere Lederstiefeln, welche bis über die Wade gehen, vierzig Piaster - und man hat die Füße auf's Sorgfältigste geschützt. Die ganze Anschaffung kostet also zweiundachtzig Piaster = zehn Gulden rheinisch, und gewährt dem Reisenden, wie ich aus Erfahrung weiß, viel Angenehmes. Abends, wenn man in den schlechten Chan kommt, wirft man mit Leichtigkeit die schweren Stiefeln von sich, und streckt sich mit warmem Fuß und Beinen, die der erwähnte lange Strumpf geschützt, natürlich in voller Kleidung auf's Lager. Auch kauften wir für jeden von uns eine lange Peitsche mit kurzem Stiel - den Kantschuh.

Durch das Aufschirren war es spät geworden, und als wir auf den äußerst kleinen und schlecht aussehenden Pferden durch die kothigen Straßen zur Stadt hinaustrabten, dunkelte es bereits. Unsere Caravane sah recht abenteuerlich aus. Den Zug führte einer der Sürüdschi, ein alter Türke mit langem Barte, Pistolen und Handschar (Dolch) im Gürtel. Er saß ganz krumm, die Kniee an den Hals heraufgezogen, auf seinem Rosse und führte das Packpferd an der Hand. Hinter ihm ritt unser Tartar in seinem malerischen Costüme, weite blaue Beinkleider, auf denen ein goldener Stern als Zeichen seiner Würde gestickt war, und den er nie mit dem Mantel bedeckte; an den Füßen weiße, blau ausgenähte bulgarische Stiefel, ein rother Gürtel um den Leib, darüber eine grüne schwarz ausgenähte Jacke, und auf dem Kopf ein rothes Feß, mit langer, wallender blau seidener Quaste. Ueber der Schulter hing an einer seidenen Schnur ein schwarzledernes, goldgesticktes Täschchen, worin er den Ferman des Pascha mit unsern Namen und der Reiseroute aufbewahrte. Er hieß Hamsa und zeigte sich auf der ganzen Tour als ein ehrlicher, umsichtiger und gefälliger Mensch. Ihm folgten wir fünf, in unsere Pelze gehüllt, eine leichte Reisemütze auf dem Kopfe, Gewehre, Pistolen, Säbel an uns und am Sattel hängend. Unser Engländer machte die Reise im runden Hute und Makintosh, was gegen die faltigen Turbane und weiten Kleider der Türken sehr abstach. Die Arrieregarde bildete der zweite Reitknecht. Als wir an das Stadtthor kamen, war dasselbe bereits geschlossen, und wir mußten eine gute halbe Stunde warten, bis einer der Sürüdschi, der im Galopp zurückkehrte, um die Schlüssel zu holen, wieder kam. Doch hatten wir während der Zeit einen bezaubernd schönen Anblick, als wir uns nach der Stadt umwandten. Der Ramasan hatte vor wenigen Tagen begonnen; sobald während dieser heiligen Zeit Sonnen-untergang durch einen Kanonenschuß verkündigt ist, entzünden sich auf allen Moschee'n und Minarets hunderte von Lampen und bilden eine glänzende Beleuchtung. Wir zählten nicht weniger als neunundzwanzig dieser Thürme, welche bis an die Spitze beleuchtet waren. Endlich kehrten wir diesem Glanze den Rücken und zogen durch das knarrende Thor in die finstere Nacht hinaus - ein Bild unserer Reise. Hinter uns ließen wir die friedliche Heimath mit ihren hellen, reinlichen Straßen und munteren Bewohnern, und traten in ein unfreundliches, schmutziges, uns gänzlich fremdes Land, dessen Sprache keiner von uns verstand. Unter allen Tartaren in Rustschuk war auch nicht einer zu finden, der nur ein Wort italienisch oder französisch verstanden hätte, von deutsch gar nicht zu reden. Unser Hamsa war wohl ein ganz brauchbarer Tartar, da er aber keineswegs das Pulver erfunden hatte, wurde es uns unsäglich schwer, ihm durch Pantomimen etwas verständlich zu machen, und hätten wir nicht die nothwendigsten Ausdrücke, wie: „Halt, fort, langsam, schnell" etc. gewußt, so wären wir ganz verlassen gewesen. Trotz dem ritten wir munter in der Dunkelheit fort, wünschten den Lieben zu Haus eine gute Nacht, zündeten unsere Pfeifen an, und sangen ein deutsches Lied:

Steh' ich in finstrer Mitternacht
So einsam auf der fernen Wacht etc.

Die Pferde, wie man sie in der Türkei zum Reiten bekommt, sind, wie schon gesagt, von kleiner, unansehnlicher Gestalt und dieselben, welche bei uns unter dem Namen Wallachen und Moldauer vorkommen, nur daß die hiesigen bei kleinerer Figur etwas mehr Race haben. Ihr Gang ist fortwährend ein kurzer, höchst unbequemer Trab, der den Ungewohnten ungemein ermüdet. Man kommt indessen damit sehr schnell von der Stelle, und thut am besten, sich so bald als möglich in diese Gangart zu finden; denn läßt man sein Pferd im Schritt gehen, um später in Trab oder Galopp aufzurücken, so ist dies noch schlimmer, und man kommt, wie ich selbst empfunden habe, halbtodt auf die Station. Aber die Ausdauer der Pferde ist erstaunlich. Sie laufen mit kurzen Pausen der Rast, des Tags zwanzig deutsche Stunden ohne ein Korn Hafer oder Heu, oder auch nur Wasser zu bekommen, und am Abend merkt man ihnen nicht einmal große Ermüdung an.

Es war heute Nacht sehr finster; und trotz dem an keine Landstraße zu denken war, verirrte sich unser Führer nie; der Weg lief bergauf, bergab über unbebaute Haiden. Der Tartar ritt zuweilen zu uns heran und präsentirte uns seine brennende lange Pfeife, eine große Freundschaftsbezeugung bei den Türken, die wir nicht ausschlagen durften. Jeder that einige Züge daraus, dann nahm er sie wieder und sprengte vor an die Spitze des Zuges. Hie und da zeigte sich in einer Schlucht ein Feuer bei Büffelheerden. Jedesmal ritt unser Führer hin, wechselte einige Worte und kam laut rufend zu uns zurück. Einigemal passirten wir Brücken, die aber so baufällig und unsicher waren, das Hamsa beinahe immer abstieg und unsere Pferde einzeln hinüberführte. Um eilf Uhr wurde Halt gemacht. Wir stiegen ab und ließen die Pferde eine halbe Stunde herumführen; dann ging es wieder fort.

Nachdem wir gegen drei Uhr Morgens die Pferde durch einen Waldbach, der auf unserm Wege lag, hinabgeführt hatten, kamen wir an eine alte, halbzerfallene Erdhütte, die der Tartar mit einem lauten Hurrah begrüßte. Die Knechte machten ein großes Feuer, er holte aus einer Satteltasche sehr fein geriebenen, stark duftenden Kaffee und Zucker, setzte ein kleines Pfännchen zum Feuer, warf Kaffee und Zucker in das kochende Wasser und reichte uns das Gemisch, eine ziemlich dicke braune Brühe in kleinen porzellanenen Tassen. Es schmeckt nicht übel, nur fand ich kein Behagen am Kaffeesatz, den die Türken stets hinunterschluckten.

Unser Vorsatz war, die ganze Nacht zu reiten, um den folgenden Tag zeitig in Schumla einzutreffen. Als wir aber um fünf Uhr Morgens auf der ersten Station, einer kleinen türkischen Stadt, Rasgrad, anlangten, waren die meisten von uns so ermüdet - wir hatten von Rustschuk hieher sechszehn deutsche Stunden zurückgelegt - daß wir uns vom Tartaren gleich in ein Wirthshaus (Chan) führen ließen. Als wir in den Ort hineinritten, stimmten unsere drei Begleiter ein über alle Beschreibung unangenehmes, wahrhaft ohrzerreißendes Geheul an. Wir hatten dieß in der Folge auf jeder Station zu genießen. Es ist das Zeichen, daß eine großherrliche Post kommt, für welche Pferde in Bereitschaft zu setzen sind. Die Bereitwilligkeit und Geschwindigkeit, womit die sonst so faulen Türken uns immer bedienten, sobald der Tartar mit lautem Hurrah in den Hof ritt, zeigte, in welchem Ansehen er bei ihnen stand. Nicht selten tractirte er aber auch, wenn es nicht rasch genug ging, das dienende Personal des Chans mit Kantschuhhieben.

Das Zimmer, in welches man uns führte, hatte vier Kalkwände und das ganze Mobilar und Bettwerk bestand aus einem Wasserkruge und einigen Binsenmatten, die an den Wänden umherlagen. Durch die hölzernen Gitter strich unangenehm die scharfe Morgenluft. Doch Dank unserer Müdigkeit: wir schliefen bald, und der Tartar mußte uns nach zwei Stunden sein: „Heide! Heide!" (fort! fort!) öfters in die Ohren schreien, ehe wir munter wurden. Um sieben Uhr ritten wir weiter, stiegen, nachdem wir die kothigen Straßen des Dorfes hinter uns hatten, in die Höhe und befanden uns bald wieder auf weiter Haide. Die Landschaft bietet bis Schumla wenig Interesse: abwechselnd kahle Höhen und Thäler, hie und da einige verkrüppelte Bäume, kleine Eichen und wildes Obst. An Landstraßen ist überall nicht zu denken, und unsere Caravane ging anfangs, wie gestern, im gewöhnlichen Zotteltrab vorwärts. Sobald aber der Baron dem Tartaren begreiflich machte, daß er, wenn es so fortgehe, in Stambul nicht viel Bakschis (Trinkgeld) zu gewärtigen habe, nahm die Sache eine ganz andere Gestalt an. Hamsa klopfte seine lange Pfeife aus und steckte sie hinten in den Nacken, so daß der Kopf derselben einen Fuß hoch über sein Feß empor ragte, stieß ein lautes Geschrei aus, und dahin sausten wir unter immerwährendem Rufen und Schreien der Führer, daß die Mäntel der Türken und unsere Pelze im Winde flatterten.

Es war einige Stunden, als hezten wir ein Wild durch Gräben, Hecken, bergauf und ab, bald im scharfen Trab, bald im Galopp. Zuweilen stürzte ein Pferd, sprang aber sogleich wieder auf und wir bewunderten das Feuer und die Ausdauer der kleinen Thiere.

Bergauf geht es meistens im Schritt; in der Ebene den kurzen Trab, von dem ich vorhin sprach; aber bergab, und sind die Wege noch so holpricht und schlecht - im Gallopp. Sobald der Tartar das Nachtquartier in der Ferne wittert, ist er nicht mehr zu halten und es geht im Carriere unter beständigem Allah-Rufe, die schlechtesten Wege, die engsten Steinpflaster, bis in den Hof des Chans.

Abends gegen vier Uhr kamen wir in die Nähe von Schumla. Die Höhen, welche uns noch den Anblick der Stadt entzogen, waren mit alten zerfallenen Batterien und Erdschanzen bedeckt. Beim Näherreiten sahen wir, daß dieselben gegen die Stadt gerichtet waren, so so wie auch tief im Thal ein anderes Werk, das mir eine Brechbatterie zu seyn schien - wahrscheinlich Ueberbleibsel der Angriffslinie der Russen aus dem Kriege im Jahr 1829. Die Straße wandte sich rechts um einen Felsenvorsprung, und jetzt machten wir wie angefesselt Halt: unten im Thale lag Schumla vor uns und bot, von der sinkenden Abendsonne beleuchtet, einen wunderherrlichen Anblick. Rings war die Stadt umgeben, ich möchte sagen, durchflochten mit Weingärten voll reifer Trauben, aus denen die vergoldeten Minarets und weißen Häuser auf's Freundlichste heraussahen.

Es war die erste große türkische Stadt, die wir sahen. Das Eigenthümlichste derselben gegen unsere Städte sind die schlanken hohen Thürme der Moscheen, die Minarets, von denen herab der Iman - türkische Geistliche - zu gewissen Stunden den Gläubigen verkündigt, daß es Zeit sey, das Gebet zu beginnen.

Hinter Schumla erhebt sich der majestätische Balkan mit seinen blauen zackigen Kuppen, den herrlichsten Hintergrund bildend. Es that mir fast leid, daß ich diese Stadt betreten mußte, daß ich nicht mit diesem großartigen Bilde in der Erinnerung vorbeiziehen konnte: es war ja eine türkische Stadt, eine goldene Frucht, die innen fault.

Kaum hatten unsere Pferde die Außenwerke der Festung betreten, schlechte Erdaufwürfe, mit verfaulten und zerschossenen Pallisaden besetzt, so sanken sie auch schon bis an die Knöchel in den Morast, der die Straßen bedeckte. Beim Chan angelangt, wurden wir sofort in das Loch geführt, wo wir die Nacht zubringen sollten: Lehmwände, der nackte Dachstuhl als Plafond, gestampfter Koth als Fußboden. Der Tartar machte uns auf die finstere Miene, welche wir ihm zeigten, begreiflich, es sey das beste Wirthshaus in Schumla, und man werde das Zimmer gehörig einrichten, wenn wir uns ein wenig in der Stadt umsehen wollten.

Wir folgten seinem Rathe, kletterten einige Straßen hinauf, die sich an den Berg lehnen, und fanden denselben Schmutz wie in Rustschuk und Rasgrad. Welches Leben könnte sich hier entwickeln, in reizender Gegend, auf dem fruchtbarsten Boden, wollte der Türke seine gränzenlose Faulheit ablegen und sich aus dem Schmutz, in den er versunken, erheben.

Schumla, von Ferne so entzückend schön, macht auf den Fremden, der es betritt, den unheimlichsten Eindruck, und man kann erst draußen, in der freien Natur, wieder ruhig athmen. Wir besahen mehrere Kirchhöfe, fanden sie aber nicht so schön und poetisch, wie sie uns gerühmt werden. Es sind große Plätze, mit Unkraut bewachsen und vielen langen schmalen Steinen besetzt. Hie und da zeigt auf einem der ausgehauene Turban, daß er die Gebeine eines vornehmen Türken deckt. Von Lustwandelnden habe ich nichts bemerkt; die Plätze lagen, einige ausgehungerte Hunde abgerechnet, die sich darauf herum trieben, ganz einsam da.

Sehr schön und angenehm sind dagegen die vielen Brunnen mit klarem herrlichem Wasser, die man hier zu Lande auf allen Wegen und Plätzen findet. Wir sind auf unserem Ritt nach Stambul wenigstens alle zwei Stunden an einem solchen vorbeigekommen. Es sind vier Fuß hohe steinerne Nischen, mit eisernen Röhren, auch fehlt nie der hölzerne Becher, der bei uns den ersten Tag gestohlen oder verdorben wäre. Ehrlichkeit ist überhaupt ein schöner Zug im Charakter des Türken. Trotz der überall sichtbaren Armuth reist man nirgends so sicher wie hier. Man kann bei Nacht seine Sachen auspacken und wird auch keine Stecknadel vermissen. Raub und Mord kommt selten oder nie vor.

Als wir in unsern Gasthof zurück kamen, sah der Stall etwas wohnlicher aus. Man hatte den Boden mit Matten und Kissen bedeckt, ein Feuer loderte im Kamin, und kaum hatten wir uns gelagert, so brachte der Tartar einen großen Topf mit gekochtem Reis (dem berühmten Pillau) und zwei Hühner, welche er herausnahm, mit den Fingern zerriß und vorlegte. Daß uns dieß Abendbrod nach einem Ritt von fünfzehn Stunden und einer durchwachten Nacht herrlich schmeckte, brauche ich nicht zu sagen; auch schliefen wir gut und setzten am andern Morgen um fünf Uhr unsere Reise fort.

Heute hatten wir eine Tour vor uns, welche man uns in Wien und auf dem Dampfboot, als mit fast unüberwindlichen Hindernissen besäet, geschildert hatte – den Uebergang über den Balkan. Außer Schnee und Eis, womit in dieser Jahreszeit das Gebirge bedeckt seyn sollte, hatte man uns fürchterliche Winde angekündigt, welche Mann und Roß in Abgrund schleudern könnten, Räuber und Mörder heraufbeschworen und uns deshalb beim Abschiede die Hand geschüttelt, wie zum Nimmerwiedersehen. Von Alle dem bemerkten wir nichts, als wir auf den kleinen sichern Pferden die steilen Abhänge emporkletterten.

Es war ein schöner Tag, der Nebel sank, ein herrlicher blauer Himmel, dunkler als in Deutschland, wölbte sich über uns. Wir überstiegen den Balkan in drei Absätzen. Der erste Abhang war schon ziemlich steil; doch konnte man das Steingerölle, in dem sich unsere Pferde hinaufarbeiteten, allenfalls auch eine Straße nennen.

Wir trafen dann und wann zwei-dreihundert Fuß lange Strecken einer Römerstraße, welche an manchen Stellen noch ziemlich gut erhalten war. Von der Faulheit und Sorglosigkeit der Türken sahen wir wieder ausgezeichnete Beispiele. Um sich auf ihren Streifzügen Feuer zum Kochen zu verschaffen, hatten sie hie und da die schönsten Eichen niedergebrannt, ohne sie umzuhauen; sie legen dabei unten an den Stamm Feuer und wenn der königliche Baum hinstürzt, lassen sie ihn ruhig verbrennen bis zur Krone, kochen dabei ihren Pillau und rauchen ihre Pfeifen.

Man kennt sieben Hauptpässe über den Hämus, welche durch die alte Kriegsgeschichte mehr oder minder merkwürdig geworden sind. Die bedeutendsten waren der westliche, der in der ältern Römerzeit Succi, in der spätern Trajanspforte hieß, und der östliche, der von Adrianopel nach Schumla und Parawadi führte. Diesen letzten zogen auch wir theilweise. Ihn hat Theophylactus poetisch beschrieben. Er sagt von ihm: die unten liegenden Ebenen sind wie mit blumigten Teppichen bedeckt, grünende Wiesen sind Fest und Weide den Augen, dichte Schattenzelte des Waldes verbergen den heraufsteigenden Wanderer und viele Hitze gibt ihm dort die Mittagsstunde, wenn von den Sonnenstrahlen die Eingeweide der Erde erwarmen. Schön zu sehen, schwer zu beschreiben. Den Ort umströmt Ueberfluß der Waffen, welche den Trinkenden weder durch zu große Kälte beschweren, noch dem sich Abkühlenden durch ihre Weichheit beschwerlich fallen. Vögel, von frisch sprossenden Zweigen empor getragen, bewirthen die Zuschauer gastfrei mit wohltönendem Gesang, ohne Gram und Zorn der Uebel aller vergessend, so gewähren sie den Wanderern Schmerzlosigkeit durch ihre Gesänge. Epheu, Myrthe und Eiben mit allen andern Blumen führen in der schönsten Harmonie dem eingeweihten Geruchsinne ätherische Wollust im reichsten Maße zu und beräuchern mit süßen Düften den Fremdling, als ob sie nach dem besten Brauche der Gastfreundschaft Zubereitungen der Fröhlichkeit träfen.*

*Hammer, Gesch. d. v. R. I.

Den Fluß C a m o z i k, der sich reißend durch ein Thal des Balkan windet, durchritten wir, sahen an seinen Ufern das malerisch gelegene Dorf Camozikmala und kamen zum zweiten Absatz des Gebirges, den wir größtentheils mittelst des ausgetrockneten Bettes eines Waldstroms erstiegen. Derselbe wand sich an manchen Stellen sehr steil zwischen himmelhohen Felsen durch, wobei sich die Kraft und Gelenkigkeit der kleinen Pferde erst recht erprobte. Wie Ziegen kletterten sie empor, ohne je stehen zu bleiben, eins dem andern nach. Es war sonderbar anzusehen, wie sich die Caravane zwischen den grauen Steinen und verkrüppelten Eichen schlangenartig durchwand.

Als es Abend wurde, befanden wir uns nicht weit mehr von der Spitze des Gebirges. Der Himmel war den ganzen Tag über klar und rein geblieben, was uns einen herrlichen Sonnenuntergang versprach. Aus dem Thal erhob sich der bläuliche Nebel, mit dem wir zu den von der Abendsonne beleuchteten Felsenkronen emporstiegen. Endlich erreichten wir die Höhe. Da lag das Gebirge rings um uns, ruhig und groß, in den schönsten Farben vom Schwarz der Nacht, das den Fuß der Berge umgab, in hundert Tönen zum hellen Gold ihrer Spitzen; ein wunderschöner Anblick! darüber der sternbesäete Himmel mit der jungfräulichen Mondsichel, die schüchtern hinter einigen Tannen hervorlugte. Ueber unsern Häuptern kreiste ein mächtiger Adler und stieg höher und immer höher; wir sahen ihn noch von der Sonne beleuchtet, als sie unsern Blicken längst entschwunden war.

Was mich aber an dieser Stelle besonders freundlich, ja rührend ansprach, war ein einsamer Kiosk, eine Laube von wilden Reben, die auf der äußersten Ecke eines Felsen stand. Wer mochte sie gebaut haben? Alles war roh gearbeitet, und doch lag ein eigener Reiz auf dem Ganzen. Sie stand auf der schönsten Stelle des Bergrückens und gewährte eine Aussicht weithin über die Ausläufer des Gebirges. Was mochte das Herz gefühlt haben, das sie errichtet? War es vielleicht Balsam für seine Schmerzen, so hinaussehen zu können in die Welt? war ihm vielleicht dorthin ein geliebtes Wesen entschwunden und der gefesselte Körper konnte der enteilenden Staubwolke nur den freien Blick nachsenden?

Unsere Station wäre für heute Karnabat gewesen; indessen hielt es der Tartar wegen der Dunkelheit und des wirklich gefährlichen, steinigten Weges für zweckmäßig, in einem kleinen Dorfe, Dobrol, welches wir in einer Stunde erreichten, zu übernachten. Wir kehrten bei einem griechischen Bauern ein. Hamsa, der edle Tartar, bereitete ein Pillau, und F., der treffliche Maler, schlachtete eigenhändig zwei Hühner. Unsere Wirthin rückte einen hölzernen Trog in die Mitte des Zimmers, rührte Mehl mit Wasser an und knetete hieraus einen ziemlichen Kuchen, der in die Holzasche gelegt wurde und unser Brod geben sollte.

Nach einer halben Stunde wurde er herausgezogen, mit einer eisernen Schaufel gereinigt, und ich für meine Person muß gestehen, daß er äußerst schlecht schmeckte. Nach einem Ritt von vierzehn Stunden, den wir heute, und an den steilen Stellen des Gebirgs meistens zu Fuß gemacht, schliefen wir auf dem harten Lehmboden, den uns Frau Wirthin zum Bette anwies, recht gut.

Um fünf Uhr verließen wir Dobrol und kamen um neun nach Karnabat, wo wir Pferde wechselten, Trauben und Caffee genossen und zum erstenmal ein Nargileh (Wasserpfeife) dazu rauchten. Hier erhielten wir gute Pferde, die wir aber auch brauchen konnten; denn heute waren unsere beiden Reitknechte so lustig und munter, daß wir fast beständig scharfen Trab ritten.

Unser Weg ging durch sehr coupirtes Terrain, Ausläufer des Balkan, meistens mit niedrigem Gesträuch bewachsene Haiden, bergauf und ab. Zuweilen kamen wir über Wiesen, auf denen zahlreiche Krokus blühten. In meinem Leben habe ich keinen wildern Ritt gemacht. Wir jagten durch Schluchten und über Gräben weg, unsere Führer mit ihrem sonderbaren Geschrei stets an der Spitze. Bald gings durch einen Bach, daß das Wasser über unserm Kopf zusammenschlug, bald unter alten Eichen hinweg, wo man sich auf den Hals des Pferdes legen mußte, um nicht die Mütze zu verlieren oder sich gar die Stirne blutig zu stoßen, was mir indessen doch begegnete. Unsere Pferde sind Abhänge hinabgelaufen, an denen ein Fußgänger einen Augenblick fragen würde: „soll ich oder soll ich nicht?" Aber wir mußten nach, unser Tartar war wie besessen und schrie in einem fort: „Heide! Heide!" während er auf seinem kleinen Pferdchen dahin sprengte.

Als es dunkel wurde, wuchsen die Gefahren; aber die Führer kümmerten sich um nichts und ritten durch Dick und Dünn, und hätte nicht der Baron die Spitze genommen und stets gerufen: Achtung! ein Stein! ein Loch! ein Baumast! u.s.f., so wären wir sicher nicht unverletzt auf der Station angelangt. Wir kamen indessen glücklich nach Faki, und brachen den folgenden Morgen sehr zeitig auf; wir hatten bis Adrianopel neunzehn Stunden und wollten es noch bei guter Zeit erreichen.

Den ganzen Tag ritten wir scharf durch sehr uninteressantes Terrain, bis Nachmittags, wo eine unabsehbare Ebene sich vor uns ausbreitete, in welcher einige von uns, obgleich sehr undeutlich, vier Minarets fern am Horizont sahen - Adrianopel. Wie jubelten wir beim Anblick der zweiten Hauptstadt des Reichs! Dort wollten wir einen Tag rasten und dann auf's neue

Immer zu, immer zu,
Ohne Rast und Ruh.

Aber der Mensch denkt und Gott lenkt. Bei einbrechender Nacht kamen wir in die Nähe der Stadt, nachdem wir in der Dämmerung eine Stunde lang gegen die vielen glänzend beleuchteten Minarets geritten waren, von denen wir bei ihrem ersten Anblick sieben Stunden entfernt gewesen, so weit und flach ist das Thal, in welchem Adrianopel liegt.

Wir hatten noch einiges Wasser zu passiren, das sich in kleinen Seen auf der Straße gesammelt hatte, und trabten dann auf einem ungemein holprigen, ganz vernachlässigten Pflaster bis an das Thor der Stadt, aus zwei armseligen Häusern bestehend, von denen eines eine Wache vorstellte und mit dem andern durch eine Brücke zusammen hing. Dieses städtische Gebäude wurde durch eine kleine Ampel beleuchtet, die sich über unsern Köpfen an einer eisernen Stange ächzend wiegte, als fühle sie ihre Jämmerlichkeit.

Hier stockte auf einmal unser Zug. Wir hinten wußten nicht warum und verstanden auch zu wenig türkisch, um zu errathen, was zwischen unserem Führer Hamsa und der Wache verhandelt wurde. So hielten wir eine halbe Stunde, müde, fröstelnd, da wir uns warm geritten hatten und nun in der kalten Abendluft still hielten, murrend über die fehlgeschlagene Hoffnung, bald in ein Quartier zu kommen und unsere erstarrten Glieder auf weichen Kissen ausstrecken zu können.

Der Tartar hatte den Paß des Barons genommen und war damit in die Wachstube gegangen. Er kam endlich wieder und bedeutete uns abzusteigen und ihm dahin zu folgen, da unsere Pässe erst dem Pascha vorgelegt werden müssen, ehe wir einreiten dürften. Wir traten in das niedrige, von einem an der Wand hängenden Lichte spärlich beleuchtete Zimmer, und warfen uns gleich auf die Binsenmatten und Polster, die an den Seiten lagen. So viel der dicke Tabaksqualm erkennen ließ, hatte das Zimmer bloß vier nackte Wände, einen Kamin und ein einziges Fenster von einem Fuß im Quadrat. Die edeln Stadtwächter, junge Türken, kauerten an den Wänden, Pistolen und Dolch im Gürtel, die Pfeife im Munde.

Ich war vor Ermüdung beinahe eingeschlafen, als Hamsa erschien und uns, die wir jetzt hofften, erlöst zu seyn und unsern Chan aufsuchen zu dürfen, in einen schmutzigen Winkel der Straße führte mit dem Bedeuten, uns ruhig zu verhalten und nicht von der Stelle zu gehen. Auch gelang es uns, aus seinen Worten und Geberden endlich so viel abzunehmen, wir möchten, wenn wir gefragt würden, sagen, unsere Caravane habe Schumla nicht berührt, sondern sey um die Stadt herum gegangen. Was sollte Alles dies bedeuten? warum hielt man uns hier auf? Zuweilen hörten wir ein verhängnißvolles Wort neben uns flüstern: C a l e n d u r, was Quarantaine bedeutet. Aber d e r Gedanke war zu neu und schrecklich, um ihm nachhängen zu können. Hatte man doch nie gehört, daß die Türken ihr Land mit einer Quarantaine umzogen; wozu auch? und brachten wir ihnen doch gewiß keine Pest.

Unserer Ungewißheit wurde auf einmal ein Ende gemacht; ein Türke mit dem Feß auf dem Kopfe kam auf uns zu, stellte den langen Stock abwehrend vor sich hin und deutete auf ein höchstens zwei Fuß hohes Loch in der alten Stadtmauer, das man öffnete und durch welches wir in einen rings mit hohen Mauern umgebenen Hof kriechen mußten. Mehrere der Wachen umgaben uns mit den finstern, bärtigen Gesichtern, und ihre Dolche und Pistolen leuchteten recht unheimlich bei der düstern Flamme einer beinahe abgebrannten Pechfackel, die einer vor uns hertrug, bis zu einem größern Thor, das nach mehrmaligem Klopfen geöffnet wurde. Wir traten in einen zweiten Hof, und hinter uns riegelte man das Thor wieder zu.

Das Terrain, auf welchem wir uns befanden, schien ein Garten oder eine Baumanlage; wir waren wenigstens von Bäumen umgeben und unsere Füße traten auf lockern Grund. Ein colossales Schöpfrad hob sich neben uns aus einer Wassergrube und goß langsam das gesammelte Wasser aus seinem morschen Eimer, worauf dieser mit melancholischer Klage in die Tiefe zurücksank. Wir schleppten unsere müden Glieder noch einige Schritte weiter und wurden dann mit langen Stöcken in ein einsam stehendes Haus beinahe hineingeschoben. Durch einen schmutzigen Gang gelangten wir in ein Zimmer; zugleich mit uns setzte man eine Kohlenpfanne und ein brennendes Talglicht hinein und schloß die Thüre ab. Hamsa, unser Tartar, kauerte an die Wand und schien über unsere Lage nachzudenken, wenigstens sprach er nichts, sondern sah uns sehr wehmüthig an. Auch wir betrachteten unsern Aufenthalt und uns gegenseitig. Der Baron zog in stiller Resignation ein kleines türkisches Wörterbuch aus der Tasche, um mit Hülfe desselben den Tartaren zu befragen, was man eigentlich mit uns vorhabe.

Kaum sah Hamsa das Buch in den Händen des Barons, als er gleich zu ihm hinrutschte und zu seinen Füßen gelagert ihm aufmerksam in die Augen sah. Ueberhaupt kam Hamsa, so oft T. dieses Büchlein zur Hand nahm, eilends herbei und merkte genau auf jedes Wort, das er ihm allenfalls sagen wollte, wogegen wir Andern lange schreien mußten, bis er unsern Befehlen oder Bitten Gehör gab. Diesmal wartete aber der Tartar die Frage nicht ab, sondern wohl merkend, um was es sich handle, sagte er: „Schumla Gümurtochak, burda Calendur," d. h.: „Schumla Pest, hier Quarantäne." Dies erfüllte uns mit nicht geringem Schrecken, und wir sahen auf einmal unsere trostlose Lage. Deshalb auch früher seine Bitte, wir möchten versichern Schumla nicht berührt zu haben.

So saßen wir also fest, mit der nächsten Aussicht, die Nacht in diesem Loche zuzubringen, das nichts enthielt, als einige schlechte Binsenmatten und an den Wänden Erhöhungen von Holz, Divans vorstellend; auch hatten wir weder gefrühstückt noch zu Mittag gegessen, und unsere Reisesäcke enthielten außer Thee und Chokolade nichts Genießbares. Von den Türken, unsern Wächtern, war auch nichts zu hoffen, denn nachdem sie uns ein Kohlenbecken hineingeschoben und jedem eine kleine Tasse Caffee verabreicht hatten, schlossen sie die Thüre, so wie das ganze Haus, und kein noch so heftiges Klopfen und Schreien bewog einen, nach unsern Bedürfnissen zu sehen. So waren wir denn förmlich gefangen und fügten uns in dieses traurige Geschick so gut wie möglich, legten uns auf den harten Boden und schliefen, in die Pelze gewickelt, ziemlich fest, um den folgenden Morgen wie gerädert aufzustehen.

Morgens erschien der Arzt der Quarantaine, ein junger Italiener, um uns in Augenschein zu nehmen; ein sehr höflicher Mann, der uns in der Folge mit großer Artigkeit behandelte, und es ungemein bedauerte, daß wir die Nacht so schlecht zugebracht. Der Baron bemerkte ihm ziemlich ernst, es sey doch unverantwortlich, Reisende einzusperren, ohne sich um ihre nothwendigsten Bedürfnisse im Geringsten zu bekümmern. Der Arzt entschuldigte die Anstalt, weil sie noch so jung sey, und gab uns dabei eine kurze Geschichte ihrer Entstehung. Die Gesandten der auswärtigen Mächte haben die Quarantaine eingesetzt, damit die Pest so viel möglich von der Hauptstadt abgehalten würde und so sie selbst gesichert wären. Obgleich noch sehr mangelhaft, habe sie doch schon sehr schöne Resultate geliefert, denn seit zwei Jahren wäre von der fürchterlichen Seuche Constantinopel und Pera nicht verheert worden. Letzteres hörten wir später dort bestätigen. Dann zuckte der Arzt die Achseln und meinte in Betreff der schlechten Behandlung der Reisenden, müsse man nicht vergessen, daß man in der Türkei sey. Dies hatten wir in den letzten Tagen auch sattsam erfahren.

Wir waren also in der Quarantaine und suchten uns diesen Aufenthalt so erträglich und angenehm zu machen als möglich. Die deutschen Consuln und der englische, die wir von unserm Unglück in Kenntniß gesetzt hatten, bemühten sich, besonders der letztere, uns nach ihren Kräften mit dem Notwendigsten zu versehen. Nachmittags erschien ein Wagen, der zwei freilich sehr defecte Tische, einige Stühle, blecherne Pfannen, Wein, Butter, Reis und einen Schatz, nämlich einen Sack mit Kartoffeln, brachte.

Die Quarantaineanstalt stellte uns einen Mohren als Kammerdiener und Koch, der aber mit immenser Körpermasse eine unbeschreibliche Faulheit verband; auch bestand seine ganze Kochkunst in der Bereitung eines sehr mittelmäßigen Pillau, so daß wir uns genöthigt sahen, unsere

Küche eigenhändig zu versehen. Ein Jude, der jeden Tag zweimal eingelassen wurde, brachte Alles, was wir verlangten, nur ließ er sich sehr theuer bezahlen, und so konnten wir unsern Tisch gleich am ersten Tage mit einer vaterländischen Fleischsuppe und Kartoffeln versehen. B. und ich verstiegen uns den zweiten Tag sogar zu einem Schöpsenbraten und einem Huhn, das ich in Ermanglung von etwas Besserem mit Trauben und Brod stopfte. So lebten wir ziemlich anständig, tranken Morgens unsern selbst bereiteten Caffee und Abends einen selbstgebrauten Punsch und spielten darauf bis in die späte Nacht Whist, ehe wir unsere Schlafstätten aufsuchten, d. h. die Tische und Stühle in eine Ecke rückten und uns auf den Boden legten.

Unser Kislar-Aga, ich meine unsern Quarantainewächter, der den ersten Tag jeden unserer Schritte und Tritte mit der größten Malice bewacht und stets mit seinem langen Stock in die Luft gefuchtelt hatte, wurde mit der Zeit ganz geschmeidig und unser bester Freund. Er hieß Mustapha und suchte neben seinen Trabanten jede Communication nach Außen zu verhindern, wobei sie aber selbst in unser Zimmer kamen, unsere Sachen anfaßten und sich als ächte Muselmänner und Fatalisten aus der Ansteckung nichts zu machen schienen, es sey denn, daß sie unsern Worten, wir seyen nicht in Schumla gewesen, Glauben beimaßen. Kurz, sie spielten mit uns, so zu sagen, Quarantaine, und ließen uns im Innern alle Freiheit. Unser Mohr, er hieß Mertschan, auf deutsch Koralle, der den Tag über mit uns eingeschlossen war, verließ sogar das Haus zuweilen Abends, um einer Dame seiner Bekanntschaft eine Visite zu machen.

Ein großer, mit Maulbeerbäumen bepflanzter Garten, der an unser Gefängniß stieß, diente uns als Spazierplatz und Jagdgehege; wir schossen hier jeden Morgen oder Abend einige Rebhühner, von denen sich große Ketten stets dort aufhielten.

Ein anderer Zeitvertreib bestand darin, daß wir mit unsern Gewehren und Pistolen nach irdenen Gefäßen schossen; kurz, wir amüsirten uns, so gut es ging, um die uns bestimmten zehn Tage zu tödten. Man hatte uns mit dieser Frist sehr gnädig behandelt, denn die Vorschrift ist eine vierzehntägige Quarantaine.

Während der ganzen Zeit hatten wir unbeschreiblich schönes und warmes Wetter, der Himmel hing blau und rein über uns, und das Laub der Bäume, so wie das Gras zu unsern Füßen war saftig und grün, wie bei uns im Frühjahr, und doch hatten wir schon beinahe die Mitte Novembers erreicht. Den Untergang der Sonne und den Eintritt der Nacht, die hier fast ganz ohne Dämmerung einbricht, genossen wir meistens vor der Thüre, auf einer Binsenmatte sitzend, und sahen, wie die Minarets des Ramasan wegen allmälig beleuchtet wurden und in kurzer Zeit mit tausenden von

Lichtern durch die Nacht glänzten. - Wahrhaft lächerlich war in diesen Augenblicken das Benehmen unserer Türken. Sie, die während dieser Zeit den ganzen Tag sich aller Speisen und Getränke, sogar des Rauchens enthalten müssen, faßten schon geraume Zeit vor Sonnenuntergang ihre Löffel und Pfeifen und fielen beim Knallen des Kanonenschusses, der das Ende des Tages anzeigt, mit wahrer Wuth über Speisen und Tabak her.

Von Adrianopel selbst bekamen wir während unserer Gefangenschaft nicht viel zu sehen; aus unserm Bodenfenster, dem höchsten Punkte des Hauses, übersahen wir nur einige Reihen türkischer Häuser, an einen kleinen Berg hingebaut, so wie ausgebreitete Rosenpflanzungen, aus denen das vortreffliche Rosenöl gewonnen wird, womit Adrianopel den Orient und Occident versorgt. In der Ferne erhob sich die Moschee Sultan Selims, nach der Aja Sophia in Konstantinopel die schönste des ganzen türkischen Reichs. Rechts sahen wir aus dunkeln Platanen einige halb zerfallene Mauern und Kioske herabblicken, deren großartige Formen und reiche Verzierungen von früheren glänzenden Zeiten sprachen - das alte Serail.

Nachdem wir so neun Tage verlebt, trat Abends der Arzt in unser Zimmer und kündigte uns für den folgenden Tag die Freiheit an; zugleich donnerten an allen Puncten der Stadt die Kanonen und die Illumination des Minarets war großartiger und reicher, als gewöhnlich. Aber alles dies geschah nicht unserer Befreiung zu Ehren; ein Courier hatte am Abend die Nachricht gebracht, daß dem Großherrn in Stambul die fünfte Tochter geboren sey.

Am andern Morgen erschien der Oberaufseher der Quarantaine und führte uns durch einen Handschlag wieder in die allgemeine menschliche Gesellschaft ein.

Unser erster Ausflug war nach dem alten Serail gerichtet, das in seiner verfallenen Herrlichkeit, öde und einsam zwischen den dunklen Bäumen, mich schon lange geheimnißvoll angelockt hatte. Wir gelangten über eine große, gepflasterte Esplanade zum äußersten Thor, vor dem man uns zwei runde große Steine zeigte, auf welche die Köpfe der Hingerichteten gesteckt wurden. Rechts und links lagen in Schuppen alte Kanonen auf ihren Lafetten. Durch dieses Thor traten wir in den ersten Hof, der ziemlich groß ist und mit kleinen Steinen gepflastert, zwischen denen das Gras hervorwuchert.

Alles war still um uns, jeder Fußtritt hallte in den unbewohnten Räumen wieder und die Treppen zu den Gebäuden waren zerfallen. Ein Springbrunnen im Hofe war mit Schlingkraut bewachsen, und um die abgebrochenen Wasserröhren spielten kleine Eidechsen; es kam mir vor wie ein verzaubertes Schloß, urplötzlich von seinen Bewohnern verlassen. In einem Ziehbrunnen hing noch der Eimer; wir zogen ihn herauf und genossen das eiskalte Wasser. Unter dem ersten Thorwege stand eine vergoldete Damensänfte mit ihren dünnen Gitterstäben, einem großen Vogelbauer ähnlich. Der zweite Hof war mit Gebäuden umgeben, in denen die Dienerschaft gewohnt, und führte durch eine Art Kiosk in den dritten und letzten, zum Sitz der Glückseligkeit und der Geheimnisse des Harems.

Vor hundert Jahren wäre der Eintritt in dieses Thor der Eintritt in unser Grab gewesen; jetzt erhoben sich nur rechts und links einige Raubvögel und wilde Tauben, ängstlich flatternd, als wollten sie uns abmahnen, weiter vorzudringen. Auf diesem Hofe und vor den Gebäuden dieselbe Verödung, wie im ersten und zweiten: unsere Vorstellungen von orientalischem Luxus und der geträumten Pracht eines Serails wurden hier sehr herabgestimmt: alte Gebäude von Holz, mit gemalten geschmacklosen Zierrathen überladen. Wir besahen jetzt das Selamlik, oder Haus der Männer, so wie den Haremlik, das Haus der Weiber. Ersteres besteht vorzüglich aus einem thurmähnlichen, ziemlich hohen Gebäude, von dessen Plattform wir nach Ersteigung einer halsbrechenden Treppe einer schönen Aussicht auf die Stadt und Umgegend genossen.

Im Innern ist dieser Bau in drei Stockwerke getheilt, von denen die untern drei, das obere zwei Zimmer enthalten. Hier ruhten die alten Sultane und sahen dem Plätschern der Springbrunnen zu; hier überdachten sie, welchen Vezier oder Pascha sie mit der seidenen Schnur beglücken sollten. Dort in der Ecke lag der Großherr und machte mit der Hand eine horizontale Bewegung, wenn ihm der Großvezier die Namen von Gefangenen oder Verdächtigen, vielleicht auch nur von Reichen, deren Besitzungen ihn lockten, vorlas, und diese Handbewegung fiel als schrecklicher Blitzstrahl über's ganze Land hin, rüttelte hundertfachen Jammer auf und fraß das Glück ganzer Familien.

In jenen Vorzimmern standen die großen des Reichs und warfen sich nieder vor dem Beherrscher der Gläubigen, wenn er hindurch ging nach dem dahinter liegenden, auf's Köstlichste eingerichteten Gemach, wo ihm der Kislar-Aga die frisch angekommene weiße Sklavin triumphirend zeigte. Wie viel Thränen und Flüche mögen diesen Boden benetzt haben! mehr als er zu tragen vermochte, denn er ist jetzt durchfressen und eingestürzt. Die Wandbekleidungen sind meistens herabgefallen und bedecken die Erhöhungen, auf welchen die prächtigen Polster lagen. Die Springbrunnen sind trocken und verstaubt, das Ganze eine Ruine, von Gespenstern bewohnt, die sich an meine Brust hängten und mich erst losließen, als ich wieder den freien blauen Himmel über mir hatte.

Der Harem ist freundlicher und besser erhalten, als alle andern Gebäude. Der Aufseher weigerte sich anfangs, uns das Kiosk der

Sultaninnen aufzuschließen und konnte nur durch ein bedeutendes Trinkgeld dazu bewogen werden. Dieses Gebäude bildet ein regelmäßiges Viereck mit zwei Thüren, zwischen denen ein Vorsprung oder Erker sich befindet, von dessen Fenstern aus man dieselben genau bewachen konnte. Hier wohnten die Eunuchen, um die Eingänge zu den Zimmern ihrer armen Gefangenen stets im Auge zu haben. Wir traten zuerst in eine Art Vorsaal, mit Marmor schön ausgelegt und ziemlich gut erhalten; in der Mitte der unentbehrliche Springbrunnen, aber auch hier ohne Wasser. Dieser Saal diente als gemeinschaftlicher Spielplatz; er hat rings Erhöhungen zu Divans und eine Wand von geschnitztem Holze. Die Fenster bestehen zum Theil aus farbigem Glase mit grotesken Blumen und sind mit doppelten Gittern versehen. Weit reicher noch und mehr orientalisch sind die inneren Zimmer, die Wände belegt mit Ziegeln, deren bunte Bemalung in lebhaften Farben Blumenguirlanden vorstellt. Es war ein eigenes Gefühl, hier zu wandeln, wo früher außer dem Großherrn und den Eunuchen kein männliches Wesen geduldet wurde, sich hinzustrecken auf die Erhöhungen, auf deren Polstern die Sultaninnen gelegen, und die kleinen, noch gut erhaltenen Wandschränke von vergoldetem Holze zu öffnen, worin die Odalisken Kleider und Geschmeide sorgsam verwahren.

Ich weiß nicht warum, aber wir sprachen Alles leise zusammen, als fürchteten wir, draußen schlafende Wächter zu erwecken; auch hielten wir uns nicht sehr lange hier auf, denn unser Führer schien seine Vollmacht überschritten zu haben, indem er uns diese Gemächer zeigte; er trieb beständig zur Eile an und blickte stets nach dem Hofthor, als fürchte er dort einen Verräther erscheinen zu sehen. Einer unserer Begleiter, der Dragoman des englischen Consuls, erklärte uns noch einige Sprüche des Koran, die an die Wände geschrieben waren und zeigte uns die Namen der sechs Propheten, Mahomed, Osman, Omar, Ali, Abubekr und Hassan, die fast in allen türkischen Häusern irgendwo in großen Schriftzügen zu lesen sind. Hier waren sie in die Fayence der Wandbekleidung eingebrannt.

Wir verließen den Harem; ich brach mir eine wilde Blume, die in einem der Zimmer aus dem Fußboden hervorwucherte, und legte sie als Andenken in die Brieftasche. Ein großer Hirsch, der sich auf dem Hofe zu langweilen schien, begleitete uns in zierlichen Courbetten bis zum Thore der Glückseligkeit, wo er uns stolz verließ und in die Gemächer zurückkehrte. Wir wanderten der Stadt zu, die, obgleich eng und winklicht gebaut, wie alle türkischen Städte, doch etwas reinlicher schien als Schumla. Wir begaben uns zunächst zu der großen Moschee Sultan Selims, die mit ihren vier Minarets und großartigen Kuppeln eines der schönsten Gebäude ist, die ich je gesehen.

Das Innere des Tempels betraten wir nicht, weil es uns, die wir zur morgigen Abreise im Reitcostüm waren, zu beschwerlich gewesen wäre, die Stiefeln auszuziehen. Beinahe hätte man uns so, wie wir waren, hineingelassen. Da wir indessen den Muselmännern kein Aergerniß geben wollten, bestiegen wir nur eines der Minarets von eigenthümlicher Bauart, indem sich bis zum ersten Absatz drei Treppen zugleich aufwinden. Um in die Spitze des Thurms zu gelangen, mußten wir dreihundert und fünfzig Stufen ersteigen, genossen dann aber einer herrlichen Aussicht.

Nun durchstrichen wir die Bazars, welche hier schon bedeutend reicher sind, als in Rustschuk und Schumla, und gingen durch die Stadt zum Flusse Maritza, um dort eine neue, noch im Bau begriffene Brücke zu sehen, welche schon dreimal, nachdem sie beinahe vollendet, eingestürzt war. Uns wunderte das gar nicht. Wie wir unter besondern Feierlichkeiten den Grundstein eines Gebäudes legen, so ist es ein Fest bei den Türken, den Schlußstein zu legen. Daher schließen sie die Gewölbe der Brückenbogen nicht, sondern stecken hölzerne Keile hinein, bis der Pascha Zeit oder Laune hat, die Schlußsteinlegung vorzunehmen. Der hiesige hatte das einigemal versäumt, weshalb das sonst gar nicht üble Gebäude, wie schon gesagt, mehrmal zusammengestürzt war.

Der englische Consul, der uns in der Quarantäne mit Gefälligkeiten überhäuft, hatte uns heute zu Tische geladen, was uns Allen in Ermangelung eines guten Gasthofs und nach zehn Quarantainetagen, die uns im eigentlichen Sinne des Worts im Magen lagen, äußerst erwünscht war. Seine Küche, halb englisch, halb nach der Sitte des Landes, war vortrefflich. Nach dem Essen nahmen wir mit Vergnügen seinen Vorschlag an, durch die Stadt zu wandern und die Illumination anzusehen, die schon wegen des Ramasan, aber zu Ehren der neugeborenen Prinzessinn heute doppelt glänzend war; auch versprach er uns wo möglich noch diesen Abend dem Pascha vorzustellen.

Wir zogen aus, vor und hinter uns Kawaschen (Wachen) und Diener mit großen Laternen und Stöcken, fanden aber, nachdem wir durch ein paar Straßen gegangen, die Illumination äußerst armselig. Außer farbigen Laternen und Blechlämpchen, die einzeln an den Häusern hingen, sahen wir hie und da auf einem kleinen Platze eine Pechfackel, bei deren rothem Scheine die Türken lärmend irgend ein Backwerk verzehrten. Nur bei dem Palast des Pascha, zu dem wir bald gelangten, war es lebhafter.

Das Gebäude hatten wir schon diesen Morgen vom Minaret der Moschee aus gesehen, von wo aus es einer deutschen großen Caserne glich: ein beinahe viereckiger Bau, der einen Hof umschließt, mit regelmäßigen Fenstern ohne die vielen Erker und Schnörkel der übrigen türkischen Häuser. Die Facade war mit Lämpchen auf's Beste herausgeputzt; sie stellten Sterne und Halbmonde, auch Namenschiffern vor, nur lief Alles bunt, ohne Symmetrie durcheinander. Am Thor standen mehrere zerlumpte Bursche mit großen Pechpfannen, und hier wogte eine große Menschenmasse aus und ein.

Auch wir folgten dem Strome mit Hülfe unserer Kawaschen, welche uns mit ihren Säbeln überall Luft machten, und fanden im Hofe ein seltsames Treiben und Leben. Auf dem ganzen Platze waren Pechpfannen in die Erde gesteckt, welche die Menschenmassen rings um ziemlich beleuchteten. In der Mitte saß eine Musikbande auf dem Boden und machte mit einigen Violinen, Zithern, Querpfeifen und Trommeln einen heillosen Lärm. Indessen hielten sie bei aller Disharmonie vortrefflich Takt, zu dem in der Mitte des großen Kreises, den das Volk bildete, zehn bis fünfzehn Tänzer die groteskesten Sprünge machten und eine sich immer wiederholende Melodie mit näselndem Tone sangen. Das Ganze gab beim flackernden Lichte ein eigenthümliches Bild: die zerlumpten Tänzer, die gellende Musik, das Jauchzen der Menge, die Häuser umher, die bei den vielen Lampen und Pechpfannen im Feuer zu stehen schienen.

Der Consul führte uns in das Wohngebäude des Pascha und vorerst in die Zimmer des Muazil, des Ministers oder ersten Beamten, die sehr reich mit Divans und Teppichen geschmückt waren. Man setzte eine Menge Wachslichter auf den Boden hin und brachte uns eiskaltes Wasser in Glasgefässen, so wie unendlich lange Pfeifen. Bald waren wir und einige andere Herren, die sich eingefunden hatten, wie der griechische, sardinische und preußische Consul und einige angesehene Beamte und Kaufleute Adrianopels in voller Arbeit und erfüllten das Zimmer mit dem Dampfe des sehr guten Tabaks. Da erschien der Muazil, ein wohlbeleibter, freundlicher Mann von etwa vierzig Jahren. Er ging gegen die Gewohnheit der Türken äußerst schnell, reichte rechts und links seine Hände zur Begrüßung hin, dann hüpfte er in die Ecke des Divans, schlug die Beine unter und fing durch den Dolmetscher an, sich mit uns zu unterhalten. Unter Anderem sagte er, der Pascha lasse sich für den Augenblick entschuldigen, weil er in seinem Harem sey. Endlich erschien ein Diener des Pascha. Der Muazil erhob sich und wir folgten ihm durch mehrere Gänge, durch eine Unzahl Diener und Wachen, die in allen Zimmern standen, bis zu einem sehr reichen Gemache, in welchem der Pascha saß, ein schon ältlicher Mann mit ergrautem Barte, aber von äußerst einnehmendem, freundlichem Aeußern.

Wir lagerten uns auf den Divans umher; der Baron mußte sich neben den Pascha setzen, und dieser ließ ihm durch den Dragoman erklären, er habe wegen des zweifelhaften Wetters für heute die Feierlichkeiten draußen abbestellt, uns zu Ehren aber wollte er Feuerwerk und Lustbarkeit in doppeltem Glanze auflodern lassen. Er sprach leise zu einem der Diener, der sofort, die Hand auf der Brust tief sich neigend, rückwärts hinaus ging.

Der Pascha klatschte darauf dreimal in die Hände, und eine ganze Reihe von Dienern erschien, jeder mit einer Pfeife in der Hand. Vor jedem der Gäste blieb ein solcher Pfeifenträger stehen, und auf einen Wink des Pascha drehten alle die Röhren, welche sie bisher über die rechte Schulter gelehnt, und steckten uns die Spitzen in den Mund.

Dies gleichförmige Präsentiren der Pfeifen geschieht dann, wenn der Wirth den Rang seiner Gäste nicht genau kennt. Jetzt brachte man auch des Pascha's Nargileh, woran er mächtig zog und es dann dem Nebensitzenden bot, was für eine große Freundschaftsbezeugung gilt. Man brachte uns schwarzen Caffee in kleinen türkischen Tassen ohne Henkel, die man mittelst eines metallenen Tellers (Zarfe) hält, und wir schlürften den beliebten Sorbeth aus halbkugligten Crystallgefäßen. Mehrere Male wurden hiebei die Pfeifen gewechselt, mit denen der Pascha, wie es schien, reichlich versehen war.

Der sardinische Consul, welcher neben mir saß, erzählte mir, welch' unglaublicher Luxus hier zu Lande mit Pfeifen, besonders mit Mundstücken, getrieben wird. So wie ein Großer eine bedeutende Anstellung erhält, schafft er sich Pfeifen zu Hunderten an, was, wenn man bedenkt, daß schöne Bernsteinspitzen mit mehreren hundert, ja tausend Gulden bezahlt werden, keine kleine Auslage ist. Ich rauchte unter andern diesen Abend eine, die man mit den Edelsteinen, womit sie besetzt war, auf dreihundert Gulden C. M. schätzte.

Um diesem thörichten Aufwand zu steuern, hatte bekanntlich Sultan Mahmud einige Jahre vor seinem Tode den Befehl gegeben, jeder Türke solle, wenn er einen Besuch abstatte, seine Pfeife mitnehmen, damit kein Hausherr nöthig habe, für seine sämmtlichen, oft zahlreichen Gäste Pfeifen herbeizuschaffen.

Plötzlich verkündete draußen ein Kanonenschlag den Beginn des Feuerwerks. Auf dem Hofe hatte sich die Volksmasse außerordentlich vermehrt; in der Mitte stand aber nur ein Türke, der einzelne Raketen abbrannte, welche ziemlich gerade stiegen und blaue und rothe Sterne warfen. Ein Kerl, der schon früher durch bizarre Sprünge die Menge belustigt hatte, ergriff eine Stange, steckte sie zwischen die Beine und jagte so im Kreise herum, während vorne und hinten befestigte Schwärmer und Frösche feuersprühend in die Haufen fuhren, was ungemeinen Jubel verursachte. Den Beschluß machte ein Feuerkasten, der vor die Fenster gestellt wurde, in welchem wir lagen, und mit einem ungeheuren Knall abbrannte, Sonnen, Schwärmer, Raketen, Sterne warf und zuletzt den Hof mit einer bengalischen Flamme erleuchtete. Das Ganze dauerte ungefähr eine halbe Stunde und war eine Lumperei mit viel Spectakel; erstere dedicirte uns die Regierung, für letztern sorgte der Pöbel.

Indessen dankten wir dem freundlichen Pascha für seinen guten Willen herzlich und folgten abermals dem Muazil in sein Zimmer, wo ein türkisches Nachtessen unser wartete. Eine runde silberne Platte, etwa drei Fuß im Durchmesser, die auf einem zwei Fuß hohen messingenen Fuße stand, war mit kleinen Tellern und Gläsern bedeckt.

Erstere enthielten klein geschnittene Aepfel, Birnen, Mandeln, Nußkerne, Melonen, Rosinen, Feigen und Zuckerwerk; in den Gläsern war Sorbeth von allen möglichen Farben und dem verschiedenartigsten Geschmack. Jeder langte mit den Fingern in die Schüssel und holte sich heraus, was ihm beliebte.

Kaum hatten wir abgespeist und uns in die Divans zurückgelegt, so steckte man uns gleich wieder eine Pfeife in den Mund. Der Muazil klatschte in die Hände und ließ uns durch den Dragoman sagen, die Tänzer würden sogleich erscheinen, um uns ihre Künste in der Nähe zu zeigen. Die Thüre ging auf und herein schritt die Musikbande, zwei Violinen, zwei Zithern und ein mir unbekanntes Instrument, das nur mit einer Saite bespannt war und nur einen einzigen schnarrenden Ton hören ließ. Die Tänzer waren vier griechische Knaben in weiten weißen Beinkleidern, rothen Schuhen, rothem Gürtel und einer eng anliegenden blauen Jacke, mit Castagnetten in den Händen. Zwei stellten die Tänzerinnen vor und hatten zu dem Ende das Haar lang wachsen lassen, daß es ihnen ungeflochten um die Hüften wehte. Sie gingen im Zimmer umher, machten dem Muazil und uns eine Verbeugung, dann zogen sie sich in eine Ecke zurück. Die Musikanten kauerten auf dem Boden und begannen in sehr schnellem Tempo eine unangenehme, eintönige Musik. Die Tänzer stellten sich einander gegenüber, fielen mit ihren Castagnetten ungemein taktfest in die Musik ein und der Tanz begann.

Ein richtiges Bild desselben zu entwerfen, ist schwer. Die Füße, denen bei unsern Tänzern das Hauptgeschäft obliegt, haben hier am allerwenigsten zu thun. Die Tänzer brauchen sie nur zum Stehen und Springen und werfen sie willkührlich plump und unbeholfen herum. Dagegen sind die Hüften und Schulterblätter in einer unbeschreiblichen, stets zitternden Bewegung. Dabei stoßen sie einen eigenen Gesang aus, und obgleich der Schweiß ihnen vom Gesicht und vom Leibe floß, obgleich dieses beständige Zittern und Springen ungemein ermüdend seyn muß, tanzten sie eine volle Stunde ohne Aufhören, ohne mit ihren Castagnetten ein einziges Mal aus dem raschen Takt der Musik zu fallen.

Nach diesem Tanze, den uns der Muazil als einen asiatischen bezeichnete, kam noch ein bulgarischer mit ähnlichen Bewegungen, und vom ersten hauptsächlich nur durch eine Figur unterschieden, bei welcher sich alle vier Tänzer an den Gürteln faßten und wie toll im Kreise herumsprangen. Endlich schwieg die Musik, die Tänzer traten in den Hintergrund, und nur einer von ihnen, mit langen Haaren, kniete auf einen Wink des Muazil vor ihm auf den Boden; doch so, daß er dem Minister den Rücken zuwandte. Dann bog er den Kopf hinten über und Se. Excellenz beklebte ihm beide Backen mit kleinen Geldstücken, die er mit Speichel benetzt hatte, worauf sich der Tänzer wieder erhob, ein Tuch vor sich hinhielt und singend so lange auf und niedersprang, bis sämmtliche Münzen herabgefallen waren; dann trat er mit einer Verbeugung zurück und Alle verließen das Zimmer.

Mittlerweile war es Mitternacht geworden, und da wir frühe abreisen und noch einige Stunden ruhen wollten, beurlaubten wir uns vom Muazil und folgten dem östreichischen Consul, der uns für die Nacht sein Haus angeboten, begleitet von mehreren Fackelträgern und einer großen Menge Volks.

Den andern Morgen brachen wir auf, mit der gleichen Anzahl Pferde wie aus Rustschuk. Hamsa an der Spitze jauchzte beständig: Heide Stambul Gidelüm. Land und Weg boten wenig Interessantes; wir zogen über baumlose Hügel und durch dürre Thäler, zuweilen über Brücken, die wir nur einzeln beschreiten konnten, um nicht durchzubrechen; nur war die Straße lebhafter als vor Adrianopel, und man sah, daß man sich der Hauptstadt näherte. Caravanen von vierzig bis fünfzig Pferden begegneten uns, die Reiter mit Säbeln, Gewehr, Pistolen so überladen, daß ihre Waffen gewiß oft mehr werth waren als die Waare, die sie damit zu bewachen hatten. Auch sahen wir kleine Züge türkischer Cavallerie, schlecht ausgerüstet und eben so schlecht beritten. Die Leute trugen blaue runde Jacken, nach Art unserer Husaren, mit rothen Schnüren besetzt, blaue Hosen und das Feß auf dem Kopf. Abends sechs Uhr gelangten wir nach Schatal-Burgas, wo unser Tartar mit einigen Kantschuhhieben eine Caffeestube von den dort versammelten Türken reinigte, und uns zum Nachtlager einrichten ließ. Am andern Tag gegen vier Uhr Nachmittags erblickten wir zum ersten Male das Meer; am fernen Horizont tauchte im Süden die Spitze der Insel Marmora empor, und südöstlich strichen die Gebirge Kleinasiens.

Im Nachtquartier Siliwri angelangt, besahen wir noch im Mondschein die Ruinen eines kolossalen Schlosses, das auf einem schroffen Felsen hart am Meere steht; es ist wahrscheinlich von den Genuesern gebaut. Die Türken untergraben die zwanzig Fuß dicken Mauern, um Steine für ihre armseligen Häuser zu gewinnen. So bereichern sich vom todten Körper eines riesigen Thiers tausend Ameisen und Würmer. Bald wird das stolze Gebäude über den Köpfen dieser Vandalen zusammenbrechen.

Vor Tage brachen wir auf und ritten beständig am Strande hin, so daß die grünen Wellen zu den Füßen unserer Pferde schlugen; das Meer war etwas bewegt. Stets so die schöne See zur Rechten, kamen wir Mittags nach Kutschukschekmedsche, und gegen drei Uhr sahen wir Constantinopel in seiner ganzen Pracht und Herrlichkeit vor uns liegen.

Drittes Kapitel.

Constantinopel.

Ansicht der Stadt. - Gasthöfe und Caffeehäuser. - Straßen und Hunde. - Oeffentliches Leben. - Türkische Bäder. - Der Hippodrom, die sieben Thürme, mehrere Moschee'n und andere alte Bauwerke. - Fahrt nach Bujukdere. Die alten und neuen Wasserleitungen. - Familienleben. - Die Nacht im Ramasan. - Eine Audienz beim Sultan. - Diner bei Reschid Pascha.

Stambul ist einer großen Blume vergleichbar, auf drei Seiten von einem rauhen unscheinbaren Deckblatt umgeben, mit welchen es an den Felsgestaden Rumeliens hängt, während es der aufgehenden Sonne und den großen glänzenden Spiegeln, die zwei Meere vor ihr ausbreiten, das schöne glühende Antlitz zuwendet. Das kleine leichte Boot trägt uns spielend aus dem Hafen nach dem gegenüber liegenden Gestade von Kleinasien; man verläßt Constantinopel und damit Europa, wie man vor einem Gemälde zurücktritt, um es gehörig würdigen zu können; man muß sich auf einem andern Welttheil niederlassen, um das großartige Bild, das sich hier vor den erstaunten Augen entfaltet, mit seiner ganzen Schönheit ins Herz aufzunehmen.

Wie Rom ist Constantinopel auf sieben Hügeln erbaut, deren Abgränzung man deutlich erkennen kann. Sie bilden noch jetzt wie unter der Herrschaft der Constantine ein unregelmäßiges Dreieck, von dem wir zwei Spitzen von hier aus nicht sehen; nur die dritte liegt links vor uns, das sogenannte neue Serail, mit seinen buntverzierten mannigfaltigen Gebäuden, größern Palästen und kleinen Kiosks. Zwischen denselben sieht man Wälder von Orangen, große Platanen und schlanke Cypressen, welche dieser ungeheuern Wohnung der Sultane, die einer kleinen Stadt mit hohen Ringmauern gleicht, die angenehmste Schattirung geben.

Hinter dem neuen Serail, das tiefer als die Stadt am Ufer des Hafens liegt, erblickt man bunte Häusermassen, die den Wellenlinien der Hügel folgen. Dort tritt eine Gruppe von Cypressen und anderen Bäumen über sie hinaus; hier unterbricht ein einsam stehendes halbzerfallenes Mauerwerk die fast nur durch ihre Färbung verschiedenen Dächer der Häuserreihen.

Was aber der Stadt einen so wunderbaren, ich möchte fast sagen feenartigen Reiz verleiht und dem Munde beim ersten Anblick einen lauten Ausruf entlockt, sind die zierlichen Minarets und die Haufen glänzender Kuppeln auf Moscheen und Grabmälern, die über den gewöhnlichen Wohnungen emporragen. Man kann sie kaum zählen, geschweige alle nennen, und während das Auge gesättigt über der Mehrzahl derselben hinschweift, bleibt es bewundernd an einigen hängen, die durch Größe und schöne Bauart dem Munde die Frage nach ihrem Namen entlocken, bei dessen Nennung in empfänglichen Herzen tausend Bilder und Gedanken erwachen.

Wer denkt nicht beim Anblick jener prachtvollen Kirche, der Aja Sophia, die mit ihrer schönen Kuppel und den vier Minarets für unser Auge beinahe im Mittelpuncte der Stadt liegt, an ihren Erbauer, den prachtliebenden Justinian, der durch sie ein Werk hinstellen wollte, das den Glanz des einst so gepriesenen Tempel Salomonis verdunkeln sollte, was ihm auch gelang. Als die Kirche fertig war und der Kaiser mit den Worten: „Salomon, ich besiegte Dich!" an den Altar eilte, ahnte er nicht, daß einst der Herrscher der Andersgläubigen auf seinem Streitrosse in diese Hallen reiten, eigenhändig die Symbole des christlichen Glaubens zerschlagen und sprechen werde: „Es ist kein Gott als Gott und Muhamed ist sein Prophet!" - Das Kreuz verschwand von der Höhe der Kuppel, und jetzt erhebt sich dort ein colossaler, fünfzig Ellen im Durchmesser haltender Halbmond, der den Reisenden schon von Weitem entgegenglänzt, lange vorher, ehe sie von der Stadt selbst etwas sehen können.

Auf der Höhe des dritten der sieben Hügel liegt die Moschee des großen Suleiman, die Suleimanje, was Symmetrie betrifft, das schönste Gebäude Constantinopels. Neben ihr sieht man die Moschee Bajazet II. mit zwei Thürmen, weiter rechts die Moschee Muhameds II. auf dem Platze, wo das frühere christliche Byzanz einen seiner schönsten

Tempel hatte, die Kirche der heiligen Apostel. Links von der Aja Sophia zeigt sich die Moschee des Sultan Achmet, welche man füglich die Cathedrale Constantinopels nennen kann. Sie ist eines der prächtigsten Gebäude und hat sechs Minarets.

Ueber alle diese Moscheen hinaus ragt der Thurm der Feuerwache, der Thurm des Seraskiers. Er liegt in der Nähe des alten Serails. Ihn vergleicht der Historiograph Isi mit einem in den Lüften schwebenden Neste des Paradiesvogels.

So liegt Constantinopel links vor uns und seine Häuserreihen steigen bis zu den Ufern des großen Hafens, des goldenen Horns hinab, das wir mit allen seinen Schönheiten gerade vor uns haben; man verfolgt seinen Lauf von der breiten Einmündung in's Meer von Marmora bis Ejub, wo es sich allmählig zwischen den grünen Wiesen zu verlieren scheint. Auf seinem Wasser von der schönsten grünen Farbe ruhen Schiffe von fast allen Nationen der Erde neben einander. Das alte, sonderbar gebaute Fahrzeug der syrischen Küstenfahrer, dessen hoher spitzer Schnabel an die Bauart der Schiffe im Alterthum erinnert, liegt mit seinem schmutzigen Anstrich neben der zierlich ausgerüsteten Yacht des Engländers, der auf derselben vielleicht seine große Tour nach dem Orient gemacht. Da ankert schwerfällig ein altes türkisches Kriegsschiff, ein zerschossener Invalide, der zu seinem Glück die Fahrt nach Aegypten nicht mitmachen konnte, neben einer leichten englischen Kriegsbrigg, die auf und unter dem Verdeck blank und sauber geputzt ist, mit den hohen Masten hin und her wiegt und ungeduldig an den Ankerketten zu zerren scheint. Langsam bewegt sich dort eines jener plump zusammengezimmerten Gerüste, die einem Floße gleich auf schweren Balken ruhen und dazu dienen, den Hafen, besonders die Landungsplätze für die kleineren Boote, vom Schmutze zu reinigen. Neben ihm stellt so eben ein Dampfschiff seinen muntern Lauf ein, hißt eine Flagge auf und der Wasserdampf, der laut schreiend dem geöffneten Ventil entfährt, zieht die Aufmerksamkeit der Osmanlis auf sich, die, faul in ihren Kähnen liegend, dem Meerwunder zusehen.

Zwischen diesen größeren Fahrzeugen bewegen sich die kleineren Boote, Kaik genannt, vermöge ihrer fabelhast leichten Bauart im wahren Sinne des Worts pfeilgeschwind auf dem Wasser des Hafens hin und her, ja wagen sich sogar, wie heute das meinige, über den Bosporos nach dem asiatischen Ufer. Diese Fahrzeuge sind gewöhnlich achtzehn bis zwanzig Fuß lang, aber kaum drei Fuß breit, und da sie, wie alle Seefahrzeuge, auf dem Kiel gebaut sind, sehr zum Umschlagen geneigt, wozu noch die äußerst dünnen Wände das Ihrige beitragen. Diese, kaum einen halben Zoll dick, bestehen, wie das ganze Boot, aus hartem Holz und sind gewöhnlich zierlich geschnitzt. Durch ihre Leichtigkeit und den langen spitzen Schnabel, in welchen das Boot ausläuft, wird ihre ungemeine Schnelligkeit bedingt, aber auch, besonders für den Europäer, das Einsteigen erschwert; denn man muß bei diesem Manöver gleich vom Landungsplatze aus die Mitte des Boots gewinnen und sich ruhig niedersetzen, um das Gleichgewicht zu erhalten und nicht umzuschlagen, was dennoch sehr häufig vorkommt.

Wir Europäer, die neben dem Platz, auf dem wir sitzen, noch großen Raum für unsere Beine brauchen, konnten nur zu drei, höchstens vier eine solche Wasserschachtel besteigen; aber die Türken, die ihrer Geschäfte wegen häufig über den Hafen setzen müssen, finden zu acht bis zehn in einem solchen Boote Platz, da sie sich auf ihre untergeschlagenen Beine an den Boden setzen. Meist bewegt nur ein einzelner Mann ein solches Boot vorwärts, aber mit erstaunlicher Schnelligkeit und Gewandtheit, wobei er beständig ein lautes: „Johe!" ausstößt, um ein anderes Boot, das vielleicht um die Ecke eines Kriegsschiffs herum ihm in die Seite fahren würde, frühzeitig zu benachrichtigen.

Bei diesem Ausweichen kommt die Leichtigkeit der Fahrzeuge wieder sehr zu Statten, da stets mehrere Hunderte den Hafen bedecken und manches Unglück durch Anprallen vorfallen müßte, wenn der Schiffer nicht mit einem einzigen Ruderschlag seinem Boot eine andere Richtung geben könnte. –

Das reizende Bild des Hafens, der sich zwischen Constantinopel und den auf dem andern Ufer liegenden Vorstädten wie ein klarer Bach hinzieht, wird durch die Menge dieser kleinen Fahrzeuge sehr belebt. Einen äußerst komischen Anblick gewährt ein solches Kaik, mit einer Menschenladung, von der man nur die Köpfe über dem Bord emporragen sieht. Hin und wieder arbeitet sich auch die Schalluppe eines Kriegsschiffs schwerfällig zwischen den Kaiks durch, doch nicht minder hübsch. Diese Fahrzeuge sind von dunklerer Farbe als die Schiffe, mit einem einzigen blauen, rothen oder weißen Streifen um den Rand. Auf den Bänken sitzen die Matrosen, bei den größern in zwei, bei den kleineren nur in einer Reihe, in ihren Jacken von dunkler Leinwand, worüber sie einen saubern breiten Hemdkragen herauslegen, der meist von blauer Farbe ist. Er rahmt in Verbindung mit dem schwarzen, betheerten keck aufgestutzten Hute die frischen runden Köpfe der Matrosen recht angenehm ein. Am Hindertheil der Schaluppe steckt die Flagge und unter derselben sitzt auf einem mit der Landesfarbe eingefaßten blauen Tuch der Offizier, der sie befehligt, in seinen Händen zwei Schnüre, mit denen er das Steuerruder leitet. Mich hat das An- und Abfahren dieser Kriegsschaluppen stets ergötzt. Die Matrosen sitzen auf ihren Bänken, die Ruderstange gerade in die Höhe gestreckt, den Augenblick erwartend, wo der Offizier einsteigt. Dann pfeift der Bootsmann, die Matrosen stoßen vom Schiffe ab und lassen ihre Ruder alle zugleich in's Wasser fallen.

Eine für uns Ausländer besonders merkwürdige Erscheinung, die uns bei unsern Spazierfahrten auf dem Hafen öfters aufstieß, war ein großes weißes Kaik, reich vergoldet, dessen sauber geschnitzter, bunt bemalter Schnabel sehr lang und spitz war. Auf demselben, beinahe am Ende, stand ein goldner Vogel mit ausgebreiteten Flügeln, der einen Ring im Schnabel hielt, von welchem zwei dicke seidene Schnüre bis an die Spitze des Boots gingen und es zu leiten schienen. In der Mitte des Fahrzeugs trugen vier oder sechs vergoldete Säulen ein Dach von rothem Sammt mit Goldstickerei, unter dem ein reich gekleideter junger Mann saß, der etwas bleich aussah. Er trug ein Feß, welches ein großer Stern von Diamanten schmückte. Es war der Sultan Abdul Medschid, auf deutsch: Diener der Andacht.

Vorn im Schiffe neben dem Vogel war ein etwas erhöhter Sitz angebracht, auf dem einige vom Gefolge des Sultans saßen. Im Hintertheil befand sich die Dienerschaft. Der Sultan hat zu seinem Privatgebrauche drei solcher Kaiks, eins mit vierzehn, ein anderes mit achtundzwanzig, das größte mit sechsundfünfzig Ruderknechten, die weiße Jacken und Beinkleider tragen und auf dem Kopfe ein rothes Feß; ihre Ruderstangen sind ebenfalls weiß, mit goldenen Blumen verziert. Man sagte uns, in der Anzahl dieser Bootsknechte sey absichtlich die Zahl sieben, als eine heilige enthalten. Diesem Boote des Padischah folgt ein ähnliches leeres, denn die Etikette will nicht, daß der Großherr die Rückfahrt im gleichen Boote mache.

Sobald das Boot des Sultans auf dem Wasser erscheint, müssen alle übrigen Fahrzeuge in ihrem Lauf einhalten; jeder darin sitzende muß seine Pfeife bei Seite legen, und wehe dem, der sich unterstände, in diesem Augenblicke in's Wasser zu spucken oder etwas hinein zu werfen. Sind die, welche gegen dieses Gesetz handeln, Muselmänner, so werden sie mit Geldstrafen oder einer gewissen Anzahl Hiebe auf die Fußsohlen bestraft, sind es Fremde, die sich mit Unkenntniß dieser Gebote entschuldigen können, so fällt die Strafe auf den Kaikschi oder Bootführer. Einem andern Boote, dunkel bemalt, das zuweilen auf dem goldenen Horn erscheint, weichen alle Kaik ängstlich aus und fliehen es, wie die kleinen Fische den gefräßigen Hai. Sogar der Osmanli, den selten etwas aus seiner Ruhe zu stören vermag, verläßt den Strand des Meeres, wo er seine Pfeife rauchte und zieht sich zurück, sobald dieses Boot mit sieben Paar Rudern bemannt, dem Ufer nahe kommt. Ein alter finsterer Türke mit langem Bart sitzt darin und späht aufmerksam umher. – Es ist der

Bostandschi Baschi, General der Garten Leibwachen. Er sorgt für die Sicherheit und Ruhe des Hafens, hat, wie der Janitscharen Aga, Gewalt über Leben und Tod und macht gewöhnlich kurzen Prozeß. Seine Kawaschen binden den Schuldigen und ertränken ihn ohne Weiteres im Meer.

Wollte man von der Schönheit und dem regen Leben des goldenen Horns mit der Feder einen anschaulichen Begriff geben, so würde man nicht fertig; denn der prächtige Hafen ist es hauptsächlich, der dem Anblick der ganzen Stadt einen so wunderbaren Reiz verleiht. Ungefähr in der Mitte seiner Länge ist er durch die neue schöne Brücke besperrt, welche Achmed, der frühere Kapudan Pascha, im Jahr 1835 bauen ließ. Sie ist sechshundert sieben und dreißig Schritte lang und fünf und zwanzig breit. Statt wie unsere Schiffbrücken auf Pontons ruhend, wird sie durch einen Wald der längsten und schönsten Mastbäume, die aufrechtstehend eingesenkt sind, getragen. Sie führt von Constantinopel nach dem andern Ufer des Hafens, wo sich die Vorstädte Pera, Galata und Top-Chana erheben.

Von Scutary aus gesehen, liegen diese zur Rechten vor uns; ihre Häuser sind ebenso an den Hügeln hinangebaut, wie die Stambuls; doch bieten sie dem Aug' einen weniger glänzenden Anblick, da sich über der dunkeln Häusermasse - der Türke erlaubt nämlich dem Ungläubigen keinen bunten Anstrich derselben - fast gar keine schlanken Thürme erheben.

Pera ist bekanntlich das Frankenviertel, das gar keine Moscheen hat. In Galata, dessen sehr schmutzige und holperige Gassen sich bis zum Hafen hinabziehen, haben ebenfalls Franken, doch mehr noch Armenier, Juden und ärmere Türken ihre Werkstätten und Laden aufgeschlagen. Das einzige hervorragende Bauwerk in Galata ist der auf der Höhe thronende, massive Thurm, der Thurm von Galata genannt. Er wurde von den Genuesern im Jahr 1348 erbaut. Man hat hier eine der schönsten Aussichten über die Stadt und die sie umgebenden Meere. An Galata gränzend, dicht am Ufer des Hafens, liegt Top-Chana (Kanonen-Werkstatt). Schon Mohamed II. ließ eine christliche Kirche, die sich da befand, zur Stückgießerei umwandeln, und noch jetzt, wie schon der Name angezeigt, werden die groben Geschütze hier gegossen.

Einige Abwechselung in die schmutzige Einförmigkeit der Häusermassen dieser drei Stadttheile bringt eine auf der Höhe von Pera liegende neue Caserne, die mit ihrem weißen Anstrich freundlich hervortritt, so wie die vielen Cypressen des großen und kleinen türkischen Kirchhofs zu Pera, die man sonst nirgends in solcher Anzahl und Schönheit trifft. Der Engländer Walsh nimmt die Zahl der Seelen Stambuls zu fünfmalhunderttausend, die der Halbinsel Pera mit Galata und Top-Chana zu zweimalhunderttausend an, und die äußere Ansicht der Häusermassen widerspricht diesem Verhältniß nicht.

Neben Top-Chana, dicht am Ufer des Hafens, sieht man die Sommerwohnung des Sultans, ein langes, einstöckiges und sehr bunt bemaltes Gebäude, das, auf einer hellen mit Orangenbäumen besetzten Terrasse stehend, einen recht freundlichen Anblick gewährt; doch ist dieser Palast der Beherrscher der Gläubigen nur von Holz.

So lag Stambul in seiner ganzen Pracht und Herrlichkeit vor uns, und ich fühlte die Wahrheit der Worte Hammers, wenn er sagt: „Sie ist die Herrin zweier Erdtheile und zweier Meere, die geborene Beherrscherin Asiens und Europas, an beider Gränze auf sieben Bergen thronend. Von drei Seiten fluthenumgürtet, schaut sie von den sieben Gipfeln ihres Throns gegen Mittag auf die Propontis und den Ausfluß derselben, den fischreichen Hellespontos, gegen Osten auf den schlangengewundenen Bosporus und den als stürmisch übelberichtigten Pontos hin." - Ja, es ist ein Gemälde, wie ich es nie gesehen, voll Lieblichkeit und Zauber. Und ganz zur Rechten ist das Bild begrenzt von der alten Veste Rumili Hissiari, deren Wälle und Thürme keck am Gestade des Bosporus hinaufklettern und mit ihrem grauen Gemäuer eine dunkle Einfassung des lustigen, glänzenden Bildes vorstellen. Links ist der Rahmen zerfließender und großartiger. Da beginnt fast zu den Füßen des neuen Serails das Meer von Marmora, das mit seinen blauen Fluten am äußersten Ende einige kleine Eilande umspült, die Prinzeninseln.

Als ich Constantinopel zum ersten Mal in seiner ganzen Ausdehnung sah, war im Hafen und an seinen Ufern außer dem gewöhnlichen Leben, das die hin und herfahrenden Boote verursachen, außer dem Geschrei der zahllosen Möven, die so zahm sind, daß man sie beinahe mit den Händen greifen kann, ehe sie kreischend davon fliegen, ein außerordentlicher Lärm. Seiner Hoheit war wieder eine neue Prinzessin geboren worden und die Türken bemühten sich, die Freude ihres Herzens durch zahlreiche Kanonensalven kund zu geben. Von sechs Seiten knallte es oft zugleich. Am neuen Serail standen zwei Batterien, ebenso an der Residenz des Sultans und die Artilleristen in Top-Chana suchten zwei türkische Fregatten zu überdonnern, die, in der Mitte des Hafens liegend, den meisten Lärm machten. Die ganze Wassermasse war in solchen Augenblicken mit Dampf bedeckt, der sich wie ein Nebel vor unser kleines Kaik lagerte. Als wir zurückfuhren, begrüßten wir noch den Leanderthurm, der einsam auf dem Felsen Damalis steht, eine Schildwache des goldenen Horns. Von ihm wurden in Kriegszeiten eiserne Ketten nach dem Thurme an der Spitze des neuen Serails gezogen, die den Paß zwischen dem Bosporus und der Propontis sperren sollten. Hätte ich damals, als ich die Schöne des ganzen Bildes in mein Herz aufgenommen, ebenfalls Ketten vor dasselbe ziehen können, die nichts hinausließen, so könnte ich Manches wiedergeben, was mir der Drang späterer Ereignisse entführt hat.

Gasthöfe und Caffeehäuser.

Wer, wie wir, die wohl eingerichteten Donau-Dampfschiffe verläßt, um einen Ritt durch die Türkei zu machen, der, an sich schon ungefähr acht Tage dauernd, noch durch eine zehntägige Quarantaine unangenehm gemacht wurde, eine Quarantaine, worin es weder Betten, Tische, noch sonst irgend ein Möbel gab, wo wir unsern Pillau mit Hühnern selbst kochen und unsere schmutzige Wäsche eigenhändig waschen mußten, kann denken, daß wir mit größtem Verlangen einer Anstalt, Pension oder Gasthaus, wie man es nennen will, entgegen sahen, die uns in Constantinopel aufnehmen sollte und die von einer liebenswürdigen Landsmännin geführt, gewiß Alles darbot, was zur Erquickung ermüdeter Reiter dient. Pera, das, wie schon gesagt nur von Franken bewohnt wird, hat mehrere dergleichen Anstalten, unter denen uns die der Madame Balbiani, einer Elsäßerin, als besonders gut und angenehm gepriesen worden war. Obgleich Hamsa, unser edler Tartar, die Genüsse der großen Caravanserei sehr lockend schilderte, brachte er uns doch bereitwillig durch die engen steilen Gassen Pera's nach einem kleinen freundlich aussehenden Hause, das, wenn es auch kein gemaltes Aushängeschild hatte, uns doch gleich mächtig anzog; denn beim Pferdgetrappel auf der Straße erschien die Besitzerin und bewillkommte uns herzlich in deutscher Sprache.

Unsere Pferde wurden abgepackt, Sättel und unsere Effecten in das Haus niedergelegt und Hamsa durch Auszahlung der ihm noch zukommenden Summe verabschiedet. Dem Tartaren liefen die Thränen in den Bart, als er uns einzeln die Hand drückte und dem Baron versicherte: er habe noch nie einen so freundlichen guten Herrn gehabt, wie ihn, und würde auch schwerlich wieder einen solchen begleiten.

Fast hätten wir noch einmal ein kleine Quarantaine oder wenigstens eine Beräucherung aushalten müssen. Da es bekannt war, daß sich die Pest bei Adrianopel gezeigt hatte, so konnten nur die heiligsten Versicherungen, daß wir dort Quarantaine gehalten, die Wirthin vermögen, uns sofort in ihre Zimmer treten zu lassen, ohne zuvor in einen großen Schrank zu kriechen, der vorne ein großes Loch hat, zu welchem man den Kopf herausstreckt, und am Boden eine Vorrichtung, wo Wachholder und anderes Räucherwerk einen gewaltigen Dampf hervorbringt, der von unten herauf alle Kleidungsstücke durchdringt. Diese Pension ist ziemlich auf dem Fuß europäischer Gasthöfe eingerichtet, hat einen Speisesaal und Zimmer mit einem oder zwei Betten, die alle mit Vorhängen von feiner Gaze versehen sind, um während der heißen Jahreszeit die dem Schläfer sehr lästigen Insecten abzuhalten. Die übrige Einrichtung ist halb türkisch, halb fränkisch. Auf dem Boden liegen Teppiche und nirgends fehlt der breite Divan an der Seite, wo die Fenster sind.

Die größte Unbequemlichkeit in der kältern Jahrszeit ist der Mangel an Oefen, deren man bei der schlechten Bauart der Häuser, Feuersbrünste fürchtend, so wenige wie möglich aufstellt, und das sehr verkehrter Weise; denn das Surrogat dafür, der Mangahl, ein kupfernes Gefäß, in Form einer großen Vase, das mit glühenden Kohlen angefüllt und im Zimmer aufgestellt wird, kann bei der geringsten Nachlässigkeit viel eher ein Haus anzünden, als ein verschlossener Ofen, besonders bei den Orientalen, denen der Mangahl schon deßhalb fast unentbehrlich ist, da sie nur hinein zu langen brauchen, um ihre Pfeifen anzuzünden. Fast jede Woche brennen einige Häuser ab, was auch während unseres Aufenthaltes der Fall war; aber bei der gränzenlosen Nachlässigkeit, womit der Türke die noch heiße Kohle von der Pfeife auf die Strohmatte wirft, ohne sich ferner darum zu bekümmern, erscheint dies noch sehr wenig.

In Pera gibt es drei solcher Pensionen, von denen die der Madame Balbiani die vorzüglichste ist, weshalb man selten bei ihr Platz findet. Auch unsere Gesellschaft, aus vier Personen bestehend, - unser englischer Freund N. hatte uns nämlich verlassen, um eine Privatwohnung bei der englischen Gesandtschaft zu beziehen - konnte im Hause selbst nicht ganz untergebracht werden, sondern zwei mußten sich entschließen, ein von der Madame Balbiani gemiethetes Zimmer in einem Nebenhause zu beziehen.

Die Preise in diesen Gasthöfen sind nicht außerordentlich hoch. Man bezahlt täglich für ein Zimmer mit Caffee, Frühstück und Mittagessen gegen vierzig Piaster, was an vier Gulden Conventionsmünze macht. Eine andere dieser Pensionen, dessen Besitzerin eine Französin ist, hat einen Tanzsaal, wo sich zuweilen die Bevölkerung Pera's vergnügt, so wie ein kleines Theater, in dem damals eine französische Schauspielergesellschaft kleine Lustspiele und Vaudevilles gab.

Die übrigen Restaurations-Anstalten Pera's haben für den Reisenden kein weiteres Interesse und nichts Originelles. Es gibt ein griechisches, ein italienisches und ein französisches Caffeehaus, in welchen man ein oder zwei sehr alte Exemplare unbedeutender Journale findet. Diese Café's sind mit Tischen und Stühlen versehen, kurz, so gut es sich thun läßt, wie die unsrigen eingerichtet. Wir besuchten sie höchst selten, da man nicht immer gewiß ist, welche Gesellschaften man dort antrifft, und auch weil man dort nur Sachen bekommt, die man viel besser zu Hause hat; französischen Liqueur in kleinen Gläsern und Caffee und Thee in großen Tassen.

Ueberhaupt haben alle Café's in Pera, Galata und Top-Chana durch den häufigen Besuch der Franken fast ihre ganze Originalität verloren; sie vereinigen auf die wunderlichste Art den Orient und den Occident.

Um sich die Genüsse eines ächt türkischen Caffeehauses zu verschaffen, muß man über den Hafen setzen. Nicht immer war der Caffee und der Tabak bei den Orientalen so allgemein verbreitet und beliebt, wie jetzt. Es gab eine Zeit, wo die Tavernen, in denen Wein geschenkt wurde, geduldet und häufig besucht, dagegen Caffeehäuser und Tabagien geschlossen und strenge verboten waren. Doch da der Buchstabe des mohamedanischen Gesetzes den Genuß des Weins strenge verbietet, ein Verbot, das keine weltliche Obrigkeit aufzuheben im Stande ist, so ist in diesem Punkte der Koran wieder in seine Rechte eingetreten, der Wein verdrängt worden und der Genuß des Caffee's und Tabaks verbreitete sich reißend und allgemein, ja ist jetzt das unentbehrlichste Bedürfniß geworden.

Schon ein älterer türkischer Dichter singt von ihnen:

„Schwarz, doch lieblich ist der Caffee, wie das Mädchen, das braune,
Das bei Tage erheitert, den Sinn und den Schlaf bei der Nacht raubt,
Und der Tabak ist ein sicheres Beschwörungsmittel dem Manne,
Der mit den Wolken des Rauchs die Wolken der Sorgen hinwegbläst."

Wie man sich von den meisten Sachen, die uns sehr fern liegen und öfters besprochen werden, einen viel glänzenderen Begriff macht, sie viel herrlicher ausmalt, als sie in der Wirklichkeit sind, so ist es uns besonders mit den Caffeehäusern ergangen. Die Ansichten, die man uns von diesen Localen gibt, in letzterer Zeit besonders die Werke mit Stahlstichen, die Alles so fein und sauber erscheinen lassen, überreden uns, ein türkisches Caffeehaus sey meistens eine Halle, von Säulen getragen, alle Wände mit schönem bunt bemaltem Schnitzwerk bedeckt, und die größte Reinlichkeit gehe daselbst mit der Zierlichkeit der Ausstattung Hand in Hand.

Und doch ist nichts von Allem dem wahr. Wir haben fast alle Caffeehäuser Stambuls durchsucht und hofften endlich einmal auf eins zu stoßen, wie man es uns beschreibt und zeichnet. Aber vergebens; wohl gab uns unser Führer mit Mienen und Worten zu verstehen, jetzt wären wir zu einem gelangt, das der Inbegriff alles Schönen sey. Wir traten ein und befanden uns in einer gewölbten Halle, an deren Wänden man gewisse

Linien und Schattirungen bei näherer Betrachtung für Bildhauerarbeit erkannte, die einstens sehr schön gewesen seyn mochten, jetzt aber durch Zeit und Schmutz ganz verwittert waren. Längs den Wänden befinden sich Divans oder vielmehr hölzerne Erhöhungen ohne Kissen, nur mit einer Strohmatte bedeckt, auf denen die Gäste mit untergeschlagenen Beinen in gedankenlosem Hinstarren sitzen und aus dem Tschibuk oder Nargileh große Rauchwolken vor sich hinblasen. In einer Ecke ist unter einem Kamin mit spitzem Dach ein kleiner Heerd angebracht, auf dem der Caffeetschi den Caffee zubereitet. Nachdem man sich den reinlichsten Platz ausgesucht, verlangt man einige Tassen Caffee, so wie die Pfeife, und nach vielem Rufen erheben sich ein paar Negerbuben, die sich auf dem Boden herumraufen, fahren in ihre bereitstehenden großen Pantoffeln und rutschten vom Caffeetschi (Caffeewirth) zum Gast, um ihn zu bedienen.

Hiebei ist nun noch als eigenthümlich zu bemerken, daß, obgleich man im Orient kleine Caffeemühlen findet, welche die Form eines Cylinders haben und in den Gürtel gesteckt werden können, doch die meisten großen Städte eine allgemeine Caffeestampfe (Tachmisshane) haben. Hammer sagt hierüber: die Anstalt des Tachmis ist eine, den morgenländischen Städten ganz eigene. Es wird darin der für den Bedarf der ganzen Stadt nöthige Caffee gestampft und gesiebt. Das Sieben - *tachmis* heißt wörtlich: das Fünftel ausziehen und ist hiervon wohl das französische Wort *tamis* - Sieb - herzuleiten. Eine solche Caffee-Stampf- und Sieb-Anstalt befindet sich zu Constantinopel in der Nähe der Moschee Sultan M a h o m e d IV. Die hiebei verwandten Leute sind Armenier, denen die geistige Atmosphäre des Caffeedunstes, in der sie beständig leben, ein aufgewecktes geistreiches Ansehen giebt, das mit den schwerfälligen geistlosen Grundzügen der armenischen Gesichtsbildung in sonderbarem Widerspruche steht."

Meistens trinkt der Orientale seinen Kaffee ohne Zucker und in den Café's muß man ihn besonders verlangen. Das Getränk an sich ist sehr stark und übt auch auf uns die Kraft, die ihm der Orientale zuschreibt. Es macht aufgeweckt, lustig und der Türke sagt: es mache nüchtern, weshalb er es, nachdem er sich durch Opium und Tabak berauscht, zum Niederschlagen genießt.

Die gewöhnliche Pfeife in den Café's, die man dem Gast, ohne daß er sie fordert, hinstellt, ist das Nargileh, die Wasserpfeife, mit langem Schlauche. Es besteht aus einer Flasche, in der sich Wasser befindet; auf dem Halse sitzt der kupferne Pfeifenkopf, der entweder mit Meerschaum ausgefüttert oder so weit ist, daß man einen andern von Ziegelerde, der unten das Zugloch hat, hinein stecken kann. Von diesem kupfernen Aufsatz oder Kopf geht eine gerade Röhre nach unten, die in einer hohlen durchlöcherten Kugel endigt, welche bis unter das Wasser reicht. Eine andere Röhre am Aufsatz führt ebenfalls mit einem Ende in die Flasche, jedoch so, daß ihre Oeffnung mehrere Zoll über dem Wasserspiegel bleibt, und biegt sich mit dem andern Ende, das sich erweitert, nach außen, wo dann das lange gewundene Rohr hineingesteckt wird.

Der Tabak, der zu diesen Pfeifen geraucht wird, ist vom gewöhnlichen Rauchtabak verschieden und heißt deshalb ausschließlich Nargileh-Tabak. Es sind große hellgelbe Blätter, die an der Sonne so stark getrocknet werden, daß man sie mit den Händen zu einem Pulver zerreiben kann. Dies wird dann mit Wasser zu einem Brei angemacht, den man mehrmals ausdrückt und wieder begießt, um den Schmutz und Staub fort zu schwemmen. Den Teig, den man auf diese Art erhält, stopft man in den Kopf, legt eine glühende Kohle auf und beginnt die Arbeit des Rauchens, bei dieser Pfeife eine wirkliche Arbeit; denn es gehört eine gute Lunge und viel Geduld dazu, um den Tabak durch lange Züge in Brand zu bringen, daher auch der vornehme Türke dies Geschäft seinem Sklaven überläßt. In den Café's besorgt das Anrauchen der Pfeifen auf Verlangen der Wirth oder die aufwartenden Buben. Der Tschibuk oder die lange Pfeife wird hier seltener geraucht, ist aber auch zu haben.

Ein anderes Attribut der türkischen Caffeehäuser, von dem man uns so viel erzählt, sind die Springbrunnen, die man in den meisten antreffen soll, und die, wenn sie wirklich noch da wären, mit ihrem einfachen, aber melodischen Geplätscher eine gute Folie abgäben, auf der die Träume und Gedanken des ruhig dasitzenden Caffeetrinkers recht lebendig hervortreten könnten. Wie man aber in der Türkei so viele zerbrochene Denkmale findet, die einst schön und herrlich waren, so ist es auch mit den Springbrunnen.

Ich gestehe, fast in jeder, auch der ärmlichsten Caffeestube erhebt sich in der Mitte des mit Schmutz bedeckten Bodens, der hie und da, wo zufällig Wasser hinfällt, bunte, schön gefügte Marmorsteine sehen läßt, ein zierliches, aus Stein gehauenes Bassin, das oft mit den herrlichsten Sculpturen bedeckt ist. Aber die Röhre, aus denen früher der Wasserstrahl gegen die Decke stieg, ist zerbrochen oder verstopft, das Bassin ist leer und dient zum Behältniß für zerbrochene Tassen und Tabaksasche.

Das Einzige, was vielleicht von früher diesen Häusern geblieben ist und den Fremden interessirt, ist das rege Leben, das hier beständig herrscht; ich sage Leben, in so fern man das Gehen und Kommen der Gäste so nennen kann; denn von Plaudern und Lachen ist keine Rede. Der Orientale tritt ein, wirft seine Blicke ruhig umher, bis er einen Platz gefunden, der ihm behagt, setzt sich dann mit untergeschlagenen Beinen, gibt dem Caffeetschi einen Wink und nimmt Caffee und Pfeife, ohne ein Wort zu sprechen.

Findet er zufällig Bekannte auf derselben Bank, so grüßt er sie durch Auflegen der Hände an Brust und Stirn, ohne sich weiter um sie zu kümmern.

Da der Türke, der es bestreiten kann, fast stündlich seinen Caffee trinkt, und es dem Aermeren erlaubt ist, am Feuer des Wirthes mit seinem eigenen Geschirr den mitgebrachten Caffee zu kochen, so sind die Caffeehäuser stets mit einer bunten Menge gefüllt, die um so größer ist, da der Orientale zum Sitzen nur einen sehr kleinen Platz braucht. Die Gäste, die zuletzt kommen und auf den Bänken keinen Platz mehr finden, lehnen sich an die Thüre, und sie waren es, die uns die meiste Unterhaltung gewährten. Wenn sie auch noch so dicht beisammen standen, so sprach selten Einer mit dem Andern, und da sie, ruhig vor sich hinsehend, fast keine Bewegung machten, so konnte man sie eher für Wachsfiguren als für Menschen halten.

Ein anderer Genuß, den sich die Türken in den Caffeehäusern verschaffen, ist das ruhige Anhören der Balladen und Gedichte, welche ihnen die Meddah (Lobredner und Declamatoren) der Caffeehäuser zum Besten geben. Der Meddah sitzt in einer Ecke und trägt meistens in sehr unangenehmen näselnden Tone Erzählungen aus der tausend und einen Nacht vor oder aus den Rittergeschichten Antar's oder Dulhama's. Bald erzählt er von den Zügen Alexanders, bald preist er Sid-al-battal, den Kampfhelden.

Oft sind diese Meddah vom Caffeetschi gemiethet und müssen vom Morgen bis in die Nacht, es mögen viel oder wenig Gäste da seyn, ihre Geschichten ableiern, und es ist gewiß merkwürdig, daß der Türke, wenn er von seinen Geschäften ausruhen will, vorzugsweise die Caffeehäuser besucht, wo sich die Meddah aufhalten, um zu seinem Caffee irgend eine Erzählung anzuhören, von der er das Ende nicht erwarten kann, welches sofort ein Anderer, der nach ihm kommt, ebenso begierig vernimmt, ohne den Anfang gehört zu haben. An manchen Orten warten aber die Erzähler, bis sich mehrere Gäste versammelt haben. Besonders lebhaft sind diese Unterhaltungen in den Nächten des Ramasan, wo eine Violine, wohl auch eine Flöte die Erzählungen begleitet und zu einem Melodrama macht.

In Constantinopel, so wie auch in Pera, Galata und den andern Vorstädten, giebt es eine Unzahl Caffeehäuser der beschriebenen Art. Dazu kommen noch die für das ärmere Volk, welche in einem Winkel der Straße etablirt sind. Hier hat der Caffeetschi einige Steine zusammen getragen, zwischen denen er sein Feuer anmacht und das er durch einen ausgebreiteten Teppich gegen den Wind schützt. Große Steine oder kleine Stühlchen aus Palmenholz dienen den Gästen zum Sitzen. Auch hier fehlt der Meddah nicht, besonders an schönen Abenden, wo ihn die Handwerker und Taglöhner nach beendigtem Tagwerk in dichten Gruppen umstehen und aufmerksam seinen Worten lauschen. Die größten und schönsten Café's sind in der Nähe der großen Moscheen, besonders der Suleimanje, und hier ist auch der Sammelplatz der Teriaki oder Opiumesser, die jedoch hauptsächlich Abends ihr Wesen treiben. Wir hatten in den Nächten des Ramasan mehrere Male Gelegenheit, sie zu beobachten.

Aehnlichkeit mit den Caffeehäusern haben die Laden der Sorbet- oder Scherbetbereiter, deren Fabrikat kein berauschendes Getränk ist, sondern Gelée von Früchten, in eiskaltem Wasser aufgelöst. Ihre Gewölbe, in welchen weniger geraucht wird, haben ein viel hübscheres, gefälligeres Aussehen, als die Caffeehäuser. Die mannigfaltigsten Gläser mit Geléen und Confituren sind an den Wänden in bunt bemalten Fächern aufgestellt, der Boden meist mit Matten belegt, und wenn man auch wirkliche Springbrunnen nur in einigen der größten findet, so ist doch in den meisten irgendwo an der Wand ein Fäßchen mit frischem eiskaltem Wasser angebracht, das man nach Belieben in die dabei stehenden Crystallgläser füllen und genießen kann. Viele dieser Sorbethändler haben nur einen kleinen Laden, in dem kaum ihre Waaren Platz finden, weshalb sie zum Aufenthalt der Gäste vor dem Hause eine Laube von bunt angestrichenen Latten aufführen, über welches sie Reben und anderes Schlinggewächse ziehen. Ist es möglich, so lehnen sie eine solche Laube mit einer Ecke an einen der vielen öffentlichen Brunnen und haben so auf öffentliche Kosten eine eigene Fontaine. Dieses Verfahren ist freilich etwas egoistisch; aber die Stambuler Polizei findet es unter ihrer Würde, sich um dergleichen Kleinigkeiten zu bekümmern.

Wenn wir den Tag über in den Gassen Constantinopels herum gelaufen waren und uns Abends, vom vielen Sehen ermüdet, auf den Weg nach Pera machten, so zogen uns nicht selten die kleinen Lichtchen, welche die Sorbetbereiter in ihren Lauben aufstellen, durch ihr heimliches, freundliches Glitzern zwischen dem grünen Gesträuche von der schmutzigen Gasse in das meist reinliche Local und wir beschlossen unser Tagewerk mit einem Glas Sorbet.

Dem Wirth und den Gästen schien unsere Ankunft immer eine große Ehre zu seyn. Ersterer bemühte sich, uns auf's Schnellste und Beste zu bedienen und die Andern rückten uns näher, boten uns ihre Pfeifen an und richteten eine unendliche Menge Fragen an uns, von denen wir freilich keine einzige beantworten konnten. Durch unsere Forschung nach den gepriesenen Schönheiten der türkischen Caffeehäuser dauerte es nur wenige Tage und wir hatten gleich den Eingebornen die Gewohnheit des vielen Caffeetrinkens angenommen und machten bei unsern Touren durch Constantinopel öfters Halt, um in ein Café zu zu treten, das uns gerade im Wege lag.

Außerdem besuchten wir einige, die uns durch ihre Gäste interessant waren. So fanden wir am Seraskierplatz nicht selten die höchsten Würdenträger des Reiches, unter Andern Reschid Pascha und Rifad Bey. Bei den Bazars ergötzten wir uns an der Gravität, mit der die Kaufleute den langen Bart streichend, ein und ausgingen. Ein anderes Café war fast nur mit Arnauten angefüllt, an deren unangenehmen, trotzigen Physiognomien, kräftigen Gestalten und schönem Costüme unser Maler seine Studien machte, und so oft wir in die Gegend der Suleimanje kamen, traten wir in eines der Caffeehäuser dort, dessen Wirth, ein kleines Männchen, mit ungeheurem Turban und Pantoffeln, die für einen Riesen groß genug gewesen wären, jedesmal durch groteske Sprünge seine Freude an den Tag legte, uns wieder zu sehen. Er trieb es so arg, daß er seine gewöhnlichen Gäste veranlaßte, uns ihre Plätze einzuräumen, was diese auch meist gutwillig thaten, worauf er uns eigenhändig bediente, den Caffee sehr süß machte und für uns die Nargileh's mit den längsten Schläuchen aussuchte.

Straßen und Hunde.

Wie sich Constantinopel mit seinen glänzenden Moscheen und stattlichen Palästen als die schönste der türkischen Städte zeigt, so ist auch die Hauptstadt des Reichs die erste in Betreff des Schmutzes, der die Straßen fast aller türkischen Städte bedeckt. So glänzend sie von außen anzusehen sind, und so sehr sie den Blick des Reisenden locken, daß er sich beeilt, bald möglichst unter jene Hallen und unter die Schatten der grünen Baumgruppen zu gelangen, die malerisch zwischen den Gebäuden hervorsehen, um so mehr bedauert er, sobald er in der Stadt angelangt ist, sich nicht mit dem bloßen Anblick derselben begnügt zu haben. Uns erging es wenigstens mehrere Male so, z. B. in Schumla, Adrianopel, welche, besonders die erstere Stadt so ungemein lieblich am Fuß des Balkans gelagert ist, und von Weitem so rein und freundlich aussieht und in deren Straßen unsere armen Pferde fast bis über die Kniee im Morast versanken.

Da wir bei unserem Ritt durch die Türkei, wie schon oft bemerkt, so unendlich großartigen Schmutz gesehen hatten, so überraschten uns in dieser Hinsicht die nicht reinlicheren Straßen der Hauptstadt nur, weil manche Reisebeschreiber dieselbe als reinlich, schön und angenehm darstellen.

Fast alle Gassen Stambuls, Straßen kann man sie nicht nennen, sind sehr enge und zu beiden Seiten mit hohen Häusern eingefaßt, eigentlich die meisten nur mit Mauern, da nach türkischer Sitte das Wohnhaus mit dem hintern Theile, wo keine Fenster sind, die Straße berührt, der, wenn auch hie und da ein Fenster, dasselbe doch immer stark vergittert hat, eine melancholische Verschleierung. Obgleich die meisten dieser Gassen ehemals mit Steinen gepflastert waren, so sind dieselben durch den starken Verkehr in der Mitte ganz zusammen getreten und bilden bei nur etwas feuchter Witterung einen einzigen Kothbach, der sich fast durch die ganze Stadt zieht. Zu beiden Seiten der Gasse, wo der Strom der Menschen und Thiere nicht so verderbend hinfließt, blieben hie und da Pflastersteine stehen, die jetzt eine Art Trottoir bilden, das jedoch nur für den praktikabel ist, der es versteht, von einem der glatten Steine auf den andern zu springen, ohne sich durch die Aussicht in den unendlichen Koth irre machen zu lassen.

Die Gassen, von denen ich eben sprach, an welche sich die Rücken der türkischen Wohnhäuser lehnen, sind, wenn auch hiedurch die finstersten, doch nicht die schmutzigsten der Stadt, da in ihnen nicht der starke Verkehr herrscht, wie in andern Stadtvierteln, wo sich die unendliche Menge der größeren und kleineren Bazars befindet.

Diese liegen meistens auf der Hafenseite. Sie fangen schon bei den Landungs- und Ladeplätzen an, und von da bis zu den Thoren der Stadt sieht man die Händler, eine Gasse bildend, in zwei Reihen aufgestellt. Das ganze Waarenmagazin dieser Leute besteht aus einem Tische, auf dem sie ihre Producte: Früchte, Brod, Confituren etc. aufgestellt haben. Andere bieten ihre Waaren in großen Körben aus. Es sind die Anfänge des Bazars.

Innerhalb der Thore der Stadt sind in allen Häusern zu beiden Seiten offene Buden, in denen, wie es im Orient Sitte ist, nicht nur fertige Waaren verkauft werden, sondern auch Handwerker aller Art vor den Augen der Vorübergehenden sitzen und ihr Geschäft treiben. Schon in kleineren Städten halten sich die verschiedenen Arten der Handwerker so viel wie möglich zusammen. Auf eine Reihe Schuhmacher folgt eine Reihe Tischler oder Waffenschmiede u. s. f. Einzeln liegen fast nur die Apotheken und die kleinen Schulen.

Andere Gassen der großen Stadt führen ihren Namen, die jedoch nicht wie bei uns an den Ecken angeschlagen sind, meistens von Palästen und eigenthümlichen Gebäuden, die in denselben liegen, oder von Thoren und Thürmen, zu welchen sie führen. So gibt es eine Gasse des Mehlmagazins, des weißen Palastes, des süßen Brunnens, des Kanonenthors, sogar eine des verschlossenen Backofens, ferner die Gasse Ali Pascha, des Doktorsohns. Wirklich sonderbare Namen findet man in den Vorstädten; so heißt eine in Pera: die Halsabschneidergasse; neben ihr liegt die Welteroberergasse und in Top-Chana ist die Gasse: „Frag' nicht, geh' hinein!"

Unzertrennlich von den Gassen Constantinopels ist der Gedanke an ihre permanenten Bewohner, die herrenlosen Hunde, die man in zahlloser

Menge auf ihnen erblickt. Gewöhnlich macht man sich von Dingen, von denen man oft ließt, eine große Idee, und findet sich getäuscht. Nicht so bei diesen Hunden. Obgleich alle Reisenden darüber einig sind, sie als eine Plage der Menschen darzustellen, so sind doch die meisten bei der Beschreibung dieses Unwesens zu gelinde verfahren.

Diese Thiere sind von einer ganz eigenen Race; sie kommen in der äußern Gestalt wohl am nächsten unsern Schäferhunden, doch haben sie keine gekrümmte Ruthe und kurze Haare von schmutzig gelber Farbe. Wenn sie faul und träge umherschleichen oder in der Sonne liegen, muß man gestehen, daß kein Thier frecher, ich möchte sagen, pöbelhafter aussieht. Alle Gassen, alle Plätze sind mit ihnen bedeckt; sie stehen entweder an den Häusern gereiht und warten auf einen Bissen, der ihnen zufällig hingeworfen wird, oder sie liegen mitten in der Straße, und der Türke, der sich äußerst in Acht nimmt, einem lebenden Geschöpfe etwas zu Leide zu thun, geht ihnen aus dem Wege. Auch habe ich nie gesehen, daß ein Muselmann eins dieser Thiere getreten oder geschlagen hätte. Vielmehr wirft der Handwerker ihnen aus seinem Laden die Ueberreste seiner Mahlzeit zu. Nur die türkischen Kaikschi und die Matrosen der Marine haben nicht diese Pietät, weshalb mancher Hund im goldenen Horn sein Leben endet.

Jede Gasse hat ihre eigenen Hunde, die sie nicht verlassen, wie in unsern großen Städten die Bettler ihre gewissen Standorte haben, und wehe dem Hund, der es wagt, ein fremdes Revier zu besuchen. Oft habe ich gesehen, wie über einen solchen Unglücklichen alle anderen herfielen und ihn, wußte er sich nicht durch schleunige Flucht zu retten, förmlich zerrissen. Ich möchte sie mit den Straßenjungen in civilisirten Ländern vergleichen, wie diese wissen sie ganz gut den Fremden vom Einheimischen zu unterscheiden; denn wir brauchten nur in einer Ecke des Bazars etwas Eßbares zu kaufen, so folgten uns alle Hunde, an denen wir vorbeikamen, und verließen uns erst wieder, wenn wir in eine andere Gasse traten, wo uns eine neue ähnliche Begleitung zu Theil wurde.

So ruhig bei Tage diese Ablösung, nur von einigem Zähneblöcken begleitet, vor sich geht, so gefährlich werden zuweilen die Hunde dem einzelnen Franken, der sich bei der Nacht in den Gassen Stambuls verirrt, besonders wenn er keine Laterne trägt. Wir haben oftmals gehört, daß ein solcher, den die Bestien förmlich anfielen, nur durch Muselmänner gerettet wurde, die sein Hülferuf herbeizog; und obgleich wir stets in ziemlicher Gesellschaft und Abends nie ohne Laterne ausgingen, hatten wir es doch oft nur unsern guten Stöcken zu danken, mit denen wir kräftig drein schlugen, daß wir nicht mit zerrissenen Kleidern heimkamen.

Sultan M a h m u d ließ vor mehreren Jahren einige Tausend dieser Hunde auf einen bei den Prinzeninseln liegenden kahlen Fels bringen, wo sie einander auffraßen. Diese Verminderung hat aber nichts genützt; denn die Fruchtbarkeit dieser Geschöpfe ist großartig; fast bei jedem Schritt findet man auf der Straße runde Löcher in den Koth gemacht, worin eine kleine Hundefamilie liegt, die hungernd den Zeitpunkt erwartet, wo sie selbstständig wird, um gleich ihren Vorfahren die Gassen Constantinopels unangenehm und unsicher zu machen.

Oeffentliches Leben.

Um von Pera nach Constantinopel zu gelangen, ein Weg, den der Reisende, welcher die Hauptstadt kennen lernen will, fast täglich macht, steigt man entweder durch den großen Kirchhof Pera's auf einer breiten, nicht zu steilen Straße zur großen Brücke hinab, die über das goldene Horn führt, und kommt dann in den nördlichen Theil der Stadt. Will man in den südlichen, wo die meisten Moscheen, großen Bazars, überhaupt die merkwürdigsten Gebäude Stambuls sich befinden, geht man über den kleinen Kirchhof durch die Gassen Galata's an den Landungsplatz des Kaiks in Top-Chana, um sich auf den kleinen Booten übersetzen zu lassen. Dieser Weg ist, obgleich der beschwerlichste, auch zugleich durch seine große Frequenz der interessanteste. Die Gassen, die von der Höhe Pera's zum Hafen hinabführen, sind ungemein steil, dabei sehr enge und mit einem furchtbar schlechten Pflaster versehen, das, besonders zu der Zeit, wo wir uns gerade da befanden, vom Nebel und dem häufigen Regen stets glatt und schlüpfrig und dadurch nicht ohne Gefahr war.

Obendrein herrscht in diesen Gassen ein merkwürdiges Gewühl von Geschäftsleuten aller Art. Die kleineren Boutiken sind oft weit in die Straße hineingebaut und versperren den Weg noch mehr. Vom frühesten Morgen laufen Verkäufer, die ihr ganzes Waarenmagazin in einem großen Korb auf dem Rücken tragen, hin und her und überbieten sich im lärmenden Anpreisen ihrer Waaren. Dieß sind jedoch nur meist Dinge des täglichen Lebensbedürfnisses: Eier (Gumurta, dessen letzte Sylbe der Ausrufer so lange aushält, als sein Athem reicht), Brod (Jäkmäk, ein Wort, das die Verkäufer gellend herausstoßen) und dergleichen.

Eine andere Menschenclasse, die man beständig auf den Straßen sieht, sind die Wasserträger, die entweder das frische Wasser, welches sie aus den Brunnen bei Top-Chana schöpfen, in großen ledernen Schläuchen auf dem Rücken tragen, oder einen beladenen Esel, auch ein Pferd, vor sich hertreiben.

Da keine Wagen durch die Gassen Pera's fahren können, so wird alle Ladung der Schiffe, die bei Top-Chana landen, durch Packträger in die Magazine geschafft, und bei dem steilen schlechten Weg ist es erstaunlich, welche ungeheure Lasten diese Menschen zu tragen im Stande sind. Sie haben an zwei Riemen von der Schulter auf den Rücken hinab ein gepolstertes Kissen hängen, gegen welches sie die Last stützen. Sie beugen ihren Oberleib ganz nach vorn, wodurch ihr Rücken eine breite, fast horizontale Fläche bildet, worauf zwei Andere oft einen so unverhältnißmäßig großen Ballen heben, daß er dem Träger weit über den Kopf hinausreicht und hinten von dem erwähnten Kissen gehalten wird.

Andere vereinigen sich zu vier oder sechs, von denen immer zwei und zwei eine große Stange tragen, so daß oft ein einzelner Ballen an drei oder vier solcher Stangen hält, den sie dann dicht hinter einander, in gleichem Schritt vorwärts gehend, an den Lagerplatz bringen.

Zwischen diesen Leuten, die zur beständigen Staffage der Straßen Pera's gehören, wandeln Türken, Armenier und Franken, ihren Geschäften nachgehend. Fast an jeder Ecke sitzen türkische Bettler, meistens alte Weiber, und strecken den Vorübergehenden ihre Hände entgegen, halten ihn auch nicht selten am Kleide fest. Auch trifft man hie und da den Matrosen irgend eines türkischen Schiffes, der in einem schmutzigen Korbe Austern feil bietet.

In Pera werden viele Läden, ganz wie die türkischen an den Straßen gelegen und offen, von Franken gehalten, hauptsächlich Schneider, Schuster, Hutmacher; doch ist mit diesen Leuten nicht gut verkehren, denn sie machen besonders den Landsleuten sehr oft unverschämte Preise.

Weiter unten in Galata und Top-Chana nehmen die Buden einen andern Charakter an, der sich sogleich der Nase des Herumwandelnden bemerkbar macht. Hier sind Fische und alle Arten von Seethieren zum Verkauf ausgestellt. Nur ein kleiner Platz bei der Moschee Abdul Meschids, wo früher die aus Persien nach Constantinopel gekommenen Fayancefabriken waren, führt einen andern Artikel: hier werden vergoldete und rothe Pfeifenköpfe in ungeheurer Masse fabricirt und zum Verkaufe ausgestellt.

Ehe wir uns von Top-Chana nach Constantinopel übersetzen ließen, traten wir gewöhnlich in ein türkisches Caffeehaus, das am Ufer des goldenen Horns liegt und setzten uns unter eine Laube vor der Thür, wo wir eine herrliche Aussicht auf den Hafen selbst, auf Stambul und das Marmormeer hatten. Hier genossen wir eine Tasse Caffee beiläufig im Preise von sechs Para und eine Wasserpfeife, für die wir das Doppelte bezahlten, was dann eine Summe von etwa drei Kreuzern ausmachte. Die Ueberfahrt nach der Hauptstadt kostet gewöhnlich einen halben Piaster, drei Kreuzer.

So angenehm und rasch man hinüberkommt, so unangenehm und langsam geht das Einschiffen von Statten. Wie ich schon früher sagte, muß man, um das Umschlagen zu verhüten, langsam und vorsichtig in die kleinen Boote steigen. Die meiste Zeit jedoch geht darauf, bis man einen Bootführer hat, nicht weil ihrer zu wenige, sondern weil zu viele da sind, die sich den Rang streitig machen. Sobald wir uns am Ufer sehen ließen, schossen die Kaiks von allen Seiten herbei in gedrängten Schaaren, wie die Karpfen in einem Teich, wenn man Brod hineinwirft. Der zeigt schreiend auf den hübschen Anstrich seines Boots, jener auf die sauber aussehenden Teppiche, womit es inwendig belegt ist; ein dritter führt mit seinem Ruder einen kräftigen Schlag in die Luft, um zu zeigen, daß er der Mann sey, der es mit Kraft zu führen wisse und weist spottend auf einen alten Graukopf neben sich, der ruhig dasitzt und nur seine Hände einigemal auf und zumacht, um die große Zahl der Jahre anzuzeigen, welche er schon als Kaikschi diene. Hat man endlich ein sauber aussehendes Boot gefunden und will mit einem Fuße ruhig hineintreten, so kommt nicht selten ein Anderer, der diesen Zeitpunkt abpaßt, drängt mit seinem Boot das erstere fort und erschnappt so im wahren Sinne des Worts seine Beute, ein Auftritt, der nicht selten zu Prügeleien Veranlassung giebt.

Ist man endlich glücklich in das Kaik gelangt, so dauert es wenige Minuten und das pfeilschnell dahin schießende Boot hat das andere Ufer erreicht. Hier sind gleich wieder eine Masse Hände beschäftigt, die besonders dem Fremden, den man gleich erkennt, aus dem Boote helfen wollen, um einen geringen Bakschis (Trinkgeld) davonzutragen. Doch gefällig und freundlich, wie der Türke im Allgemeinen ist, reichten uns auch nicht selten Offiziere und andere gut gekleidete Leute die Hand zum Aussteigen.

Wir gingen gewöhnlich durch das Holzthor, Adun Kapussi, weil es uns am nächsten lag, und dann, weil erst vor wenigen Tagen dort eine Reihe Häuser niedergebrannt war, und wir von Tag zu Tag bewunderten, wie schnell die Leute mit dem Aufbau der neuen fertig wurden.

In der Nähe dieses Thors liegt das Mehl- und Holzmagazin, und vielleicht ist es der Anhäufung dieser brennbaren Stoffe zuzuschreiben, daß von jeher die größten Feuersbrünste in diesem Revier gewüthet haben. Im Jahr 1682 unserer Zeitrechnung, so wie 1693 brannten hier mehrere hundert Häuser ab. Das letzte Unglück dieser Art vor wenigen Tagen hatte nur vierzig oder fünfzig Häuser zerstört, deren Einwohner unter großen grünen Zelten, die ihnen das Militärgouvernement gegeben, bivouakirten. Hier setzten sie auch ihre Arbeiten unverdrossen fort, Schuster und Schneider arbeiteten wie in ihren Boutiken, die Kaffeetschi und Sorbetbereiter hatten nach wie vor ihre Gäste, die sie auch im Unglück nicht verließen und unter dem Zelte auf einem halb verbrannten Balken sitzend recht gemüthlich ihre Pfeifen rauchten.

Von der Brandstätte wandten wir uns rechts gegen die Hügel zu, auf welchen der alte und neue Besestane liegt, durch Gassen voll Boutiken und Handwerkstätten. Diese sind, wie die Häuser selbst, fast nur aus Holz gebaut, liegen ungefähr drei Fuß höher als die Gasse und bilden eine nach vorne geöffnete Halle, auf deren Boden die verschiedenen Waaren ausgestellt sind. Der Eigenthümer sitzt entweder hinter den Körben mit untergeschlagenen Beinen auf seinem Teppich, oder, da oft ein Kaufmann zwei bis drei Laden hat, steht er davor und geht hin und her. Da er so auf die einzelnen Sachen nicht genau Acht geben kann, sollte man glauben, er müsse oft bestohlen werden; dies ist aber nicht der Fall, denn alle Kaufleute bewachen ohne Brodneid ihre Laden gegenseitig und die Ehrlichkeit ist ein Grundzug im Charakter des Türken, so daß man fast nie von Diebstählen hört.

Obschon das Leben in den Gassen Stambuls durch die vielen nach europäischer Art gemachten Kleidungsstücke, die man sieht, sehr an orientalischem Charakter verliert, so konnten wir doch stundenlang dem Treiben in den Gassen zuschauen. Obgleich wir von Schumla und Adrianopel her schon an die großen Turbane, die langen Bärte und das ganze türkische Costüm gewöhnt waren, so gewährte doch die große Menge hier in Stambul durch die Mannigfaltigkeit ihres Aeußern dem Auge des Fremden einen interessanten Anblick.

Im Orient schieden sich von jeher die Nationen und in ihnen die verschiedenen Kasten nach Sitten und Kleidung strenge von einander ab. Die Andeutungen hieran haben sich bis jetzt erhalten, und hat man sich etwas darüber belehren lassen, so ist es sehr leicht, den Juden vom Türken und Armenier, so wie den Kaufmann vom Gelehrten oder Derwisch u.s.w. zu unterscheiden.

Wie schon gesagt, die vielen europäischen Einrichtungen, die sich nach und nach in alle Zweige des türkischen Lebens eindringen, haben, wenn ich es so sagen darf, auch die Kleidung cultivirt und ihr manches von ihrer Eigenthümlichkeit abgeschwatzt. So ist, wie bekannt, die ganze türkische Armee, nach unserer Art gekleidet, indessen hat man dabei auf türkische Sitten und Gewohnheiten Rücksicht nehmen und an der Tracht manches abändern müssen, wodurch das ganze Costüm beinahe lächerlich wird. Der türkische Soldat trägt eine blaue Hose, die, beiläufig gesagt, von dem gröbsten Stoffe ist, den ich je gesehen, unten und oben gleich weit, fast auf unsere Art geschnitten, jedoch hinten mit einer Art von Sack versehen, der bei jedem Schritte des Kriegers sich lächerlich hin und her bewegt und zu den sonderbarsten Muthmaßungen Anlaß gäbe, wenn man nicht wüßte, daß die ungeheure Weite des Kleidungsstücks an dieser Stelle dazu dient, um ihm das Sitzen auf den untergeschlagenen Beinen möglich zu machen. Aehnlich verhält es sich mit der Kopfbedeckung. Da man wohl eingesehen hat, daß zu der höchst unpoetisch geschnittenen Jacke von grobem blauen Tuch der malerische Turban nicht recht passen würde, und man den Soldaten auch keine Tschako's auf unsere Art geben konnte, indem eine Vorschrift des Korans besagt: „der Muselmann soll keine Kopfbedeckung tragen, die ihn hindere, den Kopf beim Gebet gegen die Erde zu drücken," so hat man ihm das Feß gegeben, das ungefähr in der Gestalt unserer Hüte, jedoch geschmeidig ist und von rother Farbe, die den Türken, welche das Bunte lieben, wohl gefällt.

Im Verhältniß zu der Menge, die sich auf den Gassen herumtreibt, sieht man Wenige im altmorgenländischen Costüme. Hiezu gehört die weite Hose, darüber der lange Kaftan, den der Gürtel zusammenhält; den Kopf bedeckt der Turban, der bei den Muhamedanern aus einem rothen Mützchen besteht, um welches man ein unendlich langes Stück von weißem Mousselin, das zuerst wurstähnlich zusammengedreht wird, herumwindet. Keine Kopfbedeckung gibt dem Gesicht ein majestätischeres, edleres Ansehen, als der Turban; er putzt die ganze Gestalt des Muselmanns, die sich im langen Kaftan gerade nicht zum Vortheilhaftesten ausnimmt, auf's Beste heraus. So schöne Gestalten man unter den älteren Türken findet, so unerquicklich ist dagegen der Anblick der ganzen jüngern Generation. Diese ist eben so mager und sieht so kränklich aus wie ihr Sultan, von dessen baldigem Absterben man daher auch so viel in den Zeitungen liest, woran ich jedoch keineswegs glaube; denn sonst müßte in einigen Jahren die ganze junge türkische Männerwelt Constantinopels ausgestorben seyn. Man kennt wohl die Ursachen, warum sie so elend aussehen; doch wird es ihnen wahrscheinlich ergehen, wie ihren Vätern; sie werden in spätern Jahren eben so wohlbeleibt wie diese, wenn sie auch die bleiche Gesichtsfarbe, die allen Orientalen eigen ist, behalten, und man wird ihren stattlichen Figuren nichts Schwindsüchtiges mehr ansehen.

Die Armenier, deren es eine große Anzahl hier gibt, tragen einen Kaftan von dunkelblauer Farbe und zur Unterscheidung von den Türken anstatt gelbe, rothe Pantoffeln. Ihre Kopfbedeckung ist von schwarzem Filz und von origineller Form. Sie gleicht einem großen Kürbis, den man unten abgeschnitten und auf den Kopf gestülpt hat. Was ich eben von den jungen Türken sagte, ist auf die Armenier nicht anwendbar; ihr Gesicht, obgleich etwas plump und ausdruckslos, ist, wie ihr ganzer Körper, frisch und gesund. Es ist wirklich schad, daß aus ihnen keine Soldaten genommen werden; ich glaube, sie müßten eine vorzügliche Infanterie abgeben. Die meisten sind Handwerker oder Künstler, besonders Steinschneider und Goldschmiede.

Die Juden, die auch hier, wie überall, zerstreut leben, haben keine eigentlichen Gewerbe; sie treiben sich zwischen der Menge herum, bald einen kleinen Handel führend, bald den Dolmetscher oder Cicerone machend. Ihre Kopfbedeckung besteht in einer dunkeln steifen Mütze, um welche ein Stück Zeug, nicht wie bei den Türken lose gewunden, sondern fest genäht ist, ganz wie man auf unsern Theatern den Turban erscheinen sieht. Ihr Kaftan hat denselben Schnitt, wie der des Türken, besteht jedoch aus gewürfeltem, dunklem Kattun.

Ein Stand, der in allen orientalischen Erzählungen und Mährchen eine große Rolle spielt, sind die Derwische, die türkischen Mönche, deren verschiedene Sekten sich durch die Farbe der Kleidung unterscheiden. Ihre langen Kaftans flattern ohne Gürtel frei um die Hüfte und sind bald hellbraun, bald weiß und bei einem Orden, der für den ehrwürdigsten gehalten wird und dessen Mitglieder am Grabe des Propheten in Mekka dienen, grün. Auf dem Kopfe haben sie einen Hut von weißem Filz, einen Fuß hoch in Form eines abgekürzten Kegels.

Der Anzug des Volkes, der Wasser- und anderer Lastträger, der Taglöhner und herumziehenden Obsthändler läßt sich nicht wohl beschreiben; jeder zieht an, was ihm geschenkt wurde, oder was er wohlfeil gekauft hat. Einige tragen Kaftans, die dann ungemein schmutzig sind, die meisten kurz abgeschnittene runde Jacken, welche bei den Wasserträgern von Leder sind. Die Beinkleider, vom Gürtel bis zum Knie sehr weit, umschließen eng die Wade bis zum Fuß. Fast alle tragen einen Turban von beliebiger Farbe, viele von grünem Zeug, was diese als Nachkommen des Propheten bezeichnet; eine Ehre, die ihnen weiter nichts wie den Titel Emir verschafft. Emir bedeutet Herr oder Fürst, und es ist traurig, daß man die meisten dieser Fürsten gerade unter den Taglöhnern und Bettlern findet.

Unzertrennlich von den Sitten und Gebräuchen des Orients ist für uns die Idee, die durch alle morgenländischen Erzählungen angeregt wird, daß die Weiber, gänzlich vom öffentlichen Leben getrennt, ihre Tage in beständiger Einsamkeit hinter vergitterten Fenstern verbringen müßten. Ich hatte geglaubt, noch in unsern Tagen begegne man selten einer türkischen Frau auf der Straße und knüpfte daran allerlei Poesien. Stunden lang würde ich mich der Merkwürdigkeit halber vor ein Haus gestellt haben, um endlich einmal eine dieser Perlen zu gewahren, deren Antlitz, wie der

Koran sagt, unter der schwarzen Nacht der Locken hervorglänzt, wie die weißen Eier unter dem dunkeln Flügel des brütenden Straußes. Doch ward dies selbst dem Fremden so schwer nicht gemacht. Schon in Adrianopel sahen wir viele Weiber auf der Straße; aber unter ihnen auch nicht ein einziges frisches Gesicht. Es begegneten uns nur alte Weiber mit unangenehmen schlaffen Zügen, und ich glaubte schon, nur den Duennen und Ammen sey es allenfalls erlaubt, ihre Käfige zu verlassen. Doch verschwand auch dieser Irrthum, als wir nach Stambul kamen. Denn die Cultur,

„die alle Welt beleckt"

hat ihre ausgleichende Hand auch an die verschlossenen Zimmer der türkischen Damen gelegt und sie hinausgeführt auf die Straßen und Märkte. Sie mochten dieselben anfangs schüchtern genug betreten, aber nach und nach behagte ihnen die neue Freiheit ungemein. Zur Zeit, wo wir in der Hauptstadt der Gläubigen waren, konnte man auf gewissen Plätzen mehr Weiber antreffen als Männer. Besonders war dies in den Besastanes, den bedeckten Märkten, der Fall, bei den Gewölben, wo fränkische Kattune und gesticktes Weißzeug zu haben sind. Da standen sie meistens in Gruppen von fünf bis sechs, die bunten Farben eines Stückes bewundernd und sich wie die Kinder darüber freuend.

Von ihrem Anzug auf der Straße ist nicht viel zu sagen, da ihr ganzer Körper in ein großes Stück Zeug gewickelt ist, das bei den Geringern aus dunkler Leinwand, bei den Reichern aus Seide besteht. Sie nehmen es in der Art einer großen Mantille um die Schultern und wissen obendrein eines der Enden noch um den Kopf zu schlingen. Dieser ist ohnehin sorgfältig verhüllt; denn sie wickeln ihn in ein Stück weißen Mousselin ein, das Stirne, Mund und Ohren verbirgt und nur Nase und Ohren sehen läßt; eine Verschleierung, die von dem Gesetze vorgeschrieben, bei den Türkinnen gewiß sehr beliebt ist; denn dieser Mousselin verbirgt einen Theil ihres Gesichts, den wir Franken für den von der Natur bei ihnen am meisten vernachlässigten halten, den Mund. Höchst selten, selbst bei jungen Weibern, deren Augen mit ihrem blitzenden Brillantfeuer das kälteste Herz zu versengen drohen, sind die Lippen frisch und roth. Man kann öfters einen spähenden Blick bis zum Munde gelangen lassen, besonders auf der Promenade, wo die Damen fast beständig beschäftigt sind, Confituren und dergleichen zu sich zu nehmen, und findet bei den interessantesten Zügen einen welken Mund, dessen Unterlippe schlaff herabhängt.

Am schönsten sind wohl ihre breiten gewölbten Augenbraunen und sie selbst halten diejenigen für die reizendsten, die über der Nase zusammen stoßen, und türkische Frauen, denen dieser Reiz mangelt, ersetzen ihn meist, indem sie sich einen Halbmond oder einen Stern von schwarzer Farbe zwischen die Augenbraunen malen. Der Schwärze der Wimpern wird durch einen gefärbten Zwirnsfaden nachgeholfen, den sie zwischen den Augenlidern durchziehen. Für uns Europäer sind ihre Hände, deren Nägel und Inneres sie mit Khennah roth färben, eher abstoßend als angenehm.

Im Allgemeinen habe ich unter den türkischen Weibern, deren wir sehr viele gesehen, wenige von eigentlich schöner Bildung bemerkt und fast gar keine, um welche ich mein Leben gewagt hätte und in den Harem eines eifersüchtigen Türken gedrungen wäre, wie es uns Romane und Balladen so schön erzählen.

Der Muselmann sieht es als eine große Schönheit seiner Frau an, wenn sie sehr stark, ja fett ist, eine Eigenschaft, die sie sich auch durch ihre faule Lebensart beizubringen wissen. Doch theilen wir diesen Geschmack nicht mit ihnen, da für unsere Augen Grazie und Leichtigkeit in der Bewegung des weiblichen Geschlechts schöner ist, als das träge Umherwatscheln der Türkinnen, wozu ihre Fußbekleidung, die weiten Pantoffeln, das ihrige beiträgt.

Mit dem Menschenstrom, von dessen Bestandtheilen ich ein möglichst getreues Bild zu geben gesucht habe, wandelten wir täglich langsam durch die Bazars, häufig stehen bleibend, denn beinahe an jedem Gewölbe sieht man bald eine merkwürdige Figur, bald eine Scene aus dem Leben, die das Auge des Fremden fesselt. Da ist eine Boutike, in welcher man Zuckerwerk und Confituren aller Art findet; doch sind die meisten Sachen, besonders Kuchen und Torten, für unsern Geschmack zu süß und oft widerlich fett; besser sind andere Leckereien, namentlich gebrannte Mandeln und was wir unter dem Namen Gerstenzucker verstehen. Da sitzt der Eigenthümer hinter den Körben voll Leckereien, die lange Pfeife im Munde, und, wenn man seinen geschlossenen Augen glauben soll, sanft schlafend. Dies ist aber nicht der Fall; er beobachtet blinzelnd den Franken, dem er, so wie er sich seinem Stand nähert, ohne dabei die Augen zu öffnen, mit der langen Pfeife einen Wink gibt, näher zu treten, dann macht er eine Pantomime, die den Türken eigen ist, wenn sie etwas Delikates bezeichnen wollen. Er legt seine fünf Finger zusammengedrückt einen Augenblick an den gespitzten Mund und öffnet sie wieder mit einem behaglichen Schnalzen der Zunge, wobei sein Gesicht einen Ausdruck annimmt, als genösse er etwas unbeschreiblich Angenehmes. Läßt man sich hierdurch nicht verführen, so gibt er sich weiter keine Mühe, sondern benutzt die Hand, da sie einmal in Bewegung ist, um den langen Bart zu streichen und raucht ruhig fort.

An jener Seite dort ist gerade einer beschäftigt, sein Gebet zu verrichten. Er hat sich mit dem Angesicht nach M e k k a gewendet und macht die üblichen Bewegungen, die uns sehr lächerlich vorkamen. Bald kniet er auf seinen Teppich nieder und hebt die Hände über den Kopf, bald kreuzt er sie über die Brust und drückt sein Haupt bis auf den Boden. In solchen Augenblicken glaube ich, könnte sich die Welt um seinen Laden versammeln, er würde um keinen Preis etwas ablassen. Fast in jeder Gasse gibt es fromme Muselmänner, die man so den Tag über ihr Gebet mehrere Male öffentlich verrichten sieht.

So geschäftig der Armenier ist, wenn man ihm etwas abkaufen will und unaufgefordert seine Waaren auspackt und sich durch Anpreisung derselben bemüht, den Käufer zu locken, so indolent geberdet sich oft der Türke, wenn man an sein Gewölbe tritt und er vielleicht eben seine faule Stunde hat. Kaum erhält man auf die Nachfrage nach diesem oder jenem Artikel Antwort und höchst selten mehr als Ja oder Nein. Ersteres bezeichnet er durch Schütteln des Kopfes, das Letztere durch Nicken, also gerade umgekehrt, wie bei uns, was häufig zu Mißverständnissen Anlaß gibt. Man kann indessen versichert seyn, daß man von dem Türken viel reeller bedient und nicht überfordert wird. Dieser verlangt einen bestimmten Preis und läßt selten etwas davon ab, wogegen man dem Franken und dem Armenier beständig ein Drittel abhandeln muß, um nicht betrogen zu werden.

Hie und da zwischen den Buden zerstreut liegen die Schulen, von denen ich schon gesprochen, d. h. man sieht, wie ein alter Türke acht bis zehn Kindern, die auf ihren untergeschlagenen Beinen um ihn her sitzen, aus dem Koran Leseunterricht ertheilt. Da sie alle durch einander schreien und der Lehrer aufmerksam zuhörend, dem, der ein falsches Wort sagt, über den Köpfen der Andern hinweg einen Schlag mit seinem langen Pfeifenrohre gibt, worüber der Getroffene einen Schmerzensschrei ausstößt, der das Geplapper der Adern gellend durchdringt, so kann man sich denken, daß eine solche öffentliche Schule ziemlichen Lärm auf der Gasse macht. Hie und da sitzen noch an den Straßenecken meistens unter dem vorstehenden Dach einer Bude, das sie gegen Regen und Sonne schützt, die öffentlichen Schreiber mit der Brille auf der Nase, eine Papierrolle auf den Knieen und das Dintenfaß im Gürtel, ihre Clienten erwartend, die einen Contract, eine Bittschrift und dergleichen aufsetzen zu lassen haben.

Was mich bei den Spaziergängen durch die Gassen stets besonders interessirte, das waren die Barbierstuben, die überall zu finden sind. Sie bestehen aus einem einzigen Gemach, an dessen Wänden ein hölzerner Divan sich befindet, auf dem die Kunden Platz nehmen. Ueber ihren Köpfen, mit dem Divan gleichlaufend, befindet sich ein starker, eiserner Drath, an dem, nach der Größe der Anstalt, zwei oder drei blechene Wasserkessel hängen, die man hin und herschieben kann.

Der Barbier ist, wie die meisten bei uns, ein beweglicher Mensch, der viel plaudert und seine Gäste zu unterhalten weiß, er fängt sein

Geschäft bei dem der Thür zunächst Sitzenden an, indem er einen der Kessel, der mit lauem Wasser angefüllt ist, über den zu Scheerenden richtet. Unten am Gefäß befindet sich eine dünne Röhre, deren feine Spitze beinahe auf den Schädel des Kunden reicht. Der Barbier macht aus einer Art feinem Hanf einen Wisch, den er mit weicher Seife beschmirt und stellt sich mit gespreitzten Beinen vor seinem Gast auf eine Erhöhung, so daß er den Kopf desselben unter sich hat. Dann öffnet er einen kleinen Hahn an der Röhre des Gefäßes, und wie das warme Wasser herausströmt, bearbeitet er den nackten Schädel auf's Eifrigste so lange, bis er ihn mit einer Wolke von weißem Seifenschaum umgeben hat. So bleibt das Schlachtopfer sitzen; der Barbier rückt den Kessel über den Zweiten und nimmt mit ihm dieselbe Manipulation vor, sowie mit dem Dritten u. s. f.

In dieser Zeit ist der Schaum auf dem Haupte des Ersten allmählig verschwunden, hat die seit dem letzten Scheeren wieder gewachsenen Haare erweicht und zum Rasiren fähig gemacht. Der Barbier kehrt zu ihm zurück, drückt den Kopf an sich, wendet und dreht ihn nach Gefallen, und in fünf bis sechs Minuten ist die Operation glücklich vollbracht.

Wenn man sieht, wie rauh bei diesem Geschäfte zu Werke gegangen wird, um jedes Haar sorgfältig zu vertilgen, so daß dem Gast nicht selten die Thränen aus den Augen gepreßt werden, so können wir uns glücklich schätzen, daß die Sitte, das Haar glatt abzuscheeren, bei uns nicht herrscht. Ich selbst habe mich oft der Merkwürdigkeit halber in einer dieser Buden rasiren lassen, und man ist stets viel säuberlicher mit meinem Kinne verfahren, als mit den Häuptern der Gläubigen.

Man hielt mir eine große zinnerne Schüssel, die einen Einschnitt für den Hals hat, unter das Kinn, und der Barbier bearbeitete mich mit der äußersten Pünktlichkeit; er jagte jedem einzelnen Haare nach, was er auf den Wangen entdeckte, brachte die des Schnurrbarts alle in gehörige Länge und verstieg sich in seinem Diensteifer mit einer langen spitzen Scheere sogar bis in die Nasenlöcher. Es dauerte etwas lang. Dafür konnte man sich aber auch, wenn er sein Geschäft beendigt hatte, als ein wohl rasirter Mensch sehen lassen, was man bei uns nicht immer kann. Der Barbier schien ebenfalls Freude an seinem Werk zu haben, und entließ mich mit einem lauten „E i w' A l l a h ! - Gott ist groß!" was von den Türken mit einem unnachahmlichen Zungenanstoß ausgesprochen wird.

Neben diesen Barbierstuben befinden sich meist kleinere Caffeehäuser, wo die Geschorenen sich nach vollbrachtem Geschäft mit einer Tasse Caffee und einer Pfeife regaliren. Doch gehören diese Häuser zu den gemeinsten; der Boden besteht aus gestampfter Erde, und es finden sich kaum hölzerne Divans, meistens nur Steine oder kleine Stühlchen zum Sitzen.

Besonders zahlreich sind in Constantinopel die Gewölbe des Parfumeurs und der Essenzen-Verkäufer. Bei ihnen findet man unverfälscht die feinen Oele, die der Orient erzeugt, als Rosenöl, das meistens aus Adrianopel kommt, Jasminöl u. dgl. Auch verkaufen sie die verschiedensten Arten von Pastillen, kleine vergoldete Kügelchen, die auf die Pfeife gelegt werden und einen Wohlgeruch verbreiten, so wie auch zu demselben Zwecke das sogenannte Aloeholz. Ferner findet man bei ihnen wohlriechende gold- und silbergestickte Börsen, Beutelchen von sogenannten schwarzen Rosenperlen u. dgl.

Der Fürst Pückler erzählt von einem dieser Handelsleute, einem alten Türken, der sich stets freundlich gegen ihn benommen und bei dem er auf seinen Wanderungen durch die Bazars häufig bei Pfeife und Caffee ausgeruht habe. Einer unserer hiesigen Bekannten, der Dragoman der preußischen Gesandtschaft, zeigte uns seinen Laden; wir gingen hin, einige Kleinigkeiten zu kaufen und fanden wirklich einen sehr freundlichen alten Mann. Er bot uns Pfeifen an und wir mußten uns niedersetzen, um mit ihm zu plaudern. Als er im Verlauf des Gesprächs durch den Dolmetscher erfuhr, daß wir N i m b t s c h e, Deutsche, seyen, erkundigte er sich nach dem Fürsten, der oft bei ihm gewesen sey, und besonders nach dessen Abyssinierin, Makuba, die er uns beschrieb, und sehr lobte. Wir hatten bald die Freundschaft des alten Türken erworben und er freute sich später jedesmal, wenn wir vorbei kamen und einen Augenblick bei ihm einsprachen.

Fast eben so oft stößt man auf die Laden der Tabakshändler, die geschnittenen Tabak von allen Sorten in großen Haufen vor sich liegen haben. Man muß aber bei diesen Leuten keine Einkäufe machen, ohne einen Sachkundigen bei sich zu haben; sie verstehen es, ihre Waare recht lockend auszulegen, die schon zum Gebrauche geschnitten und gewöhnlich mit einer Beize versehen ist, die dem schlechten Tabak den Parfum des guten giebt. Wer sich überhaupt in der Türkei mit Tabak versehen will, um eine größere Quantität mitzunehmen, muß seine Einkäufe in Syrien machen; der dortige Tabak ist unstreitig der beste und gilt auch in Constantinopel dafür. Die gewöhnlichen Tabake, wie man sie hier kauft, wachsen in Adrianopel, so wie um die Hauptstadt selbst und sind von gelber Farbe, wogegen der syrische etwas dunkler ist.

Der Tabak zu den Wasserpfeifen ist nicht geschnitten, sondern wird in ganzen hellgelben Blättern verkauft. Unter den vielen kleineren Laden, worin Specerei-Waaren und dergleichen verkauft werden, sind die der Laternen-Fabrikanten hervorzuheben, die dieses nothwendige Geräth aus Papier in allen möglichen Preisen und Größen verfertigen. Da es in

Constantinopel noch keine Straßenbeleuchtung giebt und es allgemein verboten ist, bei eingetretener Dunkelheit ohne Laterne zu gehen, so findet diese Waare großen Absatz, und kann daher auch zu beispiellos billigen Preisen geliefert werden. Diese Laternen sind cylinderförmig, oben mit einem Henkel versehen. Man kann sie zusammenschlagen und bequem in die Tasche stecken. Für einen halben Piaster, drei Kreuzer, erhält man eine recht hübsche.

Außer den bisher erwähnten Gassen, die zu beiden Seiten mit Buden besetzt sind, vor denen ein immerwährender Handelsverkehr statt findet, gibt es viele offene Märkte, Tscharschu, die entweder nur an bestimmten Wochentagen oder zu gewissen Artikeln benutzt werden. So giebt es einen Pferdemarkt, Laus- oder Tändelmarkt, Sklavenmarkt, Mittwochsmarkt etc.

Das ewige Gewühl in den Gassen, das Schreien der Verkäufer und Ausrufer, so wie die warnende Stimme der Pferdetreiber, die auf ihren Thieren das Wasser in alle Theile der Stadt bringen und deren Ruf das allgemeine Gesumme gellend unterbricht, das Schreien der Armenier oder Juden, die wegen einer Kleinigkeit in Streit gerathen, betäuben das Ohr, die mannigfaltige Ausstellung der Waaren, die vielerlei Costüme, die einem bunten Strome gleich vorüberschwimmen, blenden das Auge, und man betritt mit behaglichem Gefühl die gedeckten Märkte, Besestane, um dem tollen Lärmen und dem gewaltigen Schmutze draußen zu entgehen.

Wenn es auch den Besestanes keineswegs an Besuchern fehlt, so treibt sich hier doch das geringe Volk nicht so herum; es herrscht daselbst, besonders in einigen Theilen, gegen den ungeheuern Spektakel draußen, eine gewisse Ruhe, die vornämlich das Auge empfindet, das langsam forschend die großen Gewölbe durchirrt, die mit den kostbarsten Stoffen und Geräthen angefüllt sind.

Schon seit dem Jahre 1461 gab es in Constantinopel ein Besestan; ein anderes wurde später unter Sultan Soliman erbaut; beide waren jedoch nur aus Holz und brannten bei den schon erwähnten Feuersbrünsten mehrere Male ab. Nach der letzten im Jahre 1701 wurden beide Besestane, wie sie jetzt noch bestehen, massiv von Stein aufgebaut.

Jedes bildet ein großes Viereck gewölbter Hallen, oben mit kleinen Kuppeln versehen, was dem Ganzen von der Höhe, z. B. dem Seraskierthurme herabgesehen, einen eigenthümlichen Anblick giebt. In diesen Besestanes findet man nun alle mögliche Artikel des Luxus, und wie in den Straßen sind auch hier die gleichartigen Artikel neben einander aufgespeichert, was die Auswahl erleichtert und auch die einzelnen Kaufleute hindert, die Käufer, besonders Fremde, zu überfordern, da der Nachbar gleich um einige Piaster billiger verkaufen würde.

Hier findet man ganze Gänge voll Waffen, Shawls, geschnittener und ungeschnittener Steine, Tücher, so wie Reihen von Gold- und Silberarbeitern, Buchhändlern, Wechslern etc. Zwar hat jetzt die ungeheure Pracht, die früher in Kleidungsstücken herrschte, bedeutend abgenommen, und die vornehmen Türken in Constantinopel, besonders Offiziere und Beamte, bis zum Sultan hinauf, gehen im einfachen blauen Rocke, mit einem Säbel bewaffnet, der meist nicht reicher verziert ist, als wie ihn auch unsere Militärs tragen, statt daß früher, zur Zeit der Janitscharen, jeder dieser Menschen mit schönen Waffen prunkte, deren Reichthum sich nach Maßgabe des Vermögens vom einfachen Silberbeschläge bis zum reichen Besatz mit Rubinen und Diamanten steigerte.

Diese Revolution im Costüm äußert nun bereits bedeutenden Einfluß auf die Waarenausstellungen des Bazars, und wenn auch die Laden in den Besestans gegen unsere Gewölbe mit weit glänzenderen Dingen ausgestattet erscheinen, so findet man im Allgemeinen doch bei Weitem nicht mehr die alte Pracht.

So schildert Hammer die Waaren, die in früherer Zeit hier ausgebreitet lagen; er zählt auf: Damascenische Säbel, tartarische Bögen, arabische Lanzen, persische Dolche, Türkisse aus Nischabur und Rubinen aus Bedaschan, Perlen von Bahrein, Diamanten von Golkonda, Shawls von Angora, aus Persien und Kaschemir, indische Mousseline und Kalikos, englische und französische Tücher, deutsche Leinwand und schwedisches Eisen, geschnittenen Sammet aus Brussa, Scheiks (Beduinenmäntel) aus der Barbarei; kurz, alle Herrlichkeiten, so die Sonne vom Aufgang bis zum Niedergang schaut, finden sich hier zum Kauf und Verkauf ausgestellt. Wenn man freilich alle diese Artikel auch jetzt noch findet, so sind doch nicht mehr, wie damals, ganze Reihen damit angefüllt.

Der Reisende, der die türkischen Bazars besucht, verläßt sie selten, ohne hie und da etwas gekauft zu haben, wozu sich artige Kleinigkeiten genug finden, besonders in den Gewölben, wo Stickereien feil sind. Man findet hier Pantoffeln, Spiegelfutterale, Mützen, Tabakbeutel von Seide oder Sammet, zierlich mit Gold, Silber oder Perlen gestickt, die sehr hübsch und reich aussehen und sehr billig sind, was daher kommen mag, daß sie meistens von den Weibern in den Harems gemacht werden.

Ein anderer Artikel, den man am Besten in den Bazars selbst kauft, sind die geschnittenen Steine, meistens Carneole, Talismane genannt, die sich ebenfalls zu kleinen Andenken und Geschenken sehr eignen. Auf ihnen ist der Namenszug eines der Propheten oder auch ein Vers aus dem Koran eingeschnitten. Die gewöhnlichen, die dann natürlich nicht mit großem Fleiß gearbeitet sind, kosten nicht viel, wogegen schöne Talismane mit erhaben geschnittenen arabischen Buchstaben theuer bezahlt werden.

Lange Pfeifenrohre, bei uns unter dem Namen Weichselrohre bekannt, findet man auch in reicher Auswahl und oft zu guten Preisen, wogegen keinem zu rathen ist, die nöthigen Spitzen aus Bernstein, die man bis zu dem ungeheuren Preise von tausend Gulden findet, ebenfalls hier zu kaufen.

Wer aber in Konstantinopel bedeutende Einkäufe in den erwähnten Talismans, in Kaschemirshawls, feinen Gold- und Silberarbeiten oder alten kostbaren Waffen machen will, thut nicht wohl, wenn er diese Artikel in den Gewölben selbst auswählt; er findet, besonders in Pera, Unterhändler, die sich eigens hiemit beschäftigen und die besten Quellen wissen. Diese Leute sehen für den kleinen Vortheil, den man ihnen zukommen läßt, sehr auf den Nutzen des Reisenden und können vielfach Betrügereien verhüten, denen man sonst ausgesetzt wäre. Dies ist hauptsächlich beim Einkauf von schönen Shawls der Fall, ein Handel, der jetzt fast durchgängig unter der Hand abgemacht wird. Schöne ganz neue Kaschemirshawls sind noch immer sehr theuer; doch werden viele zu uns gebracht, die schon eine Zeit lang in den Harems getragen wurden, wodurch der Stoff nicht verliert, vielmehr an Weiche gewinnt.

Wenn wir durch die Bazars wandelten, ohne den Gedanken etwas zu kaufen, wurden wir doch zuweilen wider Willen verführt. So blieben wir an einem Gewölbe mit prächtigen Waffen stehen, und der unermüdliche Armenier zeigte sie Stück für Stück, wobei er dem Fremden den Preis gewöhnlich durch Auf- und Zumachen der Hände angibt. Hatten wir nichts gefunden, was schön oder wohlfeil genug war, um es zu kaufen, und wollten uns entfernen, so hielt uns der Kaufmann durch die oben beschriebene Bewegung mit der Hand zum Mund fest, zog aus seinem Kaftan ein kleines Packetchen und wickelte aus der schmutzigen Leinwand einige Talismane, die er, wer weiß wo, erhandelt hatte, und in solchen Fällen machten wir oft die besten Einkäufe. Umgekehrt holte nicht selten ein Steinschneider, wenn wir unter seinen Artikeln nichts Anständiges fanden, eine alte Waffe hervor, die er uns sehr billig anbot.

Viel Unterhaltung gewährten uns auf unsern Gängen die türkischen Weiber, die halbverschleiert zahlreich hin und her ziehen und vor den Gewölben stehen bleiben. Selten liefen sie fort, wenn wir uns neben sie stellten und ihrem Handeln zusahen, und erst, wenn wir ihnen zu tief in die schwarzen Augen blickten, oder sie durch Pantomimen befragten, wie ihnen dies oder jenes gefalle, warfen sie ihre Tücher vor's Gesicht und empfahlen sich. Doch geschah dies meistens nur, nachdem ihnen der Herr des Ladens, dem dies unschicklicher, als ihnen selbst vorkommen mochte, einige zornige Worte zugerufen hatte, wahrscheinlich die Weisung, sich von den G i a u r s nicht so ansehen zu lassen. Einmal jedoch, wo ich mit unserem Doctor allein durch die Straßen zog und es uns sehr amüsirte, einer Negerin mit einer wahren Riesenfigur zuzusehen, wie sie aus ihrem Wagen kletterte, schien dieser Dame unsere Aufmerksamkeit sehr zu mißfallen; mit erstaunlicher Geläufigkeit der Zunge überschüttete sie uns mit einer Masse zornig ausgestoßener Worte, von denen ich nichts verstand als: „Giaur sek-ter Bessewenk!" was auf's Gelindeste übersetzt doch so viel heißt, als: „Ungläubiger Kuppler, geh zum Teufel!"

Neben diesen beiden Besestanes gibt es noch einen dritten, den sogenannten ägyptischen Marktplatz, wie die beiden andern aus gewölbten Hallen bestehend, doch bildet er nur einen rechten Winkel, die Hälfte eines Vierecks. Hier findet man alle Wohlgerüche Arabiens aufgestapelt, und all' diese Gewürze, die der Orient hervorbringt, verbreiten einen herrlichen Duft, wodurch sich dieser Markt schon in der Ferne der Nase des Herumwandelnden bemerklich macht. Treffend sagt Hammer von ihm: „Wie sich die Molucken dem Seefahrer schon weit im Meere verkünden, verkündet dem Wanderer in Constantinopel der würzige Geruch dieses Markts schon von Ferne sein Dasein, und erinnert an die beiden schönen Gedanken Sardi's: daß Moschus und Liebe sich vor der Welt nicht geheim halten lassen, und daß das wahre Verdienst, wie die Auslage des Gewürzhändlers, prunklos schweigt und herrlich duftet. Endlich an das von einem arabischen Dichter ausgebildete Wort Muhameds:

Mädchen sind Blüthen, die Blüthen gewähren süße Gerüche,
Und ein süßer Geruch ist vor dem Herrn das Gebet.
Mädchen sind irdische Kost und Gebet ist himmlische Nahrung.
Wohlgerüche genießt Himmel und Erde zugleich.

Ehe wir die Bazare verlassen, muß ich noch der Chane oder Karavanseraien, als zu ihnen gehörig, gedenken. Eigentlich ist Chan oder Karavanserai nicht gleichbedeutend; erstere sind Gebäude, in welchen sich nur große Waarenlager oder große Werkstätten, auch Fabriken befinden; letztere sind Herbergen für Reisende. Doch gibt es auch dergleichen öffentliche Anstalten, in denen sich der Begriff beider Worte vereinigt, wo nämlich fremde Kaufleute während ihres Aufenthalts in Constantinopel wohnen und ihre Waaren auslegen oder auch nur ihre Wechselstuben haben. Hierher gehört der große Chodscha-Chan, wo sich gewöhnlich persische Kaufleute aufhalten. Es gibt einen Chan der Gefangenen in der Nähe des Sklavenmarkts, und einen Chan der Gesandten bei der verbrannten Porphyrsäule, wo früher die Gesandten aller europäischen Mächte einquartiert oder vielmehr eingesperrt wurden, denn man behandelte sie hier wie Staatsgefangene.

Will man alle diese Bazare, Besestane und Chane, oder auch nur die vorzüglichsten genau durchmustern, so braucht man Monate. Man kann diesem Geschäft doch nur wenige Stunden widmen, da das allzu große Gefühl und die unendliche Mannigfaltigkeit der Waaren die Sinne abstumpft und sie nach kurzer Zeit unfähig macht, Alles mit Ruhe zu betrachten. Wir waren fast täglich ein paar Stunden in den Bazars und verließen dann das Gewühl, um uns auf einem einsameren Platze durch Betrachtung irgend eines der alten ehrwürdigen Bauwerke wieder zu erholen. Freitags jedoch, wo der Sultan eine der öffentlichen Moscheen besucht, machten wir uns, nachdem wir unsere Einkäufe besorgt, eine andere Zerstreuung.

An diesem Tage, Morgens zwischen zehn und zwölf Uhr, versammelt sich beim Seraskierthurm, auf dem Seraskierplatz, oder wie ihn die Türken nennen, Tauk-Bassari oder Hühnermarkt, Alles, was von der türkischen nobeln Damenwelt eine Equipage besitzt oder eine miethen kann, um daselbst eine Spazierfahrt zu machen. Die Wagen sind von ganz eigenthümlicher Bauart und erschienen uns anfangs sehr lächerlich. Die meisten, besonders die älteren, haben Aehnlichkeit mit unsern Leiterwagen; nur sind sie leicht und zierlich geschnitzt, mit bunten Farben bemalt und theilweise vergoldet. Hölzerne Reifen tragen ein Dach von grüner oder rother Leinwand, unter dem auf Kissen und Teppichen oft ein ganzer türkischer Harem liegt: ein paar Weiber, einige Sklavinnen und mehrere Kinder von verschiedenem Alter. Vor diese Equipagen sind zwei schwere Ochsen gespannt, mit buntem, vergoldetem Riemenzeug angeschirrt und mit allerlei Bändern aufgeputzt. Zur Verzierung dieses Gespanns, vielleicht auch um die Fliegen abzuwehren, gehen von der Bracke des Fahrzeugs aus zwei ungefähr sechs Fuß lange geschweifte Hölzer, die so gleichsam über den Thieren schweben. Von denselben herab hängen bunte wollene Quasten, die sich bei jedem Schritt hin und her bewegen. Andere Fahrzeuge nähern sich etwas unseren Kaleschen, sind jedoch mit Schnitzwerk versehen und schwer vergoldet, wie sie bei uns im verflossenen Jahrhundert gebräuchlich waren. Auch sieht man wohl hie und da einen Wagenkasten nach unserer jetzigen Façon, der aber dann auf schweren altmodischen Rädern ruht.

In langen Reihen bewegen sich diese Wagen vorwärts, von einer Masse Weiber und Kinder der ärmeren Classe angestaunt, die nebenher laufen. Auch erblickt man zuweilen einen jungen türkischen Elegant, der selbstgefällig umherreitet, ohne sich jedoch um die Damen zu bekümmern. Aeltere Türken sitzen in den Caffeehäusern, die sich auf dem Platze befinden und schauen dem Gewühle zu. Den vornehmen Harems, die oft aus Zügen von fünf bis sechs Wagen bestehen, folgen auf schönen reich geschirrten Pferden schwarze oder weiße Eunuchen, meistens Menschen von widerlichem Aeußern, mit unförmlich dickem Oberkörper, auf dem der Kopf fest in den Schultern steckt. Ihre fetten schlaffen Gesichter werden durch einen lauernden, boshaften Zug um Mund und Auge noch unangenehmer. Auch bei den einzelnen Wagen fehlen diese Aufpasser nicht, die hier entweder zu Fuß nebenher gehen oder hintenauf sitzen.

Auf diesem Corso haben wir uns manche Stunde sehr gut unterhalten. Die Damen nahmen es in der Regel gar nicht übel auf, wenn wir sie genau betrachteten, besonders die jungen und hübschen, die oft ihr Möglichstes thaten, unsere Augen auf sich zu ziehen. Obgleich, wie schon gesagt, das Gesetz ihnen vorschreibt, den Mund zu verschleiern, so wissen sich die türkischen Schönheiten in diesem Fall doch zu helfen, indem sie sich hiezu eines ganz dünnen feinen Mousselins bedienen, welcher die Formen ihres Gesichts sehr gut errathen läßt. In ihre Kissen zurückgelehnt, verstehen sie es vortrefflich, im rechten Augenblick die schwarzbewimperten Augenlider aufzuschlagen, und dem der sie betrachtet, eine volle Ladung aus ihren blitzenden Augenbatterien zu geben. Die Mantille, die beim Gehen stets fest um die Schultern gezogen wird, lassen die Türkinnen im Wagen nachlässig herunterfallen, wodurch die vollen Formen ihres Oberkörpers sichtbar werden, und da die kleinen gestickten Jäckchen, die sie tragen, sehr tief ausgeschnitten sind, und die Regel des Anstandes ihnen nur gebietet, das Gesicht zu verschleiern, so hatten wir bei der nachlässigen Lage dieser Damen in ihrem Wagen häufig Gelegenheit, tiefe Blicke unter die Mantille zu thun.

In steter Bewegung sind ihre weißen runden Arme, an denen sie die goldenen Spangen zeigen wollen, und wenn man sie betrachtet, fahren sie gleich mit den Händen an's Gesicht, um die Aufmerksamkeit auf ihre Ringe zu lenken, mit denen sie nach Maßgabe ihres Vermögens alle Finger bedecken. Doch, wie ich schon früher sagte, findet man unter diesen Weibern sehr selten ausgezeichnete Schönheiten, und nur einige Male sahen wir Mädchen, deren Mund und untere Gesichtsbildung mit den schönen Augen, die man häufig findet, im Einklange standen. Die Sklavinnen sind meistens Schwarze mit wolligtem Haar und platter Nase. Eine Ausnahme machen die Abyssinierinnen, die man auch zuweilen sieht. Sie sind von sehr schöner Bildung, und fast bei Allen wird das edle Gesicht durch eine tiefe Melancholie, die sich über ihre Züge lagert, noch anziehender. Sie gehören meist zum dienenden Personal; doch habe ich auf dem türkischen Corso häufig einen halb verschlossenen Wagen gesehen, worin eine reich gekleidete, sehr schöne Abyssinierin saß. Oft, wenn der Zug der Wagen irgendwo stockte, trat ich nah an den

Schlag ihrer Equipage und gewöhnlich sah sie mich erstaunt, doch nicht unfreundlich an. Gern hätte ich etwas Näheres über sie erfahren, doch einige Mal, als ich ihr folgte, wenn sie den Corso verließ, mochte ich mich aus Furcht, den Weg zu verlieren, nicht zu weit in die Stadt wagen, und einmal, als ein der Stadt kundiger Freund mich in gleicher Absicht zum Scherz begleitete, erregten wir die Aufmerksamkeit ihrer schwarzen Wächter, die uns so drohend ansahen, daß mein Begleiter es gerathener hielt, umzukehren. Was half uns auch unsere Neugierde? Die schwere Thür ihres Käfigs schloß sich hinter dem Mädchen und wir hätten es nicht einmal wagen können, nachher auffallend zu den vergitterten Fenstern empor zu schauen; denn so viel auch die Türken schon von unsern Sitten und Gebräuchen angenommen haben, sind sie doch in diesem Punkte unverbesserliche Egoisten.

Türkische Bäder.

Schon in Adrianopel hatte der Baron die Genüsse eines türkischen Bades versucht und sie als sehr sonderbar und im ersten Augenblick anstrengend, aber auch so dargestellt, daß sie dem Körper nach einiger Zeit eine ungemeine Behaglichkeit geben und die Glieder ganz geschmeidig machen. Auch Hamsa, unser Tartar, wenn er auf der Reise von den Genüssen sprach, die ihn bei seiner Ankunft in Stambul erwarteten, erwähnte den Genuß eines Bades als etwas, das alle Müdigkeit der Reise hinwegnehme und den Körper neugeboren mache. Gleich in den ersten Tagen unseres Aufenthalts in Pera erkundigten wir uns nach einem der besten Bäder, und einer unserer neuen Bekannten, Herr v. C. bei der preußischen Gesandtschaft, war so gütig, sich unser, wie in vielen Punkten, auch hierin anzunehmen. Er führte uns nach Stambul, damit wir die Leiden und Freuden eines türkischen Bades kennen lernen möchten.

Es kann nicht schaden, wenn der Reisende, der ein türkisches Bad nehmen will, es dem Inhaber vorher anzeigen läßt, damit dieser für reine Wäsche sowohl, als auch dafür sorge, daß die Badhallen nicht so sehr überfüllt sind, was uns unangenehm gewesen wäre. Da alle Bäder öffentlich sind, so kann man nicht immer wissen, wessen Hand der Striegel, mit dem man bedient wird, kurz vorher berührt hat. Auch hiefür sorgte Herr v. C., und nahm für einen Morgen das am Hippodrom gelegene Atmeidan-Hamami d. i. „das Bad der Pferdeliebhaber," in Beschlag. Jedes Bad hat seinen eigenen, oft sehr sonderbaren Namen, worauf ich später zurückkommen werde. Ueber die Wahl unseres Führers, uns in das Bad für Pferdeliebhaber zu führen, lachten wir herzlich und schickten uns in der heitersten Stimmung an, die heiligen Hallen zu betreten.

Von außen sah das Bad wie ein altes, halb verfallenes Gemäuer aus. Hie und da war ein schön gehauener Frieß auf einigen Säulenschaften eingemauert, was uns vermuthen ließ, daß auch hier früher ein prächtiges Bad gestanden, aus dessen Trümmer man das jetzige erbaut. An diese Mauern war ein Haus neuerer Bauart angeklebt, durch dessen Thor wir in die mäßig erwärmte Vorhalle des Hamami oder Bades traten. In der Mitte dieses ziemlich geräumigen Gemachs war ein Springbrunnen. An allen Wänden befanden sich Divans, von den gewöhnlichen sehr verschieden. Sie waren etwa vier Fuß hoch, und zehn bis zwölf breit, so daß man sich ausgestreckt darauf legen konnte, die Füße nach dem innern Raum gekehrt.

Bei unserer Ankunft mußten wir uns auf kleine Rohrstühle setzen, die am Springbrunnen standen, und der Hamamschi, Bader, brachte uns Caffee und lange Pfeifen, während einige seiner Knechte auf den Divans für jeden von uns ein Lager zubereiteten, aus einer Matratze mit Kopfkissen bestehend, über das ein weißes Leintuch gebreitet wurde.

Nachdem wir unsern Caffee getrunken, wurden wir zu dem Lager geführt und ein Tuch als Vorhang vor uns ausgebreitet. Wir mußten uns jetzt ganz entkleiden, und nachdem uns der Bader ein großes Leintuch als Schürze umgeschlagen, auch jedem von weißem Zeug einen Turban gemacht hatte, legten wir uns einen Augenblick auf das Lager, um schon etwas durchwärmt in die zweite Abtheilung des Bades eingehen zu können.

Hier herrschte bereits ziemliche Hitze, so daß wir schon in wenigen Augenblicken ganz mit Schweiß bedeckt waren. Ein neues Lager, ähnlich den ersten, war hier bereitet, und darauf ausgestreckt wurden wir abermals mit Pfeifen und Caffee bedient. Wohl eine Viertelstunde blieben wir in diesem Gemach, worauf uns die Badewärter unter den Armen faßten, um uns in das eigentliche Badgewölbe zu führen. Daß man sich in diesen Gewölben beim Gehen unterstützen läßt, ist sehr nöthig, denn der Boden ist zu heiß, um mit nackten Füßen darauf gehen zu können, weshalb man Pantoffeln erhält, deren Sohle auf zwei, drei Zoll hohen Klötzchen steht, die das Gehen ungemein erschweren. Ich habe darin den Fuß nie aufheben können, sondern bin stets über den Boden hingerutscht.

Zum dritten Gewölbe führte eine schmale eiserne Thür, die hinter uns gleich wieder verschlossen wurde. In diesem dem eigentlichen Bad, herrschte eine solche Hitze, daß sie uns in den ersten Augenblicken den Athem benahm. Es war dasselbe beklemmende Gefühl, wie wenn man allmählig in ein kaltes Bad hinabsteigt, wo man glaubt, Herz und Lunge drängen sich nach oben, um sich da gewaltsam einen Ausweg zu verschaffen. Das Gemach war rund, mit einer großen Kuppel bedeckt, die kleine, mit buntem Glas geschlossene Oeffnungen hatte, welche symmetrische Figuren bildeten. Das spärliche Tageslicht, welches einzig durch sie in die Halle fiel, wurde noch durch die vom Boden aufsteigenden Wasserdämpfe getrübt. Die Wände bestanden aus gewöhnlichen Steinen und waren hie und da mit Sculpturen versehen; der Boden aber war sehr schön, aus farbigem Marmor zusammengesetzt und hatte in der Mitte eine fußhohe runde Erhöhung, etwa zwanzig Fuß im Durchmesser, an deren Seiten die heißen Dämpfe vermittelst kleiner Löcher ausströmten.

Ferner hatte das Gemach vier Nischen von etwa zehn Fuß Tiefe, in deren jeder sich ein zierlich aus Stein gehauener Brunnen mit zwei Röhren befand, die mit einem Hahnen verschlossen waren und kaltes und warmes Wasser gaben. Diese Nischen konnten mit Teppichen verhängt werden, die zu dem Zweck über der Oeffnung zusammengebunden waren.

Bei unserm Eintritt in dies Gemach legte man in eine Ecke für jeden ein Kissen, auf das wir uns abermals ausstrecken mußten, um die dritte Pfeife mit Caffee zu genießen und uns dabei allmählig an die entsetzliche Temperatur zu gewöhnen. Aber nicht lange, so waren wir vollkommen durchglüht, und der Hamamschi erklärte uns für fähig, die Operation des Badens vornehmen zu können, eine wirkliche und ziemlich schmerzhafte Operation.

Die Erhöhung in der Mitte des Gemachs, von der ich oben sprach, war im wahren Sinne des Worts unsere Schlachtbank. Dort mußten wir uns ausgestreckt hinlegen, was anfangs einigen Schmerz verursachte, denn obgleich uns längst der Schweiß in Strömen vom Körper lief, war uns die Hitze fast unmittelbar über dem Feuer beinahe unerträglich. Neben jedem von uns ließ sich jetzt einer der Badknechte nieder und fing an, mit unserem Körper die seltsamsten Verrenkungen vorzunehmen. Zuerst drehte und wendete er alle Glieder von der Fußspitze bis zum Genick, daß sie knackten; dann hob er die Beine auf und rückte sie so weit nach dem Kopfe zu, als möglich, kurz, er behandelte uns auf eine für uns so komische Weise, daß wir über die Figuren, die einer den andern machen sah, oftmals laut lachten. War dieses Kneten, denn anders konnte man die Behandlung des Körpers nicht nennen, auf der vordern Seite beendigt, so mußte man sich auf den Bauch legen, um seinen Rücken ähnlichen Qualen preis zu geben. Zuweilen sprang der Kerl mit seinen nackten Füßen auf mir herum, daß ich nahe daran war, laut aufzuschreien. Am Ende setzte er sich mir oben zwischen die Schulter und glitschte mit seinen Füßen an mir herunter, wobei er, um sich zu halten, mit beiden Händen meine Haut dergestalt zusammenkniff, daß ich, um dem Schmerz zu entgehen, mich eilends aufrichtete und ihn herabwarf. Auch machte ich ihm über dies Kneifen ein zorniges Gesicht, worüber er mich sehr erstaunt ansah und die Hand schmatzend zum Mund brachte, um auszudrücken, daß gerade dieser letzte Coup etwas sehr Köstliches sey. Ich tröstete mich an dem Schicksal meiner Gefährten, denn keiner entging dieser Manipulation.

Jetzt begann der zweite Act, zu welchem die Hamamschi neben jeden ein Gefäß mit warmem Wasser setzten. Sie warfen weiche Seife hinein, schlugen sie mit einem Wisch von gedrehtem Hanf zu Schaum und seiften damit den ganzen Körper. Bis dieser Schaum durch die Wärme des Körpers und des Bades geschmolzen war, hatte man Ruhe und konnte sich über die ausgestandenen Schmerzen unterhalten. Ich habe nie einen stärkeren Klang der Stimme gehört, als in diesen türkischen Bädern. Ein Wort, noch so leise gesprochen, tönte gewaltig wieder, und gab einen Ton, als murmelten es hundert Stimmen nach.

Indeß hatte der Bader seinen Hanfwisch bei Seite gelegt und dafür eine Art Handschuh ohne Finger von grobem Tuche genommen, womit er nun den ganzen Körper sehr stark rieb. Bei all' diesen Manipulationen bemerkte ich, daß der Badwärter beständig das Auge des Badenden ansieht, wie mir Herr v. C. später sagte, aus Vorsicht, um sogleich zu bemerken, wenn einem bei dieser schmerzhaften Behandlung unwohl wird.

Sobald der Körper gehörig eingerieben ist, ein Geschäft, wobei wieder durchaus keine Schonung statt findet, sondern mir fast die Haut mit heruntergerissen wurde, verläßt der Hamamschi den Badenden und zwei Knaben von zehn bis zwölf Jahren traten an seine Stelle. Diese geleiteten jeden von uns in eine der erwähnten Nischen, wo sie nach dem Belieben des Badenden sich mit ihm durch die erwähnten Teppiche absondern und so den Augen der Andern unsichtbar werden können. Doch wie ich mir sagen ließ, verdecken sie diese Nischen nicht eher, bis ihnen der Badgast ein hierauf bezügliches Zeichen gibt, was bei den meisten darin besteht, daß er ein Geldstück von zehn bis zwanzig Piaster zwischen die Zähne nimmt, welches sich der Knabe durch einen Kuß zueignet.

Vor den beiden Fontainen, deren Wasser vorn in ein kleines Bassin läuft, mußten wir uns niedersetzen und nachdem einer der Knaben viel warmes Wasser hatte hineinlaufen lassen, das er mit etwas kaltem mischte, begann er uns dasselbe mittelst eines blechernen Gefässes über den Kopf und den ganzen Körper zu gießen. Das Wasser war indessen noch sehr warm und benahm uns in den ersten Augenblicken den Athem. Wir befanden uns in einer Lage, als wenn man bei uns das Schlachtvieh abbrüht, auch wehrte ich mich anfangs mit Händen und Füßen dagegen, aber vergebens; so lange ich den kleinen Quälgeistern nicht vollkommen gereinigt schien, hörten sie nicht auf, mir das Wasser aus dem großen Gefäß über den Kopf zu schütten.

Nach dieser letzten Procedur bekamen wir um Hüfte und Schultern ein reines weißes Tuch, um den Kopf drehte man uns ein ähnliches und oben auf den Scheitel legte man uns lose ein anderes zusammengefaltetes. Durch die beiden Vorzimmer wurden wir wieder in das erste Gemach geführt, wo wir uns entkleidet hatten. Man hatte indessen unser Lager mit reinen Tüchern überzogen, und nachdem wir uns wieder auf dasselbe ausgestreckt hatten, brachte man uns Pfeifen, Sorbet und später Caffee. Die Mühseligkeiten des Bades sind nun vorbei und der Türke fängt jetzt seinen K h e f an, d.h. so wie er sich gewöhnlich Nachmittags, ohne ein Wort zu sprechen oder auch nur zu denken, der Verdauung hingibt, so senkt er auch jetzt seinen Geist in vollkommene Ruhe und überläßt den Körper einigen Knaben, die ihn, aber auf eine sanftere Art als früher, durchkneten. Sie fangen dies Geschäft gewöhnlich bei den Füßen an, welche sie mit ihren beiden Händen leicht drücken und so immerfort streichend aufwärts fahren, bis sie auf diese Art den ganzen Körper geknetet haben, was mehrere Male von den Füßen zum Kopf und umgekehrt geschieht. Auch werden die Gelenke der Hände und Füße nochmals auseinander gezogen, bis sie knacken. Besonders für Leute mit schwachen Nerven hat dieses leise Kneten etwas Ermattendes, Angreifendes, und selbst ich war fast immer geneigt, dabei in Schlaf zu fallen. Wenn das Kneten vorüber ist, werden neue Pfeifen gebracht, so wie Caffee und man bleibt nach Belieben so lange liegen, bis das Blut, welches durch die ganze Behandlung sehr aufgeregt ist, wieder ruhiger wird. Dann zieht man sich an, und das türkische Bad ist genommen.

Die Wirkungen dieses Bades, welche die Phantasie des Muselmanns etwas übertreibt und als das Heilsamste darstellt, was dem Körper widerfahren könnte, fangen erst nach einigen Stunden an, sich bemerkbar zu machen; ich meine die angenehmen Wirkungen, denn in der ersten Zeit, nachdem man sich wieder angezogen hat und etwas umhergegangen ist, sind die Glieder wie zerschlagen und große Müdigkeit drückt den Körper nieder. Nach einigen Stunden aber schwindet diese Ermattung und man fühlt sich allerdings wie neugeboren. Die Glieder haben eine auffallende Frische und Elasticität erlangt; man fühlt sich durch ein angenehmes Wohlseyn, das sich über den ganzen Körper verbreitet, zu den lebhaftesten Bewegungen hingerissen. Es wird behauptet, ein türkisches Bad im Augenblicke genommen, wo man nach einer langwierigen beschwerlichen Reise vom Pferde steigt, oder wenn man sich überhaupt sehr ermüdet hat, erfrische mehr, als die beste Nachtruhe.

Man kann zu jeder Stunde des Tages ein Bad nehmen, ausgenommen in den Zeiten des Ramasans, wo die Hamami den ganzen Tag über geschlossen sind und erst, wie alle andern Anstalten, Caffeehäuser etc. mit Einbruch der Nacht geöffnet werden. Nur muß man nie nach dem Essen baden, eine Vorschrift, die ja auch bei uns besteht und bei der Gewaltsamkeit der Operation doppelte Berücksichtigung verdient. Ich habe in Constantinopel ein einzigesmal diese Regel nicht beachtet, und so gesund ich bin, wurde ich nicht nur während des Badens völlig ohnmächtig, sondern war mehrere Tage nachher unwohl.

Die öffentlichen Bäder für das weibliche Geschlecht sollen beinahe ganz so eingerichtet seyn, wie das beschriebene, nur daß sie große Wasserbehälter enthalten, worin die Abwaschungen vorgenommen werden. Natürlich sind dort die Hamamschi ebenfalls Frauen. Diese Anstalten dienen aber den Weibern keineswegs blos zum Baden. Da die türkischen Damen keine Thee- und Caffeevisiten geben, so versammeln sie sich zu gleichem Zwecke in ihren Bädern, um gegenseitig Neuigkeiten einzutauschen und den lieben Nächsten der schärfsten Kritik zu unterwerfen. *Tout comme chez nous!*

Etwas Genaueres über die türkischen Frauenbäder zu sagen, ist fast unmöglich, da es dem Muselmann selbst streng verwehrt ist, diese Anstalten zu besuchen, und wenn er auch mit den inneren Einrichtungen bekannt wäre, würde ihm doch der Anstand verbieten, darüber mit einem Fremden zu sprechen. Man erzählte uns, vor einiger Zeit habe sich ein wißbegieriger Europäer in eines dieser Bäder geschlichen; ertappt und vor den Kadi geschleppt, sey er dem Tode nur dadurch entgangen, daß er sich verückt gestellt. Doch will ich die Wahrheit dieser Geschichte nicht verbürgen.

Von einem der innersten Bäder im Harem des Großsultan findet man bei Hammer eine Beschreibung, die nach der Erzählung eines Itschoglan (Pagen) niedergeschrieben wurde. Nach dieser gehen die Fenster des Bades gegen Osten. Auf der rechten Seite der Thüre des Entkleidungssaales ist das Singzimmer und links das Schatzgewölbe. Die Pracht desselben soll unbeschreiblich seyn. Der vielfarbige Marmor des Pflasters und der Wandbegleitung spiegelt die Silbergestalten der badenden Schönheiten zurück und farbige Gläser, in der Oeffnung der Kuppel eingesetzt, verbreiten in dem Gemach einen heimlichen sanften Lichtschimmer. In der Mitte springt ein Wasserstrahl, dessen Erguß von zwei Becken, einem kleinen und einem großen, aufgefangen wird. Das kleine ist von weißem Marmor mit rothen und schwarzen Adern, aus welchem die Fluth in das untere große, aus mehreren Stücken farbigen Marmors zusammengesetzte Becken stürzt.

Man findet in Constantinopel nicht nur bestimmte Bäder für die verschiedenen Stände, Künste und Gewerbe, sondern die Muselmänner können sich auch sogar nach ihren verschiedenen Charakteren,

Leidenschaften, Tugenden und Lastern zusammenfinden. So ist in Stambul ein Bad für Freigeister, eines für fromme und heilige Männer, ein anderes für Narren, an der Suleimanje eines für Dichter, ein anderes für Pferdeliebhaber, das wir besucht haben, so wie eines für Sänger und für freigebige Leute. Am adrianopolitaner Thor findet man ein viel besuchtes für Frauenliebhaber, so wie dicht neben an eines für alte abgelebte Leute und eines für schöne junge Herren. In der Vorstadt Otakdschilar ist ein Bad für Betrunkene, eines für Knabenliebhaber und ein anderes für unschuldige, eingezogene und sittsame Leute. In der Nähe des Hafens sieht man welche für solche, die das Gebet nicht lieben, für Verliebte, für Spitzbärte und für Diebe.

Der Hippodrom, die sieben Thürme, mehrere Moscheen und andere ältere Bauwerke.

Jedem Reisenden, der Constantinopel besucht und wie wir nur kurze Zeit verweilen kann, rathe ich, gleich in den ersten Tagen nach einem Plane, den ihm ein Ortskundiger angelegt, die Stadt zu durchkreuzen und erst wenn er die vielen merkwürdigen Plätze, Gebäude und Denkmäler gesehen hat, seine übrige Zeit anzuwenden, um das bunte Leben auf den Straßen zu beobachten, seine Einkäufe zu besorgen und kleine Ausflüge in die Umgegend zu machen.

An einem schönen Morgen, nachdem wir schon auf obige Art mehrere Tage verschleudert hatten, brachen wir in Begleitung des Herrn von C. von Pera auf, um einen Theil der Merkwürdigkeiten planmäßig in Augenschein zu nehmen. Da wir hiezu eine weite Tour zu machen hatten, suchten wir uns am Ufer von den dort aufgestellten Miethpferden die besten heraus. Hiebei fallen ähnliche komische Auftritte vor, wie bei den Kaiks. Die Pferdevermiether sind eben so zudringlich, besonders gegen Franken, die natürlich mehr als die Osmanli bezahlen müssen. Dabei ist das Gedränge, was immer bei unserer Ankunft entstand, nicht ganz ohne Gefahr; sie suchen einem so nahe wie möglich mit ihren Pferden auf den Leib zu rücken, die nicht so geduldig wie ihre Herren, bisweilen zu schlagen und zu beißen anfangen. Im Augenblick ist man von einem Haufen dieser Menschen umringt und ich war nicht selten gezwungen, das Pferd, an das mich der Zufall gedrängt hatte, zu besteigen, um nur dem Gedränge zu entkommen. Hat man sich auf diese Art beritten gemacht, so hält sich jeder Vermiether an einem Steigbügelriemen seines Pferdes und läuft im Trab oder Galopp nebenher. An der Spitze des Zuges ritt der Herr von C., dessen Sais oder Reitknecht durch lautes

Geschrei die Begegnenden zum Ausweichen aufforderte, und so trabten wir auf den kleinen Pferden, die auf dem glatten schlüpfrigen Pflaster fast nie einen Fehltritt machen, ziemlich rasch durch die Gassen.

Unsern ersten Halt machten wir auf dem At Meidan, dem Hippodrom, dem berühmtesten aller Plätze des alten und neuen Constantinopels. Wir stiegen von unsern Pferden, um die armseligen Ueberbleibsel der früheren prächtigen Monumente und Bauwerke, die auf diesem Platz standen, in der Nähe zu besehen.

Der Hippodrom wurde von Kaiser Severus, nachdem er die zerstörte Stadt erobert, angelegt, und war von da an der Schauplatz der festlichen Spiele, so wie fast aller Aufstände und Revolutionen, welche den Thron der byzantinischen Kaiser so oft erschütterten. Alles, was uns von der früheren Pracht und Herrlichkeit dieses Platzes erzählt wird, könnte man für eine Fabel halten; hier, wo nach den Geschichtschreibern die schönsten Werke der Kunst aufgestellt waren, ist nichts mehr zu sehen als drei verstümmelte Monumente: ein unvollendeter Obelisk in der Mitte des Platzes, dessen geglättete Seiten, besonders die gegen das Meer gekehrten, von der Zeit und der Seeluft schon stark beschädigt sind, ferner ein früher mit Kupfer bekleideter Pfeiler, dessen jetzt verschwundene Inschrift besagte, daß Constantin, der im Purpur Geborene, ihn so prächtig hergestellt, daß er, gleich dem Coloß zu Rhodus, für ein Weltwunder angesehen worden, und endlich ein dreifaches Schlangengewinde, dessen Köpfe jedoch nicht mehr vorhanden sind, und das der Sage nach den Dreifuß von Delphi getragen haben soll.

Von den marmornen Stufen, die früher einen großen Theil des Platzes umgaben, und worauf das Volk dem Wettrennen zusah, ist keine Spur mehr vorhanden. Schlecht gebaute Häuser haben sich überall herangedrängt und der Platz, der früher vielleicht viermal so groß war, ist heute nur zweihundertundfünfzig Schritte lang und hundertundfünfzig breit. Der Boden ist uneben und schmutzig, und hie und da wächst eine Platane oder Sykomore aus ihm hervor, unter der ein türkischer Caffeewirth seine elende Bude aufgeschlagen hat. Gelehnt an einen Pfeiler der Moschee Achmeds, die am At Meidan liegt, überdachte ich das Sonst und Jetzt dieses Platzes, ein Contrast, wie die Geschichte fast keinen traurigern aufzuweisen hat.

Dort stand die Statue des Herkules Trihesperus, der ohne Bogen, Köcher und Keule sich mit dem linken Fuß auf das Knie niederließ, in derselben Stellung, wie er als Sternbild am Himmel prangt. Dieses Kunstwerk wurde von den Lateinern bei der Eroberung der Stadt in Stücke zerbrochen, um das Erz zu Kupfergeld einzuschmelzen. Ferner war hier der Esel mit dem Eseltreiber von Actium, den Augustus dort zum Andenken aufrichten ließ, weil, als er eines Nachts hinausging, um die Stellung des Antonius zu erspähen, ihm ein Eseltreiber mit einem Esel begegnete, der ihm auf die Frage, wie er heiße und wohin er gehe, antwortete: „Nikon (siegend), mein Esel Nikander (Siegmann) und ich gehe zu Cäsars Heer." Neben ihm stand die Wölfin, welche den Romulus und Remus gesäugt hatte, ein Nilpferd mit schuppigtem Schweife, fliegende Sphynxe und die zwei Ungeheuer Scylla und Charybdis. Die Statue der Helene, Liebe athmend und einflößend, mit fliegenden Haaren und lächelnden, zum Reden geöffneten Lippen, war hier zu sehen, mit aller Anmuth, womit sie der Gürtel Aphroditens ausgestattet. An den Rennzielen standen die Statuen berühmter Wagenlenker, die mit der Hand die Lehren wagenführender Kunst einschärften; zwischen diesen Statuen waren auf einer Seite die Altäre des Zeus, Saturnus und Mars, und auf der andern die der Venus, des Monds und die des Merkurs. Neben dem Thurm des Hippodroms, wo sich die Gitter befanden, hinter welchen die Pferde ungeduldig warteten, war der kaiserliche Thron, von welchem der Kaiser mit einem Tuche das Zeichen zum Auslaufen gab. Die zwölf vierspännigen Wagen, welche nun daher stürmten, mußten den Rennplatz sieben Mal umfahren. Auf dem Thurme des Hippodroms standen die vier berühmten goldenen Pferde, welche von Athen nach Chios und dann nach Constantinopel gebracht wurden. Nach Eroberung dieser Stadt kamen sie nach Venedig und man stellte sie über dem Eingange der Markuskirche auf. Später wanderten sie nach Paris auf den Carousselplatz, von wo sie wieder nach Venedig an ihre alte Stelle zurückgeführt wurden.*

So viel der Boden des Hippodroms von den Herrlichkeiten erzählen könnte, die er einstens getragen und allmählig verschwinden sah, so viel Entsetzliches könnte er uns auch mittheilen von den Metzeleien, die hier geschehen, und dem vergossenen Blute, das er stromweise trinken mußte, und wenn wir eben den Untergang jener Zeiten bedauerten, so können wir uns in diesem Sinne nur darüber freuen, daß sie sich verändert haben. Die meisten großen Revolutionen und Empörungen brachen auf dem Rennplatze aus. Hier wurde Gratianus Augustus durch bestellte Meuchler ermordet; hier dämpfte Kaiser Justinian die berühmteste aller Empörungen: als Hipatius, von einer andern Partei zum Kaiser ausgerufen, sich schon in den Besitz des Haupteingangs zum Hippodrom gesetzt hatte, wo die Rennspiele eben beginnen sollten und er sich dort wollte zum Kaiser ausrufen lassen, drang Belisar von der andern Seite mit den Leibwachen auf den Platz, und Justinian hatte Geistesgegenwart genug, im Augenblicke der größten Gefahr den Anfang der Rennspiele zu

*Hammer, C. u. d. B. I.

befehlen, die nun, von dem Brande der halben Stadt beleuchtet, begannen.

Schon seit den ältesten Zeiten feierten heimkehrende Feldherrn auf dem Hippodrom ihren Triumphzug; so Belisar, als er die Vandalen besiegt. Neben der großen Rolle, die dieser Platz von jeher im äußern Leben der Byzantiner spielte, legte ihm und den Statuen, die auf demselben standen, auch noch der Aberglaube des Volks und der Kaiser andere geistige talismanische Kräfte bei, welche das Reich schirmen und bewahren sollten, so daß der ganze Rennplatz gleichsam ein geweihtes Symbol der Regierung und Herrschaft ward, ein Aberglaube, der für die christliebenden Kaiser, wie sie sich selbst in allen Aufschriften nennen, mehr als unschicklich war.*

Auch unter der Herrschaft der osmanischen Kaiser blieb der At Meidan der erste Platz der Hauptstadt und die Bühne für die Staatsactionen und öffentlichen Spectakel. Der Bau der Moschee Achmet I. auf demselben nahm ihm viel von seiner Ausdehnung. Noch heute geht über den At Meidan der große Zug, wenn sich am Beiramfeste der Sultan aus dem Serail nach dieser Moschee begibt. Eben so versammeln sich hier noch immer die Pilger aus allen Theilen des Landes zu der großen Karavane nach Mekka. Auch die Geburt des Propheten wird auf dem At Meidan und in der Moschee Achmet I. in Gegenwart des Sultans und der Hof- und Staatsbeamten feierlichst begangen. Unter dem letzten Sultan M a h - m u d II. entfaltete hier der Großwessir die Fahne des Propheten, was alle Rechtgläubigen zum Schutz der Kirche und des Sultans herbeiruft, und führte die zusammengelaufenen Haufen nach der Kaserne der Janitscharen, wo diese bekanntlich bis auf den letzten Mann niedergemetzelt wurden.

Doch genug von diesem Platz; die Geschichte desselben ist so mit Gräuelscenen geschwängert, daß er bei längerem Verweilen in dem Herzen des Beschauers einen unangenehmen Eindruck zurücklassen muß.

Vom At Meidan betraten wir die Achmedi oder Moschee Sultan Achmed I., von der ich schon oben sprach, um ihre prächtige Einrichtung zu sehen. Sie ist zwar nicht die größte und äußerlich schönste, denn die Aja Sophia, so wie die Sulimanje übertreffen sie an Pracht und Ausdehnung; dagegen hat sie sechs Minarets, mithin zwei mehr als jene beiden und selbst als die heilige Moschee zu Mekka. Sie ist auf einer großen Terrasse gebaut und besteht aus zwei Vierecken, wovon eines die Moschee selbst, das andere den Vorhof bildet. Die innere Einrichtung übertrifft an Pracht und Schönheit der Geschirre alle Beschreibung. Die Kuppel des großen Domes wird von vier Säulen getragen, die, obgleich die Kirche sehr

*Hammer, C. u. d. B.

hoch ist, ganz unverhältnißmäßig dick sind. Jede hat sechsunddreißig Ellen im Umfang. Sie durchbrechen die Kuppel und ragen von außen als Thürme empor. Im Innern der Kirche läuft zu beiden Seiten eine doppelte Gallerie hin; unten sind die Bänke der Koranleser, oben die Gewölbe zur Aufbewahrung der Kostbarkeiten, die nach und nach in die Kirche gestiftet worden. Die Kebbellinie wird durch zwei Wachskerzen von so ungeheurer Dicke und Größe bezeichnet, daß wir sie anfangs für Marmorsäulen hielten, und erst beim Nähertreten mit Erstaunen unsern Irrthum erkannten. Ein Meisterstück von Bildhauerarbeit ist die Kanzel für den Feiertagsprediger, nach dem Modell der zu Mekka ausgeführt. Schon der Stifter dieser Moschee, Achmet I., beschenkte sie mit großen Reichthümern und seinem Beispiel folgten Anstandshalber alle Großen des Reichs, deren prächtige Gaben man noch sieht: goldene Lampen mit Edelsteinen besetzt, goldene, mit Perlen besetzte Pulte, worauf schön geschriebene Exemplare des Korans liegen etc. Die Anfertigung dieser Manuscripte beschäftigt noch jetzt eine große Anzahl von Derwischen, da der Koran nicht gedruckt werden darf, weil es dem Muselmann unschicklich erscheint, daß die heiligen Worte den Druck der Presse aushalten sollen.

Wir bestiegen unsere Pferde wieder und ritten durch einen großen Theil der Stadt nach dem westlichen Ende derselben, wo am Meer von Marmora das Schloß der sieben Thürme liegt. Vom Großadmiral Apokaukos, der es in der Absicht anlegte, um einen Nebenbuhler darin einzusperren, aber selbst in die Falle ging und hier ermordet wurde, hieß das Schloß früher der Thurm des Apokaukos. Schon von Weitem erregen die dicken, mit Epheu bewachsenen Thürme und die unheimliche Stille, die um das ungeheure Gemäuer herrscht, den Gedanken, daß hier kein Aufenthalt für glückliche Menschen sein kann, und man ahnt, auch ohne es zu wissen, wozu diese mächtigen Quader aufeinander gethürmt wurden. Vor dem Eingang ist ein kleiner Platz mit jungen Bäumen bewachsen, unter denen ein paar alte Türken, zwei Kiaja's, Unteraufseher des Schlosses, sich mit ihren langen Pfeifen unterhielten und der Ruhe pflegten. Auf mehrmalige Anfrage erhielten wir von ihnen den Bescheid, sie haben keine Erlaubniß uns einzulassen, und es bedurfte langer Reden von Seiten des Herrn von C., ehe sie sich nach Spendung einiger Piaster entschlossen, ihrem Chef, einem alten pensionirten Bim-Baschi, unser Anliegen vorzutragen. Nach einer Viertelstunde kehrten sie in Begleitung des alten Herrn zurück, der unsern Freund persönlich kannte, und nun weiter keine Schwierigkeit machte, uns den Eintritt zu gestatten. Den Eingang in's Schloß bildet ein großer Thorweg, der unter einem dicken viereckigen Thurm durchführt, mit einem schweren eisernen Thor verschlossen wird, und außerdem noch durch starke Fallgitter geschützt ist. Dieser Eingangsthurm gehört jedoch nicht zu den sieben großen, von welchen das Schloß seinen Namen hat. Das ganze bildet ein unregelmäßiges Fünfeck mit fünf Thürmen, und hat an der Hauptseite, die nach dem Stadtgraben zuliegt, noch zwei weitere große viereckige Thürme, zwischen denen aber im äußern Walle das sogenannte goldene Thor liegt, das in früheren Zeiten sehr berühmt war. Die Griechen nannten es das schöne oder liebenswürdige Thor und durch dasselbe zogen die Kaiser im Triumph in die Stadt. Doch wurde es schon um das Jahr 900 vermauert aus Furcht, die Lateiner könnten durch dasselbe in die Stadt brechen, und wurde seitdem nicht wieder geöffnet. Die beiden Thürme, die es rechts und links einfassen, sind auf's Sorgfältigste gebaut und bestehen aus Quadern, die ohne Mörtel so schön zusammengefügt sind, daß man fast keine Fugen sieht. In der Mauer, welche sie verbindet, war der Triumphbogen Constantins, der zum goldenen Thore führte. Im südlichsten dieser beiden Thürme ist das berüchtigte Gefängniß, der sogenannte Blutbrunnen. Wir betraten es mit seltsamen Gefühlen und betrachteten auf seinem Boden ein rundgemauertes Loch, das der Mündung eines Brunnens gleicht und in die Tiefe führt. Hier wurden die Köpfe der Hingerichteten hinabgeworfen. Doch hat die zerstörende Zeit das Schauerliche dieses Ortes sehr gemildert, die vielen Köpfe, die da unten liegen, sind längst in Staub zerfallen und verderben nicht mehr wie in alten Zeiten die Luft im Thurme. Auch sind die Balken, die die einzelnen Stockwerke bildeten, zusammengestürzt und lassen das Tageslicht von oben in diese schauerliche Gruft fallen, und wenn den Unglücklichen, die hier starben, auch keine liebende Hand ein Denkmal setzte, so haben es die Vögel gethan, indem sie Samenkörner in den Thurm fallen ließen, aus denen bunte Blumen entstanden, die den Blutbrunnen und die Wände des Gefängnisses freundlich bedecken.

Der größte der sieben Thürme ist der links vom Thor, durch das wir hereingekommen. Er ist rund und besteht aus zwei Theilen, von denen der untere an siebzig Schuh, der obere einhundertundzwanzig Schuh hoch ist. Er heißt der Thurm der Janitscharen. Wir bestiegen ihn auf einer halbzertrümmerten steinernen Treppe und hatten nördlich eine schöne Aussicht auf die Stadt und südlich auf die mit Cypressen bewachsenen Begräbnißstätten, auf die schönen Inseln der Propontis und die gegenüber liegenden asiatischen Ufer. Der Hof des ganzen Gebäudes befindet sich in der traurigsten Verfassung. Die mit kleinen Kieseln bepflasterten Wege, die rechts und links durchführen, sind das Einzige, was noch ziemlich erhalten ist. Das Ganze gleicht einem verwüsteten Garten, überall wächst Gras und Unkraut fußhoch und verworren durch einander. Einige Platanen und verkrüppelte Feigenbäume umgeben eine kleine Moschee, die links am Wege steht. Neben ihr ist ein Brunnen, dessen herrliches Wasser wir versuchten. In den andern Theilen des Hofes zeigen Steinhaufen, so wie auf einander gethürmte verbrannte Balken die Stellen an, wo sich vormals die Gefangenen ihre armseligen Hütten erbaut hatten. Am Eingange links ist das ziemlich erhaltene Haus des Aufsehers mit einem kleinen Gärtchen von Staketen eingefaßt, wo sich nach Hammer die Grabstätten der Märtyrer befinden, d.h. der Moslimen, die in dem Angriff der sieben Thürme die Heiligkeit des Krieges hier mit ihrem Blute bezeugten. Wenn die Leiber dieser gefallenen Kämpfer mit der ungeheuren Größe ihrer Gräber im Verhältniß standen, so müssen es wahre Riesen gewesen seyn.

Aus diesem Hofe steigt man auf schmalen, an den Mauern hängenden Treppen, die meist halb zerfallen und mit Unkraut bewachsen sind, auf die Wälle. Hier liegen Kanonen von allen möglichen Kalibern, jedoch sind die meisten unbrauchbar. Einige haben Zündlöcher von einem halben Zoll Durchmesser. Jetzt werden diese Geschütze nur noch zu Freudenschüssen während des Bairamfestes benutzt, doch war über den meisten Gras und Unkraut zusammengewachsen, und hatten ihnen so ein Nest gebildet, worin sie wohl für ewig unbenützt schlafen werden.

Seit den ältesten Zeiten diente das Schloß der sieben Thürme mehr zum Staatsgefängniß, oder wohl auch zur Citadelle, um die Stadt in Respect zu halten, als zur Vertheidigung nach Außen. Bei ausbrechenden Kriegen mit den europäischen Mächten wurden bekanntlich deren Gesandten unter dem Vorwande, sie vor der Wuth des Pöbels zu schützen, hier eingesperrt. Das Haus, das sie bewohnten, war, wie uns der Aufseher versicherte, an den Thurm der Janitscharen gebaut; vom Gebäude selbst sahen wir keine Spur mehr. Nur bezeugten viele französische und auch deutsche Inschriften, von denen jedoch die meisten durch Zeit und Wetter unleserlich geworden waren, daß manche Europäer traurige Stunden hier verseufzt. Eine lautete:

Prisonniers qui dans la misère
Gémissez dans ce triste lieu,
Offrez le de bon coeur à dieu
Et vous la trouverez legère.
1608.

Etwas weiter unten stand:
Anton Esterhazy bewohnte diesen traurigen Ort 1698-1699.

J. von Hammer spricht von einer ähnlichen Inschrift auf dem Steine eines der Quaderthürme, die wir jedoch nicht mehr fanden und welche lautete:

A la mémoire des Français morts dans les fers des Othomans.
1801.

Der Aufseher des Schlosses schenkte jedem von uns eine reife Feige, die im Hofe gewachsen und brachte uns eine Hand voll Blumen von denen, die den Blutbrunnen umstanden, wogegen wir ihn mit einigen Piastern erfreuten. Beim Ausgang zeigte er uns vor dem viereckigten Thurm den Platz, wo der unglückliche Sultan O s m a n in einer Empörung von den Janitscharen hingerichtet wurde, so wie links unter dem Thorweg ein kleines Gemach, das mit alten Waffen und Ketten angefüllt war.

Wir bestiegen unsere Pferde wieder, die sich indessen draußen am spärlichen Grase, das unter den Bäumen wuchs, gelabt hatten, und ritten eine Zeit lang an der Stadtmauer hin bis zu Top Kapussi oder dem Kanonenthor, früher das Thor des heiligen Romanus, durch welches wir in's Freie kamen. Dieses Thor ist von allen das merkwürdigste; hier fiel der letzte der Paläologen im Kampf mit den eindringenden Türken. Die ersten jedoch, welche die Stadt erstürmten, ihrer etwa fünfzig, drangen etwas mehr nördlich beim hölzernen Thor, man zeigte uns noch die Bresche, in die Stadt, überfielen den Kaiser und Giustiniani, den Feldherrn der Genueser, welche Beide von jenem Einbruch noch nichts wußten, und so von vorn und hinten zugleich angefallen, hauchte der l e t z t e Constantin sein Leben an den Mauern aus, die der e r s t e gebaut. Die Türken, welche gern Alles in's Ueberirdische hinüber spielen, haben eine Sage, nach welcher ihnen Allah und der Prophet beim Sturme auf Constantinopel dadurch geholfen, daß er an dieser Stelle die Geschütze der Griechen in Stein verwandelt habe. Wirklich zeigte man uns einige steinerne Röhren, an denen eine lebhafte Phantasie einige Aehnlichkeit mit Geschützen finden konnte.

Vor dem Kanonenthor befindet sich ein großer Gottesacker, wo in früheren Jahren hauptsächlich die Janitscharen begraben wurden. Auf den Gräbern sieht man eine große Menge aufrecht stehender schmaler Steine, neben denen der Kopf mit dem Turban, der dieselben früher schmückte, abgehauen an der Erde liegt. Sultan Mahmud ließ, nachdem er die Janitscharen vertilgt, auch an den früher Gestorbenen seine Rache aus, indem er ihnen zum Schimpf den gemeißelten Kopf auf den Steinen herunterschlagen ließ.

Ueber diesen Kirchhof führte unser Weg links auf das Feld, wo auf einer Anhöhe zwischen Bäumen die alte griechische Kirche zu St. Stephan liegt. Einer Tradition verdankt diese Kirche von gewöhnlicher Bauart und kleinem Umfang den Besuch von vielen Fremden. Als nämlich die Türken unter Mahomed II. die Stadt stürmten, drang ein Haufe auch in dieses Kloster, um Alles niederzumachen. Ein frommer Priester, der im Hofe bei einem Brunnen stand, briet gerade auf einem Rost Fische, die, als der Lärm entstand, auf der einen Seite schon gahr und braun waren. Der

Priester rettete sich in's Heiligthum, die Fische aber wurden von den eindringenden Türken in den Brunnen geworfen, wo sie, halb gebraten, wie sie waren, wieder lebendig wurden, lustig umherschwammen, und noch heute am Leben sind.

Die griechischen Priester im Kloster empfingen uns sehr artig und führten uns in ihrer kleinen Kirche herum. Im Vorhof wurde jedem von uns eine brennende Wachskerze in die Hand gegeben, ebenso dem Kawaschen des Herrn v. C., einem Türken; doch schien diesem das dünne Kerzchen nicht anständig genug, und er kaufte sich noch zwei dicke dazu, die er ebenfalls ansteckte, worauf er seine Schuhe auszog und uns gegen die Gewohnheit der Türken überall ehrfurchtsvoll hinbegleitete. Die Andacht des Muselmanns hatte einen sehr natürlichen Grund: er liebte eine Griechin, und was thut die Liebe nicht!

Nachdem wir die Kirche besehen, die nicht viel Merkwürdiges enthielt, gingen wir in den Hof zurück und stiegen auf zehn Marmorstufen zu einem Brunnen hinab, in welchem die gebackenen Fische herumschwimmen sollten. Wirklich sahen wir auch eines dieser Thiere von der Größe und Gestalt einer starken Forelle, das auf der einen Seite weiß, auf der andern dunkelbraun war und sonderbar aussah. Der Priester erzählte uns noch, es seyen dieser Fische sieben in den Brunnen geworfen worden, von denen zwei verschwunden, die andern fünf aber noch da seyen. Allein wir sollen nicht glauben, daß ihre Religion ihnen gebiete, dies als Wunder zu verehren; es sey nur eine alte Ueberlieferung; übrigens könne er aus eigener Erfahrung versichern, daß die fünf Fische in den fünfzig Jahren, seit er hier sey, sich weder vermehrt noch vermindert haben.

Das Kloster ist mit alten dicken Nußbäumen umgeben, unter denen wie fast überall an solchen Orten, ein Caffeetschi sein Zelt aufgeschlagen hatte, wo wir einen guten Caffee genossen. Dann bestiegen wir unsere Pferde wieder und ritten fast eine Stunde den Stadtmauern entlang durch das Quartier der Töpfer nach Ejub. Zuerst führte unser Weg nach der von Mahomed, dem großen Eroberer, gebauten Moschee, die, malerisch zwischen hohen Bäumen versteckt, für so heilig gehalten wird, daß es keinem Ungläubigen erlaubt ist, auch nur ihre Vorhallen zu betreten.

Ejub, der Fahnenträger des Propheten, soll hier im Kampf mit den Arabern gefallen seyn, und ihm zur Verehrung baute Mahomed nach seiner Thronbesteigung diese Moschee als Grabmal, und verlegte eine der ersten Ceremonien der Krönung dahin, der jedesmalige Sultan empfängt hier durch Umgürtung des Schwertes des Propheten die heilige Weihe. Eine Reliquie, die sich in dieser Moschee befindet, ist ein Fußtapfe des Propheten. Als dieser nämlich in Mekka beim Bau der heiligen Kaaba eifrigst mithalf, drückte sich einer seiner Füße in den Stein, worauf er stand. Dieser Stein wurde nach Aegypten in die Schatzkammer gebracht, und kam so später in den Besitz der osmanischen Sultane, wo ihn dann Sultan Mahmud in silberner Einfassung in die Moschee zu Ejub einmauern ließ.

Von dieser Moschee, die übrigens sehr einfach seyn soll, ließ uns der Fanatismus der Türken auch nicht das Geringste sehen; denn kaum hatten wir uns einem der Thore genähert, um wenigstens einen Blick in den Vorhof zu werfen, so kam gleich einer der Derwische auf uns zu, und hieß uns mit ziemlich heftigen Geberden und Worten unseres Weges gehen.

Von schönen Gebäuden in Ejub ist noch ein Palast der Sultanin Valida zu bemerken, der am Hafen liegt, so wie viele kleine Grabcapellen von heiligen und berühmten Männern. Auch ist diese Vorstadt durch die Vorzüglichkeit ihrer Barbiere, so wie durch die Bereitung einer sehr gut schmeckenden Art von Milch, Kaimak genannt, berühmt. Etwas hinter der Stadt, am Ende des goldenen Horns ist die Mündung der beiden Flüsse Barbyses und Cydaris, an denen weiter aufwärts die herrlichen wasserreichen Thäler und Spaziergänge liegen, die bei den Türken zum Gegensatz von den an dem andern Ufer des Bosporus befindlichen Spaziergängen die europäischen himmlischen Wasser heißen, und wo sich an gewissen Tagen die Weiber des Sultans, natürlich durch ausgestellte Wachen vor jedem neugierigen Blicke geschützt, mit Spiel, Gesang und Tanz erfreuen.

Ein anderer berühmter Spaziergang, der nach Edris Köschk, führt ebenfalls gleich hinter Ejub ziemlich steil den Berg hinan, über Begräbnißstätten, welche dicht mit schönen Cypressen bewachsen sind, zu einer verfallenen Moschee des Scheikh Edris, von dem der Spaziergang seinen Namen hat. Auf dieser Höhe ruhten wir, auf einem Grabstein sitzend, einen Augenblick aus und genossen die prächtige Aussicht, die sich bei den goldenen Strahlen der untergehenden Sonne unserm Blick darbot. Vor uns lag das goldene Horn in seiner ganzen Fülle und Ausdehnung, rechts Constantinopel, links Pera, Galata, Top-Chana und den Hintergrund dieses prächtigen Rundgemäldes bildeten der Leanderthurm und Scutari. Nachdem wir wieder zum Hafen hinabgestiegen waren, ließen wir unsere ermüdeten Pferde mit ihren Führern nach Hause gehen und nahmen ein Kaik, das uns in kurzer Zeit nach Pera brachte.

Am folgenden Morgen nahmen wir unsern Weg wieder nach Stambul, um eine ähnliche Tour wie die gestrige zu beginnen. Doch war unsere Caravane heute ganz anders zusammengesetzt. Der Lord L., der sich mit seiner Gemahlin zu gleicher Zeit mit uns in Pera befand, hatte sich einen Ferman, d.h. eine Einlaßkarte zum Besuch der Aja Sophia und der andern Moscheen verschafft. Ein solcher Ferman kostet tausend Piaster, aber der

Besuch der Kirche ist dafür Allen gestattet, die sich dem Inhaber desselben anschließen wollen oder können. Da auf solche Gelegenheiten, die nicht häufig vorkommen, viele Reisende und einheimische Franken warten, die nicht gesonnen sind, hundert Gulden auszugeben, so gestattete von jeher der Besitzer des Fermans jedem ordentlich gekleideten Landsmann im weiteren Sinne des Worts den Eintritt, so daß oft mit einem einzigen Ferman einige hundert den Tempel besahen. Dies erlaubten noch vor Kurzem der Herzog Paul von Württemberg und Prinz August von Preußen, welche letztere sogar einen großen Haufen Babuschen, türkischer Pantoffeln, die man, um nicht die Stiefeln ablegen zu müssen, über dieselben anzieht, aufkaufen und ohne Ansehen der Person unter die Eintretenden vertheilen ließ.

Nicht so machte es *the right honourable* Lord L., wie auf allen seinen Koffern und Kisten stand, denn obgleich der Baron ihn schon von London her kannte und wir, seine drei Begleiter, auf unserer gemeinschaftlichen Donaureise oft mit ihm gesprochen hatten, trieb er seine englische Eigenheit doch so weit, daß er von uns Dreien nur Zweien eine Karte geben wollte. An alle die nämlich, denen er die Erlaubniß ertheilte, mitzugehen, ließ er, oder vielmehr die Lady, Karten austheilen, und wer beim Eingang der Aja Sophia und anderer Kirchen, die wir besahen, keine Karte aufzuweisen hatte, den sollten nach seiner Absicht die Kawaschen zurückweisen. Diese Türken waren aber freundlicher als Seine Herrlichkeit und ließen trotz dem Verbot, wie gewöhnlich, ganze Haufen Neugieriger in die Kirche.

Unser erster Gang war natürlich zur Aja Sophia, diesem prächtigen herrlichen Tempel.

Im Jahr 325 baute auf dieser Stelle Constantin den ersten Tempel der göttlichen Weisheit, den aber schon sein Sohn Constantins, dreizehn Jahre später, erweiterte. Nachdem im Jahr 404 die Kirche zum ersten Mal abgebrannt war und sie Theodosius 415 zum zweiten Mal aufgebaut hatte, brannte sie unter Justinian 532 im berühmten Aufruhr der Rennpartheie zum zweiten Mal ab, worauf sie dieser prachtliebende Kaiser in ihrer jetzigen Größe und herrlicher als je aufführen ließ. Am merkwürdigsten ist die Kuppel des Doms, die aus leichten zu Rhodus verfertigten Ziegeln gebaut wurde, deren jedem man die Inschrift einprägte: „Gott hat sie gegründet und sie wird nicht erschüttert werden; Gott wird ihr beistehen im Morgenroth." Schon zu oft und sorgfältig ist die Aja Sophia von ältern und neuern Reisenden beschrieben worden, als daß auch ich eine ausführliche Beschreibung über diese Moschee liefern sollte.

Die Herbeischaffung und Vorbereitung der Baustoffe dauerte sieben und ein halbes, der Bau selbst acht und ein halbes Jahr, wornach das

Ganze in sechszehn Jahren vollendet wurde. Die Baumeister, welche dieses Werk leiteten, waren Anthenius von Tralles und Isidorus von Milet. Unter diesen waren hundert Baumeister beschäftigt, von denen jeder wieder hundert Maurer unter sich hatte. Nach dem Plane eines Engels, der dem Kaiser im Traum erschienen war, arbeiteten von diesen fünf tausend auf der rechten, und fünftausend auf der linken Seite. Alle Tempel der ältern Religionen trugen zu dem Bau dieses Tempels der göttlichen Weisheit bei, denn er stützt sich auf die Säulen der Isis und des Osiris, der Sonnen- und Mondtempel von Heliopolis und Ephesus, auf die der Pallas von Athen, des Phoibos von Delos und auf die der alten Cybele von Cyzikus.*

Nachdem die Mauern erst zwei Ellen über den Grund erhoben waren, hatte man schon zweihundertundfünfzig Centner Goldes ausgegeben und der Kaiser, dem es an Geld zur Fortsetzung gebrach, wurde der Sage nach durch einen Engel aus der Verlegenheit gerissen, der eines Nachts viele Arbeiter mit Saumthieren in ein unterirdisches Gewölbe führte, wo er sie mit großen Schätzen belud. Fast bei allen größern Bauwerken der ältern Zeit haben bekanntlich gute und böse Geister die Hand im Spiele gehabt; doch bei keinem zeigte sich das Geisterreich so thätig, wie hier beim Bau der Aja Sophia. Den Plan des ganzen Gebäudes gab der Sage nach ein Engel an, der dem Kaiser erschien, so wie später den Namen Aja Sophia. Und als einst der Kaiser und die Baumeister verschiedener Meinung waren, ob das Licht über dem Altar durch ein oder zwei Fenster einfallen sollte, erschien der Engel abermals und entschied für drei Fenster, zur Ehre des Vaters, des Sohnes und des heiligen Geistes. Der Altartisch, zu dessen Anfertigung Gold nicht kostbar genug schien, bestand aus einer Masse, die man aus Gold, Silber, zerstoßenen Perlen und Edelsteinen zusammengeschmolzen hatte, und wurde mit den köstlichsten Steinen ausgelegt. Auf demselben stand ein goldenes Kreuz, fünfundsiebzig Pfund schwer, ebenfalls mit Steinen geschmückt. Ueberhaupt war die ganze innere Einrichtung, so wie die Geräthe, von so übertriebener Pracht, daß man die Beschreibung derselben für Mährchen halten könnte, wenn sie nicht geschichtlich von den glaubwürdigsten Männern documentirt wäre. So war die Kanzel von einem goldenen Himmelsdach bedeckt, auf dem ein goldenes Kreuz stand, hundert Pfund schwer und dicht mit Rubinen und Perlen besetzt. - Ein anderes und zwar silbernes vergoldetes Kreuz stand in dem Behältniß der heiligen Geschirre im Grunde der Sakristei. Dieses Kreuz, das genau das aus Jerusalem gebrachte Größenmaß des heiligen Kreuzes hatte, heilte

*Hammer, Gesch. C. u. d. B. B. I.

Kranke und trieb Teufel aus. Die für die zwölf großen Feste des Jahrs bestimmten heiligen Gefäße, als Kelche, Patenen, Schüsseln, Kannen u.s.w. waren aus dem reinsten Golde, und der mit Perlen und Edelsteinen durchwirkten Kelchtücher waren allein zweiundvierzigtausend. Vierundzwanzig große Evangelienbücher, deren jedes durch seine Goldbeschläge zwei Centner wog, traubenförmige Leuchter für den Hochaltar, das Lesepult, die obere Frauengallerie und die Vorhalle waren sechstausend aus dem reinsten Golde. Außerdem noch besonders zwei goldene Trageleuchter mit Sculpturen verziert, jeder hundertundeilf Pfund im Gewicht und sieben goldene Kreuze, jedes ein Centner schwer. Die Thüren waren theils Elfenbein, theils Bernstein, theils Cedernholz; das Hauptthor silbern und vergoldet und drei derselben von innen sogar mit den Brettern der Arche Noah's ausgetäfelt. Die Einfassung des heiligen Brunnens in der Tiefe war die des berühmten samaritanischen Brunnens und die vier Trompeten, welche über demselben von Engeln geblasen wurden, waren dieselben, von deren Schall die Mauern von Jericho zusammengestürzt waren.*

Von dem Platze des neuen Serails her betraten wir den Vorhof dieser Moschee, der, wie alle größeren, mit einem Säulengange umgeben ist und den kleine Kuppeln bedecken. In der Mitte steht eine Fontaine. Man tritt durch eins der Hauptthore in einen langen Gang, der ohne alle architectonische Verzierung ist, den sogenannten Gang der Büßenden. Hier mußten sich alle aufhalten, die ihrer Sünden halber aus dem Schooße der Kirche gestoßen waren. Am Ende dieses Ganges befindet sich eine Stiege ohne Stufen, auf der man bequem hinaufreiten könnte; über sie kommt man auf die große Gallerie, die das Innere umgibt, und von wo man den majestätischen Tempel ganz übersieht. Von der früher beschriebenen Pracht und Herrlichkeit ist indessen nichts mehr vorhanden. Die Wände sind schmucklos, meistens geweißt und der Boden mit Teppichen belegt, welche das zum Theil noch vorhandene Marmorpflaster bedecken. An Schnüren hängen unzählige kleine Gebetlampen von der Wölbung herunter, und wo sich früher der prächtige Altar befand, bezeichnen jetzt zwei colossale Wachskerzen die Richtung nach Mekka. Das Auge irrt mit Staunen durch die ungeheuern Räume und bewundert vor Allem die kühne Wölbung der Kuppel. Sie ist so flach, daß die Höhe derselben nur das Sechstel des Durchmessers von hundertundfünfzehn Fuß beträgt. Nach Hammer steht die Länge der Sophienkirche in der Mitte zwischen dem Tempel des olympischen Jupiters (zweihundertundfünfzig Fuß) und der Kirche von St. Denys (zweihundertundfünfundsiebenzig Fuß).

*Hammer, Gesch. C. u. d. B. B. I.

Als wir die Kirche verlassen, erzählte uns Herr von C. noch Einiges von der Art, wie Justinian damals die Grundstücke, die er zur Vergrößerung der Kirche brauchte, an sich gebracht habe. Der größte Theil des Platzes gehörte der Sage nach einem Eunuchen und einem Schuster, von denen ersterer sein Grundstück willig hergab, der andere begehrte dagegen einen unmäßigen Preis und obendrein noch, daß bei den Wettrennen ihn bei seinem Erscheinen die vier Rennpartheien mit lautem Zuruf begrüßen sollten, eine Ehrenbezeugung, die nur dem Kaiser zukam. Doch bewilligte ihm Justinian des Spaßes halber seine unsinnige Forderung und der Schuster wurde bei seinem Erscheinen jedesmal wie der Kaiser begrüßt, nur mit dem Unterschied, daß ihm die Masse des versammelten Volkes höhnende Worte zurief.

Von der Aja Sophia gingen wir zur Suleimanje. Diese ist nach jener unstreitig die schönste, und da sie auf einem freien Platz liegt, gewährt sie mit ihren schlanken, sehr schönen Minarets einen noch großartigeren und prächtigeren Anblick, als selbst der Tempel der göttlichen Weisheit. Die Moschee hat dieselben allgemeinen Verhältnisse, wie fast alle übrigen: ein Vorhof, ein Dom und Gallerien, die um denselben herumlaufen. In ihrer jetzigen Gestalt ist die Suleimanje unter allen Moscheen die schönste und glänzendste, und wenn sich auch bei allen andern Schulen, Spitäler und dergleichen befinden, so hat doch keine so viel mildthätige Anstalten und Stiftungen um sich versammelt, wie die Moschee Suleiman des Großen. Um sie her liegen Schulen, Academien, ein Spital, eine Armenküche, eine Herberge für arme Reisende, eine Bibliothek, eine Brunnenanstalt, ein Versorgungshaus für Fremde, die Mausoleen Suleiman des Großen, mehrerer seiner Prinzen und seiner Favorite, der bekannten Roxelane. Wir besuchten diese Grabmäler, kleine mit einer Kuppel versehene Capellen, aus kostbarem Marmor erbaut und mit Inschriften aus dem Koran versehen. Die Gräber selbst sind große Sarkophage, deren gegen Mekka gerichtete Kopfenden erhöht und mit einem prächtig mit Edelsteinen geschmückten Turban verziert sind. Im Grabmal Suleimans steht ein kleines hölzernes Modell der Stadt Mekka und der heiligen Kaaba.

Nachdem wir diese Moscheen besehen, trennten wir uns von dem Lord L. und besahen im Fluge noch einige der merkwürdigsten Wasserleitungen und Cisternen. Von den ältesten Zeiten her erbauten die byzantinischen Kaiser aus Mangel an Quellen und Brunnen die großen Cisternen, die man noch jetzt sieht. Fast alle muß man als riesenhafte prächtige Bauten bewundern; doch erfüllten sie ihren Zweck nicht mehr, indem die meisten leer und trocken sind; nur in einer einzigen, der *cisterna Basilica,* ist noch heute Wasser zu finden. Die merkwürdigste von allen diesen Wasserbehältern ist der der Bin bir direk, d.i. der tausend und einen Säule, den wir vor allen besuchten. Er liegt nicht weit vom At Meidan auf einem wüsten Platz. In der Mitte derselben erhebt sich eine Art Kellerluke und hie und da sahen wir im Boden Löcher, welche in ein Gewölbe hinabführten. Unter dem Boden hörten wir ein eigenes Rauschen, das wir uns anfänglich nicht erklären konnten. Das Geräusch hatte viel Aehnlichkeit mit dem Tosen eines Wasserfalls, und doch sollte kein Wasser unten seyn. Wir stiegen durch die Kellerluke auf einer schmalen steinernen Treppe in die prächtige Cisterne hinab. Sie besteht aus drei Stockwerken, indem die Säulen, welche das Gewölbe tragen, je zu drei auf einander stehen. Es sind ihrer, wenn auch nicht, wie der Name besagt, tausend und eine, doch sechshundertzweiundsiebzig, von denen die obersten vierundzwanzig Fuß Länge haben; die mittlern dagegen ragen aus dem Schutt und Schmutz, der den Boden bedeckt, nur sieben Fuß hervor, und von den untersten ist gar nichts mehr zu sehen. Jetzt dient die Cisterne einem Armenier zur Werkstatt, welcher hier Seide haspeln läßt, wodurch jenes Geräusch entstand, von dem ich oben sprach.

Neben diesen Cisternen besahen wir auch noch oberflächlich die beiden großen Wasserleitungen, die unter dem Namen der des Justinian und der des Valens bekannt sind. Doch werde ich später darauf zurückkommen. Durch dieses Hin- und Herziehen in den langen hügeligen Straßen der Stadt war es indessen Nachmittags geworden und da wir auf morgen eine Tour nach Bujukdere verabredet hatten, verließen wir Stambul zeitiger als gewöhnlich und stiegen zum Hafen hinab, um zur morgigen Fahrt ein größeres Kaik mit drei Ruderern zu miethen.

Fahrt nach Bujukdere. Die alten und neuen Wasserleitungen.

Das Kaik, das Herr v. C. für uns in Beschlag genommen hatte, um durch die herrliche Wasserstraße, den Bosporus, nach Bujukdere zu fahren, unterschied sich von den gewöhnlichen Booten, womit man den Hafen durchkreuzt, nur durch seine Größe. Wir hatten vier Ruderer und einen Steuermann, und außerdem noch einen kleinen Mast, mit Segelwerk im Kaik, der ebenfalls aufgerichtet werden konnte. Wir waren mit dem Herrn v. C. zu vier, da unser Maler sich in Constantinopel beschäftigte, um einige Bauwerke aufzunehmen. Vorn an der Spitze des Boots saß ein Janißair in scharlachrothem goldgesticktem Costüme und hinten am Steuerruder prangte eine kleine Flagge mit den preußischen Farben. Bei Top-Chana fuhren wir ab und waren in kurzer Zeit gegen Beschiktasch gekommen, dem Sommerpalaste des Sultans, diesem seltsamen bunten Gebäude, das auf seinen Terrassen liegt, wie eine verkörperte schöne Phantasie. Es ist freilich nur von Holz, aber eben dies gibt dem Gebäude etwas Luftiges, Leichtes, ja Feenhaftes. Hohe Cypressen und weitästige Platanen umgeben es und blicken noch darüber hinweg, und die Hügel, woran sich die Gebäude lehnen, sind zu Terrassen umgewandelt, die eine über die andere emporragend. Auf allen befinden sich Gärten, mit den schönsten Blumen besetzt, welche ein dichtes Laubdach von Platanen, Orangen und Cypressen vor der glühenden Sonne schützt.

Das Auge schweift begierig bis zur höchsten Spitze des Berges, wo ein kleines glänzendes Kiosk, von riesenhaften Platanen umgeben, einer Krone gleich, das Ganze schmückt. Doch einsam sind diese Gärten; man sieht keine Menschen, die sich über all' das Schöne freuten; nur hie und da wandelt ein vermummtes Weib durch die Laubgänge, das mit seinen weißen Schleiern unter den schwarzen Cypressen eher einem Gespenste gleicht, als einem Wesen, das die Fülle von Pracht genösse, die hier ausgebreitet liegt. Gern senkt man deshalb den Blick wieder hinab zu den Palästen selbst, die an dem bewegten Hafen mit ihren dicht vergitterten Fenstern wie schlafend und träumend liegen. Wo jetzt die Sommerpaläste von Dolmabaghdsche und Beschiktasch, war früher ein Palast Mahmud I., von dem der Historiograph Isi in seiner poetischen Weise sagt: „Die leichten Schwingungen des Frieses sind dem Schweben des Vogels der Freude vergleichbar. Die Fenster der Erker öffnen und schließen sich lächelnd, wie die Augen des Liebenden, und die hohen Bogen umgränzen das Ganze, wie treue Freunde Hand in Hand gehen."

Zurückblickend hatten wir wieder das prächtige lebendige Bild des Hafens mit seinen Schiffen von allen Größen, mit den zahllosen Kaiks, diesen Fiakern Constantinopels und den weißen Möwen, die sich auf der spiegelklaren Flut schaukeln und sich den Menschen so zutraulich nähern, daß man sie fast mit den Händen fangen könnte. Bald fuhren wir bei dem zwischen der Serailspitze und Scutari in einiger Entfernung vom Ufer liegenden Leanderthurm vorbei, der auf einem einzelnen Felsen gebaut ist und als Leuchtthurm dient. Er hat übrigens mit der Sage von Hero und Leander nichts zu thun. Sein älterer türkischer Name ist Kis Kullessi, der Thurm des Mädchens. Da sowohl hier wie überall jedes alte Mauerwerk seine Sage hat, so kann es nicht fehlen, daß man auch von diesem Thurm, auf den sich jeder Blick des Vorbeifahrenden richtet, mehrere Geschichten erzählt.

Ein griechischer Fürst, von dem Orakelspruch gewarnt, seiner Tochter stehe durch Schlangen ein großes Unglück bevor, sperrte das Mädchen in einen Thurm, welches sich in seiner Einsamkeit um so unglücklicher fühlte, da sie einen Geliebten hatte, von dem sie getrennt wurde. Dieser Geliebte war der berühmte arabische Sid (Sid-al-Battal), der Kampfheld. Er lebte dreihundert Jahre vor dem spanischen Cid Clampeador, dem übrigens die Araber denselben Ehrentitel wie ihrem eigenen zuerkannten. Der Sid wußte trotz der scharfen Bewachung des Thurms sich mit seiner Geliebten durch Taubenpost und Blumensprache zu unterhalten, und fand endlich Gelegenheit, sich als Gärtner gekleidet mit einem Blumenkorbe zu ihr zu schleichen. Doch eine Natter, die sich unter den Blumen versteckt hatte, schießt an die Brust der Prinzessin, welche ohnmächtig dahin sinkt. Der Sid fängt sie in seinen Armen auf, saugt das Gift aus der Wunde und rettet sie so dem Vater, der sie, da nun der Orakelspruch erfüllt ist, dem Helden zur Gemahlin gibt.

Diese Geschichte erzählte uns Herr v. C., während wir aus dem Hafen in den Bosporus einfuhren und so auf den klaren Wellen zwischen zwei Welttheilen dahin schwammen. Jedes Oertchen, jeder Platz, ja fast jeder Stein, der aus den Wellen ragt, hat seine eigene Geschichte.

Wegen der heftigen Strömung halten sich bald hinter den Sommerpalästen des Sultans die Nachen an der europäischen Küste, und dicht unter den Fenstern verschiedener Landhäuser und kleiner Kiosks vorbeifahrend, betrachtet man mit Vergnügen die Einrichtung dieser Sommerhäuser, deren Fundamente von den klaren Wellen bespült sind. Die Fenster sind mit Rohrstäben vergittert, durch welche von Außen kein Blick dringen kann, doch bin ich überzeugt, daß die türkischen Damen die vorüberfahrenden Franken oft genug betrachten. Kein Geräusch, keine Bewegung verräth, daß diese Gebäude bewohnt sind. Nur zuweilen, wenn man in der Nacht beim Mondschein vorbeifährt, zittert der leise Klang einer Zither über die Wellen, zu welcher mit leiser Stimme eins jener orientalischen Lieder, die fast immer eine melancholische Melodie haben, gesungen wird.

Vor und neben diesen Gebäuden sind Gärten, mit Lorbeer-, Orangen- und Granatbäumen, deren Zweige nicht selten über das Wasser hängen, so daß man oft lange Zeit unter duftenden Lauben dahinfährt. Der Weinstock, der hier zu mächtigen Stämmen aufschießt, bildet oft lange Strecken am Ufer die schönsten Laubgänge. Er rankt an mächtigen Bäumen empor, verbindet die Zweige von mehreren, ein loses Netz bildend, über das sich Caprifolium und blühende Schlingstauden werfen. Da beide Ufer des Bosporus mit unzähligen Landhäusern und kleinen Orten bedeckt sind, zwischen denen sich hie und da kleine Bäche einmünden und alte riesige Bauten aufsteigen, welche sich an seltsam geformte Berge anlehnen, so sind die Aussichten, die man während dem Fahren in steter Abwechslung genießt, unbeschreiblich schön und gewähren dem Auge durch den Anblick und dem Herzen bei dem Andenken an all' das Große, was hier geschah, einen hohen Genuß.

Unsere Kaikschi hatten, da der Wind günstig wehte, ihren Mast aufgesetzt und ein großes lateinisches Segel entfaltet, mit welchem wir ungemein rasch dahin flogen. Jetzt durchschnitten wir die Flut und hielten uns mehr nach dem asiatischen Ufer zu, wodurch wir das sogenannte alte Schloß von Rumelien, Rumili Hissari, das an dem europäischen Ufer liegt, und bei dem wir nun vorbeifuhren, mit seiner ganzen sonderbaren Bauart vor Augen hatten.

Mohamed I. hatte schon früher auf dem asiatischen Ufer das Schloß von Anatolien erbaut und Mohamed II. führte das Schloß von Rumelien gegenüber auf unter den Augen der bedrängten Byzantiner. Es war zwei Jahre vor der Eroberung Constantinopels und umsonst schickte ihm der Kaiser Gesandtschaften, die dem Padischah beweisen sollten, der kaum eben erst geschlossene Friede erlaube ihm gewiß nicht, auf griechischem Grund und Boden eine Festung aufzuführen. Mohamed kehrte sich so wenig an diese Vorstellungen, daß er nicht nur diese Gesandten zurückschickte, sondern auch schwur, er wolle die, welche ähnliche Botschaft brächten, schmählich hinrichten lassen. Darauf zeichnete er selbst den Grundriß zu dem neuen Schlosse, indem er lächerlicher Weise die Grundzüge des arabischen Schriftzuges, des Wortes Mohamed, dazu angab, den der Baumeister nachahmen sollte. Wo in dem Worte ein Punkt ist, setzte man einen Thurm etc. und man kann sich leicht denken, daß das Schloß durch die seltsame Bauart sehr unregelmäßig wurde und auch deshalb als Festung wenig dienen konnte.

Eine kurze Strecke hinter Rumili Hissari mündet sich in dem Thale ein kleiner Bach in den Bospor, der, so wie dies Thal bei der Eroberung Constantinopels eine große Rolle spielte; denn da die Byzantiner den Hafen durch eine ungeheure Kette gesperrt hatten, so konnte Mohamed die Stadt nur von der Landseite angreifen, wobei ihm die Mauern und das Terrain große Schwierigkeiten entgegensetzten. Deshalb faßte der Padischah den Entschluß, seine Schiffe hinter Pera und Galata herum zu Land in den Hafen bringen zu lassen, was, nach einigen Ueberlieferungen an dieser Stelle, geschehen seyn soll. Und wirklich macht die Lage dieses Thals die Sache glaubwürdiger. Die Ufer sind hier niedriger, und man konnte eine kleine Strecke aufwärts den Bach noch benützen; dann zog man die Fahrzeuge, wahrscheinlich auf hölzernen Gleisen, vermittelst Erdwinden und Flaschenzügen, über einen schmalen Rücken in das Thal von Kjat-Hane, wo der Barbyses, der in den obern Theil des Hafens mündet, schon für kleinere Fahrzeuge schiffbar ist. Daß man, um die Schiffe rascher fortzubringen, die Segel aufgespannt, so wie die ganze Rutschparthie in einer Nacht ausgeführt habe, sind natürlicher Weise Zugaben, die sich später der Erzähler erlaubt.

Der Wind, der uns etwas von der Seite kam, wurde oft so heftig, daß er unser Fahrzeug fast ganz auf die Seite legte, worüber sich aber unsere Türken, die wenigstens nicht zu rudern brauchten, nicht bekümmerten. Schon einige Male hatte ihnen Herr v. C. befohlen, sie sollten das Segel halb einziehen, weil wir in Gefahr seyn würden, umzuwerfen, aber umsonst. Sie machten ihm mit der lebhaftesten Sprache verständlich, wie Schade es sey, diesen köstlichen Wind nicht zu benützen. Unser dicker Janißair, der vorne saß, diente wie beweglicher Ballast, denn so oft das Schiff sich stark auf die eine Seite neigte, wandte er sich auf die andere und stellte so das Gleichgewicht wieder her.

Jetzt lag Therapia zu unserer Linken mit seinem kleinen, aber schönen Hafen, worin nebst mehreren Kauffahrteischiffen ein türkisches Dampfboot, so wie eine englische Corvette sich befanden. Hier hielten sich früher fast alle Gesandten auf; doch ist seitdem Bujukdere in Mode gekommen und nur der englische und französische haben ihre Hôtels noch hier. Wenige Tage nach unserer Ankunft in Constantinopel brannten in Therapia über zweihundert Häuser ab; es war in der dunkeln Nacht ein Anblick gräßlich, aber unbeschreiblich schön. Jetzt blickten die halbverbrannten Trümmer recht traurig aus der lachenden Gegend hervor.

Hinter Therapia wird der Bospor auf einmal sehr breit und gleicht beinahe einem runden Landsee, den die schönsten Ufer umgeben. Vor uns lag Bujukdere und die auf europäische Art gebauten Häuser der Gesandten blickten freundlich herüber. Zu unserer Linken sanken die Hügel allmählich zusammen und ließen auf große saftgrüne Wiesen sehen, auf deren einer sich die bekannte ungeheure Platanengruppe erhebt, die man die Platanen Gottfrieds von Bouillon nennt. Rechts gegenüber auf dem asiatischen Ufer thürmten sich jene Hügel zu einem ansehnlichen Berge, dem sogenannten Riesenberge, auf. Man sieht oben unter alten Cypressen, Castanienbäumen und Platanen ein Gemäuer; es ist ein Grab, das fünfundzwanzig Schritt Länge hat. Die Türken behaupten, hier sey das Herz des Propheten Josua begraben, den sie in der Pest und andern Krankheiten gerne anrufen. Die Alten dagegen nannten oben das Grabmal das Bett des Herakles und die Türken vermischen beide Sagen, indem sie von Josua erzählen, er sey so ungeheuer groß gewesen, daß er oben auf dem Berge sitzend, mit den Füßen die klare Flut berührt habe.

Kurz vor Bujukdere wären auf ein Haar die Befürchtungen des Herrn v. C., daß wir noch umschlagen würden, in Erfüllung gegangen, wenn derselbe nicht die Vorsicht gebraucht hätte, eins der Taue, woran das Segel befestigt war, in die Hand zu nehmen; ein heftiger Windstoß legte unser Boot dergestalt um, daß das Segeltuch das Wasser berührte und da die Wellen ziemlich hoch gingen, würden wir sicher gesunken seyn, hätte Herr v. C. das Segel nicht losgelassen, das nun im Winde flatternd demselben keinen Widerstand mehr bot. Jetzt verstanden sich die Türken dazu, den Mast niederzulegen und die Ruder zu ergreifen, worauf wir in kurzer Zeit in Bujukdere landeten.

Unser erster Gang war in das Hotel des Königl. preußischen Gesandten, des Grafen Königsmark, der uns auf die liebenswürdigste und freundlichste Art empfing. Wir leisteten seiner Einladung, die Nacht in Bujukdere zu bleiben und den andern Tag die berühmten alten Wasserleitungen in seiner Gesellschaft zu sehen, gerne Folge und verlebten einen in jeder Beziehung angenehmen und genußreichen Abend da, den die Güte und Freundlichkeit der eben so geistreichen wie liebenswürdigen Gräfin Königsmark verschönerte.

Wir machten Spaziergänge auf dem Quai von Bujukdere, zu dessen Lobe Hammer so poetisch und wahr sagt: „In schönen mondhellen Nächten, wo das Dunkelblau des Himmels mit dem Dunkelblau des Bosporus zusammenfließt und zitternder Sterne Glanz mit dem phosphorescirenden Leuchten der See sich vermischt, - wo Nachen von griechischen Sängern und Zitherspielern längs dem Ufer tönend vorübergleiten und der laue Nachtwind die weichsten jonischen Melodien von dem Lande her in's Meer haucht; wo das Stillschweigen der Horchenden durch leises Lispeln *lenesque sub nocte susurros,* unterbrochen wird, verdient der Quai von Bujukdere die Begeisterung, womit die Liebhaber desselben sein Lob verkünden."*

Und wenn wir ihn auch nicht in der Pracht und Herrlichkeit sahen, den ihm eine warme mondhelle Sommernacht verleiht; so fanden wir doch, daß hier an diesen Ufern zu wohnen der höchste Genuß seyn müßte, wenn sich der Europäer mitten unter dieser uncivilisirten Bevölkerung nicht so unangenehm vereinzelt und allein stehen fühlte. Der russische Gesandte war nicht anwesend, weshalb sein großes Hotel mit schön angelegtem Garten leer stand. Letzterer ist im besten Geschmack angelegt und steigt terrassenförmig an den Hügeln, die sich hinter Bujukdere erheben, in die Höhe, wodurch man von jeder Parthie aus eine neue reizende Aussicht genießt.

Es gewährte uns bei dieser Promenade viel Stoff zum Lachen, daß wir an einer der schönsten Parthieen des stillen Gartens einen Philosophen fanden, der sich im *dolce far niente* auf einer von hohen Platanen

*Hammer, C. u. d. B. II.

umgebenen Wiese gelagert hatte, von wo er bei der herrlichsten Aussicht auf den Bospor Gelegenheit genug gehabt hätte, tiefsinnige Betrachtungen anzustellen, wenn es kein Esel gewesen wäre, der sich hier, in's Grüne gestreckt, die duftenden Kräuter wohl schmecken ließ.

Der umsichtige Herr v. C. hatte für morgen Pferde für uns aus Constantinopel bestellt, wofür wir ihm sehr dankbar waren; denn obgleich Graf Königsmark die Güte hatte, uns von den seinigen anzubieten, waren uns neben der Furcht, seine Güte zu mißbrauchen, doch jene Pferde in so weit lieber, als wir beschlossen hatten, uns auf dem Rückweg nicht wieder dem Kaik anzuvertrauen, sondern vielmehr den, wenn auch minder interessanteren Weg über die Berge nach Constantinopel zu nehmen.

Wir ritten zuerst auf die Wiese, von der ich oben sprach, um die mächtigen Platanen Gottfrieds von Bouillon in Augenschein zu nehmen. Von Weitem scheint es nur ein einziger aber ungeheurer Baum zu seyn, doch sieht man in der Nähe, daß es ursprünglich sieben Stämme gewesen sind, die in einem Kreis dicht an einander standen. Im Laufe der Zeit sind aber Wurzeln, Aeste, ja die äußere Rinde zusammengewachsen, die innere dagegen ist theilweise verfault, theilweise durch das Feuer der Hirten, die hier vor dem Wetter Schutz suchten, zerstört worden, wodurch der Baum oder vielmehr die Bäume innen eine so große Höhlung erhalten haben, daß wir durch einen großen Spalt, den die Zeit ebenfalls in ihre Rinde gerissen hat, zu fünf mit unsern Pferden in den Baum hinein reiten konnten.

An der Erde hatten die Platanen sechszig Schritt im Umfang. Die Sage bringt den gefeierten Helden mit jenem Baume zusammen, indem sie erzählt, daß Gottfried von Bouillon im Jahre 1096, während das Heer auf der Wiese lagerte, hier unter dem Baum Obdach gefunden. Von den Türken wird diese Baumgruppe Jedi Kardasch, d.h. die sieben Brüder genannt.

So kahl die Höhen in der Türkei auch um Constantinopel selbst sind, so frisch und baumreich ist hier auf einer kleinen Strecke die Gegend. Die Wiesen, auf denen die Platanen stehen, sind frisch und duftend, von murmelnden Bächen durchschnitten, die aus dem höher liegenden Walde von Belgrad hervordringen, jenem heiligen Walde, der von den Einwohnern Constantinopels so hoch gefeiert wird, weil er ihnen gutes klares Wasser verschafft. Jeder, der es wagen würde, auch nur den kleinsten Baum in jenem Walde umzuhauen, wird mit dem Tode bestraft, denn nur durch das sorgfältige Erhalten der riesigen Stämme, welche da stehen, ist es möglich, die Quellen immer ergibig zu erhalten, von denen die Stadt vermittelst der Aquaducte ihr Wasser bezieht.

Für den Türken ist das Trinkwasser überhaupt das größte Lebensbedürfniß und wie ein Feinschmecker bei uns jede Sorte Wein, ja fast jeden Jahrgang von andern unterscheiden kann, so weiß der Türke gleich, aus welcher der geschätzten Quellen das Wasser ist, das er trinkt. Ob dagegen das Wasser klar und durchsichtig ist, darauf kommt es ihm gar nicht an, ja, die sogar im Orient am meisten geschätzten Trinkwasser, nämlich das des Euphrats und des Nils sind trüb und schlammig; und doch hat selbst der Prophet das des letzteren neben dem heiligen Born S e m s e m zu Mekka, welcher unter Hagars Füßen emporsprang, daß er ihren verschmachtenden Sohn erquicke, für das Beste in der Welt erklärt.

Mit den frohen Gefühlen, die ein schöner Morgen überhaupt gibt, wozu für uns noch der Anblick und Geruch der frischen Wälder kamen, ritten wir die Wiesen aufwärts und sahen jetzt die bedeutendste und älteste der Wasserleitungen Constantinopels vor uns. Schon Constantin fing sie an und alle Kaiser und Sultane nach ihm, besonders Mahmud der Eroberer, verbesserten und erweiterten sie. Das ungeheure schneeweiße Gebäude gleicht mit seinen unzähligen Pfeilern, die wie eben so viel Füße den obern Bau tragen, dem Skelett eines riesigen Tausendfußes, der auf den Höhen liegen blieb und dessen Knochen von der Sonne allmählig gebleicht wurden. Unsere Pferde waren recht munter und da der Weg nur hie und da schlechte Stellen zeigte, im Allgemeinen aber so gut war, wie man es hier verlangen konnte, befanden wir uns bald auf der Höhe von jener Wasserleitung. Sie führt den Namen Justinians und ist, wenn auch nicht die längste, doch die höchste von allen. Der Wasserfaden wird in einer Höhe von neunzig bis hundert Fuß über ihren zwei Etagen durch das Thal fortgeleitet. Unter einem der großen Bogen des Aquaducts ritten wir hindurch, dann noch eine kleine Strecke aufwärts, wo uns Graf Königsmark veranlaßte, einen Augenblick anzuhalten und zurückzuschauen. Da sahen wir ein kleines Stück des Bosporus mit dem dahinter liegenden Riesenberge und vielen freundlichen Häusern am Fuße desselben, von dem Bogen, durch welchen wir so eben geritten, prächtig eingerahmt - ein herrliches Gemälde. - Wir wandten uns nun links in den Wald hinein und erreichten in kurzer Zeit das Dörfchen Belgrad, wo sich früher die Landsitze der meisten europäischen Gesandten befanden. Kriegsgefangene Bulgaren wurden in alter Zeit von Belgrad an der Donau hieher versetzt und gaben dem neuen Dorfe den Namen der Heimath. Wir nahmen hier ein kleines Frühstück ein, sahen dann im Vorbeireiten das Haus, wo Lady Montague ihre Briefe schrieb und ritten den großen Wasserbehältern zu, welche in der Tiefe des Waldes liegen und aus denen die Aquaducte gespeist werden.

Lange hat nichts einen so seltsamen Eindruck auf mich gemacht, wie der Anblick dieser gewaltigen Werke, fern vom Geräusch der Menschen, in stiller Abgeschiedenheit liegend. In dieser Gegend, zwischen uralten riesigen Baumstämmen, reitet man auf schmalen Waldpfaden und hält plötzlich mit einem Ausruf des Erstaunens sein Pferd an, denn zwischen den hohen Thalwänden erheben sich prächtige Marmor-Gebäude, deren einfache, solide Schönheit dem Auge unendlich wohl thut. Es war der Aiwad-Bend, von Mustapha III. im Jahr 1766 erbaut, den wir als den größten und schönsten in Augenschein nahmen. Das Wort „Bend" kommt aus dem Persischen und ist die Bezeichnung für der Art Wasserbehälter, eigentlich nur für die Mauer, welche das Thal eindämmt und ist so fast gleichbedeutend mit dem deutschen Worte Band.

Neben den meisten dieser Wasserbehälter befinden sich Lusthäuser des Sultans. Die Gegenwart des Grafen Königsmark verschaffte uns Zutritt zu einem der hier liegenden, welches Mahmud II. erbaut. Es wurde von einem Mohren bewacht, der uns in einige der prächtigen Gemächer den Eintritt gestattete, andere aber mußten wir durch die Fenster ansehen. Dies Kiosk war wenigstens zu drei Theilen auf europäische Art eingerichtet. Es enthielt französische Tapeten und Kronleuchter, große Spiegel und neben den türkischen Divans Fauteuils und Lehnstühle aller Art.

Das System der Wasserleitungen für das frühere Byzanz und spätere Constantinopel begründet sich auf die zwei Aquaducte, die in den ältesten Zeiten erbaut und stets verbessert und erweitert wurden; die eine ist die justinianische, von der ich oben sprach, eigentlich die hadrianische, denn Justinian besserte sie ebenfalls nur aus. Sie leitete das Flüßchen Hydraulis nach der Basilica von Byzanz. Später bauten die Sultane noch verschiedene Bende zu ihrer Speisung, wozu auch der erwähnte Aiwad-Bend gehört. Eigenthümlich bei dieser Wasserleitung ist, daß sie das Wasser bald unterirdisch fortführt, bald es mit kühnen Bogen über die Thäler fortträgt. Kurz vor der Stadt zertheilt sie sich in vier kleine Aquaducte, welche das Wasser an verschiedenen Thoren in die Stadt führen.

Die andere ältere Wasserleitung ist die des Kaiser Valens, die jetzt ihre größte Wassermasse von Kalfakjöi bezieht und sie in die höheren Theile der Stadt führt, wodurch das gewaltige Mauerwerk an tausend Schritte weit zwischen den Häusern durchläuft und jemanden, der nicht schwindlicht ist, einen schönen Spaziergang bietet, von dem aus man die Stadt wie eine Karte vor sich ausgebreitet sieht.

Es war Nachmittag geworden, als wir uns auf den Rückweg nach Constantinopel begaben. Unser liebenswürdiger Führer, Graf Königsmark, begleitete uns noch eine Strecke weit, worauf er nach Bujukdere zurückkehrte, und wir unsern Weg nach der Stadt fortsetzten. Dieser führte durch sehr uninteressantes Terrain; denn es war ein breiter Sandweg, der sich über die öden baumlosen Höhen hinzog, die den Bospor begränzen. Einige Unterhaltung gewährten uns unsere sehr guten Pferde, indem wir von Zeit zu Zeit kleine Wettrennen anstellten. Vorn an der Spitze ritt der Sürüdschi, der die Pferde gebracht und uns wieder zurückgeleitete. Wir hatten ihm einen kleinen Mantelsack gegeben, in dem wir gestern einige Kleidungsstücke mit nach Bujukdere genommen, den er vor sich auf den Sattelknopf nahm und munter vorausritt.

So oft es bergauf ging, spornte er seinen starken Schimmel und jagte laut schreiend davon. Wir folgten ihm natürlich so rasch wie möglich; doch war mein Pferd das einzige, welches das seinige hie und da erreichte. Später setzte sich der Baron auf diesen Schimmel und lud mich ein, einen kleinen Cours mit ihm zu machen, um zu sehen, welches Pferd das schnellste sei. Da ihm die Bügel zu kurz waren, legte er sie vorn über den Sattelknopf und wir jagten dahin. Ich war beständig dicht hinter ihm, so daß der Kopf meines Pferdes seinen Schenkel fast berührte, konnte ihn aber nicht überholen.

Da der Weg, auf dem wir ritten, ziemlich schmutzig war, so bewarf mich das ausgreifende Pferd des Barons so mit Koth, daß ich, in Pera angekommen bei der Abendtafel alle Mühe hatte, mich vor der übrigen Gesellschaft von dem Verdacht zu reinigen, als habe ich den Sandreiter gespielt.

Türkisches Familienleben.

Aus Allem, was dem Europäer in Bezug auf das andere Geschlecht hier zu Lande aufstößt, ersieht man leicht, daß die türkischen Damen eine sehr untergeordnete Rolle spielen; aber doch nicht die gedrückte und elende, die wir nach unsern Begriffen mit jenen Verhältnissen wohl unzertrennlich halten.

Es ist dem Mohamedaner erlaubt, vier Frauen zu nehmen, doch giebt es wenige, die nicht an e i n e r schon genug hätten und deren Vermögensumstände es erlaubten, zwei, drei oder vier Weiber zu nehmen. Da es fast noch nie vorgekommen ist, daß sich zwei Frauen in einem Hause vertragen hätten - ich spreche natürlich hier nicht von den weitläufigen Harems des Sultans und der hohen Beamten - vielmehr in beständigem Hader und Zwist lebten, der sich nicht, wie vielleicht bei uns auf Verläumdung und böse Nachreden beschränkte, sondern oft in blutige Händel ausartet, so muß in solchem Falle jede Frau ihr eigenes Haus haben, in welchem sie natürlich über die dienenden Weiber unumschränkt regiert. Was ferner die eine Frau an Putz oder Schmucksachen von dem Manne bekommt, nimmt die andere auch in Anspruch, und da ist oft ein neues glänzendes Band, das die eine vor der andern bekommt, Ursache zu den unangenehmsten Händeln. Fährt eine der Frauen mit ihren Sklavinnen und Kindern spazieren, so würde die andere nicht zu Hause bleiben wollen, ich glaube, wenn sie todtkrank wäre. Das geht so fort bis auf die geringsten Kleinigkeiten. Was soll aber auch der Türke sich in diese Verhältnisse verwickeln, da ihm das Gesetz ein ausgleichendes Mittel darbietet? Es ist ihm nämlich erlaubt, so viele Sklavinnen zu halten, wie er kann und will, und das Kind der Sklavin erfreut sich nach den türkischen Gesetzen derselben Rechte und Begünstigungen, wie das Kind der rechtmäßigen Frau. Es beruht überhaupt die ganze Ehe der Orientalen nur auf Sinnlichkeit, und der Türke erhandelt seine Frau, ohne sich um ihre Neigung oder Liebe zu bekümmern, von dem Vater oder den Verwandten derselben, wie eine Waare vom Kaufmann; denn anstatt durch seine Frau ein Heirathsgut zu erlangen, bezahlt er vielmehr den Vater derselben eine gewisse Summe für sie, jener verliert ja einen weiblichen Domestiken.

Ein anderer Nachtheil des Bräutigams besteht darin, daß er seine Frau erst dann zu sehen bekommt, wenn sie ihm angetraut ist, und in demselben Augenblicke sehen sie ihre Verwandten, selbst der Vater und die Brüder zum letzten Male unverschleiert. Da auf diese Art die Ehen ohne viele Förmlichkeiten geschlossen werden, so erlaubt das Gesetz dem Muselmanne auch eben so leicht wieder, sich von seiner Frau zu trennen, ein Fall, der fast in jedem Heirathscontracte vorgesehen wird, indem man in demselben die Summe vermerkt, die der Mann dem Vater ferner zu zahlen hat, wenn er in den Fall kommen sollte, sich von seiner Frau zu trennen. Ein Anderes ist es, wenn die Frau die strenge Sitte des Harems verletzte, wo sie, im Fall ihr Begünstigter ein Muhamedaner ist, mit Schimpf und Schande in's Haus ihrer Aeltern zurückgejagt wird, und wenn es gar ein Rajah, ein christlicher Unterthan der Pforte, wäre, so steckt man sie ohne viele Ceremonien in einen Sack und wirft sie in's Meer. Der Christ dagegen wird gehängt. Eigentlich ist es traurig, daß die armen Türkinnen durch die Verhältnisse so gedrückt sind, daß sie nicht einmal auf eine Vergeltung jenseits zu hoffen haben, indem der Prophet ihnen nach dem Leben keine Stellung anzuweisen wußte. Was nach dem Tode aus ihnen wird, weiß kein Mensch; denn die Houris, die den Gläubigen im Paradies für die Mühseligkeiten auf Erden entschädigen, haben nichts mit den verstorbenen Weibern gemein.

Obgleich es aber dem Muselmann nicht schwer gemacht wird, sich von seiner Frau zu scheiden, so kommt es doch selten vor, theils weil der Türke ein natürliches großmüthiges Gefühl hat, welches sein einmal geschenktes Vertrauen nicht leicht erlöschen läßt, theils weil er vielleicht eines Spruches aus dem Koran eingedenk ist, der ihm sagt: „Ihr Männer sollt bedenken, daß das Weib aus der Ribbe, also aus einem krummen Bein geschaffen ist. Deshalb, ihr Gläubigen, habt Geduld mit den Weibern; denn wenn Ihr ein krummes Bein gerade biegen wollt, so bricht es."

Man weiß, daß die Frauen in den Harems sehr strenge bewacht werden, und obgleich die Kultur schon im Allgemeinen stark an den orientalischen Gebräuchen rüttelte, so hat sie doch in dem Punkt noch nicht viel geändert. Freilich sieht man jetzt viele türkische Damen auf den Straßen umherspazieren, doch, wie ich schon mehrmals bemerkte, auf's Häßlichste vermummt und unkennbar gemacht. Es wäre aber auch gegen allen Anstand, ein türkisches Weib auf der Straße erkennen zu wollen und selbst der Mann würde es für unschicklich halten, wenn er seiner eigenen Frau, die ihm begegnete, nur durch ein Zeichen merken ließe, daß er sie erkenne. Es ist schon viel, daß die allgewaltige Zeit den Schleier der Damen bis unter die Nase gerückt hat, die früher ebenfalls bis an die Augen verhüllt war.

So streng auf diese Art die Gestalt der Türkinnen außer dem Hause vor jedem neugierigen Blicke vermummt sind, so übertrieben frei ist der Anzug im Innern des Hauses. Die Einrichtung desselben ist fast eben so wie die beschriebene in unserm Gasthof. Längs den Fenstern die von außen mit Latten, von innen mit Rohrstäben dicht vergittert sind, befindet sich der Divan, auf dem die Familie den ganzen Tag nichts thut, wie ausruhen und sich langweilen. Der Mangahl mit glühenden Kohlen und das Caffeegeräth ist natürlich in der Nähe; denn so oft ein Besuch kommt oder es einem der Familienglieder einfällt, wird für jedes eine Tasse Caffee gemacht, was des Tages unzählige Mal geschieht. Dazwischen ißt man verschiedene eingemachte Früchte, von denen jeder einen Löffel voll nimmt und darauf ein Glas Wasser trinkt. Von vieler Bewegung in diesen Familienkreisen und einer lebhaften Unterhaltung ist natürlich nicht die Rede. Eine Phrase, die man sehr oft beim Caffee oder dem Eingemachten hört: a f i a t l e r o l s u m - (Wohl bekomm's) sagt jeder dem Andern und legt dabei die Hand an Brust und Stirn. Die beiden Mahlzeiten, die der Türke täglich regelmäßig zu sich nimmt, bestehen aus Hammelfleisch und Reiß, welche Artikel die Grundlage bilden. Dazwischen kommen zahlreiche süße Gerüchte, und während der ganzen Mahlzeit stehen beständig kleine Schüsseln mit kalten Speisen, als Austern, Hummern, Caviar, Käse, Oliven, türkischer Pfeffer, Salate und Früchte verschiedener Art, von welchen jeder nach Belieben nimmt, auf den Tisch.

Die männlichen Sklaven im Orient haben ein viel besseres Loos, als wir es uns gewöhnlich bei dem Worte Sklave vorstellen. Es sind eigentlich Diener, deren größtes Geschäft darin besteht, nichts zu thun; ein gemietheter Arbeiter ist weit übler daran, als der Sklave des Hauses; denn weil letzterer Eigenthum seines Herrn ist, so nimmt dieser sich wohl in Acht, ihn durch viele Arbeit krank oder unbrauchbar zu machen. Da einem vornehmen Türken der Unterhalt seiner Sklaven und Diener fast nichts kostet, denn von einer Belohnung an Geld ist keine Rede, so hat er gewöhnlich eine große Masse dieses Volkes, die die wenigen Geschäfte so unter sich vertheilen, daß auf jedem ein Unbedeutendes lastet. Ein Theil hat nichts zu thun, wie Pfeifen zu stopfen und in Ordnung zu halten, andere kochen Caffee, wieder andere sorgen für die Waffen und Kleidung des Herrn und so fort. Bei dem gewöhnlichen Türken wird der Sklave mit wenig Ausnahmen fast wie ein Kind der Familie betrachtet. Er ißt an demselben Tisch und bei guter Aufführung wird er später frei gelassen oder heirathet nicht selten eine Tochter des Hauses.

Die Nacht im Ramasan.

Eine ganz umgekehrte Ordnung im türkischen Leben bringt der Ramasan, die Fastenzeit, hervor. Der Tag wird zur Nacht und die Nacht zum Tag verwandelt. Von Sonnenaufgang bis Sonnenuntergang bleibt der Gläubige in seinem Hause und thut nicht einmal das Wenige, was er sonst zu thun pflegt. Er betet, stellt seine Waschungen an oder geht in die Moschee. Die meisten Läden sind um diese Zeit während der Tageszeit verschlossen und was am bezeichnendsten ist, alle Caffeehäuser stehen leer. Der Rechtgläubige muß fasten, d.h. er muß sich nicht nur aller Speisen und Getränke enthalten, sondern Pfeifen und Caffee sind ihm ebenso verbotene Gegenstände. Da man schon im gewöhnlichen Leben nicht sagen kann, daß auf- und abwandelnde oder gewerbtreibende Türken ein sehr lebendiges, rühriges Bild geben, so muß man die einzelnen Individuen, die man zur Ramasanszeit durch die Straßen schleichen sieht, für Geschöpfe ohne Leben halten, für Wesen, die durch Maschinenkraft hin- und hergetrieben werden, so matt und faul wanken sie einher. Wenn sie von dem Fasten so geschwächt wären, sollte man glauben, sie müßten jeden Abend aus Ermattung zusammenfallen; aber weit gefehlt.

Wenn sich die Sonne zum Untergang neigt, scheinen sich ihre Lebensgeister auf's Neue zu erfrischen. Man steckt die erloschenen Feuer wieder an und beginnt die Speisen zuzubereiten, die mit dem ersten Ruf des Iman, daß der Tag vorbei sey, auf dem Tisch dampfen müssen, damit weiter keine Zeit verloren gehe. Der Sclave hält seinem Herrn schon einige Augenblicke früher die angezündete Pfeife entgegen und Alles horcht erwartungvoll auf den Ruf vom Minaret, um sich so hastig wie möglich den nun erlaubten Genüssen des Essens, Trinkens und Rauchens hinzugeben.

Jetzt bei eingetretener Dunkelheit verwandelt sich auch das stille Leben in den Straßen zu dem geräuschvollsten, das es geben kann, und die Stadt selbst gewährt von außen und innen den prächtigsten Anblick. An den Minarets werden allmählich Lichter angesteckt, und bald umgeben mehrere hundert Lampen in einzelnen Kreisen diese Gebäude von oben bis unten. Die Kuppeln der Moscheen und Caravansereien sind ebenfalls mit Lichtern behängt und die meisten Bazars, so wie die Tische der Verkäufer auf den Straßen, hell erleuchtet.

Von Pera aus hatten wir auf die Hauptstadt den prächtigsten Anblick. Die Massen der dunklen Häuser, ohne erhellte Fenster, von den belebten erhellten Straßen durchschnitten, sahen von oben einem Berge ähnlich, dessen glühendes Geäder an allen Stellen durchscheint. Hie und da war das Erdreich ganz durchbrochen und unzählige hohe Flammen leckten gierig in die Nacht empor, die beleuchteten Minarets. Vor uns lag der Hafen, dessen Wasser durch den Wiederschein der vielen Lampen, die an den Masten und Segelstangen der Schiffe hingen, röthlich angestrahlt erschien. Selbst die dunkeln Cypressen auf Pera, diese riesigen Todtenwächter, schienen den allgemeinen Jubel zu fühlen und waren von dem Lichtmeer drüben sanft beleuchtet.

Es war in einer der sieben heiligen Nächte des Jahres, nämlich in der Nacht K a d r, welche für die gilt, wo der Koran vom Himmel gesendet worden, als wir gegen acht Uhr von Pera aufbrachen, um uns nach der Moschee von Top-Chana zu begeben, die der Sultan in Folge der besondern Feierlichkeit, die heute stattfand, mit seinem Besuch beehrte. Dem Sultan nämlich, nachdem er in der heutigen Nacht sein Gebet verrichtet, wird von dem Großwessyr bei seiner Rückkunft in's Serail eine Sklavenjungfrau übergeben, mit der er alsdann die Brautnacht begeht, in der Hoffnung, daß, wie in dieser Nacht der Koran vom Himmel kam, auch dem Hause Osmans ein Thronerbe vom Himmel gesendet werde.*

Um die Moschee von Top-Chana, so wie die Kanonengießerei standen drei Reihen Infanterie, in deren Mitte sich ein Musikcorps befand, das mit ihren Trommeln, Posaunen und Trompeten einen herrlichen Lärm machte. Die Moschee war glänzender beleuchtet, als je, und an allen Wänden und Fenstern hingen große Reihen bunter Lampen. Ebenso war die Kanonen-Werkstatt auch auf das Prächtigste illuminirt und in dem Hofe derselben,

*Hammer, Gesch. d. o. R. Th. V.

so wie in dem Kreise, den die Soldaten bildeten, waren zahlreiche große Pechpfannen aufgestellt. Die türkische Infanterie machte sich's, wie gewöhnlich, auf ihrem Posten sehr bequem. Nur das erste Glied stand aufrecht auf den Beinen und hielt das Gewehr im Arm; das zweite und dritte saß auf der Erde und den Treppen der Moschee und fast Alles rauchte tapfer darauf los, so daß der Tabaksdampf mit dem Qualm der Pechbrände wetteiferte.

Wir drängten uns an die Reihe der Soldaten, die die Zuschauer vom Platze der Moschee entfernt halten sollten und verdankten es nur der Keckheit, mit welcher wir uns für englische Offiziere und Aerzte ausgaben, daß sie uns in den Kreis ließen. Hier mußten wir noch eine gute Stunde warten, ehe der Spektakel losging. Dafür war aber auch der Lärm, der nun begann, um so größer. Ein paar Kanonenschüsse von Beschiktasch her gaben das Zeichen, daß sich der Sultan auf sein Pferd schwinge und alsbald antworteten die Batterien von Skutari, von der Serailspitze, so wie die Kriegsschiffe im Hafen. Die Soldaten wurden in's Glied gerufen und bildeten lärmend eine schlechte Linie. Das Musikcorps neben uns bemühte sich ebenfalls, zu dem allgemeinen Getöse das Ihrige beizutragen und die Musici arbeiteten auf ihren Instrumenten schonungslos herum. Ich muß hierbei einer großen Lächerlichkeit erwähnen, welche durch die Nachäffung der europäischen Gebräuche entstand. Der Tambourmajor, nach der neuen Ordnung der Dinge mit großem Stocke ausgerüstet, schwenkte denselben, worauf bei uns die Trommeln gleich einfallen; doch bei den Gläubigen war das nicht der Fall, sondern trotz dem er ihnen mit vieler Gravität das Zeichen zum Anfang gegeben und den Stab tüchtig geschwenkt hatte, wirbelten die Trommeln erst, nachdem er ihnen recht gemüthlich sagte: „Nun wollen wir anfangen." Jetzt kam von dem Palaste des Sultans her eine große Menge Fackelträger mit einer andern Musikbande, die denselben Lärm machte, wie die erste. Auf dem Platze vor der Kanonen-Werkstatt steht ein kleiner steinerner Brunnen, den die Artilleristen mit Luftfeuerwerk verzierten; denn als dicht neben uns eine gewaltige Geschützsalve über den Wellen dahin krachte, daß die Pferde einiger türkischen Offiziere wie toll umhersprangen, flammten an dem Brunnen tausende von Zündlichtchen auf, so daß er ganz in Feuer zu stehen schien. Auch zündete man hie und da in großen Pfannen farbige bengalische Feuer an, so daß die umliegenden Gebäude bald von blutrothen, bald von grünen oder blauen Flammen umspielt schienen. Aber an dem ganzen Anblick war nichts Erquickliches, nichts Angenehmes. Es war ein entsetzliches Chaos von Kanonenschüssen und Musiklärmen, von Lichtern und Flammen, die ordnungslos durch einander spielend Auge und Ohr beleidigten. So ungefähr muß in alter Zeit ein Hexensabbat ausgesehen haben.

Jetzt sprengte Reschid Pascha vor, auf der Brust einen mächtigen Stern von Brillanten, der zahllose Blitze um sich warf, und den Soldaten wurde der Befehl zum Präsentiren gegeben. Ein lieber türkischer Soldat, neben dem ich stand, stieß mich an und bat mich, ihm für einen Augenblick seine Pfeife zu halten, wozu ich mich natürlich sehr bereitwillig finden ließ. Endlich kam der Sultan, von seinen Großwürdenträgern umgeben, alle auf prächtigen Pferden. Der junge Herrscher trug einen weiten, blauen Mantel und weiter keine Auszeichnung, als einen großen Brillantstern am Fez. Er ritt in den Vorhof der Moschee, wo er abstieg und von einigen seines Gefolges begleitet, in das Gebäude trat. Für heute sahen wir ihn nicht wieder; denn die Feierlichkeiten waren zu Ende und der Padischah fuhr wahrscheinlich später in seinem Kaik nach Beschiktasch zurück.

So wild und unordentlich der Lärm der Ceremonie war, so rasch verflog er wieder - ein Strohfeuer. Die Soldaten verließen den Platz, die Pechpfannen verlöschten und an dem Brunnen, um den so eben noch die hellen Flammen loderten, glimmten nur hie und da noch einige elende Papierhülsen. Wir bestiegen ein Kaik, um nach Stambul hinüberzufahren. Der Anblick der erleuchteten Städte war am schönsten von der Mitte des Hafens aus, wo wir rings herumschauend alle Minarets, sowohl von Stambul, wie von Galata, Top-Chana und Scutari, mit glänzenden Lichtkränzen umwunden sahen. Auch strahlten hie und da von Thürmen, oder andern hohen Gebäuden illuminirte arabische Schriftzeichen durch die Nacht und andere oft seltsam geformte Figuren, als Schiffe mit großen Segeln, Drachen, Schlangen etc. Bei der Aja Sophia war an einem Gebäude ein colossaler Wagen angebracht und bei der Suleimanje eine große Figur, die wahrscheinlich einen Derwisch vorstellen sollte, aber einem Bajazzo weit ähnlicher sah.

Wir verließen unser Kaik und wanderten durch die Gassen, die heute bei Kerzen- und Lampenbeleuchtung noch weit lebhafter aussahen, als am Tage. Alles Volk war lustig und guter Dinge, als feierte man ein großes Fest. Die Verkäufer von Backwerk und Zuckerzeug, die zwischen der Menge mit lautem Rufen herumgingen, hatten ebenfalls die runden kupfernen Scheiben, worauf sie ihre Artikel ausgebreitet, mit Lichtern besteckt, und es sah ergötzlich aus, wie sie sich in großer Anzahl unter den Haufen herum bewegten. Hie und da waren vor den Buden kleine Spielereien aufgestellt, Windmühlen, von Sand getrieben, oder illuminirte Schiffchen, vor denen die sonst so ernsthaften Gläubigen lachend und laut rufend stehen blieben. So erinnere ich mich eines Ladens, in dem

Conditor-Waaren verkauft wurden und dessen Besitzer, ein speculativer Kopf, zwischen dem Backwerk einen kleinen Brunnen errichtet hatte, der aus drei Röhrchen Wasser in ein Becken ließ und in demselben ein kleines Wasserrad in Bewegung setzte, das rechts und links mit Glöckchen in Verbindung stand, die sehr unharmonisch durch einander klimperten, worüber aber die Türken eine unbeschreibliche Freude hatten und in ganzen Haufen vor diesem Laden stehen blieben. Dies verschaffte ihm natürlich einen guten Absatz seiner Waaren, so wie es auch an diesem Theile der Straße eine größere Lustigkeit hervorrief, als sonst irgendwo. Das Volk schrie einmal über das andere: „ei w' allah! ei w' allah!" und ein paar alte zerlumpte Kerle tanzten vor Vergnügen nach dem Geklimper der Glocken auf der Straße herum, natürlich eben so taktlos, wie diese Musik selbst.

Am lebhaftesten geht es in diesen Nächten in den Caffeehäusern und bei den Sorbetbereitern zu; in den ersten werden dann gewöhnlich declamatorisch-musikalische Unterhaltungen aufgeführt; versteht sich von selbst, Alles in türkischer Manier. Wir traten in eines dieser Häuser, die heute eben so hell beleuchtet sind wie die Straßen, und wurden, obgleich es sehr voll war, von dem Caffeetschi mit großer Aufmerksamkeit empfangen und untergebracht. Auch muß ich rühmend gestehen, daß die Gäste selbst bei der Aufforderung des Caffeetschi, für uns etwas Platz zu machen, sehr bereitwillig zusammenrückten. So kam ich auch neben einen alten Arnauten zu sitzen, der sein schönes Costüme in der ärmlichsten Verfassung, aber dagegen prächtige Waffen hatte. Seine Pistolen, Dolch und Yatagan waren reich verziert und mit kleinen silbernen Nägeln beschlagen. Aber der Mensch hatte, wie fast all' dieses Volk, ein ganz unangenehmes confiscirtes Gesicht; blaß, von Blatternarben zerrissen, wurde es von einem ungeheuern Schnurrbart förmlich in zwei Hälften zertheilt, von denen es schwer zu entscheiden war, welche die gerechtesten Ansprüche auf eine unbeschreibliche Häßlichkeit hatte.

Als ich mich neben den Arnauten niedergelassen, legte er grüßend seine Hand an das Feß und reichte mir das Rohr seines Nargileh dar, aus dem ich Anstands halber einige Züge thun mußte. Bald hatte uns der geschäftige Wirth mit Caffee und Pfeifen versehen, und wir konnten behaglich das Gewühl der Menge vor uns überschauen.

Auf einer Erhöhung in einer Ecke des Gemachs saßen drei türkische Musici, mit Instrumenten bewaffnet, wie ich sie früher schon einmal beschrieben und womit sie einen argen Lärm machten, zu welchem ein alter Türke, der vor ihnen saß, Loblieder auf den Propheten in näselndem Tone mehr sprach als sang. Doch ergötzten sich die umhersitzenden Gläubigen sehr bei dieser Unterhaltung und spendeten den Künstlern am

Schluß derselben manchen Ausruf des Entzückens und der Zufriedenheit. Jetzt trat ein Mährchenerzähler, Meddah, auf, und begann, wie uns Herr von C. sagte, von den Abenteuern Sidal-Battal's zu erzählen. Wir konnten natürlich nur wenig davon genießen, da wir kein Wort von seinen Reden verstanden; doch machte uns Herr von C. darauf aufmerksam, wie oft der Meddah Ton und Sprache änderte. Jetzt ahmte er den gravitätischen Ton eines Paschah nach, jetzt den unterwürfigen eines Sklaven, jetzt hörten wir die hustende Stimme eines alten Weibes, bald den Dialekt eines Armeniers, eines Franken oder Juden. Da Herr v. C. durch seine Bemerkungen unserm Gehör nachhalf, so machte es uns eine Zeit lang Vergnügen, dem Meddah zuzuhören. Als er zu dem interessantesten Theil seiner Erzählung gekommen war und die Zuhörer recht gespannt lauschten, wie sich der Held der Geschichte aus der verwickelten Affaire ziehen würde, hörte er plötzlich auf, stand auf und ging mit einem zinnernen Teller im Kreise herum, worauf jeder ein paar Para warf, um sich so Fortsetzung und Schluß der Geschichte zu erkaufen.

Wir verließen das Caffeehaus, um nach der Suleimanje zu gehen, wo noch mehrere dieser Häuser seyn sollten, in denen man hauptsächlich in den Nächten des Ramasans die Tiriaki oder Opiumesser ihr Wesen treiben sieht. Auf den Straßen herrschte noch immer das alte Gewühl. In den obern Theilen der Stadt, wo sich meistens die Gassen der verschiedenen Handwerker befinden, sahen wir oft neben andern Illuminationen verschiedene arabische Schriftzüge, aus kleinen Lampen zusammengesetzt. Es waren die Namen von Schutzheiligen der Gewerke, welche hier in der Türkei ebenso gut ihren Patron haben, wie die Innungen bei uns. Ja die ganze Einrichtung der Zünfte und Innungen bestand bei den Arabern weit früher, als bei uns, und wir haben sie wahrscheinlich von dort herüber angenommen, wenigstens leitet sich das Wort Zunft von dem arabischen Wort S i n f, das ist ein Gewerk, eine Innung, her.

Bei den Türken ist Adam der Schutzheilige der Ackerleute, Enoch der der Schneider und Schreiber, Joseph, der Zimmerleute, Abraham, der Milchverkäufer, Daniel, der Dolmetscher, Salomo, der Korbflechter, Jonas, der Fischer, Jesus, der Reisenden, Mohamed, der Kaufleute etc.

An der Suleimanje, wo viele Caffeehäuser liegen, sahen wir nur zu einigen der größten hinein und fast in allen herrschte eine laute Fröhlichkeit. Da wurde gespielt und gesungen, dort beschäftigte der Meddah die Phantasie der Zuhörer und in andern trieben Lustigmacher und Tänzerknaben, wie wir sie in Adrianopel gesehen, ihr Wesen. Herr von C. führte uns in eine enge Gasse, wo nur hie und da wie zum Spott eine verglimmende Lampe brannte und vor ein kleines Haus, dessen Inneres, nothdürftig erhellt, uns die Einrichtung eines ärmlichen Caffeehauses zeigte. Dieß war eine der Höhlen, in welchen die Opiumesser ihr Wesen treiben. Wir traten in das Local, das über alle Beschreibung schmutzig aussah, ließen uns auf einer hölzernen Bank am Eingang nieder und mußten eine Zeit lang warten, eh' sich der Wirth zu unserer Bedienung meldete. Dieß war ein kleiner magerer Mann, der sich auf eine sonderbar lächerliche Art, ich möchte sagen, fast tanzend, aus dem Winkel neben dem Kamin, wo er zusammengekauert saß, auf uns zu bewegte. Außer ihm waren noch drei bis vier andere Leute in dem Gemach, die die seltsamsten Bewegungen machten. Der Caffeetschi trat vor uns hin und hielt uns halb singend eine Anrede, in der er uns versicherte, es sey ihm eine Freude, daß wir sein Haus mit unserm Besuch beehrten. Der Kopf des alten Mannes hatte einen unangenehm lustigen Ausdruck. Seine Augen, starr und schwerfällig, wie die eines Betrunkenen, blitzten mit einem unnatürlichen Feuer. Die eingefallenen Wangen waren erröthet und die Mundwinkel zuckten hin und her. Es war mir ein unheimliches Gefühl, als der Alte, sich mehrmals vor uns verneigend, mir mit seinem langen schneeweißen Barte fast im Gesicht herumfuhr. Er ging auf dieselbe tanzende Art und beständig vergnügt vor sich hinsingend nach dem Heerde zurück, um uns Caffee zu kochen. Wir verlangten natürlich keine Pfeife, denn es war uns nicht darum zu thun, vielleicht eine mit Opium gewürzte zu bekommen, die uns wohl in einen noch schlimmern Zustand versetzt hätte, als wie der der Gäste, die sich hier befanden.

Im Hintergrund des Gemachs kniete einer derselben mit dem Gesichte gegen die Wand gekehrt und schien eifrig im Gebet versunken, wenigstens machte er alle die Bewegungen, wie wir sie in den Moscheen zuweilen beobachtet, doch mit so entsetzlicher Heftigkeit, wie sie nur die fanatischste Begeisterung hervorzubringen im Stande wäre. Bald schlug er seinen Kopf gegen die Bank, bald warf er ihn hinten über, daß wir sein blasses eingefallenes Gesicht verkehrt sahen, und der lange schwarze Bart in die Höhe stand. Er warf die Arme heftig von einander und schloß sie krampfhaft wieder. Die Worte, die er dabei ausstieß, fing er leise murmelnd an und steigerte allmählig seine Stimme, nachdem die Ideen in seinem erhitzten Kopfe immer wilder und verworrener aufwuchsen, bis zu lautem Geschrei, das er mit dem öftern kreischenden Ausrufe: Allah il Allah! schloß. Neben ihm lag ein noch ziemlich junger Mensch, eine elende abgemagerte Jammergestalt, dem die Thränen aus den Augen stürzten und dessen stumme entsetzliche Trauer, welche das ganze Gesicht ausdrückte, einen schneidenden Contrast mit der grellen ausgelassenen Lustigkeit eines baumstarken Negers bildete, der auf der andern Seite in einem dunkeln Winkel lag. Die Augen des Schwarzen glänzten, wie die eines wilden Thiers, und die Reden, die er ausstieß, kamen mit Blitzesschnelle zwischen den schneeweißen Zähnen hervor, die er wiehernd lachend auf einander biß. Er warf seine muskulösen Arme begeistert um sich herum, zeigte bald vor sich hin, bald in die Höhe und machte überhaupt so entsetzlich lebhafte Mienen und Zeichen, daß mir war, als verstünde ich seine verworrenen Reden. Der Unglückliche träumte vielleicht von seinem Lande, von den Palmen, unter denen er gewandelt, von der gelben Flut des Nils, in der er gebadet. Jetzt faßte er mit seinen Armen die Luft, als ergreife er etwas und seine Finger krampften sich so in einander, daß die Muskeln schwellend heraustraten. Kam ihm vielleicht in diesem Augenblicke das Bild eines Kampfes vor die Seele, in dem er seinen Feind überwindend niederriß und jetzt, da er die Arme wie ermattet herunter sinken ließ und sich zurücklehnend mit den schwarzen Augenlidern das wilde Feuer seiner Blicke auslöschte, dachte er da vielleicht an eine sanfte Hand, die ihm über das Gesicht fuhr und den Schweiß von der Stirne wischte?

Doch genug von diesen entsetzlichen Bildern! Der Anblick dieser Menschen war uns Allen nach wenigen Augenblicken so unerträglich und wirklich Furcht erregend, daß wir das Haus verließen, ohne unsern Caffee anzurühren. Der Anblick von Wahnsinnigen ist gegen das Aussehen dieser Menschen ein beruhigender zu nennen. Man weiß doch, daß bei jenen gehörige Vorsichtsmaßregeln getroffen sind, daß sie ihren Nebenmenschen nicht schaden können. Aber wer bürgt mir dafür, daß nicht einer dieser Verzückten auf mich zustürzt und mich ohne alle Umstände erwürgt?

Das Laster des Opiumessens verschwindet glücklicher Weise selbst im Orient immer mehr und mehr, und die Individuen, die es noch treiben, sind den Andern noch viel verhaßter, als ein Mensch bei uns, der beständig betrunken ist. Man muß aber auch die gräßlichen Gestalten dieser Menschen sehen, wie sie blaß und abgemagert, halb taub und blind und abgestumpft für alle Genüsse des Geistes und alle Freuden des Lebens dahin wanken, wenn der Rausch des Opiums nachgelassen.

Obgleich das Opium, (ein Opiat aus Hyosciamus) Haschische genannt, meistens aufgelöst getrunken wird, sagt man jedoch nach dem Idiotismus der türkischen und persischen Sprache: er i ß t Opium und t r i n k t dagegen den Rauch der Pfeife. Wahrscheinlich brachte der Genuß des Opiums in alten Zeiten die Assassinen in jene Begeisterung und Todesverachtung, mit der sie das von ihrem Meister bezeichnete Opfer in der Mitte der Seinigen aufsuchten und niederstießen.

Uns Alle hatte der Anblick jener Unglücklichen trübe gestimmt und wir wandelten schweigend durch die Gassen der Hauptstadt, in denen, da Mitternacht vorüber war, die laute Fröhlichkeit mit einem Mal nachgelassen. Hie und da wandelte noch ein Verkäufer herum und die Lichter auf seinem Tragtische waren niedergebrannt und erloschen allmählig. Die illuminirten Namen und Figuren hatten schon große Lücken, und an den Minarets brannte noch hie und da eine Lampe, deren flackerndes Flämmchen sich schwach gegen die mächtige Nacht vertheidigte, die mit ihrem wehenden schwarzen Schleier den Glanz so vieler tausend Lichtchen schon getödtet hatte. Als wir auf der großen Brücke waren, und noch einmal nach Stambul zurückschauten, stieg der Mond hinter Scutari empor und grüßte uns mit einem langen zitternden Lichtstreifen, den er über Hafen und Brücke warf.

Eine Audienz beim Sultan. Diner beim Reschid Pascha.

So oft wir auch Gelegenheit hatten, den jungen Padischah, den Beherrscher der Gläubigen, auf der Straße, oder auf dem Hafen zu sehen, so konnten wir außer dem Baron doch nicht das Glück haben, vor sein erlauchtes Antlitz zu treten, weil wir weder Rang noch Titel, oder was noch schlimmer war, keine Uniformen besaßen, ohne welche man sich dem Sultan nicht präsentiren darf. Nachfolgende kleine Skizze über eine Audienz beim Sultan entnehme ich aus einem Briefe des Barons.

– – Da wir uns gerade in der Zeit des Ramasans befanden, so konnte uns erst nach Sonnenuntergang die Ehre zu Theil werden, eine Audienz beim Sultan zu erlangen. Es war acht Uhr Abends, als ich in das Kaik des preußischen Gesandten stieg, der die Güte hatte, mich seiner Hoheit vorzustellen. Wir fuhren bei Galata ab und kamen in kurzer Zeit an den Schiffen vorüber, die zur Feier des Ramasan glänzend erleuchtet waren. Es ist ein großartiger Genuß, in diesen Nächten auf dem Wasser zu fahren und um sich die mächtigen Häusermassen von Stambul, Pera, Galata und Skutary von tausend und tausend Lichtchen hell erleuchtet zu sehen.

Unser Boot hielt bei den Terrassen des Sommerpalastes von Beschiktasch und wir wurden durch einige Hofbeamte in ein Gemach zu ebener Erde geführt, wo uns der Obersthofmarschall Kurfim-Bey empfing. Das Gemach ist wie der ganze Palast halb türkisch, halb europäisch eingerichtet; denn neben den Divans enthält es Fauteuils, schöne Spiegel und französische Kronleuchter. Der Hofmarschall empfing uns sehr freundlich, bewirthete uns mit Caffee und Pfeifen, wobei die Unterhaltung, die wir mit ihm hielten, durch den Dolmetscher des preußischen Gesandten geführt wurde. Nach Verlauf einer halben Stunde erschien einer der Hofbeamten wieder, der uns hieher gebracht und nahte sich dem Bey, ihm einige Worte sagend, worauf dieser sich erhob, um uns vorangehend zum Gemach des Sultans zu begleiten. Dieses, ebenfalls im untern Stockwerke, war nicht prächtiger eingerichtet, als das des Hofmarschalls und ganz in demselben Geschmack. Auch war es sparsam erleuchtet, denn von den Lichtern auf dem großen Kronleuchter brannte keins, sondern vier Wachskerzen auf bronzenen Leuchtern stehend, waren hie und da auf den Boden gestellt. Der Beherrscher der Gläubigen saß in einem großen Fauteuil, das er jedoch bei unserm Eintritt mit der Ecke des Divans vertauschte, in welcher er sich auf die untergeschlagenen Beine setzte. Er trug über dem gewöhnlichen blauen Ueberrock einen braunen langen Mantel, den eine Agraffe von Diamanten auf der Brust zusammenhielt und auf dem Kopfe das Feß, an dem ebenfalls ein großer Stern von Brillanten prangte. Vor ihm stand der damals mächtige Reschid Pascha und übersetzte seinem Herrn die Gefühle der Dankbarkeit, die ich ausdrückte, mich an dem Glanz seines erhabenen Angesichtes erfreuen zu dürfen, aus dem Französischen ins Türkische, nachdem mich der Sultan mit dem üblichen Gruß der Morgenländer: „Der Herr segne Deinen Eingang bei uns!" empfangen hatte.

Die ganze Audienz dauerte ungefähr eine halbe Stunde, in welcher er mich über den Zweck meiner Reise befragte, so wie auch, ob mir seine Pferde gefallen und dergleichen Kleinigkeiten mehr. Dann legte er die Hand an sein Feß, wir waren entlassen und verließen das Gemach. – –

Eine lächerliche Anekdote in Bezug auf eine Audienz unserer frühern Reisegesellschaft des Lords und der Lady Londonderry beim Sultan war damals in aller Leute Mund und ist wirklich zu interessant, um sie nicht mit kurzen Worten zu erzählen. Seine Herrlichkeit der Lord hatten, wie sich von selbst versteht, eine officielle Audienz, die aber seiner Gemahlin, welche auch den Sultan in der Nähe zu sehen wünschte, aus dem Grunde nicht zu Theil werden konnte, da das Gesetz dem Beherrscher der Gläubigen verbietet, die Frau eines Ungläubigen bei sich zu empfangen. Doch war der junge Padischah, dem der Wunsch der Lady zu Ohren kam, so galant, höchst eigen ein Auskunftsmittel vorzuschlagen. Es wurde der Lady nämlich eine Stunde bezeichnet, in welcher sie sich die Gemächer des Palastes sollte zeigen lassen, und wo ihr der Sultan alsdann, ganz wie von ungefähr begegnen und im Vorbeigehen einige Worte an sie richten würde. Die bestimmte Stunde erschien und Ihre Herrlichkeit betrat den Palast von Beschikdasch nicht nur wie gewöhnlich im großmöglichsten Staate, sondern hatte ihren ganzen Diamantenschmuck, einen der schönsten und reichsten in der Welt, um und an sich gesteckt. Sie wurde durch den Hofmarschall in die untern Zimmer geführt, und man mußte, wer weiß durch welchen Zufall, den Sultan im Voraus davon benachrichtigt haben, in welchem Glanz die Lady erschienen sey, kurz er befahl seinen Palastoffizieren, ihre

Nischah und Rangzeichen mit Brillanten besetzt augenblicklich holen zu lassen und gleich umzuhängen, worauf sich einer nach dem andern verlor, um mit Diamanten geschmückt gleich darauf wieder zu erscheinen. Die Lady besah die untern Gemächer, die Corridors, die Terrassen nach dem Garten zu und auf einer dieser letzteren begegnete ihr der Sultan. Der Padischah blieb stehen und wechselte durch Reschid Pascha einige Worte mit ihr, ehe er seinen Weg fortsetzte. Doch war ihm wahrscheinlich die Masse Diamanten, mit welcher Ihre Herrlichkeit behängt waren, ein wenig stark vorgekommen, denn wenige Minuten darauf gab er seinem Minister den kitzlichen Auftrag, sich bei der Lady zu erkundigen, ob die Steine auch alle ächt seyen, und was sie in dem Falle wohl gekostet hätten; eine Commission, deren sich der gewandte Reschid Pascha mit Uebergehung der ersten Frage um so leichter entledigte, weil die Lady es liebte, die ungeheure Summe anzugeben, welche jener Schmuck auch wirklich gekostet. – – Eine Einladung, die mir am andern Tage zu Theil wurde, war mir um so interessanter, da sie von dem hochgestellten Reschid Pascha ausging und auf ein türkisches Diner lautete. Es war Abends gegen sieben Uhr, als wir uns in die Wohnung des Ministers begaben, die eben so wie der Palast vor Beschikdasch halb europäisch, halb türkisch eingerichtet ist. Die Divans waren hier das einzige Orientalische und Reschid Pascha hatte von seinem früheren Aufenthalte als Gesandter in Wien Stühle, Sopha's, Consoletische, Spiegel etc. von dort mitgebracht.

Einige Bemerkungen über das Diner mögen hier erlaubt sein. Unmittelbar vor dem Essen, noch im Empfangszimmer, wurde jedem Gaste ein eigenes kleines Tischchen vorgesetzt, worauf Täßchen mit etwas Suppe. Dies soll den Appetit reizen. Eine Viertelstunde später gingen wir zur eigentlichen Mahlzeit. Wir waren sieben Personen, für welche ein ziemlich kleiner runder Tisch mit einer Silberplatte und erhabenem Rande bereitet war. Rings um am Rande des Tisches waren alle Arten von geschnittenem Brod gelegt, in der Mitte stand als erste Schüssel der Pillau; um denselben kleine Platten mit Salat, geschnittenem Obst, Confituren und gesalzenen Sachen, Alles unter einander. Als Besteck war nur ein Löffel für jeden Gast sichtbar. Merkwürdig ist, daß das Tischtuch nicht auf den Tisch, sondern der Tisch auf das Tischtuch gestellt wird. Der Tisch selbst hat nur einen Fuß in der Mitte. Das Tischtuch ist von Damast mit Gold gestickt; dieses wird in die Höhe gezogen, jeder Gast breitet es sich über den Schooß und streckt die Beine darunter. Dann erhält er noch eine Serviette von grober Leinwand, um sie über die Stickerei zu thun. Nun beginnt das Essen; Jeder greift mit seinem Löffel in die Schüssel, verliert unterwegs die Hälfte und greift von Neuem zu. Der Minister bemerkte, daß wir in den Gebräuchen einer türkischen Mahlzeit noch nicht hinreichende Geschicklichkeit erlangt hatten; er ließ für das nächste Gericht Teller und Bestecke kommen. Hierauf folgte eine Unmasse von Gerichten, süß und sauer unter einander, wobei die Etikette erfordert, daß, so wie eine Schüssel auf die Tafel gesetzt ist, ein Diener bereits die nächste hinter dem Tische bereit hält. Die süßen Speisen waren gut, jedoch so süß und fett, daß ich nur wenig davon genießen konnte. Der Türke nimmt nur wenig auf einmal, wodurch das Fingeressen etwas reinlicher, auch die Menge der Speisen erklärlich wird.

Man hat mir erzählt, daß in der alten guten Zeit türkischer Herrlichkeit, zum Besten der Großen des Reiches, wenn sie reisten, auf ihrem Paß vorgeschrieben wurde, wie viel Speisen ihnen gereicht werden müßten. Die Zahl derselben betrug oft einhundertundzwanzig.

Bei unserm heutigen Diner wurde kein Wein, nur Wasser vorgesetzt. Als schöne blaue Tassen auf den Tisch gestellt wurden, hielt ich es für Mundwasser, und glaubte, das Diner sey zu Ende. Es war aber Scherbet, und dies bezeichnete die Hälfte der Mahlzeit. Gegen Ende erscheint noch einmal Pillau, damit jeder Gast, dem die andere Speise nicht zusagt, sich daran halten könne. Die Höflichkeit will, daß der Hausherr immer zuerst ein wenig aus der Schüssel nimmt, wobei er sagt: B u j u r u m (Wenn's beliebt). Nach Tische ging man in ein Nebenzimmer; jedem Anwesenden wurde ein Becken nebst Kanne präsentirt, sich die Hände zu waschen. Dann wurden Pfeifen gebracht und Caffee getrunken. Der Minister ließ mich in seinem Wagen nach Hause führen.

Das neue Serail.

I. Von der Hafen- und Seeseite.

Wenn man in lauen Mondscheinnächten, deren das Clima um Constantinopel selbst in der späteren Jahreszeit noch viele giebt, in dem kleinen Kaik langsam und die Schönheiten rings genießend auf dem goldenen Horn umher fährt, dann öffnet sich leicht die Brust und nimmt gerne in sich auf die Klänge und Sagen, die ihm jener Thurm, jener Fels, selbst die spielenden Wellen geheimnißvoll zuflüstern. Die ganze Gegend hier gleicht einem aufgeschlagenen riesenhaften Geschichtsbuch, wo man in jeder Zeile, jedem Fuß breit Landes etwas Neues, Ungeheures lesen kann. Welche Poesie, welche Geschichte versammelt sich nicht auf und an diesen Gewässern! – Könnte ich den Nachen zur Muschelschaale des Zauberers machen und in ausgestrecktem Arm den Zauberstab schwingen, um den Schatten, die einstens hier gewandelt, zu befehlen, daß sie sich auf der dunkeln Fluth zeigten und langsam bei mir vorbeischwebten! Ach keine Macht kann das, und nur die

Phantasie vermag aus der Erinnerung Gestalten vor das innere Auge zu zaubern, gewaltige Bilder, die wir in der Kindheit in uns aufnahmen und die in den spätern geräuschvollen Wellen des Lebens allmählich erblaßten, jedoch hier auf dem Platze ihrer Entstehung ihr volles Recht wieder geltend machen und lebhafter als je vortreten. - Hier wo ich jetzt mein Boot wende, schifften die Argonauten, denen die Jugendträume so gern nach Colchis folgten, um ihnen genau zuzusehen, wie sie unter Gefahren und Mühen das goldene Vließ des Widders zurückholten. Dort die Landspitze hieß einst Bosphorus und hier trat die schöne Jo, in eine Kuh verwandelt, an's Land. Zur Linken bei Top-Chana, wo sich jetzt der bunte Palast des Sultans erhebt, opferten die Jünglinge dem Helden Ajax, und wo heute die Gebäude der türkischen Artillerie stehen, hatte einst Ptolemäus Philadelphus seinen Tempel. - Vor mir liegt Skutari, das alte Chrysopolis, der letzte Ruhepunkt der Caravanen, die ihre Schätze von Asien nach Europa führten. Hier auf diesen Gewässern zeigten sich um's Jahr 654 zum ersten Mal die Schwärme der räuberischen Araber unter ihrem Kalifen Moarin, der erste, welcher das Verbot Omars übertrat, der den Arabern, wie früher Lykurg den Spartanern, die Seefahrt verboten, und nach dieser Zeit machten die Araber bis um's Jahr 780 sieben Versuche, die Hauptstadt des griechischen Kaiserthums zu erobern, alle vergeblich, bis Mahomed II. im Jahre 1453 nach einer Belagerung von sieben Wochen die Stadt zu Wasser und zu Land stürmte, und sie erobernd das Wort des Propheten erfüllte, ein Wort, welches den Herrscher der Osmanen stets zu neuen Versuchen wider Byzanz geführt hatte: „Sie werden erobern Constantinopel, wohl dem Fürsten, dem damaligen Fürsten, wohl dem Heere, dem damaligen Heere. -"

Unter all' diesen Betrachtungen, die Land und Meer gewaltsam herbeiführen, und denen ich ruhig nachhängen kann, geht es mir wie dem Kinde, das von all dem Schönen, was ihm erlaubt ist, den Blick beständig nach jenem prächtigen Palaste hinschweifen läßt, dessen Thore ihm verschlossen sind, und wo es doch so gern wenigstens durch's Schlüsselloch sehen möchte, um etwas zu erspähen von den Herrlichkeiten, die er, wie man sich heimlich erzählt, enthalten soll. Mir lag dieser verschlossene Palast, das neue Serail, zur Rechten, und wenn auch auf seinen Terrassen nicht mehr wie sonst, zahlreiche Sklaven lauern, die das sich unvorsichtig nähernde Boot ergreifen, es umstürzen und die darin Sitzenden ertränken oder erschießen, so haben doch die entsetzlichen Geschichten, die dort geschehen, und die Flüche, die aus jenen bunten Lusthäusern hervordrangen, einen Zauberkreis um seine Mauern gebildet, dem man sich nur mit ängstlich klopfendem Herzen nähert.

Im hellen Mondschein lag das Serail vor mir; es scheint nur der Aufenthalt einer bösen Fee zu seyn, die den Unerfahrenen anlockt, um ihn zu verderben. Wie schön glänzen in dem weißen Lichte die vergoldeten Dächer der bunten Kioske und scheinen so freundlich zwischen Gruppen von schwarzen Cypressen und dicht belaubten Platanen hervor, schönen Mädchen gleich, die sich zwischen Rosengebüschen verbergen und den Vorübergehenden neckend anrufen. Die Wellen des Meeres schlagen einförmig an die Grundmauern des Gartens und ich weiß nicht, ist es das Gemurmel des Wassers, wenn es von dem zackigen Gestade herabträufelt, oder was sonst - ich glaubte, leise hinsterbende Accorde zu vernehmen. -

Das ganze Gestade, welches jetzt die Wohnung der Sultane mit ihren Heimlichkeiten und Verbrechen trägt, ist mir immer wie ein verfeyter Platz vorgekommen, der bald gut, bald böse auf seine jedesmaligen Bewohner einwirkt. Kein Fleck der Erde hat wohl eine so großartige, aber auch blutige Geschichte zu erzählen wie dieser. Schon der erste Gründer von Byzanz, Byzas, baute auf diesem sanft ansteigenden Hügel dem Poseidon und der Aphrodite Altäre, die sich unter den Constantinern, dem christlichen Glauben gemäß, in Kirchen und Capellen verschiedener Heiligen umwandelten. Auf derselben Stelle erhob sich später der große Palast der griechischen Kaiser oder vielmehr die verschiedenen Gebäude, welche die alte Kaiserburg bildeten und die noch einen größeren Raum einnehmen, als das heutige Serail. Stolze Bauten spiegelten sich zu jener Zeit in den Wellen der Propontis, Thore, Säle und Bäder von glänzendem Marmor, stattliche Porphyrsäulen ragten hoch empor und von ihnen schauten die Bildsäulen verschiedener Kaiserinnen weit in's Meer - Alles das verschwand größtentheils, indem bald große Empörungen, so wie auch die Zeit diese Bauten zusammenstürzten. Nicht minder griff auch die Hand einzelner Menschen zerstörend ein, wie die des Kaisers Justinian; der aus den vergoldeten Ziegeln des ehernen Thorpalastes Chalke seine auf dem Saal des Augusteon aufgestellte Bildsäule gießen ließ.

Mit Zeit und Geschichte Hand in Hand gehend, entstanden alsdann neue Paläste und Denkmäler hier, dem jedesmaligen Weltalter analog. Die alte Zeit wurde in ihrem Eisenkleide zur Ruhe gelegt und die neuen Herrscher von Byzanz legten ihr beturbantes Haupt einer schönen Sklavin in den Schoos, und bauten sich mitten in den dunkelsten Partien ihres mit Marmorbecken und Rosengebüschen gezierten Gartens zierliche Kioske, leichte vergoldete Häuser, die das Auge der Neugierigen blendeten und ihn wie der Blick der Schlange festhielten, bis ihn der Arm erreichte, der den Unglücklichen für seine Verwegenheit tödtet. Ehrgeiz und Wollust zogen lange glänzende Fäden an diesen Mauern, einem Spinnennetz gleich, und so entstand das neue Serail, in dessen Mitte der Beherrscher der

Gläubigen thronte, fast unsichtbar und jedem fürchterlich, der sich der schimmernden Höhle nähern mußte.

Wer nach Constantinopel kommt, umsegelt gewiß öfters die Spitze des Serails, und wenn er sich träumend verlor in die gewaltige blutige Geschichte, die hinter diesen Mauern vor sich ging, steigt gewiß der Wunsch in ihm auf, etwas Näheres über das Innere und die Einrichtung dieser geheimnißvollen Paläste und Lusthäuser zu erfahren. Doch ist es wenig Europäern gelungen, von der Seite des Meeres, wo sich die Frühlingharems, die meisten Gärten und Bäder befinden, einzudringen; denn so sehr sich auch hier schon die Zeiten geändert haben und dem Neugierigen erlaubt wird, manche Blicke in Gebäude und Verhältnisse zu thun, die früher mit dem Tode bestraft worden wären, so ist doch die Erlaubniß, das neue Serail zu sehen, sehr eingeschränkt und wird mit seltenen Ausnahmen nur der Eintritt von der Landseite gestattet, wo auch wir ohne viele Mühe bis hinter das Thor der Glückseligkeit drangen.

Daß wir bei unsern Spazierfahrten oftmals den Blick verlangend zu den hohen Mauern des Uferpalastes schickten, und Alles anwandten, die Erlaubniß zu einem Besuch zu erwirken, kann jeder denken; doch hatte man uns im Allgemeinen versichert, obgleich der Sultan augenblicklich in seinem gegenüber liegenden Palaste von Beschiktasch residire, es würde unmöglich seyn, einen Ferman zu erlangen, um diese stets verschlossenen Gärten und Gemächer auch nur flüchtig zu sehen, und schon hatten wir alle Hoffnung aufgegeben, als es durch eine sonderbare Verkettung von Umständen dem Baron und mir gelang, an einem schönen Abend und im wahren Sinn des Worts durch eine Hinterpforte in die geheimnißvollen Räume des neuen Serails zu dringen. Doch da es uns nicht vergönnt war, einen Dragoman mitzunehmen, auch unser Führer im Innern des Palasts, obgleich er sehr redselig war, nur türkisch sprach, so hätte ich wohl für meine Person die wirklich ängstlichen und gespannten Empfindungen beschreiben können, die mich ergriffen, als das Thor sich hinter uns wieder schloß und wir uns in den Gärten befanden, wo im Falle unseres Verschwindens keine Macht der Erde augenblicklich im Stande gewesen wäre, unserer Spur nachzuforschen; aber für mein Tagebuch und andere Mittheilungen hätte ich keinen Gewinn gehabt, wenn der Baron nicht den guten Gedanken hatte, einen Theil des trefflichen Werkes von Hammer über Constantinopel und den Bosporus mitzunehmen, der vor mehreren Jahren ebenfalls und bessere Gelegenheit hatte, diese Gebäude zu besehen, welches uns nun als Cicerone und vorzüglicher Erklärer diente.

Es war an einem der schönen Herbstabende, so lau und angenehm, daß man glauben möchte, im Frühling zu seyn, und doch waren wir schon im Monat November, als uns das kleine Boot quer über das goldene

Horn hinwegtrug, um die Spitze des neuen Serails herum in die Propontis. Wir flogen, ohne ein Wort zu sprechen, längs der Felsen, die das Meer bespült und auf welchen die hohen festen Gartenmauern des Serails stehen. Unser Kaikschi, ein Armenier, den wir bei unsern Fahrten oft benützt, ein redseliger Mensch, der uns stets mit einer Menge Fragen quälte, die wir ihm doch nicht beantworten konnten, sprach bei unserer heutigen Fahrt kein Wort, und als wir unter die vergitterten Fenster des ersten zum Serail gehörigen Kiosk kamen, drückte er seine Filzmütze fest auf die Stirn und bearbeitete ohne aufzusehen mit seinem Ruder die Wellen so gewaltig, daß wir einer Seemöve gleich an dem zackigen Ufer hinfuhren. - Der Abend war so schön, die Sonne warf ihre letzten Strahlen herüber, die Wellen des Marmormeers vergoldend, die vergnüglich auf- und abspielten, und die Berge Kleinasiens, vor Allen der schneebedeckte Olympos, brannten in hellem Feuer. - Jetzt waren wir am Ziele unserer Fahrt angelangt, der Kaikschi legte ein Ruder weg und trieb die Spitze des Fahrzeugs mit dem andern zwischen zwei Felsen am Ufer. Wir sprangen hinaus und mußten zurückblickend über die Angst des Armeniers lachen, über die Hast, mit der er sein Boot wieder vom Ufer entfernte, und alsdann mit noch größerer Geschwindigkeit wie früher weit in's Meer hinausfuhr, um auf einem großen Umweg den Hafen wieder zu gewinnen. In wenigen Augenblicken sahen wir seine Nußschaale in den hohen Wellen der Strömung auf- und abtanzen und bald verschwinden.

Wir traten zu einer kleinen Pforte, nicht weit von dem Kiosk Selim III., die uns auf ein gegebenes Zeichen ein Schwarzer öffnete, der dieselbe aber hinter uns wieder sorgfältig verschloß, und befanden uns in einem großen Garten voll duftender Jasmingruppen, Rosengeländer und großen Parthien schöner Platanen, die ihre dunkeln Zweige wie schützende Flügel ausstreckten und unter denen eine tiefe unheimliche Stimme brütete. Ich weiß nicht, es war ein sonderbares Gefühl, hier zu wandeln. Wie Diebe in der Nacht schlichen wir anfangs vorwärts, auf jedes fallende Blatt lauschend und beinahe über das Knistern erschreckend, das unser Fußtritt auf dem weichen Sand verursachte. Doch die Sicherheit unseres schwarzen Führers, mit der er so laut als möglich sprach und uns die Gegenstände umher erklären wollte, lösten die ängstlichen Träume, die das Andenken an die frühere fürchterliche Geschichte dieses Orts um mein Herz gelegt, und ließ uns die interessanten Sachen so genau betrachten, wie es in der Schnelligkeit, mit der wir hindurch gingen, möglich war. Der Garten, in dem wir uns befanden, der neue Garten genannt, wird durch zwei große Laubgänge in vier Theile getheilt, auf denen Gruppen, so wie Lauben von Rosen und Jasmin Schatten gegen die Sonne geben, während allerlei da angebrachte Wasserwerke, speiende

Löwen, gewöhnliche Fontainen, Sterne etc., die sich aber gerade nicht durch großen Geschmack auszeichneten, den Damen, die auf den angebrachten Steinsopha's ruhen, Erfrischung gewähren. Wir ließen uns einen Augenblick auf einen dieser Ruhesitze nieder, von dem man zwischen den Zweigen einiger Bäume eine Aussicht bis auf die hohe See hatte. Wie manche jener unglücklichen Frauen, die hier in der Gefangenschaft ihre Schönheit und Jugend verblühen sahen, hatte wohl ihre Blicke hoffend oder verzweifelnd da hinausgesandt, und sich, in die spielenden Wellen schauend, goldenen Träumen überlassen, in denen sich ihr die verschlossenen Thore des Harems öffneten und sie die erdrückenden prächtigen Gewänder zurücklassend mit Freuden in ein armseliges kleines Boot sprang, das sie ihrer Heimath zuführte, ihrer Heimath, wo sich liebende Arme, denen sie entrissen war, jauchzend zu ihrem Empfange öffneten. Wie mußten diese Träume so süß ihr Herz erfrischen und der Unglücklichen ihre Schmach vergessen machen, bis der rauhe Ruf der Wächter sie emporschreckte und sie hineintrieb in ihre vergitterten Zimmer, wo die murmelnde Fontaine ihr melancholisch andere Dinge zuflüsterte, entsetzlich blutige, die das klare Wasser mit angesehen.

Das Kiosk Selim III. liegt in diesem Garten hart am Meere und man muß von den obern Zimmern desselben eine prächtige Aussicht auf die asiatische Küste und die vorüberfahrenden Schiffe haben. Das untere Stockwerk dieses Gebäudes ist ein gewölbter Saal mit einem einfachen Springbrunnen, um den die dienenden Weiber und Mägde ruhen und sich die Zeit mit Mährchenerzählen vertreiben. Die Zimmer oben, zu der unser Führer leider keinen Schlüssel hatte, bestehen aus einem prächtigen Gartensaal, halb europäisch eingerichtet, wo sich neben den türkischen Divans große französische Spiegel befinden, und wo englische Kronleuchter das Gemach erhellen. Rechts und links von diesem Saale sind zwei Zimmer, eins für den Sultan, das andere für die jedesmalige Favorite.

Von diesem äußern Garten tritt man durch einen langen dunklen Gang, der einen Flügel des Harems durchschneidet und mit zwei eisernen Thoren verschlossen ist, in den inneren Blumengarten; der rechte Theil heißt der Cypressen- und der linke der Hyazinthen- und Tulpen-Garten. Dieser innere Blumengarten ist ein Viereck, von Gebäuden des Serails umschlossen und in einem wunderlich phantastischen Geschmacke angelegt. Die schwarzen Gestalten hochstämmiger Cypressen werden noch schärfer hervorgehoben durch den glänzenden bunten Blumenteppich, aus dem sie wachsen, indem Tulpen, Hyazinthen und Rosen, durch einander blühend, ein schönes Farbenspiel entfalten, das angenehm unterbrochen, aber nicht gestört wird durch die mit Marmor ausgelegten Fußwege und die bunte Porzellaneinfassung der verschiedenen Beete.

In seltsamen Gestalten ragen hie und da aus dem Laubwerk einzeln stehender Platanen und colossaler Rosensträuche kleine Bauwerke hervor, dünne Pfeiler, kleine Thürmchen mit glänzenden Dächern, Kamine, mit Arabesken verziert, Marmorgeländer, die Behälter voll klarem Wasser umgeben, und eine Menge anderer Spielereien um die Herumwandelnden zu erfrischen und zu zerstreuen. Wir gingen gerade durch diesen Garten und traten durch ein anderes Thor, das dem, zu welchem wir oben hereingekommen, gegenüber liegt, in einen langen schmalen Gang, der fast eine ganze Seite der Gebäude einnimmt, die um den innern Blumengarten liegen. Diese Gallerie erhält ihr Licht durch kleine runde Fenster. An den Wänden hingen verschiedene Kupferstiche; wie mir schien, waren es Pläne von Festungen oder Schlachten.

Lang und schmal, wie dieser Gang ist, möchte ich ihn die Lebensader des Serails nennen; aus ihm strömen die, freilich bösen Säfte, welche das ganze Getriebe des Haremwesens in Leben und Kraft erhalten, denn zu ebener Erde wohnen hier die Eunuchen, die barbarischen Wächter der Weiber und die privilegirten Angeber der Vergehen, die sich jene zu schulden kommen ließen oder die ihnen nur angedichtet wurden. Schrecklich wirkte die Anklage aus dem Munde eines Verschnittenen, fast gleich, ob sie die Sultanin oder die geringste Zofe traf. Aus diesem Gange treten wir links in die Gallerie der Kupferstiche und kommen aus ihr in die eigentliche Wohnung des Sultans, zuerst in den sogenannten persischen Saal der Hängeleuchter, ein wirklich heimliches reizendes Gemach. Die Divans rings an den Wänden sind mit geschnittenem Sammt überzogen und große prächtige Spiegel, einst von den Russen zum Geschenk dargebracht, bedecken die Wände. Die Fenster dieses Saales, von außen durch rankende Pflanzen und Rosengebüsche fast unsichtbar, gewähren dennoch eine reizende Aussicht auf den Blumengarten - hier möchte ich auch als Sultan ruhen, die lange Pfeife in den Händen und stundenlang gedankenlos in den Garten schauen, auf den Flor der Blumen und Mädchen meines Harems, oder mich in dem klaren Wasser spiegeln, das vor meinen Fenstern ein schönes Marmorbecken füllt. Wie oft mag der Beherrscher der Gläubigen da hinabgeschaut haben und die tanzenden Rosenblätter auf dem Wasser waren ihm seine Flotten, die er in Gedanken hinaus sandte in die Welt, um neue Länder zu erobern - bis ihn ein weißer runder Arm aus diesen Träumereien weckte, um ihn in andere süßere zu versenken. Hier dieses Wasserbecken war es vielleicht, wo Sultan Ibrahim auf seine Lieblingsweise mit seinen Weibern und Kindern scherzte, indem er sie aus dem Fenster des Gemaches entkleidet in das Marmorbecken warf und eine Zeit lang darin herumplätschern ließ, ehe er den umstehenden Sklaven den Befehl gab, sie wieder herauszufischen.

Durch ein Bad des Sultans Abdul-Hamids traten wir aus dem persischen Saal in die Bibliothek Selim III.; zwei prächtige Zimmer, ein kleineres mit Bücherschränken, nach Hammer die Handbibliothek Selims, Geschichtsschreiber und Dichter, durchgängig Prachtexemplare, durch Schöne der Schrift ausgezeichnet. Das größere hat einen ganz goldenen Plafond, von welchem Körbe mit künstlichen Vögeln herunterhängen, die dem ruhenden Gebieter etwas vorsingen. Uns mochten sie nicht für würdig halten, ihre Stimmen ertönen zu lassen und uns zu unterhalten; denn sie waren stumm wie alle diese zauberhaften Räume. An den Wänden des Gemachs hingen prachtvolle, meistens alte Waffen, reich mit Gold und Edelsteinen besetzt, Dolche, Pistolen, Säbel, Bogen und Köcher. In der Mitte auf einem prächtigen Bodenteppich stand ein großes Kohlenbecken (Mangahl). Wir sahen in diesem Privatzimmer rings auf allen Divans herum, ohne zu finden, was wir suchten; denn hier lag, wie Herr von Hammer erzählt, die große Brieftasche des Sultans, aus gelbem Leder mit Silber gestickt, eine ähnliche, wie ihm bei festlichen Gelegenheiten von einem der Kronbeamten vorgetragen wird. Jetzt war sie nicht mehr da; wahrscheinlich hat sie Sultan Abdul Medschid mit nach Beschiktasch genommen, wo er jetzt gerade wohnt; denn die Großmächte werden ihm so viel zu notiren geben, daß er vermuthlich seines ganzen Brieftaschen-Vorraths bedarf, um sich Alles gehörig zu merken.

Eine Thüre von vergoldetem Schnitzwerk führt aus dem Zimmer des Herrschers zurück in den Theil des Blumengartens, der der Hyazinthengarten heißt. Die Gärten des Serails, so wie die Privatwohnung des Sultans hatten wir nun gesehen und unser schwarzer Begleiter führte uns quer durch den Garten zu einer andern Thür, wo ich im ersten Augenblick nicht im Stande war, mich trotz der genauen Angaben Hammers zu orientiren. Wir traten in einen Gang, an dessen Ende sich ein anderes großes Thor befand, und erst, als uns der Schwarze jenes als das Top-Kapu - Kanonenthor bezeichnete, wußte ich, daß wir uns in dem Gang befanden, der das Haremlik, Wohnung der Weiber, vom Selamlik, Begrüßungsort oder Wohnung der Männer, scheidet. Zur linken Hand gingen wir eine Stiege hinauf und kamen in den großen Tanz- und Theatersaal, der durch Stufen in zwei Hälften getheilt wird, und hierdurch eine Gestalt wie unsere Theater erhält. Hier wird der Beherrscher der Gläubigen von seinen Frauen und Odalisken mit Tanz und Gesang unterhalten, die sich aber sonderbar genug im untern Theile des Saals, ich möchte ihm zum Vergleich das Parterre nennen, befinden, wogegen der Sultan oben auf der Bühne sitzt und dem Ballette zusieht. Auch befindet sich hier ein vergittertes Geländer, hinter welchem er zuweilen mit einer Favoritin verborgen ruht und sich so auf verschiedene Weise amüsirt. Der ganze Saal ist mit den prächtigsten Spiegeln von Crystall und Agat geschmückt und muß bei Lampenschimmer und Musik, so wie bei den flatternden gestickten Kleidern der üppigen Tänzerinnen einen feenhaft zauberischen Anblick gewähren. Jetzt lag der weite Saal ruhig und still, nichts regte sich, selbst unser redseliger Führer verstummte und nahte sich leise auftretend einer Thür, die der, zu welcher wir eingetreten, gegenüber lag und über welcher die Inschrift stand:

Sie werden hereintreten von allen Thüren.

denn dort fängt der Harem an, und aus dieser Pforte erscheinen die Sultaninnen mit ihrem Gefolge vor dem Herrn, bald um ihn zu erheitern, freudig und munter auf die Töne der Cither lauschend, bald um vor sein erzürntes Antlitz zu treten und dicht in ihre Schleier verhüllt, stumm und trostlos; dann unterbrechen keine Musikklänge die dumpfe Stille, ein Gewitter ist im Anzug, des Gebieters Auge schleudert Blitze und drunten donnern die Wellen des Meeres an die Mauern, als verlangten sie stürmisch ein Opfer.

Ehe wir den Harem betreten, möchte ich gern einige erklärende Worte über dieses innere Hauswesen der türkischen Herrscher vorausschicken. Der Sultan hat sieben rechtmäßige Frauen, wahrscheinlich sieben als heilige Zahl, wovon jede ihr eigenes Gemach - Oda - und so viel Zofen, dienende Weiber und Mägde hat, als der Sultan will, von denen er jede einzeln nach seinem Belieben zur Bettgenossin erklären kann. Diese dienenden Mädchen, von dem Worte Oda, die Kammer, Odaliken oder Odalisken genannt, was demnach so viel bedeutet als unser Name Frauenzimmer oder Kammermädchen, sind dazu bestimmt, ihr ganzes Leben lang niedere Dienste zu thun, wenn sie nicht das Glück haben, dem Sultan, ihrem Herrn, zu gefallen und vielleicht durch eine Schwangerschaft aus der dienenden Classe emporgehoben werden. In diesem Falle tritt die Glückliche nicht nur in den gleichen, sondern noch in einen höhern Rang als der der sieben Frauen, die dem Sultan vielleicht keinen Erben geboren haben und erhält den Namen Sultanin Chasseki; beschenkt sie ihren Herrn noch gar mit einem Prinzen, der sein Nachfolger wird, so kann sie es bis zum höchsten Range im Harem, zur Sultanin Valide, Mutter des regierenden Sultan's, bringen und beherrscht nicht selten von den Polstern ihres Gemaches den Sultan und das Land. Die andern Odalisken, denen kein solches Glück zu Theil wird, fühlen sich in der Regel in ihrer Sklaverei nicht unglücklich und die des Sultans sind wenigstens froh, diesem zu dienen und nicht vielleicht in den Harem irgend eines Paschas oder gar in das eines obersten Verschnittenen gekommen zu seyn; denn auch diese haben einen Harem, der sogar, wie ich aus einer glaubwürdigen Quelle erfuhr, öfters aus Weibern und Knaben besteht; doch versteht sich von selbst, daß dieser Harem nur zum Staate gehalten wird, wie dieses im Morgenlande von der ältesten Zeit her üblich ist. So war nach der geschichtlichen Ueberlieferung der Araber, Perser und Türken, Putifar der Oberschatzmeister des Pharao ein Eunuche, und seiner Gemahlin, Suleicha, brennende Liebe für den schönen Jussuf erscheint dadurch in milderem Lichte.*

Im Allgemeinen muß man nicht glauben, daß sich die dritte und vierte Frau eines Türken deshalb unglücklich fühle, weil sie die dritte oder vierte ist; im Gegentheil ist sie entzückt darüber, denn ein Mann, der schon drei Weiber hat und sie zur vierten nimmt, muß von ihren Reizen bezaubert seyn, und dieselben höher halten, als die seiner andern Weiber. Die liebsten Träume unserer Mädchen sind, einstens einen Mann zu bekommen und die der Türkinnen, als Frau oder Odaliske zu einem Mann zu kommen. Ländlich, sittlich. Und da letztere keine großen Ansprüche machen, warum sollten sie nicht glücklich seyn. Ein Divan, um sich darauf bequem zu legen, etwas Spielzeug wie das unserer Kinder, und sonstige Kleinigkeiten, um sich die Zeit angenehm zu vertreiben, ein Springbrunnen, dessen Plätschern sie einschläfert - Herz, was verlangst du mehr?

Aus dem Theatersaal treten wir in einen langen dunkeln Gang, und sind im eigentlichen Harem. Hier im obern Stockwerk wohnen die Frauen des Sultans in kleinen Gemächern, in denen sich Divans und Ruhebette befinden. An den Wänden sind zierlich geschnitzte Schränke von vergoldetem Holz mit kleinen Spiegeln eingelegt oder von hartem dunklem Holz mit Perlmutter verziert, in welchen die Damen ihre Schmucksachen, Kleider und das Toilettengeräth aufheben. Eine Verzierung der Wände, die man in diesen Gemächern am häufigsten antrifft, ist die Personbeschreibung des Propheten mit Perlmutterschrift, meist auf himmelblauem Grunde eingelegt. Sie ist auf jeder Wand einige Mal, so daß man sie beständig vor Augen hat. Herr von Hammer sagt hierüber: Der Text dieser Beschreibung, der auch auf den von Frauen getragenen Gürteltalismanen häufig vorkommt, vertritt hier die Stelle des gemalten Porträts, das der Islam verwehrt, und schwebt den Sultaninnen als Schönheitsideal vor, um durch die wiederholte Lesung derselben das Bild des Propheten im höchsten Glanze der Schönheit und Vollkommenheit ihrer Einbildungskraft, und durch dieselbe dem Unterpfand der Liebe in ihrem Schoose einzuprägen. Diese Inschrift vertritt also in den Gemächern schwangerer Sultaninnen die Stelle der Statuen des Apollo von Belvedere,

*Hammer, Gesch. d. o. R. V. Th.

oder der mediceischen Venus, welche zu diesem Behufe in europäischen Schlafgemächern aufgestellt seyn könnten. In Perlmutter eingelegt, hat sie die Bestimmung, die lesende Sultanin zur Perle der Mütter zu erheben, und deshalb findet sie sich hauptsächlich auch in dem Gemach der Sultanin Valide, der Mutter des regierenden Sultans, welche dem plastischen Segen derselben vielleicht die Ehre ihres gegenwärtigen Hofstaats und Ansehens verdankt.

Diese talismanische Personbeschreibung lautet folgendermaßen:

„Es ist kein Gott als Gott, und Mohamed ist Gottes Prophet; der Vortrefflichste war braun und weiß zugleich; mit langen dünnen Augenbraunen; glänzend von Angesicht; in voller Reife des männlichen Alters; dunkelaugig; von ehrwürdiger Stirne; kleinen Ohren; gebogener Nase; mit von einandergetrennten Zähnen; runden Gesichtes und Bartes; langhändig; feinfingerig; von vollkommenem Wuchse; ohne Haare auf seinem Bauche ausgenommen eine Linie von der Brust bis zum Nabel und zwischen seinen Schultern das Siegel des Prophetenthums (ein großes Muttermahl), worauf geschrieben stand: Wende Dich wohin du willst, so folgt Dir der Sieg."

Im untern Stockwerk wohnen die Odalisken oder Sklavinnen, deren Anzahl unbestimmt, aber meistens sehr groß ist, in langen großen Sälen, wo jedesmal ein paar hundert zusammen schlafen oder vielmehr zusammen eingesperrt werden; denn an beiden Seiten dieser Säle sind zwei Stiegen, die, sobald die Odalisken sich auf Befehl ihrer Aufseher zurückgezogen haben, durch große schwere Fallthüren und eiserne Riegel verschlossen werden. Diese Gemächer sind nicht sehr brillant eingerichtet, ungefähr wie die Casernenstuben bei uns. Mehrere dieser Sklavinnen haben jedesmal zusammen einen kleinen Kasten, der blau oder roth angestrichen ist. Diese Behälter, in denen sie ihre Habseligkeiten bewahren, stehen einander in zwei Reihen an den langen Wänden des Saals gegenüber und lassen in der Mitte einen Gang frei. An den Fenstern befinden sich breite Divans, auf denen stets fünfzehn bis zwanzig Odalisken zusammen schlafen.

Durch den Gang, an dem die Gemächer der Sultaninnen liegen, gehen wir zurück in den Theatersaal und auf der Stiege, wo wir hinaufgegangen, wieder hinab in den Gang am Kanonenthor, auf dessen anderer Seite wir zur ebenen Erde noch die Gemächer und Bäder der Sultanin Valide sahen, die fast ebenso eingerichtet sind, wie die Wohnungen der Sultaninnen. Dann stiegen wir noch in den obern Stock des Haremliks über der Wohnung der Sultanin Valide, wo sich die Staatsgemächer des Sultans befinden: der Thronsaal, der Audienzsaal und prächtige Bäder. Der schon stark hereinbrechende Abend erlaubte uns nicht, die Säle genauer zu besehen. Wir gingen noch durch eine schmale sehr schöne Gallerie in den sogenannten Marmorkiosk, von Sultan Selim erbaut, und ließen uns hier einen Augenblick am Fenster nieder, von wo uns die letzten Lichter des Tages noch eine prachtvolle Aussicht auf die Propontis, den Bosporos und das goldene Horn gewährten.

„Indessen war die Sonne schlafen gangen."

Die Wellen färbten sich dunkler; einzelne Kaiks zogen langsam vorüber, Handwerker und Kaufleute aus den jetzt verschlossenen Bazars nach ihren Häusern in Pera, Galata und Skutari bringend - die Abenddämmerung stritt sich noch mit den Lichtern im Leuchtthurm und hielt sie wie mit einem Nebel überzogen, den der Schein der Lampen noch nicht durchdringen konnte. Unser Führer rasselte laut mit seinen Schlüsseln, uns an den Abschied mahnend. Wir traten durch das Kanonenthor in's Freie, und fanden glücklicherweise noch einen Kaikschi, der uns übersetzend einen langen Umweg über die neue Brücke ersparte. Oefters blickten wir zurück zu den dunklen Massen der Paläste und Bäume, die uns gleich einem verschwindenden schönen Traume mit jedem Ruderschlage undeutlicher wurden und weiter zurücktraten. - Ja, es war mir wie ein Traum, denn ich hatte in den Paar Stunden so viel Schönes und Wunderbares gesehen, daß das Herz es nur wie Traumgestalten in undeutlichen Umrissen auffassen konnte, und ich fürchte, ich habe es hier so wiedergegeben.

II. Von der Landseite.

Die Erlangung eines Fermans, um in das neue Serail von der Landseite bis zum Thore der Glückseligkeit zu dringen, ist leicht. Herr von E. verschaffte ihn uns, und wir zogen am andern Morgen aus, auch dies Denkmal alter und neuer Baukunst zu besehen.

Durch eine Menge schmutziger Gassen und armseliger Stadtviertel, die wir bisher noch nicht betraten, kamen wir bei dem Portal der Aja Sophia vorbei und traten auf einen kleinen, unregelmäßigen Platz, der von dieser und den Mauern des neuen Serails umschlossen wird, den Serai Meidan. In der Mitte desselben steht eines der vielen zierlichen Brunnenhäuschen, die man überall findet, und hier quillt das beste Wasser der ganzen Stadt, weßhalb auch täglich viele silberne Flaschen voll zum Gebrauch des Großherrn davon geschöpft werden. Fast mehr als alle andere Plätze Constantinopels hat dieser eine denkwürdige Geschichte zu erzählen. Hier war früher das *Forum Constantini,* einer der größten Plätze des alten Byzanz; jetzt ist er fast ganz verschwunden, und die Häuser sind nach und nach zusammengerückt, den merkwürdigen Boden bedeckend, und haben alle Spuren der prächtigen Bauwerke und Bildsäulen verdrängt, die hier gestanden. Etwas weiter zurückgehend, kommen wir an eine kleine Fontaine, die in einem Winkel zwischen den Häusern liegt, die wir unbeachtet hätten liegen lassen, wenn uns nicht die Geschichtsschreiber von diesem armseligen Brunnen erzählt, daß hier der Mittelpunkt des Forums gewesen sei, wo sich auf einer steinernen Unterlage von sieben Stufen die große Säule erhob, die so häufig ihre Statuen wechselte. Hier stand das silberne Bild des Kaisers Theodosius; Justinian stürzte es um und stellte auf einer Porphyrsäule seine eigene Statue zu Pferde aus Erz gegossen dahin. Das Pferd hob den linken Vorderfuß, als ob es schlagen wollte; die drei andern standen auf dem Postamente. In der linken Hand trug die Statue die Erdkugel mit dem Kreuze und streckte die rechte Hand drohend und herrschend gegen Osten aus, die Herrschaft des Kaisers über das Morgenland anzudeuten. So stand diese Bildsäule noch, als Muhamed, der Eroberer, über die Leiche des letzten Constantins hinweg in die Stadt drang. Doch nicht damit zufrieden, bloß Sieger zu sein, schnitt man diesem letzten unglücklichen Kaiser das Haupt ab und Muhamed ließ es höhnend vor die Füße dieser Statue rollen; ein Hohn, dessen Tiefe nur dann ganz gefühlt werden kann, wenn man weiß, daß den östlichen Triumphatoren der Siegeswunsch zugerufen wird: „daß sie die Köpfe ihrer Feinde unter die Hufe ihrer Pferde treten sollen." So werden noch heute in Persien bei öffentlichen Einzügen der Fürsten und Statthalter Kugeln und Flaschen unter die Füße des Pferdes unter dem Zuruf: „So sollst du die Köpfe deiner Feinde zertreten!" geworfen, ebenso wie an den Thoren des neuen Serails die Köpfe der aufrührerischen Paschas zu den Füßen des einreitenden Sultan's rollen.

Zur linken Seite des Serai Meidani erheben sich die Trümmer der sogenannten Hohen Pforte, eigentlich der Palast des Großvezirs, worin die wichtigsten Angelegenheiten des Staates berathen wurden. Bei dem letzten großen Aufstand der Janitscharen und bei einer großen Feuersbrunst vor einigen Jahren ist er größtentheils zerstört worden und jetzt unbewohnbar. Von hier aus gingen die Minister der Sultane täglich zu ihrem Herrn durch das Thor der Glückseligkeit, das ihnen indeß öfters zu einem Thor des Todes wurde. So blieben z. B. die Minister Sultan Selim's kaum einen Monat im Amte, und es war damals eine bei den Türken übliche Verwünschungsformel: „Mögest Du Sultan Selims Vezier sein!" Von einem derselben, dem Großvezier Piribascha, erzählt Hammer, daß, als er eines Tags seinen gestrengen Herrn bei guter Laune fand, er es sich als eine Gnade ausbat, wenn ihn der Sultan wolle hinrichten lassen, möge er es ihm doch wenigstens einen Tag vorher sagen, damit er sein

Testament machen könne; worauf ihm Selim lachend erwiderte, offenherzig gestanden ginge er schon lange mit dem Gedanken um, ihm den Kopf abschlagen zu lassen, und er würde gern seine Bitte erfüllen, wenn er nur gleich einen Andern hätte, den er an seine Stelle setzen könnte.

Durch die kaiserliche Pforte, ein hochgewölbter Thorweg, an dem zu beiden Seiten die verdächtigen runden Steine stehen, auf denen die Köpfe der Enthaupteten zur Schau ausgestellt wurden, traten wir in den ersten Hof des Serails. Hier werden die Wachen von gewöhnlichen Thorwächtern, Kapitschi, gethan, doch haben sie nicht mehr ihr früheres Kostüm, sondern sind wie die Kawaschen der Gesandten gekleidet, im blauen Ueberrock, daß Feß auf dem Kopfe und um den Leib zwei Taschen geschnallt, in denen Pistolen stecken. In diesem ersten Hofe befindet sich links die im Jahre 1726 erbaute neue Münze, die massiv in Steinen aufgeführt wurde: aus dem von einem türkischen Geschichtsschreiber angeführten Grunde, um den anziehenden fremden Gesandten durch den Anblick dieses steinernen Gebäudes einen vortheilhaften Eindruck beizubringen. Neben der Münze ist die alte Kirche der heiligen Irene, jetzt das Zeughaus des neuen Serais. Es ist ungefähr eingerichtet wie die unsrigen, nur daß die aus Säbeln, Pistolen und Flinten zusammengestellten Pyramiden und andere Figuren sehr geschmacklos sind. Die Gänge bestehen ans Mosaikpflaster von kleinen Kieselsteinen. Einige merkwürdige alte Waffen sollen sich hier befinden, unter andern die Rüstung des sorbischen Fürsten Milosch Kobilovich, der den Sultan Murad den Großen in der Schlacht auf der Ebene von Kossova in seinem eigenen Zelte ermordete. An den Wänden hingen eine Menge sonderbarer Helme und Pickelhauben, wahrscheinlich in früherer Zeit in den Kriegen mit den Tartaren und Mongolen erbeutet. Auch zeigte man uns Harnische aus den Zeiten der Kreuzzüge, doch da es hier nicht wie bei uns in derartigen Anstalten einen Führer gab, um uns diese Sachen zu erklären, so mußten wir viele gewiß merkwürdige Stücke unbeachtet lassen. Etwas, dessen Gebrauch der uns begleitende Artillerieoffizier erklärte, waren in einem besondern Gemach aufgestellte große Schwerter, die der edle Türke mit inniger Freude herumschwang, um uns anzudeuten, daß sie zum Kopfabschlagen dienten.

Auf der rechten Seite des ersten Hofes befinden sich das Krankenhaus, die Kasernen der Baltadschi - Hausknechte des Serails - und vor diesen Gebäuden ist ein freier, mit Rasen bedeckter Platz, wo sich die Pagen des Serails am dritten Festage des Beyrams in Gegenwart des Sultans im Werfen des Dscherids üben. Nachdem wir diesen Hof durchwandert, kamen wir an ein Thor, welches in den zweiten Hof führt und das Mittelthor, auch Orta-kupa, heißt. Rechts vor dem Eingang dieses zweiten Thores ist der große berühmte Mörser, in welchem, wie die Sage erzählt, die zum Tode verurtheilten Muftis oder Rechtsgelehrten verstoßen wurden. Wenn schon das kaiserliche Thor, zu welchem wir in's Serail getreten, durch die rechts und links aufgestellten blutigen Köpfe auf den Eintretenden einen unangenehmen Eindruck machten, so nahte sich doch jeder, den seine Pflicht in diese Höfe rief, mit größerer Angst dem Mittelthore; denn unter diesem ist das Gemach des Henkers. Hier wurden die Beamten des Reichs, die Veziere und Pascha's, die sich eines Vergehens schuldig gemacht hatten, oder wenn es der bösen Laune ihres Gebieters gerade so gefiel, von den Henkersknechten ergriffen, enthauptet oder in das am Ufer des Hafens befindliche Gerichts-Kiosk gebracht, wo sie durch bereit liegende Schiffe in die Verbannung geführt wurden. Eine der Hausordnungen des Serails ist, daß jeder, selbst die höchsten Würdenträger des Reichs, so wie die fremden Gesandten und Botschafter, hier bei einem aufgerichteten Steine, der, Binek Taschi - Vortheil der Reitschule - heißt, vom Pferde steigen muß und zu Fuß in das Mittelthor gehen. Dieser Gebrauch ist wahrscheinlich deswegen hier eingeführt, damit keiner der Unglücklichen, die unbewußt des Schicksals, das ihrer harrt, in diesen Thorweg treten, beim Anblick der Henker den Versuch machen kann, sich durch die Schnelligkeit seines Pferdes zu retten.

Ein anderer unangenehmer und demüthigender Gebrauch für die fremden Gesandten war es, daß sie sich eine Zeit lang am Thore dieses Henkergemachs ohne Stuhl und Sitz aufhalten mußten.

Von dem Mittelthor gingen wir auf einem gepflasterten und mit Bäumen besetzten Wege nach dem Eingange des dritten oder innersten Hofes des Serails - Babi seadet - Thor der Glückseligkeit genannt, an dem weiße und schwarze Verschnittene die Wache halten. Diese sind noch mit dem Kastan bekleidet und haben auf dem Kopfe eine spitzige Mütze mit einem Busche von Pfauen- und andern glänzenden Federn. Auf der rechten Seite dieses zweiten Hofes sind neun verschiedene Küchen für den Sultan, die Sultanin Chasseki und Valide, den obersten schwarzen und weißen Verschnittenen, Kislar Agassi und Kapu Agassi, den Schatzmeister und Präfect des Serails. Gegenüber diesen Küchen sind die Zuckerbäcker und Sorbetbereiter des Serails. Vor diesen Küchen wurden an Audienztagen große Schüsseln mit Pillau aufgestellt, auf welchen die in dem Hofe sich befindenden Janitscharen auf ein gegebenes Zeichen beim Eintritt der fremden Gesandten rasch losstürzten, was als ein Beweis ihrer Zufriedenheit angesehen wurde. Waren diese übermüthigen Knechte jedoch mit dem Sultan selbst oder irgend einer fremden Macht unzufrieden, so blieben sie stehen und führten die Gerichte nicht an. Darauf wurden sie ausgezahlt, wobei die Schatzmeister viel mit ihren Geldsäcken klapperten, um den

Gesandten einen guten Begriff von dem Reichthum des Großherrn beizubringen. Sobald dieselben auf diese Art der Speisung und Ablöhnung beigewohnt, wurden sie bis vor das Thor der Glückseligkeit geführt und der Großvezier suchte bei dem allerhöchsten Steigbügel um die Gnade nach, „ob der fremde Gesandte, nachdem er gespeist und gekleidet worden, seine Stirne in den Staub der Füße sultanischer Majestät reiben dürfe." Die Andeutung des gespeist und gekleidet werden kommt daher, daß der Gesandte in einem Gebäude rechts am zweiten Hofe mit dem Großvezier an einem kleinen runden Tische einiges Backwerk genoß und ihm darauf, damit er würdig vor dem Auge des Sultans erscheine, ein Ehrenkaftan umgehängt wurde. Nach diesen Ceremonien öffnete sich das Thor der Glückseligkeit und der Gesandte wurde in den Audienzsaal geführt, wo zwei Kämmerer seine Arme faßten, ihm mit ihren Händen den Kopf niederdrückten und auf eine so handgreifliche Weise zu einer Verbeugung zwangen. Auch wir gelangten bis hinter das Thor der Glückseligkeit und in den Audienzsaal. Dies ist ein nicht sehr großes, mit Teppichen belegtes Gemach; seine Wände sind mit goldgestickten Stoffen bekleidet und hie und da mit Figuren, aus gefaßten Edelsteinen bestehend, verziert. Der Thron ist ein kleiner Divan, über dem vier mit Edelsteinen besetzte Säulen einen Baldachin tragen. Das Gemach hat nur ein einziges vergittertes Fenster, das kaum so viel Licht hereinläßt, um die kostbaren Stickereien der Wände und die blitzenden Juwelen zu unterscheiden.

Hinter diesem Audienzsaal fangen die Gebäude des innern Winterharems an, wohin bis jetzt außer Aerzten noch kein Europäer gedrungen ist. Auch wir mußten hier umkehren, nachdem wir noch zuvor einen neugierigen Blick aus dem Fenster dieses Saales in die daranstoßenden Gärten geworfen hatten. Doch sahen wir nichts als Gruppen von Platanen und Cypressen, unter denen die glänzenden Dächer verschiedener Kioske hervorschimmerten. Alles war da ruhig und still; nur eine kleine Fontaine, die nicht fern von uns ihr Wasser in die Höhe warf, murmelte geschwätzig und hätte uns vielleicht viel erzählen können, wenn wir ihre Sprache verstanden hätten. Das Thor der Glückseligkeit schloß sich wieder hinter uns zu, und wir gingen über beide Höfe zurück durch die kaiserliche Pforte auf den Serai Meidani, um nach Pera zurückzukehren.

Viertes Kapitel.

Schiffbruch des Dampfbootes Seri-Pervas.

Abreise von Constantinopel. - Die Stadt im Schnee. - Stürmisches Wetter. - Nebel. - Einschiffung türkischer Soldaten. - Der Seri-Pervas. - „Schiffbruch und Tod ist unser Loos." - Unglück des *Dr.* B. - Heftige Bewegungen des Schiffes. - Unser Nachtrab. - Seesturm. - Schiffbruch. - Das Verdeck. - Besuche zur Rettung. - Unglücksfälle bei derselben. - Das Dorf Armudköi. - Pillau mit Seife. - Räubereien der Türken. - Das Dampfboot Ludovico. - Rückkehr nach Constantinopel.

Je näher der Zeitpunkt heranrückte, auf den wir unsere Abreise von Constantinopel bestimmt - es war gegen Ende November - um so häufiger forschten wir bei unsern Bekannten, ob die durch den Krieg mit Mehemed Ali gestörte Communication zwischen der europäischen Türkei und Syrien nicht wieder hergestellt wäre. Obgleich wir nun von Tag zu Tag mit der Nachricht vertröstet wurden, es könne nicht mehr lange anstehen, daß die Dampfschiffe des Loyd, die früher zwischen Alexandrien, Jaffa, Beirut und Constantinopel fuhren, ihre Touren wieder beginnen würden, so war doch all unser Spähen vergebens. Es kamen und gingen wohl viele Dampfboote, aber entweder waren sie von der Donaugesellschaft und kamen von dem schwarzen Meere her, um dahin zurückzukehren, oder es erschienen englische Dampffregatten, die den Mittag einliefen, ihre Depeschen so rasch wie möglich wechselten und oft, ehe wir noch Zeit gehabt hatten, uns nach ihnen zu erkundigen, wieder nach Beirut, wo sich die Flotten befanden, zurückkehrten. Um den Weg zu Land durch Kleinasien nach Syrien zu machen, hätten wir, besonders unter den jetzigen Zeitverhältnissen, gewiß an zwei Monate gebraucht, und dazu obendrein noch einen äußerst unangenehmen und beschwerlichen Marsch gehabt.

So waren wir wirklich wegen unsers Fortkommens von Constantinopel in einiger Verlegenheit und unterhielten uns eines Abends ziemlich mißmuthig von diesen Hindernissen. Wir warteten mit dem Essen auf unsern lieben Reisegefährten, den Oberstlieutenant Philippowich, den seine Geschäfte im östreichischen Gesandtschaftshôtel heute etwas länger als gewöhnlich zurückhalten mochten, als derselbe plötzlich mit dem freudigen Ausruf in die Stube trat: „Meine Herren, es ist eine sehr günstige Gelegenheit da, um uns nach Beirut zu schaffen." Wir sprangen ihm überrascht entgegen und hörten von ihm, daß die türkische Regierung von der östreichischen Dampfschifffahrtsgesellschaft ein Boot gemiethet habe, um fünfhundert Mann türkischer Infanterie nach Beirut zu bringen.

Diese Soldaten wurden natürlich mit ihren Offizieren auf dem Verdeck placirt und für den Oberstlieutenant, so wie für den Grafen Szechenyi, der ebenfalls noch etwas von dem Feldzug in Syrien genießen wollte, hatte man die Damenkajüten bestimmt, und uns würde man, wie der Oberstlieutenant glaubte, da in den Kajüten noch Platz genug sey, die Ueberfahrt ebenfalls gerne bewilligen. Da die Abfahrt auf übermorgen Abend bestimmt war, traf der Baron am folgenden Morgen gleich alle Anstalten, um bei den betreffenden Behörden die Erlaubniß zur Mitfahrt zu erhalten, was ihm bei den vielen Bekanntschaften und Empfehlungen, die er hier hatte, nicht schwer wurde.

Jetzt wurde gepackt und unser Reisegeräthe gemustert, wobei sich vieles Schadhafte von unserer türkischen Landreise her vorfand, was noch heute reparirt werden mußte. Auch eilte jeder, noch kleine Einkäufe zu besorgen, die wir unkluger Weise bis auf den letzten Tag verschoben hatten. Während unsers ganzen Aufenthalts in Constantinopel hatten wir das herrlichste Wetter von der Welt; doch heute am 1. December änderte sich die Temperatur so bedeutend, daß der Thermometer, der sich immer zwischen fünfzehn und siebenzehn G. R. über Null gehalten hatte, in der Nacht plötzlich auf zwei G. R. unter Null herabsank. Auch hatte sich gegen Morgen ein heftiger Wind erhoben, der uns ein lustiges Schneegestöber brachte, das im Lauf des Tages Häuser und die umliegenden Berge mit einer dünnen weißen Decke überzog, für Constantinopel gewiß ein seltenes Schauspiel.

Von unserer guten Wirthin, der Madame Balbiani und ihren liebenswürdigen Kindern, die uns nicht wie Fremde, sondern wie Hausgenossen und Verwandte behandelt hatten, nahmen wir den herzlichsten Abschied und stiegen nach Top-Chana hinunter, wo das Dampfboot - es war der Seri-Pervas („Schnellläufer") in der Mitte des goldenen Horns vor Anker lag. Nie hatte ich das Wasser in dem sonst so ruhigen Hafen in solcher Aufregung gesehen, die kleineren Kaiks verließen das Ufer und bargen sich zwischen die Häuser und Schiffe; nur einige der größten waren noch da, die aber von den bewegten Wellen so in die Höhe geworfen und hin und her geschaukelt wurden, daß es uns erst nach langer Anstrengung gelang, unsere Effekten, als Koffer, Mantelsäcke etc. in zwei derselben zu bringen. Wir ruderten nach dem Schiffe und fanden draußen die Bewegung der Wellen noch ungleich stärker, als am Ufer, so daß wir trotz der hülfreichen Hand der Matrosen mehrmals von dem Schiffe zurückgeworfen wurden, ehe es uns gelang, die Kaik anzulegen und unsere Effekten hinaufziehen zu lassen. Nicht ohne Gefahr folgten wir ihnen nach, da die Boote bald tief unter der Treppe des Dampfschiffes lagen, bald von den Wellen mehre Fuß hoch hinaufgeschleudert wurden.

Das Schiff hatte eben erst seinen Kohlenvorrath eingenommen und noch keinen der Soldaten am Bord. Wir gingen auf dem Verdeck umher und sahen uns zum letzten Mal die schöne majestätische Stadt an, die wir nun wohl für immer verlassen sollten. Der Schnee, der wie mit einem weißen Schleier die Kuppeln der Kirchen bedeckte, verlieh dem ganzen Bilde einen eigenthümlichen phantastischen Reiz. Man ist so gewohnt, sich die Moscheen mit ihren schlanken Minarets, so wie die dunkeln Cypressen nur unter einem heiteren blauen Himmel im heißen Sonnenstrahle zu denken, daß diese orientalische Winterlandschaft mit den darüber hängenden dichten Schneewolken einen sonderbaren beklemmenden Eindruck auf das Herz machen mußte. Mir war, als sey die ganze Umgebung, Stadt und Hafen, viel stiller, denn sonst, als verwunderten sich neben den Türken, die wirklich erstaunt die weißen Flocken fallen sahen, selbst die leblosen Gebäude und Bäume über den kalten Schleier, der sich über sie gebreitet.

Der Capitän, Herr L., der mit großen Schritten auf dem Radkasten umherging und in das wogende Meer hinaus sah, begrüßte uns freundlich, theilte uns aber gleich seine Besorgniß mit, daß wir während der Nacht einen heftigen Sturm haben könnten. Wirklich wurde das Wetter auch von Minute zu Minute unangenehmer; das Schneegestöber mit Regen untermischt begann auf's Neue und heftiger als heute Morgen, wobei sich endlich der Nebel herabsenkte, so daß wir kaum die auf den Masten flatternden Fahnen erkennen konnten. Der Baron, so wie die östreichischen Offiziere, waren mit ihren Abschiedsbesuchen beschäftigt und noch in Pera geblieben, um eine Stunde später als wir an Bord zu gehen.

Gegen fünf Uhr lichtete der Seri-Pervas die Anker, um nach Skutari zu fahren, wo wir die türkischen Soldaten aufnehmen sollten. Das Meer warf lange flache Wellen, die das Schiff unter so starker Bewegung durchschnitt, daß ich, der ich meine erste Seereise machte, mich schon hier im Hafen kaum aufrecht erhalten konnte. Von dem asiatischen Ufer herüber drang, so oft es die heftigen Windstöße erlaubten, eine gräßliche Militärmusik in unser Ohr, deren barbarische Klänge es den armen Soldaten, die in dichten Reihen am Ufer standen, leichter machen sollte, von der Heimath, von Weib und Kind zu scheiden. Wir warfen auf's Neue Anker und die Soldaten kamen in großen Booten angefahren. Die Bekleidung dieser Leute war ziemlich gut und warm. Sie hatten dicke Tuchmäntel und über dem Feß noch eine Art Kapuze; dagegen war ihre Verproviantirung um so schlechter, indem sie für die ganze Fahrt, welche gewöhnlich sieben Tage dauert, von Seiten der

Regierung nur harten Zwieback und Oliven erhalten hatten. So oft eine Schaluppe ihre Ladung bei uns abgesetzt hatte, fingen die Türken gleich an, sich so gut wie möglich häuslich einzurichten. Anfänglich drängte Alles nach der Puppa, Hintertheil, wo der Capitän ein großes Segel hatte ausspannen lassen, als eine Art Schutzdach gegen den Schnee und den Regen. Die Leute breiteten dicht neben einander Teppiche, deren jeder einen bei sich führte, auf dem Verdecke aus, setzten sich darauf auf die untergeschlagenen Beine und begannen Tabak zu rauchen. Die ganze Einschiffung dauerte eine starke Stunde und da man statt fünfhundert, wie anfangs bestimmt war, sechshundert eingeschifft hatte, war das ganze Verdeck, trotz dem die Menschen ganz dicht gedrängt saßen oder standen, so angefüllt, daß der Capitän sich genöthigt sah, längs der einen Schiffswand Balken und Taue ziehen zu lassen, die einen Gang für die Matrosen bildeten, denen es sonst unmöglich gewesen wäre, so schnell als es der Dienst auf dem Schiffe erfordert, hin und her zu laufen.

Schon fing es an dunkel zu werden, und unsere Freunde kamen noch immer nicht; auch wurde das Schneegestöber stärker, der Wind erhob sich mehr und mehr und der Nebel war so dicht geworden, daß man von der Prouva, Vordertheil des Schiffes, kaum bis zur Puppa sehen konnte; Umstände, die unsern Capitän veranlaßten, nach einer Berathung mit seinen Offizieren einen derselben an's Land zu schicken, um bei dem Pascha, der die Einschiffung befehligt hatte, die Erlaubniß auszuwirken, wegen des ungünstigen Wetters die Abfahrt bis morgen zu verschieben. Doch umsonst. Der Pascha, ein brutaler Türke, wollte nichts von Aufschub hören und ließ dem Capitän sagen, das Schiff wäre zur Abfahrt auf heute gemiethet und er solle seine Pflicht thun.

Daß unsere Freunde noch immer nicht kamen, setzte sowohl den Capitän wie uns etwas in Verlegenheit. Ersterer ließ auf's Neue die Anker lichten und fuhr mit halber Kraft in einem großen Bogen nach Top-Chana zurück, um das Boot mit denselben, im Fall es sich in dem Nebel verirrt hätte, aufzusuchen. Auch ließ er mehrere Schüsse thun und wir standen an der Puppa und spähten umher. Endlich sahen wir ein Boot mit einer rothen Flagge gegen uns kommen, das die Wellen gewaltig auf- und abwarfen. Bald schwebte es hoch auf einer Woge, bald entschwand es uns gänzlich, und so dauerte es noch eine ziemliche Zeit, bis es anlegen konnte. Als die Freunde wohl behalten an Bord gestiegen waren, ließ der Capitän das Schiff wieder wenden, und eilte mit der vollen Kraft der Maschine in's Marmormeer hinaus. Wir aber stiegen in die Kajüte hinab, um das für uns bereitete Souper einzunehmen.

Außer den beiden östreichischen Offizieren, die ich genannt, machte nur noch ein Herr S., östreichischer Dolmetscher bei der Pforte, die Reise mit uns, so daß wir in den Kajüten Platz genug hatten; besonders da der Commandeur der türkischen Truppen beständig im Hintergrund der Kajüte auf seinem Teppich lag. Alle andere Offiziere, worunter sogar ein Oberstlieutenant und zwei Majors türkischer Währung sich befanden, waren vorne in der zweiten Kajüte.

Bei Tische erschien der Capitän, Herr L., ein sehr liebenswürdiger gebildeter Italiener, für einige Augenblicke mit einem andern Passagier, den wir bis dahin nicht bemerkt hatten. Letzterer war ein ungemein langer und magerer Mensch, seinem Titel nach Agent der Dampfschifffahrtsgesellschaft und unser N a c h t r a b e; denn jeder seiner Reden war entweder eine böse Prophezeihung für die kommende Nacht, oder eine Erzählung über die schlechte Disciplin der türkischen Truppen. So sagte er unter Anderem: man habe für den Truppentransport diesmal ein Dampfboot gewählt, weil schon zweimal der Fall vorgekommen sey, daß die auf gleiche Art an Bord eines Segelschiffs gewesene Mannschaft sich empört, den Capitän gezwungen habe, sie wieder an's Land zu setzen und alsdann desertirt sey; Thatsachen, die wir später bestätigen hörten. Bei einem Dampfboot aber, setzte er hinzu, sey dergleichen nicht zu befürchten, indem ihre Scheu vor der Maschine sehr groß wäre und sie den Capitän, der diese zu leiten wisse, beinahe für ein übernatürliches Wesen ansähen. Daß es eine ziemlich zügellose und wilde Bande sey, die über unsern Köpfen lagerte, hatten wir schon heute Abend hinreichend Gelegenheit zu erfahren; denn einige attakirten den Kellner, oder vielmehr die Suppenschüssel, die dieser auf unsern Tisch brachte; eine Frechheit, bei der schon Vermuthungen aufstiegen, was es wohl geben könnte, wenn uns mit diesen sechshundert Menschen an Bord irgend ein Unglück zustieße.

Während dem Essen wurde das Schwanken des Schiffes so stark, daß einige Mal die Gläser und Flaschen über einander fielen. Für Einige von uns, worunter auch ich, die zum ersten Mal eine Seereise machten, war dies Wetter sehr geeignet, die fast unvermeidliche Seekrankheit schnell und stark herbeizuführen. Sogar die, welche schon das Meer kannten, machten die ungewöhnlichen Stöße unwohl, und es war komisch zu sehen, wie einer nach dem Andern aufstand und sich an den Wänden festhaltend, um nicht hinzustürzen, sein Bett suchte. Ich für meine Person hatte das ungewöhnliche Glück, in Gesellschaft des Oberstlieutenant Philippowich, und des Grafen Szechenyi, ohne unwohl zu werden, bis zu Ende dem Souper tapfer zusprechen zu können, obgleich zuweilen Stöße kamen, die unsere Stühle zwei bis drei Fuß vom Tische entfernten. Gegen zehn Uhr stieg ich noch einmal auf's Verdeck, um mich umzusehen; doch verhinderte die ungewöhnliche Finsterniß der Nacht jede Aussicht. Das Schneegestöber, mit Regen untermischt, hatte sich verstärkt und wüthete unter den Soldaten, die ohne Dach - das ausgespannte Segel hatte man, da der Wind zu heftig wurde, wegnehmen müssen - auf dem Verdeck dem ganzen Unwetter Preis gegeben waren. Viele dieser armen Menschen waren in die Magazine gekrochen, andere saßen und lagen auf den Treppen herum und überall, wo sie nur das geringste Obdach fanden. Trotz dem war das Verdeck noch so überfüllt, daß die Matrosen und Steuerleute kaum ihre Arbeit verrichten konnten, und sie hatten heute Nacht alle Hände voll zu thun. Der Nordwestwind, der uns stark in die rechte Seite blies, so daß das Schiff mit aller Kraft der Maschine seinen Cours kaum halten konnte, wurde von Minute zu Minute heftiger. Auch wogte das Meer immer stärker auf und spritzte leichte Wellen auf's Verdeck, weshalb ich mich so rasch wie möglich wieder in die Kajüte zurückzog.

Zum Schlafen hatten wir die Damenzimmer eingenommen, die aus zwei Kabinetten bestanden, das eine mit sechs, das andere mit vier Betten. Außerdem waren zu beiden Seiten der großen Kajüte noch acht Zimmerchen, jedes mit zwei Betten, woraus man ungefähr auf die Größe dieses schönen Schiffes schließen kann. In allen seinen Theilen war es auf das Eleganteste eingerichtet; doch konnte der Sachverständige einen großen Fehler an ihm entdecken, nämlich den, daß die Maschinen von hundertundzwanzig Pferdekraft viel zu schwach waren für den großen Körper des Bootes. Schon bei Uebernahme des Schiffes im vorigen Jahre - es war erst gegen Ende 1839 in Triest vom Stapel gelaufen - hatte unser jetziger Capitän der Dampfschifffahrtsgesellschaft dies Mißverhältniß zwischen Maschine und Fahrzeug auseinander gesetzt, um sich gegen alle Folgen zu verwahren, zugleich erklärte er, bei seiner jetzigen Construction sey er überzeugt, daß sich das Schiff bei einem starken Sturm nicht gegen Wind und Wellen erhalten könne. Diese kleinen Details gab uns der Nachtrabe mit zu Bette und verließ uns mit einem bedenklichen: *Nous verrons, nous verrons!*

Alles lag schon in den Betten, außer dem Grafen Szechenyi und mir. Ich weiß nicht, ich konnte mich nicht dazu entschließen, in den niedrigen Kasten zu kriechen. Wir saßen auf einem der Sophas in der Damenkajüte und sangen allerlei Lieder, unter andern den Refrain aus dem Liede des Zampa, worauf wir sonderbarer Weise immer wieder zurückkamen und der lautet:

„Schiffbruch und Tod - ist unser Loos."

und trieben das so lange, bis uns die Andern aus ihren Betten heraus ernstlich ermahnten, mit unsern für die jetzigen Verhältnisse wirklich gottlosen Liedern einzuhalten und den Teufel nicht an die Wand zu malen. Und wirklich war unser Gesang eine böse Vorahnung, für den armen Szechenyi in doppelter

Hinsicht; denn nachdem ihn das Meer verschont und er später wieder glücklich Constantinopel erreicht hatte, führte ihn sein Geschick nach Damaskus, wo er an der Pest starb.

Unterdessen begab ich mich, nicht ohne viele Mühe, in mein niederes Bett, wobei ich so wenig wie die Andern, an irgend ein Unglück dachte, daß wir uns ganz wie zu Hause ausgezogen hatten, auch heiter und guter Dinge waren. An Schlafen war freilich nicht zu denken, vielmehr mußte man sich mit beiden Händen festhalten, um von den starken Stößen nicht aus dem Bette geschleudert zu werden. Dabei fing das Schiff an, sich auf eine wirklich beunruhigende Art zu bewegen und ganz entsetzlich zu krachen. Bald war die Seite, auf der wir lagen, hoch in der Luft und wir sahen förmlich auf unsere Gefährten hinab, bald stiegen diese und wir befürchteten nur, wenn sie so über uns schwebten, es möge einer aus seinem Bette fallen, der dann wahrscheinlich ohne Gnade auf uns gestürzt wäre. Je heftiger diese Schwankungen des Schiffes wurden, je stärker wurde das betäubende Getöse und schnitt uns die Worte vom Munde ab. Die Bretter und Balken, aus denen das Schiff gebaut war, dehnten und bewegten sich knarrend und stöhnend. Kein Stück des Schiffes, kein Tau, kein Holz, kein Metall schwieg, jedes gab seinen Ton des Schmerzes von sich; draußen schlugen die Wellen mit einem unglaublichen Gepolter an die Seiten des Schiffes. Neben diesem furchtbaren Ernst, den Meer und Wind zu machen schienen, fehlte es unserer Kajüte nicht an komischen Scenen, die Lachen erregen mußten. So öffnete eine Woge die kleine Lucke über dem Bette des Oberstlieutenant Philippowich und goß einen phosphorisch leuchtenden Wasserstrahl hinein, und als er aufsprang, um sein Lager von Neuem zu ordnen, ließ er bei dieser Beschäftigung sein Bett mit den Händen los und rutschte unaufhaltsam bis an die andere Seite des Zimmers. Lange brauchte er dazu, um sein Lager wieder zu erreichen, und so oft er einige Schritte vorwärts gethan hatte, warf ihn ein neuer Stoß des Schiffes wieder zurück. Auch konnte ihm Niemand von uns helfen; denn so wie einer seine Bettwände losgelassen hätte, würde es ihm ebenso ergangen seyn.

Viel schlimmer noch aber erging es unserm kleinen Doctor B. Ein natürliches Bedürfniß, gegen das er lange angekämpft hatte, zwang ihn endlich, sein Bett zu verlassen und ein kleines Gemach zu besuchen, das sich neben unserer Kajüte befand. Nicht ohne große Mühe öffnete er die Thüre desselben, die ein neuer Stoß des Schiffes hinter ihm dergestalt wieder in's Schloß warf, daß beide Klinken davon flogen. Jetzt hörten wir lange Zeit nichts von ihm; doch glaubte jeder, er liege wieder in seinem Bett. Plötzlich schrie uns der Oberstlieutenant mit aller Kraft seiner Stimme zu: er höre neben sich etwas klopfen, könne jedoch nicht begreifen, was es sey. Jetzt fiel mir auf einmal unser Doctor bei. Ich rief seinen Namen, und als ich keine Antwort bekam, sprang ich aus dem Bette und lavirte nach der Gegend hin, wo jene kleine Thüre war. Sie war fest verschlossen und wirklich hörte ich hinter derselben die klägliche Stimme unseres Freundes, mehrere Male ließ ich mich nun mit dem Rücken gegen die Thüre fallen, bis sie endlich zusammenbrach und ich so den armen Doctor aus seinem Gefängniß erlöste. Ihm war es indessen sehr schlecht ergangen. Die beständigen Bewegungen des Schiffes hatten ihn in dem kleinen Gemache wie eine Erbse in der Schote herumgeschüttelt und am ganzen Körper braun und blau zerschlagen. Obendrein hatte das Wasser an der Einrichtung dieses geheimen Gemachs etwas zerbrochen und jede Welle führte einen Strom Wasser hinein, der sich an der Decke brach und dann auf den Unglücklichen herabfiel.

Ein Beamter in Constantinopel hatte uns gesagt: Wenn Sie einstens einen Seesturm erleben sollten, kann es Ihnen ein Zeichen seyn, daß er heftig wird, sobald die Stühle in der Kajüte umherspazieren; und ich dachte jetzt lebhaft an seine Worte; denn nicht nur die Stühle, sondern auch unsere sehr schweren Koffer wanderten förmlich auf und ab. Ich lag in meinem Bette auf dem Rücken, und jede Schwankung des Schiffes legte mich so stark auf die Seite, daß ich mich gegenstemmen mußte, um nicht auf das Gesicht zu fallen. Dabei waren diese Bewegungen äußerst langsam und schwerfällig; das Boot legte sich, wie schon gesagt, ganz auf die Seite und blieb einige Secunden so, dann hob es sich als wie mit vieler Mühe wieder auf. Neben dem großen Spektakel, den Wände und Geräthe in unserer Kajüte verursachten, war das Gerassel und Gepolter auf dem Decke noch ungleich toller. Zwei Kanonen hatten sich losgemacht und rollten oben auf und ab, bis sie die Brustwehr durchstoßen hatten und in's Meer gefallen waren. Dabei schrien und heulten die Soldaten oben wild durch einander; es war eine schreckliche Nacht.

Von Zeit zu Zeit erschien unser Nachtrabe und brachte schlimme Nachrichten von oben. Gegen zwölf Uhr verkündigte er uns, die Maschine, welche bei gutem Wetter zweiundzwanzig bis dreiundzwanzig Rotationen in der Minute machte, brächte jetzt kaum drei bis vier zu Stande und könne das Schiff nicht mehr gegen den mächtigen Nordwestwind halten, und obgleich unser Cours beinahe ganz West sey, würden wir doch allen Bemühungen mit Segeln und Steuer zum Trotz ganz südöstlich getrieben. Hätte uns einer der Schiffsoffiziere diese Nachricht gebracht, so wären wir vielleicht aufgestanden und hätten uns angekleidet, um bei einem etwaigen Unglück gleich bei der Hand zu seyn. Doch da uns jener stets mit bösen Prophezeihungen heimgesucht, blieben wir ruhig liegen, hörten aber doch mit wachsender Unruhe den immer mehr zunehmenden Sturm, so wie das stets heftiger werdende Tosen und Klopfen der Wellen gegen die Schiffswände. Plötzlich schmetterte die hängende Lampe so gegen die Decke des Zimmers, daß sie in kleinen Stücken herabfiel und wir im Dunkeln waren. Ich sprang aus dem Bette, und war kaum im Stande, zur Thüre zu kommen, um zu sehen, ob es möglich sey, ein anderes Licht zu erlangen; doch konnte ich nicht hinaus, indem die Treppe zu unserer Kajüte, so wie der ganze Gang mit türkischen Soldaten bedeckt war. Auch drang mir ein so unangenehmer Geruch entgegen, daß ich wieder zurücktrat und mein Bett suchte. Jetzt aber ward unsere Lage wirklich auf's Aeußerste unangenehm und beunruhigend. Um uns die dickste Finsterniß, während wir auf eine nicht zu beschreibende Art zusammengeschüttelt wurden. Der Tisch in der Mitte unseres Zimmers brach und stürzte um, die Wandgetäfel fielen herab, und der künstlich zusammengefügte Boden war aus einander gegangen, so daß man sich bei dem Gehen sehr in Acht nehmen mußte, um nicht in die entstandenen Oeffnungen zu treten und den Fuß zu brechen. Ueber uns vermehrte sich das Poltern der Soldaten und wir hörten ein Getöse, wie von schweren Ketten, die hin und her geschleudert wurden. Dazwischen das Rufen und Wehklagen jener Menschen, die gewiß von Sturm und Regen gewaltig litten, und dennoch im Fall eines Unglücks besser daran waren, als wir, indem sie sich wenigstens nach Außen regen konnten, während wir so gut wie eingeschlossen waren; ein Gedanke, der für mich diese Nacht der schrecklichste war. Ging das Schiff unter, so konnten wir nicht einmal einen Versuch machen, uns zu retten, und mußten wie in einem Sacke eingeschlossen elend ertrinken. Der Plafond unserer Kajüte mußte auch gelitten haben, denn zuweilen drang Wasser von oben herein. Ich für meine Person spürte sehr gut die großen dicken Tropfen, die mir auf meine rechte Hand und den Arm fielen und mich auf dieser Seite in kurzer Zeit durchnäßten. Doch lag ich ganz ruhig und lauschte nur auf das Rauschen der Maschine, das ich von Zeit zu Zeit, doch sehr undeutlich hörte, indem ich bei mir dachte, so lange die Räder gehen, ist dem Schiffe nichts zugestoßen und treibt es noch auf hoher See umher. Man konnte sehr gut hören, wenn der Andrang der Wellen die Räder für eine Minute oder länger gänzlich hemmte; dann wurde das Ventil an der Maschine eröffnet oder öffnete sich von selbst und der Dampf fuhr laut pfeifend mit einer Gewalt hinaus, was man trotz des Sturmes deutlich hören konnte.

Dies dauerte ungefähr bis vier Uhr Morgens. Da glaubten wir Alle, die Gewalt des Sturmes habe sich gelegt und jede Gefahr sey vorüber, denn die Schwankungen des Schiffs waren weniger heftig und die Wellen lärmten nicht mehr so gewaltig wie früher; doch nur einige Augenblicke täuschte uns diese Hoffnung - ein fürchterlicher Stoß von entsetzlichem Krachen des Schiffes begleitet, erschütterte das ganze Gebäude und warf uns in den Betten hoch empor. Der Baron war der Erste, der auf den Boden sprang und mit den Worten: Wir sind gescheitert! das aussprach, was wir kaum zu denken wagten. Vergeblich horchte ich auf das Brausen der Räder, ich hörte nichts als das Heulen des Sturmes. Das Stoßen des Schiffes hatte eine ganz andere Gestalt angenommen; es war nicht mehr das Gefühl, von den Wellen hin und her geschaukelt zu werden, sondern wir fühlten, daß das Boot fest saß und von der Gewalt des Sturmes rechts und links gegen Steine oder Felsen geworfen wurde. Wie wir nun in den ersten Augenblicken rathlos und thatlos dastanden, erschallte die Stimme des langen Agenten durch den Lärmen, der uns durch die Thür zurief: *„Messieurs, nous avons échoué au milieu de la mer."* Keiner konnte, ohne sich anzuhalten, aufrecht stehen bleiben. Was war zu thun? Jeder wollte sich natürlich so schnell wie möglich ankleiden, um auf das Verdeck zu kommen, weil, wenn das Schiff einen bedeutenden Leck erhalten hatte, oder von der Macht der Wellen zertrümmert worden wäre, man seine Rettung nur vom Verdeck aus hätte suchen können.

Das Erste, was wir thaten, war, zur Thür hinauszudringen und uns Licht zu verschaffen. Doch war das wegen der davor liegenden Soldaten keine Kleinigkeit; besonders jetzt, wo auch sie wußten, daß uns irgend ein Unglück betroffen. Der Oberstlieutenant war der Erste, der unter sie trat, um draußen nach dem Kellner des Schiffs zu rufen. Die Türken umringten ihn augenblicklich und faßten seine Arme und Beine, wobei sie ihm in ihrer Todesangst zuriefen: E f f e n d u m, S a a l a m w a r? - Herr, ist noch Rettung? Er beschwichtigte sie so gut wie möglich, und vermochte sie, sich von unserer Thür zu entfernen und den Kellner hineinzulassen, der endlich mit zwei Wachskerzen erschien.

Nun galt es, aus dem Chaos von Kleidern, Stiefeln, Koffern und sonstigen Sachen das Seinige herauszufinden. Es war eine vollkommene Fischerei, denn wenn man z.B. glaubte, einen Stiefel zu haben, schleuderte ihn ein neuer Stoß des Schiffes in eine andere Ecke. Jeder zog in der Eile an, was er gerade fand, wodurch wir, da unsere Gesellschaft aus sehr großen und kleinen Leuten bestand, auf das Sonderbarste costumirt wurden. Wir versuchten, auf das Verdeck zu kommen und zu sehen, wo wir seyen und was eigentlich mit dem Schiffe vorgegangen; aber die Türken drängten sich dergestalt auf Treppen und Gängen, daß es nur dem Oberstlieutenant und dem Grafen Szechenyi gelang, hinaufzudringen. Doch konnten sie nicht gleich zur Thür des Kajütenhäuschens hinaus, indem eine der schweren Ketten, die den Schornstein der Maschine hielten, zerrissen war und hin und her geschleudert wurde. Beide mußten deshalb den Augenblick abwarten, wo sie längs der Thür flog und dann hinausspringen. Es war dieselbe Kette, die ich in der Nacht hatte klirren hören und die, wie wir später hörten, sechs Soldaten in der Dunkelheit über Bord gerissen hatte. Natürlich waren die Unglücklichen spurlos verschwunden.

Unsere beiden Gefährten kamen nach einigen Minuten zurück und berichteten uns, das Schiff sey allerdings gescheitert, doch wo wisse man noch nicht. Man hoffe jedoch nicht weit vom Lande. Nach einer Viertelstunde kam der Agent und sagte: der Capitän glaube in der Bucht von Mudania zu seyn und da es zu vermuthen stünde, daß die heftigen Wellen das Schiff, welches zwischen großen Steinen fest sitze, in Kurzem zerschmettern, so mache er Anstalten, die Mannschaft auszuschiffen.

Wir kleideten uns etwas sorgfältiger und betraten alle das Verdeck, um selbst zu sehen, was für unsere Rettung zu thun sey.

Welch einen Anblick bot das Schiff! Ungefähr hundert fünfzig Schritt von einem schneebedeckten Ufer hing es zwischen Felsen und haushohe Wellen warfen es von einer Seite zur andern. Doch nur die Spitze des Schiffes lag fest, das Hintertheil dagegen, tief im Wasser, wurde von der Gewalt der andringenden Wellen oft hoch in die Höhe gehoben. Dann fiel es wieder in's Wasser zurück und drohte durch dieses immerwährende Aufprellen in der Mitte von einander zu brechen. Jede Planke, jedes Holz ächzte, die Taue der Masten, von denen einer zerbrochen war und das Schiff mit Segeln und Tauwerken bedeckte, pfiffen durch die Luft und Niemand konnte aufrecht stehen bleiben. Dabei das dichteste Schneegestöber, das uns im Verein mit den ungeheuern Spritzwellen, die jeden Augenblick über das Verdeck rollten, in wenigen Minuten durchnäßt hatte und ganze Klumpen Eis des auf dem Meer zusammengeballten Schnees über uns warf. Nie hab' ich später ähnliche Wellen gesehen. Donnernd brachen sie sich an den Wänden des Schiffs und fuhren daran empor, nicht selten über dem Schornstein zusammenfallend.

Die Soldaten, um sich aufrecht zu erhalten, hingen an der rechten Seite des Schiffes in dichten Reihen an einander. Die ersten hatten das Geländer und die Taue erfaßt, und die folgenden hielten sich an diesen. Doch kam dann und wann ein Stoß, der diese Menschenkette aus einander riß und einen Theil der Soldaten mit unglaublicher Gewalt gegen die andere Flanke warf, wo sie sich dann mit erstarrten Händen und klappernd vor Frost wieder fest zu halten suchten. Das Verdeck war ganz bedeckt mit Waffen, Kochgefäßen und irdenen Geschirren, aufgeweichtem Zwieback und verschiedenen Sachen der Soldaten, als Pfeifen, Teppiche etc. Die Wellen stürmten mit gleicher Heftigkeit noch immer gegen die linke Seite des Boots. Von Weitem sah man sie heranrollen, langen Reihen schwarzer Pferde gleich, auf denen der weiße Schaum colossale Reiter bildete, die einen Chock auf unser Schiff machten. Immer größer wurden sie und immer lauter das Getöse, mit welchem sie näher kamen.

Ehe der Capitän Anstalten zu unserer Rettung traf, hatten sich fünf türkische Soldaten auf eigene Faust, aber auf eine sehr verwegene Art vom Schiffe entfernt. Sie sprangen in eines der Boote, die an der Seite des Schiffes hingen, zogen ihre Messer, schnitten zugleich die vier Taue, die es hielten, ab, und ließen sich in das brausende Meer fallen. Eine Zeit lang glaubten wir sie wirklich verloren; denn die Wellen rissen sie im Kreise herum und drohten, das kleine Boot umzuschlagen. Bald jedoch warfen sie es nach dem Ufer zu, die Soldaten sprangen heraus und liefen, ohne sich weiter um uns und das Schiff zu bekümmern, schleunigst davon.

Nach langen Berathschlagungen, wie es möglich sey, ein Tau an's Ufer zu befestigen und so eine Art von Brücke zu bilden, wagte einer der Matrosen sein Leben, um diesen Plan auszuführen. Er band sich einen dünnen Strick, der einige hundert Schritte lang war, um den Leib, und sprang vom Boogspriet aus in's Meer. Nicht ohne Beklemmung und Angst sahen wir ihm zu, sahen, wie die Wellen ihn zuerst herumdrehten, und es lange dauerte, bis er seine Hände und Füße gebrauchen konnte, um vorwärts zu schwimmen. Kräftig und gewandt arbeitete er sich bis auf vielleicht fünfzig Schritte vom Ufer, wo ihn die Brandung auf's Neue erfaßte und wir ihn und uns mit verloren glaubten. Mehrmals warfen ihn die Wellen bald zurück, bald gegen die Felsen des Ufers, so daß wir glaubten, die Rippen müssen ihm zerbrechen. Endlich faßte ihn eine größere Welle und führte ihn hoch auf den Strand, wo er gewiß eine Viertelstunde wie todt liegen blieb. Mit welchen Gefühlen wir dies Alles vom Schiffe aus ansahen, kann sich jeder leicht vorstellen. Schon war es sehr schwer geworden, einen der Matrosen zu diesem ersten Versuche zu bewegen und den Verunglückten vor Augen würde kein Zweiter denselben Weg gemacht haben. Glücklicher Weise aber war er nicht todt, sondern fing langsam an, sich zu bewegen. Doch dauerte es noch einige Minuten, ehe er seine ganze Besinnung wieder hatte und wußte, wo er sich befand. Dann stand er auf, zog den Strick nach sich, an welchen man unterdessen ein dickeres Tau gebunden hatte, befestigte dies an zwei Olivenbäume, die glücklicher Weise am Ufer standen, und bildete so eine, wenn gleich unsichere Verbindung mit dem Lande. Die Mitte dieses langen Taues hing durch seine eigene Schwere tiefer als die beiden Enden und die vom Ufer abprallenden Wellen schlugen hoch über dieselbe zusammen; ein Umstand, der das Hinüberklettern noch mehr erschwerte.

Obgleich ein zweiter Matrose auf diesem Taue glücklich an's Ufer kam, wollte doch keiner der Türken zuerst den gefährlichen Weg versuchen. Wir drängten uns durch die Massen der Soldaten bis vornen zum Boogspriet und nahmen die stark schwankende Brücke in Augenschein. Der Oberstlieutenant war der Erste, der sich hinaufwagte und mit Lebensgefahr hinüber kam. In der Nähe des Ufers, vielleicht betäubt von den über ihn stürzenden Wogen, ließ er das Tau zu früh los und würde wahrscheinlicher Weise ertrunken seyn, wenn nicht die beiden Matrosen ihm entgegen gesprungen wären und ihn herausgezogen hätten. Der Zweite war unser Baron, der, ungemein geschickt in allen gymnastischen Uebungen, äußerst schnell und glücklich hinüber kam. Dann folgte der Graf Szechenyi, der ebenfalls das Land glücklich erreichte, und nach diesem wollte ich mein Heil versuchen. Schon stand ich oben auf einem Anker, wo das Tau angebunden war, und wollte mich eben hinablassen, als ich mich von mehreren Seiten und unter wildem Geschrei von den Türken angefaßt fühlte. Da ich nicht wußte, was sie wollten, versuchte ich es, meine Arme los zu machen und zog eine Pistole aus dem Gürtel, nicht um auf die Türken zu schießen, da sie ganz naß war, sondern nur um ihnen auf die Köpfe und Hände zu klopfen, damit sie mich loslassen sollten. Doch wurde das Geschrei hierdurch noch größer und nach ihren wilden Blicken konnte ich fürchten, sie würden mich ohne Weiteres in's Meer werfen. Auch riefen mir ein Paar von den Matrosen auf Italienisch zu, ich möchte ja meine Pistole einstecken, was ich that. Hierauf rissen mich die Türken gleich von meinem Anker herunter und mehrere gaben mir durch Worte und Pantomimen zu verstehen, sie wollten nun zuerst hinüber und wir Giaurs könnten warten, bis sie gerettet seyen. Wir seyen ohnedies Schuld daran, daß sie in den Krieg müßten. Was war zu thun? Mit dieser zügellosen Bande, die durch das Unglück der vergangenen Nacht, durch Sturm und Unwetter noch mehr aufgereizt war, ließ sich nicht spassen. Wir zogen uns also mit den Matrosen auf das Hintertheil des Schiffes zurück und ließen die Soldaten ihr Heil versuchen.

Eben so rathlos wie wir auf dem Verdecke standen, waren unsere Freunde am Lande. Die ganze Gegend war fußhoch mit Schnee bedeckt und zeigte kein Haus, keinen Weg noch Steg. Der Baron zeigte uns vom Ufer her durch Pantomimen an, sie wollten den Strand entlang gehen, um zu sehen, ob nicht ein Dorf oder sonst menschliche Wohnungen in der Nähe seyen.

Unterdessen begannen die Soldaten nicht zu ihrem Heil die Rutschparthie nach dem Lande zu. Als sie gesehen, daß unsere drei Freunde so glücklich hinüber gekommen waren, glaubten sie, die Sache sey nicht schwer und fingen an, es nachzumachen. Einige kletterten an das Tau und rutschten hinab, doch als es, um an's Ufer zu gelangen, galt, wieder in die Höhe zu klettern, verließ die Meisten Kraft und Muth. Sie ließen die Beine los und hingen nun mit ausgestreckten Armen, jämmerlich um Hülfe rufend, über den tobenden Wellen, die von Zeit zu Zeit hoch über ihren Köpfen zusammen schlugen; ein gräßlicher Anblick. Viele wurden von den schon am Ufer befindlichen Matrosen gerettet, mehrere aber ertranken vor unsern Augen, indem das tückische Meer sie keine zehn Schritte vom Lande lange herumrollte und endlich als Leiche auf den Strand warf.

Nach Verlauf einer starken halben Stunde kamen unsere Freunde zurück, zeigten uns an, sie haben nichts gefunden und wollten jetzt ihr Heil in der entgegengesetzten Richtung versuchen. Wenn sie im Verlauf einer Stunde nicht zurück wären, sollten wir ohne Weiteres ihren Fußtapfen, die wir im Schnee leicht sehen könnten, folgen. Es kostete viele Mühe, ehe wir uns durch Zeichen und einzelne Worte auf diese Art verabreden konnten.

Sehr langsam ging während dieser Zeit die Ausschiffung von Statten, und da uns, wie oben schon erzählt, die Türken nicht an das Tau kommen ließen, so gingen wir in die Kajüte zurück, um ruhig die Zeit abzuwarten. Doch kann sich hier Niemand unsere Lage denken. Durchnäßt waren wir bis auf die Haut und das Schiff wurde bei jedem Wellenschlage so erschüttert, daß ich mich unter eins der Betten klemmte, um nicht jede Minute hin und her geschleudert zu werden. Die Thüren sprangen von selbst auf und zu, die Schellen in den Zimmern klingelten, als würden sie mit Macht gezogen und in Wände und Fußböden rissen große Spalten. Tische, Stühle und unsere Effecten lagen, einen unordentlichen Haufen bildend, zertrümmert durch einander.

Nach Verlauf einer Stunde ging ich wieder hinauf, um zu sehen, ob noch viele Soldaten droben seyen. Es waren wenigstens noch zwei bis dreihundert auf dem Verdeck. Auch hatte sich das Schiff mit der Spitze etwas dem Lande genähert und das Tau hing fast ganz im Wasser, konnte auch nicht wieder straffer gespannt werden, da die Schiffswinden zerbrochen waren. Jetzt war das Hinüberklettern noch gefährlicher geworden, weshalb der Capitän den großen Mast hatte kappen lassen und zur Seite in's Meer stellen, so eine neue Brücke zur Rettung bildend. Der Mast ging vielleicht bis auf achtzig Schritt vom Schiffe, und die Türken setzten sich rittlings darauf und rutschten hinab. Unten mußten sie dann warten, bis die in's Meer zurückkehrenden Wellen die Felsen ein wenig entblößten. In diesem Augenblick sprangen die Leute in's Wasser, das ihnen nur bis zur Brust ging und mußten dann so schnell wie möglich eilen, das Ufer zu gewinnen.

Nie hab' ich Menschen gesehen, die mehr den Kopf verloren hatten, als diese Türken. Einige hielten schon in der Mitte des Mastes an und sprangen trotz allen Zurufungen in die Wellen, die sie dann sogleich mit fort nahmen. Andere ließen den Baum in dem Augenblick los, wo die Brandung wieder kehrte, wurden von ihr erfaßt und ertranken. In Allem mochten etliche zwanzig Menschen ertrunken seyn.

Gegen vier Uhr Abends war endlich die Zahl der sich noch am Bord befindlichen Soldaten so gering, daß wir Europäer allenfalls mit Gewalt zum Maste durchdringen konnten. Das Einzige, was ich von unsern Effecten mitnahm, war der Nachtsack des Baron, der die ganze Reisekasse enthielt. Zerschellte auch das Schiff während der Nacht, so waren wir doch wenigstens mit Geld versehen. Wir bestiegen nun den Mastbaum und sahen, daß das Hinabrutschen hier eben so unangenehm und gefährlich war, wie früher an dem Tau. Die Bewegung des Schiffes war so stark, daß ich, schon ungefähr drei Fuß tief hinabgeklettert, von einem starken Stoß wieder an zwei Fuß über das Verdeck gehoben wurde. Unten angekommen, galt es, genau den Augenblick abzupassen, wo man sich loslassen mußte, um nicht in's Meer gerissen zu werden. Doch kamen wir Alle, freilich von Neuem durchnäßt, mit dem Geldsack am Ufer an.

Da standen wir nun an dem kahlen Ufer, durchnäßt, hungrig und halb erfroren. Vor uns lag das schöne Schiff auf spitzigen Felsen wie eine zerbrochene Nußschaale und die gierigen Wellen leckten über das ganze Verdeck und suchten überall in die Luken und Fenster zu dringen. Es kam mir vor, wie der Leichnam eines riesigen Thiers, das gestern noch munter sein Element, das Wasser, durchschnitt. Jetzt liegt es todt am Strande, sein Athem braust nicht mehr stolz in die Lüfte hinauf, und seine Glieder, die Räder, sind unbrauchbar geworden und zerbrochen.

Das ganze Meer, so wie der Himmel, war in ein schmutziges Gelb gekleidet und lange Nebelstreifen zogen über die Wellen und das Schiff, - traurige Bahrtücher, die uns gestern Abend schon warnend erschienen waren. Am Ufer um uns her lagen viele Leichen der Soldaten, die heute umgekommen waren; einige wurden von ihren Freunden und Bekannten eingescharrt, Andere blieben liegen, halb vom Seewasser bespült, und es fand sich Niemand, der ihnen den letzten Liebesdienst erzeigte.

Die Richtung, in der unsere Freunde gegangen und nicht wieder zurückgekehrt waren, schlugen auch die meisten Soldaten, so wie sie den Boden betraten, in vollem Laufe ein. Es schien mir, als seyen einige von ihnen hier bekannt. Wir folgten ihnen und kamen nach Verlauf einer halben Stunde an eine Olivenpflanzung, durch welche die Fußtapfen der uns Vorangegangenen führten. Aeußerst beschwerlich und unangenehm war der Weg, den wir zu machen hatten. Der Schnee war oft zwei Fuß hoch und der Boden darunter so uneben, daß man bei jedem Schritte fürchten mußte, zu stürzen. Bald jedoch kamen wir auf einen gebahnteren Weg, der durch Weingärten führte, woraus wir mit Freuden ersahen, daß wir bald in die Nähe von menschlichen Wohnungen kommen müßten. Jetzt erreichten wir einen Brunnen, wo sich mehrere unserer Leidensgefährten gelagert hatten, um einen Trunk frischen Wassers zu sich zu nehmen. Dann bogen wir um einen Hügel und sahen vor uns ein kleines Dorf, es hieß Armudkoi - Birnendorf - liegen, auf das wir, obgleich es sehr ärmlich aussah, mit schnelleren Schritten zugingen.

Am Eingang desselben kam uns einer unserer Matrosen entgegen, den der Baron hinausgeschickt hatte, um nach uns zu sehen und uns in das Haus zu bringen, welches sie gefunden. Unter den schlechten Häusern dieses Dorfs war das unsere ohne Widerrede das erbärmlichste. Es bestand aus einem einzigen Zimmer, das zwanzig Fuß lang und vielleicht fünfzehn breit seyn mochte, hatte zwei kleine Fenster und das Mobiliar bestand aus einem hölzernen Divan, der längs einer Wand lief, ähnlich den, wie wir sie zu Stambul in den Caffeehäusern und ärmlichen Barbierstuben gesehen. Wir fanden unsere Freunde in einer wirklich komischen Lage. In der Mitte dieses Gemachs auf dem Boden stand ein großer Mangahl, um den alle saßen und beschäftigt waren, ihre Kleider zu trocknen, da aber jeder augenblicklich nur das besaß, was er auf dem Leibe trug, so wurde Stück für Stück heruntergezogen, über das Feuer gehalten, und nachdem es nothdürftig getrocknet war, wieder angelegt. So war der Eine ohne Rock, ein Anderer ohne Hosen und ein Dritter hielt gar sein Hemd über das Feuer, als wir eintraten. Alle freuten sich sehr bei unserm Anblick und gaben uns den besten Platz um den Mangahl frei, um auch unsere ganz nassen Sachen etwas zu trocknen. Wir befanden uns wirklich in keiner beneidenswerthen Lage. Den ganzen Tag hatten wir nichts gegessen und hatten auch jetzt noch keine Aussicht, etwas zu bekommen. Ganz durchnäßt waren wir und das kleine Kohlenfeuer reichte nicht hin, uns zu trocknen und zu erwärmen. Auch brach der Abend herein und wir erhielten mit Mühe ein kleines Stümpchen Talglicht, um unsern Salon zu erleuchten. Ein Paar von den Matrosen und der Kellner des Schiffs, die auch bei uns einquartirt waren, gingen in das Dorf, um zu sehen, ob sie nicht irgend etwas Eßbares auftreiben konnten. Wirklich kamen sie auch nach einiger Zeit mit etwas Reis zurück, den sie irgendwo gekauft. Das ganze kleine Dorf lag voll unserer Soldaten, und die Einwohner waren bei ihrer Ankunft größtentheils geflohen. Reis hatten wir also, eine Schüssel fand sich bei näherer Nachsuchung auch vor und einen Braten führte uns das versöhnte Schicksal ebenfalls zu. Eine große

Gans nämlich trieb sich längere Zeit vor unserer Thür herum und näherte sich endlich so unvorsichtig, daß einer der Matrosen sie am Hals fassen konnte und hereinzog. Noth kennt kein Gebot. Das Thier wurde als gute Beute erklärt und zugleich mit dem Reis gekocht. Selten oder nie bin ich mit größerem Heißhunger über eine Schüssel hergefallen, als hier. Allen erging es aber so, und das Gefäß war schon beinahe zu drei Theilen leer, ehe unser Appetit so weit gestillt war, daß wir uns über den Geschmack des Genossenen Rechenschaft geben konnten. Mir kam vor der Pillau schmecke etwas nach Seife, und kaum hatte ich meine Vermuthung ausgesprochen, so stimmten mir die Andern bei. Und wir hatten Recht, denn bei näherer Betrachtung ergab es sich, daß der Kellner den Reis in einer großen Bratschüssel gekocht hatte, die er in einem Winkel des Gemachs aufgefunden; wir befanden uns, wie wir später erfuhren, in der öffentlichen Barbierstube des Dorfes.

Mit dem Capitän, den Offizieren, mehreren Matrosen und Kellnern waren wir zu vierzehn Mann hier einquartirt, wonach man ausrechnen kann, daß zum Schlafen auf jeden nicht viel Raum kam. Wir mußten wie die Pickelhäringe zusammengedrängt liegen, was den Nutzen hatte, daß wir nicht gar zu sehr froren; denn es wurde in der Nacht unangenehm kalt. Vor dem Einschlafen hatten wir verabredet, ein Theil von uns solle am nächsten Morgen, wenn das Unwetter etwas nachgelassen habe, mit einigen Pferden, die sich allenfalls wohl auftreiben ließen, an Bord zurückkehren, um nachzusehen, was von unsern Effecten gerettet werden könnte.

Am Morgen sehr früh, es war noch ganz dunkel, ging der Baron und der Maler F. mit mehreren von der übrigen Gesellschaft nach dem Meere, um zu sehen, was auf dem Schiffe zu machen sey. Wie sie an den Strand kamen und das Schiff in dunkeln Umrissen vor sich sahen, bemerkten sie zu ihrer größten Verwunderung, daß sich viele Lichter auf demselben hin und her bewegten. Das Meer war indessen viel ruhiger geworden und gestattete ihnen durch die Radkasten, die sammt den Rädern ganz aus dem Wasser hervorsahen, hinauf in das Schiff zu steigen. Hier bot sich ein überraschender Anblick dar. Einige zwanzig Türken waren mit Lichtern in den Händen beschäftigt, Kisten und Kasten zu erbrechen, um sich die Sachen, die ihnen gefielen, anzueignen. Daß unsere Freunde sie in diesem angenehmen Geschäft augenblicklich störten, war natürlich, und wenn diese edlen türkischen Soldaten nicht im Allgemeinen so ausgezeichnet feig wären, hätte es zu einem ernstlichen Handgemenge kommen können. So aber ließen sie beim Anblick der Franken ihre Beute fahren oder sprangen mit einzelnen Stücken, die sie in der Hand hielten, geradezu in das jetzt schon viel seichter gewordene

Meer, um doch etwas von ihrem Raub davon zu bringen. Glücklicher Weise waren unsere Koffer, da sie für die lange Reise dienen sollten, außerordentlich stark und fest gebaut, weshalb es diesen Räubern nicht sogleich gelang, sie zu erbrechen. Einige der Türken, die bei dem ersten Anlauf sich in die Kajüte gerettet hatten, wurden da hinausgeprügelt und mußten sich zu einem Sprung in's Meer entschließen, was sie auch meistens gutwillig thaten, eine Taufe, die diesen heillosen Burschen wohl zu gönnen war.

Da es dem Kapitän gelang, einige Pferde zu erhalten, so wie auch manche von den Einwohnern aus Neugierde mit an's Schiff liefen und sich dann später durch ein kleines Trinkgeld gern bereitwillig finden ließen, etwas von unsern Effecten nach dem Dorfe zu schleppen, so waren bald alle unsere Sachen aufgeladen und noch vor Mittag kehrten unsere Freunde damit zurück. Auch hatten sie nicht versäumt, von den Speisevorräthen und den vorhandenen Weinen so viel zu retten, wie möglich war, weshalb wir aus der bittern Armuth von gestern uns auf einmal zu einem solchen Wohlleben erhoben sahen, daß wir die armseligen Einrichtungen unseres Locals ziemlich vergaßen. Wir hatten Thee, Caffee, alle möglichen in- und ausländischen Weine, Fleisch, Geflügel und hiezu alle nöthigen Geschirre, so daß wir heute Abend ein glänzendes Souper machten.

Bis jetzt hatten wir noch nicht Zeit gehabt, über unsere Zukunft nachzudenken, d. h. wohin wir uns von hier wenden sollten und auf welche Weise. Nach Constantinopel zurück, war, was das Erstere betraf, natürlich der einstimmige Vorschlag; jedoch hinsichtlich des Zweiten, die Art, wie wir dahin kommen sollten, waren die Meinungen getheilt. Einige meinten, man müsse von dem gestrandeten Schiffe von Zeit zu Zeit Nothschüsse thun, um dadurch vielleicht ein anderes herbeizuziehen. Andere glaubten, wir könnten uns vielleicht einem großen Fischerboot anvertrauen, und mit ihm längs der Küste nach Stambul fahren, was aber sehr lange gedauert haben würde. Ein dritter Vorschlag war, einen Reitenden nach Scutari zu schicken, der dem k. k. östreichischen Internuntius unsere Lage mittheilen sollte und abwarten, was dieser für uns thun könnte. Der Baron endlich schlug zuletzt noch einen andern Ausweg vor, der als der beste auch festgehalten und ausgeführt werden sollte, nämlich den, im Fall es möglich sey, Pferde anzuschaffen, selbst nach Scutari zu reiten, was man wohl in drei Tagen von hier abmachen konnte, und von da nach Kräften für die zurückgelassenen Matrosen und Effecten zu sorgen.

Der Schech des Dorfes wurde herbeigeholt, zum Abendessen eingeladen, und nachdem er sich's hatte gut schmecken lassen, befragte man ihn, ob es ihm möglich sey, für uns Pferde zu einem Ritt nach Scutari anzuschaffen. Anfänglich machte er Schwierigkeiten und versicherte, die meisten Einwohner seyen in's Gebirge geflohen und würden wahrscheinlich nicht eher zurückkehren, bis die Soldaten und wir abgezogen seyen; auf keinen Fall aber würde man sie dazu vermögen können, ihre Pferde zu unserem Gebrauche herzugeben. So sprach anfänglich der Schech. Aber nachdem ein paar Gläser Champagner ihre Wirkung gethan hatten, wurde er umgänglicher und sagte, für einen hohen Preis würden sich doch vielleicht einige entschließen, ihre Thiere herzugeben.

Bald darauf entfernte er sich mit dem Versprechen, er wolle sehen was sich thun lasse, kehrte aber den Abend nicht wieder zurück.

Die langen kalten Nächte ohne Betten, Teppiche oder Decken zuzubringen, war das Unangenehmste von der ganzen Geschichte. Auch waren wir Alle mehr oder minder erkrankt; denn die Nässe, worin wir einen ganzen Tag und eine ganze Nacht hatten zubringen müssen, hatte uns sammt und sonders stark mitgenommen. Einer klagte über Kopfweh, der Andere über Zahnweh, jener hatte Uebelkeiten, dieser ein entsetzliches Bauchgrimmen, Alles Klagen, die dann erst lauter gehört wurden, wenn sich der Schleier der Nacht auf unsere armselige Behausung senkte und die Härte der Pritsche und des Bodens das Ihrige dazu beitrugen, alle jene Leiden doppelt fühlbar zu machen.

Wie gerädert stand man am andern Morgen auf, und es dauerte eine ziemliche Zeit, ehe man sich von den Strapazen der Nacht erholen konnte. Trotz allem diesem Elend wurde viel gelacht und besonders war es Graf Szechenyi, der die drolligsten Geschichten anfing. Er hatte einen Bedienten, mit Namen Hansel, der früher Fiaker in Wien gewesen war; ein ehrlicher, treuer Oestreicher, der seinen armen Herrn später in Damaskus bis zum letzten Augenblicke pflegte. Beide gaben uns viel Stoff zum Lachen. So machte der Graf z. B. fast täglich zum Scherz Toilette, wobei ihm Hansel assistirte, als seyen sie in ihrem Palais zu Wien; Abends lud er uns zum Thee ein und machte auf einem großen Steine sitzend in bester Art die Honneurs des Hauses.

Am zweiten Tag erst gegen Mittag kam der Schech wieder zu uns und versicherte, er habe zwölf Pferde für uns gefunden, wofür er jedoch einen entsetzlichen Preis verlangte. Aber was war zu thun? Wir hätten im Nothfalle das Doppelte und Dreifache bezahlt, um nur dies Nest verlassen zu können. Den Nachmittag brachten wir damit zu, unsere Sachen zu packen und unsere Kleider wieder etwas in Stand zu setzen, wobei der Baron ganz zufällig das Glück hatte, seine ungarische Bunte, die vom Schiffe gestohlen war, zurückzuerhalten. Er stand nämlich in dem Augenblick an der Thür, wo ein türkischer Lieutenant vorüber ging, der den Pelz über die Schulter geschlagen hatte und ganz ruhig damit paradirte. Natürlich wurde er gleich angehalten und einer der Matrosen verdolmetschte ihm, der Mantel, den er trage, gehöre jenem Franken und er solle sagen, wo er ihn her habe, worauf der Lieutenant ganz ruhig erwiederte, er habe ihn nicht weit von hier in einer Scheune gefunden, wo noch mehr dergleichen Sachen lagen. Wir gingen augenblicklich dahin und fanden wirklich noch verschiedene Kleinigkeiten, die wir bisher vermißt, als Stiefel, Ueberröcke, lange Pfeifen etc., alle Sachen, die nicht in Koffern verschlossen waren, sondern offen in der Kajüte lagen. Wie sie hieher in die Scheune kamen, konnte uns Niemand sagen.

Der Schech hatte uns für den folgenden Morgen sehr früh die Pferde versprochen, weshalb wir mit der Dämmerung reisefertig waren und ihn erwarteten. Er kam auch, aber allein, und versicherte auf unsere heftigen Fragen, wo die Pferde blieben, Gott wisse, daß er die Wahrheit spreche, aber zu unserem eigenen Besten dürfe er uns die Pferde nicht geben. In der Nacht seyen von den sechshundert Mann, die mit uns Schiffbruch gelitten haben, zweihundert fünfzig desertirt, die uns theilweise wahrscheinlich auf dem Wege zwischen hier und Scutari auflauern, überfallen und berauben würden. Wir mochten dem Schech noch so viele Gegenvorstellungen machen, und ihm versichern, wir würden die Sache ganz auf uns nehmen, wir fürchteten uns nicht vor diesen Leuten, es half nichts, er blieb dabei, er dürfe uns keine Pferde geben, indem ihn Gott hart bestrafen würde, wenn er uns Fremde ins Unglück rennen ließe. Ob der Schech in der That diese musterhaften Gesinnungen hatte, oder ob er uns keine Pferde geben wollte, blieb uns ein Räthsel. Bei diesen Aussichten hätten wir Gott weiß wie viel Tage noch in diesem elenden Nest zubringen können, wenn man nicht in Constantinopel, wohin sich schon am zweiten Tag nach unserem Unglück - wie? haben wir nie erfahren - das Gerücht verbreitet hätte, der Seri-Pervas sey in der Bucht vor Mudania gescheitert, gleich Anstalt zu unserer Rettung getroffen hätte.

Am folgenden Morgen waren wir Alle eigenhändig mit der Zubereitung unseres Frühstücks beschäftigt, als plötzlich ein Paar türkische Lieutenants, die sich am Meere umher trieben, mit dem Geschrei: „Vapore! Vapore!" ins Dorf und in unsere Stube stürzten. Wir sprangen Alle überrascht auf, ließen unsere Beschäftigung liegen und eilten an den Strand. Gott weiß, in meinem Leben hat mich der Anblick eines Dampfbootes nicht so erfreut, als das, was die Türken uns angezeigt und das sich rauchend und brausend dem Lande näherte. Wir tanzten vor Freude auf dem Sand herum und winkten mit unsern Tüchern dem Capitän, der auf dem Radkasten stand, freudig entgegen. Jetzt ließ das Dampfboot die Anker fallen und ein Boot stieß ab, in dem sich ein Offizier befand, der uns meldete, daß das Dampfboot - es war der Ludovico - durch den k. k. Internuntius, Baron von Stürmer, abgesandt sey, uns zu holen. Wir flogen ins Dorf zurück, packten unsere Sachen zusammen und befanden uns in kurzer Zeit am Bord des Ludovico, wo wir uns behaglich auf die weichen Kissen ausstreckten. In fünf Stunden erreichten wir Constantinopel und kletterten den steilen Hügel von Pera hinauf zum Gasthof unserer freundlichen Madame Balbiani, die uns mit Thränen in den Augen und herzlicher Freude empfing.

Am andern Tage waren wir mehr oder minder krank; doch hatten wir nicht lange Zeit im Bette zu bleiben, denn schon am Mittage hieß es, ein anderes Dampfschiff gehe morgen nach Smyrna und würde uns, diesmal aber ohne Soldaten, mitnehmen. Wir hatten kaum Zeit, unsere zu Grunde gegangenen Effecten wieder etwas herrichten zu lassen, denn schon am andern Nachmittag um drei Uhr gingen wir wieder an Bord, diesmal unter günstigeren Auspicien. Das Wetter hatte sich wieder aufgeklärt und von dem Schnee, der uns bei unserer ersten unglücklichen Seefahrt zum Abschiede geleuchtet, war nichts mehr zu sehen.

Fünftes Kapitel.

Fahrt durch den Archipel.

Zweite Abreise von Constantinopel. - Odun Kapussi. - Die Dardanellen. - Der Crescent. - Die Ebene von Troja. - Die jonischen Inseln. - Smyrna. - Der Mustasiaberg. - Rhodus: Die Stadt. Die Allerheiligenkirche. Sirada dei Cavalieri. - Marmarissa mit der englischen und östreichischen Flotte. - Cypern.

Hinter dem Riesenberge auf dem asiatischen Ufer des Bosphorus erhob sich der Mond und beleuchtete das Grab des Herkules, als unser Schiff die Stadt zum Abschied mit einem Kanonenschuß begrüßte, die Anker aufwand und langsam wendend die dunkelblaue Fluth mit den Schaufelrädern theilte und aufwühlte. Es war ein herrlicher Abend. Ich stand am Steuerruder und schickte meine letzten grüßenden Blicke nach der majestätischen Stadt und dem Mastenwald des goldenen Horns. Diese Stadt hat etwas phantastisch Schönes. Alle sieben Hügel, worauf sie gebaut ist, zeichnen sich aus der Ferne deutlich ab, sind mit den bunt angestrichenen Häusern bedeckt, aus denen, gleich Tulpen und

Lilien aus einem Moosgrunde, die vergoldeten Kuppeln und Minarets der zahlreichen Moscheen, so wie die große dunkle Cypresse, dieser majestätische Baum sich erheben. Wie windet sich das klare Wasser des Hafens so schön durch die Häusermassen hindurch, ein wirkliches goldenes Horn, ein Füllhorn; denn sammelt sich nicht in den tausend Schiffen, die sich auf seinem grünen Rücken schaukeln, Alles, was der Orient und Occident Kostbares hervorbringt, um es dann zu den Füßen Europa's auszugießen!

Leb' wohl, Stambul! wahrscheinlich seh' ich dich zum letzten Mal, die Nacht senkt sich auf dich herab, wie das Leichentuch auf eine theure Verstorbene. Ich nehme noch einzeln Abschied von der hehren Aja Sophia, von Pera und Galatha, wo wir so oft landeten, und von Topchana mit dem hölzernen, stattlich aussehenden Palais des Großherrn. Einen schüchternen Blick schickte ich nach dem alten Serail, denn unser Schiff fuhr gerade längs dem stets verschlossenen Thor Odun Kapussi. Ich glaubte die verhängnißvolle Kanone durch die Nacht glänzen zu sehen, die zuweilen ihren metallenen Mund öffnet, und es den Wellen ansagt, wenn sich diese Pforte aufthut, und man eines jener unglücklichen Weiber hinausträgt, welches, durch die Anklage der Eunuchen verdächtig geworden, hier in dem weiten Meer ein weites kaltes Grab findet - und neben diesem Thor tönte aus dem schönen Kiosk laute Musik und Gesang; dort tanzten die Sultaninnen und Odalisken vor ihrem Herrn und liebkosten ihn, während eine ihrer Schwestern langsam, langsam untersinkend, ihm fluchte.

Das Dampfschiff, auf dem wir heute fuhren, der Crescent (Halbmond), hatte einen so guten Ruf, und war so vielen Gefahren und Stürmen stets glücklich entgangen, was man sowohl der Bauart des Schiffes, als auch der umsichtigen Leitung unsers freundlichen Capitäns, des Herrn Anthoin, zuschreiben konnte. Es schien mir beinahe unmöglich, als könne uns mit diesem Schiff noch einmal ein Unglück zustoßen; denn das kräftige, obgleich sehr fühlbare Arbeiten der Maschine, sein leichtes Durchschneiden der Wellen und die beständige Ruhe des Capitäns gab den Passagieren eine solche Zuversicht, daß man sich den Gesprächen und allen möglichen Zerstreuungen, sorglos wie auf dem Lande, überließ. Das Schiff war vorläufig bis Smyrna bestimmt und hatte nur wenig Leute an Bord. Auf dem Verdeck lagen einige türkische Familien und jede hielt sich von der andern durch grüne, zu diesem Zweck auf dem Schiff befindliche Lattenzäune abgesperrt. Am Steuerruder hatte sich eine einzelne Frau einquartirt, die mit ihrem kleinen Söhnchen, einem allerliebsten Knaben, und in Begleitung eines baumlangen Negers, nach Metelyn reiste. Sie war Wittwe, ihr Mann in der Schlacht bei Nisib geblieben. Der kleine, kaum zwei Fuß hohe Türke nannte sich Hamsa Beg, Herr Hamsa, und trieb sich stets bei uns herum.

Jeder gewann ihn in Kurzem sehr lieb, und ich muß gestehen, lange nicht ein so wohlthuendes, liebes Gesichtchen gesehen zu haben. Die Frau Mama dagegen, die sich häufig entschleierte, und uns so den vollen Anblick ihres Gesichts gewährte, hatte, wie die meisten Türkinnen, schlaffe, unangenehme Züge, besonders um den Mund, den ich bei diesen Weibern nie frisch und schwellend gefunden habe.

Gegen zehn Uhr Abends gönnte uns der Mond noch den Anblick der südwestlich vor uns liegenden Insel Marmora, jedoch sahen wir sie nur in schwachen Umrissen, da sich der bei unserer Abfahrt so klare Himmel allmählig mit Wolken überzogen hatte. Auch warf ich noch einen schüchternen Blick nach Südwest, wo in der Bai von Mudania unser gescheitertes Schiff, der Seri-Pervas lag, und da es etwas zu regnen anfing, suchten wir unsere Schlafstätten auf. Einige nahmen Besitz von den sehr schmalen Betten, Andere, worunter auch ich, wählten sich die großen Sopha's der Damenzimmer. Unserer Gesellschaft vom Seri-Pervas hatten sich noch drei östreichische Offiziere angeschlossen, die den Krieg in Syrien mitmachen wollten; sehr liebenswürdige Reisegefährten, denen ich, sollten ihnen diese Blätter zu Gesicht kommen, hiermit meinen herzlichsten Gruß zusende.

Ich schlief bald ein, wurde jedoch nach ein paar Stunden auf eine äußerst unangenehme Art geweckt, indem das seit Kurzem etwas hoch gehende Meer eine der kleinen Fensterlucken aufgerissen hatte und eine Welle hereinsandte, die mich tüchtig durchnäßte; doch lag die Schuld größtentheils an mir selber, denn ich hatte vergessen, den äußern hölzernen Laden schließen zu lassen. Ich verbesserte meine Lage so gut als möglich und schlief den übrigen Theil der Nacht, ohne an mein unfreiwilliges Seebad zu denken.

Als ich am Morgen des 9. Decembers aufs Verdeck trat und rings um mich schaute auf das klassische Land, in das wir wie durch Zauber über Nacht gekommen, war mir zu Muth, wie dem Sohn eines alten Geschlechts, der, ferne von der Heimath erzogen, lange nach derselben verlangt und nun endlich die Berge sieht, welche die Wiege seiner Väter umstanden. Er kennt jeden Hügel, jedes Thal, jeden Baum, und in seinem Herzen tauchen all' die Erzählungen auf, mit denen man den Knaben am lodernden Kaminfeuer unterhielt. Vor ihn treten die Helden, die er damals im kindischen Spiel nachahmte und lieb gewann, vor ihn die Thäler und Gauen, wo die alte Veste gestanden, für die er sich mit Freude hätte todtschlagen lassen. –

Ich stand mit verschränkten Armen und schaute in die Gegend und Alles däuchte mir ein Traum zu seyn. Dort stieg die Sonne empor, nicht mehr über den spitzen Thürmen meiner Vaterstadt, nein über dem

Rhodope-Gebirge, und der leise Morgenwind, der sich erhob, trug seltsame Klänge an mein Herz. Tönt vielleicht noch immer dort in den Wipfeln der Eichen, unter denen Orpheus seine Euridice beklagte, nachhallend sein Lied?

Hier seh' ich Gallipoli, das alte Kallipolis, die schöne Stadt; keck hängt sie an den Felsen, die ein unverwelklicher, immer grüner Kranz von Cypressenwäldern umgibt. Wie oft wurde Gallipoli zerstört, stets wieder aufgebaut und vergrößert. Strabo erwähnt es als ein kleines Dorf, das gegenüber der Stadt Lampsakus auf dem europäischen Ufer läge. Beide haben demnach die Rollen getauscht, denn dieses, jetzt Lepsak oder Lamsaki, besteht nur noch aus einigen halb zerfallenen Häusern. Von den edeln Trauben und bräunlichen Feigen, womit seine Hügel bedeckt sind, schweifen meine Blicke über die Ebene Kleinasiens, welche der Granikus und Aesopus bewässern; jeder Stein, jeder Hügel ist hier eine Erinnerung. Dort sind die Felsengestade des Cheronesos, da Sestos und das Vorgebirge von Abydos; etwas nördlich von diesen bei der Landspitze von Nigara Burnu, wo sich die beiden Ufer des Hellespont am nächsten treten, baute Xerxes seine Schiffbrücke, setzte Alexander mit seinem Heere nach Asien über, hier, warum soll ich seinen Namen nicht jenem der beiden Könige anreihen, schwamm Lord Byron, der Poet, durch die Meerenge, und dort, wo

– – die altersgrauen
Schlösser sich entgegenschauen,
Leuchtend in der Sonne Gold –

flüstern die Wellen noch heute von der Treue und dem Unglück Hero und Leanders. Mir kam das Alles vor, wie ein ungemein lieblicher Garten, durch den ein klarer Bach fließt, das ist der ewige Hellespont. Schön ist dieser Garten und würde hundertmal schöner seyn, wenn ihm der kleinliche Menschengeist nicht jene colossalen Zwingthore, die beiden Schlösser der Dardanellen, zu seiner Bewachung gegeben hätte, diese Hellespontpolizei. Unwillkürlich dacht' ich an Deutschland; da steht auch bei jeder schönen Anlage des Geistes und der Hände der Aufseher mit großem Stock und bewacht den harmlos Wandelnden und polizeit ihn. Selbst unser Schiff schien hier zu eilen und blies seinen Unmuth in großen schwarzen Rauchwolken aus, als ihm die ungeheuren Kanonenmündungen der beiden Schlösser, des Kelledil Bahar, das Auge des Meeres, und die Sultanin Kalessi oder große Sultanstadt, so schußgerecht in die Flanken sahen.

Obgleich ich im Ganzen kein Freund der Engländer bin, so habe ich doch stets mit Bewunderung und inniger Freude den Namen des Admiral Elphinston genannt, der im Jahre 1770 nach jener für die Türken so unglücklichen Schlacht bei Tschesme diese Hellespontpolizei so verhöhnte, daß, nachdem er bei ihrer Nase vorbeigefahren war, und jenseits der Dardanellen Anker geworfen hatte, ruhig eine Tasse Thee trank, während seine Trompeter *God save the king* bliesen, und später mit der Fluth ohne Verlust zurückkehrte.

Unser treffliches Schiff, das neun Miglien in der Stunde machte, führte uns jetzt in kurzer Zeit jenem Gestade näher, dessen Geschichte schon die lebhafte Phantasie des Knaben beschäftigt und gereizt hat, die Ebene Troja's: dort ist schon der Ida, auf dem die Götter rathschlagten, und der Sitz, von dem Kronion das Schlachtfeld beschaute. Dort hob er seinen Arm und nahm bei dem Wettlauf der beiden Helden um Iliums Mauern die Wage zur Hand, warf zwei Loose hinein, und dasjenige Hektor's sank tief hinab. Hier dicht am Saum der Küste zeigen sich die beiden Grabhügel des Patroklos und Achilleus, an denen wir mit feierndem Blick und bewegtem Herzen vorbeiziehen; betrat letzteren doch schon vor zweiundzwanzig Jahrhunderten, dem Helden zu Ehren, Alexander der Macedonier. Wie leid war es mir, nicht alle die Stellen aufsuchen zu können, die Homer so lebhaft schilderte. Hier neben den Grabhügeln war das Lager der Griechen, dort auf der Anhöhe, neben dem jetzigen Dorfe Burnbaschi, stand Priamus heilige Veste. Sogar der kleine Hügel, das Grabmal des Aisyetos, der schon von Homer als sehr alt angegeben wird, läßt sich aus seinen Beschreibungen errathen. Noch jetzt sammelt sich das trübe schlammige Wasser des Simois in einem sumpfigen, mit Schilf bewachsenen Wasserpfuhl, dessen Ausdünstungen Seuchen erzeugen würden, wie zur Zeit jenes Kampfes unter dem griechischen Heere, wenn diese Ufer bewohnt wären. Der klare fischreiche Skamander strömt fort und fort in's Meer; doch hat er sein altes Bett verlassen, und nur einige Vertiefungen zeigen noch seine alte Zusammenmündung mit dem Simois an.

Während ich über das eben Gesehene nachdenkend auf dem Verdeck stand, und noch einmal einen Blick nach dem Grabe jener beiden Helden sandte, um mir die Umrisse des Ufers mit einigen Strichen in mein Taschenbuch zu tragen, und da mein Auge hinüberschweifte zur Insel Tenedos, der jenes Schlangenpaar entsprang, welches Laokoon nebst seinem Sohn umwand und tödtete, sah ich eine große Masse Delphine, welche plötzlich unser Schiff lustig umschwärmten. Das Brausen der Räder schien diese Thiere eher anzulocken, als abzuschrecken, denn dort hielten sie sich meistens auf und schienen das Boot überholen zu wollen. Es war ein vollkommenes Wettrennen; zuweilen hoben sich fünf zu gleicher Zeit aus dem Wasser, und machten lange Sätze in der Luft, um vorzukommen, wobei sie dem Verdecke oft so nahe kamen, daß man sie mit einem Stocke hätte erreichen können. Es waren Thiere von vier bis fünf Fuß Länge darunter. Dies Spiel dauerte beinahe eine halbe Stunde; dann blieben sie, wahrscheinlich ermüdet, zurück, und noch lange nachher sahen wir sie ihre Purzelbäume auf den Wellen machen.

Schon war die Sonne untergegangen, als sich hinter Imbros der Saoke, der Berg von Samothrake, zeigte. Doch warf schon die kommende Nacht die dunkeln Schleier über ihn, wie die Siege über sein Inneres. Mit dem Fernrohr suchte ich auf dem asiatischen Ufer die von Alexander erbaute Stadt Alexandria Troas und fand endlich auch einige Mauertrümmer, die einzigen Ueberbleibsel jener großartigen Niederlassung, die nach der Absicht ihres Gründers ein Stapelplatz werden sollte für den Austausch der Producte Kleinasiens, Thessaloniens und des Peloponnes.

Schon seit Mittag hatten wir Metelyn (Lesbos) gesehen, doch war es bereits ganz dunkel, als das Dampfschiff bei der Stadt gleiches Namens anhielt, um einige Reisende, unter andern auch den kleinen Hamsa Beg abzusetzen. Nur wenig konnten wir von der Stadt sehen, welche, wie mir schien, die Felsen hinangebaut ist; wenigstens bedeckten licht erhellte Fenster die Berge des Gestades, bis hoch in die Spitzen. Ich hätte gern diese schön bewachsene und reiche Insel bei Tage gesehen, hätte gern einige Blicke gesandt zu dem Geburtsorte von Sappho und Alcäus, aber die Nacht verwehrte es, ersetzte jedoch durch die Schönheit, in welcher sie uns hier erschien, reichlich jenen kleinen Verlust. Nie in meinem Leben sah ich eine reinere, klarere Färbung des nächtlichen Himmels, und als nach einer halben Stunde der langsam empor gestiegene Mond sein volles Licht über uns ausgoß, und rings um uns das Meer und die Inseln nicht taghell, sondern bezaubernd schön erleuchtete, das Schiff in klaren Silberwellen schaukelte und mehrere Miglien weit hinter sich eine breite weiße Spur zurückließ, da fanden wir es alle auf dem Verdeck in der lauen Luft so angenehm, daß keiner sich vor Mitternacht in die Kajüte zurückzog.

Schon in der Nacht gegen Morgen war ich durch das plötzliche Stillstehen des Schiffes in meinem Schlafe gestört worden. Es ist dasselbe Gefühl, als wenn man im Wagen geschlafen hat und auf der Station angekommen ist. Ich richtete mich auf. Doch da es noch ganz dunkel war, legte ich mich wieder auf mein Sopha zurück und schlief noch einige Stunden. Wir waren bei Smyrna angekommen. Früh am Morgen stieg ich auf's Verdeck und vor meinem Blicke lag sie, die schöne Stadt, mit der herrlichen, von malerischen Bergen umgebenen Bucht, deren Schluchten und Ebenen, mit Cypressen, Feigen und Oelbäumen bewachsen, einen lieblichen Anblick gewähren. Schade, daß die Spitzen der Höhen so nackt und kahl sind. Hinter der Stadt liegen auf dem Mastusiaberge die grauen Ruinen einer uralten Burg, denn sie steht seit den Zeiten Antigonus, des Feldherrn Alexanders von Macedonien, wurde oft zerstört und immer wieder aufgebaut. Für uns war sie ein Hauptaugenmerk, denn ihr hatten wir bei unserem kurzen Aufenthalt hier einen Besuch zugedacht, um von der Höhe wenigstens einen Blick in diese berühmte klassische Landschaft zu werfen und uns wenn auch nur flüchtig umzusehen in dem Vaterlande Homers, Anakreons und Anaxagores.

Wir stiegen an dem Hafenplatz bei dem fränkischen Quartier an's Land, und freuten uns nicht wenig, schon im ersten Augenblick einen Unterschied zwischen den Häusern und Straßen hier mit denen in Constantinopel zu finden. Statt der kothigen Passage dort ging man hier auf reinlichem guten Pflaster, und man hatte nicht nöthig, in steter Angst zu schweben, daß einem schlecht gebaute Baracken links und rechts auf den Kopf fallen würden, vielmehr sieht das Auge mit Vergnügen auf die hohen, auf europäische Art von Stein erbauten Häuser, die als anständige Gebäude in ziemlicher Entfernung bleiben und sich einem nicht so pöbelhaft auf den Leib drängen, wie jene. Auch das Türkenquartier und die Bazars sehen, wenn auch nicht großartig, doch immerhin freundlicher und anziehender aus, als in der Hauptstadt, sind auch in einigen Artikeln, z. B. Teppichen, Stickereien, Früchten etc. reichlicher besetzt, als jene. Ein Kaufgewölbe im fränkischen Viertel, wo wir einige Kleinigkeiten erstanden, ließ bei der Schönheit und Mannigfaltigkeit seiner Waaren eher vermuthen: man sey in London oder Paris, als in einer türkischen Stadt. Hier fand man von der kleinsten Stange Cire à Moustaches bis zu einem vollkommenen englischen Reitzeug Alles, was ein elegantes Herz erfreuen kann.

Smyrna haben wir in den paar Stunden, die wir dort zubrachten, sehr liebgewonnen. Es liegt über Stadt und Land ein frischer Reiz, eine üppige Jungfräulichkeit, und wenn mir nicht die zahlreichen hübschen Mädchen, denen man begegnet, mit ihren schwarzen Augen zu gefährlich vorgekommen wären, ich hätte gern einige Wochen hier zugebracht. Ueberall sah man die niedlichen, wegen ihrer Schönheit berühmten Töchter Smyrna's auf den Straßen herumtanzen, oder aus dem ersten Stock Kopf und Herz bedrohen.

Nachdem wir in der sogenannten Schweizerpension sehr gut gefrühstückt, wobei uns eine Bande herumziehender Musikanten Einiges aus verschiedenen Opern zum Besten gegeben, so daß wir uns bei dem Klange der bekannten Lieder in die Heimath versetzt glaubten, bestiegen wir die schon früher bestellten Pferde, um dem Mastusiaberge einen Besuch zu machen. Der heutige Tag hatte uns sämmtlich munter gestimmt, und das Gefühl, den festen Boden wieder unter unsern Füßen zu haben, sogar etwas muthwillig. So courbettirten und galloppirten wir denn durch die Stadt zum großen Vergnügen manch' schwarzen Augenpaars, das unserm Zuge nachsah und unsern Gruß lachend erwiederte. Vor der Stadt wandten wir uns links über die sogenannte Caravanenbrücke, welche ihren Namen daher hat, weil über sie all' die zahlreichen Waarenzüge gehen, die aus dem Innern des Landes nach Smyrna kommen. Dann ritten wir rechts den Berg hinan auf einem Wege, der sich zuerst durch türkische, mit schönen Cypressen bepflanzte Friedhöfe zieht, bald aber über dürres Heideland sehr steil nach dem Schlosse hinaufwendet. Dieser Pfad, mit vielen und großen Steinen besäet, macht den Pferden das Ersteigen äußerst beschwerlich. Eines derselben stürzte und warf seinen Reiter mehrere Fuß weit hinweg an ein Felsenstück, glücklicher Weise jedoch ohne ihn zu verletzen.

Auf dem Berg angelangt, standen wir lange Zeit und schauten entzückt in das Panorama, das sich vor unsern Blicken aufgethan: zu unsern Füßen die Stadt, bespült von der grünlichen Welle des Meeres, das hier eine Bucht ausfüllt, die man mehrmals mit dem wunderherrlichen Golf Neapels verglichen hat. Da schaute aus duftenden Orangen und saftig grünen Feigengärten Smyrna heraus; uns zur Linken war das herrliche, mit zackigen Felsen durchsetzte Engthal des Meles, das noch jetzt den Namen des Paradieses führt.

Langsam und uns öfters umschauend erstiegen wir die letzte Klippe des Berges, um zum Gemäuer der weitläufigen Burg zu gelangen. Ein riesengroßer, weiblicher Kopf, in weißem Marmor, halb erhaben gearbeitet, war links neben einem Thore eingemauert. Er soll das Bildniß der Smyrna seyn, jener Gemahlin des arabischen Begründers der Stadt, von der sie auch ihren Namen erhielt. Die Türken machen zuweilen den Spaß, und schießen nach dem antiken Kopf mit ihren Pistolen, wodurch er schon stark beschädigt ist.

Nachdem wir über Schutt und Gestrüppe in das Innere des Schlosses geklettert waren, zeigte uns der Führer die Stellen, wo eins der prachtvollsten und größten Theater Asiens und der Tempel des Jupiter Acräus gestanden; doch sieht man von allem fast nichts mehr, als schwärzlich graue Steintrümmer, hie und da Marmorblöcke und einige großartige Mauerstrecken. Durch Zufall entdeckten wir hier noch ein sehr gutes Echo, welches drei bis vier Worte deutlich nachsprach.

Wo sich die Bogen einer alten Wasserleitung in das Thal des Paradieses hinabziehen, kletterten wir mit unsern Pferden hinunter, ein Weg, den nur die des Bergsteigens so gewohnten türkischen Pferde machen konnten. Zuweilen blieben sie auch auf Mauertrümmern, bei denen ich mich zu Fuß besonnen hätte, wie am besten hinabzusteigen sey, wanden sich aber immer glücklich durch; nur einmal mußte ich absteigen, um mein Pferd, welches sich zwischen zwei Felsblöcke fest geklemmt hatte, loszumachen. Von Weitem sahen wir noch den Platz, wo der Sage nach der Dichter der

Iliade sein Häuschen gehabt haben soll; dann kehrten wir zur Stadt zurück, um uns gleich auf unser Schiff zu begeben, das, obgleich es anfänglich nur für Smyrna bestimmt war, hier einen Befehl vorfand, oder vielleicht denselben auch schon mitgebracht hatte, nach Beirut zu gehen. Es dämmerte schon, als wir die Anker lichteten, und dem schönen Smyrna Valet sagten. Ein plötzlicher Gewitterregen trieb uns frühzeitig in die Kajüte, wo wir uns bei einem Glase selbst gebrauten Punsches noch einige Stunden angenehm unterhielten. Dann legte ich mich hin, und das einförmige Schlagen der Schaufelräder wiegte mich bald in einen sanften Schlaf.

Am 11. December trat ich etwas später als sonst auf's Verdeck; denn ich hatte schon durch meine Fensterlucken bemerkt, daß der Himmel nicht so freundlich auf uns herabsah, wie die vorhergehenden Tage. Aus Südwest hatte sich ein ziemlicher Wind aufgemacht und bewarf die Flanken des Schiffs zuweilen mit schäumenden Wellen, das sich aber dadurch auch gar nicht irre machen ließ oder dem Feind auch nur einen Fuß breit wich. Ich habe bei gleicher Pferdekraft nie eine so emsig arbeitende Maschine gesehen, wie die des Crescent. Er machte beständig, sogar gegen den Wind seine zweiundzwanzig bis dreiundzwanzig Rotationen in der Minute. Das Schiff hatte, wie uns der Kapitän und einer unserer Gefährten, die schon mehrere Fahrten und bei stürmischem Wetter mit ihm gemacht, versicherten, die Eigenheit, nicht wie ein anderes Fahrzeug, bei hoher See die Wellen zu erklimmen, sondern es schnitt gerade hindurch, was denn freilich den Nachtheil hatte, daß die Wogen beständig das Verdeck bespülten. Der Crescent ist in England gebaut und seine Masten und der Schornstein, die schief nach hinten zu gestellt sind, geben dem schlanken Schiffe ein keckes, flottes Ansehen.

Vor uns hatte die alte Geschichte wieder ihr Buch in Originalausgabe aufgeschlagen. Wir fuhren gen Samos und Ikaria; erstere, die Geburtinsel Pythagoras, zeigt sich dem Auge sehr anmuthig; schon der alte Beiname Anthemos, bezeichnet sie als die blumenreiche; dort verlebte nach der Sage, Juno, die Himmelskönigin, den ersten Tag ihrer Kindheit, und wer von uns war nicht in Gedanken schon hier, wen hätte nicht Schiller hierher geführt, wenn er uns erzählt, wie Polykrates seinen Ring in's Meer warf, als das Kostbarste was er besaß, dem Glück zum Opfer, das ihn mit Gaben überhäufte.

Während wir bei dem Hauptorte der Insel, dem Städtchen Kora, vorbeifuhren, trübte sich der Himmel gänzlich, und ein mächtiger Platzregen nöthigte uns, die Kajüten zu suchen, doch zog das Wetter bald vorüber, und als wir von Neuem das Verdeck betraten, standen hinter uns zwei prachtvolle Regenbogen, aus den dunkeln Gewitterwolken hell hervortretend. Dabei gewährte uns eine Kriegsbrigg, an der wir schon vor einigen Stunden vorbeifuhren, ein gar hübsches Bild; denn wir sahen sie jetzt mitten unter jenen farbigen Bogen stehen, mit ihren schneeweißen Segeln einer Taube gleich, die vom heiligen Schein umgeben, dahin schwebt. Gegen ein Uhr Mittags sahen wir südwestlich die Stadt Pathmos, auf welcher sich die Grotte des Apostel Johannes befindet. Dann fuhren wir um die nördliche Spitze der Insel Kos oder Stanco, das Vaterland Hippokrates und Appelles. Zwischen der östlichen Spitze von Cos und dem Cap Krio zeigte sich das Wasser des Meeres in einem Streifen von vielleicht zwei Miglien rein himmelblau, obgleich der Himmel dunkelgrau bezogen war und die übrige Meeresfläche eben diese Färbung hatte.

Schon seit Mittag hatte uns der Capitän am fernsten Horizont einen blauen Streifen gezeigt, Rhodus, und ich trat nun beinahe jede Viertelstunde an's Boogspriet, um zu sehen, ob wir auch jener Insel, für die ich von Jugend auf geschwärmt, näher kämen. Viel zu langsam ging mir das eilende Dampfschiff. Schon dunkelte der Abend, und das Land, welches das Kreuz in der tapfern Hand der Johanniter so lange dem Halbmond streitig gemacht hatte, wollte nicht näher rücken. Als ich so nachdenkend hinblickend auf dem Anker saß, war mir, als sehe ich einer großartigen Tragödie, Rhodus, zu; der erste Act hatte uns die Handlung in undeutlichen Umrissen gezeigt, hatte uns durch die Erzählung des früher Geschehenen neugierig gemacht, den Ort, wo das Weltdrama spielte, näher zu sehen, und jetzt fiel der Vorhang - hier der Schleier der Nacht, und ließ nur die Gedanken durchdringen, um sich die fernere Scenerie auszumalen. Doch arbeitete unser Schiff während dem Zwischenacte kräftig vorwärts, und als nach einer Stunde der Mond aufstieg und hell durch die zerrissenen Wolken schien, begann der zweite Act und führte uns in das Innere des Stückes; dessen erste Decoration die Trümmer eines uralten Hafens waren.

Die Form des Beckens konnte man noch eben in seinen äußern Umrissen erkennen. Das Meer wühlte in den Felsenblöcken, die früher gewiß fest zusammengefügt waren. Es war der alte Hafen, auf dem der berühmte Coloß von Rhodus gestanden, jenes Bild aus Erz, das mit gespreizten Beinen einem Thore gleich, vor der Oeffnung des Hafens stand, und hoch in der einen erhobenen Hand einen Feuerbrand hielt, den einlaufenden Schiffen zum Zeichen. Jetzt traten uns die Lampen der Leuchtthürme, die bisher matt durch den Nebel geschimmert hatten, deutlicher vor Augen. Unser Boot machte eine große Wendung, fuhr mit halber Kraft in den neuen Hafen hinein zwischen den beiden massiven festen Thürmen des Erzengels und des heiligen Nikolaus durch, und warf neben einer östreichischen Corvette die Anker. Da waren wir denn in dem Hafen von Rhodus, der schönen „Rose", angekommen, und der

Mond war so gefällig, uns die Mauern und Thürme der Stadt so ziemlich zu beleuchten. Der Anblick derselben gewährte uns so gar nichts Türkisches; Alles war solid und fest gebaut, und zeigte, obwohl verfallen, daß kräftige Hände und eine geregelte Kriegskunst diese Werke aufgeführt haben. Man hätte glauben können, vor einer europäischen Festung zu seyn, wenn uns nicht über eine der Mauern das Siegel des Orients, eine schlanke Palme, die erste, die wir sahen, entgegen genickt hätte. Wir blieben die Nacht über an Bord; doch kaum ging die Sonne auf, so ließen wir uns nach der Stadt rudern, und stiegen bei dem Hafenthor an's Land. Hier waren der Sage nach noch im sechzehnten Jahrhundert die Gebeine jenes Drachen zu sehen, den der tapfere Ritter des Ordens, Dieudonné de Gozon erschlug, und ihre Größe wurde von den Aus- und Eingehenden bewundert.

Es macht gewiß nicht leicht eine Stadt einen seltsameren Eindruck auf das Herz des Europäers, der ihre Geschichte kennt, als das jetzige Rhodus, die entblätterte Rose. Die Türken, die schon seit 1522 Besitzer derselben sind, waren nicht im Stande, diese Stadt, wie die andern, die ein gleiches Schicksal hatten, so ganz in ihren Schmutz herabzuziehen. Das alte Rhodus mit ganzen Straßen kleiner massiver Häuser und den aus der Ritterzeit herstammenden Festungswerken und Gräben, gleicht einer eroberten und zerstörten Kirche, die der neue Herrscher seinem Cultus gemäß umänderte. Doch wenn er auch da ein Fenster zumauerte, dort ein neues brechen ließ, oder auf die alten kräftigen Thürme ein Spitzdach setzte, wenn er auch die Bilder der Wände auskratzen, die Mauerverzierungen abbrechen ließ und das Ganze mit seinen schmutzigen Händen besudelte, so sieht doch der Wanderer, der ehrfurchtsvoll näher tritt, nichts von den neuen Verunzierungen, sondern seine Blicke fassen gleich das alte ehrwürdige Denkmal, wie es damals gewesen, auf, ohne die Kuckucksbrut zu bemerken, die jetzt in dem Nest des mächtigen Raubvogels nistet.

Wir wandelten durch die Gassen, die noch aus den Zeiten der Ritter her mit einem guten Pflaster versehen sind. Das Treiben der Türken, die ihre schlechten Baracken an mächtige Mauern geklebt haben, und Angesichts der Wälle, auf denen die tapfern Johanniter für den Glauben kämpften und starben, faul auf unterschlagenen Beinen sitzen und gedankenlos den Tabaksrauch von sich blasen, erschien uns ganz fremdartig. Es machte denselben Eindruck, als wenn man in einer unserer Städte die Türken auf einmal Herr und Meister spielen sähe. In allen andern Städten in der Türkei, und wenn sie noch so schön und großartig sind, wie Stambul, Adrianopel, Smyrna etc., paßt doch der Anblick des faulen orientalischen Treibens zu Allem, und wir Europäer waren, wie natürlich, eine fremde Zuthat. Doch, wie schon gesagt, hier in Rhodus ist es ganz umgekehrt. Wir wandelten durch die Bazars, die nirgends fehlen dürfen. Das Einzige, was von den Artikeln, die hier ausgebreitet lagen, uns des Kaufens werth erschien, waren schöne reife Orangen, die ersten, die wir auf unserer Reise gesehen, denn in Stambul waren erst wenige auf den Markt gekommen.

Die Stadt Rhodus steigt auf zwei Höhen, die sich nach West und Nord erstrecken, sanft aus dem Meere empor, weshalb auch alle Straßen von dem Hafen aufwärts laufen. Die alten zerfallenen massiven Gemäuer, die durch die Stadt zerstreut liegen, und an die der Türke sein armseliges Haus gebaut, sind bedeckt mit Epheu und umgeben von frischen Baumgruppen. Der Orangen- und Citronenbaum hatte hier schon Blüthen und Früchte, und die breiten Blätter des Rebenlaubes bildeten schattige Plätze. Auf den Wällen und in den Gräben erwies sich die Natur dem alten Rhodus freundlich und bedeckte das graue Gestein mit grünen Pflanzen und bunten Blumen. An die Einnahme der Stadt durch Soleiman erinnerten noch mehrere steinerne Kugeln, die hie und da umherlagen und wovon einige von einer wirklich ungeheuren Größe waren, denn sie hatten eilf bis zwölf Spangen im Umfang.

Wir sahen die Cathedrale, vormals die Kirche des heil. Johannes, von den Türken in zwei Theile getheilt, wovon der eine zum Getreidehaus, der andere zur Moschee benutzt wird. An den Wänden der letzteren hatte man die Gemälde, die dieselben zu den Zeiten der Johanniter bedeckten, mit weißer Farbe überstrichen, aber nicht verlöschen können; denn hie und da sah man noch Figuren in unbestimmten Umrissen hervorleuchten. Nicht weit davon liegt der frühere Palast des Großmeisters, ein großes viereckiges Gebäude, mit Gräben umgeben. Wir gingen nur bis unter das gothische Thor und sahen in den Hof hinein, den eine von Säulen getragene Gallerie im Viereck umgibt. Vor dem Schloß stand eine uralte Platane, von der ich mir ein Blatt abbrach und zum Andenken an Rhodus mitnahm.

Das Merkwürdigste und für den Europäer wirklich rührend ist eine kleine, öde, unbewohnte Gasse, die neben dem Palaste des Großmeisters liegt und noch jetzt den stolzen Namen *Strada dei Cavalieri* führt; denn hier waren ehemals die Wohnungen der verschiedenen Ritter aller Zungen. Jetzt wohnt Niemand hier; auf dem mit breiten Steinplatten gepflasterten Boden wächst Gras, die Straße gleicht einem Kirchhofe und die kleinen Häuserchen, alle von einander verschieden und jedes nach dem Geschmacke aufgeführt, den der Erbauer aus der fernen Heimath mitgebracht, stehen daneben, wie eben so viele Grabsteine, auf denen, wenn auch nicht der Name des Ritters, der sie erbaute, doch das Wappen desselben, in Stein gehauen, prangt.

Fast jedes dieser Häuser hat eine Treppe vor der Thür; dann gelangt man durch einen dunkeln Gang auf einen kleinen Hof, in welchem Knappen und Dienerschaft wohnten. Die Gemächer der edlen Johanniter selbst im Vorderhause sind nicht sehr geräumig und durch die kleinen vergitterten Fenster sehr dunkel. Die Straße der Ritter, welche ebenfalls bergan läuft, führt oben auf die Höhe des Walles, von wo wir, auf den Trümmern eines zerklüfteten Pulverthurms stehend, die Bollwerke und Thore, welche die französischen, deutschen, englischen und welschen Ritter vertheidigten, so wie das Siegesthor und das athanatische sahen. Auch sahen wir von hier die drei Hafen, welche Rhodus hat. Der Boothafen, in welchem unser Dampfboot ankerte, neben ihm die Galeerenhafen, wo sich die Schiffswerften befinden, und der durch das Castell Elmo beschützt wird, und auf der andern Seite der kleine Hafen, wo der Coloß stand und der von einem Klippenvorsprung und der Landzunge, auf welchem der Engelsthurm steht, gebildet wird.

Schon um Mittag rief uns der Signalschuß an Bord des Dampfschiffes zurück. Wir lichteten bald darauf die Anker und wandten uns dem anatolischen Festlande zu, wo die große durch umgebende Gebirge von allen Seiten vor der Gewalt der Winde geschirmte Bucht von Phisco und in deren Grunde der kleine Ort Marmoris liegt, nach welchem heute der schöne natürliche Hafen der von Marmarissa heißt. Schon seit den ältesten Zeiten ist das kleine Marmaris berühmt. Alexander, der es umzingelte, konnte die Bewohner nicht bekämpfen. Sie zündeten ihre eigene Stadt an, erwürgten Weiber und Kinder und schlugen sich durch das macedonische Heer in die Gebirge. Soleiman versammelte hier im Hafen die Flotte, die zur Eroberung am Rhodus bestimmt war, und ebenso die Engländer zu Anfang dieses Jahrhunderts die ihrige, welche, dreihundert Segel stark, wider Aegypten auslaufen sollte. Heute, wo sich unser Dampfschiff von Rhodus nach Marmaris wandte, sah der kleine Ort wieder eine gewaltige Kriegsmacht, die sich vor seinen verfallenen Mauern versammelte, denn die englische Flotte unter Admiral Stopford, vereinigt mit der östreichischen Escadre, lag da vor Anker.

Nachdem wir Rhodus verlassen, hatte sich das Wetter, das den Morgen über klar und freundlich gewesen war, plötzlich verändert und die See ging ziemlich hoch. Um so seltsamer war der Anblick des Hafens von Marmarissa, als wir, nachdem das ziemlich stürmische Meer und die ganz kahlen Gebirge des asiatischen Ufers hinter uns lagen, plötzlich in jener Bucht von frischen grünen Bergen umgeben, auf einem Wasser schwammen, das spiegelglatt und klar, einem großen Landsee glich, und uns mitten zwischen diesen Schiffkolossen sahen, die gleich furchtbaren Riesen in ihrer Höhle, hier im Schlafe neben einander von einem eben bestandenen Kampfe ausruhten. Dies waren die mächtigen Kanonen, welche Beirut beschossen und Acre beinahe vernichtet hatten. Jetzt fuhren wir neben dem Powerful, auf dem der Commodore Napier befehligt und senkten unter seinen Kanonen den Anker. Dort lag die Prinzessin Charlotte; auf ihrem Mittelmast flatterte die Flagge des Admirals Stopford; das herrliche Schiff schien uns Fremdlinge mit seinen hundertundzwanzig Kanonen wie mit eben so vielen Augen neugierig zu beschauen. In ihrer Mitte ankerte die Fregatte Lipsia, auf der sich der junge Erzherzog Friedrich von Oestreich befand. In Allem befanden sich hier dreizehn Linienschiffe, vier Fregatten, vier Briggs, drei Corvetten und vier Kriegsdampfschiffe. Mehrere dieser Fahrzeuge besserten ihre Masten und Takelwerk aus; denn obgleich Admiral Stopford beim Beginn der stürmischen Witterung zu Ende Novembers die offene, sehr unsichere Rhede Beiruts verlassen, so hatte doch der Sturm vom ersten und zweiten Dezember, der auch uns mit dem Dampfboot Seri-Pervas im Marmormeer scheitern machte, stark unter der Flotte gewüthet, mehrere Schiffe leicht beschädigt, eine Corvette ihrer sämmtlichen Masten beraubt, und eine Brigg, vom Sohne des englischen Admirals befehligt, war gänzlich zu Grunde gegangen. Einige Seeoffiziere versicherten uns, wenn das Unwetter noch einen Tag gedauert hätte, wäre die ganze herrliche Armada schwerlich dem Verderben entronnen. Wir blieben noch, bis das Licht des unterdessen aufgestiegenen Vollmonds unserem Steuermann den Weg aus dem Hafen wies, und verließen Marmarissa im Augenblick, wo auf sämmtlichen Schiffen von vollständigen Musikchören der Zapfenstreich ertönte. Es war für uns ein eigenes Gefühl, so viele Stunden von der Heimath den Priesterchor aus Norma zu hören. Am folgenden Morgen lachte uns wieder das herrlichste Wetter. Wir sahen schon in weiter Entfernung die Insel Cypern vor uns. Das Meer war eben wie ein Spiegel, der Crescent arbeitete so wacker vorwärts, daß wir schon gegen eilf Uhr die Insel erreichten und bei Larnaca, eine halbe Seemeile vom Lande entfernt, den Anker warfen. Wir fuhren in einer großen Schaluppe nach der Stadt und ich habe nie das Meer so klar und von so schöner Farbe gesehen, wie heute. Man konnte deutlich auf den Grund schauen und Muscheln und Steine erkennen, die gewiß an fünfzig bis sechzig Fuß unter uns lagen. Unser Capitän hatte bei dem Agenten der Dampfschifffahrtsgesellschaft eine Depesche abzugeben und wir benützten diesen Aufenthalt von einigen Stunden, um den köstlichen Cyperwein an der Quelle zu versuchen. Der Agent setzte uns eine Flasche, und wie er selbst sagte, vom besten vor; doch konnten wir ihm insgesammt keinen Geschmack abgewinnen. Desto mehr erfreute uns aber der Anblick eines jungen, sehr schönen Mädchens in diesem Hause, im reizenden griechischen Costüm, das unter einer Laube von Orangen saß und mit weiblicher Handarbeit beschäftigt war. Das gute Geschöpf mußte viel von unsern neugierigen Blicken leiden, denn wir hatten lange kein interessantes weibliches Wesen mehr gesehen; und unsere Herzen waren daher so erkaltet, daß wir es wagen konnten, ein paar lange Minuten hindurch das strahlende Feuer ihrer schönen Augen auszuhalten.

Wir streiften eine Weile in der Nähe der Küste herum und trafen zufällig einen deutschen Landsmann; er war ein Schwabe, der in dem Kapuzinerkloster hier die Dienste eines Schneidermeisters, Garderobiers und Haushofmeisters versah. Wir mußten ihm zu den ehrwürdigen Vätern folgen und blieben eine halbe Stunde bei ihnen, worauf uns der Deutsche in eine Locanda führte, wo wir nach seiner Versicherung den köstlichsten Cyprier unverfälscht und von bester Sorte haben könnten. Wir folgten seinem Rath und seiner Führung, ohne das später zu bereuen, denn der klare goldgelbe Wein, der uns dort von einem schönen schwarzäugigen Mädchen credenzt wurde, übertraf an Feuer und Wohlgeschmack Alles, was ich bisher getrunken. Nach einer Stunde kam der Capitän selbst, um uns aufzusuchen und zur Abfahrt zu mahnen. Er war mit den Gelegenheiten in der Stadt schon bekannt und hatte nicht umsonst geahnet, daß er uns hier an der Quelle des köstlichen Nektars finden würde.

Wir gingen nach dem Schiffe zurück und mußten, obgleich es im December war, die Strahlen der Nachmittagssonne schwer empfinden. Ein öderer, baum- und strauchloserer Anblick, wie aber auch diese Insel von der Südseite bietet, ist nicht leicht zu finden. Der Boden ist weißer Kalkstein, mit Kieselstein und Marienglas bedeckt; doch soll dagegen der nördliche Theil Cyperns, der von hohen Gebirgen durchschnitten ist, der freundlichen, ja sehr schönen Gegenden viele aufzuweisen haben. Wir lichteten gegen zwei Uhr die Anker und da die heutige Nacht die letzte unserer jetzigen Seereise war, rüsteten wir unser Gepäck, um Morgen früh bei unserer Ankunft in Beirut gleich Alles in Bereitschaft zu haben und das Boot verlassen zu können. Wir hatten eine schöne angenehme Nacht, das Meer war spiegelglatt und ruhig wie ein Teich, nur ein leichter Wind blähte das Segel, das der Capitän, den Lauf des Schiffes zu befördern, aufspannen ließ.

Das erste Frühlicht des neuen Tages traf uns schon auf dem Verdeck, denn aus der Dämmerung der Nacht begann für uns ein prächtiges ungeheures Schauspiel aufzutauchen. Wir hatten das Ziel unserer Seefahrt erreicht und vor uns lag der schneebedeckte Libanon, zu seinen Füßen das arme zerschossene Beirut.

Sechstes Kapitel.

Beirut.

Aeußere Ansicht der Stadt. – Der Libanon. – Innere Ansicht der Stadt. – Das Schloß am Meer. – Die Bazars. – Gewühl auf den Straßen. – Weiber. – Türkische Artillerie. – Beduinen. – Das Drusenlager. – Pinienanpflanzungen. – Aufenthalt in Beirut. – Jungfräulichkeit neuer Schiffe. – Die türkische Thorwache. – Krankheit der Freunde. – Ein Ritt in den Libanon. – Friedrich.

Welch' ein Unterschied ist zwischen dieser syrischen Stadt und denen der Türkei, die wenigstens von Außen dem Auge mit ihren ragenden Minarets und prangenden Cypressen einen lieblichen Anblick gewähren! Man sieht, hier trägt der Mensch einen Steinhaufen zusammen, um unter ihm Schutz gegen die glühende Sonne zu haben, und darauf eine Terrasse, wo er der Abendkühle genießen kann. Die Gebäude mit platten Dächern sind alle von gleicher Höhe und haben fast gar kein Fenster; nur hie und da deuten in hohen und breiten Mauern zwei oder drei Löcher eine solche Idee an. Alles ist von gleicher Farbe, der ursprünglichen des Bausteines, einem verbrannten Braungelb, und das Haus ist vom Felsen, auf dem es steht, kaum zu unterscheiden. Die drei, vier Minarets der Stadt sind kaum ein Drittheil so hoch, wie die gewöhnlichen in Constantinopel, aber eben so dick, was ihnen ein plumpes, gedrücktes Ansehen giebt. Es ist, als wäre es den arabischen Maurern unter der Arbeit zu heiß geworden, und da haben sie, statt noch zweimal so hoch zu bauen, und dann ein schlankes Spitzthürmchen aufzusetzen, der Sache ein Ende gemacht, indem sie mit einem massiven, beinahe flachen Dache schlossen. Gewiß, brächten nicht die die Stadt umgebenden unzähligen Hecken von Cactus und einzelne stolz emporragende Palmen einiges Leben in die Seeseite, man müßte die Gegend für ausgestorben, und jene braune Häusermasse für eine von ihren Bewohnern verlassene Ruine halten. Doch mag an dem für uns ganz unerquicklichen Anblick auch die Jahreszeit einige Schuld haben; denn obgleich es drückend heiß war, herrschte hier auch Winter, und die zahlreichen Maulbeer- und Feigenbäume zeigten uns nur kahle Aeste.

Es ging mir hier wie den Kindern, die das Beste bis zuletzt aufsparen. Erst als sich mein Auge übersättigt hatte an den Maulwurfshaufen der Menschen, hob ich meinen Blick langsam empor zu jenem ewigen majestätischen Bau, den hier die Natur hingestellt, zum stolzen Libanon. Lange sah ich hin, und meine Gedanken jagten durch seine Schluchten, zogen seine Felsspitzen hinauf und hinunter, flatterten um das ganze Gebirge, und endlich kühlten sich die erhitzten im Schnee, der sein Haupt bedeckt, ab. Nie hat etwas auf mich einen größeren Eindruck gemacht, nicht der Balkan, den ich überstiegen, nicht das Meer, als ich es zum ersten Male gesehen, nicht Constantinopel, noch Smyrna.

Das große Boot, welches von der Stadt gekommen war, uns dorthin abzuholen, schwankte stark in den heftigen Wogen des Hafens; hier ist das Wasser stets bewegt und durch große Felsstücke, die in der See hie und da versprengt liegen, für größere Schiffe unfahrbar; selbst Nachen kommen beim ruhigsten Wetter nicht ganz an's Ufer, weshalb Passagiere und Güter auf den Schultern der Lastträger nach dem Quai getragen werden.

Ein Gang, den wir gleich bei unserer Ankunft durch die Stadt zum Hause des österreichischen Consul Herrn Laurella machten, zeigte uns das Innere derselben mit der äußern Ansicht beinahe ganz übereinstimmend. Man sieht überall nur die äußerste Nothdurft befriedigt, keine Idee von Luxus oder Eleganz, keine bunte, helle, wenn auch geschmacklose Verzierung an den Häusern, wie in der europäischen Türkei, oder hie und da einen freien Platz. Die ganze Stadt kam mir wie ein großes, unregelmäßig zusammengemauertes Gebäude vor, alle Wände massiv, gleich hoch und schmutzig. Die Gänge oder vielmehr Straßen sind schmal, damit der brennende Sonnenstrahl nicht eindringe. Hiezu kommt noch, daß die sehr hohen Häuser alle dreißig bis vierzig Schritte mit steinernen Bogen vereinigt sind, die sich über der Gasse wölben. Auf uns, die wir bei unsern Bauten nichts so sehr lieben, wie Geräumigkeit und frische Luft, wirkt eine solche gefängnißartige Stadt eigentlich brustbeengend, und obendrein entsteigt den Straßen und Gewölben ein unerträglicher Geruch. Die Unannehmlichkeit wurde noch erhöht durch das Drängen und Stoßen der vielen Menschen in den Gassen; die Stadt war im Augenblick überfüllt mit englischen und türkischen Soldaten, Beduinen, Arabern, Bergvölkern etc.

Da der einzige Gasthof Beiruts, eine schmutzige Locanda, die unter dem Befehl eines Italieners steht, von englischen Offizieren ganz in Beschlag genommen war, so standen wir auf der Gasse, ohne Aussicht auf ein auch nur ganz mittelmäßiges Unterkommen. Unsere liebenswürdigen Reisegefährten, fünf österreichische Offiziere, die sich in dem Kriege gegen Mehemed Ali einige Lorbeeren pflücken wollten, brachte der Consul Laurella so gut wie möglich in seinem Hause unter und bot auch uns dasselbe an. Indessen hatte Giovanni, der arabische Dolmetscher und Koch, den der Baron in Smyrna angenommen (er war hier zu Hause), mit einem Bekannten unterhandelt, der uns sein Haus, eine Viertelstunde westlich von der Stadt am Meere gelegen, um einen billigen Preis anbot, was wir mit Freuden annahmen.

Diese Villa, das Schloß am Meer, wie wir sie tauften, hatte, obgleich es nur das Haus eines syrischen Landwirthes war, wie alle diese Gebäude etwas Castellartiges, vier hohe steinerne Mauern, an denen man von außen nur kleine vergitterte Fensteröffnungen sah. In den untern Stock, der sonst ohne Fenster, nur zur Aufbewahrung von Geräthschaften dient, war für die Zeit unsers Aufenthalts hier, der Besitzer mit seiner Familie gezogen; der obere bildet eine Terrasse, um welche auf zwei Seiten in einem rechten Winkel unsere drei Zimmer lagen. Diese geräumige Terrasse war fast unser beständiger Aufenthalt; hier hatten wir, was wir in der Stadt so sehr vermißten, reine gesunde Luft, und welche Aussicht und Umgebung! - Nördlich, so weit das Auge reichte, die gewaltige Meerfluth, östlich die Rhede der Stadt, und hinter derselben den Libanon, dessen Zug wir von Tripolis bis beinahe Saida mit unsern Blicken verfolgen konnten. Den traurigen Anblick Beiruts verdeckte uns ein kleiner Hügel am Meer. Der türkische Friedhof mit seinen weißen Steinen und gewölbten Grabmälern, die Wohnung der Todten, war freundlicher, als die Stadt der Lebenden.

Zu unserer großen Unterhaltung war das Meer stets belebt wie eine große Landstraße; alle Schiffe, die von Alexandrien, Marmarissa, Cypern etc. kamen, mußten an unserer Terrasse vorbei; fast täglich kamen und gingen englische Kriegsdampfboote, Mannschaften oder Depeschen bringend, eine zahllose Menge großer und kleiner Kauffahrteischiffe kreuzte sich beständig auf dem Meer und der Rhede; auch hatten wir zweimal das Vergnügen zu sehen, wie ein englisches Linienschiff ersten Ranges in weiter Ferne mit den Mastspitzen auftauchte, langsam die Höhe der See erstieg und nach einigen Stunden in seiner majestätischen Gestalt an unserm Hause vorbeischwamm.

Südlich von unserer Wohnung bildete das Terrain einige Hügel, die mit vielen kleinen und größern Häusern bedeckt waren; sie nahmen sich mit ihrer Umgebung von grünen Oelbäumen und großen schlanken Palmen, alle von gewaltigen Cactushecken umzäunt, sehr hübsch aus. Eines derselben hatte für uns besonderes Interesse, hier wohnte Lamartine einige Monate, und hier starb seine einzige Tochter Julie.

Nachdem wir uns einigermaßen in der Villa eingerichtet, d. h. Teppiche auf dem Boden der Zimmer ausgebreitet, wozu die arabischen Hausleute, - es waren jedoch katholische Christen - mit großer Gutmüthigkeit die Decken ihrer eigenen Betten gaben, auch Küchengeschirr, Gläser, Teller, Pfannen etc. gekauft, betrachteten wir unsere Umgebungen und die Stadt, die wir bis jetzt nur sehr flüchtig angesehen, etwas genauer. Unser Weg führte uns längs der Küste, an welcher wir in verschiedenen

Säulentrümmern, die hier herumlagen, so wie in Stücken alten Mosaikpflasters und verwitterten Mauern, die das Meer bespülte, Ueberbleibsel der Gebäude oder der Befestigungswerke der alten Stadt Berytus zu erkennen glaubten. Bei sehr ruhiger See habe ich oft stundenlang am felsigen Gestade gesessen und konnte deutlich unter den Wellen den Grundriß einzelner Häuser verfolgen; kleine Fische schwammen ruhig in den Wohnungen der Menschen umher.

Die Stadt, welche, wie gesagt, von der Seeseite einen traurigen Anblick gewährt, macht sich vom Lande her etwas besser und ist hier mit ziemlich erhaltenen alterthümlichen Mauern und Thürmen umgeben, die wohl noch aus den Zeiten der Kreuzzüge herrühren, wo, wie bekannt, die Christen unter Balduin IV. die Befestigung von Beirut sorgfältig wiederherstellten; auch geben hier zahlreiche Olivenbäume und Palmen, so wie die immer grünen Cactushecken ihrem grauen Gesicht eine jugendliche Schminke. Ueberall sahen wir jedoch die Verheerungen, welche das Bombardement der englischen Flotte kürzlich angerichtet. Hier war ein Stück von der Mauer herabgestürzt, dort fehlte einem Thurme die Ecke, an diesem Hause hatte eine Kugel zwei Fenster in eines verwandelt, so daß man in die Zimmer sehen konnte; einzelne Granaten und Kugeln waren bis zu unserm Landhaus geflogen, und wir fanden in dem Garten mehrere von sehr schwerem Caliber. Auch das Innere der Stadt hatte bedeutend gelitten. Es war mir immer ein eigenes Gefühl, wenn ich jene alten Zeiten, wo frommer Eifer Leben und Gut opferte, um jene Ringmauern zu errichten, mit den jetzigen Tagen zusammenzureimen suchte, wo Christen die Gefälligkeit hatten, dieselben Werke für Rechnung der Türken zusammenzuschießen. Der fünfte und letzte Akt dieses grandiosen Trauerspiels wäre gewesen, wenn Ibrahim Pascha sich nach Jerusalem geworfen und christliche Kugeln die Kuppel der Grabeskirche zerschmettert hätten.

Auf den Straßen fanden wir auch heute dasselbe Gewühl, denselben Schmutz und Gestank wie am Tage unserer Ankunft; ich habe nie so mancherlei Parfüme genossen, als auf meinen Spaziergängen durch Beirut. Wie in allen orientalischen Städten sind auch hier drei Viertheile der Straßen zu Bazars eingerichtet und bilden lange Reihen offener Gewölbe; denn außerdem, daß der Kaufmann seine Waaren ausstellt, sitzen auch alle Handwerker in ihren verschiedenen Straßen offen vor den Augen der Vorübergehenden. In einer Gasse steht man die Anfertigung des verschiedenartigsten Fußzeugs vom kleinen Pantoffel bis zum größten Reitstiefel; in einer andern bergen sich hunderte von Webstühlen, deren Einfachheit übrigens bemerkenswerth ist; mit den Kosten und dem Holze eines der unsrigen macht man wenigstens fünf türkische. Dort liegt die Gasse der Waffenschmiede, welche in diesen Tagen stets gedrängt voll ist; besonders die Bergbewohner wogten hier auf und ab und ließen ihre neuen Gewehre, womit die türkische Regierung sie gütigst beschenkt, ausbessern und putzen. Weiterhin sieht man die Barbiere mit ungemeiner Geschicklichkeit die Köpfe der Gläubigen bearbeiten; letztere geben dabei recht eigentlich den leidenden Theil ab, denn der Barbier legt den Kopf auf sein Knie und dreht und wendet ihn nach Gefallen, um jedem Haare am besten beizukommen.

Ich fand die Straßen hier bei Weitem interessanter belebt, als selbst in Stambul. Während dort jeder seinem friedlichen Geschäft nachgeht und so rasch als möglich fortzukommen sucht, wandern hier die verschiedenen Volksstämme, die der Krieg zusammengeführt, mit Waffen bedeckt, langsam und gravitätisch vorüber. Die kräftigen Männer des Gebirges, von denen ich oben sprach, in weiten farbigen Beinkleidern und meistens rothen gestickten Jacken, den weißen Turban auf dem Kopfe, sieht man gewöhnlich in großen Haufen, sie sind lustig und guter Dinge, denn auf dem Rücken haben sie ja wieder ein Gewehr, ihre Lieblingswaffe, die ihnen Ibrahims kräftige Hand abgenommen, der bei Todesstrafe verbot, Waffen zu tragen. Zwischen ihnen durch schleicht ernst und still ein Beduine, der Sohn der Wüste, mit bronzefarbenem Gesicht. Der lange weiße oder gestreifte Burnus hängt von seiner Schulter bis auf den Boden, auf dem Kopf trägt er das nationelle gelb und roth gestreifte wollene Tuch, das ein Kranz aus kleinen farbigen Stricken befestigt. Obgleich ihn nur selten die Woge des Lebens aus seinem Sande zu diesen Herrlichkeiten führt, so betrachtet er doch die Kaufläden, ohne eine Miene zu verziehen, mit den durchdringenden schwarzen Augen und raucht aus seiner kurzen Pfeife. Hinter ihm kommt ein Miralaja, ein großherrlicher Oberst, auf schönem wohlgenährtem Pferde, den Diamantstern als Zeichen seiner Würde auf der Brust, gefolgt von mehreren Dienern, die ihm Waffen und Pfeife nachtragen. Dort schreiten zwei Arnauten in ihrem malerisch schönen Costüm; es ist wie das griechische mit weißer Fustanella und rother Jacke; sie gehen trotzig umher, ohne einem Menschen auszuweichen, eine Hand in den Gürtel gesteckt, der außer zwei Pistolen, einem Yatagan, einem Dolche, einem Messer, noch Feuerzeug und Pfeife beherbergt. Ich habe unter diesen Menschen fast keinen gesehen, der eine angenehme, gute Gesichtsbildung gehabt, oder in dessen Zügen nicht ein böser, heimtückischer Ausdruck gelauert hätte. Sie bilden eine unregelmäßige Truppe Infanterie und Cavallerie. Man kann sie fast noch als Nachzügler der ehemaligen Janitscharen und Mameluken betrachten; sie desertiren ohne Weiteres hier und lassen sich dort wieder anwerben, je nachdem sie mehr Beute und bessern Sold zu erwarten haben; sie fechten nur dann, wenn sie Lust haben, und es kommt ihnen gar nicht darauf an, ihre Offiziere zu morden.

Von den Einwohnern Beiruts sind diese vagabundirenden Kriegsknechte außerordentlich gefürchtet, und in einem Caffeehause, wo sich ein Arnaut niederläßt, rücken die andern ängstlich zusammen.

Die Mannigfaltigkeit der Costüme auf den Straßen vermehren noch die in ihrem Aufzug verschiedenen Secten der Christen, Griechen, Armenier, Maroniten. Die Weiber der letztern tragen einen eigenen Kopfputz, eine konische, zwei bis drei Fuß lange Röhre von Silber oder Messing; sie steht in einem Winkel von fünf und vierzig Graden bald nach den Seiten, bald nach vorne, und ist mit einem Stück Mousselin bedeckt, das beinahe bis auf die Hüften fällt und zum Verschleiern des Gesichtes dient. Dazu kommen die Schattirungen des muhamedanischen Glaubens, die sich gleichfalls in der Tracht aussprechen. Gravitätisch wandelt dort der Türke vom alten Regiment, und es giebt deren in Syrien noch sehr viele, angethan mit dem langen Kaftan, im weißen oder grünen bauschigen Turban; letztere Farbe bezeichnet einen Nachkommen des Propheten, und der ihn trägt, wird Emir genannt. Obgleich aber Emir so viel wie Herr oder gar Fürst sagen will, findet man doch gerade unter der geringsten Classe, z. B. den Lastträgern, Wasserverkäufern etc. die meisten. Der ächte Muselmann geht ruhig seines Wegs, die eine Hand streicht den krausen Bart, die andere faßt das Schreibzeug im Gürtel. Auch das unglückliche, überall zerstreute Volk der Juden hat hier seine Repräsentanten. Stets auf den Erwerb bedacht, schlüpft der Jude behende im schmierigen Kaftan und dunklem Turban durch die Menge, rechts und links schauend, ob etwas zu gewinnen sey; besonders heften sie ihr Auge auf den herumwandelnden Europäer und bieten sich ihm gleich zu allen möglichen Diensten an. Fast alle europäischen Nationen sind hier in zahlreichen Mitgliedern vertreten, und keine verläugnet ihren Charakter. Der Franzose schlendert in gelben Glacéhandschuhen schwadronirend umher, und während alle österreichischen Matrosen vor einem gutgekleideten Franken, der sie freundlich ansieht, den Hut ziehen, steuert der Engländer mit dem hölzernen Gesicht gerade aus, betrachtet Häuser und Himmel und rennt jeden an, der ihm nicht ausweicht. Das weibliche Geschlecht spaziert hier nicht so zahlreich herum, wie in Constantinopel. Alle Weiber der Mohamedaner sind mit einem dunkeln Stück Kattun, das gleich einer Maske ihr Gesicht bedeckt, so verschleiert, daß man auch keinen Zug ihres Gesichts erkennen kann, auch werfen sie beim Anblick eines Fremden noch ein Stück weißen Mousselin, das ihnen den Rücken hinabhängt, über den Kopf, besonders aber, was sehr gut ist, gerade die häßlichsten alten Weiber; die jungen heben nicht selten ihren Kattun und lassen ein paar schwarze glühende Augen sehen, ein Vergehen, das von den andern gleich mit harten Worten gerügt wird. Auch die Maronitinnen tragen über ihrem Horne einen weißen Schleier, den sie gelegentlich fallen lassen, um ihre hübschen runden Gesichter dem Fremden zu verbergen. Doch sind sie in der Cultur voran und haben uns nicht selten freundlich angelächelt. Die Frauen der katholischen Araber, deren es hier viele giebt, gehen unverschleiert, und ich habe unter ihnen herrliche Figuren mit sehr edlen Gesichtszügen gefunden.

Ebenso kriegerisch, wie das Innere der Stadt, sah auch die Umgebung derselben aus; sie glich in diesem Augenblicke einem großen Feldlager. Auf dem Quai hatten die hundert englischen Kanoniere, welche die bewaffnete Macht der vier Großmächte vorstellten, ihr Hauptquartier aufgeschlagen; dort standen ihre sechspfündigen Geschütze aufgefahren, und sie selbst campirten theils in einem Gebäude, theils in weißen Zelten. Ich bin fast zu keiner Zeit des Tages hier vorbeigekommen, daß nicht die Söhne Albions in ihrer Küche beschäftigt gewesen wären, die sie an einer Mauer aufgeschlagen hatten. Westlich von der Stadt, auf einem Hügel, der dieselbe beherrscht, stand der Park der türkischen Artillerie. Die Leute wohnten unter hellgrünen Zelten, und ebenso waren auch die Lafetten angestrichen; es befanden sich hier ungefähr dreißig Kanonen von der Größe unserer Sechspfünder; doch schießen die meisten ein weit größeres Caliber und haben eine so weite Mündung, daß ich sie anfänglich für Haubitzen hielt; sie sind aber ohne Kammern, und ich hörte später, sie seyen ebenfalls für Paßkugeln bestimmt. Das Metall ist so dünn, daß sich das Rohr nach wenigen Schüssen bis zum Zünden erhitzen muß; obendrein sind mehrere Stücke, statt von wirklichem Stückgut, von Bronze. Doch glaube ich nicht, daß die Türken so bald in den Fall kommen werden, mit diesen Kanonen zu agiren: sie hatten weder Bespannung noch Munition, auch nicht ein einziger Wagen befand sich im Parke.

Unterhalb dieser Artillerie auf einem kleinen Platze, der an die Mauern der Stadt stößt, war für mich der interessanteste Punkt. Hier hatte ein Stamm der Beduinen aus dem Hauran sein Lager aufgeschlagen; es mochten ihrer fünfzig bis sechzig seyn, die in grauen Zelten wohnten, in denen sie aber weder Stroh noch Teppiche hatten; sie schliefen auf der bloßen Erde, und zogen Nachts ihren Burnus über den Kopf. Wir haben manche Stunde bei ihnen zugebracht; obgleich sie uns Fremde anfänglich finster und mißtrauisch beobachteten, wurden sie bald freundlicher und durch Kleinigkeiten an Geld, die wir ihnen spendeten, ganz zutraulich. Die meisten waren große, hagere Männer mit ausdrucksvollem, aber verschmitztem Gesichte, dem der schwarze herabhängende Bart etwas Düsteres gab. Ihre Waffen bestehen aus dem Säbel, der sehr langen und dünnen Flinte, die sie an einem Riemen über der Schulter tragen, und einer Lanze von wohl fünfzehn Schuh Länge mit fußlanger dreischneidiger Spitze, die mit einem Bouquet von dichten schwarzen Straußfedern umgeben ist. Die ausdauernden Gefährten dieser Wüstensöhne, die edlen, treuen Pferde, fast alle von schönen Formen, aber dabei mager wie ihre Herren, stehen an einem Fuße mit einer Kette gefesselt, stets vollständig gesattelt vor den Zelten.

Der Beduine und sein Roß sind nur vereinigt wahrhaft schön und poetisch; sobald der Reiter die Erde betritt, schleicht er faul und langsam umher, oder liegt mißmuthig unter seinem Zelte, aus der kurzen Pfeife rauchend, und das Pferd steht ruhig da, senkt den Schweif und sieht hungrig nach einigen Grashalmen, die zwischen den Steinen sprossen. Doch wie sich der Beduine auf sein Roß schwingt, scheint beide ein gewaltiges Feuer zu durchströmen; sein Auge blitzt, die ganze kräftige Gestalt richtet sich auf, und während er ein eigenes Geschrei ausstößt, greift das Pferd aus und verschwindet in sausendem Galopp, wobei es mit dem Schweif nicht selten den Rücken des Reiters schlägt. In wenigen Augenblicken steht man in der Ferne nur noch eine Staubwolke und über ihr wehend die schwarzen Federn der Lanze.

Wir vermochten sie durch reichliches Bakschis häufig, ihre Pferde zu besteigen und uns deren Schnelligkeit, so wie ihre eigene Gewandtheit im Führen der langen Lanze zu zeigen; und wenn sie dann so dahin flogen über die Fläche, daß der weite Mantel um sie flatterte, wenn sie die Lanze weit vor sich hinschleuderten und den Säbel zwischen den Zähnen, Gewehr und Pistolen abschossen, dann dachte ich an meinen lieben Freiligrath:

Beduin, du selbst auf deinem Rosse
Bist ein phantastisches Gedicht.

Nördlich von diesem Beduinenlager war der große Spaziergang der Stadt, ein ziemlich geräumiger Platz, wo es für den Fremden jeden Augenblick etwas zu sehen gab. Es war hier beständiger Jahrmarkt: in kleinen hölzernen Buden verkaufte man Scherbeth, Früchte und Brod; auch ein Caffee war dort errichtet, wo die Gäste unter einer riesigen Sycomore auf kleinen Stühlchen aus Palmzweigen saßen, und der Wirth auf einem Haufen zusammengetragener Steine das Getränk bereitete. Pfeife und Nargileh fehlten natürlich nicht. Hier nahm ich meistens meinen Platz, um das bunte Gewühl um mich her zu beobachten, das Leben und Treiben, das sich hier dem Auge entfaltete und jeden Augenblick wechselte. Ich denke noch immer mit Vergnügen an die Tage, wo ich, mit dem Rücken an den Baum gelehnt, die arabische Wasserpfeife rauchte, ein Genuß, den unsere deutschen Tabaksraucher nicht kennen. Dies Instrument ist übrigens sehr einfach: in eine Kokusnuß mit zwei Löchern gießt man Wasser; in die eine der Oeffnungen steckt man die Pfeife, welche ein gedrechseltes Rohr ist, oben mit einem kupfernen Behälter, in welchem der Tabak und obenauf die glühende Kohle liegt; in die andere Oeffnung paßt das dünne Rohr. So saß ich und es brauchte nur eine Handbewegung, um eine neue Tasse Caffee oder frischen Tabak zu erhalten; ich war ein mächtiger Pascha geworden, und selbst ein Gefolge fehlte mir nicht; denn wenn ich bei meinen Beduinen vorbeikam, um auf den Platz zu gehen, folgten mir fast immer einige in der Entfernung und kauerten an meiner Seite nieder, wenn ich mich am Caffee niederließ. Besonders Nachmittags war das Treiben auf dem Platze sehr mannigfaltig; da strömten die Besucher aus der Umgegend, die ihre Geschäfte in der Stadt abgemacht, hier zusammen, um, in Gruppen gelagert, ihr Mal zu halten. Dann wurden Pferde probirt und eingeritten, was bei den Orientalen eine leichte Procedur ist; der Reiter setzt sich recht fest in den Sattel, wobei das Thier, wenn es sehr ungestüm ist, von Andern gehalten wird; dann läßt er die Zügel fahren, stößt ihm die Fersen in die Flanken, und das Thier jagt voll Ungestüm im vollen Lauf über den Platz, bis der Reiter es gewaltsam zusammen reißt, umwendet und die eben durchflogene Strecke wieder im Galopp zurücklegt; dies wird so lange wiederholt, bis das Thier aus Angst vor dem Zügel nur dann galoppirt, wenn ihm der Reiter mit dem Bügel in die Seiten arbeitet und anhält, wenn es nur die geringste Bewegung des Zügels spürt. Vom Traben und Zügeln des Pferdes haben sie keinen Begriff; sie können nur galoppiren, und wollen sie halten, das arme Thier unbarmherzig zusammen reißen. Um auf diese Art ihrer Pferde vollkommen Herr zu werden, haben sie zwei Mittel, die der Europäer als unzweckmäßig verwirft: erstens besteigen sie ihre Thiere schon mit zwei Jahren, wo dieselben noch nicht im Besitz ihrer vollen Kraft sind, und zweitens sind ihre Stangen so scharf, daß das gepeinigte Roß sich zahm und folgsam zeigen muß.

Eines Abends machten wir unsern gewöhnlichen Spaziergang, der uns über diesen Platz zur Küste des Meeres führte, und sahen ihn schon von Weitem mit Menschen in nie gesehenen, mannigfaltigen Costümen, mit Zelten, Pferden und Maulthieren bedeckt. Es waren Drusen, unregelmäßige Reiterei im Dienste des Großherrn. Wir traten auf den Platz, und es war mir nicht anders, als kämen wir zu einem großartigen Maskenfeste, so bunt wogte und trieb sich Alles durch einander. Es mochten an zweitausend Mann seyn, die zum Theil schon gelagert waren; d. h. sie hatten ihre Pferde angebunden, Teppiche und Decken ausgebreitet, und kochten, auf der Erde liegend, an kleinen Feuern Caffee. Andere standen noch in Haufen beisammen, luden die Packpferde ab und fesselten sie, indem sie einen Vorder- und Hinterfuß an einem drei bis vier Schuh langen Strick, und diesen an einem in die Erde gerammten Pfahl befestigten. Die Letzten der Schaar kamen erst an, sie führten eine weiße und grüne Fahne und eine äußerst einfache Musik, nichts als kleine Pauken, auf die sie im Takt schlugen.

Es war, als seyen von sämmtlichen Volksstämmen des Orients Repräsentanten hier zusammen gekommen, so mancherlei Trachten, Säbel, Lanzen, Wurfspieße, Flinten und Pistolen waren da zu sehen. Der Emir hatte sein Zelt unter einer Sycomore aufschlagen lassen und empfing uns daselbst äußerst freundlich. Ich habe nie einen schönern Mann gesehen. Das idealisirte Bild eines Morgenländers, eines Fürsten der Berge trat lebendig vor uns. So habe ich mir den großen Kalifen, den tapfern Saladin gedacht; eine große, kräftige Figur, doch nichts weniger als fett, mit einem Kopfe, dessen edle Schönheit und männlichen Ausdruck man selten findet. Er hatte in seinem ganzen Wesen, seinem Auge, seiner Sprache eine Sicherheit und Ruhe, die jedem unbedingtes Zutrauen einflößen mußten. Sein Kopf war mit einem gelb und roth seidenen Tuch turbanartig umwickelt, dessen eines Ende in Franzen auslief und auf die rechte Schulter niederfiel. Der übrige Anzug bestand aus einem rothseidenen Kaftan; den ein kostbarer Shawl um den Leib zusammenhielt; ein sehr reicher Säbel hing an einer geflochtenen goldenen Schnur, und zwei Pistolen, deren lange Hälse mit Steinen besetzt waren, staken in seinem Gürtel. Wir ließen uns bei ihm nieder, und man brachte uns Pfeifen, Scherbet und Caffee. Nachdem wir uns einige Augenblicke mit ihm durch den Dolmetscher unterhalten, erschien in der Zeltthüre ein ganz junger Mann, beinahe noch ein Knabe, eben so reich gekleidet wie der Emir, machte jedoch, so wie er uns erblickte, eine Bewegung zum Zurücktreten. Jener rief ihm aber und stellte ihn uns als seinen Neffen vor. Der junge Druse legte die Hand an Brust und Stirne, unsern Gruß erwiedernd, wobei er erröthend auf den Boden sah. Es war etwas so Ungekünsteltes in dieser Bewegung, und die ganze Figur so schlank und zart, daß man ihn für ein verkleidetes Mädchen hätte halten können. Zum ersten Mal aus seinen Bergen gekommen, hatte er noch wenig Europäer gesehen, und betrachtete uns anfangs mit kindischer Neugier, doch bald wurde er zutraulich, und wir haben ihn in den paar Tagen, die er in Beirut war, recht lieb gewonnen.

Wo man, mit Ausnahme des oben erwähnten Platzes, aus der Stadt tritt, um sich in ihrem Umkreis zu ergehen, nöthigt der tiefe Sand, der alle Wege bedeckt, bald zum Umkehren. Da die niedrigen westlichen Ausläufer des Libanon bei Beirut zum Theil aus beweglichem Sand bestehen, den der Wind in die Ebene und auf die Stadt führt, so wäre sie in Gefahr, förmlich zu versanden, hätte nicht der große Emir der Drusen, Fachreddin, der hier zu Anfang des siebzehnten Jahrhunderts residirte, einen lebendigen Wall gegen dieses Sandmeer aufgeführt, indem er die Stadt östlich mit einer großen Anpflanzung von Pinien umgab, die jetzt eine ziemliche Stärke erreicht haben und ihren Zweck erfüllen. Nach diesem Walde richteten wir unsere meisten Spazierritte; das frische Grün der Bäume erfreute das Auge, das sich an den grauen Formen der Stadt und an dem gelben Sande müde gesehen.

Auf unserm Schloß am Meer führten wir ein von der Stadt und ihren Bewohnern ganz abgesondertes Leben. Ueber den Mauern flatterte ein weißer Pavillon; doch führten wir unter dieser Farbe der Unschuld ein kleines Raubritterleben, und wenn wir auch keinen vorüberziehenden harmlosen Wanderer ausplünderten, hatte doch jeder seine Gegenstände, auf die er lauerte und ausfiel. So hielt der Baron alle Pferde aus der Stadt und Umgegend an und nöthigte die Vorüberkommenden in unsern Hof, so daß derselbe zuweilen einem kleinen Markt in diesem Artikel glich. *Dr.* B., unser Naturforscher, attaquirte Schnecken und Eidechsen, und der Maler F. und ich forcirten die Natur stückweise in unsere Mappen und Schreibbücher.

Wir hatten anfänglich dies Haus nur für eine Woche gemiethet, da wir uns in Beirut nicht länger aufhalten wollten, als eben nöthig war, d. h. bis wir uns Pferde und die uns noch fehlenden Reisegeräthschaften besorgt, um in das Innere des Landes nach Damaskus, Palmyra, Jerusalem zu dringen. Doch sahen wir schon in den ersten Tagen, daß wir in der bestimmten Zeit von hier nicht loskommen würden, denn wenn man den Krieg mit Ibrahim Pascha schon als beendigt ansah, so gährte es doch in den Bergen noch beständig fort und kleine Scharmützel zwischen den Bergbewohnern und der ägyptischen Armee - solche Sachen wurden natürlich alle vergrößert - machten die Wege im Innern von Syrien unsicher.

Unsere Reisegefährten, die östreichischen Offiziere, blieben auch anfänglich hier, und da wir außerdem noch mehrere interessante Beanntschaften in der Stadt machten, so fehlte es uns keineswegs bei dem ungewohnten Leben und Treiben und der großartigen Natur, an Zerstreuung und Unterhaltung. Unter Anderem war es der russische Consul, Herr von B., der ein sehr gut eingerichtetes Haus hatte und uns viel Freundschaft erwies. Den Weg zur Stadt, der dicht am Ufer des Meeres führte, machten wir häufig des Tages und sahen und genossen immer etwas Neues. Bald sahen wir den Fischern zu, die zwischen den Klippen herumwateten und Muscheln ablösten oder mit großen Netzen fischten. Bald suchten wir uns auch an dem sehr zerklüfteten Strande eine heimliche Stelle auf, deren es hier sehr viele gab, wo das Meer ordentliche Mulden und Becken ausgehöhlt, die es beständig mit frischem klarem Wasser anfüllte, und worin wir badeten.

Einige hundert Schritt von unserm Hause befand sich eine Werfte für kleinere Schiffe, auf der in den Tagen unsers Aufenthalts beständig gebaut wurde. Sobald ein solches Fahrzeug ganz fertig ist, daß es in See gelassen werden kann, wird es von seinen Erbauern abergläubischer Weise scharf bewacht. Jedes Schiff ist ihnen eine Braut des Meeres und muß ihm als J u n g f r a u übergeben werden, wenn das gewaltige Element es gnädig behandeln und vor dem Untergang bewahren soll. Betritt nun aber ein Mädchen, dessen Sitten nicht die reinsten sind, den Bord und spricht dort gewisse Worte aus, so läßt es alle begangenen Sünden auf dem neuen Fahrzeug und ist selbst wieder rein geworden.

Nahe bei dem Thor der Stadt, das zu unserem Haus führte, stand ein Brunnen unter einer großen Platane, um den die türkischen Soldaten beständig haufenweis auf der Erde kauerten und in großen Schüsseln ihr Weißzeug wuschen. Mit diesen Kriegsknechten hatten wir mancherlei spaßhafte Auftritte. So vergesse ich nie eine Scene, die Abends, wenn wir spät aus der Stadt kamen, zwischen uns und der Thorwache gespielt wurde. In die Stadtmauer, die nach der Richtung unserer Villa lag, hatten ein Paar Kugeln bei dem Bombardement ein großes Loch gerissen, das aber die Behörde, um hier den Durchgang zu verhindern, mit Brettern und Sträuchern hatte zustellen lassen. Giovanni, oder der Janißär des Herrn von B. klopfte, wenn wir nach Hause wollten und das Thor schon geschlossen war, an das Wachthäuschen und rief, man solle öffnen. „Wer seyd Ihr?" hieß es von Innen, ohne daß sich die Thür öffnete. - „Englische Offiziere;" denn so kam man am besten durch. Jetzt antworteten die drinnen: „O Herr, seyd so gut, und geht ein Paar Schritte seitwärts, da werdet Ihr ein Loch in der Mauer finden, wo Ihr bequem durchgehen könnt." - „Aber es ist ja mit Brettern zugestellt." - „Schiebt sie nur etwas bei Seite, wir wollen sie morgen schon wieder davorstellen. Gott sey mit Euch!"

So lebten wir auf unserer Villa fast bis Ende December und die Zeit wurde uns nicht sehr lang. Wir hatten anfangs sehr gutes und schönes Wetter, was sich aber gegen Weihnachten mit einem Male änderte. Es fing an zu stürmen, zu regnen und wurde empfindlich kalt, und für uns um so beschwerlicher, da wir fast nichts hatten, uns dagegen zu schützen. Unsere schlechten hölzernen Läden vor den offenen Fenstern klapperten den ganzen Tag und ließen Wind und Kälte ein. Das Meer vor unserer Wohnung toste und lärmte oft betäubend. Wenn wir Abends ruhig in unserm Zimmer saßen, so war das Rollen und Donnern der Wellen an dem felsigen Ufer mit dem Geräusch zu vergleichen, das einige Batterien schwerer Geschütze, die im Galopp über das Pflaster fahren, verursachen würden. Unsere beiden Freunde, der Maler F. und Doctor B., die sich schon seit einigen Tagen unwohl fühlten, wurden bei dem kalten nassen Wetter so krank, daß sie ihre Teppiche nicht mehr verlassen konnten, und der Baron oft mehrmals des Tags den Arzt aus der Stadt holen ließ. Wenn auch das Unwetter nur einige Tage anhielt, so dauerte dagegen die Krankheit unserer Freunde desto länger und machte viele Projecte, namentlich zu Excursionen in das Gebirge, vor der Hand zu Wasser. Der Baron war zu besorgt, um unsere Kranken auch nur einen Tag allein zu lassen, und so würden wir wahrscheinlich von den malerischen Schluchten des herrlichen Gebirges, das wir beständig vor Augen hatten, vor unserer Abreise nach Damaskus nichts gesehen haben, wenn nicht eine andere Pflicht den Baron zu einem Ausflug in den Libanon genöthigt hätte. So sehr er sich nämlich in Beirut nach schönen Pferden umgesehen, hatte er doch noch nichts Edles gefunden. Dagegen erzählten die Söhne des östreichischen Consuls viel von einer prächtigen Stute, die einem maronitischen Bischofe angehöre und sich in einem der Klöster auf dem Libanon befände. Schon lange hatte der Baron gewünscht, dies Thier zu sehen; doch hatte ihn in der letzten Zeit das Wetter und die Krankheit der Freunde zurückgehalten. Eines Nachmittags aber ließ uns einer der Herren L. sagen: er reite morgen in den Libanon und wenn der Baron von der Parthie seyn wolle, so würde er gern mit ihm jene Stute aufsuchen. Da der fränkische Arzt aus Beirut, der unsere Kranken behandelte, zufällig bei uns war, und sie außer aller Gefahr erklärte, so beschloß der Baron jenen Ritt am andern Morgen mit mir zu machen.

Giovanni besorgte uns noch am selben Abend zwei gute Pferde, und am andern Morgen ritten wir sehr früh aus. In der Stadt vereinigten wir uns mit den beiden Herrn L., einem Herrn S. aus Stambul und zogen östlich von der Stadt der Bucht entlang, in welcher vor einem Monat die englische und östreichische Flotille geankert hatte. Jetzt lagen nur noch zwei Linienschiffe und eine Dampffregatte da. Der Janißair des östreichischen Consuls, ein junger schöner Türke, mit rothem goldgesticktem Kleide und eben solcher Hose, mit grünem Turban - er war ein Emir, Nachkomme des Propheten - ritt uns vor. In seinen Händen trug er einen langen Stab mit großem silbernem Knopfe, das Zeichen seiner Würde als Diener eines Gesandten, worauf er sich nicht wenig einbildete; denn so höflich und dienstfertig er gegen uns war, so brutal benahm er sich gegen die Leute, die ihm auf sein Geschrei nicht auswichen; entweder er ritt gerade auf sie zu oder schlug sie mit seinem Stabe auf die Köpfe, ganz wie dergleichen Leute bei uns.

Unser Weg führte anfangs durch tiefen Sand, und obgleich die Pferde bei jedem Tritt bis an die Fesseln einsanken, ging es doch im raschen Galopp vorwärts. Hier am Ufer des Meeres sahen wir noch viel von den Verwüstungen, die der große Sturm vom ersten auf den zweiten December angerichtet hatte. Bis auf hundert Schritt vom Ufer lagen kleinere Fahrzeuge zertrümmert auf dem Strande, um die sich Niemand bekümmerte; andere größere, die das Meer ebenfalls auf den Strand geworfen hatte, besserte man aus und suchte sie wieder in brauchbaren Stand zu setzen. Eines derselben mußte das Meer mit einer merkwürdigen Gewalt an's Ufer geschleudert haben; denn seine beiden große Masten waren nach unten gekehrt und staken tief im Sande.

Ungefähr eine Stunde von der Stadt, bei einem kleinen Flüßchen, zeigt man die Stelle, wo der Sage nach der heilige Georg den Drachen erschlagen hat. Hier sahen wir eine Menge Einwohner der Stadt versammelt, so wie viele Soldaten, die in Reihe und Glied aufgestellt waren, und Offiziere, die ihre schönen Pferde tummelten. Sie repräsentirten die Garnison, so wie die Obrigkeit der Stadt Beirut, die hieher gekommen waren, um den neuen Gouverneur von Syrien, Zakariä Pascha, der heute von Aleppo einrücken sollte, zu empfangen. Der bisherige Commandeur, Izzet Pascha, der sich wegen der vielen Grausamkeiten, die er früher verübt, den Namen eines Tyrannen zugezogen, hatte das Paschalik von Adrianopel bekommen.

Unser Janißair bat uns, etwas langsamer zu reiten, indem wir dann wahrscheinlich dem Zuge des neuen Pascha begegnen würden. Und so war es auch. Nach einer halben Stunde sahen wir in der Ferne eine Menge Reiter auf uns zukommen. An der Spitze ritten zwei, die mit ihren Pferden die seltsamsten Wendungen machten. Ihr Costüm war das unseres Janißairs, nur noch reicher mit Gold und Stickereien versehen, und in den Händen trugen sie zwei sehr lange Beduinenlanzen, die oben mit drei Büscheln schwarzer Straußenfedern verziert waren. Es waren zwei von den Kawaschen des Pascha, deren Beschäftigung auf jeder Reise desselben darin besteht, abwechselnd je zwei und zwei, vor ihm hin und her zu sprengen und den Herrn durch ihre Reiterkünste zu amüsiren. Diese Leute machten den Weg wenigstens hundertmal, bald bogen sie rechts bald links auseinander, wandten sich dann und rannten mit eingelegter Lanze und lautem Hurrah an einander vorüber, um gleich darauf dasselbe Manöver zu wiederholen. Diese Reiter des Zakariä Pascha führten drei Büsche Straußenfedern an ihren Lanzen, weil ihr Gebieter Pascha von drei Roßschweifen und nach der neuen Ordnung der Dinge Ferik Pascha war. So schwer es ist, die Chargen des niederen türkischen Militärs an ihren Auszeichnungen zu erkennen, so leicht kann man von dem gewöhnlichen Pascha den

Ferik Pascha unterscheiden; denn nur diesem ist es erlaubt, den Bart um das ganze Kinn wachsen zu lassen. Alle andere müssen sich mit einem Schnurrbarte begnügen.

Wie durch die Europäisirung alle türkischen Beamte und Soldaten das Meiste ihres früheren äußeren Glanzes verloren haben, so ist es auch bei den öffentlichen Aufzügen, wozu man die Reisen der Pascha rechnen kann. Mit welch' unerhörter Pracht zogen früher diese Statthalter von einer Provinz zur andern. Selbst im reichsten Costüme und mit Hunderten von unnützen, aber kostbar gekleideten Dienern umgeben. Jetzt ist das ganz anders geworden. Die Begleitung Zakariä Pascha's, der doch als Militär-Gouverneur von Syrien eine wichtige Stellung einnahm, bestand höchstens aus hundert bis hundertfünfzig Reitern. Er selbst ritt in dem Augenblick, wo wir ihm begegneten, ein schlechtes unansehnliches Pferd; doch wurden einige weit bessere, ziemlich reich geschirrt, hinter ihm geführt. Zakariä war ein Mann von mittlerer Größe, mit einnehmenden freundlichen Zügen und einem sehr langen Barte. Er trug einen dunkelblauen Ueberrock, auf welchem der Nischah Eftendar, aus schönen Brillanten bestehend, prangte. Auf dem Kopfe hatte er das rothe Feß mit langer blauseidener Quaste. Seine Begleitung bestand größtentheils aus Dienern seines Hauses, ebenfalls in einfachem Anzuge, dem blauen lange Rocke, sie waren nach der Beschäftigung, die sie zu verrichten hatten, fast nur durch ihre Waffen unterschieden. Die Kawaschen hatten die gewöhnlichen krummen Säbel und am Gürtel in einem gestickten Futteral zwei Pistolen hängen. Von den Pfeifenträgern, deren sich in dem Gefolge eines reichen vornehmen Türken stets viele befinden, trugen einige lange Tschibuks, andere das Nargileh, einige hatten Tabakbeutel an ihren Sätteln hängen und andere ein Kohlenbecken, worin sie Holzkohlen durch Blasen- und Hin- und Herbewegen glühend erhielten. Die übrige Escorte bestand aus geringeren Dienern, Pferdeknechten und dergleichen, so wie aus Beduinen, die als Tartaren gebraucht werden, um Depeschen von einem Orte zum andern zu bringen. Letztere waren im altorientalischen Costüm, weiter Hose, kurzer Jacke und Turban; einer von ihnen führte eine kleine Pauke, die am Sattel hing und worauf er fortwährend schlug und ein einförmiges Getön hervorbrachte, zu welchem die Andern bisweilen sangen.

Als wir uns dem Pascha näherten, hielt er sein Pferd an und fragte auf türkisch sehr freundlich, wer wir wären und nach dem Zweck unserer Reise. Herr L. antwortete ihm: wir wollten einen Ritt in den Libanon machen, worauf Beide noch einige höfliche Worte wechselten und der Pascha weiter zog.

Der Libanon, welcher bei Beirut eine ziemliche Strecke weit zurück tritt und die Landzunge, worauf die Stadt liegt, in einem weiten Halbzirkel umgibt, versperrte uns jetzt den Weg am Strande, und wir begannen einen Abhang hinauf zu steigen, um auf dessen Höhe unsern Weg längs dem Meere noch eine Strecke fortzusetzen, ehe wir uns in's Innere des Gebirges wandten. Anfänglich war dieser Pfad ziemlich gangbar und obgleich er durch loses Geröll, womit er bedeckt war, den Pferden viel Mühe verursachte, doch breit und gefahrlos. Bald aber verengte er sich und führte uns auf treppenartigen Absätzen auf die Höhe einer steilen Felsenwand, deren Fuß von den Wogen des Meeres bespült wurde. Nie in meinem Leben hab' ich einen schauerlicheren Weg gemacht, als diesen, der uns jetzt, aber glücklicher Weise nur eine kurze Strecke auf der Wand fortführte. An der einen Seite neben uns ging sie zwei bis drei hundert Fuß tief hinab und war gegen das Meer zu überhängend, so daß es uns schien, als befänden wir uns auf einem Balken ohne Geländer; auf der andern Seite stieg der Fels senkrecht mehrere hundert Fuß in die Höhe, und unser Weg, der kaum drei Fuß breit war, neigte sich obendrein etwas gegen das Meer und war mit großem Geröll und hie und da mit dicken Steinen bedeckt.

Als wir mitten auf dieser gefährlichen Stelle waren, ereignete sich ein unangenehmer Vorfall, der glücklicher Weise aber ohne schlimme Folgen ablief. Einer unserer Begleiter, ein sehr junger Mann, der mit uns aus Constantinopel gereist war, und vielleicht noch wenige dieser Bergritte gemacht hatte, rief uns plötzlich zu, wir möchten anhalten, ihm würde schwindlicht. Man kann sich unsern Schrecken denken. Da wir einer hinter dem andern ritten, so konnte ihm keiner helfen, weil der Weg so schmal war, daß wir nicht einmal absteigen konnten, geschweige denn mit dem Pferd umwenden. Einer der Herren L. rief ihm zu: er möchte die Augen schließen und sich eine Weile mit dem Oberkörper gegen die Felswand lehnen, was er befolgte. Nach Verlauf einiger Minuten erklärte er fortreiten zu können, und wir kamen glücklich über die Wand hinweg, und bis zu einer Stelle, wo der Fels ober uns etwas zurücktrat und allmählich in eine Schlucht hinabfiel, in welche sich der Hundefluß in's Meer mündete. Dort stiegen wir alle ab, um die Pferde einen ähnlichen treppenartigen Weg, der aber noch steiler ging, als der, welchen wir herauf gekommen, hinabzuführen.

Diese Schlucht war von der Natur so merkwürdig gebildet, das ich es versuchte, ihre Umrisse mit wenigen Strichen in mein Taschenbuch zu zeichnen. Die Felsen, aus welchen gegen das Gebirge zu der Hintergrund bestand, und zwischen denen der Hundefluß hervorkam, waren wie Theaterdecorationen so vor einander geschoben, daß man unten in der Schlucht plötzlich den breiten klaren Spiegel des Flusses erblickte, ohne zu sehen, wo er herkäme. Alle Wände waren ganz senkrecht und bildeten einen Halbzirkel, der nur vorn eine gegen die Breite der ganzen Schlucht sehr schmale Oeffnung hatte, durch welche man weit in's Meer sah. Durch die beständig herabstürzenden Bergwasser waren die glatten Felswände stellenweise so gefurcht, daß sie wie an einander stehende colossale Säulen aussahen. Beim ersten Betrachten und so oft ich mir später das Bild dieser Schlucht in's Gedächtniß zurückrief, kam sie mir vor, wie ein gewaltiger Dom, dessen Kuppel eingestürzt ist und von dem nur die nackten Wände stehen geblieben sind, durch welche man oben den Himmel sieht. Lange Wasserpflanzen oder Moose, die hie und da die Wände bedeckten, gaben obendrein einer regen Phantasie Stoff genug, sich verschiedene Zeichnungen daraus zu bilden.

Vielleicht dreihundert Schritte vom Meer entfernt überschritten wir den Hundefluß auf einer halb zerfallenen steinernen Brücke, bestiegen dann unsere Pferde und ritten längs dem Fluß gegen das Meer zu, um dort, wo das Gebirge wieder etwas zurücktritt, am Strande unsern Weg fortzusetzen. Der Himmel, der am Morgen klar und blau hernieder gesehen und uns einen schönen Tag versprochen, hatte sich nach und nach umzogen und sandte uns jetzt einen so gewaltigen Regenschauer herab, daß wir in unsern dünnen Kleidern ohne Mäntel in Kurzem ganz durchnäßt gewesen wären, wenn uns nicht der Janißair gezeigt hätte, wie sich die Araber, diese Söhne der Natur, in solchen Fällen zu helfen wissen. Schon oft hatte er bedenklich den Himmel angesehen und als die ersten Tropfen fielen, sprang er vom Pferde, schnallte seinen Sattel auf und zog die große Decke darunter hervor, die er sich wie einen Mantel, über Kopf und Oberkörper hing.

Bald verließen wir den Strand wieder und wandten uns durch Olivenpflanzungen und dichte Gruppen von Orangen und Citronenbäumen, deren Blüthen und Blätter nach dem Regen entzückend dufteten, dem Gebirge zu. An einen Weg war jetzt nicht mehr zu denken und wir ritten nur über weite Flächen, die sehr steil aufwärts gingen und mit mächtigen Felsblöcken wie übersäet waren. Diese weiten Abhänge sind rauh und kahl; nur hie und da wächst eine Platane oder Sykomore und der Boden ist mit Stachelgewächsen oder Wachholder bedeckt. Freundlich blickten auf diesen Haiden nach allen Seiten, in kleinerer oder größerer Entfernung, grüne Anpflanzungen hervor, aus denen sich die weißen Häuser der maronitischen und drusischen Dörfer erheben. Nach einer Stunde beständigen und sehr steilen Steigens, wobei wir uns mehrere Male um kleine Hügel herumwandten, sahen wir hoch über uns das Ziel unserer Tour, das Kloster Dair Mar Mikael. Die ziemlich weitläufigen Gebäude lagen an einem steilen Abhange, von mächtigen Platanen geschützt, die ihre Zweige weit hinausstreckten. Bald sahen wir auch das

Dorf Zuk Mikael, zu welchem das Kloster gehört, das, wie alle diese Bergdörfer in den Schluchten des Gebirges liegt.

Wenn nicht die eigenthümliche und fremdartige Bauart der Häuser wäre, könnte man glauben, man nahe sich einem Dorfe am Rhein oder Neckar; denn ebenso wie dort, wird im Libanon viel Wein gebaut, und die Reben wachsen, wie bei uns, auf übereinander liegenden Terrassen.

Wir betraten jetzt einen Hohlweg, der uns zwischen diesen Weingärten nach dem Kloster führte. An einem Brunnen, bei dem wir vorbeikamen, standen mehrere Maronitinnen mit ihrem seltsamen Kopfputz. Die meisten sahen uns erstaunt und freundlich an und nur einige und wie gewöhnlich in solchen Fällen die häßlichsten, warfen schreiend ihre Schleier über den Kopf. Bald hatten wir die Höhe erstiegen und ritten durch ein großes Thor in den Hof von Dair Mar Mikael; dies Kloster besteht, wie die meisten in diesen Gegenden, aus einer Kirche und mehreren kleinen Gebäuden, die im Lauf der Zeit nach Bedarf und Vermögen aufgebaut wurden. Diese Häuser sind einstöckig, von Steinen aufgeführt, mit plattem Dache und Fensteröffnungen, die aber keine Glasscheiben haben, sondern eiserne Gitter und nur hölzerne Laden zum Verschließen. Wir gaben im Hof unsere Pferde ab, und ein Mönch führte uns in ein Gemach, wo sich der Bischof und einige der ältern Brüder befanden.

Dies war ein Erdgeschoß, ganz nach der Landesweise eingerichtet, den Boden bedeckten einige Teppiche und an den Wänden herum liefen niedrige Divans, auf welchen die alten Herren saßen. Es waren vier maronitische Mönche mit langen fast weißen Bärten, in schwarze Talare gekleidet, und Mützen auf dem Kopf, beinahe geformt, wie die der griechischen Geistlichen. Der Bischof, eine hohe majestätische Gestalt mit einem ausdrucksvollen Gesicht, war ebenfalls schon über die besten Jahre seines Lebens hinaus; er trug zur Unterscheidung von den übrigen ein hellbraunes Kleid und eine blaue Mütze. Nach den ersten Begrüßungen nöthigte er uns zum Niedersitzen, und ließ für uns Europäer einige Stühle herbeibringen. Dann wurden Caffee und Pfeifen gebracht. Da einer der Herren L. die Reden des Bischofs gründlich verdolmetschte, so konnten wir lebhaftern Antheil als sonst an der Unterhaltung nehmen. Diese drehte sich hauptsächlich um die letzten Kriegsereignisse, um Ibrahim Pascha und die zahlreichen Scharmützel in den Gebirgen des Libanon. Mit vieler Umständlichkeit erzählte uns der Bischof, was sein Kloster während der Zeit Alles gelitten habe. Bald habe es Albanesen aufnehmen müssen, bald bewaffnete Drusen und andere Bergbewohner; dann Türken und ein paar hundert Engländer, die jene vertrieben und sich darauf eine Zeit lang in dem Dorfe und dem Kloster festgesetzt. Es ist interessant, einen Araber und selbst wie hier einen friedlichen Bischof

Kriegsereignisse oder kleine Gefechte erzählen zu hören. Als er uns erzählte, wie sich die Drusen und Albanesen, wenn auch nur kurze Zeit, in dem Dorf und Kloster gegen die Engländer und Türken vertheidigt hätten, las man in seinen Mienen und hörte an seinen Worten lebhaft den Hergang dieses kleinen Scharmützels. Man hörte die Trommeln wirbeln, das Geschrei der Bergbewohner, das Klirren der Säbel und das Knallen des Gewehrs.

Nachdem wir uns kurze Zeit bei dem Bischof ausgeruht, führte er uns durch das Kloster und in die sehr einfache Kirche. Die Maroniten sind römisch-katholische Christen und die Einrichtung ihrer Kirchen und ihres Gottesdienstes ist wenig von dem der herrschenden Kirche unterschieden. Die Mönche sind entweder Eingeborne, wie hier im Kloster Dair Mar Mikael und verstehen nur arabisch oder sind Missionäre des Auslandes, die dann unter dem Schutz ihrer respectiven Länder stehen. In diesen Klöstern befindet sich immer eine Menge junger Leute, die arabisch lernen. Wir machten noch einige Gänge durch das Dorf, dessen Häuser, mit Wein- und Obstgärten umgeben, um das Kloster gruppirt liegen. Dann führte uns der Bischof vor das Kloster unter die Platanen, von denen ich oben sprach, wo einige Ruhesitze angebracht waren, von denen wir eine entzückende Aussicht genossen. Vor uns lag der Libanon und das Meer, in einem unendlichen Halbzirkel, links konnte ein gutes Auge Beirut erkennen, und gerade vor uns, so wie zur Rechten, blickten aus den grünen Schluchten zahlreich die weißen Gebäude der vielen Klöster und Dörfer des Libanon hervor. Während uns der Bischof auf diesem Platze, den wehendes Rebenlaub überdeckte und zu einer Laube umschuf, mit köstlichem Libanonwein und eingemachten Früchten regalirte, ließ er uns sein schönes Pferd, die Stute, von der ich oben sprach, vorführen. Es war ein edles Pferd, schlank, zart und fein gebaut, wie alle diese Thiere. Doch konnte es der Baron für seinen Zweck nicht gebrauchen, da es außerordentlich klein war.

Indessen neigte sich der Tag zu Ende, und da sich der Himmel nach dem Wetter, das uns vorhin überrascht, nicht wieder aufgeklärt hatte, sondern sich vielmehr noch schwärzer bezogen, befürchteten wir einen frühern Eintritt der Dunkelheit, die uns auf den gefährlichen Wegen überraschen könnte und machten Anstalten zum Aufbruch. Der Bischof wandte seine ganze Beredsamkeit auf, um uns die Nacht bei ich zu behalten, ein Vorschlag, welchen die Herren L. annahmen, den der Baron und ich aber, hauptsächlich wegen unserer beiden Kranken zu Hause, zurückweisen mußten. Wir ließen unsere Pferde vor das Kloster bringen, der Bischof ging mit hinaus und redete uns lange zu, die Nacht oben zu bleiben, und erst als er eine ziemliche Zeit mit uns gesprochen, fiel ihm ein, daß wir ihn nicht verstehen könnten, weshalb er einen der Herren L. herbei rief und ihn bat, uns doch seine Worte recht genau zu übersetzen. Es that uns leid, seine Bitten abschlagen zu müssen, seine Bitten, die nach Art der arabischen Sprache so blumenreich und poetisch ausgeschmückt waren. Ich werde den Anblick des stattlichen alten Mannes nicht vergessen, wie er vor uns stand und bald die Hände des Barons, bald die meinigen nahm.

Der Himmel bezog sich immer schwärzer und ein lang hin rollender Donner kam seinen Reden zu Hülfe. Ich hätte ein Maler seyn mögen, um den Bischof, aber mit dem, was er uns sagte, und wie er es uns sagte, zu malen. „Seht, meine Kinder," sprach er, „der Sturm hebt sich aus den Schluchten empor und zieht über uns zusammen, und Ihr verschmäht mein Haus, wollt fort in die Nacht und ich kann Euch nichts mitgeben, als meinen Segen. Die Dunkelheit wird Euch in den Bergen überraschen und wenn Euer Pferd ausgleitet und stürzt, blickt Ihr vergeblich umher nach dem Leuchten eines gastlichen Heerdes."

Es thut mir leid, nicht alle seine Reden behalten zu haben; aber sie waren wirklich ergreifend, und wir mußten uns fast mit Gewalt von ihm los machen. Er küßte uns auf die Stirn, wobei er uns oftmals sagte: „Gott möge Euch schützen!" Wir ritten mit dem Janißair, ohne den uns die Herren L. nicht wollten ziehen lassen, langsam den Berg hinab und sahen noch lange die ehrwürdige Gestalt des alten Bischofs oben stehen und die Hand gegen uns ausstrecken. Wo es der Weg zuließ, ritten wir rascher, denn die Dämmerung begann bei dem regnichten Wetter schon mächtig herein zu brechen. Unten am Meer, wo uns heute Morgen der Regen überrascht hatte, trafen wir auf einen großen Türken und Beduinen, die den Harem Zakariä Paschas, dem wir am Morgen begegnet, so wie mehrere schöne Pferde desselben und einen Zug Maulthiere mit allerlei Effekten beladen, nach Beirut geleiteten. Die Damen saßen dicht verschleiert auf ihren Pferden und waren von schwarzen Verschnittenen umgeben. Wir ritten längs dem Zuge und die Leute grüßten uns Alle recht freundlich, besonders ein alter Beduinenschech tummelte bei unserem Anblick seinen starken Schimmelhengst, um uns seine Reiterkünste zu zeigen. Wir bezeugten ihm durch ein lautes Maschallah unser Wohlgefallen, worauf er mit einigen andern den Zug verließ und eine Strecke im scharfen Trab neben uns herritt.

Fast jede Stunde im Orient bietet für den Europäer ein interessantes, schönes Bild, gleich wie dieser Ritt am Fuße des Libanon Die schwarzen Wolken am Himmel wurden von dem starken Winde, der saußend aus den Schluchten des Gebirges hervorbrach, rasch vorbeigetrieben, das Meer war unruhiger als heute Morgen und spritzte weiße Schaumwellen auf den Strand, über den wir zwei Europäer, von den Beduinen umringt, dahin jagten. Solche Augenblicke hatten immer für mich etwas unaussprechlich Angenehmes, das die Brust erweitert und das Herz schneller schlagen läßt, und es erging mir dann, wie den Arabern, die die Freude ihres Herzens durch lautes Rufen kund geben. Ich sang in solchen Stunden gewöhnlich deutsche Lieder wie auch heute Abend.

Die Beduinen drängten sich näher an uns, als ich ihnen das Lied

„An des Rheines kühlem Strande
Steh'n viel Burgen, hoch und hehr etc."

mit lauter Stimme vorsang, und die Klänge des heimathlichen Volksliedes schienen ihnen zu gefallen; denn sie verließen uns erst, nachdem sie eine weite Strecke mit uns geritten waren und schickten uns noch manches „Maschallah" und „Allah il Allah", mit welchen Worten sie ihre Freude bezeugen, nach.

Vor uns lag der Hundefluß mit seiner romantischen Schlucht, die bei der eingebrochenen Dämmerung noch schauerlicher aussah, als heute Morgen im hellen Sonnenlichte. Unser Janißair, um den Umweg über die steinerne Brücke, die weiter oben liegt, zu vermeiden, gab uns zu verstehen, man könne sehr gut mit den Pferden durch den Fluß reiten. Er trieb sein Pferd in's Wasser hinein, das demselben bis an den Bauch reichte, und der Baron, dem etwas dergleichen beständig Spaß machte, folgte ihm. Ich war eine kleine Strecke zurück und als ich mit meinem Pferde das Ufer hinabritt, waren beide schon einige zwanzig Schritt weit in den Fluß hinein. Doch hatten die Wellen sie etwas abwärts getrieben, wodurch ich die Richtung der Furth verlor und mit meinem Pferd, als ich es nöthigte, in's Wasser zu gehen, gleich bis an den Sattel hineinfiel. Doch arbeitete es sich den andern nach, verlor aber schon bei den ersten Schritten den Boden und fing an zu schwimmen, was mir, wie sich jeder leicht denken kann, höchst unangenehm war; denn der Fluß war sehr reißend, von Schnee und Regen angeschwellt und keine hundert Schritt neben mir hatte ich das offene Meer. Doch der Baron, der, als er sich zufällig umblickte, mich eine gute Strecke weiter abwärts schwimmen sah, wandte, ohne sich zu bedenken, wie er beständig that, wenn es galt, Jemand zu helfen, sein Pferd und war in kurzer Zeit bei mir, worauf meines, alle seine Kräfte zusammen nehmend und durch das des Barons ermuthigt, das Wasser durchschnitt und wir glücklich das Ufer erreichten.

Ohne Unfall erstiegen wir die Felstreppe und ritten über die gefährliche Gallerie am Ufer, so wie auf der andern Seite wieder hinab an's Meer, wo unser Janißair alsbald sein Pferd in Carriere setzte und wir über den Strand gegen Beirut jagten. Es war ein wilder Ritt, wobei es galt, recht fest im Sattel zu sitzen. Bald mußten die Pferde in vollem Lauf über eins der kleineren Schiffstrümmer hinwegsetzen, das ihnen im Wege lag, bald scheuten sie sich in der Dunkelheit vor einem der größeren und umgingen es mit einem gewaltigen Seitensprung. Der Mond ging in einer schmalen feinen Sichel auf, als wir um die Stadt herum nach unserer Burg ritten, wo uns die Freunde erwarteten.

Während unserer Abwesenheit hatte sich der Hausstand um ein Mitglied vermehrt. Heute Morgen erzählte uns *Dr.* B., als ich gerade mein zehntes Glas Mandelmilch trank - dies war nämlich im Laufe der Krankheit seine größte Leidenschaft - öffnet sich die Thür und es tritt ein Mensch herein, der, vor Freude stotternd, sich in deutscher Sprache als unsern Landsmann zu erkennen gibt und nach dem Baron von T. fragt, den er in Stuttgart oft gesehen haben wollte. Dieser Mann hatte während einer achtjährigen Dienstzeit bei verschiedenen Herren seltsame Schicksale gehabt. Von Stuttgart aus, wo er als Kutscher diente, ging er als Reitknecht zu dem Prinzen Louis Napoleon, nach der Schweiz, darauf mit seinem Herrn nach London, von wo aus er die fabelhafte Expedition nach Boulogne mitmachte, dort arretirt und wie alle hiebei Betheiligten nach Paris gebracht wurde. Dort aber fand man mit Recht nichts Verdächtiges an ihm, - und wir Alle können darüber beistimmen, daß er zum Revolutionär keine Anlagen hatte, - und entließ ihn mit dem Bedeuten, Frankreich nie mehr zu betreten. Darauf kehrte er nach London zurück und nahm Dienste bei einem Cavallerieoffizier der englisch ostindischen Compagnie, der ihn über Spanien und Portugal mit nach Beirut genommen hatte. Hier aber hatte er sich überlegt, daß Indien doch etwas sehr weit von der Heimath wäre und als er vernahm, daß wir angekommen seyen, stieg in ihm die Hoffnung auf, wir würden ihn vielleicht wieder mit zurück nach Schwaben neben können, wo es doch immer besser sey, als wie unter den Heiden und er wandte sich deshalb an den Baron, mit der Bitte, ihn in seine Dienste zu nehmen. Der Baron, der stets gern bereit war, jedem zu helfen, wo er konnte, und der, wenn er Pferde kaufte, ohnehin noch einen Bedienten annehmen mußte, engagirte ihn und Friedrich wurde als erster Stallknecht unserem Staate einverleibt.

Reise in den Orient

von

F.W. Hackländer.

Zweite verbesserte Auflage der:

Daguerreotypen.

Zweiter Band.

Mit dem Bildniß des Verfassers.

Stuttgart.
Verlag von Adolph Krabbe.
1846.

Inhalt.

Erstes Kapitel.

Reise nach Damaskus und Palmyra.

Fürst Aslan. - Abreise von Beirut. - Wilde Gebirgspässe im Libanon. - Khan el Hussein. - Felsentreppe. - Wolken auf der Höhe des Gebirges. - Schneesturm. - Ein Vocalconcert. - Das Schloß der Assassinen. - Aegyptische Deserteure. - Bekaa, das Thal. - Ein Unfall. - Perser. - Der Antilibanon. - Felsengärten. - Schiras. - Das Thal Gutha. - Damascus. - Eine armenische Hochzeit. - Ritt nach Palmyra. - Pferde-Revue. - Baalbek. - Die Cedern des Libanon. - Die Stute in Sachile. - Zweite Reise nach Damascus. - Der persische Kaufmann. - Merkwürdiger Pferdehandel. - Scham, der Hengst. - Rückkehr nach Beirut.

Wie oft schauten wir von der Terrasse unseres Landhauses sehnsüchtig zu dem Libanon empor, dem gewaltigen Riesen, der sich mit dem weißen Haupte und den grauen Gewändern, die unten in's Hellgrüne der Oelpflanzungen und Goldige des Meersandes auslaufen, an die See gelagert hat! O diese mächtigen Bergwände, die wir täglich vor Augen hatten, verbargen uns viel Schönes, wornach wir schon lange getrachtet, und stets waren wir durch verschiedene Umstände verhindert worden, unsere Rosse zu satteln und den „Ritt in's alte romantische Land" zu beginnen. Jedem Zug Beduinen, Maroniten oder Drusen, die sich bei der Stadt gelagert hatten und ihre Pferde packten, um in die Berge zurückzuziehen, sahen wir neidisch nach, besonders seit wir bei unserm Ritt nach dem Kloster Deir Mar Mikael einen Blick in die wilden Schönheiten des Gebirgs gethan, und verwünschten oft die kriegerischen Zeiten, die uns abhielten, ihnen zu folgen. Aber erstlich waren es die Feindseligkeiten zwischen Ibrahim Pascha's Armee und den Türken, so wie kleine Plänkeleien und Scharmützel, die beide Theile zuweilen mit den Bergbewohnern hatten, welche die Wege durch den Libanon unsicher machen sollten, und weshalb man uns dringend abrieth, nach Damaskus aufzubrechen. Dann waren auch unsere beiden Kranken noch immer sehr schwach, so daß wir sie doch gänzlich auf der Besserung sehen wollten, ehe wir Beirut für ein Paar Wochen verließen.

Neben diesen Umständen wurden unsere Reisepläne oft nach den Tagesneuigkeiten geändert. Denn bald hieß es: Ibrahim hat Damaskus endlich verlassen und will die Armee auf dem Wege über Jerusalem aus Syrien führen; und uns schimmerte die Hoffnung, jetzt endlich die Tour durch das Gebirge beginnen und Damaskus erreichen zu können. Vergebener Wunsch! Den andern Tag wußte man aus ganz sichern Quellen, daß Ibrahim der Pforte die Erklärung gegeben, sich in Syrien bis auf den letzten Mann zu halten, und wir machten alsbald Projecte, welcher Weg in jetzigen Zeiten der beste sey, um nach Jerusalem zu reisen, wo wir abwarten wollten, ob uns der Marsch der ägyptischen Armee erlauben würde, von dort nach Damaskus zu gehen.

So thürmten sich von allen Seiten unserer Abreise die größten Schwierigkeiten entgegen und vereitelten unsern sehnlichsten Wunsch, bald das traurige Beirut zu verlassen. Alle Communication zur See war gesperrt; denn außer kleinen Küstenfahrern kamen nur englische Linienschiffe, Fregatten oder Kriegsdampfboote von Constantinopel und Marmarizza, Depeschen oder Soldaten bringend. Obendrein weigerten sich die Leute, wie unser Dolmetscher versicherte, zum Ritt durch den Libanon ihre Pferde zu geben, und auf dem Wege nach Jerusalem waren, wenn uns auch die Bewegungen der Armeen nicht gehindert hätten, andere Sachen zu bedenken; denn in Saida, Akre und Jaffa sollte die Pest ausgebrochen seyn, was dort bei dem Zusammenfluß von türkischen Soldaten, schlecht gekleidetem Gesindel aus den Bergen und halb verhungerten Deserteuren von Ibrahims Armee, kein Wunder war.

Endlich nach einigen sehr unruhigen Tagen, in denen sich unser politischer Horizont noch schwärzer umzogen hatte, mit einem unangenehmen Gewitter drohend, klärte er sich über Nacht fast ganz auf, denn unser liebenswürdiger Freund, der russische Consul, Herr von B., ließ uns eines Morgens sagen, so eben erhalte er einen Reitenden aus Damaskus, der ihm die erfreuliche Nachricht bringe: Ibrahim Pascha habe mit der ganzen Armee die Stadt verlassen und sich gegen Jerusalem und das todte Meer gezogen. Ein Postscriptum seines artigen Billets lud uns auf den Abend zu einer Tasse Thee ein, wo wir die Bekanntschaft eines georgischen Fürsten machen sollten, der ebenfalls Willens sey, Jerusalem und die heiligen Orte zu besuchen und sich wahrscheinlich sehr freuen würde, die Reise in unserer Gesellschaft fortsetzen zu können.

Fast jeden Abend waren wir bei dem freundlichen Consul, und wenn Geselligkeit und Unterhaltung stets die Würze des Lebens sind, so gehörten diese kleinen Soireen in den damaligen Verhältnissen zu unsern köstlichsten, genußreichsten Stunden. Wir hatten in unsern Appartements einen einzigen dreibeinigen Stuhl, den wir nur durch zarte Behandlung und kleine Aufmerksamkeiten dahin bringen konnten, daß er uns nicht plötzlich seinen Dienst aufsagte. Dieses Möbel benützte abwechselnd der, welcher an dem ebenfalls defecten Tische etwas schreiben wollte. Die Andern mußten beim Essen oder sonstigen Beschäftigungen auf ihren Betten, ich wollte sagen auf den Teppichen kauern, die unsere Schlafstellen vorstellten. Wenn ich noch hinzufüge, daß wir unsern Thee in einer Casserole kochten, die Mittags Suppe und Fleisch beherbergt hatte, so kann mir jeder glauben, daß es für uns kein kleiner Genuß war, an einem ordentlichen Tische auf festen bequemen Stühlen sitzend, guten russischen Thee zu trinken und sich in einem gewärmten Zimmer, ohne zu frieren, angenehm unterhalten zu können. Es war in den letzten Tagen Decembers doch etwas kühl geworden und besonders bei uns draußen fegte die feuchte Seeluft unangenehm durch unsere Zimmer, die keine Glasfenster, sondern nur schlechte hölzerne Laden hatten, so daß wir uns nur erwärmen konnten, wenn wir die Pelze umhingen und auf- und abliefen.

Heute Abend war bei dem Herrn B. größere Gesellschaft als sonst. Auf einem Divan saß der Civilgouverneur der Stadt, ein ältlicher Türke mit langem grauem Bart, den er beständig strich, übrigens ein freundlicher Herr; denn er lachte über Alles, was wir zusammen sprachen und von dem er doch gewiß kein Wort verstand. Sein Sohn, ein ganz junger Mensch, saß neben ihm auf einem Stuhle, doch schien ihm dieses Möbel durchaus nicht behaglich; denn bald zog er das eine Bein herauf, bald das andere, und rückte beständig unruhig hin und her. Erst später schien er sich wohler zu fühlen, denn da hatte er, als wir im Eifer des Gesprächs nicht auf ihn achteten, den Stuhl zu einem Divan umgeformt, d. h. er saß mit aufgeschlagenen Beinen auf dem Sitz, was höchst possierlich aussah. Eine andere Person, und für uns die interessanteste in der Gesellschaft, war der georgische Fürst, den uns der Consul unter dem Namen Fürst Aslan vorstellte, ein nicht sehr großer, aber schlank und zierlich gewachsener junger Mann, mit einem ausdrucksvollen schönen Kopfe; sein Gesicht war etwas bleich, aber antik, edel und fein, wie aus Wachs geformt. Ein langer Schnurrbart vereinigte sich mit einem kohlschwarzen krausen Barte um Wange und Kinn, wodurch der schlanke nervige Hals vortheilhaft hervorgehoben wurde. Sein Auge war, wie das aller Südländer, dunkel und blitzend; die hohe Stirne schmückte eine feine georgische Mütze von Astrachanpelz, die, oben zugespitzt wie die persische Mütze, einen Kegel bildet. Sein Anzug bestand aus einem eng anliegenden Kleide von blauer Seite, ohne Kragen mit Aermeln, das ihm bis an's Knie reichte und von einem gestickten Gürtel zusammengehalten wurde. Seine Hose war weit, von grauer Farbe, unten zusammengeschnürt und ließ den Fuß sehen, der mit kleinen rothen Halbstiefelchen bekleidet war. Ueber dem blauen Gewand hatte er ein anderes von grünem Tuch, ebenfalls ohne Kragen, mit langen aufgeschlitzten Aermeln, die, wenn sie herabhingen, bis zur Wade reichten. Doch warf er sie fast immer über die Schulter und ließ sie zu beiden Seiten der Brust herabhängen. Um beide Röcke ging ein Besatz von Goldborten. Merkwürdig war seine Waffe, ein Handschar, vielleicht anderthalb Fuß lang, der oben eine Hand breit war und sich nach unten zuspitzte. Die Klinge von Khorassan war schwarz, in der Mitte einen Zoll dick und hatte vom Heft bis zur Spitze an jeder Seite eine Hohlkehle; im Handgemenge eine fürchterliche Waffe, zum Hauen, Stechen und Schneiden eingerichtet. Der Griff war schwer von Elfenbein und hatte einen dicken stählernen Knopf, mit dem man auch zur Noth einem Feinde den Schädel einschlagen konnte.

Die Gestalt und Kleidung des Fürsten hab' ich deshalb so genau beschrieben, weil er uns später ein so lieber Reisegefährte wurde, und ich noch oft auf ihn zurückkommen muß. Er war ein guter liebenswürdiger Mensch, offen und gerade, dem man sich im ersten Augenblicke anschließen und ihn lieb gewinnen mußte. Russisch, georgisch und persisch sprach er geläufig, wußte sich auch im Französischen gut auszudrücken und besaß eine Gewandtheit in Führung der Waffen, im Reiten und Voltigiren, die uns oft in Erstaunen setzte. Es dauerte nicht lange, so ward Fürst Aslan mit uns bekannt und erzählte von seinem Vaterlande, so wie von Tscherkessien, das er bereist, und von Petersburg, wo er unter den Gardehusaren gedient. Er hatte häufig das Theater besucht und kannte alle bekannten Arien der neuen Opern stellenweise auswendig.

Im Lauf des Abends wurde öfters von unserer Tour nach Damaskus gesprochen, die jetzt, da Ibrahim abgereist, ausführbar schien, und sobald als möglich unternommen werde sollte. Der gute Consul, der die ihm angenehme Gesellschaft des Barons nicht verlieren mochte, erhob, wie er schon öfter gethan, wegen der Pferde und Führer Bedenklichkeiten; doch sein eigener Janißair, den wir hereinkommen ließen, war kein Diplomat wie sein Herr, und versprach, so viel als nöthig seyen, zu besorgen, weshalb wir ihn vorläufig auf morgen zu uns bestellten. Das Angenehmste bei diesem Hin- und Herreden war jedoch, daß der Fürst, in dessen Plan es gar nicht gelegen, auch Damaskus zu besuchen, hiezu durch unsere Debatten Lust bekam und uns ohne Weiteres seine Begleitung anbot, die wir mit großer Freude annahmen. Denn abgesehen von seiner liebenswürdigen Persönlichkeit, waren in der jetzigen Zeit bei einer Reise durch das Gebirg ein paar Männer, auf die man sich im Fall der Noth verlassen konnte, besser als ein Duzend Beduinen, die man zur Bedeckung hätte mitnehmen können. Auch der Fürst versprach, unser Schloß am Meer den nächsten Morgen zu besuchen, um das Nähere zu verabreden.

Unsere beiden kranken Reisegefährten hatten sich indessen wieder so weit erholt, daß wir sie verlassen und der Pflege ihres bisherigen Krankenwärters, eines Juden Namens Hassan, ohne Sorge anvertrauen konnten. Es war uns unangenehm, sie nicht mitnehmen zu können, aber das gastrische Fieber hatte sie so geschwächt, daß sie gern die Zeit unserer Abwesenheit benutzen mochten, um zu der weiteren Reise durch Syrien nach Aegypten neue Kräfte zu sammeln.

Dem Janißair des russischen Consuls wurde aufgetragen, für drei Reitpferde, zwei Maulesel zum Tragen der Effecten und drei handfeste gute Mucker, so heißen die Führer, zu sorgen; und als Nachmittags der Fürst zu uns kam, um den Tag der Abreise zu erfahren, wurde ihm der folgende Morgen dazu bestimmt, was ihm ganz recht war; denn er und seine Bedienten waren vollständig montirt, hatten ihre eigenen Pferde und freuten sich, je eher je lieber weiter zu ziehen.

Der Himmel, der seit ungefähr acht Tagen sehr unfreundlich ausgesehen hatte, und fast immer mit Wolken bedeckt war, die uns täglich unangenehme kalte Regenschauer herabsandten, klärte sich den Tag vor unserer Abreise ziemlich auf und versprach gutes Reisewetter.

Ich weiß nicht, ob es die Erwartung auf die schönen wilden Gegenden, die wir nun sehen sollten, war, was uns diese Nacht nicht einschlafen ließ; aber der Baron so wenig als ich konnten ein Auge schließen; wir warfen uns auf den harten Teppichen herum, sprachen jetzt zusammen und versuchten dann wieder zu schlafen: Alles vergebens, weshalb wir den ersten Strahl des Tages freudig begrüßten und uns zum Abritt rüsteten. Es war am 4. Januar.

Der Baron, ich und unser Dolmetscher, Koch und Kammerdiener in einer Person, Giovanni, bestiegen die drei Pferde; auf die Maulthiere wurden Mäntel, Decken, einiges Kochgeschirr so wie Lebensmittel, als gekochtes Hammelfleisch, Wein, Brod, Käse, Caffee etc. gepackt und als Alles zu unserer Abreise fertig war, drückten wir den kranken Freunden, die uns doch etwas verstimmt nachsahen, herzlich die Hand und ritten zur Stadt, wo wir vor den Thoren mit dem Fürsten zusammentrafen. Dieser ritt ein kleines, aber starkes russisches Pferd und seine Begleitung bestand aus einem Kammerdiener, der ein tscherkessisches Costüm trug, einen Rock von einer Art dickem Filz gemacht, auf dem an jeder Seite der Brust zwölf kleine Behälter für Patronen aufgenäht waren. Er hieß Skandar und hatte denselben Gesichtsschnitt, wie sein Herr, nur etwas plumper und nicht so ausdrucksvoll, wie jener. Ferner hatte der Fürst einen Tscherkessen bei sich, der die Pferde pflegte; es war ein riesengroßer baumstarker Mensch, Namens Mechmet, der ein türkisches Costüm, das ihm der Prinz geschenkt, so wie einen grauen Beduinenmantel trug und mit einem Handschar und einem Wurfspieße bewaffnet war. Die Spitze des Letzteren putzte er besonders vor dem Ausreiten mit seinem Mantel blank und sauber, weil er behauptete, sie glänze dann im Sonnenlicht weit hin, und halte die Feinde, die uns anfallen wollten, im Respekt. Für das Gepäck hatte der Prinz ebenfalls ein Maulthier mit einem Mucker.

Nachdem wir unsere Streitkräfte versammelt, zogen wir westlich durch einen holperigen Hohlweg, den wir bei unsern Spazierritten schon öfters verwünscht und dem auch heute wieder manches böse Wort galt. Mechmet mit dem Wurfspieß fing hier seine Bergtour nicht glücklich an. Sein Pferd machte einen Fehltritt und Beide kollerten über einander hin, glücklicher Weise jedoch ohne Schaden zu nehmen. In der ersten halben Stunde unseres Rittes fühlte ich mich auf meinem ziemlich starken Pferde gar nicht heimisch. Ich hatte einen alten Beduinensattel, der vorn und hinten sehr hoch, nur einen schmalen Sitz bietet, und dann nur angenehm ist, wenn man es versteht, mit so kurzen Bügeln wie die Wüstensöhne zu reiten, daß die Kniee den Hals des Pferdes erreichen. In diesem Fall findet man nach einiger Uebung das Galloppiren recht angenehm, doch ist in der Stellung vom Traben keine Rede. Ich schnallte meinen Bügel lang, was ich bei ähnlichen Sätteln jedem Europäer rathe, da man bei einem unglücklichen Sturz mit dem Pferde durch die kurzen Bügel schlimm über den Kopf des Pferdes geworfen werden kann.

Wir zogen nordwestlich von der Stadt im tiefen weichen Sand durch jene Pinienanpflanzungen des Schach Fachreddin, von denen ich früher gesprochen. Hie und da wand sich ein kleines Bächlein, ein Kind des ewigen Schnees droben, durch den trocknen Grund, und sah von Weitem, wie eine grüne glänzende Schlange aus, denn rechts und links an seinen Ufern trieb die Feuchtigkeit hunderte von Pflanzen und Kräutern hervor, die sich auf dem gelben Sand scharf abzeichneten. Zwischen drei oder vier solcher Bäche, wenn sie auch mehrere hundert Schritt auseinander liegen, haben die Leute Palmen gepflanzt und auf unserm Wege kamen wir durch kleine Wälder dieser schönen Bäume, die um den Fuß des Libanon einen grünen Gürtel zogen.

In kurzer Zeit hatten wir die Stadt, so wie die Pinien hinter uns und genossen den vollen Anblick des prächtigen Gebirges, von der darüber empor steigenden Sonne malerisch beleuchtet. Wir ritten aufwärts und unser Weg, wenn man die Bahn, die vor uns hinaufziehende Caravanen gemacht, so nennen kann, führte anfänglich über eine breite sandige Fläche, die mit zahlreichen Pinien, Platanen und Sykomoren bedeckt war. Oft blieben wir stehen und schauten rückwärts, denn es begann sich hinter uns eine große schöne Aussicht zu entfalten. Die Landzunge, auf der Beirut liegt, hatten wir noch nie Gelegenheit gehabt, in ihrer ganzen Ausdehnung zu übersehen. Jetzt standen wir hoch über der Stadt wie auf einem Thurm und sahen vor uns das Meer auf drei Seiten den Halbkreis, auf dem Beirut liegt, umspülen; die Stadt, welche mit den sie umgebenden Gärten und Anpflanzungen einen ziemlichen Raum einnimmt, verschwand fast gegen die ungeheure Wasserfläche, die sich vor uns ausbreitete. Zur linken Hand trat das Land in einer ähnlichen Spitze in's Meer, doch für unser Auge zu weit, um dort etwas erkennen zu können. Das war Saida - drunten im Hafen von Beirut lagen die großen englischen Linienschiffe und schienen uns nicht größer als Nußschalen zu seyn. Eins der Kriegsdampfboote wandte sich und ruderte fort - ein Wasserinsect, das den Bach durchschwimmt; ein anderes sahen wir auf der Höhe der See und erkannten es nur an dem langen dunkeln Rauch, der es umhüllte. -

Nach zwei Stunden beständigen Aufwärtssteigens kamen wir an ein einzeln stehendes Haus, Chan oder Wirthshaus, mit einer aus unbehauenen Steinen roh zusammengesetzten Wasserleitung, die einen klaren Felsbach in ein Bassin im Hofe führte; wir zogen vorbei, und da hinter diesem Hause der Weg ziemlich steil zu werden anfängt, stiegen wir von den Pferden und führten sie. Der Boden war zum Marschiren sehr angenehm, ein weicher sehr tiefer Sand, der das Gehen außerordentlich erschwerte; auch brannte die Sonne heftig, obgleich wir uns im Monat Januar befanden, und erwärmte mehr, als nöthig war. Bewundernswürdig war bei diesen schlechten Wegen die Klugheit und Ausdauer unserer Pferde, denn obgleich man ihnen wohl das arabische Blut ansah und sie die edle Race ihrer Stammältern nicht verläugneten; waren es doch nur gebrauchte Miethpferde, von denen die meisten obendrein schon sehr bei Jahren waren; aber alle waren noch stark auf den Beinen und höchst selten stolperte eins; auch brauchte man sie nicht anzutreiben, sondern ruhig und unermüdlich kletterten sie so rasch aufwärts, daß wir ihnen kaum folgen konnten.

Hie und da begegneten wir einzelnen Maroniten und Drusen, die zur Stadt hinabstiegen, um Einkäufe oder sonstige Geschäfte zu besorgen. Alle grüßten uns freundlich und verließen uns mit einem lauten: Allah il Allah! Etwas höher hinauf kamen uns Schwarze entgegen, welche ein paar türkische Weiber von Damaskus hergeleiteten. Die Damen saßen auf Maulthieren und waren stark verschleiert. Viel Freude verursachte uns eine andere Begegnung. Bei einer Biegung des Wegs sahen wir eine kleine Gesellschaft auf uns zukommen, die wir ihrem Costüme nach sogleich für Europäer erkannten. Es war ein Mann zu Pferde und hinter ihm zwei Frauenzimmer auf Maulthieren. Sie schienen von unserem Anblick eben so überrascht wie wir von dem ihrigen. Sie waren Deutsche aus dem Elsaß und der Mann Militärarzt bei Ibrahim Pascha gewesen. Sie hatten Damaskus nach Abzug der Armee verlassen und gingen nach Beirut, um sich in die Heimath einzuschiffen. Wer es schon gefühlt hat, wie wohlthuend die Klänge der heimathlichen Sprache in der Fremde auf das Herz wirken, wird glauben, daß wir uns herzlich begrüßten und ein kleines Gespräch hielten, ehe wir wieder schieden. Wie gute Freunde, die sich verlassen, sahen wir uns öfter nach einander um und schwenkten die Tücher. Bald waren sie unseren Augen entschwunden.

Wir stiegen noch eine Stunde sehr steil aufwärts und hatten bald einen bekannten Chan erreicht, der wohnlicher als alle andern im Libanon eingerichtet, häufig von Reisenden, die über das Gebirge ziehen, zum ersten Nachtlager benutzt wird, - Chan el Hussein. Auch unsere Mucker fingen gleich bei unserer Ankunft an, die Thiere abzuladen, als verstünde es sich von selbst, daß wir hier anhielten. Doch war es erst Mittags ein Uhr, weshalb wir heftig dagegen protestirten und weiter zu ziehen verlangten. Aber wie es uns zuweilen bei dergleichen Streitigkeiten mit den Eingeborenen ging, unser edler Dolmetscher Giovanni schlug sich auf ihre Seite, indem er wahrscheinlich nicht Lust hatte, für heute weiter zu gehen. Er malte uns die schrecklichsten Dinge aus, die uns betreffen würden, wenn die Nacht uns in den Pässen des Libanon überraschte; er sprach von Abgründen voll Schnee und Eis, von Räubern und Gott weiß was Alles. Doch war uns noch der Zug über den Balkan, von dem man uns beinahe das Nämliche prophezeit hatte, zu frisch im Gedächtniß, um uns auf das Gerede dieser Leute zu verlassen. Aber was konnten wir machen? So sehr wir in den Dolmetscher drangen, die Leute zu fragen: ob es denn auf keine Weise möglich sey, noch heute weiter zu gehen und einen andern Chan zu erreichen, so ertheilte er uns beständig die Antwort: man sage, das sey unmöglich. Wir hätten also die Nacht hier zubringen müssen, wenn nicht durch die ziemlich heftig geführten Debatten ein anderer Araber aufmerksam geworden und näher getreten wäre. Er fragte den Baron in einem ganz verrenkten Englisch, ob er nicht diese Sprache kenne. - Nun ist wohl nie eine Mundart mehr geradbrecht worden als diese; aber sie klang wie Musik. Der Araber sagte uns, ihm scheine, als wollte unser Dertscheman (Dolmetscher) nicht weiter gehen; denn die Leute haben ihm schon mehrmal gesagt, es sey wohl möglich, wenn wir bald aufbrächen, mit Einbruch der Nacht einen andern Chan zu erreichen; doch müßten wir uns beeilen, da der Weg dahin ziemlich schlecht sey. Jetzt wurden natürlich alle Unterhandlungen abgebrochen. Der englische Araber mußte den Muckern erklären, daß wir auf jeden Fall weiter wollten und noch heute einen andern Chan erreichen, wornach sie sich einzurichten hätten. Unserm Giovanni, der es wieder einmal verdient hätte, bedeutend geprügelt zu werden, wurde strenge befohlen, gleich aufzupacken und nach einigen Minuten ging die Reise weiter.

Ich habe dies kleine Intermezzo erzählt, um einen Begriff zu geben, wie sehr der Reisende im Orient von den Launen dieser Dolmetscher abhängt. Dies ist nicht das einzige Beispiel der Art und nicht immer trafen wir einen Sprachkundigen wie heute, der uns aus der Verlegenheit half. Mit anständiger Behandlung und guten Worten, wie sie der Baron den Dienern stets zukommen ließ, ist bei diesem Volk nichts ausgerichtet; und ich rathe jedem Reisenden, bei dem geringsten Widerspruch oder unverschämten Betragen dieser arabischen Bedienten den Prügel zu gebrauchen. Läuft auch so ein Kerl heute fort, er wird morgen sicher wieder kommen, denn Herrschaften, die wie die europäischen Reisenden außerordentlich viel bezahlen, trifft er nicht gleich wieder, und so unangenehm es freilich für uns gewesen wäre, bei unsern Ausflügen, entfernt von den Küstenstädten, von dem Dolmetscher verlassen zu werden, eben so fatal wäre es für ihn selbst gewesen, wenn wir ihn fortgejagt hätten, und ich bin überzeugt, er hätte zuerst sich uns wieder genähert.

Gleich hinter dem Chan el Hussein begann der Weg eine andere Gestalt anzunehmen. Bis hieher hatten wir meistens Sand, zuweilen auch Erde gehabt, und nur stellenweis fanden wir den Pfad mit Steinen bedeckt, auch hatten uns beinahe bis auf diese Höhe, Pinien, Fichten und kleine Gesträuche aller Art nicht verlassen. Jetzt wurde die ganze Gegend kahl und öde. Der Boden, aus Fels bestehend, gewährte nur schmale Pfade, die sich beständig um gewaltige Klippen herumwanden und sehr steil aufwärts gingen. Auch war es viel kühler geworden. Die mit Schnee bedeckte Spitze des Dschebbel Schech, welche links vor uns lag, kühlte die Luft ab und sandte uns nicht selten sehr kalte Winde. Vor uns zog eine lange Reihe Kameele, die wir bald überholten; sie waren mit langen Balken beladen, von denen jedes der Thiere zwei trug, rechts und links am Packsattel hängend und mit dem Körper parallel laufend. In kurzer Zeit ließen wir sie weit hinter uns und hatten nach einer Stunde die erste Höhe des Gebirges erklettert, die erste der drei Ketten, welche den Libanon ausmachen und die durch wilde, fast ungangbare Thäler getrennt, drei gewaltige Ringmauern bilden.

Von dieser Höhe wandten wir noch einmal den Blick rückwärts; doch sahen wir nichts als das weite öde Meer; Beirut dicht an den Fuß des Libanons geschmiegt, war unsern Augen entrückt. Unsere Mucker, die sehr eilten, um vorwärts zu kommen, ließen uns indeß nicht lange Zeit zum Umsehen. Der Weg führte jetzt abwärts, d. h. wir mußten uns durch die Klippen und Schlünde, die vor uns lagen, einen suchen. Ein großartig wildes Thal war es, in welches wir jetzt hinabstiegen. Es versteht sich von selbst, daß jeder absaß, um sein Pferd zu führen oder es vielmehr wie die Araber zu machen um sich vom Pferde führen zu lassen. Bei solchen Wegen ist die Klugheit dieser Thiere wirklich bewundernswürdig, die Sicherheit, mit der sie, ohne zu stürzen, über das lockere Geröll gehen. Wir ließen sie den Weg suchen und folgten ihnen. Bald wandten sie sich zwischen zwei aufrecht stehenden Felsblöcken hindurch und wo uns auf einmal ein fast senkrechter Abhang alles weitere Fortkommen abzuschneiden schien, suchten sie so lange herum, bis sie eine ihnen vielleicht bekannte Furth gefunden, durch die wir hinabkamen, die aber oft so schmal war, daß wir kaum einen Fuß vor den andern setzen konnten. Jetzt bildete der Weg mehrere hundert Schritte lang eine sehr steil sich niedersenkende Fläche, wo Alles, ohne anhalten zu können, hinabruschte, und sich jeder erst durch Anprellen an die unten stehenden Felsen wieder sammeln konnte. Ohne Unfall erreichten wir in kürzerer Zeit als wir geglaubt, den Grund des Thales, indem ein eiskaltes klares Bergwasser floß. Rings war alles still und erschreckend ruhig, keine Spur irgend eines menschlichen Wesens, kein Grün der Bäume und Sträuche, nur hie und da ragten einige verkrüppelte erstorbene Fichten aus dem Gestein. Eine Zeit lang gingen wir an dem Bache aufwärts und kamen an einer halbverfallenen verlassenen Hütte vorbei, wo der Weg wieder rechts an der andern Thalwand hinaufführen sollte. Doch sahen wir keine Möglichkeit, da hinaufzuklettern, und wir glaubten schon, unsere Führer müßten irre gegangen seyn, als wir plötzlich auf der Spitze der vor uns liegenden Felsen einen Zug Maulthiere erblickten, die sich eben anschickten, zu uns herabzusteigen. Wir hielten an, um den Thieren zuzusehen und glaubten jeden Augenblick, wenn sie einen neuen Zacken überstiegen, jetzt müßten sie stürzen und zerschmettert vor unsere Füße rollen. Oft gingen sie auf einem Pfade, der, von unten gesehen, nicht breiter, als ihre Füße zu seyn schien, an der einen Seite eine steile Wand, an der andern einen mehrere hundert Fuß tiefen Abgrund. Jetzt stiegen sie einen senkrechten Felsen im Zickzack herab, um auf einem Steindamme weiter zu gehen, wo sie ungefähr aussahen, wie kleine Fliegen, die über einen Messerrücken laufen, bald verschwanden sie hinter Klippen, die wie Zuckerhüte emporragten, und erschienen jetzt wieder an einer scharfen Kante hängend; wo wir keinen Pfad erblicken konnten und der ganze Zug oft aussah, wie wehendes Gras über einem Abgrund.

Für die Höhe der Berge waren sie in kurzer Zeit bei uns und nachdem wir einige Worte mit den Treibern gewechselt, begannen wir denselben Pfad hinaufzuklettern, den ich oben beschrieben, und wenn sich auch bei genauerer Betrachtung Manches nicht so gefahrvoll darstellte, als es anfangs schien, so war die ganze Sache doch halsbrechend genug und beim Ersteigen der Klippen fanden sich oftmals einzelne Stellen, die ich zu jeder andern Zeit für Menschen ungangbar gefunden hätte, geschweige für Pferde. So war etwas höher hinauf der Weg eine förmliche Treppe, wo jede Stufe aus einem Felsblock von zwei bis drei Fuß Höhe bestand. Die Breite betrug gleichfalls nicht mehr, an der einen Seite hatten wir eine steile Wand, an der andern den Abgrund. Außerdem stürzte über diese Treppe ein kleines Wasser hinab, das, hie und da Pflanzen und Moose ansetzend, den Weg schlüpfrig und gefährlich machte. Jemand, der am Schwindel litt, hätte ich nicht rathen mögen, von diesen Höhen einen Blick in die Tiefe rings um sich zu thun. Die ganze Umgebung war colossal, großartig wild.

Als wir höher gestiegen waren, sah ich, daß das Thal, das wir so eben verlassen, nur eine kurze Strecke die erste Bergkette mit der zweiten verband. Rechts und links neigte es sich, zuerst kaum merklich, dann aber auf einmal mit einem gewaltigen Absturz gegen das Meer hin, welches wir jedoch nicht mehr sahen, und ließ uns in riesige Schluchten schauen, an denen ein scharfes Auge die Natur des Libanon studiren konnte. Tief unten schien der Boden dieser Schluchten mit grünen Wellen bedeckt, die an den Wänden hinauf schlagend immer durchsichtiger wurden. Das waren Wein- und Oel-Pflanzungen der maronitischen Dörfer, die hie und da in den Bergen liegen, üppige Wälder, die der untere Strich des Gebirges hervorbringt. In die rauhere Region hinaufragend, werden sie allmählig lichter und laufen endlich in hie und da zerstreute Pinien, Fichten und Cederngruppen aus. An sie stoßen gelbe Strecken Landes, die man für Sand halten könnte; doch sind es Getreidefelder, die noch bis zu einer beträchtlichen Höhe dicht mit Aehren bedeckt sind. Jetzt erst kommt der Sand, der später den rauhen Felsen Platz macht, welche von kleinen Steinen, womit die Wege bedeckt sind, bis zu ungeheuren Blöcken anwachsend, das schneebedeckte Haupt des Berges unterstützen. Unten im Thale von Beirut war es, obgleich der Himmel mit Wolken bedeckt war, ziemlich heiß gewesen, und wir hatten zu Anfang unseres Marsches Mäntel und Pelze bei Seite gelegt; doch sahen wir uns bald veranlaßt, sie wieder zu nehmen. Wir erstiegen jetzt die mittelste und höchste der drei Bergketten des Libanon und es begann hier oben empfindlich kalt zu werden. So ruhig unten die Luft war, so machten sich doch auf dieser Höhe die

Winde bemerkbar und brachen hie und da aus den Schluchten hervor, unsere Mäntel und die Mähnen der Thiere lüftend. Alle Vegetation hörte hier gänzlich auf und statt der kleinen Sträucher und Moose, die tiefer unten die Schluchten des Gesteins ausfüllten, ringelten sich hie und da von dem weißen schneebedeckten Haupte des Berges einzelne dünne Locken bis zu unsern Füßen, lange Streifen glänzenden Schnees. Für uns Europäer war es ein eigenes Gefühl, als wir wieder Schnee sahen, den guten Bekannten aus der Heimath, den alten Jugendfreund. Ich konnte mich nicht enthalten, von meinem Pferde zu steigen und eine Hand voll zusammen zu ballen, die ich mit meinem Gruß an die Heimath einen der Abhänge hinabrollen ließ. Die Pferde schienen sich dagegen mit dem Schnee nicht recht befreunden zu können; denn so weit sie konnten, gingen sie ihm aus dem Wege und als sie bei größeren Strecken auf ihn treten mußten, thaten sie es so vorsichtig und behutsam, die Beine hoch aufhebend, als fürchteten sie, bei jedem Schritte durchzubrechen.

Hiezu kam noch etwas auf dieser Höhe, was uns sehr interessant war, den Muckern aber, so wie ihren Thieren ebenfalls nicht zu gefallen schien. Allmählig ritten wir in die Wolkenschlucht, welche die Spitze des Gebirges bedeckte. Zuerst empfanden wir eine kalte Zugluft, die uns von allen Seiten anwehte und mit einem leichten Nebel bedeckte, der mit jedem Schritte dichter wurde; wie bei einem kalten Wintertag zeichnete sich der Athem der Menschen und Thiere dunkler ab und ließ im Pelz und im Bart einen kleinen Reif zurück. Unser Hauptmucker, d. h. unser erster Führer, nahm die Spitze des Zugs, und bedeutete uns sehr ernsthaft, ihm genau zu folgen, so wie einzeln zu reiten, immer einer dicht hinter dem andern, weil der Weg zur höchsten Spitze der zweiten Bergkette, die wir jetzt zu überschreiten hatten, es nicht anders zulasse und wir uns bei dem dichten Wolkennebel verirren könnten, eine Besorgniß, die sehr gegründet war, denn bald konnten wir die Gegenstände vor uns kaum mehr auf drei Schritte erkennen. Dabei sah Alles sehr groß, ja riesenhaft aus; das Pferd des vor mir reitenden Barons schien sich kolossal auszudehnen; sein Mantel flatterte wie ein zerrissener Wolkenschleier und wenn ich zufällig einem solchen Reiter begegnet wäre, würde ich ihn für einen mächtigen Berggeist gehalten haben, der, vom Sturmwind getragen, durch sein Revier braust. Dabei wurde der Weg sehr gefahrvoll und führte uns auf ganz eigenthümliche Weise die Spitze hinan; eine Art Hohlweg, in dem wir eine kurze Zeit geritten, hörte mit einem Mal auf, und vor uns dehnten sich große Schieferplatten aus, die, wie durch Menschenhände zusammengefügt, eine glatte Fläche bildeten. Steil, wie ein Hausdach, ging sie aufwärts und den Pferden und Maulthieren wurde das Ersteigen nur durch kleine Löcher möglich gemacht, die man in den Stein gehauen hatte und worin die klugen Thiere vorsichtig ihre Füße setzten und so aufwärts kletterten. Obendrein wurde diese Passage noch durch den vielen Schnee beschwerlicher gemacht, und wäre ganz unzugänglich gewesen, wenn die heftigen Winde, die hier oben wehten, es zugelassen hätten, daß der Schnee die ganze Spitze bedeckte; so aber konnte er sich nur hie und da erhalten, wo ihn Felswände schützten, aber an solchen Stellen war er oft mannshoch zusammengethürmt.

Bald jedoch hatten wir diesen Weg und die Wolken im Rücken, aus denen ich die Mucker und Thiere hinter mir einzeln, wie aus einem großen Wasserspiegel, auftauchen und an's feste Land treten sah. Der Himmel, den früher die Wolken, über welchen wir uns befanden, bedeckt hatten, sah jetzt klar und freundlich blau auf uns hernieder.

Die Hochebene, über die wir nun ritten, glich einer Insel im Meere, denn wie mit brandenden Wellen war sie rings von den Wolkenmassen umgeben, die sich hin- und herbewegten und bei jedem Windstoß ihre Gestalt verändernd, die Täuschung vollkommen machten. Aus diesem Meere hoben sich rechts und links die höchsten Spitzen des Gebirges, der Dschebbel Schech und der Dschebbel Sanin, achttausend Fuß hoch, die mit ihren im Sonnenlicht glänzenden Schneemänteln wie Eisberge aussahen. Doch nur kurze Zeit hatten wir einen etwas bequemeren Weg. Bald verengte er sich wieder und wand sich, sanft ansteigend, um eine höhere Spitze des Berges, die uns zur Rechten lag, wo er gefährlicher als je wurde. Zur Rechten hatten wir eine fast senkrechte Bergwand und links eine der tief hinabreichenden Schluchten, von denen ich oben sprach. Der Pfad selbst war höchstens zwei Fuß breit, mit Schnee bedeckt und nicht einmal gerade, sondern nach der Schlucht zu etwas abschüssig. Die Thiere konnten natürlich nur eins hinter dem andern gehen und drückten sich, die Gefahr kennend, so fest wie möglich gegen die Bergwand, den Reiter nicht selten unangenehm gegen die Felsen stoßend. Die Schlucht links gewährte einen eigenthümlich großartigen Anblick. Die Wolkenmassen hatten sich etwas gesenkt und ließen uns vielleicht hundert Fuß weit hinabsehen; dann versperrten sie die Aussicht und die grauen bewegten Nebel sahen nicht anders aus, als seyen sie der Rauch von einem ungeheuren Feuer, das dort unten flamme. Etwas weiter hinauf sahen wir sie von der Sonne rosig gefärbt und man konnte glauben, in einem colossalen Theater zu seyn, wo am Schluß des Stücks die Wolken, die die Genien getragen, langsam verschwinden; mit ihnen verschwand die Poesie, welche die Gegend verschönte, und der Schauplatz verwandelt sich in die frühere öde Gegend.

So wie es wohl nicht leicht ein zweites Gebirge giebt, das sich, in prächtigere Farben kleidet, als der Libanon, z. B. bei Sonnenuntergang, so giebt es auch wohl keins, das so sonderbar geformte und in ihrer Gestaltung so verschiedenartige Thäler aufzuweisen hat wie dieses. Bald sind sie wild und rauh, mit chaotisch auf einander gethürmten Felsenmassen, unheimlich, als ruhe der Fluch des Schöpfers auf ihnen, bald findet der Blick, der suchend über die Spitzen irrt, ein anderes, das den vollkommensten Gegensatz bildet. So erinnere ich mich besonders eines, in das ich meine Gedanken und Träume versenkte, bis mir eine Biegung des Wegs seinen Anblick entzog. Zwischen rothen kahlen Felsen lag es, klein aber freundlich, mit frischen Wiesen und grünen Sträuchern, und besonders schön war es, daß ein ebenfalls grün bewachsener Hügel die weitere Aussicht hemmte, den Blick abhielt, die dahinter liegenden Felsen zu sehen und dagegen den Gedanken gestattete, sich noch Schöneres auszumalen, was in der Wirklichkeit hier nicht vorhanden war. Es war mir wie ein Thal aus der Heimath. Hinter jenem Hügel mußte ein kleines Dorf liegen und nur die aufsteigenden Abendnebel hinderten mich, den Kirchthurm mit der blanken Spitze zu sehen; doch das Geläute der Glocken hörte ich, deutlich hörte ich es und wenn mir auch mein Auge sagte, es seyen die Schellen unserer Saumthiere, so glaubte ich ihm doch nicht und blickte scharf nach dem hübschen Thal, um bald die Häuser zu sehen, deren Fenster, von der Abendsonne bestrahlt, in hellem Feuer brannten. Ach, in einem Thal, das diesem glich, hatte ich einstens schöne Tage verlebt; es war aber auch nur eine Täuschung und nach kurzer Zeit trat das Schicksal, wie jetzt die Felsen, zwischen mich und das Thal, und ich mußte wie hier auf ewig Abschied von ihm nehmen.

Ueber den mittlern und höchsten Bergrücken waren wir nun glücklich hinüber und noch einmal, aber in ein weniger wildes Thal, als das erste, hinabsteigend, sahen wir den dritten und letzten Gebirgszug des Libanon vor uns, an dem unser heutiges Nachtquartier liegen sollte. Die Sonne war hinabgestiegen und aus den Thälern und Schluchten erhoben sich dunkle Nebel. Unsere Pferde, denen der heutige Marsch etwas stark mochte vorgekommen seyn, schienen sehr ermüdet, und doch eilten die Mucker so rasch wie möglich vorwärts, um den Chan baldigst zu erreichen, bis wohin wir noch eine beschwerliche Strecke Weges haben sollten, besonders unangenehm für uns, da die Nacht, die hier fast ohne Dämmerung sehr rasch eintritt, noch ehe wir den letzten Höhenzug erreicht, völlig eingebrochen war und sich heute so finster anließ, daß ich für meine Person die nächsten Gegenstände nicht mehr unterscheiden konnte. Obendrein hatten sich am Himmel schon mehrere Stunden lang neue Wolken gesammelt und es fing an zu schneien, eine Unannehmlichkeit, die noch durch den scharfen Wind, der uns aus dem Thale entgegenblies, vermehrt wurde. Unser Weg führte einen Bach hinab und bildete keine angenehme Passage. So fatal die Dunkelheit in einer Art war, so hatte sie doch den Vortheil, daß wir die Gefahren des Weges nicht so sehen konnten und man mußte in Gottes Namen den Vorhergehenden folgen; rutschten die eine Strecke mit den Pferden hinab, so wußte ich, daß mir gleich dasselbe passiren würde, und machte mich auf einige Stöße gefaßt. Zuweilen bildete unsere Caravane einen großen Knäuel, bei dem es noch ein Glück war, daß unsere armen Thiere sehr ermüdet waren und deshalb nicht anfingen zu schlagen; bald zog sich die Gesellschaft lang aus einander und wurde nur durch das Schreien der Mucker wieder zusammengebracht, die, wie die türkischen Posttartaren, unnachahmlich heulten, um bei der Dunkelheit den Weg anzuzeigen.

Nach einer Stunde erblickten wir vor uns etwas, wie ein großes Felsstück, nur regelmäßig geformt und dadurch sich von den übrigen unterscheidend, das die Mucker mit lautem Geschrei begrüßten. Es war unser Chan, und wir Alle fühlten uns glücklich, in dem Unwetter des Schneesturms endlich ein Obdach zu haben, mochte es nun im Innern aussehen, wie es wolle.

Dieser Chan, seinen Namen wußten die Leute selbst nicht, war ein ziemlich großes Gebäude, durch lose auf einander gefügte Steine aufgeführt, deren Ritzen mit Moos und Erde verstopft waren. Die Mauern mußten ungefähr zwanzig Fuß Höhe haben. Das platte Dach bestand aus Palmbaumstämmen, die man neben und über einander gelegt hatte, und deren Zwischenräume ebenfalls mit Moos und Erde verstopft waren; oben lag eine Schichte großer Steine, die das Dach gegen den Sturmwind schützten, der es sonst in kurzer Zeit herabschleudern würde. Auf gleiche Art sind alle Chans oder Wirthshäuser durch ganz Syrien gebaut. Im Innern war unser heutiges in drei Theile getheilt, wovon der größte den Stall, ein anderer das Bedientenzimmer und der dritte unser Appartement vorstellte. Alle drei glichen sich in ihrer innern Einrichtung so ziemlich, nur war der Stall durch die Wärme der Thiere und das hineingeworfene dürre Laub und weniges Stroh am wohnlichsten und bot den meisten Comfort. Neben diesen Localen befand sich noch in dem Chan eine Art Vorhaus, oder besser gesagt, das Dach war einige Schuh vorgebaut und bildete, durch Palmbäume unterstützt, einen Schuppen, unter den die Saumthiere getrieben wurden, damit man sie bei einem Wetter wie das heutige im Trockenen abladen konnte.

Die meisten dieser Chans sind, wenn man es so nennen will, Stiftungen, vielleicht ließ ein Reisender, der kein Obdach fand, und hier unter freiem Himmel übernachten mußte, später aus Humanität für Andere, die sich in gleichem Falle befänden, das Gebäude aus seinen Mitteln aufführen. Daß hier an keine Wirthschaft zu denken ist, und jeder nur das hat, was er mitbringt, versteht sich von selbst; nur in einigen der größten, die auf den Hauptstraßen liegen, wie auch unser heutiges, halten sich zuweilen Araber auf, die den Reisenden, natürlich zu immensen Preisen, Brod, Kohlen, so wie auch Stroh und Gerste für die Thiere verkaufen.

Unsere Mucker, die einige Schritte voraus waren, ritten gleich unter das hervorragende Dorf, um abzuladen, und wenn wir auch gewohnt waren, bei derlei Geschäften ein großes Geschrei und Spektakel zu hören, so erhob sich doch gleich nach ihrer Ankunft ein solch entsetzlicher Lärm von Menschenstimmen und Wiehern der Pferde, daß wir eilig hinzuliefen, um nach der Ursache des Spektakels zu sehen. Was war es? Das Haus und den Vorplatz hatte ein türkischer Oberst, der von Damaskus kam, mit seinem Gefolge eingenommen und da nicht alle Pferde im Stalle Platz fanden, waren mehrere unter dem Vordache angebunden, die nicht so friedlicher Natur, wie die unserer Mucker, anfingen auszuschlagen, worauf die Türken, die Gott weiß welchen Ueberfall vermuthen mochten, mit Waffen und Feuerbränden aus dem Hause stürzten, um sich zu vertheidigen oder vielleicht auch nur, um davon zu laufen. Bei unserem Anblick stutzten sie, beruhigten sich jedoch, als ihnen der Baron bedeuten ließ, wir seyen Reisende wie sie und suchten Nachtquartier, und einer der Türken, ein stattlich aussehender Mann, legte die Hand an's Feß und sagte uns das wohlbekannte M a s c h a l l a h (Gott segne deinen Eingang). So war der Friede wieder geschlossen. Die Reiter banden ihre Pferde etwas entfernt von den unsrigen, und während sich die Mucker mit Abpacken beschäftigten, traten wir in das Gemach. Hier sah es ziemlich unheimlich und trostlos aus. Es kam uns kein Oberkellner mit einem Dutzend Unterkellnern entgegen, Servietten auf dem Arm und Wachslichter in den Händen, um die Nummern unsrer wohleingerichteten Zimmer abzurufen. Hier war nur eine einzige Nummer und so niedrig, daß der Baron kaum aufrecht darin stehen konnte. Der Boden bestand aus zusammengetretener Erde, in der Mitte befand sich eine Vertiefung, worin glühende Holzkohlen lagen, die eine dreifache Bestimmung hatten, den Caffee daran zu kochen, das Gemach zu erwärmen und zu beleuchten.

Der Oberst, als solchen machte ihn der diamantene Nischah auf seiner Brust kenntlich, war so gütig, seine Begleitung vom J ü s - B a s c h i (Hauptmann) abwärts, in das andere Gemach zu schicken, damit für uns Platz würde. Nachdem Giovanni unsere Mäntel und Decken, auch brennendes Licht hereingebracht, richteten wir uns so behaglich als möglich ein. Der Kammerdiener des Fürsten, Scandar, kochte einen ächt russischen ausgezeichneten Thee, der uns innerlich erwärmte und den gefrorenen

Humor aufthauen ließ. Dann soupirten wir, indem wir Fleisch und Brod auf einer ledernen Pferdedecke ausbreiteten, stopften unsere Pfeifen und gaben den aufhorchenden Türken noch ein Vocalconcert zum Besten. Fürst Aslan sang Verschiedenes aus dem Barbier von Sevilla, der Baron aus Norma: Zu dieser Stunde sollst du erfahren etc. und ich trug das bekannte Duett aus den Puritanern vor.

So sehr jedoch den Oberst und seine Gefährten unser Gesang und uns die Freude dieser Leute amüsirte, fühlten wir doch bald das Bedürfniß zum Schlafen und machten Anstalten zu Bette zu gehen; ein Stein wurde zum Kopfkissen genommen, der Baron wickelte sich in seine ungarische Bunta, von der er mir jedoch großmüthig ein Stück zukommen ließ, die Türken legten die Pfeifen weg und bald herrschte tiefe Stille, nur zuweilen von dem Heulen des Sturms draußen oder von dem Schnarchen eines der Schläfer unterbrochen. Es war aber ein sehr unbequemes Bett. Man mußte die Beine beständig an sich ziehen, um sich nicht an den Holzkohlen, die in der Mitte des kleinen Gemachs brannten, zu versengen. Aber müde, wie wir waren, entschliefen wir bald. Doch dauerte unsere Ruhe nicht gar lange. Ich erwachte nach einigen Stunden von einem Geräusch, herabfallenden schweren Regentropfen ähnlich, wie sie im Sommer als Vorposten eines Gewitters ankommen. Ich verhielt mich ruhig, um den Schlaf der Andern nicht zu stören und fühlte nur, da mir ahnte, was es seyn könnte, mit der Hand auf meinem Pelz und dem Boden herum. O weh! da war Alles naß. Von der Decke fielen wirklich schwere Tropfen und in nicht geringer Anzahl. Der Schnee, der den Tag über auf das Dach gefallen war, schmolz durch die Wärme unseres Feuers und drang durch die schlecht zusammengefügten Baumstämme, bei diesem Durchsieben von dem darauf geworfenen Lehm mit sich führend, so daß zugleich Schmutz und Wasser auf uns fiel. Der Baron richtete sich ebenfalls in die Höhe und der arme Fürst, der unglücklicher Weise in einer Ecke lag, versicherte uns mit seinem Lieblingsschwur *parole d'honneur*, er liege in einer wahren Sauce und sey schon lange wach. Nach langem Berathschlagen, was zu thun sey, wurden wir mit dem türkischen Oberst einig, Feuer anmachen zu lassen und Caffee zu kochen, um so den Morgen zu erwarten. In Kurzem war Alles munter. Etliche zehn Pfeifen dampften. Ich aber nahm den Burnus eines unserer Araber und ging vor das Haus, mich im Freien ein wenig umzusehen.

Es war eine wilde Nacht. Das Schneegestöber hatte aufgehört und der Sturm lag zwischen den Felsenzacken und pfiff aus dem zerrissenen Gestein die seltsamsten Melodien. Unser Chan stand hart an der abschüssigen Wand eines Thales, das lang vor mir ausgestreckt lag und in seiner Wildheit dem Wohnorte böser Geister glich. Hie und da erhoben sich aus dem

Dunkel riesige Gestalten, einzeln stehende Felsen, die oben mit Schnee bedeckt, wie mit weißen Gesichtern zu mir aufblickten. Hinter dem Hause war ich vor dem Winde etwas geschützt; doch wie ich vortrat, um eine weitere Aussicht zu haben, packte er mich und ich mußte einen Zacken des Gesteins fassen, um nicht hinabgeschleudert zu werden. Da hing ich, zu meinen Füßen ein unermeßlicher Abgrund, durch den die Winde saußten und mir spottend zuriefen, mir, ihrem Herrscher, den die empörten Elemente verbannt und hier oben angekettet hatten. Ich war ein anderer Prometheus. Mein Burnus flatterte um mich, wie die Fittige der Geier, und schlug mich in's Gesicht - mir war mein Zauberstab entfallen und keine freundliche Macht half mir die empörten Vasallen zur Ruhe zu bringen und zu bändigen; alle befreundeten Mächte flohen, - alle. Die meisten hatten mich eilfertig verlassen, nur eine zögernd langsam und sich oft nach mir umsehend, und so wie sie mir von Neuem in's Gesicht sah, ging sie stets langsamer und immer langsamer und blieb endlich stehen, mit sich selbst kämpfend, ob sie zurückkehren und mir helfen solle oder nicht. - - Und sie kam zurück in raschem Sprunge, klammerte sich an mich - meine Phantasie - und ich war wieder mächtig wie früher -.

Dem Blitze gleich fuhr mein Zauberwort in das Thal vor mir, bändigte den Sturm und ließ die Felsen aufhorchen. Die Winde heulten nicht mehr in ungleichen Weisen nach Belieben durch einander, die Bergwasser rauschten nicht mehr taktlos dazwischen, Alles hörte auf mich - ich hatte meinen Zauberstab wieder und dirigirte - eine Sturmsymphonie - ein wildes Werk, der erste Satz ein gewaltiges Allegro, zu welchem obligate Wolkenzüge den Himmel schwärzten und finstere Streiflichter über mein ganzes Orchester warfen. Beim zweiten Satz schwieg der Sturm, die zitternden Nadeln der Fichten und die Bergwasser hatten ein heimliches Solo, leise und flüsternd, und der Kamm des Gebirges vor mir färbte sich heller, denn der späte Mond stieg blutroth empor, ein herrlicher Anblick! Deutlich konnte ich die seltsamen Formen der Felsen dort erkennen, von denen besonders eine Parthie meinen Blick anzog; je länger ich hinblickte und je höher der Mond stieg, die Umrisse schärfer heraushebend, um so deutlicher sah ich, daß die Formen zu regelmäßig waren, um von der Natur hervorgebracht zu seyn. Jetzt, es durchzuckte mich eigen, verschwand die rothe Scheibe hinter den Felsen und zeichnete wie auf goldenem Grunde in schwarzen Umrissen ein Schloß mit zerfallenen Thürmen dahin, dessen Fensterhöhlen, durch welche das Mondlicht fiel, seltsam beleuchtet erschienen. Mein Orchester schwieg, Bach und Bäume endigten ihr Solo, und Alles sah erwartend zu dem Monde auf, der, nachdem er mir die alte Burg gezeigt, sich ruhig fortbewegend höher stieg, um auf dem mächtigen Felsen, mir gegenüber gelagert, seine große

Arie vorzutragen; kokett, wie alle Sänger, legte er zuvor sein langes Kleid von Silberstoff zurecht, das bis tief in die Schlucht hinabreichte und auf den Spitzen der Bäume und Felsen ausgebreitet, die glänzendsten Stickereien zeigte. Dann begann er, und sang in schönen schmeichelnden Tönen von dem alten Schlosse drüben, von dem Schlosse der Assassinen! Ja, dort hatte er gehaust, der Alte vom Berge, dort hinter jenen hohen Mauern hatte er ein Paradies erschaffen und sandte die in wollüstigen Genüssen erzogenen Jünglinge mit seinen blutigen Befehlen gegen die Feinde aus, die, durch alle Gefahren sich Bahn brechend, seine Worte blindlings befolgten, denn er hatte ihnen den Glauben eingeprägt, daß sie mit dem Stoß ihres Dolches sich die Rückkehr und den ewigen Aufenthalt in jenem Paradies der Lust und Wonne erwerben könnten. - - - - -
- -

Mit Tagesanbruch packten unser Mucker auf und wir genossen eine Chocoladensuppe, die uns ausgezeichnet schmeckte und erwärmte. Unsere Karawane hatte sich um einige Mann vermehrt; denn vier Beduinen, die ebenfalls nach Damaskus wollten, erboten sich gegen ein geringes Trinkgeld, uns zu begleiten und in vorkommenden Fällen zu beschützen; nach ihrer Angabe war die Tour zwischen dem Libanon und Antilibanon, besonders die Wege in letzterem Gebirge höchst unsicher. Die Söhne der Wüste hatten wie fast alle, kräftige, aber hagere Gestalten. Sie waren mit dem großen wollenen Burnus bekleidet und mit Säbeln und langen Lanzen bewaffnet, ihre Pferde von arabischer Zucht klein und schmächtig, aber ausdauernd.

Wir schieden von dem türkischen Oberst, der nach Beirut ging, und zogen eine Zeit lang längs dem Thale, an welchem unser Chan stand, auf einem ziemlich guten Wege, das heißt nach syrischen Begriffen, der sich allmählich und nicht sehr steil abwärts senkte. Dicht vor uns mußte die herrliche Fläche, die den Libanon vom Antilibanon scheidet, liegen, jene fruchtbare Ebene, die ihrer Schönheit wegen einfach „Bekaa", das Thal heißt; doch sahen wir nichts davon. Zwischen die beiden Gebirge hatte sich ein dichter weißer Nebel gelagert, aus dem nur die Spitzen des Antilibanon hervorragten. Die weißen Wolken glichen einem großen Landsee. Die Täuschung war so vollkommen, daß wir uns im ersten Augenblicke fragten, welches Wasser dort seyn könne. Zu unserer Rechten thronte das verfallene Schloß, von dem mir gestern Abend der Mond erzählt, eine Sage, die unser Dolmetscher bestätigte. Dort sey ein Schloß der Assassinen, sprach er, und machte dabei eine Bewegung des Halsabschneidens. Nach einer Stunde mühsamen Hinabsteigens erreichten wir das Nebelmeer und kamen durch ein kleines armseliges Dorf, bei dessen Eingang wir einen Trupp von etlichen hundert Mann ägyptischer

Infanterie, Deserteure trafen, die von Damaskus kommend in den Bergen des Libanon, ihrer Heimath, es waren Syrier, eine Zuflucht suchten. Bei ihrem Anblick hielt Mechmet seinen weithin schattenden Wurfspieß sehr hoch, unsere Beduinen faßten ihre Lanzen wie zur Vertheidigung. Doch waren diese Vorsichtsmaßregeln unnöthig. Die ganze Truppe verlor sich bei unserer Ankunft rechts und links zwischen den Häusern. Diese Leute waren in weiße Leinwand gekleidet, hatten wie die Türken ein rothes Feß und fast gar keine Waffen; nur hie und da sahen wir eine rostige Flinte oder ein paar lange Pistolen; auch hatten einige Säbel. Die meisten trugen dagegen nur einen langen Stock. Unser Giovanni glaubte, sie seyen uns nur deshalb so friedlich aus dem Wege gegangen, weil sie befürchtet, wir seyen nur der Vortrab einer größeren Truppe Engländer, die sich vielleicht gegen Damaskus in Marsch gesetzt. Bald waren wir ganz in die Nebel hinabgestiegen, die so dicht waren, daß wir von dem schönen Terrain, durch welches wir ritten, auch nicht das Geringste erblickten. Keiner sah den Andern, obgleich wir nur wenige Fuß von einander entfernt ritten. Der Boden war Haide, mit Wassergräben und zahlreichen Bächen durchschnitten. Bald mußten die Pferde darüber springen, bald mußten wir sie auf holprigten, halb zerfallenen Steinbrücken übersetzen. So ritten wir ohne die geringste Aussicht bis gegen Mittag, wo die Sonne endlich zu mächtig wurde, durch die Nebel drang, sie zerriß und verjagte. In weniger Zeit hatte sie dies Geschäft vollbracht und drängte die weißen Massen rechts und links in die Schluchten der beiden majestätischen Gebirge, die das schöne Thal einfassen, plötzlich auf dasselbe eine weite prächtige Aussicht eröffnend.

Herrlich und schön ist diese Ebene, doch nicht durch mannigfaltiges Grün oder durch üppig emporstrebende Waldungen, nicht durch freundliche Häuser oder durch die geordnete bunte Zeichnung vieler Getreidearten, die unsere Thäler so schön färben, nein, sie ist fast ohne Baum und Strauch gelblich grau wie unsere Haiden, aber viele kleine Bäche, welche sie durchschneiden, geben dem Boden einige Schattirung; denn, wie ich schon früher sagte, wo sich im trockenen Boden dieser Länder Wasser zeigt, schießen augenblicklich kleine Pflanzen daran empor, welche die Bäche saftig grün einfassen und so das Land zierlich durchschneiden. So ist diese Ebene, für sich ziemlich öde und einförmig; aber die beiden gewaltigen Gebirge, Libanon und Antilibanon, begränzen dies Thal und geben ihm so seinen wunderbarsten Reiz. Was ich schon früher von der reichen Färbung des Libanon sagte, findet auch auf seinen gewaltigen Nachbar Anwendung, und beide bilden einen bunten prächtigen Rahmen, aus dem die Ebene lieblich hervortritt, am schönsten aber bei Baalbek, wovon ich später erzählen werde.

Bald kamen wir an einen einzeln stehenden Hügel, auf dem sich ein kleines Gebäude mit einer Kuppel befand, wahrscheinlich das Grab irgend eines orientalischen Heiligen. Gleich darauf erreichten wir den Antilibanon, der hier mit einer schmalen Bergkette beginnt, die er wie ein gewaltiges Fühlhorn vor sich hinstreckt. Auf der Höhe derselben sahen wir wie gestern im andern Gebirg ebenfalls ein altes verfallenes Gemäuer stehen, nach der Versicherung unseres Dolmetschers auch ein Schloß der Assassinen. Dies hier auf dem Antilibanon sey ein Gefängniß gewesen, behauptete er gehört zu haben, wußte jedoch nichts weiter. Wenn man der Phantasie glauben wollte, die so gern geschäftig ist, um ein altes Denkmal, sey es Burg oder Kloster, ihre poetischen Fäden zu ziehen, so hatte Giovanni Recht, eine schönere Aussicht, wie man oben von dem Thurme des Schlosses haben mußte, war nicht leicht denkbar. Die Kette des Libanon, die man dort von den höchsten schneebedeckten Spitzen vielleicht bis zu seinen Ausläufern in Palästina verfolgen konnte, hatte man vor sich. Man sah die ganze Ebene bis nach Baalbek, dem schönen Sonnentempel, der damals noch in seiner ganzen Pracht und Herrlichkeit stand. Der Antilibanon deckte dem Auge seine heimlichsten Stellen, seine wildesten Schluchten auf. Dort in dem Schloß wurden wahrscheinlich die Ungehorsamen eingesperrt, man ließ sie hinaussehen in die himmlische Gegend, die sie nie mehr betreten durften, und wahrscheinlich unter Martern aller Art ihr verlorenes Paradies beweinen.

Ein unangenehmer Zufall störte hier für eine Stunde unsern Marsch. Unser guter Baron, der sonst einer der ersten im Zuge war, blieb heute auffallend zurück und war auch so außergewöhnlich stille, daß ich ihn mehrmals fragte, ob er unwohl sey, was er jedoch beständig verneinte. Jetzt war er auf's Neue weit zurückgeblieben, und als ich ihn erwartete, bemerkte ich mit Schrecken, daß er sehr blaß und angegriffen aussah, auch gestand er mir jetzt, er sey schon am Morgen nicht wohl gewesen, und jetzt auf einmal überfalle ihn eine heftige Uebelkeit und eine so starke Kolik, daß er einige Augenblicke anhalten müsse. Mich ergriff eine unbeschreibliche Angst, und ich dachte schon an Gott weiß was für eine Krankheit, die sein Leben bedrohe, dachte an Ansteckung, sogar an die Pest, die uns die Türken, unsere Schlafkameraden mitgetheilt haben könnten. Ich rief die Mucker mit dem Gepäck herbei, und wir stiegen Alle ab, suchten auf der Haide herum nach trockenem Gesträuch, um ein Feuer aufzumachen und Thee dabei zu kochen, was uns auch nach einiger Zeit gelang. Glücklicher Weise verminderte sich bald das Unwohlseyn unseres lieben Gefährten; er sagte es wenigstens, vielleicht nur um den Zug nicht länger aufzuhalten; denn so gern er Anderen mit Aufopferung stets behülflich war, so unangenehm war es ihm, wenn er glaubte, man sey seinetwegen genirt oder auch nur für ihn beschäftigt. Wir bepackten die Thiere wieder, wurden jedoch durch die Ankunft eines persischen Kaufmanns, der mit einem Gefolge von zehn Reitern von Damaskus kam, noch eine kurze Zeit aufgehalten. Der Perser ritt ein schönes turkomannisches Pferd, Schimmelhengst, das er geneigt schien, zu verkaufen, doch fand der Baron, der sich trotz seines Unwohlseyns beim Anblick eines schönen Pferdes gleich eifrig dafür interessirte, daß das Thier schon zu alt und deshalb für ihn nicht passend sey. Nach einigen Worten, Begrüßungen und gegenseitigen Fragen über Damaskus und Beirut, wobei diesesmal der Fürst den Dolmetscher machte, schieden wir, und der Perser gab seinem Pferde die Sporen, um uns die Schnelligkeit desselben zu zeigen und flog wie ein Vogel über die Ebene hin, seine Begleiter weit zurücklassend.

Wir zogen langsam unseres Weges und erreichten nach Verlauf einer halben Stunde den Antilibanon. Bald hatte uns eine weite Schlucht aufgenommen, die sanft ansteigend uns fast unmerklich in die Höhe führte. Indessen war es Mittag geworden, die Sonne stand an dem wolkenlosen Himmel hoch über unsern Häuptern und ihre Strahlen brannten, von den kahlen Felswänden abprallend, senkrecht auf uns. Doch nur ein paar Stunden; denn wir waren im Januar und befanden uns auf einer ziemlichen Höhe über der Meeresfläche. Der Weg durch den Antilibanon führte nicht wie unser gestriger über bedeutende Höhen, sondern ging meistens durch Schluchten und dem Lauf von Bächen entlang. Nachdem wir die erste unbedeutende Höhe erstiegen, ritten wir ein kleines, rings von hohen Bergen eingeschlossenes Thal abwärts, in dessen Mitte sich eine Anzahl so sonderbar geformter Steine befand, daß wir sie aus der Ferne für die Zelte irgend eines nomadisirenden Volks hielten. Dann betraten wir eine neue Schlucht von fürchterlicher Schönheit. Unser Weg, kaum zwei Fuß breit, lief neben dem vielleicht mehrere zwanzig Fuß tiefer liegenden Bett eines Flusses vorbei, der aber nur wenig Wasser enthielt. Dieser Pfad war entsetzlich schlecht und beschwerlich für die Thiere. Zuweilen hörte er ganz auf, und sie mußten an dem abschüssigen Ufer hinklettern auf lockerem Geröll, wo sie ihre Füße kaum halten konnten, was besonders für die bepackten Maulthiere sehr schwierig war und die armen Geschöpfe oft zum Fallen brachte. Hie und da versperrten große Steine das Weitergehen, über die man entweder hinwegklettern, oder sie umgehen mußte. Dabei denke man sich eine Schlucht, kaum fünfzig Fuß breit mit senkrecht aufsteigenden Felswänden, die vielleicht vier bis fünfhundert Fuß hoch waren, natürliche Mauern, von keinem Strauch, fast keinem Moos belebt. Man wird mir glauben, wenn ich sage, daß wir diesen Weg still und in mannigfaltige Gedanken versunken zurücklegten. Einzelne Felsblöcke, die die Wände neben uns krönten, bildeten oft die seltsamsten Gestalten. Bald schienen es Riesen zu seyn, die dort oben saßen und uns kleinen Geschöpfen lächelnd und verwundert zu sahen; bald sonderbare Thiergestalten; dort hob sich ein Schloß mit schön gezackten Mauern und stattlichen Thürmen und hier waren in der glatten Mauer regelmäßige Risse und Sprünge, Schriftzeichen ähnlich; wahrscheinlich war es die Schreibtafel des Berggeistes, der hier hauste. Am Ende dieser Schlucht, wo der Bach, der hier durchfließt, einen kleinen Fall bildete, hielten wir einige Augenblicke, um einen kleinen Imbiß zu uns zu nehmen und die Thiere etwas ausruhen zu lassen. Dann stiegen wir einen vor uns liegenden Berg hinauf, der einzige auf unserem Marsche, der ziemlich hoch und dabei außerordentlich steil war. Doch hatten wir von seiner Höhe bis zu unserem heutigen Nachtlager dafür auch beständig abwärts zu reiten, wie unsere Mucker versicherten und nicht mehr sehr weit. Der Tag neigte sich, und wir trieben so viel wie möglich, um rascher vorwärts zu kommen, besonders der Baron, denn, obgleich sich sein Unwohlseyn etwas gemindert, fühlte er sich doch noch sehr angegriffen und wünschte so bald wie möglich ein Obdach und Ruhe zu haben. Da wir wegen der bepackten Maulthiere nur im Schritt reiten konnten, so machte Giovanni den Vorschlag, der Prinz, der Baron und ich möchten mit den Beduinen, die den Weg genau kennten, schneller vorwärts reiten und er würde mit dem Gepäck langsam nachfolgen. Nachdem uns darauf einer der Beduinen mit vielen Pantomimen versicherte, er kenne den Weg nach Schiras, so hieß das Dorf, wie sein Pferd, trabten wir mit ihnen vorwärts, zuerst längs eines tiefen Thales, und auf einem Weg, der glücklicher Weise mehr aus Sand als aus Steinen bestand, so rasch als möglich fort. Schon eine Stunde ritten wir so beständig abwärts, meistens am Rand von Thälern, die in ihrer runden kesselartigen Form abgelassenen Fischteichen glichen, dann ging es kurze Zeit etwas steil hinab, und wir kamen an einen Bach, über den eine steinerne Brücke führte. Einige hundert Schritt von dem Bach lag ein kleines Gebäude, ein Chan, in dem sich jedoch Niemand befand. Wir passirten die Brücke und ritten einer neuen Schlucht zu, die sich zwischen himmelhohen Felsen, welche die zweite Kette des Antilibanon bilden, unseren Blicken öffnete. Wenn auch nicht so furchtbar, wie die früher beschriebene, hatte die Schlucht doch ebenso seltsam geformte und steile Felsen wie jene. Allein hier rückten einem die Wände nicht so beängstigend auf den Leib wie in jener, sondern waren mehr zerklüftet und ließen hie und da eine Aussicht frei. Von zwei Wegen, die sich uns kurze Zeit darauf darboten, wählten die Beduinen den untersten; doch kam es mir etwas verdächtig vor, daß sie hiebei eine Weile gezaudert. Von Neuem abwärts steigend, kamen wir an das Ufer eines Flusses, es war, wie wir später hörten, der Barrada, der ungefähr vierzig Fuß tiefer als unser Weg, reißend über spitze Felsenblöcke, viele malerische Fälle bildend und rauschend neben uns dahin schoß. In ihn ergossen sich rechts und links von den Bergen kleine Bäche, deren Wasser hie und da üppige grüne Wiesen hervorgebracht hatten, welche der wilden Gegend einen freundlichen Reiz verliehen. Zuweilen waren diese Wiesen von mächtigen Felsblöcken so ordentlich eingefaßt, als hätten es Menschen oder vielmehr Riesenhände gethan, und wenn man dabei die seltsame Form der umstehenden Felsen sah, die bei einiger Phantasie colossale Villen, Monumente und Statuen bildeten, wie man sie in einer Parkanlage trifft, so konnte man die ganze Gegend hier für einen großen Garten halten, der im Riesengeschmacke angelegt war.

Der Abend war indessen schon mächtig hereingebrochen, weshalb wir langsamer vorwärts ritten. Zuweilen glaubten wir das Dorf und unsern Chan vor uns zu sehen, denn oft kamen wir an so seltsam regelmäßig geformten Felsmassen vorbei, daß wir aus einiger Entfernung darauf geschworen hätten: es seyen Häuser. Aber nein! anstatt auf einen besseren Weg und zu Menschen zu kommen, führte uns vielmehr der Pfad, den wir betraten, immer tiefer hinab, stets schlechter und schmaler werdend, bis an's Ufer des Barada und hörte hier plötzlich ganz auf. Jetzt war es auch so dunkel geworden, daß wir nicht mehr sehen konnten, wo unsere Pferde hintraten. Sie glitten beständig aus und mochten wohl merken, daß das Terrain nicht ohne Gefahr für sie sey. Neben uns brauste der reißende Fluß und über uns waren Felswände, die abhängende Wiesendächer hatten, auf denen mächtige Steinmassen so leicht aufzuliegen schienen, daß man oft glauben konnte, es bedürfe nur des geringsten Anstoßes, um sie weiter hinab auf unsere Köpfe zu stoßen.

Jetzt stockte plötzlich unser Zug. Die Beduinen vor uns schrien laut durch einander und wir, ohne zu wissen, was sie aufhalte, riefen ihnen zu, vorwärts zu reiten, was sie stets mit einem lauten Nein! Nein! beantworteten. Man kann sich unsere rathlose Lage denken. Keiner von uns wußte, was vorn passirt sey und Keiner konnte die Beduinen fragen. Der arme Baron, obgleich unwohl, machte, da er am nächsten vorn war, den Versuch, neben den Beduinen vorbeizureiten, um an die Spitze zu gelangen und zu sehen, was es gebe. Doch hätte er und sein Pferd den Versuch beinahe theuer bezahlt; denn als er das Thier, welches zuerst nicht von der Stelle wollte, zwang, eine Seitenbewegung zu machen, rutschten beide die steilen Ufer des Flusses hinab, die wir so dicht neben uns nicht vermuthet, und deren Anblick die Dunkelheit uns verbarg. Glücklicher Weise konnte das Pferd aber einige Fuß tiefer sich an einem hervorstehenden Felsen halten. Ich ließ mich an der entgegengesetzten Seite von meinem Pferde herab, kroch unter demselben durch und wand mich so rasch als möglich bei den Pferden der Beduinen vorbei, erreichte die Spitze, von wo ich den Andern gleich die untröstliche Nachricht zurief, daß unsere Beduinen den Weg verloren hätten und nicht mehr weiter könnten. Vor mir bemerkte ich, doch ziemlich tief unter unserem Wege, ein Feuer brennen, zu dem einer der Beduinen hinabgeklettert war, um einen Hirten, oder wer da unten seyn mochte, zu unserer Hülfe als Führer heraufzuholen. Trotz diesem höchst unangenehmen Zufall konnte ich mich doch nicht enthalten, als ich bis vorn durchgedrungen war, den pittoresken Anblick, der sich mir darbot, laut zu bewundern. Vor uns war ein tiefer und steiler Abhang, den der Barrada in gewaltigen Sprüngen hinabbrauste. Unten neben dem Fluß brannte ein großes Feuer, das zwischen den Felszacken und kleinen Sträuchen wunderbar hervorleuchtete. Ich gedachte an Wielands Oberon, wie Hüon, der sich ebenfalls in diesem Gebirge verirrte, den alten Scherasmin findet:

Auf einmal gähnt im tiefsten Felsengrund
Ihn eine Höhle an, vor deren finstrem Schlund
Ein prasselnd Feuer flammt. In wunderbaren Gestalten
Ragt aus der dunklen Nacht das angestrahlte Gestein,
Mit wildem Gebüsch versetzt, das aus den schwarzen Spalten
Herab nickt im Widerschein
Als grünes Feuer brennt.

In kurzer Zeit kletterte unser Beduine wieder herauf und brachte einen Ziegenhirten mit, den er da unten gefunden. Wir waren schon zu Anfang der Schlucht, wo sie sich in zwei Wege theilte, fehl gegangen - ich hatte es richtig geahnet - und folgten jetzt, um wieder zurecht zu kommen, dem Hirten, der rechts an einer steilen Wiese in die Höhe kletterte. Nach dem Beispiel der Beduinen ließen wir unsere Pferde los und krochen dem Hirten meistens auf Händen und Füßen nach. Die armen Thiere folgten mit der größten Mühe und Anstrengung, und so ging es eine Zeit lang aufwärts, bis wir eine kleine Plattform erreicht hatten, wo unser Führer auf ein paar Lichter oder Feuer - man konnte nicht recht unterscheiden, was es war - tief unter uns im Thale zeigte, das sey Schiras, unser heutiges Nachtquartier. Ebenso steil wie wir aufwärts geklettert waren, mußten wir auf der andern Seite wieder hinab. Glücklicher Weise war der Weg Wiesengrund und keine Felsen, doch sehr glatt und obendrein war es so dunkel geworden, daß man fast keine Hand vor Augen sehen konnte. Unser Herabsteigen war eine wahre Rutschparthie.

Wir liefen so rasch, wie möglich hinab, um von den uns folgenden Pferden nicht geschlagen zu werden, denn diese, an ihre Reiter gewöhnt, eilten uns über Hals und Kopf nach, um uns nicht zu verlieren. In kürzerer Zeit, als ich geglaubt, waren wir tief hinabgekommen und erreichten einen Weg, der zum Dorfe führte. Auf einer breiten steinernen Brücke setzten wir über den Barrada und kamen noch durch ein wahres Labyrinth von Felsen, von denen uns hier aber die Dunkelheit nicht viel erkennen ließ. Dann ging es noch eine kleine Strecke abwärts und wir langten glücklich in dem Dorfe an. Vorne am Eingange war der Chan, der hier schon aus mehreren Gebäuden bestand und Karavanserey genannt wurde.

Im Hofe desselben fanden wir Giovanni und die Mucker, aber rathlos und thatlos. Im ganzen Lokal hatte sich nämlich kein Mensch gefunden, der uns hätte anzeigen können, wo der Stall und wo die Zimmer seyen. Auch hatte sich trotz ihres lauten Rufens aus dem Dorfe keine Seele blicken lassen. Was war zu thun? Der Baron, der kränker war, als er uns sagte, mußte ein warmes Obdach haben und als wir das Gepäck abladen wollten, um uns so gut wie möglich hier einzurichten, fand es sich, daß unser ganzer Kohlenvorrath vom Schnee durchnäßt war. Wir beschlossen also, uns wo möglich durch Güte, sonst aber durch Gewalt, wie in Kriegszeiten, ein Quartier zu verschaffen. Der Fürst, der Baron und ich ritten deshalb in's Dorf.

Gleich am Eingang kamen wir in ein Haus mit einem Hofraum, in welchem einige Araberinnen standen, die jedoch bei unserem Anblicke davon liefen. Ich sprang vom Pferd und setzte ihnen in's Haus nach. Bei meinem Eintritt in die Stube versteckten sich ein Paar Weiber schreiend und ein alter Araber, der beim Feuer lag, würde ihnen gefolgt seyn, wenn er nicht erst bei meiner Ankunft vom Schlaf aufgewacht wäre und mich wie ein Wunder regungslos angesehen hätte. Ich versuchte, ihm mein Anliegen, uns die Nacht zu beherbergen, pantomimisch darzustellen, was mir auch durch Vorzeigung einiger Geldstücke so gut gelang, daß er uns Dreien den Eintritt erlaubte. Wir ließen Giovanni und die Mucker kommen und richteten uns so gut wie möglich ein.

Obgleich unser jetziges Quartier von dem, was wir in Europa Bequemlichkeit nennen, ganz entblößt war, da wir weder einen Stuhl zum Sitzen, noch eine Bank zum Liegen fanden, so war es doch von unserem gestrigen Nachtlager himmelweit verschieden. Die Stube bestand, wie alle in den Dörfern, aus zwei fast gleich großen Theilen, einem an der Thür, zu welcher man hereintritt, wo sich das Vieh, Kühe, Ziegen, Esel etc. befinden, und dem andern, der dahinter liegt und dessen Fußboden drei bis vier Fuß höher als der des Stalles ist. Letzterer dient zum Aufenthalt der Menschen. Doch sind beide Apartements durch keine Zwischenwand getrennt. Der Boden der Stube besteht aus fest getretenem Lehm und ist nach den Vermögensumständen der Bewohner mit Matten, ja sogar mit schlechten Teppichen belegt. In der Ecke befand sich ein Kamin mit spitzem Rauchfang und an der Wand waren eiserne Haken, wohin man Kienspähne steckt, um das Zimmer zu beleuchten. Anfänglich waren die Leute des Hauses bis auf den alten Araber, wie schon gesagt, bei meiner Ankunft davon gelaufen. Doch als wir, die wir von der frischen Luft draußen durchkältet waren, uns ruhig an dem freundlich lodernden Kamine niederließen, unsere Waffen ablegten, als Giovanni Caffee und Theegeschirre ausgepackt und in bunter Reihe vor uns hingestellt hatte, auch unsere Reiseleuchter mit kleinen brennenden Wachskerzen hereingebracht, erregten alle diese fremdartigen Gegenstände doch die Neugier der Leute so stark, daß sie allmählig aus den Winkeln, wohin sie sich verkrochen, hervorkamen. Bald saßen drei bis vier alte und junge Weiber, einige Männer und etliche Kinder um uns herum, Kleider, Geräthe so wie uns selbst mit größtem Erstaunen betrachtend. Es dauerte eine ziemliche Zeit, ehe sie völliges Zutrauen zu uns faßten, und als ich mich im Anfange erhob, um die Familie in der Nähe zu besehen, stoben alle mit lautem Geschrei aus einander. Der gute Baron legte sich gleich neben dem Kamin auf einige Pelze hin, und nachdem er ein Paar Tassen Thee getrunken, so wie von dem hellen Feuer angenehm durchwärmt war, befand er sich zu unserer großen Freude weit besser. Der Fürst arrangirte eine Theegesellschaft, wobei er eine große Tasse voll, die recht mit Zucker versüßt war, bei unsern Hausleuten herumgehen ließ. Den Männern und alten Weibern schien das Getränk zu behagen. Doch die jüngeren, wahrscheinlich die Töchter des Hauses, zwei kräftige schöne Gestalten, zum Glück unverschleiert, mit kohlschwarzen feurigen Augen, versuchten auf vieles Zureden auch, gaben aber das Gefäß laut lachend weiter.

Nach ein Paar Stunden, während welchen der Fürst und ich uns alle Mühe gaben, recht liebenswürdig zu seyn, um das Zutrauen der Leute zu gewinnen, suchten wir uns Platz an der Erde zum Schlafen, und die Familie that ein Gleiches. Wir nahmen die rechte Seite der Stube, sie die linke, und in der Mitte war der Occident, dessen Gränze ich repräsentirte, von dem Orient mit seinem frischen blühenden Gestade, das eins der jungen Mädchen darstellte, nur durch einen kleinen kaum Fuß breiten Raum geschieden, eine Nachbarschaft, die uns vielleicht im Schlafe gestört hätte, wenn wir nicht alle so sehr ermüdet gewesen wären.

Am andern Morgen erhoben wir uns sehr munter, auch der Baron hatte gut geschlafen und befand sich fast wieder ganz wohl. Wir beschenkten unsere freundlichen Wirthsleute reichlich und setzten unsern Weg nach Damaskus fort. Der Barrada, den wir gestern Abend zur Seite hatten, blieb auch heute Morgen noch während einiger Stunden unser Begleiter. Das Auge verfolgte mit Vergnügen seine mannigfaltigen Krümmungen, wenn er sich eine Bahn zwischen den Bergen und Felsen machte. Sein Fall war nicht mehr so stark, wie auf der gestrigen Strecke und die Ufer, mit Weiden, Eschen und Erlen dicht bewachsen, zeichneten sich zwischen den rothen, hellgelben und weißen Kalk- und Kreidefelsen, über die unser Weg führte, freundlich aus. Die Bäume und das Grün, das um diesen Fluß wuchs, abgerechnet, sah ich nie ein Terrain, von aller Vegetation mehr entblößt, als dieses. Es war, als wollte uns die Natur noch einmal durch ein recht langweiliges trauriges Kapitel führen, ehe sie uns zu dem schönsten brachte, zu dem Thale von Damaskus. Gegen Mittag endlich gaben uns die Beduinen durch Pantomimen zu verstehen, von der nächsten der vor uns liegenden Höhen würden wir die alte berühmte Stadt sehen. Noch eine halbe Stunde und wir waren oben – Welch' ein Anblick!

Wer unserm Weg durch den Libanon, dessen wilde Schönheiten ich so treu, wie es mir möglich war, gezeichnet habe, mit Aufmerksamkeit folgte, wer mit uns durch die zerrissenen Schluchten und über die kahlen verbrannten Felsen drei lange Tage wanderte, der wird den lauten Ausruf des Entzückens verstehen, mit dem wir oben anhielten, um in ein Thal zu schauen, das, selbst wenn es von der herrlichsten Gegend umgeben wäre, noch den Namen eines Paradieses verdiente.

Vor uns lag ein weites rundes Thal, das Thal Gutha, von malerisch geformten Bergen umgeben. Die ganze Fläche desselben war mit dem schönsten Grün bedeckt. Herrliche Baumpflanzungen wechselten mit Getreidefeldern, üppigen Wiesen und kleinen Strecken Heideland in den mannigfaltigsten Farben, und das ganze Thal war, wie es mir schien, von vier Flüssen durchschnitten, die gleich Silberfäden durch das Grün des Bodens schimmerten. Aber es war nur ein einziger Strom, unser Reisebegleiter, der Barrada, der, wie wir, aus den kahlen Felsen des Libanon kommend, hier sich so wohl gefällt, daß er sich gleich einem ausgelassenen Kinde auf dem Rasenplatz umhertummelt und den schönen Ort nicht verlassen kann. In der Mitte dieses Thales liegt Damaskus, prächtig hingestreckt, wie eine Königin auf ihrem Throne. Daß die meisten Moscheen, Kuppeln und Häuser aus einem gelben Sandstein gebaut sind, gibt der Stadt zwischen den schönen Gärten voll Oliven, Feigen, Platanen, Quitten, Reben und Citronen einen fast fabelhaften Anblick. Man glaubt in einem arabischen Mährchen mitzuspielen, wo man endlich nach langen Beschwerden die goldene Stadt vor sich sieht, das Ende aller Mühen.

Wie wir sie heute sahen, schienen auch alle Gebäude von Gold zu seyn. Die Sonne warf ihre vollen Strahlen darüber hin, und das Licht, das sie auf die unzähligen Minareths und Kuppeln goß, zitterte umher und lieh der ganzen Stadt das Ansehen einer strahlenden goldenen.

Schon seit den ältesten Zeiten geben die Araber diesem großen und über alle Beschreibung schönen Thale den Namen eines Paradieses; denn Wasser und Grün, wornach sie in der Wüste schmachten, bietet es ihnen, wie fast kein anderes. Ueberall wechselt die klare Fluth des Wassers mit dem üppigsten Baumschlag, in der Stadt selbst, wie im ganzen Thale. Außer dem Barrada, der vor alten Zeiten der goldfließende hieß und der die Ebenen fast nach allen Richtungen durchströmt, bricht auch noch die Quelle Findscha rauschend aus den Bergen und bewässert den Boden. Arabische Erdbeschreiber sprachen von dem Thale Gutha und Damaskus nur in den blühendsten poetischen Ausdrücken. Bald nennen sie es das Muttermal auf der Wange der Welt, bald das Gefieder des Paradiesespfauen, den farbigen Kragen der Ringeltaube, das Halsband der Schönheit, das vielsäulige Irem. Noch jetzt führt Damaskus oder Scham, wie es im Arabischen heißt, im Titel des Sultans, den Namen der Paradies-Duftenden.

Sehr steil führte uns der Weg von der letzten Höhe des Libanon hinab in's Thal, zuerst auf tiefen Sandwegen, dann, nachdem wir Salehiah, eine Art Vorstadt, aus Ruinen mit herrlichen Bildhauer-Arbeiten bestehend, worin arme Araber ihre schlechten Hütten gebaut, passirt hatten, auf einer alten Steinstraße mit eingelegten breiten Pflastersteinen, die sehr glatt waren und unsern müden Pferden das Gehen erschwerten, so daß sie häufig stolperten.

Wir hatten schon früher viel über den Fanatismus und die Unduldsamkeit der Damascener, besonders gegen Franken gehört, und daß man sich hier in Worten, Geberden, so wie sogar in der Tracht sehr in Acht zu nehmen hätte. Robinson erzählt in seiner Reise, als er mit einem grünen Turban, eine Farbe, die nur die Nachkommen des Propheten tragen dürfen, zur Stadt geritten sey, habe ihn dicht vor den Thoren ein Schwarm schlechten Gesindels überfallen, ihn vom Pferde gerissen, seinen Turban in den Koth getreten und ihn gezwungen, mit beschmutzten Kleidern zu Fuß in die Stadt einzuziehen. Da uns dergleichen Vorfälle in Beirut mehrere erzählt wurden, so hatte ich eine grüne Reisemütze, die ich auf der ganzen Reise durch die Türkei gebraucht, in Beirut zurückgelassen. Obgleich uns während unseres kurzen Aufenthalts hier von Seiten der Einwohner nichts Unangenehmes geschah und Niemand uns feindselig begegnete, so glaube ich doch nicht, daß wir unrecht hatten, wenn wir bei unsern Spaziergängen durch die Bazars manchen bösen

Blick und manche Verwünschung, die neben uns gemurmelt wurde, auf uns bezogen. Doch war dem Volk hier die eiserne Hand Ibrahims noch sehr im Gedächtnisse, und sie wagten es in der ersten Zeit nicht, wie sonst gegen die Christen und Juden feindselig aufzutreten; aber kurze Zeit, nachdem wir wieder abgereist waren und die neue türkische Regierung wie überall schlaff und kraftlos sich benahm, gingen die Osmanli den Kadi mit der Bitte an, den Christen und Juden den Besuch gewisser Orte der Stadt zu verbieten und ihnen das Reiten durch die Bazars, sowie den Gebrauch irgend eines grünen Kleidungsstücks gänzlich zu untersagen. Glücklicher Weise hielt die englische Flotte vor Beirut den türkischen Pascha in Respect und er verwies die Deputation zur Ruhe. Die Unduldsamkeit der Damascener mag wohl hauptsächlich in dem Alter und der Heiligkeit der Stadt ihren Grund haben, die sie nicht gern durch den Tritt der Ungläubigen verunreinigt sehen. An mehreren geheiligten Orten, als der Moschee der Söhne Ommia's, darf sich kein Christ oder Jude, sogar nicht in ziemlicher Entfernung, sehen lassen, ebenso bei den Grabstätten der Jünger und Gemahlinnen des Propheten, von denen einige der Sage nach hier ruhen sollen. Was ich schon oft erwähnte, daß fast jede orientalische Stadt, die von außen gesehen den prächtigsten Anblick gewährt, im Innern einem elenden schmutzigen Dorfe gleicht, fand ich auch hier wieder in Damaskus und mehr als je bestätigt. Ich muß gestehen, es schmerzte mich fast, die Häuser und Straßen der äußern Ansicht der Stadt nach nicht stattlich oder auch nur einmal reinlich zu finden. Die schlechten Straßen Stambuls sind gegen die Schmutzbäche, die man vor den Häusern der paradies-duftenden Stadt findet, außerordentlich schön zu nennen. Ueberall tiefer Koth, eine Unmasse von Hunden und obendrein als Andenken der vor wenig Tagen fortgezogenen Armee Ibrahims, sowohl vor der Stadt als in den Straßen, Körper von todten Pferden, Eseln und Kameelen, an denen ganze Schaaren von Hunden beschäftigt waren, das Fleisch abzufressen. Dazu kommt noch, daß fast alle Häuser von außen ein weit traurigeres Ansehen haben, als in all' den Städten, die wir bisher gesehen. Ganze Straßen bestehen aus langen Mauern, von gelbem Lehm aufgeführt, mit zwei bis drei Löchern, vor denen ein paar Bretter hängen; nur eine sehr kühne Phantasie kann sie für das, was sie wirklich sind, für Fensterladen, halten. In einigen der besten Straßen sind die Mauern von Stein, die wohl kleine Thüren, aber keine Fenster haben, und somit ohne Zeichen sind, daß sich dahinter Wohnungen für Menschen befinden. Wie in Stambul in einigen Vierteln, stoßen hier alle Häuser mit dem hintern Theile an die Straße. Anfänglich glaubten wir, nachdem wir schon mehrere Straßen und Besestans hinter uns hatten, noch immer in einer Vorstadt zu seyn und hielten die Lehmwände links und rechts für

Gartenmauern, doch müßte alsdann die ganze Stadt aus nichts wie Gärten bestanden haben.

Alle Gassen, durch die wir kamen, bogen sich bald rechts bald links: keine einzige führte über hundert Schritte lang gerade aus. Ferner sind sie noch in sehr kurzen Entfernungen mit großen hölzernen Thoren versehen, die Abends verschloßen werden und die Passage hemmen. Auf diese Art verhindert die türkische Polizei, daß bei einem Aufstande die Volksmenge sich für den ersten Augenblick wenigstens auf einem Platz concentriren kann. Diese Maßregel würde in unsern Städten äußerst lästig seyn, denn, obgleich neben jedem Thor eine Wache wohnt, muß man doch oft entsetzlich lange klopfen, ehe diese, gewöhnlich ein alter Mann, mit ihrem Schlüssel herbeikommt. Dann werden nach orientalischer Sitte obendrein noch einige Worte gewechselt, ehe das Thor geöffnet wird. So sagt z. B. der Schließer: Kim-tur o - wer ist da? der Klopfer antwortet: Iba Beled - ein Bürger der Stadt, oder was er sonst ist; worauf der Pförtner gewöhnlich als Antwort sagt: Wach hid Allah - Bezeuge, das ein Gott ist, und der draußen, der vielleicht vor Ungeduld vergehen möchte, ist nun obendrein noch genöthigt, das Glaubensbekenntniß: es ist kein Gott als Gott etc., herzusagen. Besonders auf dies letztere hielten vormals die Pförtner sehr strenge; denn man glaubte, kein Dieb oder Jemand, der ein böses Gewissen habe, könne die heiligen Worte aussprechen. Den Orientalen belästigt jedoch bei seiner Lebensweise diese nächtliche Straßensperre nicht im Geringsten. Beim Eintritt der Dunkelheit schließt man die Bazars und Besestans, wir auch die Thore, und der Rechtgläubige geht nach seinem Hause, das er bis zum folgenden Morgen nicht wieder verläßt. Was sollte er auch auf den schmutzigen Straßen machen? Hinter den armseligen Mauern, die dieselben begränzen, hat der Osmanli, von jedem ungesehen, sein eigenes Paradies, das ihm genügt. Da sieht es ganz anders aus. Doch hievon später.

Da wir wegen des Menschengedränges nur langsam und im Schritt reiten konnten, dauerte es beinahe eine Stunde, ehe wir unsere Herberge, das Kapuzinerkloster, erreichten. Von Wirthshäusern außer den Chans und Karavansereien, die das im Großen und in besserer Bedeutung sind, was unser Nachtlager im Libanon im Kleinen, ist hier natürlich keine Rede, und alle Klöster in Syrien und Palästina sind schon von den ältesten Zeiten her mehr oder minder zum Empfang von Gästen eingerichtet. Wir hielten vor einem großen steinernen Gebäude ohne Thurm und ohne Fenster; nur hie und da war in der Höhe ein Loch, das einer Schießscharte nicht unähnlich sah. Ein großes hölzernes Thor blieb all' unserm Klopfen zum Trotz eine geraume Zeit verschlossen, und als wir endlich Jemand von Innen herankommen hörten, öffnete dieser bloß ein kleines Gitter am Thor, und fragte, was wir wollten. Giovanni erklärte ihm, wir seyen christliche Reisende und wünschten ein Quartier. Darauf hörten wir ihn wieder fortgehen, und erst nach einer Viertelstunde, in welcher Zeit er wahrscheinlich seinem Obern die Meldung gemacht, kam er wieder und öffnete das Thor.

Wir ritten in einen kleinen Vorhof, den ebenfalls hohe Mauern ohne Fenster umgeben und mußten uns hier noch einem neuen Examen unterwerfen, das der Pförtner mit uns abhielt, worauf wir von den Pferden stiegen, die mit unsern Muckern und den Beduinen, nachdem sie ihr Schutzgeld erhalten, in einen türkischen Chan gingen. Unser Gepäck wurde abgeladen und durch eine kleine eiserne Pforte, die sich in der Mauer öffnete, in's Innere des Klosters gebracht. Wir traten durch eben diese Thür in einen schmalen Gang, der ganz glatt und abschüssig in einen zweiten kleinen Hofraum führte; Maßregeln, um bei einem etwaigen Ueberfall den Eindringenden die Passage so beschwerlich als möglich zu machen.

In den Gebäuden, die diesen innern sehr kleinen Hofraum umgaben, befanden sich die Küche, das Refectorium, der Speisesaal und einige andere Gemächer. In einer Ecke stiegen wir eine Wendeltreppe hinauf und kamen oben in einen langen Gang, wo uns ein junger Kapuziner empfing und zum Prior führte. Dieser, ein Mann in den besten Jahren, war ein Spanier, mit einem ausdrucksvollen Gesicht, das ein langer schwarzer Bart beschattete; er bewillkommte uns sehr freundlich, regalirte uns mit einem rothen Liqueur, einer Art Kirschengeist, und führte uns in das für uns bestimmte Gemach. Es lag auf der andern Seite des Ganges, der im Dreieck einen andern Hof umschloß, welcher etwas größer als der erste war. Die Thüre unseres Zimmers führte auf eine offene Altane, von der man in diesen Hof hinabsehen konnte. Er hatte, wenn ich mich so ausdrücken darf, etwas phantastisch Melancholisches. Die tiefe Stille, die auf dem Klostergebäude und diesem Hofe ruhte, ward nur durch das einförmige Plätschern eines kleinen Springbrunnens unterbrochen. In der Mitte dieses Hofes stand ein dichtbelaubter Orangenbaum, von einer Größe, wie ich noch keinen gesehen, denn der Stamm hatte an anderthalb Schuh im Durchmesser. Zwischen den grünen glänzenden Blättern blickten unzählige kleine Orangen in manchfachen Farben hervor; duftende Blüthen, so wie ganz grüne Früchte waren mit völlig reifen goldgelben untermischt. Was aber hier einen ganz eigenthümlichen Reiz bot, war der Anblick eines sehr großen lebendigen Straußes, dem der Hof zum Aufenthalt diente. Mit hoch erhobenem Halse spazierte der Vogel auf und ab, bald seinen Kopf in das Laub des Baumes verbergend, bald zur Erde beugend, um die Stückchen Brod zu verschlingen, die wir ihm hinabwarfen. Ein ägyptischer Hauptmann von den Truppen, die Ibrahim aus dem Hauran nach Damaskus gezogen, hatte ihn mitgebracht und beim Abzug den Kapuzinern hinterlassen. Das Thier war sehr bösartig und duldete keinen Fremden im Hofe. Mechmed mit dem Wurfspieß, der gleich am ersten Tage vorwitzig zu ihm hinabstieg, um den merkwürdigen Vogel in der Nähe zu besehen, wurde mit einem solchen Flügelschlag begrüßt, daß er laut schreiend hinter dem Orangenbaum Schutz suchte und sich vor dem verfolgenden erbosten Thiere nur durch einen gewaltigen Sprung die Treppe hinauf rettete.

Oft habe ich mich Stunden lang über das Geländer gelehnt und in den Hof hinabschauend, die sonderbarsten Träume und Phantasien gehabt. War nicht vielleicht der schöne Baum eine verzauberte Prinzessin, die ihr gleichfalls verwandelter Geliebter in der Gestalt des Straußes bewachte? Fast immer ging er im Kreis um ihn herum, selbst in der Nacht, wenn der Mond hell schien, hab' ich ihn oft so wandeln sehen. Bald stieß er seltsam klagende Töne aus, bald schmiegte er den Kopf an die Zweige, deren Laub leise rauschte und flüsterte. Ihr Armen! ja ihr wart in der That verzaubert. Was machtet ihr auch sonst hier zwischen den stillen Mauern einer christlichen Kirche. Arme Prinzessin Baum! Du hattest gewiß früher andere Umgebungen, als diese grauen Steinwände, und du, unglücklicher Prinz Strauß, du denkst auch an vergangene glücklichere Zeiten. Oft schien den Armen die Ungeduld zu übermannen und er nahm einen gewaltigen Anlauf, den Hof in einem Augenblick durchrennend. Dachtest du jetzt nicht an die weite Wüste, durch die du oft gelaufen, an den herrlichen glühenden Sand, dein Bette, und an die grüne Oase, wo deine Prinzessin wohnte? Der Brunnen im Hofe, glaube ich, ist der treue Blondel des unglücklichen Paares. Er hat sich durch den Sand gewunden und gebettelt, bis er die Beiden wieder gefunden und murmelt ihnen jetzt alte bekannte Weisen vor, traurige Heimathslieder, traurig, weil sie in der Ferne von der Heimath erzählen.

Gegen die stille Poesie dieses Hofes stach die Einrichtung des Gemachs, das man uns zum Schlafen angewiesen, sehr prosaisch ab. Es war Platz darin für etliche zehn Betten, obgleich nur drei für uns nöthig waren und hergerichtet wurden, indem man Gerüste aufschlug, die mich sehr lebhaft an Schragen für Todte erinnerten. Da hinauf kam eine Matratze, ein Kopfpolster und eine Decke von Kameelhaaren. So ärmlich und einfach dies Lager aber war, so prächtig und comfortabel fanden wir es gegen unsere Betten zu Beirut und in den Chans des Libanon. Das Zimmer, obgleich es sehr hoch war, hatte nur zwei kleine Fenster oben am Plafond, und um bei Tage etwas sehen zu können, waren wir genöthigt, die Thüren beständig offen zu halten.

An den Wänden fanden wir verschiedene Namen und Inschriften, französisch, arabisch, italienisch, sogar deutsch, von der Reisegesellschaft des Herrn von Schubert. Ach die Muttersprache in der Ferne ist so wohlthuend, daß wir mit Begierde alle die kleinen Notizen aufsuchten, ein paar Waschzettel, die hier ebenfalls *al fresco* die Wand zierten, gaben uns viel zu lachen. Sie waren in guter östreichischer Mundart abgefaßt.

Gleich bei der Ankunft hatte uns der gute Pater gefragt, ob wir unser Mittagsmahl auf dem Zimmer, oder mit ihm und den übrigen Brüdern im Refectorium halten wollten. Wir hatten das letztere vorgezogen und wurden nun gegen vier Uhr zu Tische gerufen.

Der Speisesaal befand sich, wie schon gesagt, im ersten Hof, war ziemlich klein und sehr einfach eingerichtet. An drei Wänden befanden sich hölzerne Bänke, vor denen ebenfalls solche Tische standen; von der Decke hingen einige eiserne Lampen und der Fußboden bestand, wie überall in diesem Lande, aus Steinplatten. In dem ganzen Kloster befanden sich augenblicklich, außer dem Prior, nur zwei Brüder, von denen einer krank war. Den andern hatten wir schon bei unserer Ankunft gesehen, so wie auch den Prior, und diese beiden waren schon unten und warteten auf uns. Der Prior nahm seinen Platz an einer Wand, der Bruder an der andern ihm zur Linken und wir an der dritten zu seiner Rechten. An der vierten Wand war außer einigen Schränken mit Schüsseln und dergleichen der Eingang zur Küche. Nachdem der Prior ein lautes Gebet in lateinischer Sprache verrichtet, trat der Küchenmeister ein, warf sich vor dem Tische des Priors auf beide Knie nieder und betete gleichfalls laut. Es thut mir leid, hiebei bemerken zu müssen, daß der Küchenmeister, ein dicker ältlicher Mann, ganz unbeschreiblich schmutzig aussah, was uns von der Reinlichkeit in seiner Küche und den Speisen keinen guten Begriff gab. Und wir hatten uns leider darin nicht getäuscht. Obgleich es mir gewiß nicht in den Sinn kommt, die Gastfreundschaft der guten Paters, mit einer schlimmen Nachrede zu belohnen, so muß ich doch jedem Reisenden rathen, sich für die Kapuzinerklöster in Syrien mit Messer, Gabel und Löffel zu versehen. Das Mittagsmahl war sehr einfach. Eine Zwiebelsuppe, etwas Gemüse, das in einer fetten Brühe schwamm und in Oel gebackene Fische. Die Mahlzeit beschloß der Prior wieder mit einem langen Gebete, in das von Zeit zu Zeit der anwesende Bruder einstimmte. Wir gingen auf unsere Stube zurück, der Fürst und ich kochten noch einen guten Punsch, und wir legten uns frühzeitig nieder, um am andern Morgen mit frischem Muthe an unsere Geschäfte gehen zu können.

Es wird jedem auffallen, daß ich, da man doch glauben wird, wir hätten nichts Anderes zu thun, als die Stadt mit ihren Merkwürdigkeiten zu besehen, von Geschäften rede, und doch war dem so. Der Baron war hauptsächlich nach Damaskus gegangen, weil dort arabische Pferde von dem edelsten Blut zu finden seyen. So hatte man uns wenigstens in Beirut gesagt. Wegen des Krieges mit den Europäern scheuten sich nämlich alle Beduinenstämme, mit ihren guten Pferden nach den Küstenstädten zu kommen, und wagten sich höchstens bis Aleppo und Damaskus. Wir hatten im Stambul, Beirut, Smyrna schon viele Hunderte von Pferden gesehen und noch keins gefunden, das, nach Württemberg gebracht, die schon dort befindlichen an Güte und Schönheit übertroffen hätte. Dieses beständige Pferdemustern und Ansehen waren nun die Geschäfte, von denen ich oben sprach und gewiß oft recht mühsam. Schon auf den Märschen, die wir machten, hielt der Baron alle Pferde an, die ihm nur einigermaßen bedeutend schienen, was sich unsere Mucker und Beduinen gleich merkten und in jedem Dorf eine Masse Pferde auftrieben und uns vorführten, in der Hoffnung, für sie würde dann beim Kauf ein kleines Marktgeld abfallen. Ebenso war unserem Giovanni vom Baron eine Gratification versprochen worden, im Fall er ihm in der Stille ein ausgezeichnetes Pferd auftriebe. Dieser hatte nun schon gestern Abend, in den Bazars, trotz dem Verbot des Barons, so viel es ihm möglich war, die Nachricht ausgesprengt, es sey ein deutscher Pascha angekommen, der Imrachor Ajassi, d. i. der oberste Stallmeister des deutschen Sultans, und wolle Pferde kaufen, worauf schon am andern Morgen eine Menge Offerten einliefen, und wir, wie auch anfangs in Beirut, nichts thun konnten, als von früh bis spät in den schmutzigen Gassen umher zu laufen, in schlechte Ställe zu kriechen, um meistens noch schlechtere Pferde anzusehen.

Daß wir bei unserem kurzen Aufenthalt in Damaskus und bei dieser beständigen Pferdeschau die Stadt selbst nur eilfertig und sehr oberflächlich sehen konnten, kann man sich leicht denken.

Wie keine Stadt in Syrien hat Damaskus noch den altorientalischen Charakter bewahrt, was den Fremden aber in Vergleich mit Constantinopel, Adrianopel, Smyrna gegen sie einnehmen muß. Man sieht auf den Straßen nur Schmutz und elende Lehmwände und nicht einmal, wie in Stambul, zahlreiche, wenn auch vergitterte Fensteröffnungen; auch wird das umher irrende Auge hier nicht wie dort erfrischt durch die grünen Blätter und duftenden Blüthen eines Orangenbaums oder saftiges Rebenlaub, das über die hohen Mauern herübernickt. Wem nicht Bekanntschaften gestatten, einen Blick hinter die traurigen Wände zu thun, mit denen die Straßen eingefaßt sind, der bekommt einen schlechten Begriff von der Wohnung der Orientalen. Kein Geräusch, kein Lichtschimmer verkündet, daß dort Menschen wohnen. Nur zuweilen des Abends, wenn wir spät nach unserem Kloster zurückgingen, hörten wir plötzlich die leisen hinsterbenden Accorde eines Saiteninstruments, die aber bei dem lauten Schalle unserer Fußtritte gleich wieder aufhörten. So mißtrauisch der Orientale gegen den Fremden ist, so daß er um keinen Preis einem Unbekannten die Herrlichkeiten seiner Wohnung zeigte, so bereitwillig und freundlich läßt er sich finden, sobald die Empfehlung eines Bekannten den neugierigen Fremden vor seine Thür geleitet. Uns wurde dieses durch den Herrn Baudin, Secretär bei dem französischen Consulat, auf welchen die Creditbriefe des Barons für Damaskus lauteten, zu Theil. Dieser Mann, schon seit einigen zwanzig Jahren im Orient lebend, hatte sich dort ganz eingebürgert und keiner von uns würde ihn in seiner Tracht und Haltung für etwas Anderes, als einen rechtgläubigen Muselmann gehalten haben. Seine Protection öffnete uns das Haus eines Türken, eines Armeniers und eines Juden, dreier sehr reicher Leute, deren Gemächer einander an Pracht und Herrlichkeit überboten. Da der Baron wünschte, von dem Innern eines dieser Häuser kleine Zeichnungen zu haben, so entschieden wir uns nach langer Prüfung für das des Armeniers, und weil unser Maler, wie schon gesagt, krank in Beirut zurückgeblieben war, unternahm ich es, so gut es in meinen Kräften stand, von der Einrichtung dieses Hauses ein kleines Conterfei zu nehmen.

Herr Baudin führte uns in eine winkliche schmutzige Straße vor eine baufällige Lehmmauer, hinter welcher man höchstens einen Kuhstall hätte erwarten können. Ein Pförtchen, an welches er klopfte, war kaum vier Fuß hoch und öffnete sich nach langem Warten nur zur Hälfte, so daß wir von dem Manne, der sich nach unsern Wünschen erkundigte, nur den untern Theil, ein langes Gewand und weite Beinkleider sahen. Der obere Theil des Thors hatte ein kleines stark vergittertes Loch, durch welches er uns beobachten konnte, ohne daß wir das Geringste von seinem Gesicht zu sehen bekamen. Herr Baudin sagte ihm, wir wollten den Herrn des Hauses sprechen. Die Thür schloß sich wieder und wurde erst nach einigen Minuten von dem Hausherrn selbst, aber dießmal ganz geöffnet. Dieser hieß uns freundlich willkommen und schloß den Eingang wieder hinter uns zu. Wir stunden in einem halbdunkeln Gange, der sich rechts herumwand und uns vor eine andere Thüre führte. Unser Begleiter bat uns zum Scherz, wir möchten die Augen für einen Augenblick schließen und so durch diese innere Pforte treten, was wir befolgten und sie erst wieder öffneten, als diese hinter uns zugeschlossen wurde.

Etwas Ueberraschenderes und Schöneres habe ich in meinem Leben nicht gesehen. Wir sahen einander an und hielten die ganze Umgebung und Alles, was wir sahen, für ein schönes Mährchen. Waren wir arme Wanderer, die müde und durstig im Koth der Straße entschlummerten, und die eine mitleidige Fee plötzlich in ihre schönsten Gemächer versetzte? Der Contrast könnte nicht stärker seyn. Wir standen in einem geräumigen Hofe auf einem Boden vom schönsten Marmor, dessen verschiedene bunte Farben kunstreich zu phantastischen Zeichnungen zusammengestellt waren. In der Mitte erhob sich ein schönes Becken, aus dem ein kleiner Wasserstrahl hoch in die Luft sprang, umgeben von Orangen- und Citronenbäumen, die aus dem Marmor des Bodens zu wachsen schienen, und rings die Luft mit ihrem süßen Geruche füllten. Der Hof war im Viereck von einer Gallerie umgeben, die von schlanken Säulen getragen wurde, und unter welcher sich die Eingänge zu den verschiedenen Gemächern befanden. Wir betraten sie nach der Reihe und eins war herrlicher, üppiger eingerichtet, als das andere. So viel es mir möglich ist, will ich den größten Saal, das Conversations- oder Empfangzimmer, wo wir mit Caffee und Pfeifen bewirthet wurden, beschreiben.

Es war durch einen Gang in drei Theile getheilt. Den Fußboden dieses Ganges bildete ein Mosaik aus buntem Marmor. Er dient dazu, Besuche geringeren Standes zu empfangen, mit denen der Herr, auf seinem Divan liegend, sich unterhält. In der Mitte desselben und demnach auch des ganzen Saales, steht der unentbehrliche Springbrunnen, der seine Strahlen gegen die Decke schleudert, die hier etwas höher ist, als in den beiden Seitentheilen. Diese sind zum Empfang von Gästen oder zum Gebrauch der Familie bei großen Festen mit äußerster Pracht eingerichtet. Der Boden, um einen Fuß höher, als der des Ganges, ist mit herrlichen persischen Teppichen bedeckt; längs den Wänden läuft der Divan, und diese Wände selbst sind in den buntesten Farben gemalt und mit Schränken und Kästchen von vergoldetem Holze mit eingelegten Spiegelchen geschmückt; ebenso die Decke, um welche sich eine Bordüre von geschnitztem und vergoldetem Holz zieht, mit Spiegeln eingelegt. An einem großen reich verzierten Stern hängt der Kronleuchter. In der Mitte des Zimmers steht der Mangahl, ein kupfernes Becken in Gestalt einer Vase, worin bei kalter Witterung Holzkohlen gebrannt werden. Neben ihm waren zwei Girandolen von Bronze, etwa vier Fuß hoch, aufgestellt.

In einer Ecke des Hofes befand sich eine Treppe, vermittelst welcher man auf das Dach der Gallerie stieg. Dieses war ebenfalls mit Platten belegt, die jedoch nur aus gewöhnlichen Steinen bestehen, und es befanden sich oben zahlreiche Orangenbäume, so wie kleine Lauben von Rebgewinden mit Ruheplätzen. Die äußere Mauer des Hauses stieg noch ungefähr zehen Fuß über diese Gallerie empor, so daß von andern Dächern kein neugieriger Blick hereindringen konnte. An der Seite des Hofes, wo wir hereingekommen waren, befand sich das Bad, das jedoch anstatt der Wasserdämpfe, welche das Gemach erhitzen, Wannen hatte, die mit kaltem und warmem Wasser gefüllt werden konnten.

Herr Baudin, der Baron und der Fürst gingen nach einiger Zeit wieder fort, und ich blieb allein zurück, um den Empfangsaal so gut wie möglich abzuzeichnen. Anfänglich saß ich allein in dem Gemach; doch bald erschien einer der Söhne des Hauses und brachte einen ältern Armenier mit, der einige Worte französisch verstand und durch den wir eine nothdürftige Unterhaltung einrichteten. Caffee und Pfeifen wurden dabei natürlich mehrere Male gewechselt und der junge Armenier war so artig, mir eine Pfeife zu halten, so oft ich auf dem Papier einige Striche machte. Jetzt kam auch noch der Vater, so wie ein kleiner Knabe herein, und bald hatte ich ein großes Auditorium um mich versammelt. Zwei Töchter des Hauses, sehr schöne Gestalten und zum Glück unverschleiert, wodurch ich ihre regelmäßigen angenehmen Züge sehen konnte, erschienen zuweilen an der Thür, sprangen aber jedesmal, so oft ich mich auf ihr Lachen umwandte, davon. Endlich sagte ich dem Alten, wenn die Mädchen mir bei meiner Arbeit zusehen wollten, möchte er sie doch nur hereinkommen lassen, worauf er mir entgegnete, sie würden das gerne thun, nur fürchteten sie, mich zu stören.

Einer der Brüder rief ihnen jetzt zu, hereinzukommen, und sie erschienen auch, eine nach der andern; doch hatte sich jede ein kleines Geschäft gemacht. Eine trug auf einem Präsentirteller ein Crystallgefäß mit Eingemachtem, die zweite das nöthige Wasser dazu und ein anderes noch kleines Mädchen hatte in einem Körbchen silberne Löffel. Bald aber waren wir recht bekannt mit einander. Sie setzten sich um mich herum und bewunderten meine in der That schlechte Arbeit. Auch erwiesen sie mir alle möglichen kleinen Aufmerksamkeiten. Bald reichten sie mir eine neue Pfeife, die sie zuvor angeraucht hatten, und es war mir gar nicht unangenehm, das Bernsteinmundstück direct aus den frischen Lippen der hübschen Mädchen zu bekommen; bald legten sie eine glühende Kohle auf den Pfeifenkopf, wenn sie glaubten, das Feuer sey ausgegangen. Es that mir leid, daß es bald an zu dunkeln fing und ich meine Arbeit beendigen mußte. Zum Abschied ließen sie mich durch ihren Bruder bitten, ich möchte ihnen doch etwas auf ein Stückchen Papier zeichnen, was sie behalten könnten. Eine bat mich um das Conterfei eines Stuhls, der andern mußte ich einen Mangahl zeichnen und die ältere bat mich um das Bild eines Schiffes, das auf Rädern laufe, ein Dampfschiff nämlich, wovon sie hatten erzählen hören. Sie mußten dafür ihre Namen in mein Buch schreiben und wir schieden als die besten Freunde.

Noch immer hatte der Baron von all' den Pferden, die er gesehen, nichts gefunden, was ihm der Mühe werth schien anzukaufen, und dieses Fehlschlagen seiner Hoffnungen, hier in Damaskus recht edle Pferde zu finden, machte ihn zuweilen sehr verdrießlich. Es ist aber auch sonderbar, daß man im Orient so wenige ganz ausgezeichnete Pferde sieht. Den Ideen nach, mit welchen wir das Land betreten, müßten wir die edlen Pferde überall finden; aber dem war nicht so. Fast alle hatten viel Race und wir sahen auch manche, die in Europa für sehr edle Pferde gegolten hätten; aber etwas ganz Ausgezeichnetes, das die ungeheuern Transportkosten rechtfertigen konnte, fanden wir nicht. Der Kammerdiener des Fürsten, Skandar, der sich, da er sehr gut persisch sprach und auch sein Costüme fast ebenso aussah, viel mit den persischen Kaufleuten beschäftigte, die, von Bagdad und Mekka kommend, oft kostbare Pferde mitbringen, meldete eines Morgens, er wisse ein ganz vorzügliches Pferd, Fuchshengst, doch sey er nicht sicher, ob es der Eigenthümer, ein sehr reicher Kaufmann, abgeben würde. Inzwischen könnten wir es in dessen Abwesenheit einmal ansehen. Wir gingen sogleich hin und durch Skandars Bekanntschaft mit den Dienern des Persers wurde uns das Haus geöffnet und der Stallmeister ließ uns die Pferde vorführen. Es waren ungefähr zwanzig, alle sehr gute edle Thiere und zuletzt kam der Hengst, von dem Skandar gesprochen. Wirklich ein prächtiges edles Pferd. Es wurde uns vorgeritten und obgleich wir alle über seine schönen Formen und eleganten Bewegungen entzückt waren, ließen wir uns natürlich davon nichts merken, sondern sahen ihm äußerlich sehr gleichgültig zu.

Es versteht sich von selbst, daß der Perser, der ihn ritt, alles Mögliche anwandte, um uns alle Schönheiten des Hengstes recht vor Augen zu führen. Bald ließ er ihn steigen und das Thier hieb laut wiehernd mit den Vorderhufen in der Luft herum, bald wandte er es im hellen Sonnenschein hin und her, wobei sein Haar wie Gold glänzte. Nachdem wir den Stallbedienten ein reichliches Trinkgeld gespendet, entfernten wir uns, um auf der Straße gegenseitig in Lobeserhebungen über das Thier auszubrechen. Ein schönes Pferd war demnach gefunden; aber der Baron war noch im Zweifel, ob er für das eine allein, wenn er keine andern mehr dazu fände, die großen Kosten des Transportes anlegen wollte, indem drei oder vier Pferde dieselben verhältnißmäßig nicht viel vertheuern würden; und dann war auch noch die große Frage, ob der Perser uns das Pferd überlassen würde und ob er in dem Fall nicht eine ungeheure Summe forderte.

Der Fürst, der auf seinen Kammerdiener die größten Stücke hielt, was dieser auch durch Treue und Anhänglichkeit rechtfertigte, überredete den Baron, die Einleitungen zu diesem Kauf seinem Skandar ganz zu überlassen, der sich an die Stallbedienten machen sollte und dessen Gewandtheit in solchen Geschäften, im Fall etwas zu machen sey, die Sache in Gang bringen würde.

Bisher waren wir immer unsern Pferdeverkäufern nach ihren schmutzigen Ställen gefolgt, aber heute machten wir einmal nach unserm eigenen Gutdünken einen Gang durch die Bazars und nach einigen merkwürdigen Orten der Stadt. Die Besestans sind hier viel weitläufiger und großartiger, auch angenehmer zu durchwandern, als die von Constantinopel. Man kann hier doch wenigstens auf ebenem Boden gehen und braucht nicht wie dort beständig steil auf- und abzusteigen. Die Auswahl der Artikel, die zum Verkaufe daliegen, ist in manchen Theilen weit reicher, als die in der Hauptstadt, so die Gewölbe, wo Stickereien feil geboten werden oder solche, wo man Kaschemirshawls zu ungeheuern Preisen kaufen kann. Am größten wohl und in seiner Art am reichsten ist der Markt der Sattler, deren Fabrikate von hier aus durch ganz Syrien und Arabien gehen. Wenn auch diese Sattel- und Zaumzeuge nicht mit der Einfachheit und Solidität in ihren kleinsten Theilen, wie dergleichen Sachen bei uns gearbeitet sind, so übersteigt doch die schöne Ciselirung der Silberschläge und die reichen und prächtigen Arbeiten der Silber-, Gold- und Perlenstickereien, besonders an den Schabraken, alle Begriffe. Auf dem Waffenmarkt findet man eine große Auswahl an kostbaren alten Waffen; doch sind die neueren Klingen, die hier verfertigt werden, nicht mehr das, was wir uns unter dem Namen Damascener denken. Schon vor mehreren hundert Jahren gingen die berühmten Waffenfabriken von Damaskus ein und siedelten nach Korassan in Persien über, welches jetzt die ausgezeichneten schwarzen Klingen liefert, die man an Güte den frühern Damascenern gleichstellt. Eine „Eski-Scham-taban" - alte Damascenerklinge, deren man jedoch noch sehr viele kaufen kann, ist sehr theuer und wird schon ohne Beschlag und Scheide bis zu zehntausend Piastern und drüber bezahlt.

Die Caffeehäuser von Damaskus sind in ihrer ärmlichen Ausstattung denen von Constantinopel gleichzustellen, nur daß man hier nicht, wie dort, unter dem Schmutz, der Alles überzieht, Spuren von ehemaliger Pracht hervorblicken sieht; sondern fast alle sind erbärmliche Baracken, aus Holz und Lehm aufgeführt und haben nur das einzige Angenehme, daß die meisten an einem der vielen Bäche liegen, welche die Stadt durchschneiden und ein kleines Vordach, eine Art Laube aus Reben bestehend, haben, worunter man sich hinsetzt und ohne viel zu denken, in die dahingleitenden klaren Wellen sieht.

Wir kehrten nach dem Kloster zurück und ließen unsere Pferde satteln, um einen Ritt vor die Stadt zu machen. Vor dem Thore nach

Jerusalem liegt der Kirchhof der Armenier, in dessen Nähe unser Führer, ein Janißair des Klosters, uns den Ort zeigte, wo Saulus, der von Jerusalem kam, um die Christen in Damaskus zu verderben, von der Stimme des Herrn niedergeworfen wurde, die ihm zurief: „Saul, Saul, warum verfolgst du mich?" Auf dem Platze stehen ein paar große Platanen und er ist nur durch Tradition der Einwohner von Damaskus als jene Stelle bezeichnet.

In die Stadt zurückgekehrt, ritten wir durch mehrere enge winklige Gassen und kamen endlich an die, welche früher die richtige hieß, und wo sich der erblindete Saulus versteckt hielt, bis Ananias die Hand auf ihn legte und er wieder sehend wurde. Auf diesem Platze selbst steht kein Haus, sondern er ist nur ein kleiner öder Hof, mit einer Lehmmauer umgeben, durch welche wir hineintraten. In der Mitte dieses Hofes ist eine Kellerlucke, durch welche man auf mehreren steinernen halb zerfallenen Stufen in ein unterirdisches Gewölbe hinabsteigt, wo sich über einen kleinen Altar, auf welchem die ewige Lampe brennt, ein großes Gemälde befindet, das die Bekehrungsgeschichte Sauls darstellt.

Während der Fürst und unser Führer niederknieten, um den Altar und den Boden des Gemachs zu küssen, standen wir eine Weile dabei, in ernste Betrachtungen versunken, woraus uns die Erscheinung eines alten Mannes riß, der die Treppen herabkam und sich eine Kleinigkeit zum Unterhalt jener Lampe ausbat. Dieser ehrwürdige Tempelwächter war ein Armenier, und versah den Dienst schon an vierzig Jahre.

Wir bestiegen unsere Pferde wieder und ritten quer durch den größten Theil der Stadt bis an die Mauern derselben, wo unser Führer eine Bresche zeigte, durch welche man Saul in einem Korbe hinabgelassen hatte.

Für den Abend des heutigen Tages hatte uns der gute Armenier, dessen Haus wir gestern besehen, zu einem Familienfeste eingeladen. Er verheirathete nämlich seinen Sohn mit der Tochter eines der reichsten Kaufleute der Stadt, und Herr Baudin, der sehr genau mit ihm bekannt war, hatte ihm gesagt, wie dankbar wir ihm seyn würden, einer für uns so fremden Ceremonie beiwohnen zu können. Wir kehrten deshalb frühzeitig nach Hause zurück, da uns Herr Baudin von der Sitte in Kenntniß gesetzt hatte, daß der Hochzeitvater angesehene Gäste, wie wir ihm einmal waren, durch seine Leute abholen lasse.

Es war Abends fünf Uhr, als man uns benachrichtigte, die Abgesandten des Kaufmanns seyen unten. Kaum waren wir zum Thor hinausgetreten, so sahen wir eine Menge Volks versammelt, welche einen unharmonischen Gesang anstimmten, der von einer Geige und einer Flöte begleitet wurde. Der Musik gingen zwei Leute mit Fackeln voran, denen andere mit Lichtern folgten. Mit dieser Begleitung im Hofe des Armeniers angekommen, mußten wir einen Augenblick warten. Hier saßen an einem Feuer eine Menge Knaben; der Ceremonienmeister, ein sehr dicker Armenier, kam uns entgegen und begleitete uns ins Vorzimmer, wo sich eine solche Masse Menschen aller Art drängte, daß es beinahe unmöglich war durchzukommen, ohne die Ellbogen und Fäuste in Bewegung zu setzen. So gelangten wir zu dem großen Empfangsaal, den ich bereits früher beschrieben. An der Thüre desselben warfen sich zwei Diener zu unsern Füßen, um uns die Schuhe auszuziehen.

Als wir in das Zimmer traten, erhoben sich Alle, um uns ihre Ehrerbietung zu bezeugen, von ihren Sitzen, und der Herr des Hauses führte uns in eine Ecke des Divans, wo der Ehrenplatz ist. Nachdem wir uns niedergelassen und durch Zuwinken mit den Händen die Andern gebeten hatten, ein Gleiches zu thun, bewillkommte uns der Bischof der armenischen Kirche, der uns gegenüber in der andern Ecke des Divans lag, indem er seine Hand auf's Herz legte und sie dann zu der Stirn erhob; seinem Beispiel folgten alle Uebrigen.

Nachdem diese üblichen Begrüßungen abgemacht waren, trat eine solche Masse von Dienern in recht gutem Costüme vor uns hin, daß ich nicht absah, wie es möglich sey, sie für den Augenblick alle zu beschäftigen. Hiefür sorgt aber die orientalische Sitte, welche zu dem kleinsten Geschäft einen, wenn nicht mehrere Bedienten anstellt. So auch hier. Einer legte jedem von uns ein goldgesticktes Tuch über die Arme, welche wir ihm entgegenstrecken mußten. Ein Zweiter hielt knieend ein silbernes Waschbecken unter unsere Hände, auf welche ein Dritter aus einer silbernen Kanne helles, klares Wasser goß. Ein Vierter zog das erwähnte Tuch über unsere Finger zum Abtrocknen. Dann kam ein Fünster und Sechster mit einem silbernen Präsentirteller, auf welchem Gläser mit Sorbet und einige kleine Confituren standen; dann ein Siebenter und Achter wieder mit Servietten, um, falls wir Einiges verschüttet hätten, es wieder aufzutrocknen. Hierauf kam ein ganzer Troß in alttürkischer Tracht mit Turban und Kaftan, welche uns die langen Pfeifen in den Mund steckten und Caffee reichten.

Wir rauchten tapfer und im Saal herrschte allgemeine Stille, weil jeder mit sich oder seiner Pfeife beschäftigt war. Dies selige Nichtsthun, der Glanz der seidenen Gewänder und der Spiegelwände, das Aroma des Caffees und der feine Geruch des guten Tabaks versetzten uns in die alte Zeit des ächt orientalischen Prunkes, von welchem fast nur noch in Damaskus einige Spuren anzutreffen sind. Nachdem Pfeife und Caffee einige Male gewechselt waren, ließ man uns eine Viertelstunde ruhen; dann wurden am Eingang des Zimmers zwei kleine Matratzen ausgebreitet, und vier Personen erschienen, welche darauf Platz nahmen. Es war die

Musikbande. Sie bestand aus zwei Violinisten, von denen einer blind war, einem Flötisten und einem, der das Tambourin schlug.

Das Concert begann mit einem türkischen Liede, dessen Schönheit ich nicht zu fassen im Stande war. Dann spielte der Blinde ein Violinsolo und präludirte so wahnsinnig auf seinem Instrument, fuhr so entsetzlich auf den Saiten herum, daß ich bis zu Ende des Stücks glaubte, er stimme nur und probire sein Instrument. Nach einer martervollen halben Stunde beschlossen endlich die Virtuosen ihr Concert mit einem Gesange, den der Blinde in näselndem Tone anhob und dessen Refrain die drei Andern im Chor sangen. Drauf entfernten sie sich und uns wurden wieder Pfeifen und Caffee servirt.

So wurde es neun Uhr. Da traten zwei Kinder von acht bis zehn Jahren in's Zimmer und jedes trug in der Hand einen Leuchter in Gestalt eines Blumenstraußes, von Holz geschnitzt, auf welchem eine grüne Wachskerze brannte. Hinter ihnen kam ein Mann, der einen Korb trug, welcher mit einem dünnen goldgestickten Schleier bedeckt war, durch dessen feines Gewebe man den Anzug eines Mannes erkennen konnte. Kerzen und Korb wurden zu den Füßen des Bischofs niedergesetzt, welcher sich vom Divan erhoben hatte und mit vier andern Priestern, die um ihn traten, ein Gebet sprach, das hie und da durch den Gesang von sieben Knaben unterbrochen wurde.

Merkwürdig war es uns, daß wir, nachdem wir schon einige Stunden im Hause waren, noch keine Spur vom Bräutigam gesehen hatten, dem doch die ganze Ceremonie galt; jetzt, nachdem die Priester ihren Segen über die Kleider gesprochen, wandten sich alle Augen nach der Thür, an welcher ein junger Mann von etwa zweiundzwanzig Jahren in der ärmlichsten Kleidung stand. Wir hielten ihn Anfangs für einen Bettler; er war von hoher Gestalt, doch sehr blaß und wagte kaum, die Augen aufzuschlagen.

Plötzlich fing er an, sich vor unsern Augen zu entkleiden, worauf ein alter Mann, ein Verwandter des Bräutigams - daß dies der junge Mann war, brauche ich wohl kaum zu sagen - zum Korbe trat und dem Bräutigam zuerst das lange Unterkleid, dann den Shawl und den Gürtel, endlich das mit Pelz besetzte Ueberkleid reichte. Nun erhob sich der Vater, nahm die Filzmütze, die noch im Korb zurückgeblieben war, ging mit feierlichen Schritten auf seinen Sohn zu, und setzte es ihm auf den Kopf, nachdem er ihm dreimal die Stirn geküßt hatte. Zu gleicher Zeit steckte er ihm an den kleinen Finger einen goldenen Ring mit einem herrlichen Brillanten, dessen Feuer im ganzen Gemach umherstrahlte. Jetzt trat der Bischof wieder vor, schlug ihm ein rosenfarbiges, goldgesticktes Tuch von Seide um den Hals und gab ihm eines von gleicher Farbe und gleichem Stoffe in die Hand, welches er einen Augenblick an Mund und

Augen drückte, worauf ihn der Ceremonienmeister bei der Hand nahm und im ganzem Saal herum zu jedem Gast führte, dem er sofort die Hand küßte. Endlich kehrte er zu seinem Platz an der Thür zurück, setzte sich zwischen die beiden grünen Wachskerzen und blieb da bis eilf Uhr, der Zeit des Nachtessens.

Zu diesem Zweck wurde ein kleines Gestell von etwa zwei Fuß Höhe hereingebracht, worauf man eine große Kupferplatte setzte, die wenigstens vierzehn Fuß im Umfang hatte, und an deren Rand in Scheiben geschnittenes weißes Brod zwischen Rettichen, Selleri und Petersilie lag. Ein gleicher Tisch wurde in der andern Ecke des Zimmers für die Geistlichen bereitet.

Sobald das Essen begann, zog sich der Bräutigam in's Nebenzimmer zurück, woher im gleichen Augenblicke sich die ungeschickte Musik von Neuem hören ließ, welche jedoch bald zu unserm größten Vergnügen wieder aufhörte. Sie spielte, wie ein des Landes kundiger Freund erzählte, altarabische Melodien, zu welchen der Blinde in seinem schnarrenden Tone Mährchen aus „Tausend und einer Nacht" recitirte. Das Nachtessen wurde folgendermaßen servirt: Reis in Milch gekocht, Butterteig, die Suppe, mit einem Beigeschmack von Hammelfett, ein Hammelsbraten mit Reis gefüllt, ein Entrée von Braten, Compot von Birnen, ein welscher Hahn mit Reis gefüllt, am Spieß gebratene Hühner, Entrée von anderem Fleisch, Kebab (kleine Stückchen Fleisch, welche an hölzernen Stäbchen auf dem Rost gebraten werden, ein Lieblingsgericht der Türken), Entrée von Zwiebeln, Pillau mit saurer Milch und Käse. Von Zeit zu Zeit wurde rother Libanonwein, der, obgleich sehr gut und feurig, leider beständig nach den Schläuchen schmeckt, worin er aufbewahrt wird, in kleinen Gläsern gereicht. Ihn brachten Diener, welche besser gekleidet waren und einen höhern Rang einnahmen, als die, welche die Speisen auftrugen.

Es war Mitternacht, als die Tafel aufgehoben wurde, worauf, wie schon oben beschrieben, Diener Waschbecken, Handtücher und dergleichen reichten; zwei erschienen dann mit einem Rauchfaß, und während sie uns damit räucherten, wurde uns von andern Rosenwasser aus kleinen crystallenen Fläschchen über die Kleider gegossen. Während der ganzen Mahlzeit war der Bräutigam nicht zum Vorschein gekommen; aber kaum waren die Tafeln weggeräumt, so erschien der Arme wieder und nahm seinen Platz wie früher zwischen den beiden grünen Wachskerzen an der Thür. Jetzt erfolgte die Sieste, die der Türke mit dem unübersetzbaren Worte Kef bezeichnet, etwas, das wir Europäer durchaus nicht nachmachen können.

Der Orientale lehnt sich in seinen Divan zurück, denkt nichts und ruht behaglich zwischen Wachen und Schlafen, wobei er langsam aus einer langen Pfeife raucht. Selbst der Prophet empfiehlt diese Sieste, indem er sagt: „Schlafet den Schlaf Kailuleh," d. h. den Schlaf nach dem Essen, „denn Satan schläft ihn nicht."

Dieser Zwischenact dauerte heute Abend über anderthalb Stunden, während welcher Zeit Mitternacht ihr Recht ausübte und auf dem ganzen Hause Grabesstille lag. Auf einmal aber erhob sich wieder das Geschnarre der Instrumente und brachte die Ruhenden augenblicklich in Bewegung. Man sprach, lachte, erzählte, bis kurz darauf der Ceremonienmeister mit großen Schritten in die Mitte des Zimmers trat und mit lauter Stimme verkündigte, daß es Zeit sey, die Braut zu holen und nach der Kirche zu führen.

Alles erhob sich und ging vor's Haus, um sich zu einem Zuge zusammenzureihen. Dieser begann mit einer Reihe Fackelträger; dann kam die Musik und die Sänger, hinter denen uns zu unserm großen Leidwesen der Ehrenplatz angewiesen wurde; sodann die übrigen Gäste, und endlich unter den Dienern der Bräutigam. Nachdem wir uns im langsamen Schritt in einer der schmutzigen, schlechtgepflasterten Straßen - es war eine feuchte, nebliche Januarnacht - etwa zehn Minuten fortbewegt hatten, kamen wir an das Haus des Brautvaters, wo an der Thür das nämliche Ceremoniel mit unsern Stiefeln stattfand. Als wir eine große Vorhalle durchschritten hatten, kamen wir in ein Zimmer, wo um einen Mangahl diejenigen Freunde des Hauses kauerten, welche den zweiten Rang in der Gesellschaft einnahmen.

Aus diesem Zimmer wurden wir in den großen Empfangsaal geführt, der noch weit prachtvoller war, als der im Hause des Bräutigams. Gegenüber dem Eingang befand sich eine Nische, in welcher außer einer Pendule von Alabaster mehrere hübsche Porcellanvasen mit künstlichen Blumen standen. Die Fenster, höher als die gewöhnlichen Häuser, waren mit seidenen Vorhängen versehen, die Kissen des Divans von gelber Seide, mit Blumen von braunem Sammt. Auf dem Teppich standen zwei sehr schön gearbeitete Mangahls, umgeben von großen bronzenen Leuchtern mit grünen Wachskerzen. Zuerst wurden wir auf gewöhnliche Art bewillkommt, dann brachte man uns Caffee und lange Pfeifen, und während wir behaglich rauchten, ging der arme Bräutigam im Kreise herum und küßte Allen die Hand, die nicht bei seinem Vater gewesen waren. Dann kamen vier Künstler, welche vom Brautvater gedungen waren, und beglückten uns mit mehreren Musikstücken, welche jedoch nicht besser waren, als die frühern. Uebrigens blieben wir hier nur kurze Zeit, weil der Hochzeitzug jetzt endlich in die Kirche ging. Im Hofe sahen wir eine Menge Menschen um einen weißen Zelter gedrängt, der, sehr reich geschirrt, für die Braut bestimmt war. Der Zug setzte sich, wie früher, in Bewegung, und nach dem Bräutigam kamen die Freunde der Braut und endlich sie selbst zu Pferde, umringt von einer Anzahl Frauen zu Fuß. Sie trug ein Kleid von weißer Seide mit goldgestickten Blumen, das ihr bis an die Sohlen reichte. Auf dem Kopf hatte sie einen Ueberwurf von weißem Mousselin, und über diesem einen von rothem Atlas, welcher beinahe das ganze Gesicht bedeckte. Auf dem Kopf trug sie ein Barett von Holz, einem Soldatentschakow, den man oben abgerundet, nicht unähnlich. Diese sonderbare Bedeckung ließ kaum die Form eines menschlichen Kopfes erkennen.

Wir brauchten über eine halbe Stunde, um zur Kirche zu gelangen, welche zu unserem Empfange bereit seyn sollte, jedoch so schlecht erleuchtet war, daß der Blick kaum bis zur Kuppel dringen konnte. Diese wurde von acht hölzernen Säulen getragen. Links am Eingang war ein Bild des heiligen Georg, wie er den Drachen erlegt, und rechts die Thür, welche in's Kloster führt. Wir traten vor den Hauptaltar und nachdem man uns Stühle gebracht, konnten wir mit Muße das Innere der Kirche betrachten. Ueber dem Altar, zu welchem vier Stufen von weißem Marmor führten, hing das Bild der Mutter Gottes, rechts von demselben die heilige Anna und links der heilige Petrus. In der Mitte schwebte ein Kronleuchter mit gelben Lichtern, welche schlecht brannten und einige silberne Leuchter standen ohne Symmetrie in der Kirche umher.

Endlich kam der Bräutigam und wurde zur linken Seite des Altars geführt; eine verschleierte Frau brachte sodann die Braut zur Rechten desselben. Der Bischof zog seine schönsten, mit Gold und Silber gestickten geistlichen Gewänder an und nahm Platz in einer Nische. Ein anderer Geistlicher vereinigte die Hände der Brautleute, während ein Dritter ihnen die Köpfe zusammendrückte, und ein Knabe, auf einem Gerüste stehend, hielt ein Kreuz und eine Wachskerze über sie. In dieser eigenen Stellung verweilten sie bei zwanzig Minuten, während welcher Zeit der Bischof vor sie trat und eine Messe las. Der Gottesdienst endigte damit, daß ein Diakonus ein Kapitel des Evangeliums Matthäi vortrug. Da aber dieser Mann das Unglück hatte, bucklig zu seyn und mit der Zunge anzustoßen, so mußten wir die Feierlichkeit der Handlung stets bedenken, um nicht in Lachen auszubrechen. Der Geistliche sprach darauf ein kurzes Gebet und befestigte ein Band an der Mütze des Bräutigams und dem Barett der Braut, wobei er ihnen bedeutete, daß sie von nun an für's Leben vereinigt seyen. Ein Nachbar, den ich fragte, wozu das unförmliche Holzbarett der Braut diene, antwortete mir, es sey, um Beide gleich groß zu machen, damit sie erkennen, daß keines über dem andern, daß sie einander gleich stehen.

Zum Schluß küßten die Brautleute ein Crucifix; die Braut wurde von derselben Frau wieder abgeholt und dann auf ihrem Pferde gänzlich verschleiert in das Haus ihres Mannes gebracht. Gegen drei Uhr Morgens war endlich diese Hochzeitfeier vollendet, auf welche sich die Eingebornen seit mehreren Wochen gefreut, und der wir eine Nacht zum Opfer gebracht hatten. Wir waren es indessen wohl zufrieden, einmal für allemal eine armenische Hochzeit in Syrien gesehen zu haben.

Wenn wir früher in Constantinopel, später in Beirut unsere Reiseprojecte machten, und wir in Syrien in Gedanken bis Damaskus vordrangen, so hatte wohl einer die kühne Idee, von da einen Ausflug nach Palmyra vorzuschlagen. Doch behandelten wir diese Idee gerade wie ein schönes Mährchen, von dem man träumt und wo sich am Ende eine kühne Phantasie einredet, man werde die schimmernden Thore des Feenpalastes endlich in der Wirklichkeit einmal erreichen. Wenn uns einige des Landes kundige eine Tour nach Palmyra, als mit den größten Schwierigkeiten und Mühseligkeiten verbunden, vorstellten, so kamen fast alle, die wir darum fragten, dahin überein, schon von jeher sey der Weg durch die Wüste nach jenen colassalen Ruinen durch die streifenden Araberhorden sehr unsicher gemacht worden, und jetzt in Kriegszeiten, da Ibrahim Pascha's mächtige Hand jene Raubstämme nicht mehr im Zügel halte, sey es nicht möglich, an eine Tour nach Palmyra zu denken. Obgleich wir nun schon durch unsere Tour über den Balkan und später über den Libanon belehrt worden waren, was man von den Reden der Leute zu halten habe, so waren doch die Gründe, die ich oben gegen eine Reise nach Palmyra angeführt, zu vernünftig und uns zu einleuchtend, als daß wir im Ernst daran hätten denken können, deshalb thaten wir dies auch nur, wenn wir eben einmal im besten Zuge waren, die schönsten Luftschlösser zu bauen.

Mit diesen Gedanken in Bezug auf Palmyra waren wir nach Damaskus gekommen und wagten es nicht einmal, weder einen unserer Paters, noch den Herrn Baudin zu fragen, ob es wohl in diesen Zeitverhältnissen möglich sey, Palmyra zu sehen. So saßen wir am Tage nach jener Hochzeit, da es gerade mehrere Stunden anhaltend regnete, in unserem Gemach und rauchten eine Pfeife. Skandar, der noch gestern Abend mit den Leuten des Persers zusammen gekommen war, hatte uns gesagt, daß ihm der Stallmeister im Vertrauen erklärt, es sey vielleicht möglich, jenen Hengst zu bekommen; doch würde sein Herr bei einer directen Anfrage eine ungeheure Summe fordern, weshalb er ihm die Sache überlassen solle. Daß diesem treuen Knecht dafür ein reichliches Trinkgeld zu Theil werden mußte, versteht sich von selbst. Doch hatte Skandar für gut befunden, ihn manövriren zu lassen, und brachte uns diesen Bescheid mit dem trostreichen Zusatz, daß der Stallmeister sich wenigstens fünf Tage Zeit ausgebeten habe, ehe er eine Antwort ertheilen könne.

Trotz den Schönheiten von Damaskus war uns doch die unfreiwillige Verlängerung des Aufenthalts nicht sehr erwünscht; denn erstens hätten wir nach unserer gemachten Zeiteintheilung schon morgen oder übermorgen abreisen sollen, und zweitens hatte uns der Prior die untröstliche Nachricht gegeben, daß in der Stadt die Pest ausgebrochen sey, die, obgleich sie sich erst hie und da zeige und wenig Opfer hinwegraffe, doch wegen des vielen halb verhungerten Gesindels, das der Krieg hier zusammengeführt, sehr gefährlich zu werden drohe. Wir hatten uns um einen Mangahl gesetzt, und der Fürst, der immer sehr guten Humors war, konnte heute doch ein unangenehmes Gefühl nicht unterdrücken und sagte beständig: *„c'est terrible, c'est terrible!"*

Da trat Herr Baudin in's Zimmer, und nachdem wir ihm Caffee gemacht und unsere beste Pfeife angeboten, sprach auch er von der ausbrechenden Pest und wie groß die allgemeinen Befürchtungen seyen. Ohne ihm zu erklären, was uns hier zurückhalte, sagte der Baron, wir würden noch vier bis sechs Tage da bleiben, worüber viel Gleichgültiges hin und her gesprochen wurde, bis uns plötzlich Herr Baudin fragte: ob wir denn nicht Palmyra sehen wollten. Man kann sich leicht denken, daß uns diese Frage nicht wenig überraschte und wir sie für Scherz annahmen, worauf uns jedoch Herr Baudin in allem Ernste versicherte, obgleich eine Tour nach jenen Ruinen mit ziemlichen Kosten und Mühseligkeiten verknüpft sey, würde sie sich jedoch gerade jetzt in Folge der Kriegsverhältnisse machen lassen. Ibrahim Pascha nämlich, der seine Truppen aus dem Hauran nach Damaskus gezogen, habe zu diesem Zweck an verschiedenen Orten kleine Etappen errichtet, die auch uns noch zu gut kommen könnten, und wenn auch die durchziehenden Truppen nicht viel zurück gelassen, als Deserteure, so könnten uns dieselben oder vielmehr ihre Pferde recht zu Statten kommen. Auch würden die streifenden Araber durch jene Truppenzüge, wenn gleich nur für kurze Zeit, weiter in das Innere des Landes zurückgedrängt seyn.

Wir sahen uns überrascht an, und als wenn einer in des andern Auge gelesen hätte, nichts sey ihm erwünschter, als diese Aussicht, so antworteten wir mit einem Munde: wir würden uns sehr glücklich schätzen, diese interessante Tour machen zu können. Herr Baudin, der unermüdliche, liebenswürdige Mann, schlug uns nun zwei Arten vor, um diese Reise zu machen. Bei der einen müßten wir uns der Kameele bedienen, würden wohl langsamer, aber auch bequemer reisen und könnten mit der Schnelligkeit der gewöhnlichen Karavanen Palmyra am sechsten, im günstigen Falle am fünften Tage erreichen. Bei der andern dagegen, die kostspieliger sey, müßten wir Pferde nehmen, dürften kein Gepäck mitführen und uns von einer Schaar berittener Beduinen begleiten lassen. Dann aber könnten wir bei ziemlich guten Pferden Palmyra schon in der Nacht vom dritten auf den vierten, oder spätestens im Lauf des vierten Tages erreichen.

Wir waren heute Alle in der glücklichen Stimmung, einen schnellen Entschluß fassen zu können, und entschieden uns in kurzer Zeit für die Tour nach Palmyra, so wie dafür den Ritt zu Pferde zu machen, und Herr Baudin entfernte sich sogleich mit dem Versprechen, wo möglich noch heute das Nöthige zu besorgen, so wie sichere Leute und einen bekannten Schech zu unserer Begleitung auszusuchen, den er uns noch heute Abend zuschicken werde. So auf einmal an's Ziel unserer kühnsten Hoffnungen, Palmyra doch noch zu sehen, gekommen, säumten wir nicht, alle nöthigen Vorkehrungen zu diesem Ritte zu treffen. Vor allen Dingen sahen wir nach unsern Waffen und setzten Pistolen und Säbel in den bestmöglichen Stand. Das dunkle Wetter brachte einen frühen Abend herbei und wir hatten uns so eben nach dem Mittagsessen aus dem Refectorium in unsere Stube begeben, als draußen auf dem Corridor sich schleppende Fußtritte vernehmen ließen, an denen man gleich die Ankunft von Beduinen erkennen konnte. Und so war es auch.

Herr Baudin kam zurück und brachte ein Paar dieser Wüstensöhne mit, von denen einer - es war der Schech selbst - mit uns über die Kosten jener Tour unterhandeln sollte. Es wurde Alles beinahe auf dieselbe Art abgemacht, wie auf unserer Tour durch die Türkei. Der Schech lieferte jedem ein gutes Pferd und versprach, uns am vierten Tag nach Palmyra zu bringen. Da wir wohl wußten, daß wir, um in dieser kurzen Zeit hinzugelangen, äußerst schnell reiten mußten, so wurde in der mündlichen Uebereinkunft vorgesehen, daß der Schech für die Ausdauer der Pferde zu stehen und er im Fall eines stürze, für ein anderes zu sorgen habe. Der Schech, ein schon ältlicher Araber, aber ein großer kräftiger Mann, schilderte uns mit lebhaften Farben die Gefahren, welche die Reisenden auf diesem Wege bedrohe, wie noch vor nicht langer Zeit eine Karavane von den streifenden Arabern geplündert und hinweggeführt worden sey, setzte aber hinzu, in seiner Begleitung seyen wir ganz sicher.

Doch was die lebhafte Schilderung der Gefahren, denen er sich um unsertwillen aussetze, bezwecke, wurden wir bald inne; denn der gute Araber forderte eine ganz unerhörte Summe. Trotz unseres Handelns ließ er nicht sehr viel herunter und da uns Herr Baudin versicherte, wir würden mit einem Andern nicht billiger einig, so schlossen wir das Geschäft ab, reichten dem Araber die Hand zum Zeichen, daß wir uns ihm übergeben und schärften ihm noch ein, morgen vor Tagesanbruch mit seinen Pferden unten zu seyn.

Ich konnte die Nacht nicht viel schlafen; auch den Andern erging's nicht besser, besonders war der Fürst in beständiger Unruhe. So oft ich mich auf meinem Lager herumwandte, sah ich ihn bald dies, bald jenes vornehmen. Jetzt stopfte er sich eine Pfeife, dann putzte er an seinen Waffen herum, und als kaum Mitternacht vorbei war, meinte er, jetzt sey es Zeit, daß wir aufstünden und anfingen, den Caffee zu kochen. Ich folgte seinem Rath, verließ mein Lager und rüstete mich zu dem weiten Ritte. Mein Anzug war so einfach wie möglich, kurze Stiefeln mit Sporen, eine lederbesetzte Reithose, darüber einen kurzen zugeknöpften Rock; auf den Kopf setzte ich das Feß; der Fürst machte mir aus einem ungeheuren Stück Mousselin, das ich gestern gekauft, kunstgerecht einen Turban; einen türkischen Säbel hatte ich an der Seite und meine Pistolen an einer langen Schnur, womit ich sie am Sattelknopf befestigen konnte.

Der Fürst vertauschte auch sein seidenes gesticktes Kleid mit einem sehr groben, das aus gegerbtem Leder bestand und mit Pelz besetzt war.

Der Baron war wie ich costümirt; nur hatte er einen rothen Turban, die Pistolen in eben solchem Gürtel stecken und an der Seite einen geraden östreichischen Cürassier-Pallasch.

Unsere Beduinen waren sehr pünktlich. Noch war es gänzlich Nacht, als ein langes anhaltendes Pferdegetrappel auf der Gasse uns ihre Ankunft anzeigte. Von den Leuten nahmen wir Giovanni und den riesigen Mechmed mit, Skandar blieb aber zurück, um unterdessen beim Pferdeverkauf mitzuwirken.

Nachdem uns noch der gute Prior seinen Segen ertheilt, saßen wir auf und ritten zur dunkeln, stillen Stadt hinaus. Vor dem Thore hatten wir einen Steinweg, ähnlich dem, auf welchem wir vom Libanon her in die Stadt geritten waren, setzten dann auf einer Brücke über einen Fluß, wahrscheinlich ein Arm des Barrada, und befanden uns auf der großen Straße nach Aleppo. Wie fast auf allen unsern Touren mit den Arabern hielten sie gleich unsern Baron, wegen seiner stattlichen Figur, für den Chef unserer Gesellschaft. Auch heute, als wir jenen unregelmäßigen Steindamm hinter uns hatten, ritt der Schech zu ihm hin und fragte ihn, ob wir jetzt schneller reiten könnten. Natürlich säumten wir nicht, unsern Pferden die Sporen zu geben und jagten in sausendem Galopp davon. Wir durchschnitten das Thal Gutha und hatten schon beinahe die Berge erreicht, welche es im Süden einschließen, als der Morgen in Osten schwach aufzudämmern begann. Die Straße, auf der wir ritten, war, wie alle hier zu Land, ohne Kunst und Mühe angelegt und nur von den Karavanenzügen gebildet, die jedes Jahr in unabsehbarer Reihe von Damaskus ausziehen.

Unsere Begleitung bestand aus einigen und dreißig Beduinen, die mir alle ziemlich gut beritten schienen. Sie trugen den weißen Burnus; einige einen Turban, andere roth und gelbe, so wie auch weiße Tücher, die mit um den Kopf gebundenen Stricken festgehalten werden. Die Bewaffnung der meisten bestand in einem Säbel, einem Paar Pistolen und der langen Lanze mit dem charakteristischen Büschel von schwarzen Straußfedern. Einige hatten außerdem einen Handschar im Gürtel stecken oder eine lange dünne Flinte auf dem Rücken befestigt. Als wir uns auf der Höhe jener Berge umwandten, drangen gerade die ersten Strahlen der Morgensonne hervor, und beleuchteten die prächtige Stadt, die wir vor einigen Stunden verlassen.

Der Weg, den wir in der ersten Hälfte des heutigen Tages zurücklegten, ging meistens durch bergiges Terrain, deren Formation den Felsen des Libanon, aber in sehr verkleinertem Maßstabe glich. Unsere Pferde liefen ausgezeichnet gut, und als wir mit sinkender Nacht ein kleines armseliges Dorf, Neschme, erreichten, hatten wir an zwanzig deutsche Stunden zurückgelegt. Bei der Ankunft einer so großen bewaffneten Schaar, wie die unsrige, waren die Einwohner geflohen; nur einige alte Männer und Kinder waren zurückgeblieben. Der Schech suchte eine der besten Hütten für uns aus, und es gelang ihm auch, Hühner und Eier für uns, so wie reichliche Gerste für die Pferde, zu erhalten.

Da er Alles baar bezahlte und die Zurückgebliebenen sahen, daß es auf keine Plünderung abgesehen war, mußten sie den Geflohenen Nachricht gegeben haben, denn während der Nacht kamen die meisten zurück. Wir ritten am andern Morgen wieder vor Tagesanbruch aus und unser Weg führte durch eine steinige sandige Fläche. Zur Rechten hatten wir einen Zug des Gebirges Ruack, und gegen Abend mußten wir einen Ausläufer desselben übersteigen, der uns quer durch den Weg strich. Doch erreichten wir bald unser heutiges Nachtquartier, Karyatien, ein weit größeres und ansehnlicheres Dorf, als Neschme, dessen Schech uns freundlich mit der gewöhnlichen Gastfreundschaft der Araber aufnahm. Unsere Pferde, d.h. die, die wir Europäer ritten, waren heute Abend entsetzlich ermüdet, denn wir hatten heute nicht weniger als dreißig deutsche Stunden gemacht, aber die unserer Beduinen, die schon an dergleichen Fatiguen mehr gewöhnt waren, schienen wunderbarer Weise von dem fürchterlichen Ritt gestern und heute nicht gelitten zu haben.

Gleich bei der Ankunft setzte sich unser Schech mit dem des Dorfes in Unterhandlung, um für uns auf morgen frische Pferde zu erhalten, so wie eine Anzahl Kameele, die mit Wasser, Gerste und einigem Proviant für uns beladen wurden und sogleich abgehen sollten, damit wir, die wir morgen früh weiter ritten, auf den Abend in der baum- und wasserlosen Wüste, welche wir hinter Karyatien betraten, den nöthigen Proviant finden würden. Glücklicher Weise waren die beiden Beduinen alte Bekannte; sie hatten mehrmals die Karavanenzüge mit ihren Schaaren durch die Wüste begleitet, und der eine war daher jetzt gleich bereitwillig, dem andern zu helfen, so daß in ungefähr zwei Stunden unsere Proviantkolonne für morgen abgehen konnte. Sie bestand aus zehn Kameelen und ungefähr zwanzig Reitern, bewaffnet und beritten, wie die unsrigen. Wir begleiteten sie bis vor das Dorf und sahen ihnen noch lange nach, wie sie auf der weiten flachen Ebene dahin gingen, in der Dämmerung der Nacht und dem hellen gelben Sande allmählig wie Schatten entschwebend.

Unser Schech war ein freundlicher Mann. Er bewirthete uns mit einem guten Pillau und Lammfleisch und brachte nachher, um uns etwas recht Gutes anzuthun, eine Flasche Raki, Dattelbranntwein, hervor, wovon wir jeder ein Gläschen trinken mußten. Er war ein schon alter Mann und ließ uns durch Giovanni viel von den gefährlichen Pilgerzügen sagen, die er durch die Wüste geleitet. Auch brachte er später einen Ehrensäbel herbei, den er dafür von einem Pascha von Damaskus erhalten. Diese freien Araberstämme ziehen ihren größten Verdienst aus der Begleitung und Verproviantirung der Karavanen, die nach Mekka gehen. Alljährlich versammeln sich zu Damaskus aus dem ganzen Norden Asiens alle Pilger, die diesen Zug mitmachen wollen. Die meisten derselben kommen erst am Ende des Ramasans, und dann gleicht Damaskus, die an sich schon so lebendige Stadt, einem ungeheuern Markte. Es wimmelt von Fremden aus allen Theilen der Türkei und Persiens. Alle Straßen der Stadt sind bedeckt mit Haufen von Pferden, Kameelen, Eseln und Waarenballen, und dieser ganze ungeheure Troß setzte sich nach einigen Tagen in Bewegung, um in vierzig Tagen durch die Wüste ziehend, Mekka am Bairamfeste zu erreichen. Da die Karavane durch die Gebiete mehrerer freien Araberstämme zieht, so mußte man Verträge mit ihnen abschließen, ihnen einen Durchgangszoll bezahlen oder sie zu Führern und Begleitern nehmen, was ebenfalls bezahlt wurde. Der Pascha von Damaskus schickt vor dem Auszug der Karavane einem der mächtigsten Beduinenschech's den Ehrensäbel, von dem ich oben sprach, so wie ein Zelt, und ernennt ihn somit zum Hauptführer der Karavane, unter welchem Titel ihm aber die Verpflichtung obliegt, für einen Theil der zum Zuge nöthigen Kameele zu sorgen, die er um einen bestimmten Preis liefern muß, ohne bei Verlusten auf eine weitere Entschädigung rechnen zu können. Jedes Jahr gehen bei diesen Zügen an zehntausend Kameele zu Grunde, deren Ersetzung ein bedeutender Erwerbszweig der Araber ist. In früherer Zeit lag dem Pascha von Damaskus die Verpflichtung auf, die heilige Karavane selbst nach Mekka zu führen, weswegen er den Ehrennamen Emir Hadje führte, und diesem Posten wurde eine solche Wichtigkeit beigelegt, daß, wenn der Zug gelingt, das heißt, wenn die Araber ihn nicht zerstreuen und ausplündern, die Person des Pascha für alle Zeiten unverletzlich ist und es selbst dem Sultan nicht erlaubt ist, sein Blut zu vergießen. Doch wußte die Politik der hohen Pforte dies buchstäbliche Verbot sehr gut zu umgehen, indem sie einen solchen Pascha, dessen sie sich entledigen wollte, in einem Sack ersticken ließ. Neben dem religiösen Interesse treibt auch die Aussicht, im Handel ein Bedeutendes zu gewinnen, eine Menge Pilger zu dem Zuge. Sie nehmen von Hause Waaren mit, die sie unterwegs verkaufen, und das gelöste Geld verwenden sie in Mekka zum Einkauf von Mousselinen aus der Stadt selbst und aus Bengalen, von Shawls aus Kaschemir, Aloe aus Tunkin, Diamanten aus Golkonda, besonders Caffee aus Yemen. Indessen plündern oft die streifenden Araber die Karavanen gänzlich aus und machen alle die schönen Projecte der Kaufleute zu Schanden. Doch kommen in den meisten Fällen die Pilger wohlbehalten zum Ziel und alsdann ist ihr Vortheil sehr bedeutend. Die ärmere Classe, die bei dem Zuge materiell nichts gewinnen kann, macht sich in allen Fällen durch die Ehrfurcht bezahlt, die man dem Namen Hadji (Pilger) beilegt, oder durch das Vergnügen, ihren Landsleuten die Wunder der Kaaba zu rühmen, mit Emphase von der ungeheuern Menge Pilger und den Mühseligkeiten, die sie ausgestanden haben, zu sprechen, so wie von den seltsamen Figuren der Beduinen, der wasserlosen Wüste und dem Grab des Propheten. Diese Erzählungen haben den gewöhnlichen Erfolg, daß sie die Bewunderung und Begeisterung der Zuhörer erregen, wiewohl es nach dem aufrichtigen Geständniß der Pilger nichts Elenderes, als diese Reise gibt. Uebrigens hat aber auch diese flüchtige Bewunderung nicht verhindert, ein für die frommen Pilger wenig ehrenvolles Sprüchwort in Umlauf zu bringen: „Sey mißtrauisch gegen deinen Nachbar," sagt der Araber, „wenn er einen Hadje (Pilgerzug) gemacht hat; macht er aber zwei, so trenne dich augenblicklich von ihm."

Am andern Morgen brachen wir wieder vor Tagesanbruch auf: unser alter Wirth wollte uns durchaus begleiten, indem er unseren Schech vorstellte, unsere Eskorte sey bei einem bedeutenden Angriff der Araber doch ein wenig schwach, und es mache ihm selbst Spaß, wieder einmal einen Ritt durch die Wüste zu unternehmen. Sein Verlangen konnte uns nur angenehm seyn, und da wir schon viel von den verwegenen Räubereien der Araber in diesen Theilen des Landes gehört hatten, so sahen wir es nicht ungern, daß er sich in Begleitung einiger zehn recht gut aussehender Reiter unserem Zug anschloß.

Eine kurze Strecke hinter Karyatien fing die gewaltige Sandwüste mit einem Male an. Eine unabsehbare, weißlich gelbe Fläche breitete sich vor uns aus und der Blick fand keine Abwechslung, als lange Wellenlinien, die der Wind in den Flugsand gezeichnet hatte. Nördlich strichen in weiter Entfernung die Gebirge von Ajar und östlich war das, was wir sahen, entweder Sandgebirge oder der gelbe Boden spiegelte sich in den Wolken wieder. Die ausführlichere Beschreibung einer Reise durch die Wüste findet besser bei unserer zweiten und größeren Tour durch diese öden Sandflächen, als wir später von Gazza nach Kairo zogen, ihre Stelle, weshalb ich hier nur mit wenigen Worten darauf hingedeutet habe, besonders da sich diese verlassenen baum- und wasserlosen Landstrecken fast ganz gleich sehen.

Unser heutiger Tagmarsch war für die Pferde sehr ermüdend, denn obgleich sie bei jedem Schritt bis über die Fesseln in den Sand traten, ging es doch fast beständig im scharfen Trabe vorwärts. Auch der Himmel war uns nicht sehr günstig, sondern mit Wolken überzogen und ein scharfer Wind wirbelte oft den Sand um uns in die Höhe, daß wir wie in Wetterwolken eingehüllt dahin ritten. Mir kam heute beim Betrachten unserer Reiterschaar häufig und sehr lebhaft ein kleiner Kupferstich in's Gedächtniß, „eine Karavane vor einem Sandsturme fliehend", auf welchem eine bunte wilde Schaar von Beduinen vor zerrissenen Wolken, die vom Himmel herabzuflattern scheinen, und beweglichen Sandhaufen, wie wir heute, dahin fliehen. Im Hintergrund des kleinen Bildchens sah man die Ebene mit Ruinen bedeckt. War es Palmyra? Mir kam es damals schon so vor, als müsse es Palmyra seyn, und meine Phantasie bemühte sich nach Allem dem, was uns von jener fabelhaften Stadt gesagt wurde, bei Nennung dieses Namens die prächtige todte Stadt so wundervoll wie möglich auszumalen. Aus der Wüste kamen die guten und bösen Feen, die an der Wiege neugeborner Königskinder erschienen, um sie zu beschenken, und Palmyra hatte ich mir als den Ort gedacht, wo die gute Fee herkommen müsse. Palmyra mit den schönen Bauwerken, von denen ich gehört, und die doch Niemand bewohnen sollte, war mir eine Stadt von Palmen umgeben, in der jene guten Geister ihre eigentliche Heimath hatten, wie auch bei uns die Zauberschlösser mitten im Walde liegen.

Was wir am Morgen vor uns gesehen hatten, waren wirklich Ketten von Bergen, ohne Baum und Strauch, die eine sandige Fläche von ungefähr drei bis vier Stunden Breite einschlossen, und so eine Schlucht bildeten, die sich nordwestlich hinzog. Es dunkelte schon, als wir den Eingang derselben erreichten, wo wir die vorausgeschickten Kameele gelagert fanden. Unser guter Schech von Karyatien hatte ein Zelt mitgegeben, das uns recht gut zu Statten kam. Die Nacht wurde, wie immer hier, recht kalt und der Thau benetzte rings den Boden. Trotz der gespannten Erwartung, mit der wir dem morgenden Tag entgegensahen, ließ uns die große Ermüdung, die uns diese forcirten Ritte verursacht, sehr fest schlafen und es bedurfte am andern Morgen des lauten Getümmels der aufbrechenden Araber, um uns zu wecken. Die Kameele mit ihrer Bedeckung blieben auf dem Platze hier, um uns morgen in der Nacht wieder aufzunehmen, und sie waren für diese Zeit mit Wasser und Proviant genugsam versehen.

Wir ritten in der Morgendämmerung vielleicht zwei Stunden lang durch die Schlucht, die sich auf einmal zu verengen schien; doch traten die Gebirgszüge an dieser Stelle nur etwas zusammen, um sich gleich hinter derselben zu einem weiten Thale auszudehnen, in welchem Palmyra oder Tadmor liegt. Mir klopfte das Herz, als wir eine dieser Bergketten rechts hinanstiegen und nun auf einmal auf der andern Seite die Ruinen einer Wasserleitung sahen, die einst in frühern Zeiten das Wasser nach der Stadt führte. Doch woher, da die Gegend weit und breit mit Sand bedeckt ist? Die Rinne, welche von den stolzen Bogen getragen wird, zeigt keine Spur von irgend einem grünen Blatt oder einem Moose, sondern Alles ist bestaubt und angefüllt mit dem feinen Sand, den der Samum emporwirbelt. Jetzt sahen wir rechts und links neben diesem Aquaduct, so wie auch an der Höhe vor uns, einige viereckige Thürme von bedeutender Höhe. Unser Weg führte uns bei einem derselben vorbei und wir erkannten, daß es alte Grabmäler seyen. Mit lautem Hurrah, das in den Bergen wiederhallte, jagten unsere Beduinen nun den letzten Absatz der Höhe hinan. Wir folgten ihnen und sahen von oben die alte prächtige Stadt vor uns, - todt, - und doch ewig in ihren Trümmern lebend.

Es ist nicht möglich, einen Anblick, wie den der Ruinen von Palmyra, zu beschreiben oder auch nur ein schwaches Bild davon zu geben. Man kann gegen andere Trümmer vergangener Zeiten an diese keinen Maßstab legen. Hier ist keine prachtvolle üppige Gegend, auf der die Ruinen nur eine Verschönerung wären, hier ist nichts wie eine unabsehbare öde Fläche, welche sich bis zum Euphrat kahl und unwirthbar erstreckt, die erst dem Auge bedeutend wird und es zu fesseln vermag durch die Trümmer der Stadt, Trümmer, so ungeheuer und zahlreich, daß man sie kaum in zwei Stunden umwandeln kann. Fern von jedem lebenden Wesen, fern von der Zeit, die im Stande war, solches zu bauen, ragt hier eine ungeheure Menge korinthischer Säulen empor, deren Bild durch die wenigen Mauern und Gebäude, die man sieht, noch sonderbarer wird. Kann man die unzähligen schlanken Schafte mit dem kunstvoll gearbeiteten Fließ einem versteinerten Palmenwald vergleichen? Nein, es ist wie das Tulpenbeet einer mächtigen Fee, die Säfte der schönen Blume hat eine böse Macht ausgetrocknet und wir Menschen glauben nun, dort sey vormals eine Stadt gewesen. Ja, mir war es unmöglich, das ungeheure Schauspiel, daß sich unsern Blicken auf der Höhe darbot, zu erfassen. Wir ritten stumm den Hügel hinab gegen die Stadt mit offenem Auge und gierigem Blick, um von dem Herrlichen so viel wie möglich in uns aufnehmen zu können.

Bald stößt man auf einen Palast, doch sieht man nur die mit Säulen umgebenen Höfe, und Bruchstücke der mit schönen Verzierungen bedeckten Mauern; bald auf einen Tempel, dessen Größe und Lage man nur durch die umhergestreuten Trümmer erkennen kann; bald auf einen andern, dessen Peristyl halb umgestürzt ist. Dort steht noch ein Portikus, da ein Triumphbogen, hier eine kleine Säulenpforte. Die tausende von Säulen, die hier aufrecht stehen, bilden die merkwürdigsten Gruppen. Hier umgeben sie in malerischer Unordnung einen Brunnen, dort sieht man noch, wie sie den Hof eines Tempels umstanden, doch ist die Symmetrie durch den Einsturz mehrerer gestört; weiter hinten dehnen sie sich in einer so langen Reihe aus, daß sie Alleen von Bäumen gleichen und sich in der Ferne verlierend nur wie eine ununterbrochene Linie erscheinen. Ruft man die gierigen umherschweifenden Blicke von diesen erhabenen Scenen ab, und senkt sie vor sich hin, so sieht man den Boden mit Trümmern bedeckt, die in ihrer zerstörten Gestalt noch eben so großartig sind. Da liegen die ungeheuersten Säulenschäfte, halb und ganz zerstückt, in ihren Theilen blos verrenkt oder ganz von einander getrennt. Ueberall blicken aus dem Boden halb vergrabene Mauerstücke empor, Ueberreste von Bildsäulen und Frießen, zertrümmerte Capitäler, entstellte Reliefs, mit Sand bedeckte Gräber und zerstörte Altäre.

Wir überließen unsere Pferde den Beduinen und wanderten den ganzen Tag zwischen den erhabenen Trümmern umher. Ich versuchte es, hier eine schöne Ruine abzuzeichnen, so wie auch anfänglich, einen Plan von dem Ganzen aufzunehmen, aber entblößt von allen Instrumenten, wie wir waren, konnte mir das unmöglich gelingen. Auch mangelte uns die nöthige Zeit. Anfänglich hatten wir projectirt, den folgenden Tag auch noch unter den Ruinen zuzubringen, ein Vorsatz, den wir aufgaben, indem uns dieser verlängerte Aufenthalt ohne Meßgeräthe und Zeichenbücher nichts genützt hätte, und weil auch unsere beiden Beduinenschech die Abreise auf den Abend wünschten, da sie, ich weiß nicht, aus welchem Zeichen erkennen wollten, es müsse erst vor Kurzem ein zahlreicher Araberstamm Palmyra verlassen haben, der vielleicht zurückkehren, uns überfallen und ausplündern könne.

Als wir demnach am Abend unsere Pferde wieder bestiegen und der schönen verlassenen Stadt den Rücken zukehrend, die Sandhügel hinanritten, war es mir, als verlasse ich etwas, das ich längst geliebt und das ich vorher als Andenken in meinem Herzen getragen, jetzt aber, nachdem ich es einmal flüchtig gesehen, zurücklassen müsse und auf ewig verloren habe. Lange standen wir oben auf den Höhen und sahen die Stadt noch einmal vergoldet von den letzten Strahlen der Abendsonne. Ach, wie bist du so todt, so entsetzlich todt, Palmyra! Auf deinen Trümmern weht nicht einmal ein lebendiger Strauch, kein Grashalm winkt zum Abschied herüber! Wär' ich ein Beduine und mir stürbe meine Geliebte, ich würde sie unter deinen Trümmern begraben und dich so an mein Herz fest ketten. Doch ich muß zurück nach dem kalten Norden, kann mir nur ein Bild von dir mitnehmen, das freilich im ersten Anschauen frisch und klar vor mir steht; aber nach und nach werden die Säulen durch einander wanken, sich verwirren, Sand und Staub werden aufwirbeln und dich, du ungeheures Grab, selbst meinem innern Blicke entrücken. - Leb' wohl, Palmyra! Leb' wohl, du Wüstenkönigin!

Unsere Eskorte aus Karyatien fanden wir noch auf demselben Fleck vor dem Eingang jener Schlucht, und brachten den Rest der Nacht bei ihr zu. Am andern Morgen mit Tagesanbruch ritten wir gegen Karyatien zurück und die Kameele folgten uns langsamer. Unser guter Schech - er hieß Abdallah - machte wieder den freundlichen Wirth und wir verließen ihn am andern Morgen mit den Gefühlen, wie man einen alten Freund verläßt, den man nie wiedersehen wird. Er gab uns noch eine kleine Strecke das Geleit gegen Neschme, wandte sein Roß und flog zurück. Beim Abschied hatte er Thränen in den Augen und ließ uns durch Giovanni sagen, er habe uns recht liebgewonnen und werde das nächste Mal mit recht betrübtem Herzen die Ruinen von Tadmor wiedersehen.

Den Abend erreichten wir ohne Unfall Neschme und den folgenden Tag noch bei guter Zeit Damaskus. Unsere Pferde hatten sich recht wacker gehalten und waren auf keinen Fall so gränzenlos ermüdet, wie wir, von den ungeheuern Ritten, die wir in diesen Tagen gemacht. Wir legten uns gleich zu Bette und schliefen weit in den folgenden Tag hinein.

Indessen hatte Skandar, während der Zeit wir den Ausflug nach Palmyra gemacht, mit seinem Pferdehandel so ziemlich reussirt. Der Stallmeister des Persers hatte, wie er sagte, seinen Herrn dazu vermocht, das Pferd abzugeben; dieser wollte jedoch nicht eher einen Preis bestimmen, bis wir den Hengst nochmals in seiner ganzen Schönheit im freien Felde dahinjagend gesehen hätten, weshalb uns der Stallmeister den Tag nach unserer Ankunft von Palmyra auf Nachmittags drei Uhr bestellte, damit er uns den Hengst vor den Thoren der Stadt vorreiten könnte. Dem Baron waren diese Aussichten jedoch nur halb erwünscht; denn Herr Baudin, der die Zeit unserer Abwesenheit ebenfalls dazu benützt hatte, in unserem Interesse Pferde anzusehen, versicherte, er habe keins gefunden, was jenem Hengst an Adel und Schönheit gleich zu stellen sey; ebenso Skandar, der, wie er versicherte, in allen möglichen Stallungen herumgekrochen sey. Demungeachtet ritten wir Nachmittags hinaus, und bald erschien auch der Stallmeister mit ein paar Knechten, von denen einer das Pferd führte. So schön sich uns das Thier schon beim ersten Anblick gezeigt hatte, so edel fanden wir es auch jetzt in allen seinen Bewegungen, besonders da ihn der Fürst ritt, dessen feine Figur zu der mittelgroßen Gestalt des Pferdes sehr gut paßte. Der Baron würde augenblicklich auf den Handel eingegangen seyn, wenn ihn nicht die Idee abgehalten hätte, daß er, wie schon gesagt, kein zweites, eben so edles Pferd finden würde, wodurch die Transportkosten für das eine allein zu groß geworden wären. Doch fragte er nach dem Preis, den ihm der Stallmeister jetzt angab und der, obgleich er sehr hoch war, doch für den edeln Hengst nicht zu übertrieben erschien.

Wir baten den Perser, auf den Abend zu uns in's Kloster zu kommen, wo ihm der Baron seinen Entschluß mittheilen würde, und ritten dann nach der Stadt zurück, wobei viel für und gegen den Ankauf des Pferdes gesprochen wurde, namentlich hatte sich der Fürst förmlich in den Hengst verliebt und wandte seine ganze Ueberredungskunst auf den Baron an, um ihn zum Ankauf desselben zu stimmen. Doch so sehr diesem auch das Pferd gefallen und er es mit gutem Gewissen für den angegebenen, selbst noch für einen höheren Preis hätte kaufen können, hielt ihn doch der oben bemerkte vernünftige Grund von dem Abschluß des Handels zurück, und als der Perser am Abend zu uns kam, händigte ihm der Baron für seine Bemühungen ein reiches Geschenk ein und setzte ihm auseinander, warum er zu seinem großen Bedauern das Pferd nicht kaufen könne.

So waren denn unsere Geschäfte auf einmal hier beendigt. So viel es uns die Zeit erlaubte, hatten wir die Stadt gesehen und ein längeres Verweilen in derselben war uns besonders wegen jener fürchterlichen Krankheit, die sich immer mehr zeigte, nicht angenehm, weshalb wir noch heute Abend unsere Sachen packen ließen und am andern Morgen bei guter Zeit aufbrachen, um nach Beirut zurückzukehren. Da überall in den Klöstern natürlich keine Zeche berechnet wird, so gibt man dem Prior ein Geschenk für die Armen und bezahlt auf die Art einigermaßen die Mühe und Kosten, welche man den guten Patern verursacht. Der Prior ertheilte uns vor der Abreise seinen Segen, wobei er die Hoffnung aussprach, uns, da er vielleicht in einiger Zeit nach Italien zurückkehren müsse, wiederzusehen.

Bald hatten wir die Stadt im Rücken und kletterten die steilen Abhänge des Antilibanon hinauf, von wo aus wir dem schönen Damaskus noch einmal mit unsern Blicken Lebewohl sagten. Der gute Baron, der sich so viel Mühe gegeben hatte, um ein paar schöne Pferde zu finden, war sichtlich verstimmt, daß ihm das nicht gelungen war. Doch der Fürst und ich sangen ihm seine Lieblingslieder vor und bemühten uns, ihn durch unsere gute Laune wieder zu erheitern, was uns auch bald gelang. Wir machten denselben Weg, wie auf der Hinreise, kehrten einen Augenblick in Schiras bei unsern guten Wirthsleuten ein und stiegen wieder aufwärts längs den Ufern des Barrada durch den wilden Felsenweg, in dem wir uns neulich verirrt hatten. Heute beim hellen Tag konnten wir die colossalen schauerlichen Formationen dieser Schlucht recht erkennen. Ich kann diesen Weg mit keinem andern vergleichen, als der *via mala* in der Schweiz, nur mit dem Unterschiede, daß dort eine breite gut erhaltene Chaussée führt, hier aber den Weg hoch über dem schäumenden Flusse, kaum einen Fuß breit und mit lockerm Steingerölle bedeckt ist. Die steinerne Brücke, die wir gleich anfangs passirten, schien uralt und war kühn über eine gewaltige Kluft gespannt. Heute verirrten wir uns nicht und folgten dem Weg durch jene seltsam geformten Klüfte längs steilen Felsen vorbei, in denen wir viereckige Löcher gehauen sahen, die, wie uns einer der Mucker sagte, in frühern Zeiten Wohnungen der Bergvölker gewesen seyen. Doch wäre es eben so glaubwürdig, wie uns Giovanni versicherte, daß es alte Grabgewölbe seyen.

Die alte Tradition verlegt in diese wilden Felswege eine Sage aus der ältesten Geschichte des Menschengeschlechts. Kain, der seinen Bruder Abel am Altar auf dem Kasiun bei Damaskus, wo damals das erste Elternpaar wohnte, erschlug, wußte nicht, daß es der Tod sey, der ihm nach jener That die Augen geschlossen und bemühte sich, als schmerzliche Reue seinen Zorn verscheucht, ihn aus dem tiefen Schlafe zu erwecken, aber vergebens. Er trug den Leichnam des Bruders auf seinen Schultern, und schleppte ihn durch das Thal Gutha, dem Lauf des Barrada entlang und legte ihn an dieser Stelle nieder. Er setzte sich verzweiflungsvoll neben der Leiche hin und schaute, ob der tiefe Schlaf noch nicht weichen wollte, bis er einen Raben sah, neben dem ein anderer todter Rabe lag und für welchen der erste mit dem Schnabel ein Loch grub und ihn darin verscharrte. Da fiel auch dem Kain ein, der Schlaf des Bruders könne ein ähnlicher seyn, wie der des Vogels und es bedürfe ein anderes tieferes Bette, wie das auf dem Rasen unter dem blauen Zelte des Himmels. Darauf nahm er den Todten auf die Höhe eines der Berge und grub eine Gruft zur Ruhestätte desselben.

Bald hatten wir das Ende jener Schlucht erreicht und die erste Kette des Antilibanon überstiegen. In einem ziemlich langen Thale, das sie von der zweiten scheidet, lag unser heutiges Nachtlager, Zebdeni, das wir mit Einbruch der Nacht erreichten. Ein kleines armseliges Dörfchen, jedoch mit Fruchtfeldern umgeben und in Maulbeerpflanzungen und Platanen versteckt liegend. Wir hatten anfangs Schwierigkeit, ein Unterkommen zu finden; denn Giovanni war heute einmal wieder sehr schlechter Laune und führte uns in eine elende Barracke, eine Art Scheune, wo wir die Nacht zubringen mußten. So streng ihm auch der Baron befahl, ein anderes Quartier zu suchen und sich beim Schech des Dorfes darnach zu erkundigen, so störrisch war der Bursche, meinte, es gebe gar keinen Schech im Dorfe, auch sey dies Quartier eins der besten. Wir mußten uns in Geduld fügen, obgleich der Fürst sowohl wie ich einen Augenblick wartete, ob der Kerl, wie er wohl zu thun pflegte, ein heftiges Wort ausstoßen würde. Für diesen Moment hatte ich schon einen Steigbügelriemen in Bereitschaft, und würde ihn derb durchgeprügelt haben. So einsam unsere Scheune anfangs war, so belebte sie sich doch nach und nach. Männer, Weiber und Kinder erschienen und setzten sich in einem großen Kreise umher, unsere Kleider und seltsamen Geräthe anstaunend. Ich nahm mein Taschenbuch heraus und versuchte, ob ich nicht eines dieser charakteristischen Gesichter abzeichnen könnte, was den Arabern zu gefallen schien und sobald sie bemerkten, was ich wolle, so drängte sich jeder vor und bat mich, doch sein Gesicht besonders zu berücksichtigen. Ich bin überzeugt, die Leute sind mit einer äußerst guten Meinung von uns gegangen. Denn später gaben wir ihnen noch ein Vokalconcert zum Besten, in das einige mit einstimmten, andere aber durch einen wilden Tanz begleiteten. Am andern Morgen brachen wir zeitig auf, um die herrlichen Ruinen von Baalbek noch bei guter Zeit zu erreichen. Es war außerordentlich kalt, als wir fortritten und beim Hinansteigen der Berge gegen die zweite Kette des Antilibanon trafen wir bald auf Schnee und kleine Bergwasser, deren Ufer mit Eiszacken eingefaßt waren. Wir befanden uns hier in ziemlicher Höhe über der Meeresfläche, gegen drei tausend sechshundert Fuß, fast so hoch wie der Gipfel des Brockens in Deutschland.

Obgleich es heller Tag war, und unsere Mucker behaupteten, den Weg nach Baalbek genau zu kennen, verirrten wir uns doch nach einigen Stunden, eine Nachlässigkeit dieser Leute, die uns einige Zeit raubte und uns obendrein Pfade betreten ließ, die uns nach Allem dem, was wir kürzlich in dieser Art schon erlebt, doch fast unersteiglich vorkamen.

Gegen Mittag hatten wir den letzten Rücken des Antilibanon, wie unsere Mucker versicherten, vor uns liegen, der fast ganz aus steilen Felsen bestand, und den wir auf einem merkwürdigen Pfade erklettern mußten. Eins hinter dem andern wanden sich die Pferde, zwischen Steinblöcken durch, die sie wie Treppen ersteigen mußten, und so dauerte es über zwei Stunden, ehe wir oben waren. Etwas Wilderes, Kahleres, als diesen Bergrücken sah ich nie; er war eine Strecke mit spitzen Steinen bedeckt, die wie versteinerte Wellen emporstarrten, so daß es den Pferden fast unmöglich war, den Weg zu verfolgen, ohne sich zu beschädigen. Rechts von uns erhob sich der Berg noch hundert Fuß höher in einem einzigen steilen Felszacken, auf welchem sich ein Adlernest befand. Der prächtige Vogel saß auf einer Spitze, und sah verächtlich auf uns herab. Wir schossen unsere Pistolen in die Luft, um ihn aufzujagen, was uns aber erst nach mehreren Schüssen gelang. Die Aussicht, die wir hier oben hatten, war großartig. In Süd-Süd-West sahen wir aus weiter Ferne den schneebedeckten Dschebbel-Schech. Vor uns trat die ganze mächtige Kette des Libanon, obgleich etwas in Wolken gehüllt unserm Auge entgegen. Wir verließen jetzt das Steinmeer und ritten über einen mit Haidekraut und niedrigen Eichen bedeckten Abhang und sahen bald das herrliche Thal Bekaa vor uns liegen.

Anstatt gerade hinabzusteigen, zogen wir an einem Abhang des Berges hin, und erreichten in Kurzem ein kleines Dörfchen Zarain, hinter welchem wir unsern Weg wie oben fortsetzten. Wir alle spähten sorgsam umher, um die prächtigen Ruinen von Baalbek zu erblicken, die unten in jenem Thale liegen, doch mußten wir noch eine halbe Stunde reiten, eh' uns dieser überraschend schöne Anblick zu Theil wurde. Ich war gerade an der Spitze des Zuges und hielt mit einem lauten Ausruf der Ueberraschung mein Pferd zurück; denn plötzlich stiegen vor mir im Thale, in dem man weit und breit nichts sieht, wie die kleinen armseligen Lehmhütten der Syrier, sechs riesenhafte Säulen empor, deren majestätische Gestalt unwillkührlich zu halten gebot und das Herz schneller schlagen machte - Baalbek. -

Von jetzt an behielten wir die prächtigen Ruinen immer im Auge und stiegen, wie magnetisch von ihnen angezogen, schneller in's Thal hinab. Nach und nach trat der ganze gewaltige Trümmerhaufen des Sonnentempels vor unsere Augen. Umgestürzte Säulen, zerbrochene Mauerstücke, jetzt der noch ziemlich erhaltene Tempel des Baal selbst, daneben ein kleines rundes Gebäude mit korinthischen Säulen, zuletzt die gewaltige Unterlage von den mächtigsten Steinblöcken, auf welchen das Ganze ruht.

Bald erreichten wir das kleine Dörfchen Baalbek, das ärmlich und unbedeutend neben den Ruinen liegt. Man hatte uns in Damaskus gesagt, der griechische Bischof von Baalbek sey ein sehr gastfreundschaftlicher Mann, und würde uns, da wir keine Engländer seyen, gerne ein Obdach gewähren. Gegen Altengland und seine Söhne nämlich hat der fromme Bischof, man weiß übrigens nicht woher, einen unüberwindlichen Haß, und tritt, so viel es ihm möglich ist, gegen das mächtige Reich in offenbare Opposition, die er jedoch nur an den Engländern, die ihn besuchen wollen, ausübt; denn obgleich sein Haus für Fremde gern geöffnet wird, geräth er in heftigen Zorn, wenn demselben ein Engländer naht und soll vor noch nicht sehr lange einem vornehmen Reisenden dieses Volks mit den größten Scheltworten die Thür gewiesen haben. Dagegen hält er die Franzosen sehr werth, und sie sind ihm in Europa das gute so wie die Engländer das böse Prinzip.

Obgleich wir gewiß keine Engländer waren, hatten wir doch nicht die Ehre, von dem Bischof aufgenommen zu werden, denn der arme Mann war gegenwärtig so krank, daß man jede Stunde sein Ende erwartete. Doch fanden wir ein recht gutes reinliches Quartier bei dem Schech des Dorfes, der uns freundlich entgegen kam.

Wir nahmen ein kleines Mittagessen ein und gingen dann zu den Ruinen, um sie in der Nähe zu besehen. Ueber dieselben ist schon so viel Gutes geschrieben und gezeichnet worden, daß ich nur wenige Worte darüber sagen will. Baalbek ist das alte Baalgad und Baalhamon der heiligen Schrift, dessen heut noch stehende Ruinen der Tempel der Sonne und der Tempel verschiedener anderer Gottheiten der Alten sind. Von der mächtigen Stadt selbst, wie sie in den Zeiten des israelitischen Reichs gewesen, findet man keine Spur mehr als wenige Mauerreste und unausgefüllte Gräben. Jener Tempel waren zwei, die auf mächtigen gewölbten Unterlagen stehen, von denen der eine, der des Baal, noch ziemlich erhalten ist. An den vier Mauern, die aus großen Quadern in kunstloser Einfachheit aufgeführt sind, sieht man noch die ganze sorgfältige Ausführung des Fries und Karnies mit den schönsten netzförmig sich verwebenden Bildwerken; von den Säulenreihen, die sie rings umgaben, an der nördlichen Außenseite noch neun. Es waren vierzehn auf dieser Seite, und die fehlenden fünf liegen in großen Blöcken umher oder stehen noch stückweise auf ihrem Piedestal. Auf der südlichen Seite stehen von diesen vierzehn nur vier und auf der Westseite, wo acht Säulen waren, nur noch drei. Vom Portikus im Osten, der aus zwei Säulenreihen bestand, haben sich viere erhalten, an welche die Saracenen aus den Trümmern der andern einen plumpen Thurm mit einer Mauer gebaut haben, der den Eingang dieses schönen Tempels verdeckt. Noch wohl erhalten ist das Innere desselben, zu welchem man durch ein Portal tritt, an dem der korinthische Baustyl Alles, was ihm an Verzierungen zu Gebote stand, beinahe überladen, aber doch dem Auge wohlthuend durch Symmetrie des Ganzen angebracht hat. Der Schlußstein des Portals ist durch ein Erdbeben oder durch seine eigene Schwere allmählig gesunken und hängt, nur noch von den Nebensteinen gehalten, drohend über dem Eingang, als wolle er die heiligen Räume des Tempels vor jedem unberufenen Besucher durch seinen Anblick schützen. Auf diesem Steine ist das Bild eines Adlers ausgehauen und zu beiden Seiten geflügelte Genien. Die inneren Wände sind ebenfalls glatt mit sechs gerinnten Säulen an jeder Seite versehen, zwischen denen sich ebenso viele kleine Nischen befinden; doch gewährt von hier das Gebäude durch die mächtigen Schutt- und Trümmerhaufen, die den Boden bedecken, einen weit traurigeren Anblick, als das prächtige Gebäude von außen.

Von dem andern Tempel, der zu einem Pantheon dienen sollte, ist wenig mehr vorhanden, als jene sechs colossalen Säulen, von denen ich oben sprach. Dieses ungeheure Bauwerk muß an tausend Schritte lang gewesen seyn; doch sind viele der ältern und neuern Reisenden darüber einig, daß es, wie auch so viele großartige Gebäude bei uns, nie fertig geworden sey. An der Ostseite war der Eingang, zu welchem große Stufen hinanführten. Der Portikus hier hatte zur Rechten und Linken prachtvolle Pavillons und führte auf einen sechseckigen Hof, der, so wie diese Pavillons, nie vollendet gewesen zu seyn scheint.

Von hier kam man in einen großen viereckigen Hof, dessen Wände rechts und links, wie man noch jetzt sieht, auf das schönste ausgeführt waren. Besonders schön sind die in denselben befindlichen Zellen und Exedren, die Wohnungen für die Priester und Magier, so wie die zu Aufstellung der Götterstatuen bestimmten Nischen. Erst von diesem Hofe aus trat man abermals auf Stufen in den innern Tempel, den ein Portikus von zehn Säulen schmückte. Dieser Tempel hat vielleicht sowohl an der Nord- als Südseite zwanzig jener großen Säulen gehabt, von denen die sechs oben erwähnten das Einzige sind, was im Lauf der Zeiten stehen blieb. Etwas Schöneres aber als diese Säulen, denen jede an siebzig Fuß Höhe hat und deren Schaft aus einem Stücke besteht, sieht man nicht wieder. Selbst Palmyra hat keine ähnlichen von so klarer, bewunderns-würdiger Schönheit. Man mag diese Riesen von nah und von fern ansehen, von vorn oder von der Seite, man vermißt nichts an ihnen, und ihre Anmuth, so wie die Richtigkeit ihrer Formen bleibt sich immer gleich. Nichts von Allem dem, was ich in Palmyra, sowie an andern Orten von Ruinen sah, steht deshalb auch stets so lebendig und anschaulich vor meinem Blick, wie diese sechs Säulen von Baalbek.

Die Steine zu diesen Tempelburgen wurden von den Abhängen des Libanon und Antilibanon herbeigeschafft, meistens aus der Nähe. So liegt südlich von Baalbeck ein großer Steinbruch, in dem bei mehreren kleinen Blöcken ein schon ganz fertig gehauener Steinblock von ungeheurer Größe liegt. Welche Maschinenkräfte die Alten schon beim Bau ihrer

Werke kannten und anwandten, ersieht man aus den Dimensionen dieses Felsstückes, das doch ebenfalls auf den Bauplatz geschafft und da benutzt werden sollte. Seine Länge beträgt bei fünf und sechszig Fuß rheinländisch, die Breite siebzehn und die Dicke dreizehn Fuß. Wozu dieser Block hat verwendet werden sollen, ist natürlich nicht zu enträthseln. An den südwestlichen Grundmauern der Burg sieht man einige nicht viel kleinere Werkstücke eingefügt; doch ist es auch möglich, daß man aus diesem Block eine der noch fehlenden Säulen zum großen Tempel hat behauen wollen.

Bis zum Einbruch der Nacht gingen wir zwischen den Ruinen herum, erkletterten die Mauern und krochen in die Gewölbe unter dem Boden. Letztere, vielleicht Gefängnisse der unglücklichen Schlachtopfer, die hier dem wilden Dienst der Aphrodite geopfert wurden, sind aus mächtigen Quadern so kunstreich zusammengesetzt, daß man an den Wänden fast keine Fugen sieht. Was mochte in diesen Gewölben schon Alles vorgefallen seyn. Wie viel Seufzer, wie viel verzweiflungsvolle Bitten mögen wohl das Ohr der Tempelwächter eben so wenig erweicht haben, wie diese Mauern. An solchen Orten ist meine Phantasie besonders regsam, mir solche Scenen auszumalen. Hier saß vielleicht ein unglückliches Wesen, ich denke mir am liebsten ein wunderschönes Weib dabei, und wartete auf den Augenblick, wo sie entweder ihr Leben oder ihre Ehre opfern mußte. Von oben ertönte der langsame tiefe Gesang der Priester, der immer näher kam. Sie stiegen die Treppen herab, und ich - eilte rasch meinen vorangegangenen Gefährten nach, denn mir war, als hörte ich den wilden Gesang dicht hinter mir, als berühre meine Wangen schon das Wehen der langen Talare.

Draußen erwartete uns noch der schöne Anblick der Ruinen bei Abendbeleuchtung. Wir erkletterten im großen Hofe eine der Mauern und setzten uns mit dem Angesicht gegen Westen, gegen die Heimath zu, an die wir dachten, während unser Auge mit Wohlgefallen die edlen Formen der Ruinen sah, wie man so oft beim Erblicken eines schönen Bildes an einen entfernten geliebten Gegenstand denkt. Vor uns hatten wir die Kette des Libanon mit seinen Schneespitzen, hinter denen die Sonne sank und uns ihre letzten Strahlen zusandte. Der Tempelhof unter uns, mit seinen wild durch einander geworfenen Trümmern, lag schon im Dunkel, als wir auf der Zinne der Mauer noch von der Sonne beschienen wurden. Doch auch wir mußten zurückbleiben und der glänzende Schein hob sich allmählich hoch und immer höher. Jetzt vergoldete er die Capitäler der sechs Säulen, denen die Sonne, als das Schönste, was sie hier fand, ihre letzten Blicke schenkte, und flog dann zu den Wolken auf, mit den purpurgefärbten, eilig gen Westen fliehend.

Wir verließen die stillen und öden Tempel, jene Grabmale einer längst vorgegangenen Zeit und gingen nach dem Dorfe zurück. Dicht bei demselben betrachteten wir noch ein anderes kleineres Bauwerk, einen halbrunden Tempel, dessen Mauern inwendig mit den schönsten Bildhauerarbeiten überzogen sind. Doch sind diese nach allen Seiten zerborsten und die das Tempelchen umgebenden Säulen stützen sich wie matt und krank gegen einander und werden wahrscheinlich in kurzer Zeit zusammenstürzen.

Der Schech des Dorfes, er hieß Achmet Godder, war uns ein sehr freundlicher Wirth. Sein Besitzthum bestand aus zwei kleinen Häusern, die durch einen klaren Bach, den Leontes, von einander geschieden wurden. Er hatte uns das eine eingeräumt und mit Strohmatten und Divankissen recht wohnlich aufgeputzt. Er erzählte uns während dem Abendessen Manches von der Armee Ibrahim Pascha's, die hier gelegen und in einigen großen schlecht gebauten Häusern, die wir heute Morgen bemerkt, ein Feldlazareth eingerichtet hatten, in welchem aber die Pest stark aufräumte.

Am folgenden Morgen lachte uns das herrlichste Wetter von der Welt. Der Himmel hing klar und wolkenlos über uns und die Morgensonne spielte lustig auf den tausend Thautropfen, die an dem Gras und Haidekraut des schönen Thales hingen. Selbst die beiden Bergketten warfen früher als gewöhnlich ihre grauen Nebelschleier von sich und schienen sich des schönen Tages zu freuen.

Wir verließen unsern guten Schech und durchschnitten das Thal in norstwestlicher Richtung, wobei wir noch oft nach den Ruinen zurücksahen. Am Fuß des Libanon schickten wir zwei Mucker mit den bepackten Mauleseln, so wie Skandar und Mechmed, dem Thal entlang gen Sachile, wo wir am folgenden Tage wieder zusammen treffen wollten. Denn wir hatten noch einen Ritt vor nach den weltberühmten Cedern des Libanon. Unser Weg führte durch dichten Wald ziemlich steil aufwärts bei zwei ärmlichen Dörfern vorbei, hinter welchen wir uns mehr nördlich wandten. Vor uns sahen wir jetzt eine Hauptspitze des Libanon, den Dschebbel Makmel, zwölftausend Fuß hoch, gegen welche sich unsere Mucker dirigirten. Unser Weg war entsetzlich mühsam, und obgleich wir fast immer zu Fuß gingen, mußten wir doch immer noch ein paar Stunden, wegen unserer ermatteten Thiere, ausruhen. Gegen Mittag waren wir so hoch gestiegen, daß wir uns alle die milde Luft des Thales wünschten. Aus den mit Schnee angefüllten Schluchten stieß zuweilen der Wind mit Heftigkeit hervor und durchkältete uns trotz Mäntel und Pelze. Zuweilen wurden wir rückwärts blickend durch eine herrliche Aussicht belohnt. Da lag Bekaa vor uns, das herrliche Thal, das alte Kelisyrien, und wir sahen die ganze Kette des Antilibanon, die es im Südost einfaßte. Bald hatten wir den höchsten Punkt der Straße erreicht, vielleicht siebentausend Fuß über dem Meer, und konnten nicht gar weit weit mehr von dem Cedernhain entfern seyn. Rechts sahen wir in ziemlicher Entfernung ein Dorf vor uns liegen, Hosran, das wir in kurzer Zeit erreichten. Von hier aus nahmen wir einen Führer mit, der uns bald an den Eingang des Thales der Cedern führte. Der ganze Weg vom Fuß des Libanon dahin war nicht weniger gefährlich und halsbrechend, wie alle, die wir in diesen Gebirgen gemacht hatten. Bald mußten wir Bergwasser in Ermanglung von Brücken durchwaten, bald ging es Schluchten hinab und hinauf, deren Wände mit lockerem Steingerölle bedeckt, die Thiere hinabrutschen mußten, bald am Rande jäher Abgründe vorbei, auf fußbreiten Pfaden, wie ich sie schon öfter beschrieben.

Das Thal der Cedern, dessen Durchmesser höchstens eine kleine halbe Stunde beträgt, ist auf drei Seiten eingeschlossen, nur in Südwest ist es geöffnet, wo die Schneewasser ihren Abfluß nehmen. Ohne diese Gestaltung der Berge würde der Platz hier wahrscheinlich ein See oder unwirthbarer Sumpf seyn; doch so, von den Bergwassern beständig angefeuchtet und vor den Winden geschützt, bildete die Natur hier ein Asyl, in welchem jene mächtigen Bäume Jahrtausende dem Wetter und der Zeit trotzen konnten.

Aufrichtig gesagt, wäre es mir lieber gewesen, ich hätte die Cedern nie gesehen; denn die Idee, welche man sich schon in der Kindheit von diesem prächtigen Baume Salomos macht, verschwindet beim Anblick derselben gänzlich. Wer stellt sich nicht unter der Cedern des Libanon riesenhafte schlanke Bäume vor, von der Gestalt unserer Tannen, wogegen aber unsere höchsten Stämme wie Zwerge erscheinen? Ich wenigstens sah sie beständig so vor mir, mit schöner glatter Rinde, wahre Thürme, deren Spitze hoch in die Wolken hinaufreicht. Doch nichts von Allem Dem! die ersten dieser berühmten Cedern, die den Waldsaum umgaben, waren vielleicht zwanzig Fuß hohe Bäume, ganz von der Gestalt unserer Wachholdersträuche, deren Aeste dicht über dem Boden anfingen und sich in unregelmäßiger Gestalt nach allen Seiten ausbreiteten. Doch betraten wir in feierlicher Stimmung diesen Hain, über dem eine tiefe Stille lag, die nicht einmal durch den Laut einer Vogelstimme unterbrochen wurde, jenen heiligen Hain, in welchen Salomo seine Knechte schickte, um das Holz zur Bundeslade zu holen.

Unser Führer, ein Maronite, war schon von Ibrahim Pascha zu diesem Amte erlesen worden und sollte es verhüten, daß von den Bergbewohnern im Cedernhaine kein Holz gehauen würde; nicht einmal dürres aufzulesen, hatte der Pascha erlaubt, ein Befehl, der ihm viel Ehre macht.

Tiefer im Wald sind die Bäume größer und stärker und viele derselben mit einer Menge von Namen bedeckt, zu welchen auch wir die unsrigen hinzufügten. Die ältesten Cedern jedoch, welche man als Zeitgenossen Salomo's bezeichnet, stehen in der Mitte des Waldes auf einem kleinen freien Platz. Ihrer sind fünf, deren Stamm neun Fuß im Durchmesser hat. Einer derselben erscheint noch dicker, weil der Blitz seine Krone zerstört und den Stamm von einander gerissen hat. Da man diese Ceder für die älteste und heiligste hält, hat man an ihrem Stamme aus rohen Steinen einen Altar aufgerichtet, auf welchem jährlich einmal am Himmelfahrtstag eine Messe gelesen werden soll. Die Rinde des alten Baumes ist fast ganz verschwunden, denn viele Reisende nahmen sich Stückchen davon mit oder schnitten ihre Namen in so großer Anzahl ein, daß sie nach allen Seiten hin wie zerfetzt und durchbrochen aussieht; selbst die weit hinauslaufenden Wurzeln dieses Baums sind mit Inschriften aller Art bedeckt. Wir brachen von ihren Zapfen ab, die ungefähr wie die der Tannen gestaltet sind, aber in die Höhe wachsen.

Die einbrechende Nacht vertrieb uns nach einigen Stunden aus dem Cedernhain, und da das Terrain gleich hinter dem Thale bedeutend abwärts steigt, so hatten wir die alten Bäume bald aus dem Gesicht verloren. Wir erreichten in kurzer Zeit das Dorf Hosran, wo wir übernachteten. Am andern Morgen brachen wir sehr früh auf, um noch bei guter Tageszeit unsere übrigen Mucker wieder zu treffen, die nach Sachile vorausgegangen waren. Das Abwärtssteigen ging so rasch und gut von Statten, daß wir in wenig Stunden die Ebene, in welcher Baalbek liegt, wieder erreicht hatten. Doch erlaubte uns der Lauf des Gebirgszuges nicht, die Ruinen noch einmal zu sehen. Das Wetter war uns wieder so günstig, wie gestern, und wir trabten in heiterer Luft und Sonnenschein über die blumige Rasendecke des schönen Thales rasch dahin. Bei Kerak, einem kleinen Dorfe, das, wie die meisten der Dörfer hier, in einer malerischen Schlucht des Libanon versteckt liegt, hielten wir einen Augenblick an, um ein mit niedern Bäumen umgebenes Gebäude, mehr als zehn Fuß lang und an drei Fuß breit, zu betrachten - der Sage nach das Grabmal Noah's. Ich hätte es weit eher für eine Kegelbahn gehalten, denn mit einem Mausoleum hatte es auch nicht die geringste Aehnlichkeit.

Hinter Kerak ließen wir unsere Pferde etwas ruhiger gehen, unterhielten uns über das viele Schöne, was wir in den letzten Tagen gesehen, als wir plötzlich hinter uns den Galoppschlag eines ansprengenden Pferdes hörten. Ehe wir Zeit hatten, uns umzusehen, was es gebe, war der Reiter desselben, ein Beduine in gutem Costüme, schon neben uns und ließ uns in wenig Augenblicken weit zurück. Wie aus einem Munde riefen wir uns beim Anblick desselben zu: „Welch' prächtiges Pferd!" Es war eine große starke Stute, mit fußlanger schwarzer Mähne, und mit einer Schnelligkeit jagte das Thier bei uns vorbei, die fast beispiellos war. Jetzt sahen wir nur noch vor uns eine Staubwolke, aus der die Lanze des Beduinen emporragte. Dann jagte er eine Schlucht hinauf und war unsern Blicken entschwunden.

Obgleich es die Gewohnheit der Beduinen ist, beim Anblick von Fremden ihre Pferde zusammen zu nehmen und sie in ihrer schönsten Gestalt zu zeigen, wobei sie mit der größtmöglichen Schnelligkeit vorbeifliegen, so daß man sich in solchen Augenblicken über die Figur des Pferdes täuschen kann, so schien dieß bei dieser Stute nicht der Fall zu seyn, denn der Reiter, ein ältlicher Mann, sah sich gar nicht nach uns um, sondern verfolgte seinen Weg so eilig wie möglich. Unser Baron, dem die vollkommene Schönheit des Pferdes am meisten aufgefallen war, rief gleich aus: „Das Pferd oder keins!" Und wir erkundigten uns bei den Leuten, die uns begegneten, ob keiner den Reiter gekannt; aber Niemand wußte uns etwas von ihm zu sagen. Rasch trabten wir wieder vorwärts, um ihm vielleicht wieder nahe zu kommen; aber umsonst! Schon lag Sachile vor uns und wir hatten noch keine Spur von ihm.

Sachile ist eines der größeren Dörfer, die im Libanon liegen und wird hauptsächlich von Maroniten und andern Christen bewohnt, deren Zahl man auf fünf bis sechstausend schätzt. Der Ort selbst, übrigens aus ebenso schlecht gebauten Häusern, wie alle diese Gebirgsdörfer bestehend, liegt malerisch am Abhang der Schlucht eines Gebirges, aus der ein reißendes Bergwasser in's Thal stürzt. Die Felder rings herum fanden wir besser angebaut, als wir sie seit lange gesehen; grüne Wiesen wechselten mit Gartenanlagen, in denen Rosen- und Weinstöcke am häufigsten zu sehen waren. Da wir nur wenig Augenblicke hier bleiben wollten, um noch einen andern Chan tiefer im Gebirge zu erreichen, damit wir morgen in einem Tage nach Beirut kämen, so gingen wir in keins der Klöster, sondern forschten nach dem Chan, wo wir unsere Mucker treffen sollten. Wir mußten fast durch das ganze Oertchen in einem bodenlosen, mit Schmutz bedeckten Hohlwege reiten, ehe wir ihn erreichten. Doch war das erste, was sich unsern Blicken darbot, jene Stute, die auf einem Misthaufen stehend, mit traurig gesenktem Kopf einige trockene Strohhalme daraus hervorsuchte. Der Reiter saß auf der Terrasse vor dem Hause und beschäftigte sich sehr eifrig mit seiner Pfeife und einer Tasse Caffee.

Unsere Mucker schienen sehr erfreut, uns wieder zu sehen; doch war es ihnen gar nicht recht, daß wir ihnen befahlen, die Thiere gleich aufzupacken, um noch ein paar Stunden weiter in einen schlechteren Chan zu ziehen, da es ihnen in Sachile wahrscheinlich besser gefiel.

Wir setzten uns neben den Beduinen und der Baron fing durch Giovanni gleich an, sich nach jenem Pferde zu erkundigen und ob er es wohl verkaufen würde, wozu er natürlich gleich bereit war. Doch sollten wir, ehe er einen Preis bestimmen würde, das Pferd genau ansehen, um ihm zu bezeugen, daß wir auch nicht den geringsten Fehler an dem Thiere gefunden hätten. Der Baron benützte gleich diese Erlaubniß, besah das Pferd auf's Genaueste in allen seinen Theilen und versicherte uns einmal über das andere, es sey ein außerordentlich schönes und edles Thier. Was er besonders an ihm schätzte, war seine auffallende Größe und die Stärke der Glieder gegen die gewöhnliche Figur der arabischen Pferde. Das Einzige, was man allenfalls an der Stute aussetzen konnte, bestand darin, daß sie hochträchtig war, und in höchstens drei bis vier Wochen fohlen würde; ein Umstand, der bei der langen Tour, die wir mit dem Pferde noch zu machen hatten, wohl zu berücksichtigen war. Im glücklichsten Fall konnte man aber auch erwarten, von dem edlen Pferde ein schönes Fohlen zu erhalten.

Der Preis, den der Beduine nach dieser Besichtigung für das Thier forderte, war allerdings sehr hoch, doch nicht übertrieben. Aber Giovanni, der im Handeln sehr auf unser Interesse sah, - diese gute Eigenschaft mußte man an ihm rühmen, - stellte sich bei dieser Forderung, wie aus den Wolken gefallen, und überhäufte den Araber mit einer Flut von Schimpfworten über diese Unverschämtheit, worauf ihm jener ruhig erwiderte: er solle die Summe seinem Herrn nur sagen, der würde es nicht zu viel finden. Doch Giovanni wurde immer hitziger und wenn wir nicht schon an das Geschrei der Araber beim Handeln gewohnt gewesen wären, so hätten wir geglaubt, jetzt würden sich beide in die Haare fallen. Der Baron, der wohl verstanden hatte, welche Summe der Araber gefordert, ließ ihm durch Giovanni gerade ein Drittheil weniger bieten, was aber der Beduine scheinbar mit stolzer Verachtung von sich wies. Doch waren wir hierüber nicht verwundert und der Baron hatte jenes Gebot nur gethan, weil ihn derselbe Grund, wie in Damaskus abhielt, dies Pferd allein zu kaufen.

Bald nachher brachen wir auf und waren kaum vor das Dorf gekommen, als uns jener Beduine einen andern Araber nachschickte, der uns das Pferd für tausend Piaster unter der anfangs geforderten Summe anbot, eine Forderung, auf die der Baron jetzt gerade nicht einging. Wir stiegen die Schlucht, in welcher Sachile liegt, rasch hinab, und befanden uns bald wieder in dem Thale, wo unser Weg am Fuß des Libanon hinlief. Wir hatten Sachile noch keine Stunde verlassen und unterhielten uns gerade über das tückische Schicksal, das uns die beiden schönen Pferde so einzeln in den Weg führte, wo wir sie nicht mitnehmen konnten, da sie vereint ein so guter Kauf für uns gewesen wären, als wir hinter uns laut rufen hörten. Es war der Beduine, der auf der Stute hinter uns drein jagte. Wir erwarteten ihn und als er von seinem Pferde sprang, wollte er anfänglich sein altes Handeln um den früher bedungenen Preis wieder beginnen. Doch als wir auf diese Forderung hin unsere Pferde gleich wieder wandten und fortreiten wollten, verkleinerte er die Summe immer mehr und kam endlich, da ihm, wie er sagte, augenblicklich baares Geld schätzbarer sey, als das Pferd, auf unser Gebot, das ihm natürlich der Baron einhalten mußte, und - die Stute war unser.

Schon auf dem Weg von Sachile hieher, als der Baron den Kauf dieses Thieres so vortheilhaft für sich schilderte, wenn er jenen Hengst aus Damaskus besäße, erbot ich mich, wenn er jene Stute kaufen wollte, allein dahin zurückzureiten und wenn es möglich sey, das Pferd mitzubringen; ein Vorschlag, auf den er, da er mir Mühe mache, mit seiner bekannten Güte anfänglich nicht eingehen wollte. Doch jetzt, da wir die Stute gekauft hatten, und ich ihm versicherte, es würde mir Freude machen, wenn ich ihm den kleinen Gefallen erweisen könnte, nahm er meine Idee auf, und wir besprachen das Nähere darüber. Da uns diese Unterhandlungen eine Zeit lang aufgehalten hatten und wir den Chan weiter im Gebirge vor der Nacht nicht mehr gut erreichen konnten, so suchten wir in einigen nahe liegenden ärmlichen Häusern eine Unterkunft für diese Nacht.

Der Stall, in welchen wir unsere Pferde stellten, war gegen unser Gemach prächtig zu nennen. Der Boden des letzteren bestand aus gestampfter Erde und die Wände waren dünnes Fachwerk, deren Fugen mit Moos und Erde verstopft waren. Obendrein hatte das Haus keinen Rauchfang, weshalb das angezündete Holz einen solchen Rauch verursachte, daß wir nur das Gesicht an den Boden legend die Augen offen erhalten und mit einander sprechen konnten.

Von hier nach Damaskus hatte ich in gerader Richtung, wobei ich Baalbek zur Linken liegen ließ, einen Weg von achtzehn deutschen Stunden, von dem ich jedoch nur ein Drittel, wegen des Terrains, im Trabe zurücklegen konnte, den ich morgen reiten wollte, um am Abend in Scham einzutreffen. Der Baron gab mir seinen Schimmel als das beste Pferd mit seinem englischen Sattel und zu meiner Begleitung wurden Skandar und Mechmed bestimmt, so wie ein junger Araber aus dem Hause, in das wir uns einquartiert hatten, der uns als Führer durch die Gebirgswege dienen sollte.

Da in unserer Reisekasse nicht mehr die ganze Summe, die man für den Hengst gefordert, vorräthig war, so gab mir der Baron einen Creditbrief auf den Herrn Baudin und an baar so viel, wie er entbehren konnte. Auch von unserem Proviant, der sehr zusammen geschmolzen war, packte ich einige Reste ein, so wie das Theegeschirr des Fürsten. Durch die angedeuteten Unbequemlichkeiten unserer Wohnung hatten wir eine schlechte Nacht, die noch durch den gräßlichsten Husten eines unserer Mucker vermehrt wurde. So wie einer von uns die Augen schloß, fing derselbe an zu stöhnen und zu seufzen, so daß es fast nicht möglich war, eine Minute zu schlafen.

Am folgenden Morgen gegen vier Uhr, als der erste Schimmer des Tages in unser Gemach drang, standen wir auf und machten uns reisefertig. Ich sollte mit meinem Zug zuerst abreiten. Meinen Säbel hatte ich mit dem des Fürsten vertauscht, so wie auch seinen Handschar genommen, von dem ich früher gesprochen. Die Pistolen des Barons nahm Skandar; nur Mechmed der Riese begnügte sich mit seinem Wurfspieß, den er heute Morgen außergewöhnlich putzte. Ich nahm von den beiden Freunden herzlichen Abschied. Der Baron drückte mir die Hand stärker, als gewöhnlich, und versuchte den Morgen noch einmal, mich von dem Ritt zurückzuhalten; doch gegen den Wunsch seines Herzens, denn ich wußte wohl, welch' großen Dienst ich ihm durch den Ankauf jenes Pferdes erwies. Selbst Giovanni zeigte sich heute Morgen sehr gefühlvoll und sagte mir ein herzliches Lebewohl, aus dem einfachen Grunde, wie er mir nachher gestand, weil er befürchtet, die Deserteure oder streifenden Araber würden uns ausplündern oder vielleicht gar umbringen.

Eine seltsamere Expedition als die meinige nach Damaskus ist wohl in langer Zeit nicht gemacht worden. Wir waren unserer vier, von denen ich deutsch sprach, Skandar russisch und persisch, Mechmet tscherkessisch und unser Führer arabisch, auf welche Art also auch keiner den andern verstehen konnte. Auf der weiten Ebene, auf der wir rasch dahin trabten, lag ein dichter Nebel, der sich immer tiefer senkte und uns einen schönen Tag versprach. Eine halbe Stunde nach unserem Ausritt hielt der Beduine einen Augenblick an, und forderte mich durch Pantomimen auf, einiges Brod zu kaufen, was man hier sehr gut bekommen konnte. Ich nahm ein paar Dutzend Brodkuchen für ein paar Piaster, vertheilte sie an meine Leute und wir ritten weiter. Skandar war voran und trieb mächtig zur Eile, denn wir hatten keine Zeit zu verlieren, wenn wir Abends nach Damaskus kommen wollten. Gegen neun Uhr hatten wir die Ebene durchkreuzt und begannen am Fuß des Libanon empor zu steigen. Ich hatte mir vorgenommen, nicht eher eine Rast zu machen, bis wir nach Schiras gekommen wären, wo ich bei unsern frühern Wirthsleuten einen Augenblick anhalten wollte. Doch mußte uns der Beduine einen andern Weg geführt haben, denn anstatt in jene Schlucht zu kommen, durch welche der Barrada fließt, stiegen wir ungefähr in der Gegend einen sehr steilen Berg hinan und kamen auf ein großes Plateau, auf dem wir rascher vorwärts traben konnten. Trotz dem versicherte mir unser Beduine beständig, wir würden bald nach Schiras kommen, und ob er mich nicht verstanden oder absichtlich einen andern Weg geführt hatte, weiß ich nicht; genug, als wir nach meiner Berechnung schon lange den Ort hatten erreichen müssen, ritten wir noch immer in einem mir ganz unbekannten Terrain. Es mochte Nachmittags drei Uhr seyn, als ich in einer kleinen Schlucht, in der ein kleiner Bach floß, anhielt, und vom Pferde stieg. Ich war von dem langen Ritte so ermüdet, daß ich mich auf dem Boden ausstreckte und mich hin und her wälzte, um meine Glieder wieder gelenkig zu machen. Es war mir sehr verdrießlich, daß wir Schiras noch nicht erreicht haben sollten, denn von da hatten wir noch gute drei Stunden nach Damaskus zu reiten und ich befragte meinen Beduinen, der sich eifrig mit einem großen Stück Käse beschäftigte, nochmals genau nach Schiras, und ob wir denn nicht bald hinkommen würden, worauf er mir durch Zeichen sagte, was ich denn in Schiras wolle, da wir gleich in Damaskus seyen; eine Neuigkeit, die mich angenehm überraschte, die aber richtig war; denn nachdem wir eine halbe Stunde geruht und den vor uns liegenden Berg erstiegen hatten, sah ich zum zweiten Mal die prächtige Stadt vor mir liegen.

Der Weg, den wir früher über Schiras genommen hatten, mußte uns weit zur Linken liegen, denn dort erblickte ich hie und da zwischen den weißen Kalkfelsen die grünen Bäume, welche die Ufer des Barrada bedecken. Ich weiß nicht, ich sah Damaskus heute mit einem ganz andern Gefühl, wie das erste Mal. Wir hatten es vorgestern mit den Gedanken verlassen, daß wir es nimmer wieder sehen würden und wie ich nun heute plötzlich wieder von der Höhe des Libanon die Stadt vor mir liegen sah, und mir, der ich gestern noch in Begleitung der Freunde war, heute aber der einzige Europäer zwischen den abenteuerlichen Gestalten meiner Begleitung hier oben hielt und in das Thal Gutha hinabschaute, kam es mir vor, als seyen viele Jahre vergangen, und ich beträte diese Gegenden nach langer Abwesenheit zum zweiten Mal.

Wir ritten langsam gegen die Stadt hinab und es fing an zu dämmern, als wir die Mauern erreichten. Und hier brachte uns unser Führer in eine nicht geringe Verlegenheit, indem er erklärte, den Weg bis hieher habe er wohl gewußt, aber uns zum Kapuzinerkloster zu bringen, wisse er die Straße nicht. So viel es mir möglich war, suchte ich mich nach der großen Moschee, die in der Nähe unseres Klosters lag, zu dirigiren und ritt voran in die schon leerer werdenden Straßen. Doch mochte es an der einbrechenden Nacht liegen, oder weil die

Gassen in ihrem Schmutz und ihrer Erbärmlichkeit einander so ähnlich sehen, genug, ich fand den Weg nicht, und wir befanden uns bald in ganz unbekannten einsamen Quartieren. Leute, die wir hie und da auf der Straße anhielten, konnten oder wollten uns keinen Bescheid geben, und ich war schon in der größten Verlegenheit, wo wir die Nacht zubringen sollten, als plötzlich aus einer Seitengasse einige halb europäisch gekleidete Männer heraustraten, denen ein Araber eine Fackel vortrug, und ich erkannte in dem einen zu meiner größten Freude den französischen Konsul. Er war sehr artig und gab uns einen Kawaschen zur Begleitung mit, der uns bald vor das Kapuzinerkloster führte. Hier mußte ich lange klopfen, ehe man mir öffnete und mich zu dem guten Prior brachte, der bei meinem Anblick fast in Ohnmacht gefallen wäre; denn so viel ich aus seinen hastig hervorgestoßenen Reden vernehmen konnte, glaubte er nicht anders, als wir seyen von den Arabern überfallen, die Andern getödtet worden und ich allein entkommen. Doch beruhigte ich ihn und erzählte ihm, was mich zurückführte. Skandar wurde den Abend noch ausgesandt, um Erkundigungen nach dem Perser und dem Pferde einzuziehen, kam aber bald mit der Nachricht zurück, er habe, da es heut' Abend schon zu spät sey, keinen der Leute mehr getroffen, wolle aber am andern Morgen in aller Frühe zu ihnen hingehen. Der Prior gab mir ein Kämmerchen, nahe bei seiner Stube, von welchem ich ebenfalls in den stillen Hof hinabsehen konnte. Dort blühte der Baum noch, wie neulich, das Wasser rauschte und der Prinz Strauß lief mit großen Schritten auf und ab. Eine andere, weniger poetische Zuthat waren ein paar kleine Schweinchen, die man in diesen Tagen auch in den Hof gesetzt hatte und die sich vor dem großen Vogel fürchten mochten; sie liefen schreiend aus einer Ecke in die andere.

Durch den langen Ritt von gestern schlief ich weit in den folgenden Tag hinein. Skandar weckte mich mit der höchst unangenehmen Nachricht, daß der Stallmeister des Persers, den er angetroffen, ihm gleich erklärt, es sey jetzt gar nicht mehr daran zu denken, von seinem Herrn, selbst für die doppelte Summe, jenes Pferd zu erhalten. Er würde es vielleicht vor einigen Tagen gegeben haben, habe aber gleich den folgenden Tag erklärt, wie lieb es ihm sey, daß wir den Handel nicht abgeschlossen, da er den Hengst sehr hoch halte. Das waren saubere Aussichten. Ich kleidete mich sogleich an und eilte zu Herrn Baudin, dem ich den ganzen Verlauf der Sache mittheilte. Er dachte einen Augenblick nach, ich nannte ihm die Summe, die der Perser damals gefordert und die ich jetzt in Briefen auf ihn vom Baron erhalten hatte und bat ihn dringend bei dieser Sache um seine Verwendung. Er versprach mir, gleich auszugehen und das Seinige zu thun und ich möchte um ein Uhr Mittags wieder bei ihm anfragen.

Ich ging in den Straßen auf und ab und bis es ein Uhr war, glaubte ich, es sey eine Ewigkeit vergangen. Herr Baudin war noch nicht zurückgekommen; doch erschien er nach einer kleinen Viertelstunde und erzählte mir zu meinem größten Leidwesen, daß gar keine Hoffnung da sey, das Pferd zu erhalten. Der Perser, ein sehr reicher Mann, habe ihm gesagt, daß er vor einigen Tagen wohl einen Preis für den Hengst angegeben habe; doch mehr, um zu sehen, welchen Werth er für uns habe, als wie, um es zu verkaufen; denn er habe es von Mekka mitgebracht und die Kosten und Mühseligkeiten der Wüstenreise nur an das Thier gelegt, weil es so außerordentlich edel sey und ihm so wohl gefallen. Man kann sich leicht denken, wie unangenehm mir diese Nachricht war. Doch Herr Baudin, nachdem er eine Zeit lang nachgedacht, sagte mir es sey vielleicht noch ein einziges Mittel, das Pferd zu erhalten, indem er nämlich an die den Orientalen im Allgemeinen eigene Großmuth vermittelst einer Kriegslist appellire. Doch erforderte dies eine Frist bis Morgen, die ich auch unter der fast gewissen Voraussetzung opfern müsse, daß nichts aus der Sache würde.

Herr Baudin beschied mich auf den folgenden Tag um eilf Uhr in die große Karavanserei. Ich wandte den Nachmittag dazu an, durch die Bazars zu streichen und hie und da einige Kleinigkeiten einzukaufen. Es that mir sehr leid, daß meine Reisekasse nicht in dem Zustande war, mehr, als einige Piaster aufwenden zu können; denn unter Anderm bot man mir heute Nachmittag eine ächte Klinge zu dem unbedeutenden Preise von zweihundert Piastern an.

Den Abend verbrachte ich mit meinem Prior; wir rauchten eine Pfeife zusammen und er erzählte mir viel von Spanien, seinem schönen Vaterland, und Skandar, dem ich einiges Geld gegeben hatte, ging zu den Dienern des Persers, um sich mit ihnen auf einen freundschaftlichen Fuß zu setzen.

Am folgenden Morgen war ich schon um zehn Uhr in der Karavanserei, einem der prächtigsten Gebäude von Damaskus. Wie alle diese Gebäude zu Waarenlagern, Märkten und Wohnungen für fremde Kaufleute eingerichtet, bestand es aus einem großen Hofe, um welchen rings herum die Gemächer zu den oben angegebenen Zwecken im Kreise lagen. Dieser Hof, mit schwarzen und weißen Marmorplatten gepflastert, hatte in der Mitte einen sehr schönen aus Stein gehauenen Brunnen, der aus fünf Röhren das Wasser in die Höhe schleuderte. Eine Gallerie, die den Hof umgab, wurde von schönen schlanken Säulen getragen und unter ihr befanden sich Steindivans, den verschiedenen Kaufleuten gehörig, auf welche sie bequem hingestreckt, die Kunden erwarten, die mit ihnen größere Geschäfte abzumachen hatten.

Es war noch ziemlich leer in dem Hofe und ich besah die innere Einrichtung einiger offen stehender Gemächer. Ein Corridor führte hinter denselben im Kreise herum und endigte in einer großen Marmortreppe, die in einen obern Stock führte. Auch von außen hatte die Karavanserei ein stattliches Ansehen und für mich durch die Abwechslung der Steine, die man hier an einigen größern Gebäuden findet, etwas sehr Eigenthümliches. Man mauert nämlich die farbigen Marmorarten reihenweise aufeinander, so daß z.B. das Gebäude unten am Boden eine Linie röthlicher Steine hatte, auf welche eine Linie weißer, dann wieder rother und so abwechselnd weiß und roth bis unter's Dach folgten.

Um eilf Uhr erschien Herr Baudin und sagte mir, gleich würde der Perser mit seinen Hausbedienten erscheinen und er wollte dann die directen Handlungen mit ihm beginnen. Vielleicht sey es möglich, daß uns der Kauf gelänge, indem er einen Freund des Kaufmanns auf seine Seite gebracht habe. Es dauerte auch nicht lange, so erschien der Perser mit allem Pomp eines sehr reichen Mannes, der den Markt beherrscht. Ein paar Neger kamen eilfertig voraus, breiteten auf einem der schönsten Steinsitze bunte Teppiche aus und lehnten an die Rückwand mehrere Divankissen aus Sammt und Seide. Vier andere Diener folgten ihnen, der eine trug einen Mangahl mit Kohlen, der andere ein vollständiges Caffeegeschirr und der dritte und vierte Pfeifen und Tabak. Jetzt erschien der Kaufmann selbst mit einem Gefolge von wenigstens zwanzig Dienern, alle in persischem Costüme, und es war gerade, als komme ein vornehmer Pascha, denn so ehrerbietig grüßten ihn alle im Hofe Befindlichen, Herrn Baudin nicht ausgenommen. Auch ich legte meine Hand an Brust und Stirn und verbeugte mich soviel wie möglich.

Der Perser war ein Mann in den besten Jahren mit gelber Gesichtsfarbe und einem kohlschwarzen Kinnbarte, der noch spitzer zulief, als die Mütze von schwarzem feinen Astrachanpelze, die er auf dem Kopfe trug. Sein Anzug war fast wie der unseres Fürsten und ebenso der Handschar; nur war das Kleid weit reicher mit Gold gestickt, und an dem Griffe des Dolches glänzten die prachtvollsten Edelsteine. Das Malerischste aber und Schönste an seinem Costüme war der Mantel, ein einziger großer Kaschemirshawl von Zeichnung und Farben, wie ich nie etwas Aehnliches gesehen. Ein herzförmiger Talisman, d.i. ein Stein, auf dem Koransprüche eingeschnitten sind und der köstlichste Schmuck, den die Orientalen besitzen, hielt den Mantel als Agraffe zusammen; das Ende desselben hatte er, damit der köstliche Stoff nicht auf dem Boden schleifen sollte, um den rechten Arm geschlungen. In dem Gefolge waren seine Handlungs- und Hausbedienten, seine Stallmeister, Haushofmeister und eine Menge anderer Chargen, die mir Herr Baudin alle nannte.

Mit der Ruhe und Gravität, die dem Morgenländer eigen ist, setzte er sich auf seinen Divan, und begann mit den Kaufleuten, die nach und nach herankamen, seine Geschäfte abzumachen. Hier wurden Contracte unterschrieben, dort Gold ausbezahlt, das der Zahlmeister in Empfang nahm und durch andere Diener in kleine Beutel binden und in ein Kästchen stellen ließ. So interessant mir die ganze Erscheinung dieses Persers und des Handels war, so wünschte ich doch recht aus Herzensgrund, daß er weniger vornehm und reich seyn möge, damit ihm die Summe, die wir ihm geboten hatten, höher und ansehnlicher erscheinen möchte. Jetzt kam die Reihe an uns. Herr Baudin trat näher an den Divan des Persers, und stellte mich als den Mann vor, der jenen Hengst zu kaufen wünschte. Der Kaufmann sah mich lauernd an und seine erste Frage an den Herrn Baudin war, ob ich auch sehr viel Geld mitgebracht hätte, da er für die früher angegebene Summe das Pferd wahrlich nicht mehr hergeben würde. Herr Baudin zuckte die Achseln und entgegnete ihm: er müsse ihn des Gegentheils versichern, denn auf seine Forderung von vor einigen Tagen bauend, habe ich nicht mehr als die damals geforderte Summe bei mir. Darauf machte der Perser mit ruhiger Miene eine abwehrende Bewegung mit der Hand und unsere Geschäfte schienen leider beendigt. Doch ließ sich Herr Baudin sobald nicht abschrecken. Er nahte sich dem Kaufmann auf's Neue und hielt ihm folgende merkwürdige Rede, die er mir später in's Französische übersetzte.

„Herr, du hast vor einigen Tagen den großen Mann gesehen, der mit deiner Bewilligung deine Ställe und Pferde besah. Es war der Imrachor Agassi des deutschen Sultans, dem sein Herr eine Pilgerfahrt nach unserem Mekka, nach Jerusalem auferlegte, und obendrein sprach der Sultan beim Abschied zu ihm: Dir wird bei deiner Rückkehr nur dann die volle Sonne meiner Gnade leuchten, wenn du mir aus jenen weiten sandigen Landstrecken, in denen der streifende Araber sein Zelt baut, zwei Pferde, wohl verstanden, zwei Pferde, einen Hengst und eine Stute, den ersten goldfarbig, die andere braun mit schwarzem Mähnenhaar und Schweif, und von der edelsten Race mitbringst. Der deutsche Effendi reiste ab und suchte lange umher in Istambul, Smyrna und Beirut, ja lange in El Scham selbst, ehe ihm der glückliche Zufall deinen Stall öffnete und er darin einen Hengst fand, wie er ihn suchte. Obendrein warst du so großmüthig Herr, eine Summe zu fordern, die der Imrachor Agassi im Stande war, aufzuwenden. Aber was sollte er mit dem einen Pferde allein thun. So erfreut er war, deinen Hengst gesehen zu haben, so betrübte es ihn doch, da er nicht hoffen durfte, eine Stute in gleicher Schönheit, wie dein Pferd zu finden; es betrübte ihn, und er ließ dich durch seinen Dolmetscher und deinen Stallmeister bitten, ihm den Kauf deines Pferdes noch einige Tage offen zu halten, indem er in einem Theile des Libanon eine Stute sehen wolle, von der man ihm viel Rühmens erzählt. - Schande über den Dolmetscher des Deutschen, daß er deinem Imrachor andere Worte überbrachte, als ihm sein Herr in den Mund gelegt."

Der Perser hatte diese lange Rede schweigend angehört, saugte an seiner Ambraspitze und strich sich zuweilen den spitzen Bart. „Aber," entgegnete er, „Gott ist mein Zeuge, dafür kann ich nichts. Vor einigen Tagen hätte ich vielleicht das Pferd um den Preis fortgegeben und es würde mich jetzt bitter gereuen; aber Gott hat mich vor der Reue bewahrt und ich habe das Pferd noch. - Und der Imrachor," setzte er fragend hinzu, „fand wirklich eine Stute von gleicher Schönheit, wie mein Hengst?"

„Er fand sie, Herr," entgegnete Herr Baudin, „und kaufte sie im Vertrauen auf deine Großmuth, indem er glaubte, du würdest ihm das Pferd heute noch geben."

Der Perser rückte unruhig auf seinem Divan herum und rief einmal über das anderemal: „Gott ist mein Zeuge, ich kann nichts dazu thun!" - Herr Baudin bemühte sich, so viel es ihm möglich war, ihn zu einem Verkauf des Pferdes zu überreden. Auch der andere Kaufmann, von dem er mir oben gesprochen; redete zu dem Perser, aber lange umsonst. Herr Baudin sagte ihm am Schluß einer sehr langen Rede: „Du bist hart gegen den Fremden, der sich vertrauensvoll zu dir wendet, und kannst doch nicht wissen, ob dich deine Geschäfte nicht auch einmal über das Meer treiben in die Länder der Franken, wo du ihre Hülfe in Anspruch nehmen mußt. Du hast viele schöne Pferde, und deine Karavanen gehen jährlich nach Mekka und können dir ein anderes, vielleicht noch edleres Pferd mitbringen. Doch du bist hart und dein Pferd, das dir mit schönem Golde bezahlt werden soll, ist dir mehr werth, als das Leben eines Menschen. Der Deutsche wird kein Pferd finden, was einen Vergleich mit deinem Hengste aushielte, und darf die Seinen in der Heimath nicht wieder sehen - und durch deine Schuld, Herr. Er muß in der Fremde umherirren, oder wenn er es wagt, vor das Auge seines erzürnten Sultans zu treten, hast du sein Blut zu verantworten, es komme über dich!"

Diese letzte Wendung mußte auf den Perser gewirkt haben, denn er dachte einen Augenblick nach, wandte sich dann an seinen Stallmeister, dem er einige Worte sagte, worauf dieser zwei der untern Stallbedienten fortschickte. Er kehrte sich darauf wieder zu Herrn Baudin und sagte: „Lass' dem deutschen Herrn sagen, er solle vor allen Dingen seinen

Dolmetscher bestrafen, weil der so schwer an ihm gefrevelt und seine Worte verdreht hat. Doch will ich großmüthig handeln und ihm seinen Wunsch gewähren. Möge es meinen Kindern oder Kindeskindern zu Gute kommen. Ich versichere dich, Herr, das Pferd war mir lieb; sieh' sein glänzendes seidenes Haar an, das ich oft gestreichelt, hör' seine helle Stimme, die es am Morgen an meinem Zelt erschallen ließ und mich damit weckte. Hättest du die Schnelligkeit seiner Glieder gesehen, wie er über den Sand dahinflog und doch augenblicklich anhielt, wenn ich meinen Arm ausstreckte, du würdest mir nicht zumuthen, meinen Hengst zu verkaufen. Doch ich gebe ihn dir, weil der Prophet sagt: sey barmherzig gegen den unbekannten Pilger, auch wenn er nicht deines Glaubens ist!"

Da ich natürlich diese Verhandlungen nicht verstand, sondern sie mir Herr Baudin erst später verdolmetschte, so kann man denken, daß ich den Mienen und Geberden der handelnden Personen meine volle Aufmerksamkeit schenkte. Daß der Stallmeister des Persers zwei seiner Leute fortschickte, nahm ich für ein gutes Zeichen an, und als mir jetzt Herr Baudin sagte: „Gott sey Dank! wir haben ihn!" und einen Beutel mit Dukaten herauszog und sie vor dem Schatzmeister des Persers hinzählte, machte ich dem Herrn eine sehr tiefe dankende Verbeugung.

Jetzt hörten wir auf der Gasse das unruhige Getrappel eines Pferdes, und im nächsten Augenblicke erschienen die beiden Perser, den Hengst ohne Decken und Sattel am Zaume hereinführend. Das Thier wieherte laut auf, wie es in den Hof trat und der Kaufmann hatte Recht, als er vorhin von der hellen reinen Stimme des Pferdes sprach. Mit mehr Lebhaftigkeit, als dem Orientalen eigen ist, erhob er sich von seinem Divan und trat vor das Thier, seinen schlanken schönen Hals streichend. Er winkte mir näher zu treten und hielt mir eine Rede, von der ich natürlich kein Wort verstand, die ich aber mit vielen Verbeugungen erwiederte. Darauf nahm er den Zaum des Pferdes in die Hand, rief Herrn Baudin und sagte mir durch ihn:

„Lass' dem deutschen Herrn das Pferd übergeben. Sage ihm, wie lieb es mir gewesen und daß er es nur meiner Großmuth zu danken habe. Sag' ihm ferner, er soll es seinem Sultan rühmen, daß es ein gutes Pferd sey und ihn bitten, er möge es gut behandeln und freundlich seinen schönen Hals streicheln. Es wird ihn muthig seinen Feinden entgegen führen und ihn vor den verfolgenden Kriegern durch die Schnelligkeit seiner Glieder retten." Nach Beendigung dieser Worte umfaßte er mit beiden Armen den Hals des Pferdes, küßte es und warf mir mit abgewendetem Gesichte den Zaum zu. Ich übergab ihn Skandar und wir führten das Pferd sogleich fort.

Auf dem Weg zum Kloster betrug es sich sehr wild und außer dem Geschrei und den Schimpfworten, die uns die Araber, welche vor seinen ungestümen Bewegungen auf die Seite springen mußten, nachsandten, mußte ich auch noch einem Kuchenbäcker all' seine Waaren bezahlen, die ihm der Hengst auf die Erde geworfen.

Am andern Morgen verließen wir in der Frühe Damaskus, um nach Beirut zurückzukehren. So streng ich meinem Führer eingeschärft hatte, den Weg über Schiras zu nehmen, wo ich wußte, daß ich das Pferd gut unterstellen konnte, so nahm er doch einen andern, trotzdem es mir gleich vor Damaskus auffiel, daß wir eine veränderte Richtung einschlugen und ich ihm mehrmals sagte, wir müßten uns mehr nördlich halten. Der Kerl widersprach mir beständig und brachte uns am Nachmittage in ein anderes sehr elendes Dorf, das er ebenfalls Schiras nannte. Was konnte ich dagegen thun, da ich nicht einmal im Stande war, ihm Grobheiten zu machen. Am Morgen, als wir aus Damaskus ritten, erhielten wir eine sonderbare Begleitung, es waren nämlich zwei jener abgemagerten elenden Hunde, wie sie sich zu Tausenden in der Stadt herumtreiben. Die Thiere folgten uns beständig in einer gewissen Entfernung und waren weder durch Geschrei noch Steinwürfe zurückzuscheuchen. Ob sie vielleicht glaubten, das ledige Pferd, unser gekaufter Hengst, sollte vor der Stadt abgeschlachtet und ihnen eine gute Mahlzeit werden, weiß ich nicht; doch blieben sie den ganzen Tag bei uns, und verloren sich erst am Abend in Schiras zwischen den Hütten.

Während der Nacht machte uns unser neues Pferd viel zu schaffen. Es mochte ihm unbequem seyn, von seinen frühern Gefährten getrennt zu stehen, wir hatten ihn nämlich mit in unsere Stube genommen, denn er betrug sich ganz ungeberdig, riß mehrere Male den Strick von der Mauer und die Fessel aus dem Lehmboden der Hütte, und wieherte beständig so, daß wir keine Minute schlafen konnten. Wir brachen am Morgen sehr frühe auf und kaum hatten wir uns aus dem Dorfe entfernt, so waren unsere beiden Hunde auch wieder bei der Hand und zogen mit uns. Nach einigen Stunden hatte unser Führer den Weg verloren und erst, nachdem wir eine lange Zeit irre gegangen waren, begegnete uns ein Eseltreiber, der uns wieder auf den richtigen Weg brachte. Dieser Mann hatte ein ganz merkwürdiges Aussehen, eine kleine Figur, schneeweißen Bart und ein sehr vergnügtes Gesicht, das ein grüner Turban schmückte, der aber so zerfetzt war, daß es aus einiger Entfernung aussah, als habe der Kleine sein Haupt mit Rebenlaub umwunden. Ein türkischer Anakreon! Dabei war er gegen die Gewohnheit der Orientalen sehr lustig und wir hörten ihn noch schreien und singen, wie er schon lange unsern Augen entschwunden war.

Eine Expedition, wie unsere heutige mit dem unartigen Pferde war, will ich keinem Menschen wünschen. Skandar ritt einen alten Wallachen, neben dem es gestern ganz ruhig gegangen war; doch heute biß und schlug es nach dem armen Thiere und machte oft solche Seitensprünge, daß es den Skandar fast von seinem Pferde herunterzog. Unser Araber hatte eine Stute, weshalb er immer, statt uns voraus zu reiten und den Weg zu zeigen, eine weite Strecke zurückbleiben mußte, denn so wie er vorritt oder nur in unsere Nähe kam, war der Hengst wie toll. Auf den schlechten halsbrechenden Felswegen, die ich früher beschrieben, war es ein Wunder, daß wir ihn mit ganzen Beinen nach Beirut brachten. Oft ging er eine Strecke ganz ruhig, dann fing er auf einmal wieder an, über die Zacken zu springen und Skandar, der heute zu Fuß ging und sein Pferd dem Araber gegeben hatte, mußte ihm folgen und so ging es oft über spitze steile Abhänge hinab, daß wir alle schaudernd zusahen.

Gegen Mittag hatten wir den Antilibanon überstiegen und kamen in's Thal, wo wir einen Augenblick rasteten und ich benützte diese Zeit dazu, um dem Hengst den Sattel meines Pferdes aufzulegen, worauf ich ihn bestieg und wir im vollen Galopp die Fläche in weniger als einer Stunde durchritten hatten. Neben diesen Unannehmlichkeiten, die wir mit dem Pferde hatten, waren wir obendrein noch in beständiger Sorge, von Deserteuren oder Bergbewohnern überfallen zu werden. Doch hätten wir uns auf das Aeußerste vertheidigt, wenigstens Skandar, Mechmet und ich. Wir hatten deshalb unsere Waffen in steter Bereitschaft, wodurch mir später, als wir den Libanon hinanritten und ich meinen Schimmel wieder bestiegen hatte, ein kleiner Unfall passirte. Ich ritt voraus, eine gespannte Pistole in der Hand und die andere ebenso am Sattel hängend, als mir plötzlich die letztere, bei einem Sprung des Pferdes, ich weiß nicht, durch welchen Zufall losging, und die Kugel durch das eiserne Blech des großen Steigbügels fuhr.

Mit Einbruch der Nacht erreichten wir den Chan, in welchem wir bei unserer ersten Hinreise den türkischen Oberst getroffen hatten. Das Wetter war heute glücklicher Weise besser und wir wurden in der Nacht nicht wieder durch den aufgeweichten Schnee unangenehm erweckt.

Den andern Morgen ritt ich mit der freudigen Hoffnung aus, Nachmittags Beirut zu erreichen, unsere Freunde wieder zu sehen und dem guten Baron durch Ueberbringung des Pferdes eine Freude zu verursachen. Mit viel Sorge und Mühe, aber glücklich stiegen wir die schlechten Wege des Libanon hinunter und erreichten gegen Mittag den Chan el Hussein. Freudig aufjauchzend begrüßte ich das Meer, dessen unübersehbaren Spiegel ich jetzt wieder erblickte. Wir waren auf die Höhe unserer Mühseligkeiten gekommen, und stiegen nun rascher in's Thal der Ruhe hinab. Jetzt erreichten wir schon die Felder mit ihren Mauern von natürlichen Steinen, Beirut tauchte allmählich vor unsern Blicken auf; bald ritten wir durch die Cedern und Piniengebüsche am Fuße des Libanon und unter den Palmenpflanzungen vor der Stadt selbst. Es mochte drei Uhr seyn, als ich an den äußern Mauern derselben vorbeiritt und auf dem Weg am Meer hin, unserer Villa zueilte.

Auf der Terrasse war Niemand von den Freunden zu sehen und ich ritt in den Hof, der wie ein kleines Feldlager aussah. Da waren Zelte ausgespannt und Pferde und Maulthiere standen daneben, die mein Hengst mit lautem Gewieher begrüßte, so hell und rein, daß es die Freunde hörten, welche im Zimmer des Barons zu Tische saßen. Alle stürzten nun eilfertig die Treppen herab und bewillkommten mich auf's Herzlichste. Der Baron drückte mir die Hand und sein Dank, so wie seine Freude über das Pferd, war mir Belohnung genug für all' die Mühseligkeiten, die ich ausgestanden. Auch die Kranken waren wieder gesund und meine erste Frage: was denn die Zelte und Thiere bedeuteten, wurde mit der freudigen Nachricht beantwortet, daß man übermorgen Beirut verlasse, um nach Jerusalem zu ziehen.

Zweites Kapitel.

Reise nach Jerusalem.

Abreise von Beirut. - Saida. - Syrische Wirthshäuser. - St. Jean d'Acre. - Landhaus des Paschah Abdallah Hamad. - Nachtlager auf dem Carmel. - Gazellen, Schakals, Hyänen. - Jaffa. - Ramleh.

Der Tag meiner Rückkehr von Damaskus ging damit hin, daß ich den Freunden einen umständlichen Bericht über meine Abenteuer geben mußte, und ich ließ mir dagegen von dem Baron den letzten Marschtag mit der Stute hieher, so wie von den beiden jetzt wieder genesenen Kranken das Vorgefallene während unserer Abwesenheit erzählen. Auch der Fürst betheuerte mir nach seiner Gewohnheit mit vielen *„vraiment"* und *„je vous assure,"* daß er auf dem letzten Marschtage vom Libanon hieher fast gar nicht mehr gesungen habe. Dafür wurde heute Abend beim Thee desto mehr in diesem Artikel gethan und wir ließen in der Freude unseres Herzens, das traurige Beirut übermorgen verlassen zu können, noch einmal manch deutsches Lied durch die Räume des arabischen Hauses und die Klippen des Meeres erschallen.

Den folgenden Tag trafen wir alle Anstalten zu unserer Abreise. Die Pferde, die wir auf unserer Tour nach Damaskus gebraucht hatten, wurden, da sie sich als tüchtig bewährt, auch für die Reise nach Jerusalem beibehalten. Unsere Caravane hatte noch einen kleinen Zuwachs bekommen durch den Reitknecht Friedrich, von dem ich früher gesprochen und dem auch ein Pferd gemiethet wurde. Der Fürst hatte seine frühere Begleitung, Skandar und Mechmed mit dem Wurfspieß, welche ihre eigene Pferde ritten. So bestand denn unsere Caravane aus neun Reitern mit zehn Pferden und außerdem hatten wir drei starke Maulthiere bei uns, welche Zelte, Gepäcke und Lebensmittel trugen. Den Abend vor unserer Abreise kamen diese Thiere alle aus der Stadt, um draußen bei uns zu übernachten und da glich unser Hof einem kleinen Feldlager. Das Zelt war aufgeschlagen, die Pferde gesattelt an die Bäume gebunden, unsere Säcke und Koffer lagen schon theilweise gepackt vor dem Hause und in der Küche war Giovanni beschäftigt, die eingekauften Lebensmittel, als Schinken, Hammelfleisch, Käse, Caffee und Zucker, einige Flaschen Wein und eine Flasche Rum in Körbe zu verpacken. Fourrage für die Pferde brauchten wir nicht mitzunehmen, indem die Mucker uns versichert hatten, wir fänden in jedem Chan auf dem Wege von hier nach Jerusalem, als der am meisten betretenen Straße, Gerste für die Thiere im Ueberfluß, und so war es auch. Während unseres ganzen Aufenthaltes in Beirut schlief ich keine Nacht unruhiger, als die heutige, und dem Baron, der neben mir lag, ging es nicht besser. Einer fragte den Andern während der Nacht wohl hundertmal: „Schlafen Sie noch nicht?" und die Antwort war fast immer: „Ver.... ! ich kann kein Auge zuthun!"

Kaum graute der Tag, so standen wir auf und bald war das ganze Haus in Bewegung. Dann wurden die Teppiche zusammengerollt und den Maulthieren aufgeladen. Jeder zog den Sattelgurt fester an und zum letzten Mal vereinigten wir uns auf der Terrasse des Hauses, um Caffee zu trinken, zum letzten Mal schauten wir die entzückend schöne Natur an, die sich hier in aller Pracht um uns gelagert hatte, und sagten der Stadt mit ihren traurigen Häusern, dem kleinen Friedhofe vor uns und den weißen Spitzen des Libanon ein Lebewohl. Unsere arabischen Hausleute nahmen mit all der Herzlichkeit, die uns diese guten Menschen während unseres Aufenthaltes hier beständig bewiesen, Abschied von uns, und wir bestiegen die Pferde und ritten um die Stadt herum, anfangs auf demselben Weg, der auch gen Damaskus führt. Vor den Thoren trafen wir noch unsern lieben Bekannten, den russischen Consul, Herrn von B., der uns bis zu den Pinienanpflanzungen begleitete und dann mit treuherzigem Händedruck von uns Abschied nahm. Wir folgten dem Wege nach Damaskus bis zum Fuße des Libanon, wo er sich die Höhen hinabwand, wir aber am Fuße des Gebirges der Küste entlang ritten.

Anfänglich ging unser Weg durch tiefen Sand und oft so dicht am Meere vorbei, daß die anschlagenden Wellen die Füße unserer Pferde benetzten. So gut das Wetter den letzten Tag aussah, so hatte es sich doch heute verschlimmert, und der Himmel, der schon heute Morgen mit grauen Wolken überzogen war, sandte uns Vormittags heftige Windstürme, die uns feinen Sand ins Gesicht wehten und das Reiten sehr beschwerlich machten. Gegen Mittag ließ freilich der Wind etwas nach, aber dafür fing es so entsetzlich an zu regnen, daß das Wasser in kurzer Zeit von unsern Pferden herunter troff. Wir verließen das Ufer des Meeres und überschritten einen Ausläufer des Libanon auf einem Felsenpfad, der durch die glatten Steine und den Regen so schlüpfrig war, daß mehrere Pferde, worunter auch meines, stürzten. Wir hatten geglaubt, noch heute bis jenseits Saida zu kommen; doch da es die Araber überhaupt lieben, den Marsch des ersten Tages so klein wie möglich zu machen, und das Wetter uns heute auch nicht sehr geneigt war, so mußten wir dem Zureden unseres Hauptmuckers folgen und in einem elenden Chan übernachten, der kaum fünf Stunden von Beirut entfernt war.

Dieses Wirthshaus - es hieß Chan Nabiunis - war etwas besser, als die gewöhnlichen Etablissements der Art, und bestand aus zwei Gemächern und einem kleinen Anbau für die Pferde und Esel. Obendrein hatte das Haus vorne eine Art von Gallerie, von der man die Aussicht auf das weite Meer genoß, dessen Wogen fast die Mauern bespülten. Doch zogen wir bei dem heutigen Regen, der von einer empfindlichen Kälte begleitet war, eines der rauchigen, dunklen Gemächer vor, wo unsere Sais ein Feuer angemacht hatten und Giovanni einen guten Pillau kochte. Der unangenehme Marsch heute, so wie das Gebrause der tobenden See vor unserem Hause, die ihre grünschmutzigen Wellen unaufhörlich mit lautem Donner auf den Strand warf, verstimmte uns Alle. Wir legten uns bald auf unsere Decken, ohne wie gewöhnlich ein Vocalconcert zu halten. Doch hätten wir am andern Morgen beim Erwachen füglich singen können: „Keine Ruh' bei Tag und Nacht etc." denn wenn wir auch auf unseren früheren Ritten bei Tag viele Strapatzen auszuhalten hatten, so war die Nacht desto ruhiger und nichts störte uns im festen sanften Schlummer. Aber das war heute zum ersten Mal ganz anders. Kaum wurde der Körper unter den Mänteln oder Decken warm, so begann an allen Theilen ein unerträgliches Jucken. Es war eine Schaar blutdürstiger Flöhe, die sich hier in den Wänden und Fußböden aufhielt und gelegentlich hervorkam, um eine Schaar armer Pilger wie wir auszusaugen. Beim Anbruch des Tages verschwanden die Ungethüme wieder; doch ließen sie so unverkennbare Merkmale zurück, daß keiner den Gedanken hegen konnte, als habe ihm nur geträumt. Von dieser Plage war übrigens Niemand verschont geblieben und der Fürst erzählte noch von einem andern Schrecken, den er gehabt. Er hatte nämlich eine Maus gehört; ein Thier, das ihn, wie er behauptete, aus der Welt jagen könne.

Wir brachen zeitig auf und kamen nach ein paar Stunden in die Gegend von Saida, dem alten Sidon, von dessen früherer Pracht und Herrlichkeit jedoch nichts mehr übrig geblieben ist; auf dem Platze, wo vor alten Zeiten die reiche phönizische Handelsstadt stand, ist jetzt nur noch eine kleine armselige syrische Stadt zu sehen. Da sowohl hier, als wie in Sur und Acre, die Pest herrschte, so vermieden wir, so viel wie möglich, die Orte zu berühren und umgingen Saida auf einem ziemlich schlechten Wege, der aber durch Gärten voll blühender Citronen- und Orangenbäume, voll Feigen, Akazien und Palmen führte. Das Wetter hatte sich glücklicher Weise wieder aufgeklärt und der Himmel lachte uns mit der schönen dunkelblauen Farbe freundlich an. Bald ritten wir am Ufer des Meeres hin, bald über flache Ausläufer des Libanon oder an steilen Felswänden, die den Fuß des mächtigen Gebirges bildeten. In einigen derselben bemerkten wir kleine Höhlen, deren Eingänge mit dem Meißel regelmäßig behauen waren. Vielleicht waren es in früherer Zeit Wohnungen syrischer Christen, die sich hier vor den Verfolgungen ihrer Feinde verbargen. Gegen Mittag überzog sich der Himmel wieder und wir wurden von einem gewaltigen Gewitterregen tüchtig eingeweicht. Vor uns senkte sich das Terrain abwärts, und wir ritten so rasch, als es unsere bepackten Maulthiere aushalten konnten. Gegen vier Uhr machten uns die Mucker auf ein vor uns liegendes altes Gemäuer aufmerksam, das unser heutiges Nachtlager seyn sollte. Es schien früher eine Burg gewesen zu seyn und lag auf einem kleinen steilen Hügel, rings mit einem schmutzigen Wassergraben umgeben, über den eine steinerne, wenigstens zu drei Viertel zerfallene Brücke führte.

Wir ritten die Anhöhe hinan und durch die Ruinen eines großen gewölbten Thores in den Hof. Dieser war sehr geräumig und mit Gebäuden umgeben, deren Wände aber gespalten und theilweise eingestürzt waren. Dem Eingang gegenüber stand noch ein Gewölbe, dessen vordere Seite freilich ebenfalls zertrümmert, doch groß genug war, um unsere Pferde hineinzustellen, die so wenigstens von oben und drei Seiten gegen Regen und Wind geschützt waren. Wir durchliefen den ganzen Hof, ohne einen Winkel zu finden, wo wir die Nacht hätten zubringen können; vergeblich suchten wir nach einem Gemach, das mit einer Decke versehen wäre, und da wir nichts fanden, waren wir schon entschlossen, uns bei den Pferden einzuquartieren, als unsere Mucker ein paar Kerle entdeckten, die sich uns als die Eigenthümer dieses schönen Wirthshauses darstellten und uns das Zimmer anzeigten, wo Gäste, die lieber allein, als wie unter ihren Pferden schlafend, die Nacht zubringen konnten. Dies Gemach hätten wir wirklich ohne Hülfe nicht gefunden. Ueber Schutt und Trümmerhaufen kletterten wir auf eine Art Wall, der uns an eine Ecke des Gebäudes führte, wo vor Zeiten ein großer Thurm stand. Von diesem Thurm war das untere Stockwerk stehen geblieben, d.h. ich begreife unter diesem stehen gebliebenen Stockwerke ein kleines Gewölbe mit zwei großen Oeffnungen, eine, zu der wir hereintraten und die zweite auf der andern Seite, die mannshoch, mehrere Fuß breit und wahrscheinlich bei dem Einsturz der obern Stockwerke entstanden war. Neben dem Genuß eines kühlenden frischen Zugwindes, der, mit einigem Regen vermischt, die ohnehin schon kalten Glieder fast erstarren machte, bot uns dies Gemach mit den beiden Oeffnungen noch obendrein die faulen Dünste des sumpfigen Grabens, der um den Fuß des Walles herumlief. Doch da wir keine Wahl hatten, mußten wir uns mit diesem Obdach begnügen. Unsere Koffer und Kisten, die wir mit Mühe um den schmalen Wall nach dem Thurme schleppten wurden vor die eine Oeffnung gestellt und so dem Wind, der um dies einzeln stehende Gebäude wie toll herum fuhr, der Eingang etwas gesperrt.

Als wir uns nun so gut wie möglich eingerichtet hatten, und Giovanni ein Feuer ansteckte, um unsern Pillau zu kochen, erregte das feuchte Holz einen Rauch, der nirgends einen Ausweg fand, und uns, da wir keine Lust hatten, draußen von dem Regen durchnäßt zu werden, nöthigte, mit dem Gesicht uns platt auf die Erde zu drücken. Diesem Uebelstande war nur dadurch abzuhelfen, daß wir, sobald unser Pillau gekocht war, das Feuer wieder ausgehen ließen, denn jeder von uns wollte lieber frieren, als in dem Dampf ersticken. Ersteres wurde uns auch in gutem Maße zu Theil und die feuchten Kleider, so wie die Zugluft in dem Thurm erregten uns eine solche Kälte, daß wir sogar unsere Plage von gestern, die Flöhe, nur wenig spürten.

Am andern Morgen brauchte keiner den andern zu wecken, vielmehr war jeder froh, das feuchte Mauerloch verlassen zu können. Ich ging heute wenigstens zwei Stunden neben meinem Pferde her, um die Glieder, die ganz erstarrt waren, wieder beweglich zu machen. Glücklicher Weise schien die Sonne recht warm und angenehm, und obgleich uns auch gestern der Himmel am Vormittage so freundlich angelächelt hatte, und doch später mit einem soliden Regen regalirte, so glaubten wir doch heute den Versicherungen unserer Beduinen, daß es schönes Wetter bleiben würde, und sie behielten diesmal recht. Unser Weg führte wieder an der Küste des Meeres hin, doch ohne daß wir es sahen; denn eine kleine Hügelkette verdeckte uns die Aussicht. Das Terrain war uninteressantes Heideland und nur selten kamen wir bei kleinen Gebüschen von Feigen- und Olivenbäumen vorbei. Zur Noth hätten wir noch am Abend Acre erreichen können. Da die Stadt aber so fürchterlich zerstört war, auch jene entsetzliche Krankheit dort herrschen sollte, so folgten wir unsern Muckern, die es vorzogen, die Nacht vor der Stadt in einem kleinen Dorfe, Casmin, zu bleiben. Doch hätten wir uns bei Erblickung des heutigen Chans fast wieder für Acre entschieden; denn außerdem, daß dies Gebäude nur ein einziges schmieriges Loch hatte, wo Pferd und Mensch zusammen campiren sollten, fanden wir auch hier schon einige zerlumpte Beduinen gelagert, eine Nachbarschaft, die wohl im Stande war, unsere nächtlichen Quälgeister noch um ein paar andere Species zu vermehren. Es war ein Glück für uns, daß selbst unserem Giovanni das Gemach zu unsauber vorkam, denn er nahm sich diesmal seiner Herren mit vielem Eifer an und befahl den Muckern mit kurzen Worten, für ein anderes Local zu sorgen. Diese steckten die Köpfe zusammen, berathschlagten sich mit einem alten Manne, dem der Chan gehörte, und ließen uns nach kurzer Ueberlegung durch Giovanni sagen: nicht weit von dem Dorfe liege ein sehr schönes Landhaus, das wegen der Kriegsereignisse in diesem Augenblicke ganz unbewohnt sey, und wo wir eine gute Unterkunft finden würden. Nur sollten wir bedenken, daß eine Zeit lang Soldaten von der ägyptischen Armee dort gehaust, von denen einige an der Pest gestorben seyen. So angenehm uns der Vorschlag war, wieder eine Nacht in einem guten Hause zubringen zu können, so stutzten wir doch bei Erwähnung der Pest und berathschlagten, was hier zu thun sey. Wenn die Angabe der Leute, daß die Pest hier in der Umgegend geherrscht habe und noch herrsche, richtig war, so konnte uns das Dorf, wo sich vielleicht noch Kranke befanden, viel gefährlicher werden, als jenes verlassene Landhaus, weßhalb wir uns für dieses entschlossen und dahin aufbrachen.

Es war ein wunderschöner Abend. Ich habe den Himmel nie so hell gefärbt, die fernen Berge nie in so schönen Tinten von saftigstem Violet und frischestem Rosenroth gesehen. Wir schlugen von der Straße links einen Feldweg ein, der durch schöne grüne Wiesen führte und sahen bald, umgeben von einem Rosen-, Orangen- und Citronenwald das Landhaus vor uns liegen. Es war ein schönes stattliches Gebäude und hatte, wie alle Häuser dieser Art, außer dem Erdgeschoß nur einen Stock und platte Dächer. Die Stille, die auf dem Ganzen lag, so daß bei unserer Ankunft kein menschliches Wesen uns entgegen kam, sich nichts in Haus und Garten regte, warf einen wahrhaft poetischen Reiz über unser heutiges Nachtlager, das mir wie von bösen Geistern verwünscht erschien. Ein Gitterthor, das dem Drucke wich und sich öffnete, ließ uns in einen kleinen Garten treten, der einstens sorgfältig angelegt war. Doch jetzt waren Bänke und Ruheplätze umgestürzt. Zwischen dem bunten Kies auf den Wegen wucherte das Gras empor und die zahlreichen Schlinggewächse, die an Hecken, welche die Beete umschlossen, emporgeleitet waren, mußten diese Stellung langweilig finden, denn sie hatten die hölzernen Latten verlassen und krochen gleich Schlangen auf den Wegen gegen einander, um sich über die Oede des Gartens zu besprechen. Nachdem unsere Pferde angebunden und vorläufig in einen Schuppen, der am Hause angebracht war, eingestellt wurden, machte ich eine kleine Inspektionsreise um das ganze Gebäude herum. Der Garten umgab es auf drei Seiten und war nach türkischem Geschmack sehr schön angelegt. Hie und da kleine Steinsophas, auf denen wahrscheinlich lange keine türkische Dame mehr gesessen hatte; denn das Unkraut, das überall emporschoß, wiegte sich wie spottend auf diesen Ruheplätzen. Bei solchen verlassenen Anlagen ist nichts trauriger und mechancholischer, als der Anblick eines vertrockneten Springbrunnens, das Ersterben des lebendigen Strahls, der hier in diesen Ländern so nöthig ist, um der ausgedörrten Natur etwas abzugewinnen. So heimlich das Murmeln des Wassers dem Ohre ist, so traurig ist mir eine Fontaine erschienen, deren Mund schweigt. Das müssen entsetzliche Sachen seyn, die dem lustigen Wasser den Mund verstopft und es zum Schweigen gebracht haben. In dem Bassin hier, welches aus einer Art grauem Marmor sehr schön gearbeitet war, lagen große Blätterhaufen, welche die umstehenden Platanen hineingestreut und kleine Eidechsen spielten um die Brunnenröhre. Wie ich schon früher sagte, umgab eine sehr große Anpflanzung von Orangenbäumen den Garten und das Landhaus; man konnte es eher einen Wald, als eine Anpflanzung nennen. Die Stämme standen nicht in regelmäßigen Reihen und obgleich sie nicht gerade nahe zusammengepflanzt waren, bildeten doch die starken und langen Aeste der dicken Orangenbäume ein undurchdringliches Laubdach. In jenen Wald führte aus dem kleinen Garten ein Thor, das offen stand. Doch war hinter demselben noch ein drei bis vier Fuß breiter Wassergraben, über den vormals eine hölzerne Brücke geführt hatte, die aber gewaltsam abgebrochen war - wahrscheinlich hatten die ägyptischen Kriegsknechte das Holz zum Kochen ihres Pillau verwendet - nur die beiden Hauptbalken, die zu fest in der Gartenmauer eingefügt waren, hatten sie stehen lassen. Der Anblick des Orangenwaldes war aber so schön und für uns Alle so neu, daß wir, trotz der mangelhaften Communication, in kurzer Zeit über dem Graben waren und unter dem frischen duftenden Laubdach der Blätter, Blüthen und goldgelben Früchte wandelten. Wenn wir auch schon unzählige Orangenbäume in kleinen Gruppen gesehen, so war uns doch der Anblick eines weit ausgedehnten Waldes dieser herrlichen Bäume so entzückend, daß wir jauchzend auf dem Grase dahin sprangen, uns unter den Stämmen auf den Rücken legten und mit einer wahren Wollust in die zusammenhängenden Zweige über uns schauten. Es ist aber auch fast kein schönerer und für uns Europäer zugleich fabelhafterer Anblick, als die Frucht der Orange, die in Körbe verpackt und meistens halb verfault zu uns kommt, zwischen den frischen Blättern und duftigen Blüthen zu Tausenden hängen zu sehen. Obendrein sind die Orangen an der syrischen Küste, besonders bei Jaffa und Acre, die größten und saftigsten, und es war daher kein Wunder, daß wir, von dem langen Ritt recht durstig geworden und hier auf einmal in diesen Ueberfluß versetzt, so viel von den über uns hängenden Früchten herunterwarfen, als wir nur eben gebrauchen konnten. Zuweilen kamen wir auch an einen Baum, der bittere Früchte trug, mit denen wir dann unter lautem Lachen Ballspiele trieben. So waren wir allmählig immer tiefer in den Wald gekommen und sahen das Haus nicht mehr, als wir in der besten Freude durch die Ankunft zweier Neger erschreckt wurden, die mit großen Stöcken daher sprangen und uns mit sehr zornigen Mienen ansahen. Die Erscheinung der Schwarzen in dieser Umgebung hatte gerade noch gefehlt, um den Schauplatz eines Mährchens aus der Tausend und einen Nacht mit der gehörigen Staffage zu versehen. Sie schienen mir die beiden Riesen, welche die Prinzessin beschützten, die von dem bösen Zauberer in eine weiße Lilie verwandelt worden war. Es waren aber auch wirklich ein paar riesenhafte Kerle, welche uns, die wir so unbefugt in ihr Eigenthum gebrochen waren, mit ihren langen Stöcken vielleicht in einen zweifelhaften Kampf verwickelt hätten, wenn der Baron sie nicht durch Vorzeigung eines reichlichen Bakschis wieder besänftigte. So wurden wir aber die besten Freunde, und die Neger, die auf der andern Seite des Waldes in einem kleinen Häuschen wohnten, führten uns zu den besten Bäumen und füllten uns für den morgenden Ritt alle Taschen mit ihren Früchten.

Indessen schwebte die Sonne noch eben am Horizont und vergoldete mit ihren letzten Strahlen die Stämme der Bäume, deren ohnehin schon goldene Früchte nun wie Tausende von Feuerballen glänzten. Giovanni und die Mucker waren unterdessen auch nicht müßig gewesen, hatten den Pferden ihr Futter gegeben, das man aus dem Dorfe heranbrachte, und ersterer saß vor der Thür des Hauses bei dem großen Feuer und kochte unsern Pillau, der heute mit einigen Hühnern, die er ebenfalls erhandelt, noch schmackhafter gemacht wurde. Wir suchten jetzt die Treppe, die in das obere Stockwerk führte und fanden oben mehrere Gemächer, die alle so verlassen und halb zerstört, wie der Garten waren. Man konnte oben recht sehen, daß eine wilde Soldateska ihr Wesen hier getrieben. Von der türkischen Einrichtung der Zimmer hatten sie nur gelassen, was ihnen unmöglich war zu zerstören, einen hölzernen Divan, der längs an den Wänden hinlief. Die aus Holz zierlich geschnitzten Schränke waren alle zerschlagen und verbrannt worden, und die Fensterläden hätten sie auch gewiß nicht verschont, wenn sie den Zugwind, da die Oeffnungen ohne Glasscheiben waren, nicht gescheut hätten. Auch der Fußboden der Zimmer war meistens zerstört und hie und da Löcher eingebrannt, wo die leichtsinnigen Kriegsknechte wahrscheinlich die glühenden Kohlen ihrer Pfeifen hingeworfen hatten. Wir verzehrten unsere Abendmahlzeit, die Giovanni heute noch mit einem süßen Reis vermehrt hatte, rauchten noch einige Pfeifen und suchten dann unsere Schlafstellen. An die Erhöhung der Divans wurden unsere Sättel gelegt, und bildeten so die Kopfkissen. Da wir alle Laden verschlossen, und es auch heute nicht so kühl wie gestern in der alten Burg war, so erschienen alsbald unsere nächtlichen Plagegeister wieder und quälten uns im wahren Sinne des Worts auf's Blut, so daß wir fast kein Auge zuthun konnten. Dazu erhob sich noch gegen Mitternacht ein schweres Gewitter, das unsere Pferde drunten so in Angst versetzte, daß wir alle hinabsteigen mußten, um sie zu beruhigen. Und als endlich Donner und Blitz aufhörten und wir uns wieder zum Schlafen legen wollten, wüthete der Wind dergestalt um das freistehende Haus, und klapperte mit den lockern Fensterladen, daß es nicht möglich war, auch nur einen Augenblick Ruhe zu finden. Bei Anbruch des Tages erhoben wir uns Alle, und jeder klagte dem Andern seine Noth, wie sehr er in der Nacht von den Insecten zerstochen worden sey. Bis jetzt hatte uns noch der Gedanke, daß es nur harmlose Flöhe seyen, die unser edles Blut verzehrten, so ziemlich getröstet; doch meine Versicherung, die ich gegen die Andern aussprach, daß ich in der Nacht zweierlei Arten von Stichen gespürt, brachte alle Gemüther in Aufruhr. Doch hatte keiner den Muth, an seinem Körper nach einem andern blutdürstigen Thiere auf Entdeckungsreisen auszugehen, denn da wir die Sache doch nicht hätten ändern können, wollten wir uns wenigstens die traurige Gewißheit nicht verschaffen.

Giovanni, der in diesen Tagen äußerst aufmerksam und liebenswürdig war, hatte den Caffee in den Garten gebracht, und wir freuten uns Alle, ihn wieder einmal sitzend verzehren zu können, und besonders wegen der Nähe des Orangenwaldes, der nach dem Gewitterregen von dieser Nacht doppelt schön duftete. Darauf wurden die Maulthiere wieder beladen, den Leuten aus dem Dorfe ihre gelieferten Lebensmittel und Fourage bezahlt und jeder sattelte sein Pferd. Als wir vor die Gartenthüre traten, um uns aufzusetzen, bemerkten wir einen starken Moschusgeruch, der neben uns aufstieg. Wir konnten nicht begreifen, wo er herkommen möge, und dachten schon, es wären Ueberbleibsel von Arzeneien, die den Kranken, die früher das Landhaus bewohnt, gereicht worden wären. Doch halfen uns die Leute aus dem Dorfe, die der Baron darum befragen ließ, bald aus diesem Irrthum; einer riß eine Handvoll kleiner Kräuter ab, die am Wege wuchsen, und brachte sie uns. Sie hatten fein gezackte wolligte Blätter, und von ihnen kam der starke Geruch.

Das Wetter war heute wieder eben so schön wie gestern, und wir ritten rasch über die vom Regen erfrischten Felder gen Acre, das wir in Kurzem vor uns liegen sahen. In der Nähe der Stadt kamen wir durch ein türkisches Lager von Cavallerie und Infanterie, die unter hellgrünen Zelten ihre Wirthschaft trieben. Die Soldaten krochen aus ihren Baraken heraus und sahen uns neugierig an, während wir vorüber ritten. Hie und da bot uns einer etwas zum Verkauf an, ein schönes Bernsteinmundstück, einen Säbel oder ein paar Pistolen und dergleichen mehr. Doch ritten wir so rasch wie möglich vorbei, da wir diese lieben Leute bei Beirut genugsam hatten kennen gelernt, und da auch die Pest in all' diesen Lagern so gut wie in den Städten herrschen sollte.

Jetzt ritten wir um die äußere Mauer auf der Landseite herum nach dem Hafen und Meerbusen von Acre, wo wir unsere Pferde ließen, und zu Fuße in die Stadt traten, um die zerschossenen und gesprengten Werke und Häuser in der Nähe zu sehen.

Wir gingen durch einige Straßen der Stadt und sahen überall die starken Verheerungen, welche die Kugeln der Flotte angerichtet. Doch schien es mir, als haben die Häuser der Stadt mehr gelitten, als Wall und Mauer. Man konnte in den Straßen fast keinen Schritt thun, ohne bei Trümmerhaufen vorbeizukommen. Vieles Volk, Soldaten wie Einwohner, campirten unter grünen Zelten oder Gerüsten von Balken, die sie aufgerichtet hatten. Wir verließen die Stadt bald wieder, setzten uns draußen auf unsere Pferde und ritten um den Meerbusen von Acre herum. Auch hier sah man, so wie an der Küste von Beirut, die deutlichen Spuren der Verheerung, welche der Sturm vom 1. auf den 2. December vorigen Jahres angerichtet. Mehrere größere und kleinere Handelsschiffe lagen zerschmettert am Ufer, und ebenso eine englische Kriegsbrigg, die hier gestrandet war. Doch hatte man von letzterer so viel wie möglich gerettet. Ihre Matrosen und Soldaten hatten sich bei dem Fahrzeug kleine Barraken aufgeschlagen, und bewachten Kanonen, Masten, Takellage, die man vom zertrümmerten Wrak herunter genommen. Nach ungefähr drei Stunden, die wir immer dicht an der Küste des Meerbusens auf weichem Muschelsande reitend, durch Jagd auf allerhand Wasservögel verkürzt hatten, erreichten wir Haifa, ein kleines Dörfchen mit alten Mauern und Thoren, am Fuß des Carmel liegend. Vor dem Ort hatten wir die Freude, den Drusenfürsten wieder zu sehen, der vor einiger Zeit mit seinen Reitern in Beirut gewesen war. Er lag mit seiner Cavallerie um Acre und Haifa herum, und wollte gerade nach der Festung reiten. Wir wechselten einige freundliche Worte zusammen, und verließen ihn, wahrscheinlich auf Nimmer-wiedersehen. In Haifa machten wir einen kleinen Halt und nahmen für unser heutiges Nachtlager, das Kloster auf dem Carmel, Fourrage für unsere Pferde mit, da es hieß, man würde uns dort oben keine geben können. Nach Verlauf einer kleinen Stunde ritten wir langsam den sehr steilen Weg des Carmel hinan, fast niedergedrückt von der Nachmittagssonne, die an dem Berge abprallend uns sowohl wie die Thiere äußerst ermattete. Die prächtig weite Aussicht, die immer ausgedehnter und schöner wurde, je höher wir stiegen, entschädigte uns einigermaßen. Vor uns lag Haifa, St. Jean d'Acre, von dem Meerbusen getrennt, und in der ungeheuren Fläche des Meeres, die wir von hier oben sahen, fast nur wie ein kleiner Einschnitt erscheinend. Endlich erreichten wir das Kloster, und waren nicht wenig überrascht von den stattlichen Gebäuden, die wir hier so unverhofft vor uns sahen. Wir ritten vor die Thür des Klosters, das, in großem Maßstab aus schön gehauenen Steinen aufgeführt und mit hohen Fenstern versehen, eher einer fürstlichen Residenz als einem Mönchskloster ähnlich sieht. Es erschienen ein paar Brüder in ihrer braunen Ordenstracht, die uns auf's Freundlichste willkommen hießen und in das Innere des Hauses führten, wo unsere Ueberraschung bei jedem Schritte stieg. Wir arme Pilger waren schon ganz entwöhnt, ein schön gebautes und gut eingerichtetes Haus zu sehen, so daß wir Alles mit einer kindischen Neugierde betrachteten. Schöne Steintreppen führten in den ersten Stock; oben kamen wir in einen Speisesaal, mit Tischen, Stühlen und ganzen Schränken voll Glas- und Porzellansachen versehen. An diesen Saal stieß eine Reihe freundlicher kleiner Zimmer für Gäste und Pilger, auf's Beste und Sauberste eingerichtet. Da waren eiserne Bettgestelle, mit den schönsten Matratzen, weißem frischem Leinenzeug und grünen Vorhängen; da waren Waschtische mit allen Bequemlichkeiten, Spiegel, Stühle, kurz bis zum Stiefelzieher herab Alles auf's Beste eingerichtet. Das Kloster auf dem Carmel kam uns nach den entsetzlichen Quartieren, die wir bisher gehabt, wie eine Wohnung der Seligen vor, und die guten Paters ergötzten sich nicht wenig an der Freude, mit der wir ihre Herrlichkeiten betrachteten. Wer sich noch nie in gleichem Falle mit uns befand, der wird das Wohlgefallen nicht mitfühlen, uns wieder einmal ordentlich waschen und frische Wäsche anziehen zu können. Ja, dieser Genuß war weit größer, als der der guten Mahlzeit, die wir, auf Stühlen an einem ordentlichen Tische sitzend, bald darauf einnahmen.

Nach Tische führte uns einer der Mönche zu dem Prior, einem Mann in den besten Jahren, mit kohlschwarzem langem Bart und einem sehr einnehmenden Wesen. Sein Zimmer war mit Büchern, mathematischen und astronomischen Instrumenten angefüllt, die auf eine gediegene wissenschaftliche Bildung des Mannes hindeuteten, welche sich auch in seinen Gesprächen kund gab. Er war ein Spanier und erst zwei Jahre auf dem Carmel. Später besahen wir das ganze Kloster und die schöne geräumige Kirche, in welcher sich unter dem Hochaltar die Grotte des Propheten Elias befindet.

Vom platten Dach des Klosters genoßen wir in der schönsten Abendbeleuchtung eine wundervolle Aussicht auf die schneebedeckten Gipfel des Libanon und Antilibanon, nach Westen auf das Mittelmeer und nach Süden auf die Ebene der Meeresküste bei Atlit und auf das Gefilde von Cäsarea; gegen Osten verdeckten uns die vortretenden Höhen die Aussicht; dort lag Nazareth und der Tabor.

Auf unserer ganzen Tour in Syrien schliefen wir keine Nacht so ruhig und angenehm, wie hier auf dem Carmel, und als wir am andern Morgen zum Aufbruch geweckt wurden, war uns die Nacht wie eine Minute verflogen. Doch standen die Pferde schon zur Weiterreise gesattelt und wir verließen das Kloster bei Sonnenaufgang mit unserem besten Dank gegen die Gastfreundschaft und Herzlichkeit der guten Mönche. Anfänglich führte uns der Weg die romantischen Schluchten des Gebirges hinab und dann wieder an die Küste des Meeres, das wir auf unserem heutigen Marsch nur dann verließen, wenn das Ufer aus Klippen bestand, die wir umgehen mußten. Gleich am Morgen hatte unser Nimrod, der Maler F., eine Hyäne entdeckt, die sich aber bei unserem Anblick tiefer ins Gebirge zog, und obgleich wir ihr eine Stunde folgten, und gar zu sehr gewünscht hätten, ihre nähere Bekanntschaft zu machen, so sahen wir sie doch nicht wieder. Dagegen schoßen wir ein paar Schakals und eine ziemlich große Schlange, die am Weg auf einem Steinblock lag und sich sonnte. Unser heutiger Weg führte uns durch große grasbewachsene Flächen, die gen Jaffa zu immer häufiger und üppiger werden. Auf ihnen sahen wir heute zum ersten Mal schöne niedliche Gazellen in großen Schaaren; doch habe ich nie ein Wild gesehen, was so scheu und flüchtig ist, wie dieses. Wenn wir ganz ruhig unsere Straße zogen, hielten sie kaum auf zweitausend Schritte, doch wenn selbst in dieser weiten

Entfernung einer von uns sein Pferd gegen sie wandte oder eine Pistole abschoß, so jagten sie in unglaublicher Schnelligkeit davon und wir sahen sie in kurzer Zeit nur noch fern am Horizont. Es ist sehr schwer, eines dieser Thiere zu erlegen, denn selbst eine Gemse ist viel leichter zu beschleichen, als eine Gazelle. Wie jene stellen sie Wachen aus, die den Jäger auf den weiten flachen Ebenen noch viel eher entdecken, als wenn das Terrain bergigt und bewachsen wäre. Es gibt hier eine Art Windhunde, die allenfalls im Stande sind, eine Gazelle, die keinen zu großen Vorsprung hat, einzuholen. Doch fangen selbst diese schnellen Hunde gewöhnlich nur ganz junge oder erkrankte Gazellen.

Gegen Mittag kamen wir bei den Ruinen von Castellum peregrinorum vorbei; doch sieht man von denselben nur noch undeutlich auf der Landseite die Umrisse der Gräben und Ueberreste von alten Mauern. Nachmittags gegen vier Uhr erreichten wir unser heutiges Nachtlager, ein kleines armseliges Dorf, Tantura, dicht am Meere gelegen. Da es hier keinen Chan gab, so quartierten wir uns in einer Art von Schoppen ein, der früher zur Aufbewahrung von Früchten benutzt wurde. Doch wurde uns die Armseligkeit dieses Locals, besonders nach dem gestrigen herrlichen Quartiere auf dem Carmel, recht fühlbar. Es war aber auch eines der schlechtesten, die wir bisher gehabt. Die beiden schönen Pferde des Barons hatten wir mit in unser Gemach genommen und die andern waren nebenan in einem andern noch schmutzigeren Winkel untergebracht. Außer den schon früher bemerkten unangenehmen Thieren, die unsere Nachtruhe störten, waren es hier ganze Schaaren von Ratten und Mäusen, die uns belästigten. Unser guter Fürst, der eine schreckliche Abneigung gegen letztere Thiere hatte, hielt so komische Lamentationen, daß die Nacht, trotz allem Elend, fast unter lauter Lachen und Scherzen verging. Ich hatte mich in eine Art Nische zurückgezogen, doch kaum hatten wir das Licht ausgelöscht und es war etwas ruhig geworden, als mich die Mäuse und Ratten förmlich aus meinem Lager vertrieben. Was dieses zudringliche Volk über meinem Kopfe in der Mauer anfing, war mir unerklärlich; doch kaum hatte ich mich niedergelegt, so fing es dort an zu krabbeln und zu kratzen und scharrte mir eine solche Menge Lehm und Erde auf den Kopf, daß ich mich flüchten und in die Mitte des Gemachs legen mußte. Doch war es hier auch nicht viel besser, denn es wimmelte in der ganzen Hütte von allerlei Ungeziefer. Zuweilen sprang uns eine langgeschwänzte Ratte über den Kopf, dann hörten wir deutlich, daß ganze Schaaren von Mäusen unser Brod und andere Effecten benagten, kurz, es war nicht zum Aushalten; auch die andern blutdürstigen Ungeheuer, die wir gehofft hatten, gestern auf dem Carmel zu entfernen, zeigten sich wieder in großer Anzahl und ließen uns kein Auge zuthun, weßhalb wir schon gegen drei Uhr wieder aufstanden und Anstalten zum Abmarsch trafen. Um vier Uhr schwangen wir uns auf die Pferde und ritten davon. Der Tag stieg langsam herauf und als es so hell war, daß man die Gegenstände um sich her erkennen konnte, bemerkte ich einen Teich, der einige hundert Schritte vom Weg ablag und worauf ich etwas schwimmen sah, das mir wilde Enten oder sonstige Wasservögel zu seyn schienen. Ich nahm das Gewehr, stieg vom Pferde, welches ich einem unserer Mucker gab und ging langsam auf das Wasser zu, um im glücklichen Fall auf heute Abend einen Braten zu erschießen. Als ich jedoch näher kam, sah ich, daß es keine Wasservögel waren, sondern kleine Stücke Holz, die von Weitem ungefähr so aussahen. Der Teich war mit niedrigen Gesträuchen umgeben, und da ich ihn erreicht hatte, wollte ich auch vollends um ihn herumgehen. Der Seite gegenüber, wo ich hergekommen war, begann wieder eine der großen Grasflächen und hier entdeckte ich eine seltene und erwünschte Jagdbeute. Meine Schritte verursachten ein ziemliches Geräusche in dem hohen Grase und hierdurch aufgeschreckt gingen wenige Schritte vor mir drei Gazellen auf und mit solcher Schnelligkeit von dannen, daß sie schon an fünfundzwanzig Gänge von mir entfernt waren, ehe ich Zeit hatte, das Gewehr anzulegen. Der eine Lauf versagte mir, doch mit dem andern schoß ich glücklich eines dieser Thiere. Es machte noch einige Sätze vorwärts und stürzte dann zusammen. Das Thier war von der Größe einer Rehkitze und nach seinen beiden kleinen Krücken zu urtheilen, noch sehr jung. Ich nahm es auf meine Schultern und suchte meinen Gefährten nachzukommen, die unterdessen schon weit voraus waren. Auch wandte sich der Weg nach einer ganz andern Richtung, als auf der wir vorhin ritten, und so glaubte ich schon mich verirrt zu haben, als die aufgehende Sonne mit ihren Strahlen vor mit etwas Glänzendes beschien und ich unsere Caravane erkannte. Doch hatte ich noch immer eine gute halbe Stunde zu thun, ehe ich, mit der Gazelle auf dem Rücken, und durch vier bis fünf Fuß hohes Gestrüpp watend, sie erreichen konnte. Die Freude beim Anblick meiner Jagdbeute war indessen nicht gering, und wir dachten schon im Voraus an den seltenen Genuß eines guten Bratens, den uns das Thier gewähren würde.

Unser heutiger Marsch war einer der angenehmsten, dagegen unser Nachtlager das schlechteste, das wir je gehabt. Ersterer führte fast den ganzen Tag durch eine duftige, grün bewachsene Fläche, wo wir häufig dem Spielen und der Flucht großer Gazellenheerden zuschauten. Gegen Abend wurde das Terrain etwas hügelig und wir hatten rechts und links hohe Gebüsche, aus denen bei einbrechender Dunkelheit die Schakals ihre zarten Stimmen ertönen ließen. Ein gräßlicheres Geschrei kann man nicht leicht hören; ein unangenehmes heiseres Bellen; besonders diesen Abend mußten sich in den Gebüschen ganze Heerden dieser Thiere aufhalten. Wir schossen einige Male unsere Pistolen ab, worauf sie eine Zeit lang schwiegen, doch auch gerade nur so lange, wie die Frösche in einem Teich, wenn man einen Stein hinein wirft.

Unser Nachtquartier sollte heute ein kleines Dorf seyn, mit Moschee und Chan, und die Mucker hatten es als eines der besten auf unserem ganzen Wege gerühmt. Doch unsere Erwartungen wurden sehr getäuscht. Jetzt lag das kleine Dorf vor uns und wir waren bald zwischen den ersten Häusern. Doch obgleich die Sonne kaum untergegangen, sahen wir keinen Menschen. Schliefen die Bewohner schon oder kamen sie vielleicht aus Furcht vor uns nicht aus ihren Löchern. Als wir bei der Moschee und dem, was sie hier einen Chan nennen, ankamen, fanden wir dort zwei Beduinen, die uns das Räthsel lösten. In dem Dorf hatte ein Trupp türkischer Soldaten so arg gewirthschaftet, daß die Einwohner bei Annäherung einer zweiten Abtheilung mit ihren sämmtlichen Habseligkeiten die Flucht ergriffen hatten. Ihr Korn, Gerste und sonstige Feldfrüchte hatten sie in großen Löchern verborgen, die nicht so leicht aufzufinden waren. Diese Nachrichten waren für uns nicht angenehm, denn wir hatten hier auf ein gutes Futter für die Pferde und auf Lebensmittel für uns gerechnet, da der Vorrath in unsern Säcken und Körben sehr zusammengeschmolzen war. Zuerst sahen wir uns nach einem Stalle um, wo wir die Thiere unterbringen konnten, doch war nichts der Art zu finden und wir mußten sie also im Freien übernachten lassen. Der Chan bestand aus zwei Gemächern, von denen das eine keinen Rauchfang hatte und das andere von den beiden Beduinen, zu denen sich bald noch ein dritter und vierter gesellte, eingenommen war. Wenn die meisten dieses Volkes nicht sehr reinlich und zierlich gekleidet sind, so waren diese ihrem Aussehen nach rechte Landstreicher. Um die Füße hatten sie grobe Lappen gewickelt, die Farbe ihres Unterkleides war gar nicht zu erkennen und der Burnus, aus allen möglichen Stoffen und Farben zusammengesetzt, ließ an mehreren Stellen die dunkelfarbigen, sehnigten Glieder durchblicken. Am besten waren ihre Waffen: die Lanze hatte die unentbehrliche Büschel von schwarzen Straußfedern und die Säbel sahen auch recht gut aus; nur war die Klinge, statt in einer Scheide zu stecken, mit alten Lappen umwickelt.

Da es ziemlich kühl war, so mußten wir, um ein Feuer unterhalten zu können, uns mit jenen Kerls in dasselbe Gemach legen. Doch wurde schon von vorne herein bestimmt, daß wir während der Nacht abwechselnd wachen wollten. Kaum loderte unser Feuer und wir saßen behaglich umher, die durchkälteten Glieder etwas zu erwärmen, als durch die offen stehende

Thüre eine Katze hereinschlich, bald darauf eine zweite, eine dritte, vierte, fünfte und sechste, und hinter diesen hörten wir an den uns so wohl bekannten Tönen, daß noch mehrere draußen seyen. Und so war es auch. Der ganze Hof wimmelte von einer Unzahl von Katzen, die, von den Bewohnern des Dorfes zurückgelassen, jetzt die neuen Ankömmlinge witterten und von allen Seiten herbeikamen, um etwas zur Stillung ihres Hungers zu finden. Die Thiere waren nicht zu verjagen und wenn wir ihnen auch nichts zu Leide thaten, so machten unsere Mucker und die Beduinen, als sie sahen, daß uns die Thiere in dem Zimmer belästigten, eine große Jagd auf sie, die mancher das Leben kostete. Die Moschee neben uns an war eine Ruine zu nennen, denn das Mauerwerk war halb eingestürzt und von dem Minaret standen kaum noch zwei Drittel. Es fehlte uns heute Abend an Allem, sogar am Wasser, und wenn auch gleich bei der Moschee ein Brunnen war, so hatten wir kein Geschirr und auch nicht Stricke genug, um auf den Wasserspiegel zu langen. Wir halfen uns so gut wir konnten, indem wir die Stricke, die sich an unsern Säcken und Körben befanden, mit unsern Shawls zusammen knüpften, und an diesen unser Caffeegeschirr banden, wo wir dann am Ende Wasser, aber nur in sehr kleinen Portionen bekamen. Den Thieren konnten wir auf diese Art natürlich keines herausschöpfen. Wir hatten nicht einmal ein Korn Futter für sie und entschlossen uns schon, nur einige Stunden hier zu bleiben, um am andern Morgen früh das nicht weit von hier entfernte Jaffa zu erreichen. Doch halfen uns die Beduinen, denn sie gingen ins Dorf und waren so glücklich, in kurzer Zeit eine jener Gruppen aufzufinden, worin die Leute ihre Früchte vergraben, und brachten Gerste genug für die Pferde mit.

Nachdem wir aus unsern Körben die Reste von Brod, Fleisch und Käse zusammengescharrt hatten, legten wir uns hin und versuchten zu schlafen. Ob ich gleich offiziell die erste Wache allein hatte, so wachten doch Alle mit mir, denn unsere Plage, die kleinen blutdürstigen Flöhe und andere dergleichen Insekten überfielen uns heute grimmiger als je. Keiner konnte ein Auge schließen und bald hatte ich bei meinem Wachedienst Gesellschaft genug, denn einer um den andern kam aus der Ecke hervor und setzte sich zu mir ans Feuer, wo wir aus reiner Verzweiflung mit den Resten unseres Caffees und Zuckers uns die Zeit vertrieben und eine Tasse um die andere tranken. Auch unsern Muckern draußen gefiel es hier sehr schlecht, und als es noch ganz finster war, fragten sie schon um Erlaubniß, aufpacken zu können, da der Weg nach Jaffa leicht zu finden wäre. Wir waren froh, dies elende Local verfassen zu können, sattelten deßhalb unsere Pferde und ritten in der Dunkelheit fort. Die vier Beduinen, die wir hier angetroffen hatten, schlossen sich an uns an. Die Spitze des

Zugs hatte unser Hauptmucker und wir folgten ihm, einer hinter dem andern, um nicht in Gräben oder Wasserpfützen zu stürzen, die sich rechts oder links befinden könnten.

Das Terrain war wie gestern, grüne Wiesen mit Gebüschen durchsetzt, und zuweilen kamen wir in kleine Waldungen. Mit Anbruch des Tages erreichten wir einen Weideplatz mit einigen schlechten Hütten, in denen sich Hirten befanden, die uns die eben frisch gemolkene Milch ihrer Kühe und Ziegen anboten. Wir lagerten uns um sie im Grase und tranken mit viel Behagen die gute Milch, zu welcher wir die Reste unseres steinharten Brodes verzehrten. Mir hat übrigens in meinem ganzen Leben kein Caffee, auf das Eleganteste servirt, so geschmeckt, wie dies ländliche Frühstück. Wir brachen jedoch bald wieder auf und kamen nach einigen Stunden in die Nähe von Jaffa, wo sich damals, so wie in Ramleh und Jerusalem, ein großer Theil der türkischen Armee befand. Lange vorher, ehe wir die Stadt ansichtig wurden, begegneten wir schon ganzen Schaaren dieser Kriegshelden, die wahrscheinlich in der Umgegend fourragirt hatten und mit Früchten und Vieh nach der Stadt zurückkehrten. Auf den nächsten Höhen vor Jaffa befanden sich rechts und links vom Wege zwei große Lager von grünen und grauen Zelten, unter denen reguläre Infanterie und Kavallerie hausten. Jetzt lag Jaffa vor uns und zugleich sahen wir das Meer wieder, das seine Mauern bespült. Die alte bekannte Stadt gewährte übrigens keinen großartigen Anblick. Sie liegt auf einem kleinen Hügel und sieht von der Nordostseite, von welcher wir herkamen, mit ihren alten Mauern und Häusern einer großen unregelmäßig zusammengebauten Burg ähnlich. Die Umgebung der Stadt von Nordost, eine sandige Fläche, und von Süden das blaue Meer, ist nur im Osten schön, wo dichte Wälder von Palmen, Platanen, Feigen- und Orangenbäumen die Mauern begränzen. Wie vor einem Bienenhause wimmelte es vor der Stadt und an den Thoren von Soldaten, meistens irreguläre Kavallerie, die aus- und einzogen. Ebenso waren die Straßen vollgepfropft, daß wir uns kaum nach dem Kapuzinerkloster durchwinden konnten. Auf allen Plätzen waren Zelte aufgeschlagen, oder es lagen die Soldaten unter freiem Himmel auf der Straße und kochten an kleinen Feuern. Die Kavallerie hatte ganz Jaffa in einen großen Stall verwandelt, denn ihre Pferde standen rechts und links an den Häusern festgebunden und ließen nur eine schmale Gasse frei, die man mit Lebensgefahr passiren mußte; denn die Pferde waren unruhig, traten zurück und bissen und schlugen nicht selten um sich. Doch erreichten wir ohne Unfall das Kloster, wo wir unsere Reisegefährten vom Dampfboote Crescent, die östreichischen Offiziere, wieder zu finden hofften. Wir trafen sie auch oben beim Prior mit Ausnahme des Grafen Szechenyi, der unterdessen nach Damaskus gezogen war, wo ihn der Tod ereilte. Da es ohnehin nicht in unserer Absicht lag, heute in Jaffa zu bleiben, worin wir durch die Ueberfüllung der Stadt, so wie durch die Versicherung des Priors, daß es ihm unmöglich sey, uns ein Obdach zu geben, noch bestärkt wurden, so fütterten wir rasch unsere Pferde ab, nahmen mit Dank die Mahlzeit an, die uns der Prior serviren ließ und ritten gen Ramleh, das wir auch am Abend erreichten.

Bis jetzt hatten wir auf unsern Touren die lateinischen Klöster, wo es deren gab, besucht. Doch da sich Fürst Aslan von Beirut aus mit sehr guten Empfehlungsbriefen an die Klöster seiner Kirche versehen hatte, so ritten wir bei unserer Ankunft in Ramleh vor das dortige griechische Kloster, ein schönes stattliches Gebäude, wo wir die freundlichste Aufnahme fanden. Neben den Bequemlichkeiten, die uns in reinliches Zimmer mit guten Kissen und Teppichen darbot, erfreute und beschäftigte uns besonders heute Abend der Gedanke, morgen das Hauptziel unserer ganzen Tour, Jerusalem, zu erreichen.

Drittes Kapitel.

Die heiligen Orte.

Eine griechische Familie. - Jerusalem. - Die Stadt. - Das griechische Kloster. - Die Grabeskirche. - Die *Via dolorosa*. - Die Davidsburg auf Zion. - Das Thal Josaphat. - Morija. - Der Bach Kidron. - Die Gräber. - Der Oelberg. - Bethlehem. - St. Saba. - Das todte Meer. - Der Jordan. - Ueberfall von Raubbeduinen. - Felsenwege. - Nachtlager unter freiem Himmel. - Tänze der Beduinen. - Bethanien. - Erzählung des Fürsten Aslan.

Heute sollte ich Jerusalem schauen! Ich hatte viel ertragen in der Hoffnung dieses Anblicks: Gefahren des Meeres und Gefahren des Landes; seit drei Monaten war ein Teppich und der nackte Boden meine einzige Lagerstätte, und die Gegend, durch welche wir zogen, bot weder Sicherheit, noch Aussicht auf körperliche Ruhe. Durch Ibrahim Paschas Vertreibung hatten sich die Verhältnisse für die Reisenden weit unangenehmer gestaltet. Die ägyptische Verwaltung war stark genug gewesen, Ordnung im Lande zu erhalten, und die Europäer, denen sie sich geneigt zeigte, zu schützen. Jetzt schwärmten, unter türkischer Herrschaft, wieder Araber umher und die Stämme des Libanon waren in Bewegung. Doch nichts konnte meinen Vorsatz schwächen! - Die Strahlen der Sonne, welche im Januar schon Frühlingswärme verbreitete, stärkten mich wunderbar, und mein Herz erweiterte sich, als ich über die fruchtbare, leider unangebaute Ebene des alten Arimathia hintrabte. Nach ein paar Stunden gelangten wir an den Fuß einer Kette kegelförmiger Hügel, zu „Judäas gebirgigem Lande." Wir ritten den ganzen Tag über die vielen einzelnen Höhen des schroffen Gebirges hinweg, und so oft wir wieder eine Spitze erstiegen hatten, hofften wir, Jerusalem sehen zu können; aber es schien vor uns zu fliehen, wie der Schatten eines Glückes, und immer trennte uns eine neue Schlucht von dem nun gegenüber liegenden Abhange, der uns abermals den Anblick der „Seelenstadt" versprach. Die Gegend liegt öde; man trifft auf dem ganzen Weg kein bewohntes Dorf, und kaum einige Oel- und Maulbeerbäume, unter deren Schatten man Ruhe und Kühlung schöpfen konnte. Sparsame Reben bekränzen die Anhöhen. Keine Züge von Pilgern, wie die meisten Reisenden erwähnen, kamen uns buntfarbig und malerisch in langer Reihe entgegen; wir begegneten, obgleich die Jahreszeit das Reisen bei Tage wohl gestattete, nur wenigen Menschen. Ich versenkte mich in Betrachtungen über die Vergänglichkeit alles Irdischen und die eitlen Mühen der Menschen, - Betrachtungen, welche durch die Spuren großer Verödung ringsum von ihrer Melancholie so wenig verloren, als durch die Erinnerung an die Klaglieder des Propheten Jeremias, dessen Geburtsort Amathoth, heute Kariet-el-Aaneb, an einem eben von uns überstiegenen Abhange liegt. Hier in der Nähe pflegte sonst der Scheik von Abu Gosch die Reisenden mit einigen Reitern anzuhalten und ihnen eine Art Tribut abzunehmen. Wir blieben zwar verschont mit dieser rauhen Probe mangelnder Civilisation und barbarischen Faustrechts; aber eine rührende Scene sollte uns doch überzeugen, wie verlassen hier, in der Nähe seiner Wurzel, die Kinder des Kreuzes sind. Unten an dem Bergesgipfel, worauf der Scheik von Abu Gosch seinen Räubersitz aufgeschlagen hat, liegen die Ruinen eines christlichen Klosters aus der Zeit der Kreuzzüge, dessen Bewohner die „Väter des heiligen Landes", vor einem Jahrhundert von den Arabern niedergemetzelt wurden. Dort trafen wir eine griechische Familie, welche der Krieg im Innern des Landes vertrieben hatte. Die Trümmer ihrer eigenen Behausung hatte sie verlassen und lagerte nun an den Trümmern eines Tempels ihres Gottes. Sie verrichtete eben in gläubiger Andacht ihr Abendgebet, als wir daselbst anlangten und unwillkührlich den himmlischen Frieden dieser frommen Menschen störten. O wie rührend ist doch der Anblick des Unglücks, der Ergebung und der Schönheit! Noch weilt mein Auge mit Wohlwollen und Bewunderung auf jener lieblichen Griechenjungfrau, welche inmitten der betenden Gruppe an eine Säule gelehnt stand, sie mit einem Arme umrankend, wie die Rebe den Palmbaum. Welcher Adel in ihrem schlanken Wuchse, welches Ebenmaas in diesen sanft gerundeten Gliedern, welcher Stolz in diesem erhabenen, vollen Nacken, über welchen eine Fülle dunkler Locken herabwallte! Die herrliche Erscheinung war gehüllt in die bunte, malerische Tracht ihres Volkes. Die letzten Strahlen der Sonne fielen glänzend auf die rothe Mütze, den lasurblauen Gürtel und die rothe Robe, das charakteristische Kostüm der griechischen Frauen. Das schöne blaue Augenpaar der reizenden Beterin verlor sich, gleich zwei unergründlichen Sternen, im blauen Himmel und hob sich empor zu dem Allmächtigen, in dessen Händen das Schicksal der Ihrigen lag, und zu der holden Fürsprecherin der Jungfrauen, zu der ewigen Jungfrau. Ueberrascht, in Anschauen und Erinnerung versunken, faltete auch ich schweigend meine Hände, und durchdrungen von dem Wunsche, daß ihr Gebet erhört werde, betete auch ich mein *Ave Maria!* Lange nachdem wir die Umgebung der Ruinen verlassen hatten, weilte mein Geist noch bei der betenden Griechin, welche mich durch den Reiz ihrer Schönheit und die Poesie ihrer Erscheinung doppelt anzog.

Es war schon spät und der Tag neigte sich, als wir nach mühevoller Reise immer noch an den steilen Bergen emporkletterten, welche Jerusalem von allen Seiten umgeben. Mit jedem Schritte wurde meine Ungeduld größer, lebendiger meine Sehnsucht, den Ort zu sehen, der mich hauptsächlich in diese Oede gezogen hatte; so sehr brannte ich vor Verlangen, daß ich die letzte Viertelstunde beinahe in vollem Lauf meines Pferdes zurücklegte, denn ich wollte die weltberühmte, ewig merkwürdige Stadt noch von der untergehenden Sonne beleuchtet erblicken.

Plötzlich, nachdem ich den Gipfel eines steilen, kahlen Hügels erreicht hatte, stellte sich meinen gierigen Augen eine Mauerlinie mit hohen Zinnen dar, über welche einige Kuppeln und Minarets emporragten. Es war eine Stadt, obwohl größtentheils verborgen hinter den Abhängen des Berges: es war Jerusalem! Ich durfte nicht fragen; ich fühlte es.

Mit bebender Hand hielt ich mein Pferd an, und versenkte mich in Anschauung, in Gedanken, in Empfindungen, ich weiß es nicht; der Griffel kann das Unaussprechliche nicht schildern. Das Auge glühte, das Herz pochte, meine Pulse schlugen in fieberischer Aufregung, ich konnte nicht unterscheiden, ob Befriedigung am Ziele, ob Andacht und Erhebung, ob Neugierde und Verwunderung in diesem feierlichen Momente vorherrschten. Alles das zumal stürmte auf mich ein; ich war ein Anderer in diesem Augenblick der Weihe; ich war aus mir selbst herausgetreten und in andächtige Beschauung verloren. Es durchzuckte mich wie Gottes

Nähe. Mancher Kampf nach Innen und nach Außen lag nun hinter mir; eine Epoche meines Daseyns war geschlossen; und hier erschien mir die Vergangenheit in höherem, edlerem Lichte; ein heiligender Strahl war darüber hingefahren. Wie ich jetzt empfand und dachte, hatte ich nie empfunden, nie gedacht.

Die Sonne sank immer tiefer und schon warfen die Schatten des Abends sich über die Hügel der Stadt. Da legte sich mir unwillkührlich auf die Linke, in welcher ich nachläßig den Zügel hielt, um sich zu einem stillen Gebet zu falten, dieselbe rechte Hand, welche ein paar Tage darauf, als ein Araber Wasser aus dem Jordan zu schöpfen mir verwehren wollte, sich ausstreckte zu raschem Blutvergießen. Auch schäme ich mich nicht, es zu gestehen, - als ich den letzten trunkenen Blick warf auf die Stadt, um mich nun loszureißen von dem Schauspiel und einzuziehen in die Thore, sank mir eine stille Thräne in das Auge, und ich dachte an die Lieben, die ich im Vaterland zurückgelassen, und mich abwendend gab ich dem Pferde zu raschem Lauf die Sporen, damit nicht von fremden Gedanken mir überfüllt werde die des Heiligen volle Seele, und damit ich dem Schmerze der mich überraschenden Erinnerung enteile.

Der gewöhnliche Einkehrort der Fremdlinge, die aus den Abendländern kommen, ist das Franziskanerkloster. Da wir jedoch gewichtige Empfehlungen an den Patriarchen des griechischen Klosters vorzuweisen hatten, wählten wir das letztere zur Wohnung während unseres Aufenthaltes in Jerusalem. Wir hatten uns der sorgfältigsten und freundlichsten Aufnahme zu erfreuen. Der Metropolitan Archiepiskopus Petrus Meletius, der Procurator von Jerusalem, wies uns die besten Zimmer des Klosters an, und suchte mit der edelsten Gastfreundschaft, in allen Dingen uns gefällig zu seyn. Er ist ein würdiger Alter von dem stattlichsten Aussehen; der große Bart, der ihm vom Kinne niederwallt, flößt unwillkührlich Ehrfurcht vor ihm ein, und das, trotz des vorgerückten Alters, immer noch schön zu nennende Antlitz gewinnt den Fremden durch die zuvorkommende Freundlichkeit. Es war gerade Fastenzeit, weßwegen der Archiepiskopus des Fleisches sich enthielt. Doch war dieß kein Grund für ihn, auch uns, die wir täglich an seinem Tische saßen, dieselbe Enthaltsamkeit aufzulegen; vielmehr wurden uns täglich verschiedene Fleischspeisen vorgesetzt.

Es war ein feierliches Erwachen am ersten Morgen, der mich in Jerusalem begrüßte. Kaum graute der Tag, so zitterte meine Seele schon vor Erwartung dessen, was ich sehen sollte. Nur ein paar Schritte noch, und das Ziel der Reise war erreicht; das heilige Grab hatte zum Anblick mich empfangen. Langsam ging uns die erste Stunde des Morgens vorüber;

wir drangen in unsern Führer, nicht zu säumen, und uns einzulassen in das Heiligthum. Aber wie bitter traf mich die Antwort, die mir auf mein Drängen zu Theil wurde, daß die Grabeskirche nur zu gewissen Stunden sichtbar und daß die Erlaubniß zum Eintritt erst von den Türken einzuholen sey. Da erwachte in meiner Seele der Grimm und ich verstand in diesem Einen Augenblicke das Geheimniß, worüber die Geschichtschreiber aller Zeiten sich verwunderten, das Geheimniß des heiligen Triebes, der Millionen hieher ins ferne Land geführt, um auf dem fremden Boten ihr Herzblut zu verspritzen.

Endlich traten wir in die Grabeskirche; mir bangte fast festen Fußes aufzutreten, und ich wußte, warum der Prophet, als sein großer Beruf ihn in die Nähe Gottes riß, die Füße entblößte, ehe er sich dem Heiligsten näherte. Ich schweige von den Formen der Kirche, welche schon von so vielen Reisenden beschrieben wurden; auch waren meine Augen wie getrübt und meine Seele so voll in diesen Stunden, daß mir das steinerne Schnitzwerk und alle kolossale Pracht des heiligen Hauses nur etwa so zum Bewußtsein kam, wie die Zinne einer Burg, welche der Wanderer erschaut, wenn sie an den fernen Bergen aus dem Nebel steigt.

Ohne daß ich wußte, wie mir geschah, war ich aus dem Grabesmysterium herausgetreten und hatte die Terrasse der Kirche erstiegen, von welcher man ganz Jerusalem übersieht, Betäubend, wie Opferdampf stiegen mir da Gedanken aus der Seele auf, und dem Griechen gleich, der in Delphi in stummem Sinnen auf die verhängnißvolle Antwort des befragten Gottes harrt, lehnte ich mich an die Kuppel des Doms zurück. Da lag sie vor mir die Stadt der Jahrtausende, und erschien mir, wie die Wittwe in ihrer Trauer; denn die Jahrhunderte, welche auf ihr liegen, die vor Alter sinkenden Oelbäume, die Grabmale mit den weißen Steinen, die durchlöcherten Felsen, das zerstreute Gemäuer, und alle Schwere der Erinnerungen mahnen genugsam an die Last von Begebnissen und Verlusten, die sie schon in Zeiten, wohin das Denken der Geschichte kaum reicht, getragen. Der Fremdling vermeint darum, es sollte still seyn in ihrer Mitte, wie in einem Trauerhause und die Menschen auf ihren Gassen mit verhüllten Häuptern gehen. Aber auch dieses Trauerhaus von Jahrhunderten ist vom Getümmel der Erde nicht verschont, und wo man nur stille Klage erwartet und frommes Sehnen, drängen sich Käufer und Verkäufer, zudringliche Führer und gieriges Gesindel.

- „Sehen Sie," sagte mein Führer zu mir, „dieser Weg, der zur Grabeskirche führt, ist die *Via dolorosa*." Und auch auf dem Schmerzenswege dasselbe Getriebe! Hier ist kein Stein und keine Platte, die nicht Zeugen einer großen Begebenheit wären. Dieser Raum hat den Heiligsten gesehen in aller seiner Schmach, ihn, den Verurtheilten und Leidenden, den Dorngekrönten und unter der Last des Kreuzes zum Tode Geführten! Welch heilige Erinnerungen sind in diese Steine eingebaut, wie viel tausend Herzen seit Constantins und Helena's Zeiten haben über diesen Anblick geblutet, sind von diesem Anblick getröstet wieder von dannen gezogen! „Was willst du klagen, kleine Seele?" so sprach ich zu mir, „was ist doch all dein Leid, das du groß nennst über Vermögen, gegen den Jammer, der auf dieser Bahn der Leiden und Erniedrigungen von dem Edelsten Aller freiwillig ist getragen worden! So sind wir armseliges Geschlecht! dachte ich und athmete freier bei dem Gedanken: Jeder mit seinem kleinen Leide wähne in seiner Blindheit, er leide das Höchste, und zuletzt ist es mit all den großen Schmerzen Täuschung nur gewesen. Doch sey es, wie es will: die *Via dolorosa* endigt am gewissen Ziel."

Da wollte der Gedanke mich eben in die Heimath führen, als mein Begleiter mich aus den Träumereien mit den Worten weckte: „Dort im Süden liegt Bethlehem." - Bethlehem, die anmuthigste unter den Städten! Sie liegt so gottgeliebt und friedlich auf dem Berge, und die hohe Sonne schaut so ruhig auf sie, daß ich mich nicht erinnere, irgendwo einen Ort gesehen zu haben, der mit solcher Anmuth solche Majestät verbände. Zur Linken zwischen den Hügeln dehnt sich das Thal der Hirten; eng und stille liegt es zwischen den Bergen, und nur wenige Bäume bekränzen seinen Saum. Dort haben in der heiligen Nacht die Heerschaaren des Himmels zuerst den Aermsten unter dem Volke das neue Heil verkündet. Viele Klöster erheben sich über die Häuser von Bethlehem, und die Kuppel, welche am Höchsten hervorragt, gehört der durch die Kaiserin Helena erbauten Kirche an, welche über der heiligen Grotte steht, da Christus geboren ist. Vom unscheinbarsten Anfang liebt das Größte aufzuwachsen, und auf den kleinsten Schauplatz mag das umfassendste Leben sich zusammendrängen. Aber nicht allein durch die Geburt Christi ist das kleine Bethlehem zur größten unter den Städten geworden; auch durch die Geschichte der späteren Zeit ist es geadelt. Denn auf dem bei Bethlehem liegenden Frankenberg haben die Helden unter den Christen gegen die Uebermacht der Sarazenen sich auf's Aeußerste gehalten, und in der Tapferkeit ihres felsenfesten Glaubens den letzten Blutstropfen verspritzt.

Der Himmel war ohne Wolke und das schönste Wetter begünstigte die Fernsicht. Erscheint mir Jerusalem wie eine Wittwe in ihrer Trauer, so liegt Bethlehem auf seinen Bergen, still und schicksallos, wie ein jungfräuliches Kind und in ruhigem Stolze wie eine Prophetentochter.

- „Welches Namens ist dort die Burg," fragte ich den Begleiter, „welche nur einige hundert Schritte von hier auf dem Gipfel jenes Hügels steht? Jene Gruppe von Gebäuden gemahnt mich heimathlich an die Bauart in dem Welttheil, in welchem mein Vaterland sich findet."

– „Das ist die Davidsburg auf Zion," sagte eintönig der Führer, nur bestätigend, was ich zuvor schon selbst gedacht. Also hier hat der Mann gehaust, der größte seiner Zeit, der ein Prophet war, ein Dichter und ein König! Der Himmel ist zu karg geworden in unserer Zeit: solch große Spenden theilt er nimmer aus, daß er demselben Manne, dem er die Worte der göttlichen Offenbarung in das Herz gibt und von den Lippen rauschen läßt, eine Leier in die Hand drückte, deren Saiten weit hin, ja durch Jahrtausende hallen, und ihm zugleich ein Diadem um das Haupt windet! Von Zion aus konnte der König Jerusalem beschauen, seine Stadt; der Dichter ungestört des Flusses strömende Welle, und das stille grünende Thal, die Terebinten und Olivenbäume betrachten, wie sie die Häupter der Hügel schmücken; der Prophet aber von der Höhe der Burg den Willen des Himmels erlauschen, und in ihren stillen Räumen die Geheimnisse der göttlichen Weisheit nachforschen.

– „Dort außerhalb der Stadt," sagte mein Begleiter weiter, „sehen Sie das Haus, wo Christus das Abendmahl stiftete." Gegen Südost dehnt die Aussicht sich weiter. Vor dem Auge des Betrachters liegt das Thal Josaphat, die Moschee auf Morija und weiterhin der Kessel des todten Meeres.

Es gibt wohl keinen andern Anblick, der die Seele mit so trüben Gedanken zu füllen vermag, wie das Thal Josaphat. Ein enges Thal zwischen zwei Hügeln, deren einer den Oelberg, der andere die Stadt Jerusalem auf seiner Höhe trägt, von dem fast wasserlosen Kidron durchschlichen; und was es an Zierde hat, sind die Grabmäler, die in seinem Schooße liegen. Niemals scheint die Sonne in diese düstre Tiefe; Morgens verbirgt sie sich dem Thale hinter dem Oelberg, und Nachmittags hinter Morija. Es ist das Thal der Schatten und der Gräber, und wer über die Brücke geht, die dort den Kidron überbaut, wird unwillkürlich von allen Schauern des Orkus beschlichen. Was der italienische Dichter an die Pforte seines Hades schrieb: „Hier laß die Hoffnung hinter dir zurück!" wendet er unwillkürlich auf das „Todesthal" an.

Rechts von der Kidronbrücke befinden sich die Gräber Absalon's, Josaphat's und Sacharja's. Betende liegen in der Nähe dieser Gräber auf den Boden hingestreckt, und eine Masse aufgeschichteter Steine, namentlich vor Absalons Grab, vermehrt noch das Traurige dieser Stätte. Der Zorn der Türken hat diese Steine vor das Grabmal Absalon's geworfen. Indem sie die Steine hinwerfen vor seine Gruft, sprechen sie einen Fluch aus wider den gottlosen Sohn und wider

Jeden, der seinen Eltern nicht gehorcht. Ein hoher, sittlicher Ernst liegt in diesem Gebrauche, und der Orientale, der mit dem durchs das Thal hallenden Fluch einen Stein vor dieses Mausoleum wirft, gemahnt auf's Lebhafteste an den Ernst des Gottes, der mit dem Arme seiner Stärke die böse That des Menschen rächt. In der Nähe von dem Grabmal Sacharja's befindet sich eine Grotte, in welche sich Jakobus mit einigen andern Jüngern während der Gefangennehmung Jesu geflüchtet und verborgen haben soll. Jeder Fels, jede Grotte, jede Höhle, jeder Stein birgt eine bedeutsame Erinnerung, und die größte und weiteste Kirche, welche zur brünstigen Andacht ruft, ist sicherlich Jerusalem selbst und seine Umgebung. Wer hier die Nähe Gottes nicht fühlt und die Hand des Allerhöchsten, welche das Salz ihres Zornes auf diese Gegend gestreut, dem muß das gottverwandte Menschenherz aus dem harten Busen gerissen seyn. Wer das Thal Josaphat nur mit e i n e m Blicke gesehen, der hat auch gefühlt, woher die trübe Wolke kommt, welche über dem Judaismus lagert; der muß die Klagelieder Jeremiä und die Trauerlieder der Psalmisten und die Verzweiflungsworte Hiobs verstehen, der weiß die Tiefe des Sündenbewußtseyns eines Paulus zu erklären, und erkennt die Seufzer und das lange Geschrei nach Erlösung, welches aus diesen Städten einst erschollen ist. Keinen Tag vermöchte ich zu weilen in diesem Thale; hier werden die Gefühle, die bangen Ahnungen centnerschwer, hier lastet die Luft wie eine eiserne Kette, und die Seele schrickt in sich zusammen, wie ein im Walde vom Schusse des Jägers verwundetes Reh.

Drum hinweg von diesen Gräbern, hinweg von dieser Schlucht! Wer in dieser Atmosphäre des Unheils, in dieser Melancholie des Orients an das sanftere Abendland, an die Heiterkeit griechischer Lüfte sich erinnern will, der rette sich hinüber zum T e i c h e B e t h e s d a, hinauf zur Q u e l l e S i l o a h. Der Teich Bethesda erinnert doch an die heilende Kraft der Natur und läßt im Anblick seiner von Mauern überbauten Tiefe die von Schrecknissen erfüllte Seele sich in etwas wieder beruhigen. Am Ende des Thales Josaphat liegt die Quelle Siloah. Könige und Propheten haben auf das Rieseln dieses Quells gehorcht: wenn sie Trost suchen wollten in der Bekümmerniß, setzten sich die Edlen in seine Kühle. Nirgends in der ganzen Umgegend Jerusalems kann der Wanderer mit einem Trunke Wassers sich erfrischen, nirgends findet er Schatten, um auszuruhen von der Mühseligkeit der Reise; nur hier am Quell Siloah ist ihm vergönnt, die lechzende Zunge zu erfrischen, den vertrockneten Gaumen zu netzen und das ermattete Haupt im Schatten niederzulegen. Wenn die Frauen aus dem Dorfe Siloah kommen, um sich Wasser zu schöpfen, und sie hinabsteigen die Stufen, welche in den Fels gehauen sind, und in stillem Sinnen die Krüge füllen von dem Quell: dann meint der Reisende in die Zeit des grauesten Alterthums sich zurück versetzt; und lebendig vor seinen Augen steigen jene schönen Bilder auf, welche die Dichter uns malen von den Töchtern der Patriarchen und dem Werben der Hirten, welche Stamm- und Erz-Väter wurden.

Auf Morija, dem Tempelberge, auf derselben Stätte, wo einst der alte jüdische Tempel gestanden, steht mit hoch empor gewölbter glänzender Kuppel die Moschee Omar, nächst der Moschee in Mekka der Muhamedaner größtes Heiligthum. Denn in ihr soll die Stelle seyn, wo Muhamed gen Himmel fuhr. Bei Todesstrafe ist der Zutritt in diesem Heiligthum jedem andern Menschenkinde, als dem Bekenner des Islams, versagt. So heilig halten die Muhamedaner ihre Monumente; zu dem Allerheiligsten der Christen aber führen die Verehrer des Propheten den Schlüssel.

Durch den Kessel des todten Meeres ist die Aussicht gegen Südost hin begrenzt. Ich schweige von all dem Schauerlichen, das man von dem todten Meere sich erzählt; es ist wie besonders geschaffen für diese Gegend des düstersten Schweigens und der Trauer. Die biblische Erzählung aber von der dereinstigen Lieblichkeit dieses Thalparadieses, von der Verdorbenheit seiner Bewohner und dem Untergange Sodom's und Gomorrha's ist voll sittlichen Ernstes und beweist abermals, wie nothwendig es war, daß gerade aus diesen Gegenden, welche die Spuren der Sünde und ihrer Strafe so sichtbar an sich tragen, die Religion hervorgehen mußte, welche das Bewußtseyn und die Angst der Sündenschuld in ihrer Versöhnungslehre aufgehen läßt. Von der Terrasse auf der Grabeskirche erscheint bisweilen das todte Meer wie ein spiegelglatter See, und gerne läßt man in der dürren Gegend das Auge über dasselbe hinschweifen.

- „Dort im Osten," sagte der Führer zu mir, „sehen Sie Bethanien und den Oelberg." Nächst Bethlehem ist Bethanien gewiß das lieblichste Dörflein, das weit und breit der Reisende findet. Und welch theure Erinnerungen knüpfen sich an diese Stätte! Hier hat Lazarus gewohnt und Maria und Martha; in ihrem Kreise hat Jesus ausgeruht von der heiligen Arbeit, um neue Kräfte sich zu sammeln zur Ausführung des schweren Berufs, den er über sich genommen; hier hat der aus Jerusalem Verstoßene ein Obdach, der Heimathlose eine Heimath, der von seinem Volk einem Missethäter gleich Verachtete Liebe und Ehre gefunden. Bethanien möcht' ich den Ort der stillen Liebe nennen: es ist so einsam, so traulich an den Berg gebaut, rings von schattigen Bäumen, von grünenden Feldern umgeben, daß man, wenn man's auch nur anschaut aus der Ferne, Wohnung darin machen möchte, umgeben von geliebten Herzen. Noch heute wallen alle Pilger besonders gerne dorthin, und viele Christen verweilen daselbst, um sich der Erinnerung an die Stunden zu erfreuen, da Jesus in Lazarus Haus ausstrahlte allen Glanz seiner Liebe, und wo der Geliebte Liebe um Liebe genoß. Wäre der Orient zur neuen Heimath mir beschieden, so möcht' ich mit jenen Christen in Bethanien wohnen, und oft vorübergehen an Lazarus Haus und der Martha gedenken und ihrer Schwester Maria. Lange ruhte mein Blick auf Bethanien, der Heimath der Seelen, welche der Herr lieb hatte; und die Seele war mir bewegt von unbeschreiblicher Wallung.

Mit Bethanien übersieht das Auge den Oelberg. Der Oelberg – jede Spanne des Berges eine Geschichte! Nahe am Oelberg liegt Gethsemane; unten an seinem Fuße der Olivengarten; und oben auf dem Gipfel die Himmelfahrtskirche. Steht der Sinai in der Wüste, wie ein Berg des Zorns, so ist der Oelberg mit seinen Bäumen wie ein Berg des Friedens anzuschauen. Ich konnte mein Auge fast nicht wenden von den heiligen Hügeln; nur unvermerkt schweift es mir hin und wieder nach Bethanien hinüber. Auch in dem Oelgarten haben die Türken einen Beweis ihrer Tiefe gegeben. Wie durch ihre Hand vor Absalon's Grab die unter Fluchworten hingeworfenen Steine liegen, so haben sie auch die Stätte im Oelgarten, wo Judas seinen Meister und Herrn verrieth, zum Zeichen ihres Abscheu's, mit Felsblöcken umgeben, damit zur ewigen Schande das Gedächtniß des Verräthers nicht erlösche.

Immer noch stand ich auf der Terrasse der Grabeskirche, an die Kuppel des Doms gelehnt, wo rings umher die Zellen der gläubigen Beter sind, und mein Auge war in dem großen Schauen fast wie eingewurzelt. Kein Wort ging mir über die Lippe; ich mußte schweigen, weil die Bedeutung dieses Augenblickes mich verstummen machte. Jahrtausende sind über dich hingegangen, du bedeutungsvollste unter den Städten, und heute noch, die Religionen säugtest du als treue Mutter an deinem Busen, und jeder Stein deiner Mauern ist ein Zeuge von Heldenthaten. Zwar gebrochen ist deine äußere Macht, und du sitzest nicht mehr in dem Rath der Völker: aber groß und gewaltig bist du noch heute durch die Erinnerungen, die du in deinem Schooße beherbergst, und der kleinste Raum deines Bodens mit seinen Begebnissen wiegt die Geschichte manches Landes auf; und heilig wirst du den Völkern bleiben, auch wenn eine zweite noch fürchterlichere Zerstörung dich treffen und abermals kein Stein auf dem andern bleiben sollte, wie in jenen Schauertagen, wo der nächtliche Engel dreimal deine Mauer umkreiste und sein Wehe über dich ausrief, wo die Thränen Jesu über dich zu Blut- und Feuerströmen wurden, die der siegende Römer mit den Ruinen deines Tempels und den Leichnamen deiner Kinder dämpfte! Daß alle Völker nach dir sich sehnen und deinen Heiligthümern, ist reicher Trost für dich und Ersatz für die Trauer deiner Wittwentage, da die eigenen Söhne dir vom Herz gerissen und hinausgejagt sind in die heimathlose Irre, wo sie nur noch in den Träumen ihrer Sehnsucht deiner sich erinnern. Die Pilgrimme wandern nach deinen Stätten, um aus deiner heiligen Einsamkeit Ruhe und Trost sich zu erholen. Ich weiß nicht wie gemuthet und wie gestimmt die Andern wieder hinweg ziehen in die Heimath von deinen Felsen, deinen Höhlen, deinen Grotten, deinen Burgen und deinen Gräbern: ob vom innern Schmerz, den sie zu heilen suchten, das Herz ihnen wirklich auch getröstet ist, oder ob nur der fromme Wahn sie in deine Mauern geführt hat. Mir, das fühl' ich, wird die Seele bleiben wechsellos, - nur ergebener, nur geweihter, weil erfüllt von der Heiligkeit deiner Erinnerungen! Und was ich an der heiligsten Stätte gelobt und inbrünstig gebetet, hoffe ich als Wahrheit hier und dort zu schauen.

Und noch einmal sah ich über den Oelberg nach dem lieben Bethanien hinüber. Noch einmal trank ich mit vollstem Zuge das heilige Schauspiel und wandte mich dann mit dem Wunsche des heimathlichen Dichters ab:

„Bleibt mir nah mit eurem heil'gen Walten,
Hohe Bilder, himmlische Gestalten."

Acht Tage verweilten wir in dem griechischen Kloster, dem schönsten und reichsten der Stadt, welchem auch die vor nicht langer Zeit neu aufgebaute Grabeskirche zum größern Theile angehört. Mein Zweck war, zu betrachten und die Eindrücke in mich aufzunehmen. Nicht gelehrte Forschungen beschäftigten mich und Vermuthungen, ob Dieses da oder dort, Jenes so oder anders gewesen; auch die Masse todter und künstlicher Reliquien ließ mich kalt und gleichgültig. Mir genügte es, zu wissen und zu empfinden, daß in diesen Räumen der Stifter meiner Religion gewandelt, daß hier mein Heiland gelebt und gelitten hatte. Von dem Boden, den sein Fuß betreten, pflückte ich Blumen und brachte sie, geweiht im Gebet auf dem Altare seines Grabes, zurück; heilige Erde nahm ich vom Oelberge und grüne Zweige von seinen Oelbäumen und Wasser aus dem Jordan, und wem ich dieser Gaben Eine spende, an dem möge sich die Kraft dieser Reliquien im reichsten Segen bewähren. - - - - - - -
- - - - - - - - - - - - - - - - - - -

Nachdem wir die Ueberbleibsel der ehemaligen Pracht und Herrlichkeit Jerusalems so viel wie möglich genossen, wurden eines Abends Anstalten getroffen, um am folgenden Morgen nach Bethlehem, dem Geburtsort des Heilandes, zu ziehen. Wir nahmen die Pferde, die wir mitgebracht, und da seit dem Abzug Ibrahim Pascha's die Gegend hinter Bethlehem nach dem todten Meere sehr unsicher geworden ist, ließen wir einen der Beduinenschechs kommen, die sich ein Geschäft daraus machen, die Pilger nach jenen Orten zu geleiten. Er hieß Suleyman und wurde uns von den Vätern des Klosters als ein zuverläßiger Mann empfohlen. Auch war die Summe, die er für seine Schaar forderte, wenn gleich groß, doch nicht übermäßig. Er versprach zehn Reiter und sechs Beduinen zu Fuß zu unserer Begleitung mitzunehmen.

Am folgenden Morgen brachen wir mit dem schönsten Wetter auf, ritten durch das Thor von Jaffa, an welchem uns Suleyman gleich auf eine Merkwürdigkeit aufmerksam machte, die uns bisher entgangen. An den Quadern des Thurmes waren nämlich drei runde Platten ausgehauen, wovon jede einen Fuß im Durchmesser hatte, und von denen uns der Beduine erzählte, es sey die Form von Broden, die zum Andenken an die ungemeine Wohlfeilheit vor vielen Jahren, wo ein Brod von dieser Größe nur einen Para gekostet (sieben Para sind ein Kreuzer) hier abgebildet worden seyen. Längs dem Hügel, auf welchem vormals die Burg Zion stand, stiegen wir hinab, ritten an dem untern Teich Gihon vorbei eine Strecke durch das Thal Ghinnon und stiegen neben dem Berg des bösen Rathes die Höhe hinan, über welche der Weg nach Bethlehem geht. Wie jeder Fuß breit Landes um Jerusalem eine schöne Sage oder Erinnerung an große Thaten trägt, so besonders die Berge und Thäler zwischen Bethlehem und Jerusalem, die, nur zwei Stunden von einander entfernt, doch auf diesem Raume eine ganze Weltgeschichte entstehen sahen.

Ungefähr in der Mitte des Weges zwischen beiden Städten sahen wir das Kloster Elias, auf der Stelle, wo der Prophet, der Geschichte nach, gen Himmel fuhr. Eine kurze Strecke davon lag ein kleines Gebäude vom Wege ab, welches die Türken Rahels Grab nennen. Hier sind die Felder, wo Ruth, die Moabitin, Aehren auflas. Dort etwas entfernt erblickt man über die Hochebene, auf welcher Sanheribs Heer von der Macht des Engels geschlagen wurde. Vor uns in dem Thale, das uns noch von Bethlehem trennt, erschlug David den Goliath. Jetzt lag Bethlehem vor uns auf der Höhe und seine äußere Ansicht ließ nicht mehr erkennen, warum diese Stadt einst ein Ort der Fülle geheißen. Das ganze jetzige Bethlehem besteht aus kleinen armseligen Hütten, aus denen sich nur drei Klöster, das griechische, lateinische und armenische, die in schönen imposanten Formen, über der heiligen Grotte gebaut sind, erheben. Wir besuchten das erstere und wurden mit unserer Begleitung von den Mönchen recht freundlich aufgenommen und in ihre Kirche geführt. Diese ist auf der heiligen Felsengrotte, in der sich die Krippe befindet erbaut, und man steigt zu dieser an beiden Seiten des Altars auf fünfzehn Stufen hinab. Unten gelangt man in eine größere Höhle, die gegen fünfzehn Schritt lang und etwa fünf breit ist. Ihre Höhe beträgt an zwölf Fuß. Rechts an der Treppe, wo wir hinabstiegen, ist eine Vertiefung in dem Felsen mit Marmor bekleidet, auf dem ein silberner Stern eingelegt ist, bei welchem man die Inschrift liest: *Hic de virgine Maria Jesus Christus natus est.* Links steht diese Hauptgrotte mit zwei kleineren in Verbindung, in deren einer sich die Krippe aus Stein gehauen befindet, in welche Maria das neugeborene Kind legte; die andere ist die Grotte der Anbetung der Könige. Von der Decke der Hauptgrotte hängen zwei und dreißig Lampen ähnlich denen in der Hauptkirche zu Jerusalem, welche immer brennend die Gewölbe mit einem sanften Schimmer erfüllen. Die Wände dieser Grotten mit Ausnahme derer, in welcher sich die Krippe befindet, sind mit geglättetem Marmor und Porphyr bekleidet. Nur in dieser sieht man das natürliche Gestein. Um diese drei Höhlen herum liegen mehrere andere, welche von heiligen Männern und Frauen bewohnt wurden. In einer derselben übersetzte der Kirchenvater Hieronymus das alte Testament; eine andere wählte sich der heilige Eusebius von Cremona zu seinem Grabe, und die heilige Paula und ihre Tochter Eustochium sind in einer dritten beigesetzt. Aus der heiligen Grotte gingen wir über einige Stufen in eine andere Höhlenkammer und Kapelle, wo der Sage nach die unter Herodes gemordeten Kinder begraben seyn sollen.

In diesen unterirdischen Gängen begegneten wir einem Mönche aus dem lateinischen Kloster, der vor Freuden fast außer sich kam, als er uns deutsch sprechen hörte, - es war ein Landsmann, - und wir mußten ihm in sein Kloster folgen. Das Schönste in diesen drei Klöstern ist das Kirchenschiff, welches die Griechen und Armenier inne haben. Die Form desselben ist die des alten griechischen Kreuzes; acht und vierzig Marmorsäulen in vier Reihen tragen das Dach. Wir kehrten mit unserm Führer ins griechische Kloster zurück, wo ein Mahl für uns aufgetragen wurde. Auch hatte sich in dem Zimmer, das uns eingeräumt worden war, so wie in den Gängen vor demselben, ein Markt mit den Gegenständen, die hier in Bethlehem gemacht und von den Pilgern häufig verkauft werden, etablirt. Da waren Kreuze und Rosenkränze aus Perlmutter und aus den schwarzen weichen Steinen, die man am todten Meer findet, aus letzterem Stoffe auch kleine Tassen und Becher und wir kauften von diesen Stoffen Mehreres, um es mit in die Heimath zu nehmen.

Es war unterdessen drei Uhr geworden und da wir noch heute das Kloster St. Saba erreichen wollten, so trieb Suleyman der Schech zum Aufbruch. Unsere Begleitung, die von Jerusalem hieher nur aus einigen Reitern bestanden hatte, vermehrte sich hier auf die bestimmte Zahl, und wir waren schon ein ziemliche Schaar, so daß wir einem guten Trupp Räuber, von deren Unwesen man sich hier viel erzählte, die Spitze bieten konnten.

Wir ritten nordöstlich von Bethlehem anfänglich durch angebaute Felder; doch bald führte unser Pfad wieder über Felsen und durch ganz unwirthbares Terrain. Es ist nicht möglich, von solchen Wegen eine geordnete Beschreibung zu machen, denn wenn sich auch mit jedem Schritte die Landschaft ändert, so bleibt doch im Ganzen ihr rauher wilder Charakter immer derselbe. Die Sonne war längst gesunken und die Dämmerung mächtig hereingebrochen, und wir zogen noch immer, ohne das gastliche Dach des Klosters zu erblicken, auf den einsamen Bergen von Judäa umher. Zuweilen jagten unsere Beduinen ein wenig im Trab oder Galopp voraus und wir folgten ihnen, mußten aber immer wieder abwarten, bis unsere Begleitung zu Fuß herangekommen war. Endlich hatten wir die letzte Höhe erreicht, hinter der, wie uns Suleyman versicherte, St. Saba, aber tief im Grunde liegen sollte. Bald gelangten wir auch an den Rand einer großen Schlucht, wo wir einige Augenblicke rasteten. Mit den Augen folgte ich der Richtung, nach welcher das Kloster liegen sollte und ich muß gestehen, trotz dem, daß uns die Wege auf dem Balkan und Libanon nicht verwöhnt hatten, war es mir doch im ersten Augenblicke nicht klar, wie da hinab zu gelangen sey. Das Gebirge, auf dem wir uns befanden, schien sich in seiner ganzen Länge, wenn auch ziemlich steil, doch wenigstens allmählig an die Ufer des todten Meeres hinabzuziehen, was nur in der Richtung vor uns nicht der Fall war. Da schien einstens eine gewaltige Erdrevolution aus dem Bergrücken ein großes Stück herausgerissen und eine Schlucht gebildet zu haben, die uns bei dem schon weit vorgerückten Abend ohne Weg und Steg pechschwarz entgegen gähnte. Also da hinab? In Gottes Namen. Obgleich einer der Beduinen mir versicherte: es sey weit sicherer, wenn er mein Pferd führe, so dankte ich ihm doch dafür und wollte mich lieber auf mein Gesicht und meine eigene Kraft verlassen.

Anfangs umkreiste der Weg, wenn man die Felszacken, über die wir wegschreiten mußten, und die man bei den schlimmsten Stellen nur einigermaßen mit großen Steinen ausgefüllt hatte, so nennen kann, die Hälfte der Schlucht und wandte sich dann zurück auf dieselbe Art, wie die Zickzackwege in der Schweiz den Wanderer langsam hinabführend. Nach Verlauf einer halben Stunde jedoch hörte auch dieser Pfad auf, und ich fand mich veranlaßt, von meinem Pferde zu steigen, um es den Felsbach, dessen Bett nun unsere Straße bildete, und wo das Thier auf dem nassen lockern Grund jeden Augenblick ausglitt, glücklich hinabzubringen. Dabei war es so dunkel geworden, daß ich, obgleich scharf um mich spähend, nur langsam Schritt für Schritt vordringen konnte, um nicht in einen der vielen Abgründe zu stürzen, die sich meinem Auge nur durch größere Dunkelheit gegen das übrige Gestein und meinen Weg, sowie durch kleine Sträucher, womit ihr Rand meistens eingefaßt war, bemerkbar machten. Da ich trotz Allem dem ziemlich große Schritte machte, so war ich in kurzer Zeit meinen Gefährten weit voraus, nur gefolgt von einem Beduinen, der ebenfalls sein Pferd führte und mit der langen Lanze stets um sich focht, um auf dem rechten Weg zu bleiben, wobei manches Maschallah seinem Munde entfuhr, besonders wenn die stählerne Spitze der Lanze das Gestein traf, daß die Funken umhersprühten. Plötzlich mußte ich halten, denn mein Pferd, das dicht hinter mir ging, und zuweilen über meine Schultern sah, blieb auf einmal stehen und war nicht von der Stelle zu bringen. Ich tappte, meinen Säbel zwischen das Gestein klemmend, langsam noch einige Schritte allein abwärts, und sah bald, daß wir fehl gegangen waren; denn der Bach, der uns bisher geleitet, stürzte kaum drei Fuß vor mir rauschend in eine Gott weiß wie tiefe Schlucht hinab, wohin wir ihm doch bei allem guten Willen nicht folgen konnten. Ich rief dem Beduinen, der auch gleich herbei kam, doch im ersten Augenblick die Hände sinken ließ, gleich einem Menschen, der nicht mehr weiß, was er beginnen soll. Was war zu thun? Umkehren und den Weg zurückmachen, den wir gekommen, um oben wieder von vorne anzufangen, auf's Neue hinabzusteigen, um vielleicht nicht weiter zu kommen? Ich muß gestehen, bei mir reifte schon der Entschluß, mich in meinen Mantel zu wickeln, und hinter einem Stein gelagert die Nacht zu verbringen, als der Beduine, der auf dem Bauch bald rechts, bald links herumkroch, ein freudiges Geschrei ausstieß. Er kam schnell zu mir zurück, faßte meine Hand, wobei er mir einige arabische Worte zurief und gab mir durch Zeichen zu verstehen, mich zu bücken und dorthin zu schauen. Ich folgte ihm, und sah, als ich mich fast auf den Boden legte, vor mir in der Tiefe eine Felsmasse, die ich sogleich, als sie sich nun gegen den etwas helleren Nachthimmel in scharfen geraden Umrissen abzeichnete, für einen großen Thurm erkannte. Jetzt glaubte der Beduine den Weg wieder gefunden zu haben, wandte sein Pferd, und ich folgte ihm eine Strecke zurück, wo er das Bett des Baches verließ und einen kleinen Seitenpfad einschlug, den wir vorhin bei der großen Dunkelheit übersehen hatten. Noch einige Minuten, und wir waren neben dem Thurm angelangt, der schon zum Kloster St. Saba gehörte, dessen Hauptgebäude jedoch, wie mir der Beduine bedeutete, noch viel tiefer da unten in der Schlucht liege, wohin aber von hier der Weg gefahrlos und nicht zu verfehlen sey. Darauf band er sein Pferd an einen Strauch fest und bat mich, einen Augenblick allein zu bleiben, indem er dem Wächter im Thurm unsere Ankunft anzeigen wolle. Mir war das ganz recht, denn ich wollte ohnehin die Gefährten erwarten, die noch hinter uns zurück waren.

Ich stützte mich auf den Sattel meines Pferdes und blickte in die Schlucht vor mir hinab, die mir finster und unheimlich entgegensah, und uns doch, wenn wir es mit gutem Glauben gewagt, hinabzusteigen, einen Ort finden ließ, wo wir einer freundlichen liebevollen Aufnahme gewiß waren, ein Bild des Grabes, so wie ein Bild manches verlorenen Lebens, das hinter sich ließ die Höhen des Glücks und träumend und sinnend einen unbekannten finstern Pfad hinabfließt, weil dort oben seine Sonne untergegangen und ihm kein neuer fröhlicher Tag anbrechen wird.

Horch! neben mir in dem Thurme wird es lebendig. Der helle Schall einer Glocke schlägt an mein Ohr. Es ist so eigen, hier in der Oede, wo die wilden Felsmassen fast kein menschliches Wesen ahnen lassen, plötzlich den Ton einer Glocke zu hören. Er dringt tief in's Herz und alle finstere Gestalten verjagend stiegen neue freundlich Bilder in mir auf, kaum hatte das Läuten einige Secunden gedauert, so begann eine andere Glocke unten in der Schlucht, wo man nichts unterscheiden konnte, in tieferem Tone und antwortete der ersten, und eine dritte, die sehr entfernt seyn mußte, denn man hörte sie nur dumpf einstimmen, schlug fast zugleich an. Ich stand überrascht und das Alles kam mir wie Zauber vor. Ich hätte geglaubt zu träumen, wenn nicht die Glocken ihren melodischen Dreiklang eifrig fortgesetzt hätten und sich nicht ein anderes viel ergreifenderes Schauspiel meinen Augen darbot. Unten in der Schlucht blitzte ein Licht auf, das sich langsam fortbewegte, dann in zweites, ein drittes, bis eine große Anzahl zum Vorschein gekommen war, und munter durch einander flimmerten. Ich drückte meine Hände zusammen, denn mir war, als müßte ich einen Zauberstab halten, der mit seiner Kraft meine Untergebenen, die Berggeister und Kobolde, aus ihren Höhlen gerufen und da unten versammelte. Doch hinweg mit allen Träumen! Für heute war der Ritt in finsterer Nacht beendigt, da unten öffneten sich die freundlichen Zellen des Klosters St. Saba zu unserem Empfang. Mein Beduine kam zurück und zeigte freundlich lächelnd auf die Lichter, die sich dort bewegten. Hinter mir hörte ich Pferde schnauben und Waffen klirren. Es waren meine Gefährten, die eben so überrascht von dem Schauspiel, das sich unsern Blicken entfaltete, an meiner Seite hielten. Bald unterschieden wir lange schwarze Gestalten, die, jeder eine Kerze in der Hand tragend, auf uns zukamen. Wir gingen ihnen entgegen und bald begrüßte uns der Abt des Klosters, ein alter griechischer Priester mit lang herabwallendem Bart, mit einem Segensspruch, der unserer Ankunft galt und die Brüder reichten uns freundlich ihre Rechte.

Unsere Pferde und das Gepäck ließen wir in dem Thurm, auf welchem die zweite Glocke, die ich gehört, läutete, und uns führte der Abt bei vierhundert Stufen hinab auf den Grund der Schlucht, wo die Kirche stand, die geöffnet und erleuchtet war.

Es war ein eigenes sonderbares Gefühl, so tief zwischen diesen Felswänden, zwischen denen das Kloster, oder vielmehr die Kette von Gebäuden liegt, hinabzusteigen und überall an Treppen und Häusern den größten menschlichen Fleiß zu bewundern, der diese Gegend aufgesucht zu haben schien, um zu zeigen, was Ausdauer selbst den unwirthbarsten Schluchten abzugewinnen vermag. Die Gebäude lagen auf ausgehauenen Terrassen, die durch gleichfalls in den Fels gehauene Treppen verbunden wurden und auf welchen man hie und da kleine Gärtchen angelegt hatte. Den ersten Anfang zu dem Kloster des heiligen Saba gab die Höhle eines Löwen in der Felswand fast auf dem Grunde der Schlucht. Sie befindet sich auf dem untersten Hofe des Klosters und einer der Mönche führte uns hin. Der Fels, in dem sie sich befindet, ist wie ein Haus mit Gängen, Treppen und kleinen Höhlen versehen, in denen sich die christlichen Einsiedler um den heiligen Saba versammelten, der anfänglich in der Höhle des Löwen lange allein wohnte. Auch die umliegenden Schluchten und Felshöhlen wurden von diesen Einsiedlern bewohnt, deren Zahl auf zehn bis eilftausend gestiegen seyn soll. Die immerwährenden Verfolgungen und Ueberfälle der Araber zwangen endlich die Christen, um den größten Theil ihrer Höhle, sowie ihrer Kirche Mauern zu ziehen, was den ersten Anfang des jetzigen Klosters gab. Auf dem Hofe sieht man noch die Ueberbleibsel der alten Kirche, die ganz mit Schädeln und Gebeinen der von den Arabern erschlagenen Mönche und Einsiedler angefüllt ist.

Wir betraten die neue, sehr schöne, fast reich ausgeschmückte Kirche, wo der griechische Bischof, der dem Kloster vorstand, zu unserem Empfang eine Messe lesen ließ, die äußerst feierlich war. Mir fielen hier in der Kirche zwei Gemälde auf, die mich sehr interessirten: es war ein Christuskopf und die Jungfrau Maria. Obgleich unser Maler versicherte, daß diese Bilder nicht viel künstlerischen Werth hätten, fanden wir doch Alle den Ausdruck dieser beiden Köpfe so voll sanfter und himmlischer Schönheit, daß wir lange davor stehen blieben, sie mit innigem Wohlgefallen betrachtend.

Unterdessen hatte man in dem untern Hofe ein Gemach für uns eingerichtet, den Boden mit Kissen und Teppichen belegt und einen soliden

Pillau aufgetragen, der nach dem langen Ritte auch nicht zu verachten war. Unsern Beduinen wurde das gleiche Gericht auf dem Hofe servirt und das stille friedliche Kloster des heiligen Saba hatte gewiß lange nicht solchen Lärm wie heute gehört; denn es ist den Arabern selbst nicht einmal möglich, während dem Essen stille zu seyn, und ihr Geschrei ist so laut und mild, daß man immer glauben muß, sie seyen in einem heftigen Streit begriffen.

Das Gemach, in welchem wir uns befanden, hatte ein plattes Dach, wohin wir uns nach der Abendmahlzeit begaben und noch eine Stunde lang dem Mondscheine zusahen, der sich allmählig an den glatten Felswänden hinabsenkte und die Schlucht bis zu uns mit weißem Lichte erfüllte. Der unterste Hof des Klosters, wo wir uns befanden, war jedoch noch nicht der Grund der ganzen Schlucht, sondern diese zog sich noch wenigstens hundert Fuß tiefer hinab. Große Fledermäuse flatterten zuweilen von dort zu uns herauf und das Geheul der Schakals, die wir deutlich unten herum laufen sahen, unterbrach nicht sehr angenehm die feierliche Stille, die über dem ganzen Kloster lag. Unser guter Fürst Aslan fühlte sich hier besonders recht heimisch, denn er traf hier mehrere Landsleute an. Wegen eines derselben hätte ich beinahe einen kleinen Streit mit ihm gehabt Der Fürst erzählte uns nämlich mit wahrer Begeisterung: dieser, jetzt hier ein armer Mönch, sey früher in P. einer der reichsten Kaufleute gewesen, habe jedoch von einem Theil seines großen Vermögens eine Kirche erbaut und sey mit dem andern nach St. Saba gezogen, um hier sein Leben zu verbringen. Ich konnte mich nicht enthalten, über diese Geschichte den Kopf zu schütteln und dem Fürsten zu bemerken: mir würde es weit mehr gefallen, wenn der Kaufmann mit seinem Vermögen andere Stiftungen, die für das Wohl der Menschheit besser sorgten, bedacht habe, als wie Kirchen zu erbauen und Klöster zu bereichern. Doch that es mir leid, ihn erzürnt zu haben, und als er in der Vertheidigung jenes Mannes den triftigen Grund einflocht, wer uns, wenn alle Leute so dächten, hier wohl heute Abend mit einem guten Pillau und mit Kissen und Decken zum Schlafen regalirt hätte, reichte ich ihm lachend die Hand und leerte ein Glas des ziemlich guten Rothweins, den man uns vorgesetzt, auf das Wohl jenes freigebigen Russen.

Nach einer ruhigen Nacht, in der wir sanft geschlafen und nur einmal von dem harmonischen Läuten der Glocken geweckt worden waren, welche die Mönche zum nächtlichen Gottesdienst rief, brach der Tag an, und beim hellen Lichte, wo wir die riesenhafte Schlucht noch deutlicher, als gestern beim Mondscheine betrachten konnten, war es uns zwischen den hohen steilen Felsmauern des Klosters, als seyen wir in einem ungeheuern Verließ gefangen. Unten bei uns herrschte noch das Dunkel der Nacht, während oben am Rande der Schlucht das Dunkelblau des Himmels sich immer heller färbte. Wir nahmen unten, vor unserem Gemach sitzend, noch ein kleines Frühstück ein und stiegen dann wieder die Treppen hinauf bis zum ersten Thurm, wo unsere Beduinen und Pferde schon bereit standen. Hier drückten wir den gastfreundlichen Mönchen noch einmal herzlich die Hand, saßen auf und ritten durch die wilden Schluchten auf Pfaden, wo allenfalls Ziegen mit Bequemlichkeit wandeln konnten, gegen Osten nach dem todten Meere zu. Schon bei Jerusalem, an den Abhängen des Oelberges, sieht man deutlich den schwarzen Spiegel dieses Salzsees und hinter Bethlehem erscheint er dem Auge so nahe, daß man glaubt, ihn in wenigen Stunden erreichen zu können. Doch windet sich der Weg die Gebirge hinab so vielfach und beschwerlich zwischen Schluchten längs Abgründen und Felsen hin, daß man nur sehr langsam reiten kann, und wir brauchten vom Kloster St. Saba noch volle fünf Stunden, ehe wir den letzten Abhang hinabritten, der an das Ufer des todten Meeres führt. Der Weg hieher war über alle Beschreibung mühsam und gefährlich und oftmals stiegen wir ab, um unsere Pferde Abhänge hinauf oder hinabzuführen. Im Allgemeinen aber hat dies Terrain viel Aehnlichkeit mit den wildesten Parthien des Libanon, die ich glaube ausführlich genug beschrieben zu haben. Wenn man sich gewöhnlich von Gegenden, weil man viel darüber gelesen hat, eine weit größere Vorstellung macht, sey es in Betreff der Lieblichkeit oder der Oede dieser Orte, so ist dieß bei dem Thale, in welchem Jericho, der Jordan und das todte Meer liegt, nicht der Fall. Ich habe nie eine schauerlichere, ödere Fläche gesehen, als diese. Rechts das todte Meer mit wild gezackten Felswänden, zwischen denen das schwarzgefärbte Wasser fast ohne Bewegung liegt; vor uns eine nackte sandige Ebene, in welcher weit zur Linken die grüne Linie einiger Gebüsche die Richtung des Jordans angibt. Doch hört dieß Grün weit vorher auf, ehe der Fluß das Gebiet des todten Meeres erreicht, denn dort in dem ausgebrannten salzigen Boden finden die Wurzeln jener Bäume keine Nahrung mehr. Was hier wächst sind niedrige Sträucher, deren Aeste und Blätter mit einer weißlichen Salzrinde überzogen sind. Die Oede, die über dem ganzen Thale lag, mochte auch vielleicht theilweise von der schrecklichen Hitze herkommen, die jetzt in der Mittagsstunde auf Allem mit einer unerträglichen Schwere lastete. Da flog kein Vogel, und keine Schnecke oder sonst ein kriechendes Thier war auf dem Boden zu sehen. Wir näherten uns langsam und schweigend den Ufern des todten Meeres und stiegen von unsern Pferden, um einige Augenblicke hier zu rasten. Das Wasser, das wir aus Neugierde versuchten, hatte einen unerträglich scharfen Geschmack. Schon das gewöhnliche Seewasser verursacht ein Brennen im Halse, aber gegen die Schärfe und Bitterkeit dieses Wassers ist es gar nicht zu vergleichen. Wir hatten anfänglich die Idee gehabt, im todten Meere zu baden; doch rieth unser Schech Suleyman auf's Bestimmteste davon ab, indem es in dieser Gegend zu gefährlich sey, sich der Waffen zu entledigen und in einen wehrlosen Zustand zu versetzen. Ueberhaupt hatten wir diesen Morgen schon sehr viel von der Unsicherheit dieses Thales hören müssen, und wie es gar nicht unwahrscheinlich wäre, wenn wir von dem Raubgesindel, das allein diese Gegend bewohne, und das hinzugekommene ägyptische Deserteure täglich vermehrten, angegriffen würden. Schon an den Abhängen des Gebirges, ehe wir zu den Ufern des Salzmeeres hinabstiegen, trafen unsere Beduinen allerlei verdächtige Vorsichtsmaßregeln. Sie luden ihre Gewehre, versuchten ihre Säbel und zogen ihre Gürtel fester um den Leib. Während wir am Rande des Sees kleine schwarze Steine sammelten, die wir zum Andenken mitnehmen wollten, schaute Suleyman aufmerksam mit einer gewissen Unruhe in die Gegend, ob sich nichts Verdächtiges dort sehen ließe, und trieb stark zum Weiterreiten.

Das todte Meer, dessen nördlichstes Ufer wir besuchten, erstreckte sich an sechs Stunden gegen Süden und seine Breite beträgt an zwei Stunden. Merkwürdig ist es, daß sein Wasserspiegel sechshundert Fuß unter dem des Mittelmeeres liegt. Wir bestiegen unsere Pferde wieder und ritten nördlich über die mit tiefem Sand bedeckte baum- und strauchlose Ebene. Die Sonne brannte hier fürchterlich und wir sowohl wie die Thiere zogen niedergedrückt und schweigend dahin. Jeder ritt abgesondert von dem Andern und die Strahlen der Sonne lagen so schwer auf mir, daß ich mich, am Knopfe des Sattels festhaltend, in schwere, unklare Träume versenkte. Unsere Beduinen hatten nach ihrem Grundsatz, was die Kälte abhalte, auch Schutz gegen die Hitze gewähre, ihren dickwollenen Burnus über den Kopf geschlagen und saßen so, seltsam vermummt, auf ihren Pferden. Die armen Thiere hatten heute harte Arbeit, denn der Sand war so weich und locker, daß sie bei jedem Tritte tief hineinsanken, und jedes Thier ließ so eine lange Furche hinter sich zurück. So ritten wir eine starke Stunde, als unsere Beduinen zu Fuß, die voran waren, plötzlich mit dem lauten Ruf: „Arab'! Arab'!" stehen blieben und ihre Gewehre erhoben. Die Reiter warfen ihren Burnus vom Kopfe und Suleyman sprengte auf einen kleinen Sandhügel in der Nähe, um sich umzusehen. Wirklich erblickten wir auch weit vor uns in der Ebene drei bis vier Gestalten, die jedoch in wenig Augenblicken zwischen den Gebüschen am Jordan verschwunden waren. Wenn sonst der Anblick von Menschen dem Reisenden angenehm ist, und der Klang der menschlichen Stimme das Ohr des einsamen Wandelnden wohlthuend berührt, so ist dies hier nicht der Fall; man weiß, daß sich hier nur Raubgesindel aufhält, das, wenn es sich zu schwach hält, die Reisenden anzugreifen, sich vor ihnen fürchtet und entfernt hält und sich im andern Fall nur nähert, um zu rauben und nicht selten zu morden.

Dies kleine Intermezzo hatte übrigens das Gute, daß es uns aus dumpfen Träumereien emporriß und für das Aeußere wieder empfänglich machte. Vor uns fing die Ebene an etwas hügelig zu werden und wir waren den grünen Bäumen und somit den Ufern des Jordans, nach dessen Wasser wir uns alle sehnten, bedeutend näher gerückt. Nordwestlich zeigte Suleyman auf einen Punkt, den ein scharfes Auge für verfallene Häuser halten konnte, das Dorf Richa, welches auf einem Theil der Trümmer des alten Jericho steht. Der Baron mit seinem scharfen Auge glaubte sogar die Wasserleitung des Herodes unterscheiden zu können. Wir mußten uns mit dem Anblick der alten Stadt begnügen, denn wir mochten nicht noch einen Tag zusetzen, um auf jener Stelle zu wandeln, die nichts weiter bietet, als einige wenige Steine und Trümmerhaufen. Endlich erreichten wir das Ufer des Jordans, welcher so dicht mit Schilf und Bäumen bewachsen ist, daß man nur an wenigen Punkten zum Wasser gelangen kann. Suleymann führte uns an eine Stelle des Flusses, das Pilgerbad genannt, das zu Ostern von ganzen Schaaren christlicher Pilger besucht wird. Hier stiegen wir müd und matt von unsern Pferden und legten uns in den Schatten der Gebüsche, unter denen wir manchen guten Bekannten aus der Heimath sahen, denn Weiden, Pappeln und Tamarisken stehen hier neben und zwischen den Bäumen der wärmeren Zone. Wir nahmen die Lebensmittel, die wir von den guten Mönchen in St. Saba erhalten, als Brod, Fleisch und eine große Korbflasche mit Wein, von unsern Pferden herunter und ließen uns das Mittagsmahl trefflich schmecken. Vier andere junge Pilger, es waren Griechen, die unter Anderem auch den Sinai besucht hatten, und heute Morgen in unserem Schutz und unserer Begleitung St. Saba verließen, um das todte Meer und den Jordan zu besuchen, lagerten sich neben uns und machten gern gemeinschaftliche Sache. Suleyman hatte einen Theil der Beduinen längs dem Gebüsch, unter welchem wir lagerten, vertheilt und es für nöthig befunden, einzelne Vorposten bis auf die Ebene hinauszustellen. Anfänglich hatten wir geglaubt, daß seine Furcht vor den Arabern dieser Gegend mehr erkünstelt sey, um uns die Wichtigkeit seines Postens recht ans Herz zu legen. Doch war er hier, anstatt sich ebenfalls unter die Bäume zu lagern mit seinem Pferde, von dem er nicht herabstieg, in beständiger Bewegung, schärfte die Steine an seinen Pistolen und hatte den gezogenen Säbel an einer geflochtenen Schnur neben sich am Sattel hängen; bald ritt er gegen die Ebene, bald durchkreuzte er das Gebüsch und wollte unserer Einladung, sich neben uns zu setzen, keine Folge leisten. Kaum nahm er etwas Brod und Fleisch an, das er, auf seinem Pferde sitzend, verzehrte.

Nur die goldenen Fäden, welche Religion und Geschichte an die Ufer des Jordans knüpfen, geben dem Flusse seinen Reiz. Er selbst fließt ärmlich und unscheinbar durch die sandige Ebene und verliert sich ebenso in die Tiefe des todten Meeres. Er ist wie eine alte einfache Melodie, die in dem Herzen tausend glänzende Erinnerungen und herrliche Thaten anregt und lebendig hervortreten läßt, wie eine staubige Pergamentrolle, deren Charaktere verblichen sind, aber die das Herrliche, was sie uns früher erzählten, noch immer umschwebt, und dem innern Auge bei eifrigem Nachsinnen wieder in sichtbaren Gestalten erscheint. - Das Wasser des Flusses, der nirgend über hundert Fuß breit ist, ist von gelber, sandiger Farbe und wie schon gesagt, durch die verdeckenden Gebüsche nur an wenigen Punkten sichtbar. Die Ufer, die ziemlich steil hinab gehen, sind lehmigt und die Tiefe des Wassers beträgt kaum zehn Fuß.

Nachdem wir uns durch Speise und Trank etwas erquickt und unter dem Schatten der Bäume abgekühlt, zogen sich, trotz dem Abrathen Suleymans, mehrere von uns aus, um ein Bad in dem Flusse zu nehmen, doch das Wasser war sehr kalt und trieb uns bald wieder in die Kleider. Auch hatten uns die Vorposten auf der Ebene schon einige Mal durch lautes Geschrei beunruhigt, ohne daß sich etwas Verdächtiges hätte blicken lassen. Doch hatten wir uns kaum aufs Neue gelagert und suchten unsere Feldtaschen hervor, in denen wir zum Andenken an den heiligen Fluß Wasser schöpfen wollten, als wir plötzlich von allen Seiten den Ruf: „Arab'! Arab'!" vernahmen. Suleyman sprengte mit verstörter Miene, den Säbel in der Hand, durch das Gebüsch auf uns zu und bedeutete uns ebenfalls unter dem Rufe: „Arab'! Arab'!" daß wir unsere Pferde und Waffen zur Hand nehmen sollten. Alles sprang in wilder Verwirrung empor. Ich, da ich heute Morgen den Aussagen unseres Suleyman über die Räubereien der Araber keinen Glauben schenkte, hatte meinen Säbel einem unserer Beduinen geliehen, der den Stein an seiner Flinte verloren hatte. Der Doktor B. hatte seinen Säbel abgeschnallt und da derselbe zwischen uns lag, griffen wir Beide darnach, er an den Griff, ich an die Scheide, und liefen so mit der getheilten Waffe nach unsern Pferden. Der Maler F. war der erste, der zu Pferde saß und sein Doppelgewehr fertig machte. Ich war am schlechtesten bewaffnet, und da ich wohl einsah, daß ich mit meiner Scheide nicht viel ausrichten könne, so riß ich dem Fürsten Aslan, der außer seinen Pistolen einen langen krummen Säbel führte, wie er bei mir vorbei nach seinem Pferde stürzte, den kurzen breiten Handschar von der Seite und warf die Scheide weg. Der Baron, statt sich aufs Pferd zu schwingen, lief mit dem Säbel in der einen, mit seiner Feldflasche in der andern Hand an das Ufer des Flusses, um sich wenigstens vor Anfang des Gefechts, das nun kommen konnte, mit Jordanwasser zu versehen. Ich nahm sein Pferd beim Zügel und ritt ihm nach, um ihn wenigstens für den Augenblick zu decken. Zwischen den Gebüschen, die uns umgaben, ging nun ein fürchterlicher Spektakel los; es wurde geschossen und man vernahm Schläge, als wenn mit den Säbel gegen Holz gefochten würde; dabei schrieen unsere Beduinen, als wenn sie alle am Spieße steckten. Bald wurden auch rings um uns Gestalten sichtbar, und wir sahen nun klar ein, daß uns eine Schaar von wenigstens dreißig bis vierzig halb nackter Kerle, die nur mit großen Stöcken bewaffnet waren, überfallen hatte. Man konnte eigentlich nicht sagen, wer vor oder wer zurückdrang; denn unsere Beduinen waren mit jenen Arabern ganz untermischt. Zuweilen stürzte einer der letzteren auf den Platz, wo wir standen, sprang aber beim Anblick unserer Pferde und Waffen gleich wieder zurück. Jetzt schwang sich auch der Baron aufs Pferd und im gleichen Augenblick stürzten drei etwas besser gekleidete Araber uns gegenüber aus dem Gebüsch, von denen der eine eine Pistole, der andere einen Säbel und der dritte eine Luntenflinte trug. Den mit dem Säbel nahm sich unser kleiner Doktor auf's Korn und ritt auf ihn zu. Anfänglich schien der Kerl Stand halten zu wollen, doch als der Fürst von der andern Seite kam, wandte er sich eilig um und floh ins Gebüsch zurück. Der mit der Pistole schoß gegen den Baron und mich und wir hörten seine Kugel den Zweig eines Baumes neben uns zerreißen. Der andere hatte seine Luntenflinte auf eine Art Gabel gelegt, doch ließen wir ihm keine Zeit, uns diese Ladung zuzuschicken, sondern wir gaben unsern Pferden die Sporen und ritten ihn nieder. Der die Pistole auf uns abgefeuert hatte, wandte sich nach dieser Heldenthat ebenfalls ins Gebüsch zurück und wollte entfliehen. Doch schoß ihm der Maler nach und streifte ihn leicht am Bein; zu gleicher Zeit fiel einer der jungen griechischen Pilger mit seinem Stock über ihn her und zerbläute ihn ganz gewaltig. Der Baron hatte seinen Säbel ebenfalls gezogen und gab dem, den wir überritten, mit der flachen Klinge einige kräftige Hiebe. Das ganze Gefecht war glücklicher Weise nur eine große Prügelei zu nennen, und Suleyman mit seinen Beduinen endigte es bald, indem sie den Säbel zwischen den Zähnen und in den Händen die Pistolen, die Araber truppenweise vor sich her gegen uns jagten. Bald war die ganze liebenswürdige Gesellschaft um uns versammelt und flehte sehr erbärmlich um Gnade. Suleyman hielt ihnen eine donnernde Rede und hieß sie alle im Kreis niedersitzen. Der mit der Luntenflinte, den wir niedergeritten, war der Schech und trat an das Pferd unseres Suleymans, dessen Kaftan er ergriff und dreimal an seine Stirn drückte, das Zeichen der Unterwerfung.

Nach einigem Hin- und Herreden, in das zuweilen die ganze Truppe der Araber mit lautem Geheul einstimmte, ließ Suleyman den Baron fragen, was er mit diesen Kerls machen wolle; es seyen arme Teufel, die nur etwas Brod für ihren Hunger haben nehmen wollen. Wir wußten das freilich besser, aber was war zu thun? Jagten wir sie mit einigen Prügeln fort, so war zu erwarten, daß sie uns am Abend in den Gebirgen noch einmal in größerer Anzahl überfielen. Das Klügste war demnach der Rath unseres Suleyman, ihnen von unserem Brod und Salz zu geben und sie bis zum andern Morgen, wo wir nahe an Jerusalem waren, bei uns zu behalten. So geschah es auch. Wir schüttelten unsere Säcke aus und gaben ihnen, was wir hatten. Darauf rauchten unsere Beduinen mit den ältesten der Truppe eine Pfeife und der Friede war hergestellt. Giovanni versicherte uns, so wie er dieß Volk kenne, dürfen wir jetzt ganz sicher bei ihnen seyn; sie würden eher ihr Leben zu unserer Vertheidigung wagen, als uns im Geringsten feindselig behandeln. Der Kerl, der mit der Pistole auf uns geschossen, ging zum Baron hin, legte ihm, wie der Schech dem Suleyman, die Stirne dreimal an den Rockschoß und ließ uns sagen, er habe absichtlich fehlgeschossen. Das konnte übrigens glauben, wer Lust dazu hatte.

Wir brachen nun auf, und der ganze Trupp zog mit uns. Der Himmel hatte sich stellenweise mit Wolken bezogen und hinderte den Strahl der Sonne, wieder mit solcher Heftigkeit uns wie heute Morgen zu versengen, was Menschen und Thieren recht wohl that, und unsere Beduinen fingen sogleich an mit einander zu spielen und sich zu necken. So ernst und selbst faul der Araber zu Fuß herumschleicht, so lustig und ausgelassen ist er zu Pferde. Selbst die ältesten Leute machen die Kindereien der jüngeren mit. So war bei unserem Trupp ein alter Mann mit schneeweißem Bart - er ritt eine sehr gute Schimmelstute - vor Allen der Ausgelassenste. Ihr Spiel bestand hauptsächlich im Werfen des Dscherid, in dessen Ermanglung sich die meisten unserer Beduinen von den Fußgängern einen Stock geben ließen. Einer sprengt voraus, nimmt das Gewehr und thut als ob er auf den Andern schösse. Ein Anderer folgte ihm, was das Pferd laufen kann, faßt den Dscherid an einem Ende und sucht, wenn er den ersten erreicht, ihm über den Rücken zu hauen. Jener parirt den Schlag entweder mit seiner Waffe, oder, und dies ist am Schwierigsten, er wirft sich in dem Augenblick auf die Seite des Pferdes, so daß der Schlag fehl geht und faßt dann, wenn der Angreifer hierdurch das Gleichgewicht etwas verloren, plötzlich den Arm desselben und sucht ihn vom Pferde zu reißen. Es war für uns höchst ergötzlich, diesem Manöver zuzusehen und wir folgten den Beiden, die gerade rauften, im Galopp nach, die Fußgänger weit zurücklassend. Fürst Aslan hatte lange dem Spiel zugesehen, ohne Theil daran zu nehmen und forderte endlich den alten Beduinen, der durch die Geschwindigkeit seines Pferdes, so wie durch eigene Gelenkigkeit gewöhnlich den Sieg davon trug, auf, mit ihm einen Ritt zu machen. Der Fürst gab seinem Tscherkessen die Sporen und nahm einen Vorsprung von ein paar hundert Schritten, drehte sich dann mit solcher Gewandheit im Sattel, daß man glaubte, er sitze rückwärts zu Pferde, nahm sein Gewehr, lud es, natürlich ohne Blei, und schoß in unglaublicher Geschwindigkeit dreimal gegen uns. Jetzt jagte ihm der Beduine nach, führte mit dem Dscherid einen Hieb gegen ihn; doch bog sich der Fürst so auf die Seite, daß der Sattel wie leer aussah. Der Schlag ging fehl; doch der Beduine, der wohl wußte, was jetzt kam, ließ seine Stute einen gewaltigen Seitensatz machen und der Fürst konnte ihn nicht erreichen. Jetzt nahm dieser einen Stock und jagte dem Alten nach, das Spiel von oben wiederholend. Der Beduine bog sich auch auf die Seite, doch der Fürst ließ seine Steigbügel los, sprang mit den Knieen auf seinen Sattel und versetzte dem Alten so von oben herunter einen tüchtigen Hieb, worüber die Andern in ein bewunderndes Maschallah ausbrachen und die Geschicklichkeit des Fürsten bis in den Himmel erhoben. Selbst der Baron gestand, nie eine solche Gewandtheit gesehen zu haben, und man muß dabei bedenken, daß der Fürst Aslan ein gewöhnliches Pferd ritt, mit dem er schon Monate lang die größten Touren gemacht, die Pferde der Beduinen dagegen ganz frisch waren. Auch Suleyman versuchte sein Heil mit dem Fürsten, konnte aber ebenfalls keinen Vortheil gegen ihn erringen. Nur hatte jener einen Unfall, der ihn beinahe auf den Boden gebracht hätte, doch half er sich mit einer Geschicklichkeit, die ans Wunderbare gränzt. Als er sich nämlich wieder auf die Seite bog, um dem Hieb unseres Schechs auszuweichen, rutschte ihm der losgewordene Sattel herum, so daß die Bauchgurte nach oben kam, und wir glaubten schon alle, jetzt müsse er herabstürzen; aber nein, er schwang sich wieder hinauf, saß mit Blitzesschnelle oben auf dem Gurt und erst nachdem er den ihm zugedachten Hieb tüchtig wieder erstattet, sprang er vom Pferde, um den Sattel wieder zu befestigen.

So zogen wir, beständig dem Spiel der Beduinen zuschauend, durch das Thal Richa. Die Sonne war schon längst hinter den Gebirgen von Judäa hinabgesunken und der herandämmernde Abend warf einen dunklen Schleier über das öde Thal, das wir so eben verlassen, als wir den Fuß jener Gebirgskette, welche Jerusalem vom todten Meere trennt, erreichten und an ihren sehr steilen Abhängen heraufzuklettern begannen. Wir konnten in den Schluchten nur einer hinter dem andern gehen und mußten wohl auf unsere Pferde achten, die in den schmalen Felsenrinnen kaum ihre Füße setzen konnten. So gewährte einmal unser Maler einen komischen Anblick. Er ritt ein sehr kleines Pferd, das auf einem dieser Wege mit der Hufe zwischen das Gestein trat, sich festklemmte und stürzte. Der Maler, der augenblicklich ohne Bügel ritt, brauchte nur seine Beine auszubreiten, um sich so auf den Rändern der Felserinne festzustellen. Das Thier wurde mit Mühe aufgerichtet und wieder festgemacht. Man kann sich nicht leicht eine ödere, traurigere Gegend denken, als den Weg, den wir nun machten. Hier sind wild zerklüftete Felsen übereinander gethürmt und nur spärliches halbvertrocknetes Grün unterbricht das verbrannte Gelb der Steinmassen, ohne sie zu schmücken. Unsere Beduinen, die seit dem Vorfall am Jordan beständig neue Räuber zu sehen und zu hören glaubten, ritten scharf spähend umher und riefen einander beständig zu. Einmal geriethen sie in eine gewaltige Bewegung und schrieen von allen Seiten wieder: „Arab'! Arab'!" Einige unserer Fußgänger waren voraus und hielten oben auf der Höhe, nach dem Hohlweg vor uns zeigend, wohin wir unsere Pferde alsbald wandten und so schnell es in dem Terrain möglich war, ritten. Was war die Ursache des Lärmens gewesen? Wir fanden an dem Weg drei Pilger sitzen; es waren Russen, die gehört hatten, daß wir unter Begleitung an den Jordan gezogen seyen, und uns nun nachfolgten, um unsern Schutz zu genießen; doch kamen sie zu spät und mußten unverrichteter Sache wieder zurückgehen.

Die Nacht brach jetzt mächtig herein und es wurde bald so finster, daß wir ohne Gefahr nicht weiter vordringen konnten. Unser Schech Suleyman sah sich nach einem Platz um, wo wir einige Stunden bis zum Aufgange des Monds verweilen könnten. Der Ort, wo wir uns gerade befanden, war seiner alten und neueren Geschichte wegen nicht sehr einladend, um in seiner Nähe zu bleiben. Es war das sogenannte Mordthal, wohin schon die ältere Geschichte die Erzählung vom barmherzigen Samariter verlegt, und wo bis auf die neuere Zeit häufige Beraubungen und Mordthaten an Pilgern verübt wurden. Doch mußten wir diese Bedenklichkeit bei Seite setzen, und da es nicht rathsam war, in der Dunkelheit weiter zu ziehen, unserem Suleyman folgen, der auf einer Höhe in der Nähe des Thales uns zu alten Ruinen führte. Es waren wahrscheinlich die Ueberbleibsel eines christlichen Klosters, doch konnten wir aus den Trümmern und Mauerstücken, die sich hier befanden, nichts erkennen.

Ein ähnliches Nachtlager, wie das heutige, werde ich wohl in meinem Leben nicht wieder haben. Unter den Trümmern eines wahrscheinlich von den Beduinen zerstörten christlichen Klosters, vor uns Jericho, der Jordan und das todte Meer, auf der einen Seite die

Mordschlucht, auf der andern eine kahle baumlose Höhe, der Berg der Versuchung genannt. So heiß es den Tag über gewesen war, so empfindlich kalt wurde es, wie immer in diesen Ländern während der Nacht. Wir hatten unsere Mäntel in Jerusalem zurückgelassen und unsere dünnen Kleider schützten uns gar nicht vor dem Nachtfrost. Auch vermehrte unser leerer Magen dies Uebel und Giovanni fand in unsern Säcken kaum so viel Kaffee, um jedem von uns eine Kleinigkeit reichen zu können. Ein Feuer anzumachen, widerrieth Suleyman, indem er sagte, es würde uns zu nichts nützen, da der Mond in kurzer Zeit hervorkomme und wir dann weiter reisen können. Ich kroch wie ein Igel zusammen und drückte mich fest an ein Mauerstück, um wenigstens vor dem kalten Winde, der über die Höhe zog, geschützt zu seyn, und versuchte zu schlafen, was mir auch, Dank der Ermüdung, bald gelang. Doch hatte ich noch nicht lange geschlummert, als mich Giovanni weckte und mir sagte, ich solle mit ihm kommen, er wolle mir etwas zeigen. Ich folgte ihm, und wir gingen durch den größten Haufen der Ruinen auf die andere Seite derselben, von woher ich das Geschrei und Lachen der Beduinen hörte. Einer von ihnen hatte nämlich einen Keller entdeckt, dessen Gewölbe oben eingestürzt war, und in welchem sich eine Menge wilder Tauben aufhalten sollten. Sie hatten nun berathschlagt, wie sie dieser Thiere habhaft werden konnten, und ihre Anstalten hiezu so unsinnig wie möglich getroffen. Die ganze Gesellschaft saß in großem Kreis um den Keller herum und von Zeit zu Zeit warfen sie große Steine hinab, wodurch dann wirklich die Tauben aufgeschreckt wurden und den Versuch machten, durch die Oeffnung oben zu entkommen. Sobald aber ein Schwarm aufstieg, schlugen die Beduinen mit ihren Mänteln zu und glaubten auf die Art die Thiere zu erlegen. Am Ende sahen sie jedoch selbst ein, daß sie so schlechte Geschäfte machen würden und griffen die Sache anders an. Es wurde einer durchs Loos bestimmt, der sich in den Keller hinablassen sollte, und es traf einen ganz jungen Menschen, der auch gleich dazu bereitwillig war. Die andern knüpften ihre Gürtel zusammen, banden ihn unten daran fest und er wurde so hinabgelassen. Das Gewölbe mußte ziemlich tief seyn, denn die langen Gürtel von sechs dieser Leute reichten kaum aus. Sobald der junge Bursche unten angekommen war, schrie er herauf: er könne ja nichts sehen, worauf die oben unter vielem Geschrei den Entschluß faßten, ihm einen Feuerbrand hinabzuwerfen. Einige suchten Gesträuche zusammen, Andere machten Feuer und bald flog ein großer Haufen des brennenden Zeuges in den Keller hinab, was einen unbeschreiblich schönen Anblick gewährte. Es war gerade, als sey die Erdoberfläche von einem ungeheuren Feuer geborsten, das in ihrem Schooß brenne, um welches die halbnackten kräftigen Gestalten der Beduinen saßen, und mit den glänzenden Augen neugierig hinabschauten. Jetzt suchte der unten mit seinen Feuerbränden die Tauben emporzujagen und es kam auch wohl eine ganze Wolke dieser Thiere bis an die Oeffnung, tauchten aber mehrere Male wieder hinab, wenn die Beduinen mit ihren Mänteln dreinschlagen wollten. Endlich aber wußten die geängstigten Thiere keinen Ausweg, flogen wieder empor und zwischen ihnen durch, die ihnen lachend und schreiend nachsahen. Jetzt war der Spaß zu Ende. Nachdem sie den jungen Burschen unten noch lange geneckt, wurde er wieder heraufgezogen. Bald stieg auch in Osten hinter den Gebirgen, die das todte Meer begränzen, der Vollmond hell und klar empor und beleuchtete fast taghell den Weg, den wir vor uns hatten. Sogleich wurde aufgebrochen und wir zogen weiter.

Es war gegen ein Uhr in der Nacht und wir mochten noch fünf Stunden bis Jerusalem haben. Wir ritten so schnell vorwärts, als es der Weg erlaubte, mußten aber wegen Ermüdung der Pferde und Menschen nach drei Stunden beständigem Aufwärtssteigens noch einen kleinen Halt machen, zu welchem Suleyman eine kleine Schlucht erkor, die vom Winde hinlänglich geschützt war und wo sich ziemlich viel dürres Gesträuch befand, um ein Feuer anmachen zu können. Unsern Beduinen wurde jetzt ein kleines Trinkgeld versprochen und in kurzer Zeit hatten sie ganze Haufen kleiner abgerissener Sträucher zusammengescharrt. Einer von uns machte Feuer und bald schlug unter großem Geschrei der Beduinen eine haushohe Flamme empor. Alles lagerte sich an das Feuer, um sich zu erwärmen, und nur von Zeit zu Zeit gingen einige der Leute fort, um für die Flamme neue Nahrung zu suchen. Doch auch die andern Araber hielten es bei ihrem unruhigen Temperamente trotz der großen Ermüdung nicht lange aus, so ruhig da zu sitzen. Bald neckten sie einander, balgten sich auf der Erde herum, bald jauchzten sie laut auf und als ihnen Suleyman sagte, wenn sie einen Tanz aufführten, würden wir ihnen gewiß ein Trinkgeld dafür geben, waren Alle gleich dazu bereit. Wir bestätigten gern das Versprechen Suleymans und bereuten es nicht; denn obgleich an dem versprochenen Tanz nichts graziöses war, so hatte doch die Gruppe der Beduinen bei dem flackernden Feuer in der wilden Schlucht etwas außerordentlich Malerisches und Phantastisches. Etliche dreißig dieser Leute, denn auch mehrere unserer berittenen Beduinen nahmen Antheil an dem Tanze, stellten sich in einem großen Halbzirkel um das Feuer, hinter welchem wir lagen und begannen einen eigenthümlichen Gesang. Von den Worten, die sich stets gleich blieben, verstanden wir nichts, auch war die Melodie ganz eintönig und nur der Takt brachte einiges Leben in den Gesang. Mir scheint er sich ungefähr durch diese Bezeichnung ausdrücken zu lassen: al - lah - - allahla - al - lah - - allahla. Zuerst war die ganze Reihe der Männer ohne Bewegung, dann begann sie mit dem Kopf zu nicken und sich zu verbeugen, eine Bewegung, die allmählig der Hals, der Oberleib und der ganze Körper annahm, wobei der Gesang immer wilder und toller wurde. Sie bückten sich immer tiefer und tiefer, bis sie zuletzt fast mit dem Gesichte den Boden berührten, dann stiegen sie eben so allmählig wieder aufwärts, wobei der Gesang in derselben Weise wieder schwächer wurde. Wieder gerade aufgerichtet, ließen sie sich plötzlich los, klatschten in die Hände, sprangen einige Mal wie toll im Kreise umher und das Ballet war zu Ende.

Unser Feuer hatte indessen durch den Tanz Schaden gelitten und war allmählig verglimmt. Die Beduinen sammelten sich ihr Trinkgeld ein und legten sich noch einige Minuten auf den Boden, um sich von dem ermüdenden Tanze zu erholen. Suleyman streckte die Hand nach Morgen aus und rief zum Aufbruch; denn dort färbte sich der Himmel heller und verkündigte, daß der neue Tag heraufsteige. Wir bestiegen die Pferde wieder und erreichten in kurzer Zeit Bethanien. Noch lag die dunkle Nacht über dem kleinen Ort, aber er erschien uns um so schöner, indem die Stille, welche die alten Häuser umgab, besser zu diesem Grabe einer gewaltigen Vorzeit paßte, als das geräuschvolle Treiben des Tages. Hier wohnte Lazarus mit seinen Schwestern Maria und Martha. Unter einem verfallenen Hause, nicht weit von der kleinen Moschee hielten wir, und Suleyman holte ein paar Männer aus ihren Hütten, die mit Fackeln herbeikamen und uns in einen schachtähnlichen Keller begleiteten, der sich unter jenem Hause befindet - das Grab Lazarus.

Von Bethanien hatten wir nur noch eine kurze Strecke bis Jerusalem, die wir bald zurückgelegt hatten und am Fuße des Oelbergs anlangten in dem Augenblick, wo die heilige Zion von den ersten Strahlen der Morgensonne geküßt wurde. Es war ein schöner großer Anblick, ich möchte ihn für keine andere Erinnerung meines Lebens hingeben. Rechts hatten wir den Oelberg, lins das Kidronthal, vor uns das Thal Josaphat mit dem Garten von Gethsemane und der Grabeskirche Maria und Josephs. Wie prächtig erschien die trauernde Wittwe noch immer auf ihrem Felsenthrone. Zu ihren Füßen wallte in den Schluchten der zerrissene Schleier der Nacht, den die Sonne des neuen Tages überwältigt und hinabgedrückt hat, und auf der Kuppel der Grabeskirche glänzte dasselbe Licht, das hier die gewaltigste Geschichte der Erde erblühen und wachsen sah, und das auch uns freundlich begrüßte.

Jener Morgen bleibt mir neben dem unvergeßlichen schönen Anblick der Stadt noch durch eine andere Erinnerung im Gedächtniß. Wir mußten hier warten, bis drinnen die Thore aufgeschlossen wurden, stiegen deßhalb von den Pferden und setzten uns auf einen Trümmerhaufen. Fürst Aslan, unser lieber Freund und Begleiter, dem, so wie uns, Jerusalem das Hauptziel der Reise war, hatte uns schon lange versprochen, eine Episode aus seinem Leben, so wie die Ursache seiner Pilgerfahrt nach Jerusalem zu erzählen und hielt jetzt sein Versprechen.

„Ich war," erzählte er uns, „noch vor wenigen Jahren der glücklichste Mensch auf der Welt. Jung und mit ziemlichem Vermögen hatte ich, wie es bei uns üblich ist, den Militärstand erwählt und war Offizier bei einem Garderegiment in der Hauptstadt. Als ich nach kurzem Aufenthalte dort ein Mädchen kennen lernte, das ich aufs Glühendste liebte und von der ich eben so wieder geliebt zu seyn glaubte, fehlte meinem Glücke nichts, wie die Verbindung mit ihr fürs ganze Leben. Viele Schwierigkeiten, die sich mir in den Weg warfen, wurden glücklich beseitigt und obgleich ich eines Tages im Geheimen benachrichtigt wurde, daß meine Geliebte mit einem Manne, der an Geburt und Rang über mir stand, ein inniges Verhältniß habe, warf ich alle Schwierigkeiten, die sich mir in den Weg stellten, bei Seite und erhielt von meiner Geliebten, unter Zusicherung der herzlichsten Liebe, die Erlaubniß, sie meine Braut nennen zu dürfen. Ihre Aeltern waren längst todt und da sie mündig war, hatte sie nach dem Willen ihres Bruders, der mir eben die größten Schwierigkeiten in den Weg legte, nichts zu fragen."

„In dieser Zeit befanden wir uns eines Abends auf einem Balle in einem der ersten Häuser der Hauptstadt und ich sah meiner Braut zu, wie sie mit jener Person, vor der man mich früher gewarnt hatte, tanzte. Nur an sie denkend, beachtete ich gar nicht die Umstehenden, bis ich hinter mir einige Worte sprechen hörte, die mein Blut zum Kochen brachten. Ich drehe mich rasch um und ein junger Offizier wiederholte die Worte: ›Es ist doch Schade, daß die Fürstin ** in einem solchen Verhältniß steht.‹ Außer mir vor Zorn trete ich nahe zu dem Offizier hin und sage ihm so leise wie mir die Wuth erlaubte: ›Ein Schurke, der das gesagt hat!‹ Was die Folge hievon war, können Sie sich denken. Es wurde auf den nächsten Morgen ein Duell auf Pistolen ausgemacht und da sich das Gerücht hievon bald im Saal verbreitete, waren wir gezwungen, ihn Beide zu verlassen. Da ich mit meiner Braut noch nicht öffentlich erklärt war, mußte ich sie unter der Obhut ihres Bruders lassen und sah sie den Abend nicht wieder. Kaum bricht nach einer unruhig durchwachten Nacht, indem mich die Eifersucht, die ich mit allen Vernunftgründen zu unterdrücken suchte, gräßlich plagte, der Morgen an, als ein Adjutant meines Obersten in mein Zimmer tritt, der mir unter Androhung der härtesten Strafe den Befehl ertheilen läßt, sogleich nach **, der zweiten Stadt des Landes, zu reisen und mich bei dem dortigen Commandanten bis auf Weiteres als Arrestant zu melden – – ›das Alles,‹ wie es in dem Befehle hieß, ›um das eingegangene, durch die Gesetze streng verbotene Duell zu hindern.‹ Der Adjutant bleibt bei mir, bis ich meine nöthigsten Sachen zusammengepackt und in den Wagen steige, der vor der Thüre hält. Sie können sich denken, daß es meine Absicht war, gleich auf der ersten Station nach der Stadt zurückzukehren. Doch das war unmöglich, mir wurden nur Pferde zu meiner Weiterreise nach meinem Bestimmungsort gegeben; alle andern wurden mir mit dem Bemerken verweigert, daß man Befehl habe, gleich nach meiner Weiterreise zu melden, daß ich durchpassirt sey. Ich schrieb in der Eile einige Zeilen an meine Braut und übergab sie der rückkehrenden Post mit dem Versprechen einer glänzenden Belohnung, wenn sie richtig abgeliefert würden. Der Postbeamte nahm den Brief, zuckte aber die Achseln; – ich verstand ihn damals noch nicht. Auf jeder Station erging es mir so, und ich erreichte endlich die mir angewiesene Stadt, wo ich mich meldete und mir der Befehl ertheilt wurde, die Stadt ohne besonderen Urlaub nicht zu verlassen. Sogleich schrieb ich mehrere Briefe an meine Braut, welche ich auf den verschiedensten Wegen nach * sandte, erhielt aber keine Antwort, weder von ihr, noch von einem meiner Freunde. So verging denn ein Vierteljahr, und wie, können Sie sich leicht denken. Da konnte ich die Ungewißheit, in der ich schwebte, länger nicht ertragen und versuchte im Geheim alle Mittel und Wege, um nach der Hauptstadt zurückkehren zu können. Es gelang mir lange nicht, da ich zu scharf bewacht wurde. Endlich gelingt es mir, mit einem Franzosen, der mich als Bedienter mitnahm, die Stadt verlassen zu können. Ich komme nach *. Es ist Abend, und da ich alle Welt im Theater vermuthe, wo auch ich am besten unerkannt bleiben und meine Beobachtungen anstellen kann, eile ich dorthin, suche ängstlich und hoffend umher und sehe endlich in einer Loge meine Brant neben einem Manne sitzen, der noch vor Kurzem mit mir in gleichem Dienstrange war, jetzt aber die Auszeichnung des Obersten trug. Ich eile dorthin, treffe vor der Thüre einen alten Diener, der mich erkennt und der mir leise zuruft: ›Um Gottes Willen, was machen Sie hier?‹ Ich frage hastig nach seiner Herrin. ›Sie ist verheirathet und die Frau des neben ihr sitzenden Offiziers.‹ Ich will in die Loge, der alte Diener hält mich fast mit Gewalt zurück und beschwört mich, ruhig zu bleiben. Ich verlange, er soll mir eine Zusammenkunft mit seiner Herrin verschaffen. Lange versicherte er mich, so gerne er wolle, wisse er keinen Weg hiezu, sagte mir aber endlich, ich solle mich nach beendigter Vorstellung vor dem Theater aufhalten, um zu sehen, ob die Fürstin vielleicht allein nach Haus fahre. So thu' ich. Nach einer ewig langen Stunde ist die Oper zu Ende, die Carossen rasseln daher, ich höre den Namen jenes Offiziers rufen, der neben meiner Braut saß, eine Equipage fährt vor, Graf **, ihr jetziger Gemahl, begleitet die Fürstin an den Wagen, welche allein einsteigt, und der Wagen fährt davon. Ich eile hinter her, die Nacht ist finster, es gelingt mir den Schlag zu öffnen und ich springe in den Wagen. Ein Schrei des Entsetzens entfährt der Fürstin und ich habe eben noch so viel Zeit, ihre Hand zu ergreifen, mit der sie dem Kutscher schellen will. Ich nenne meinen Namen. Verlangen Sie nicht, daß ich Ihnen die Scene ausmale, die nun folgte. Ich erfahre viel Entsetzliches, ich erfahre, daß der Bruder der Fürstin, der mich nicht leiden konnte, alles Mögliche gethan, um meine Verbindung zu hintertreiben. Er war es, der die eigene Schwester jener Person, die ihr lange nachgestellt, fast mit Gewalt in die Arme lieferte; er war es, der meine Verbannung bewirkt und alle Briefe an mich unterschlagen hatte; ja er hatte noch mehr gethan, er hatte der Schwester einen Brief von mir übergeben, in welchem ich ihr schrieb, mir sey ein gewisses Verhältniß bekannt geworden und sie könne leicht denken, daß meine Ehre es mir nicht mehr erlaubte, mein gegebenes Wort zu halten und ich entbände sie auch hiermit des ihrigen. Darauf war ihr der Graf ** so kräftig und nachdrücklich empfohlen worden, daß sie, um nicht gänzlich compromittirt zu werden, einwilligen mußte. Wie viel Schuld an ihr selbst lag, habe ich mir bis jetzt noch nicht klar auseinanderstellen mögen, am allerwenigsten in jener Nacht; da war es mir genug, daß ich doch wenigstens Jemand wußte, auf den ich mit Recht meine ganze Rache ausschütten konnte. Ich gab der Fürstin meinen Ring zurück, sie beschwor mich unter Thränen, ihr den meinigen zu lassen. Was lag daran? Sie war gewiß eben so unglücklich, wie ich. Ich eilte davon, um ihren Bruder aufzusuchen. Ich erfuhr seine Wohnung, eile hinein und trete ohne Weiteres in sein Zimmer, wo er sich aufs Angenehmste mit einigen andern Offizieren unterhält. Auch einige meiner früheren Freunde sind gegenwärtig und sind überrascht, mich hereintreten zu sehen. Man ahnt, was ich will. Ich fasse mich auch kurz und erzähle den Hergang der ganzen Geschichte. Natürlich ist eine Herausforderung das Ende, und der Fürst ** nimmt sie an. Wir bleiben in seiner Wohnung bis der Tag graut, fahren dann hinaus und schießen uns vor der Stadt. Er streift mich an der Schulter und ich schieße ihn durch die Brust, daß er in wenig Augenblicken den Geist aufgibt. Meine Freunde beschützen mich so viel wie möglich, einer gibt mir seinen Wagen, der Andere sein vorräthiges Geld, und ich rette mich in ein Kloster, wo ich meine Schuld beichte, und mir zur Bußung derselben eine Pilgerfahrt nach Jerusalem auferlegt wird. Ich lasse meinen Bart wachsen, mache mich so unkenntlich wie möglich und entkomme nach ** zu meinen Brüdern, die dort auf unsern Gütern leben. Einer derselben verschaffte sich einen Paß, was, wie Sie wissen, bei uns mit vielen Schwierigkeiten verknüpft ist, und der für ihn und seinen Bedienten ausgestellt ist. So kamen wir über die Gränze, und als wir in Sicherheit sind, will mein Bruder, der aus seinen Bergen nie herausgekommen und wenig gereist ist, die Rolle mit mir wechseln und die Pilgerfahrt nach Jerusalem mit mir zusammen machen. - Dort, Skandar ist mein Bruder."

So erzählte uns Fürst Aslan im Angesicht von Jerusalem und besonders der Schluß frappirte uns Alle sehr. Obgleich es uns aufgefallen war, daß der Fürst mit seinem Kammerdiener stets sehr vertraut that, so hatte doch keiner von uns eine Ahnung gehabt, daß es Brüder seyn könnten; ja, eine gewisse Aehnlichkeit, die ich mehrmals zwischen Beiden entdeckte, erschien mir nicht auffallend, da für unser Auge die Gesichtsform aller Südländer sich ziemlich gleicht.

Die Thore von Jerusalem öffneten sich und wir kehrten ins griechische Kloster zurück, um es, so wie die heilige Stadt den andren Morgen für immer zu verlassen.

Viertes Kapitel.

Zug durch die Wüste.

Jaffa. - Die Pest. - Unsicherheit der Straßen. - Uebergang zur ägyptischen Armee. - Gaza. - Ibrahim Pascha und seine Generale. - Die ägyptische Armee. - Schwierigkeiten mit unsern Pferden. - Fourragirungen. - Abreise von Gaza mit einem Theil der Reiterei. - Die Wüste. - Elend des mitziehenden Volkes. - El Arisch. - Der Tartar Gassi. - Die Fata Morgana. - Der Samum. - Soliman Pascha. - Ankunft in Kairo.

Zu Anfang unserer Reise war es halb und halb unsere Absicht gewesen, den Weg nach Aegypten durch die Wüste zu nehmen; wir hatten uns von diesem Zug viel Interessantes versprochen und sehr oft deßhalb Erkundigungen eingezogen. Doch je näher wir dem Sandmeer selbst rückten, je mehr stellte man uns von allen Seiten die großen Schwierigkeiten einer solchen Reise vor, und versicherte, bei der damals herrschenden vollkommenen Anarchie in Syrien sey es ohne sehr zahlreiche Bedeckung nicht möglich, durch die Wüste zu kommen, und wir sahen wohl ein, daß dem nicht anders seyn konnte. Wie sehr hatten sich sogar die besuchten Straßen Syriens in der kurzen Zeit geändert, seit Ibrahim gestürzt und die Furcht, die s e i n Name und Regiment rings verbreitet, verschwunden war! Wie ungefährdet, mit welcher Sicherheit reisten Schubert und Andere vor einigen Jahren durch die große Wüste von Suez nach dem Sinai, zwischen den räuberischen Horden der streifenden Araber, und durchzogen ganz Syrien! Wie erging es dagegen uns! Schon auf dem Wege nach Damaskus waren wir nahe daran, von Gesindel ausgeplündert zu werden; den Jordan besuchten wir mit einer Deckung von acht Reitern und zwölf Beduinen zu Fuß, und trotz dem, daß wir gegen zwanzig Pilger waren, von denen freilich mehrere, die sich unserem Zuge angeschlossen, keine Waffen führten, mußten wir ja das Wasser, das wir zum Andenken an den heiligen Ort in unsere Feldflaschen füllten, mit dem Säbel in der Faust vertheidigen und einigen dreißig halbnackten Arabern, die uns auf unserem Lagerplatz überfielen, ein förmliches Gefecht liefern. Auf dem Wege von Jerusalem über Ramleh nach Jaffa, welche drei Orte in jenen Tagen von der türkischen Armee besetzt waren, und wo also auf einer Strecke von zwölf Stunden wohl zwanzigtausend Soldaten lagen, kamen wir an zwei Stellen vorüber, die mit noch flüssigem Blut überschwemmt waren. Wir hörten von herbeigekommenen Reitern, vor wenigen Augenblicken habe man hier einem Reisenden den Hals abgeschnitten und dort einen andern erschossen. Es war in der Nähe des Dorfes Abu Gosch und man hatte eben die Leichen dorthin geschafft. Zur Zeit Ibrahims konnte ein einzelner Mann an den Jordan gehen, ohne Gefahr, geplündert zu werden, und wer jetzt am Abend den Oelberg bei Jerusalem besteigen wollte, mußte eine Bedeckung mitnehmen, und doch lagen in der Stadt fünf bis sechstausend Mann, ich wollte sagen: türkische Soldaten.

So zwangen uns die Umstände, die Idee aufzugeben, über El Arisch durch die einsame gewaltige S a n d wüste nach Kairo zu ziehen, und wir faßten schon in Jerusalem den Entschluß, in Jaffa ein Schiff zu nehmen und durch die minder öde und gefährliche W a s s e r wüste nach Alexandrien zu schiffen. An Joppes Strande angelangt, fanden wir, weil Alles noch immer mit englischen und östreichischen Offizieren besetzt war, nur mit Mühe in dem lateinischen Kloster Quartier, und zwar herzlich schlecht; so mußten zwei unserer Gesellschaft von der Todtenkammer Besitz nehmen. Wir sahen uns sogleich im Hafen um, ob ein Schiff von passender Größe für uns und die Pferde da sey; aber es war nichts vorhanden, und wir sahen uns schon im Geist in die Nothwendigkeit versetzt, in dieser, von Truppen strotzenden Stadt verschiedene langweilige Tage hinzubringen, als der Prior des Klosters, ein lebhafter, robuster Spanier, – es hieß, er habe früher als Kapitän gedient, – unter dem Siegel der Verschwiegenheit uns anvertraute, so eben finde im Refectorium eine Versammlung von Aerzten statt, weil in den Spitälern die Pest ausgebrochen. Dabei gab er uns den Rath, die Stadt so schleunig als möglich zu verlassen, indem dieselbe wahrscheinlich schon morgen mit einem Cordon umzogen würde und uns so leicht mehrere Monate festhalten könnte.

Bei diesen Aussichten besannen wir uns keine Minute, unsere Effekten schleunigst zusammenzupacken, und machten uns fertig, morgen in aller Frühe aufzubrechen. Aber wohin? Wir hatten zwei Wege vor uns, entweder zurück, vielleicht bis Acre oder gar bis Beirut, um dort ein Segelschiff zu suchen, das uns nach Alexandrien brachte, oder zum Feind überzugehen, d.h. zu Ibrahim Pascha nach Gaza; dort erhielten wir vielleicht die Erlaubniß, auf den ägyptischen Dampf- oder Kriegsschiffen überzusetzen, und im schlimmsten Fall konnten wir uns der Armee anschließen und mit ihr den Zug durch die Wüste machen. Wir besannen uns nicht lange; Alle stimmten für Gaza und Ibrahim, wo sich neben viel Mühseligkeiten doch die Aussicht auf manches Abenteuer zeigte. Unsere schon abgegangenen drei Pferde wurden mit vieler Mühe durch zwei Maulthiere und einen kleinen Esel ersetzt, den ich mir zum Reitpferd erkor, und am folgenden Morgen brachen wir gen Süden auf.

Wir hatten nach Gaza zwölf Stunden, und hofften heute noch nach Metschdel, das auf der Mitte des Weges liegt, zu gelangen. Die Straße lief immer zur Seite des Meeres, ohne daß wir dasselbe sahen, indem der Strand aus hohen Sanddünen bestand, die sich stellenweise bis über unsern Weg zogen und den Thieren das Gehen sehr erschwerten; besonders sank mein kleiner Esel sehr tief in den beweglichen Sand. Mir dagegen behagte die neue Reitart sehr, denn das Thier trabte ganz angenehm, es hatte einen sehr dicken Packsattel ohne Bügel, auf den man sich nach allen Richtungen setzen, sogar legen konnte; nur machte das Aufsteigen einige Beschwerlichkeit, indem man mit einem Sprung sich ganz im Sitz befinden mußte, sonst verlor der Sattel das Gleichgewicht und fiel von der Seite herunter. Der Weg war nicht sehr lebhaft und, wie uns die Mucker merken ließen, gar nicht sicher; sie baten, mit den Jagdgewehren nicht, wie wir gewohnt waren, nach Vögeln und kleinem Wild zu schießen, um die Waffen im Nothfall geladen zu haben. Dann und wann begegneten uns auch wirklich Banden von zerlumptem Gesindel, deren Aussehen wohl vermuthen ließ, daß, wo sie die Stärkeren wären, sie nicht so ruhig vorbeigehen würden, wie sie jetzt thaten. In Jaffa hatte man uns gesagt, Ibrahim werde heute oder morgen Gaza verlassen, und unsere größte Besorgniß war daher, ihn nicht mehr dort anzutreffen, wodurch sich unsere Lage wirklich sehr bedenklich gestaltet hätte. Die Auskunft, die wir von den uns Begegnenden erhielten, waren auch nicht gemacht, uns zu beruhigen. Die Einen sagten, er sey gestern aufgebrochen, andere heute Morgen, ein

Dritter, er werde morgen bei Zeiten absegeln, bis uns gegen Mittag einige ägyptische Reiter entgegenkamen, die uns bestimmt versicherten, Ibrahim verweile noch in Gaza, er sey unwohl und sie deßhalb nach Jaffa gesandt, um für ihn Arzneien zu holen.

Der tiefe Sand und die sehr schwer beladenen Packpferde ließen uns nur sehr langsam vorwärts kommen, weßhalb wir erst um drei Uhr Nachmittags in Esdud, nur fünf Stunden von Jaffa, ankamen und uns durch die Führer, hauptsächlich aber durch die drohenden Wetterwolken am Himmel, überreden ließen, hier die Nacht zuzubringen. Wir suchten lange unter den Lehmhütten umher, um eine zu finden, die etwas weniger schmutzig und erbärmlich wäre als die übrigen. So wenig uns aber die Reise von Beirut nach Damaskus und Jerusalem hinsichtlich der Nachtlager verwöhnt hatte, so fanden wir es doch rein unmöglich, in eines dieser Löcher zu kriechen. Wir wandten uns deßhalb zur Moschee, die zur Seite des Dorfes auf einem kleinen Hügel stand. Sie bestand aus einer offenen Halle, ungefähr wie unsere Scheunen, in der einige Lampen an Schnüren hingen und zwei weiße Stäbe die Richtung nach Mekka bezeichneten. Wie gewöhnlich stand ihr gegenüber der Chan der Fremden, hier eine etwas größere Lehmhütte, als die übrigen Häuser, und im Hofe war neben einem vertrockneten Brunnen das Grab irgend eines türkischen Heiligen. Obgleich der Himmel mit Regen drohte, wollten wir doch lieber unser Zelt benützen, als in jenen Chan kriechen, aus dem die Mucker erst ein Dutzend zerlumpter, halbnackter Gestalten, Lahme, Wunde und Blinde jagen mußten, ehe für uns und die Bedienten mit den Sachen Platz wurde.

Wir schlugen unser Zelt unter einem majestätischen Palmbaume auf, der im Hof stand, stolz und schön neben der Erbärmlichkeit der Menschen. Vor uns hatten wir ein Thal, mit Dattelpalmen und Bananen bepflanzt, unter welchen einiges türkische Militär seine grünen Zelte aufgeschlagen hatte; südlich sahen wir die große Ebene Sephela, durch die der Askalon fließt, und östlich die Gebirge bei Jerusalem, von den letzten Strahlen der Sonne beschienen, die von dunkeln Wolken umsäumt in's Mittelmeer sank. So umgab uns die Natur erhaben und schön, wie immer in diesen Ländern; wer kann sie aber vollkommen genießen unter solchen Umgebungen! Der Regen, der während der Nacht in Strömen fiel, trieb uns schon um drei Uhr Morgen aus unserm durchnäßten Zelt und nöthigte uns in den Chan, wo die Leute ein großes Feuer angezündet hatten und den für die Reisenden in diesen Ländern so nothwendigen Caffee bereiteten.

Gegen sieben Uhr, als der Regen etwas nachgelassen, saßen wir auf und zogen weiter, erreichten um eilf Uhr Metschdel und wurden gleich hinter diesem Dorfe von einem fürchterlichen Regenwetter überfallen, wogegen sich jeder so gut zu schützen suchte als er konnte. Ich war auf meinem Esel einige Schritte voraus, hatte einen himmelblauen Schlafrock angezogen und einen Regenschirm aufgespannt. Meine Figur auf dem kleinen Thier war so komisch, daß die ganze Gesellschaft, trotz dem Unwetter, in lautes Gelächter ausbrach. Es halfen übrigens keine Vorkehrungen, Alle waren in einer Viertelstunde völlig durchnäßt, und dabei blies der Wind so heftig, daß mein Esel förmlich laviren mußte, um vorwärts zu kommen. Endlich gegen vier Uhr Nachmittags kamen wir in die Nähe von Gaza.

Wir waren begierig, die ägyptischen Truppen kennen zu lernen, vor Allem die uns als sehr gut geschilderte Reiterei, nachdem wir bis jetzt nur einzelne Ausreißer gesehen. Wir meinten, schon eine Stunde vor der Stadt müßte man gewahr werden, daß dort ein Lager sey, wie es in Beirut, Jaffa, überall, wo Türken lagen, der Fall war. Diese trieben sich beständig auf Straßen und Plätzen herum, jagten ihre Pferde ab und belästigten die Vorübergehenden durch ihr pöbelhaftes Betragen, oder sie ritten in die Bazars, um für einen Piaster Reis zu kaufen, und hemmten da mit ihren Mähren die ganze Passage. In ihren Freistunden, deren sie vierundzwanzig am Tage hatten, lungerten sie überall herum und rannten die Spaziergänger an, und die Ermüdung, die sie sich hiedurch geholt, verschliefen sie meistens auf ihren Posten unter den Thoren oder an den Gebäuden, wo sie Wache stehen sollten. Wie gesagt, wir glaubten, die Aegypter werden seyn wie unsere lieben türkischen Verbündeten, irrten uns aber sehr. Kein Lärm vor der Stadt, wohl hie und da Soldaten, die ihren Geschäften nachgingen, aber ruhig und ernst. Der Aegypter in seinem einfachen weißen Leinwandkleid sieht aus wie ein Soldat, der Türke in seiner nachgeäfften europäischen Uniform wie ein ungezogener Schuljunge. In Gaza gab uns jeder Soldat freundlich Antwort auf unsere Fragen, und einer begleitete uns sogar zur Wohnung des Muzzelin, des Gouverneurs, durch dessen Hülfe wir in der kleinen überfüllten Stadt eine, wenn auch sehr schlechte, Wohnung erhielten. Das Quartier bestand aus zwei Räumen, in denen Gerste lag, die uns erst Platz machen mußte, und war umgeben mit einer großen Mistpfütze, hier Hof genannt, deren Ausdünstung uns zwang, die Fensterläden beständig geschlossen zu halten, wodurch unsere Nasen gewannen, wir jedoch im Finstern sitzen mußten.

Ibrahim Pascha, auf den wir jetzt unser ganzes Vertrauen setzten, war wirklich noch hier, empfing den Baron von T., der sich ihm am folgenden Morgen vorstellen ließ, auf's Freundlichste, wollte auch die Erlaubniß, auf seinem Dampfboot die Ueberfahrt zu machen, gerne ertheilen, nur unsere Pferde könne er auf keinen Fall mitnehmen, da er sogar seine eigenen mit der Armee ziehen lasse. So wurde also unser Projekt, zu Wasser nach Alexandrien zu gehen, vollkommen zu Wasser. Unsern nunmehrigen Entschluß, unter dem Schutze seiner Reiterei durch die Wüste zu ziehen, nahm er dagegen sehr gut auf, und gab später in unserer Gegenwart dem Kommandanten dieser Truppen, Walli-Bey, den gemessenen Befehl, uns allen möglichen Schutz angedeihen zu lassen. So merkwürdig und lohnend auch unter diesen Umständen der Zug durch die Wüste zu werden versprach, so waren andererseits doch auch die Bedenklichkeiten sehr groß. Neben den regelmäßigen Truppen zogen Arnauten mit, und ein gewaltiger Troß von Volk, Menschen aller Art, Weiber und Kinder des Fußvolks und der Artillerie, die Ibrahim zu Schiffe mit sich nach Aegypten nahm. Was wurde aus uns, unter diesem rohen Haufen, wenn vielleicht Mangel an allen Lebensbedürfnissen eintrat, wenn man sich, wie es bei den andern Kolonnen geschehen war, um einen Bissen Brod, einen Trunk Wasser todtschlug, wenn Hitze, Hunger und Durst alle Bande der Subordination lösten? Dergleichen Betrachtungen drängten sich uns während der sechs ewiglangen Tage, die wir in Gaza zubringen mußten, nur zu oft auf. Da wir in unserm finstern, schmutzigen Gemach nicht schreiben, nicht einmal lesen konnten, so wäre die Langeweile noch schwerer auf uns gelegen, wenn wir nicht dadurch Zerstreuung gehabt hätten, daß wir für unsern Proviant zur Wüstenreise sorgen mußten. Und dieß war in diesem Augenblick keine Kleinigkeit. Wir konnten dazu weder den arabischen Dolmetscher, noch einen Einwohner der Stadt brauchen, weil die Bazars von Allem entblöst waren, und man, um die nothwendigsten Artikel, wie Hühner, Brod, Eier zu bekommen, die Bauern in der Umgegend aufsuchen und selbst mit ihnen handeln mußte; denn den Arabern, ihren Landsleuten, trauten sie nicht, und gaben einem solchen, aus Furcht, nichts zu bekommen, nicht das Geringste. Uebrigens machte uns diese Fourragirung viel Spaß. Schon am frühen Morgen wurden zu diesem Zwecke Jagdpartien gemacht, d.h. wir zogen, unsern Maler, einen gewaltigen Nimrod, an der Spitze, unter die Palmen und Olivenbäume im Umkreis der Stadt und schoßen täglich viele wilde Tauben, die sich hier besonders in der Nähe einiger zerfallenen Moscheen und Gräber in Menge aufhalten. Schon bei den ersten Excursionen der Art hatte das Knallen unserer Flinten eine Masse arabischer Knaben herbeigelockt, die sofort, durch ein geringes Bakschis (Trinkgeld) bestochen, vollständig die Rolle der uns mangelnden Jagdhunde übernahmen. Mit ihren Falkenaugen überall umherspähend, zeigten uns die kleinen Bengel die Tauben an und apportirten die geschossenen, mit einer Gewandheit über Mauern und Gräben setzend, die unglaublich ist. Fiel ein Thier zufällig in einen umschlossenen Hof, so drangen sie hinein, und nicht selten gab es laute Zänkereien und hätte vielleicht Prügel gegeben, wenn wir nicht vermittelnd eingeschritten wären. Nachmittags kauften wir in der Umgegend und den Vorstädten, oder vielmehr Vordörfern Gaza's Hühner und Eier, so viel wir bekommen konnten, wofür wir freilich hohe Preise zahlen mußten; wir hätten aber im Nothfall für jedes Ei einen Gulden gegeben. Das Geschäft des Verkaufs besorgen meist die arabischen Weiber. Am ersten Tage waren sie sehr mißtrauisch und brachten uns nur wenig auf die Straße; als sie aber sahen, daß wir gut zahlten, wurden sie zutraulicher; auch jagten unsere kleinen Jungen stets vor uns her und brachten mit ihrem Geschrei: „die Franken wollen Eier und Hühner und zahlen gut," die Dörfer in vollkommenen Aufruhr. Am letzten Tage, wo *Dr.* B. und ich die Einkäufe besorgten, hatten wir in weniger als einer halben Stunde an vierhundert Eier gekauft, und noch standen gegen zwanzig Mädchen und junge Weiber um uns her, mit verschiedenen Artikeln beladen; sie überhäuften uns mit Schmeicheleien, und zum Glück kamen wir bald auf den Grund unseres Beutels, sonst hätten wir einen ungeheuern Vorrath angekauft, denn es wurde uns sehr schwer, diesen reizenden Wesen zu widerstehen. Die Araberin hat etwas ungemein Graziöses in allen ihren Bewegungen, ein angenehmes Gesicht mit den feurigsten Augen von der Welt, und die schönsten kleinen Hände und Füße. Dazu kommt ihr Anzug, ein einfaches blaues Hemd, vorn bis unter die Brust offen, welches die schlanken und doch vollen Formen ihres Körpers nur bezeichnet, nicht verdeckt. Selbst die Zudringlichkeit, mit der sie dem Fremden, von dem sie wissen, daß er sie gut behandelt, ihre Waaren anpreisen, hat nichts Plumpes und Unanständiges.

Zwischen diesen häuslichen Geschäften besahen wir die Umgebungen der Stadt und ritten zuweilen an's Meer, das eine halbe Stunde entfernt ist, um der Einschiffung der Truppen zuzusehen. Bereits dauerte dieselbe zehn Tage und war noch nicht beendigt; ein beständiger starker Westwind machte die Brandung so heftig, daß man täglich nur sehr wenige Menschen an Bord bringen konnte. Das sämmtliche Fußvolk und die Kranken der Reiterei wurden eingeschifft, so wie einige Artillerie, etwa zwanzig Kanonen ohne Bespannung, und ich bemerkte mit Vergnügen, daß trotz der hohen See die Soldaten diese Geschütze mit Leichtigkeit an Bord brachten. Zum Transport lagen da zwei Linienschiffe und drei Fregatten der ägyptischen Marine, so wie ein Dampfboot, der „Nil"; ein anderes, der „Hadschi-Baba", zum Gebrauch Ibrahims bestimmt, kam am 17. Februar Abends. Ibrahim Pascha saß selbst oft viele Stunden des Tags auf einem Teppich am Strande und sah dem Einschiffen zu. Er bildete so mit den ihn umgebenden Offizieren immer eine sehr interessante

Gruppe. Der Pascha ist ein kleiner dicker Mann; sein rothes, blatternarbiges Gesicht, von einem weißen Bart umgeben, hat wenig Ausdruck; die Augen aber, ohne gerade viel Geist zu verrathen, sind lebhaft, stechend. Er trug einen grünen Kaftan, mit Pelz besetzt, auf dem Kopfe ein Feß und um dasselbe das gelbe und rothe Tuch der Beduinen bis auf die Schulter herabhängend. Er sah mißmuthig auf's Meer, und zuweilen, während er einige Worte mit seiner Umgebung sprach, nahm er kleine Steine auf und warf sie in die Wellen. Um ihn standen Hassan Pascha, der Admiral, ein Georgier, Mahmud Bey, Oberstlieutenant der Marine, besonders wohl von ihm gelitten, und Hussein Pascha, ein Türke und auffallend schöner junger Mann.

Oestlich von der Stadt hatte Achmed Pascha Menikli mit der sämmtlichen Reiterei sein Lager gehabt, war jedoch schon vor zwölf Tagen über El Arisch nach Kairo gezogen; nur die Gardereiterei unter Wally Bey stand noch hier, den Augenblick erwartend, wo sich Ibrahim einschiffen würde, um gleich darauf aufzubrechen und Achmed Pascha zu folgen. Diese Garde (Lanzenreiter und eine Schwadron Cuirassiere) bestand aus drei Regimentern, deren jedes tausend Mann stark Damaskus verlassen hatte; hier waren ihrer noch siebenhundert Mann in Allem. Wir suchten gleich in den ersten Tagen unsere neue Reisegesellschaft auf, kamen aber zum traurigen Schauspiel einer Execution. Man erschoß vor unsern Augen vier eingebrachte Deserteurs. Nördlich von diesem Lager erhob sich ein kleiner Berg mit einem alten Gebäude, angeblich Simsons Haus, von dem man eine sehr schöne Aussicht über Stadt und Meer hat.

In gleichem Falle mit uns, d.h. die Einschiffung Ibrahims erwartend, befand sich in Gaza ein englischer Oberst, ein Linienschiffslieutenant und ein englischer Arzt; letztern hatte der Pascha einer Unpäßlichkeit halber von Beirut kommen lassen; ferner Reschid Achmed Ferik Pascha, auch der Brillenpascha genannt, weil er beständig ein solches Instrument trug. Diese Herren waren von ihren Regierungen hieher geschickt worden, um sich mit eigenen Augen zu überzeugen, daß Ibrahim Syrien verlasse, daß das Land von seiner Plage befreit sey und reingewaschen in den Schooß des allein glücklich machenden türkischen Reiches zurückkehren könne.

Endlich am 18ten Februar Mittags um zwölf Uhr verließ Ibrahim Pascha das Land, und sogleich wurde der Aufbruch der Reiterei auf den folgenden Morgen festgesetzt. Nachdem die vielen Schwierigkeiten, die uns die Fortschaffung unserer Effekten verursachte, beseitigt waren, wozu noch der Umstand kam, daß unsere Stute den 18ten Abends ein allerliebstes Fohlen warf, das man um keinen Preis zurücklassen wollte, zogen wir am

19ten in aller Frühe zum Lager der Reiterei, das zum Sammelplatz der Karavane bestimmt war. Unser Zug nahm sich auch hier wieder, wie auf der ganzen Reise, wenn auch nicht sehr malerisch, doch höchst eigenthümlich aus. Syrien und Palästina hatten wir auf flüchtigen Pferden durchzogen, ein kriegerischer Reitertrupp, der in den verschiedenartigsten Kostümen und Waffen den Orient und das Abendland vereinigte; jetzt waren wir allein. Fürst Aslan, unser lieber Reisegefährte, hatte in Hassan Pascha, dem Admiral, einen Landsmann gefunden und war zu Schiff nach Alexandrien gegangen; wir reisten unter dem Schutze vieler bewaffneter Reiter, friedlichen Kaufleuten gleich, nicht mehr selbstständig jeden schönen Pfad wählend, sondern ein Glied der Karavane, an diese durch die schauerlich öden Wege der Wüste gekettet, und auf hohen Kameelen ein ganz anderes Bild gebend.

Wir hatten sieben dieser nützlichen und guten Thiere, von denen drei durch den Maler, den *Dr.* B. und mich nebst unsern Sachen besetzt wurden; ein weiteres ritt der Reitknecht des Barons, welcher selbst den prächtigen arabischen Hengst aus Damaskus bestieg; das fünfte trug unsere in der Eile zusammengekauften Vorräthe, die in Hühnern, einem Hammel, Eiern, Brod und Kohlen bestanden. Wein oder Rum war zu keinem Preis in Gaza zu bekommen; nur einmal brachte uns ein Araber eine Flasche Champagner zum Verkauf, wahrscheinlich aus dem Keller Ibrahims gestohlen, der, obgleich ein guter Muselmann, den Champagner sehr liebt. Das sechste Kameel war mit Fourrage und Wasser für die Pferde beladen, und auf dem siebenten thronte das kleine Fohlen, in einen alten persischen Teppich gewickelt. Der Schimmel, von dem ich früher gesprochen, trug die Sachen des Barons und den Dollmetscher, der die Stute, die Mutter des Kleinen, an der Hand führte. Auch hatten wir drei Kameeltreiber, Mahmud, Achmed und Akrabud, auf welche Herrn ich später zurückkommen werde. Zu uns hatte sich noch von Gaza ein englischer Offizier, Kapitän E., gesellt, er nebst drei Bedienten, einem Perser, einem Griechen und einem Araber, ebenfalls nach Kairo ging.

Das Lager der Reiterei bildete indessen ein wahres Chaos von Menschen und Pferden, Eseln und Kameelen, aus dem sich allmählig geordnete Züge sonderten und auf dem Wege nach El Arisch sich fortbewegten. Hier schlug man die Zelte ab und lud sie nebst Kisten und Säcken auf die geduldigen Kameele, die gruppenweise niedergekauert im Kreise lagen und zuweilen ein unwilliges Geschrei ausstießen, wenn man einen neuen Pack auf ihren Rücken legte. Dort stand ein gutmüthiger Esel und ergab sich in sein Schicksal, eine ganze Familie nebst Hausgeräth zu schleppen; außer der Dame des Hauses, die seinen Rücken eingenommen, hatte das Thier an jeder Seite einen Korb hängen, aus denen die schmutzigen Gesichter ihrer Sprößlinge heraussahen. Da waren ganze Harems auf ein einziges Kameel geladen, indem man dasselbe rechts und links mit zwei großen Kisten behängte, in denen drei, vier Weiber und verschiedene Kinder auf Bettwerk und Teppichen lagen; ein schwarzer Ennuch trieb mit seinem Stock die Familie vorwärts. Man sah mitunter die lächerlichsten Auftritte und konnte tiefe Blicke in das innere Familienleben der Araber thun. Da wurde gesungen und gelacht, erzählt und gezankt, und wer das wüthende Geschrei dieses Volks bei der friedlichsten Veranlassung kennt, kann sich einen Begriff von dem wüsten Lärm machen. Das ganze Lager war ein großer Ameisenhaufen, wo jeder sich mit gleicher Geschäftigkeit herumtrieb, vom Kameeltreiber im grauen Hemde, der nur ein ungegerbtes Schaffell besitzt, womit er nach Bedürfnis diesen oder jenen Theil seines Körpers bedeckt, bis zum ägyptischen Offizier im betreßten Kleide, dessen gold- und silbergesticktes Kopftuch hie und da hervorblitzte. Die Gardereiter standen ruhig bei ihren Pferden und warteten des Befehls zum Aufsitzen, der jedoch für unsere Ungeduld zu lange ausblieb, und da die Leibschwadron Ibrahims, unter dem Kommando eines sehr liebenswürdigen Polen, der geläufig französisch, auch einiges Deutsch sprach, sich in Bewegung setzte, so machten auch wir Anstalten, unsere Reise anzutreten. Ich darf wohl sagen Anstalten, denn gegen die Leichtigkeit, mit der man sich auf's Pferd schwingt, ist das Besteigen eines Kameels eine wahre Arbeit und erfordert Anstalten. Das Thier liegt, von seinem Treiber festgehalten, indem ihn dieser seinen Fuß auf ein Vorderbein setzt, auf den Knieen. Zu beiden Seiten hängen die Effekten des Reiters und oben zwischen denselben bilden Matratzen, Teppiche, Pelze, einen weichen Sitz. Auf diesen schwingt sich der Reiter und hält sich sogleich vorn und hinten fest; denn das Kameel, von seinem Treiber losgelassen, richtet sich plötzlich ruckweise auf, erst vorne, und man fällt beinahe auf den Rücken, dann hinten, und man würde ohne Halt unfehlbar auf den Hals des Thieres stürzen. Wir kamen alle ziemlich glücklich hinauf; nur der Reitknecht Friedrich, der sich nie durch Gewandtheit in seinen Bewegungen auszeichnete, fiel mit gewaltigem Purzelbaum in den Sand.

Endlich kam auch unser Zug in Bewegung und die Kameele gingen mit großem, ruhigem Schritt dahin, den Reiter eben nicht angenehm schaukelnd. Es braucht einige Zeit, ehe man sich an diese Art zu reiten gewöhnt. Abgesehen davon, daß das Gefühl, das Thier nicht in seiner Gewalt zu haben, sondern seinem Willen folgen zu müssen, sehr unbehaglich ist, so ist der G a n g der Kameele, die nicht, wie Pferde und Esel, ihre Beine kreuzweis heben, sondern den vordern und hintern Fuß jeder Seite zugleich, im höchsten Grad unangenehm. Er bewegt den Oberleib des Reiters unaufhörlich stark von hinten nach vorne, gleich dem Schaukeln eines Nachens, und wirkt auch beinahe eben so; denn es gibt Leute, die auf dem Kameele, diesem „Schiff der Wüste," vollkommen von der Seekrankheit befallen werden. Indessen empfanden wir von dieser Unbequemlichkeit nicht viel, wozu wohl am meisten der erfreuliche Gedanke beitrug, das traurige Gaza hinter uns zu haben und endlich auf dem Wege zu seyn, auf dem einzigen, der uns aus Syrien offen stand.

Ehe man sich, abgesehen von der unangenehmen Bewegung, auf den Kameelen heimisch und sicher fühlt, muß man sie - ich meine den Packsattel - vollständig zu seinem Gebrauch einrichten. Die Thiere sind eines hinter das andere gebunden, und so ist die ganze Reisegesellschaft getrennt; auch lassen sie sich nicht antreiben, und ich konnte nicht zu einem von unsern Freunden hinreiten, wie ich wohl früher that, wenn mir eine Pfeife Tabak oder Feuer mangelte. Mir kam mein Thier wie ein neues Haus vor, in welchem man die Ecke noch nicht gewählt hat, wo man schlafen will, und für den Hausrath noch keinen Platz weiß. Lange schob ich an meinen Teppichen hin und her, um einen etwas bequemen Sitz zu erhalten, denn ich muß gestehen, daß ich mich nichts weniger als behaglich fühlte. Die meisten Kameele hatten hinter dem Packsattel noch ein kleines gepolstertes Kissen, ungefähr wie der Bedientensitz an einem Wurstwagen, was sehr bequem ist, und dieses mangelte gerade an meinem; auch hatte noch keiner von uns die Kunst erlernt, das Kameel von vorne herein so zu packen, daß man sich bequem darauf befindet, und unsere Herren Kameeltreiber waren am Morgen immer froh, wenn sie nur die Sachen hinaufgeworfen und die Kameele in Gang gebracht hatten; denn jeder fürchtete sich, zurückzubleiben. Um auf dem Kameel einigermaßen angenehm zu sitzen, muß man den Sattel, der den ganzen Höcker bedeckt, nachdem man die Bagage zu beiden Seiten angehängt hat, hinten durch Kissen oder Teppiche erhöhen, auf die man sich setzt, und nun nicht nöthig hat, mit den Beinen das ungeheure Thier zu umklammern, sondern dieselben mehr vor sich hinstrecken kann.

Unser Mundvorrath, den wir in Gaza treu und redlich getheilt hatten, bestand für die Person in sechzig bis achtzig Orangen, gegen vierzig hartgesottenen Eiern, einem Sack voll Brod und einer Flasche mit Essig, welche Sachen, nebst Tabak und Pfeife, jeder auf seinem Kameel so vertheilte, daß er ohne Mühe etwas davon hervorlangen konnte. Wir hatten uns zu dem Behuf weiße leinene Säcke machen lassen, die rechts und links an den Packsattel gebunden wurden.

Wir hatten schon eine ziemliche Strecke zurückgelegt auf einem Terrain, das wenig von dem Weg zwischen Jaffa und Gaza verschieden ist. Es besteht, wie dort, aus ziemlich beweglichem Sand, doch sah man an den Seiten noch grüne Felder, Palmen- und Olivenbäume; auch war der Boden der Straße stellenweise von hartem Kies, der den Kameelen das Gehen sehr erschwerte. Diese merkwürdigen Thiere scheuen die geringste Senkung des Weges und gehen sogar unsicher, wo er recht glatt und eben ist. Baron von T. war mit unserem neuen englischen Freunde noch zu Wally Bey gegangen, um mit ihm und seiner Reiterei zugleich aufzubrechen. Doch dauerte dies länger, als sie gedacht, weßhalb sie uns bald darauf allein nachgesprengt kamen. Der Engländer hatte drei Bedienten bei sich, wovon zwei auf Kameelen saßen und der dritte, sein Kammerdiener, auf einem großen Maulthiere hinter ihm drein zog. Er erkundigte sich, wie uns die neue Reitart behage, und als ich ihn versicherte, ich habe in meinem Leben nie so schrecklich unbequem gesessen, so bot er mir das Maulthier seines Dieners an, das, mit einem englischen Sattel versehen, sich gar nicht unvortheilhaft ausnahm. Auch schien sein Inhaber mit dem Tausch sehr zufrieden; er lachte mich heimlich aus, wie er auf mein Kameel stieg, ordnete oben Teppiche und Decken anders, und warf mir mitleidige Blicke zu, als ich den Esel bestieg. Dieser hatte aber auch merkwürdig schöne Eigenschaften. Er hatte unförmlich lange Ohren und war sehr hartmäulig, was daher kam, daß er als Thier des Dieners gewöhnt war, stets dicht hinter dem des Herrn zu laufen. Machte nun der Engländer, wie er sehr häufig that, rechts und links einen Abstecher in den Klee oder unter die Palmen, so mußte ich ihm folgen, wollte ich mich mit dem Esel nicht abarbeiten. Traf er mich aber bei solchen Anlässen, wie es zuweilen vorkam, schlecht gelaunt, so daß ich ihm seine Unarten nicht hingehen ließ, so stieß er, wenn er das andere Pferd davon traben sah, ein jämmerliches Geschrei aus, ein Geheul, so ohrenzerreißend, wie ich es selbst bei einem Esel nie vernommen.

Durch unser Warten auf die Kavallerie Ibrahims, die uns noch immer nicht nachfolgte, waren wir ganz ans Ende des Zugs gekommen, der sich unabsehbar über die vor uns liegenden Höhen fortbewegte. Ein buntes Gemisch von Kameelen, Pferden, Eseln und Trachten in allen möglichen Farben. Wir freuten uns auf die sonderbaren Scenen, die uns der Zusammenfluß so vieler für uns fremdartiger Menschen versprach, da es uns auf unsern Pferden leicht wurde, bald hier, bald da den Zug zu durchkreuzen, oder ein Stück vorgaloppirend, ihn theilweise an uns vorbeiziehen zu lassen. Doch sparten wir dies Vergnügen für die folgenden Tage auf; denn wir hatten heute viel zu thun, um unsere Vorkehrungen für die nächste Nacht, so wie die Vertheilung unseres mäßigen Proviants für die Wüstenreise zu besprechen. Wir hatten in Gaza ein kleines Zelt gekauft, unter welchem, wenn man sich auch sehr dicht zusammen legte, kaum vier Personen Platz hatten. Auch war es in einem etwas defecten Zustand und würde einen ziemlichen Platzregen nicht abgehalten haben. Ein zweites besaß der Engländer, das, wie alle Reisegeräthe dieses praktischen Volkes, sich im besten Zustande befand. Als ein sehr artiger Mann schlug er uns gleich vor, mit ihm unter seinem Zelte zu hausen und der Dienerschaft das unsrige zu überlassen.

Wir wurden heute auf unserem Marsch einigemal durch das kleine Fohlen aufgehalten. Das Thierchen hatte, obgleich es am Morgen sehr gut aufgepackt und erst einen Tag alt war, in seinem Teppich so gezappelt und sich gedreht, daß die Stricke am Packsattel des Kameels los geworden waren und das geduldige Thier sich mehrmals legen mußte, damit man den Sprößling frisch aufbinden oder an der Stute saugen lassen konnte. Es war wirklich rührend, mit welcher Sorgfalt und Liebe die Araber, besonders unsere Kameeltreiber, sonst die rauhesten Menschen von der Welt, das kleine Thier behandelten und pflegten. So ging ihm immer einer zur Seite und beobachtete alle seine Bewegungen, dann und wann wurde die Stute gemolken und sie gaben die in einem Löffel aufgefangene Milch dem Kleinen aufs Kameel. Gelangten wir Abends ins Lager, und die Nacht kam, wie immer in Syrien, mit empfindlicher Kälte heran, so versuchten sie nicht selten, das Pferdchen mit ihren warmen Lumpen zu bedecken; ein Manöver, das jedoch nicht half, denn wir mochten ihm noch so fest seinen persischen Teppich umhängen, so schlüpfte es doch beständig hinaus.

Es war erst gegen zwei Uhr, als wir schon den Ort unseres heutigen Nachtlagers, ein armseliges Dorf, vor uns liegen sahen. Dasselbe war kaum vier Stunden von Gaza entfernt. Wir waren zwar Morgens um vier Uhr aufgebrochen, aber das Bepacken der Kameele und die Verzögerung des Abmarsches durch die Reiterei hatte so viel Zeit weggenommen, daß wir uns erst um acht ein halb Uhr in Bewegung setzten. Als wir das Dorf erreichten, war bereits eine große Heide hinter demselben von den uns vorangegangenen Zügen bedeckt: ein buntes, geräuschvolles Gewimmel, Männer, Weiber und Kinder in der lebhaftesten Bewegung. Man lud Kameele ab, schlug die Zelte auf, dort loderten Feuer, hier bemühten sich einige kleine Buben, auf dem Bauche liegend, eines anzublasen. An ernstlichen Streitigkeiten fehlte es auch nicht, und wir waren froh, als wir den Schwarm durchzogen hatten und am Ende der Haide zu der Leibschwadron Ibrahims kamen, bei der wir, nach einer Bestimmung des Pascha, unser Zelt aufschlagen sollten. So war denn glücklich der erste Tag unserer Wüstenreise vorüber. Der heutige Marsch war so still und ruhig gewesen, daß unsere Besorgnisse für die künftigen anfingen sich zu zerstreuen. Wir glaubten nun ungefähr ausrechnen zu können, wann wir in Kairo eintreffen würden, und ich dachte nur an die schönen Bilder, die während des Zugs zu sammeln wären, und an das alte Wunderland Aegypten, das wir bald betreten sollten. So wie unsere Kameele sahen, daß wir an Ort und Stelle waren, ließen sie sich gleich nieder und harrten ruhig, bis wir sie ihrer Last entledigten. Unsere Leute schlugen beide Zelte auf, und die Kameeltreiber ordneten Gepäck und Proviant, wie es ihnen für die Nacht am zweckmäßigsten däuchte. So wurde der gemeinschaftliche Proviant, der in einem gekochten Hammel, Kaffee und Zucker bestand, in das Bedientenzelt geschafft, unsere Nachtsäcke und Kohlen zu beiden Seiten des Eingangs aufgepflanzt und um das Zelt im Kreise unsere sieben Kameele gelagert, eine ruhige, wiederkäuende Wache.

Unter dem Zelte des Engländers begann sich jetzt ein Comfort zu entwickeln, den wir uns auf unserer Reise durch Syrien ganz abgewöhnt hatten und zu dessen Fortsetzung es bei der Einrichtung unseres Reisegeräthes wenigstens sechs Pferde bedurft hätte, wogegen bei dem praktischen Engländer Alles in eine einzige Kiste gepackt war. Er hatte schon viele Reisen durch die Wüste gemacht und war also mit Allem, was dort nothwendig ist, besser vertraut wie wir. Es ist schlimm, daß fast in keinem Reisehandbuch über den Orient die Gegenstände erwähnt sind, deren der Reisende wirklich bedarf. Wir schleppten eine ganze Küche mit, theils in Säcken, theils an die Kameele gehängt, Teller, Messer, Gläser, Flaschen, Casserole etc. Wir hatten Teppiche, Decken, Pelze bei uns, der Engländer hingegen nur eine einzige Kiste, aus welcher sich aber eine Menge von Sachen entwickelte, die uns unglaublich schien. So war der halbe Boden des Zelts mit einem Teppich bedeckt, worauf eine zwei Finger dicke roßhaarene Matratze lag, mit Kopfkissen, Leintuch und einer Decke versehen. Einige Leuchter wurden auf den Boden gesetzt, und außer dem nöthigen Kochgeschirr, nebst Tellern, Messern und Gabeln kam im Laufe des Abends noch ein Caffee- und Theeservice, eine kleine Punschbowle, so wie die Leibtoilette des Engländers zum Vorschein.

Dieser hatte, wie die meisten seiner Landsleute, seine Eigenheiten. Er war Kapitän in Diensten der ostindischen Compagnie und hatte öfters Reisen zwischen Bagdad, Bombay und Kalkutta gemacht. Seine drei Bedienten, die nichts zu thun hatten, als seiner Person aufzuwarten, waren ein Indier, den er aus Bombay mitgebracht und der etwas Persisch verstand, was auch der Kapitän sprach, ferner ein Grieche, sein Koch und Dollmetscher, und endlich ein Araber, den er in Gaza aufgegriffen hatte und blos mit nach Kairo nehmen wollte. Der Engländer war ein Mann von etwa siebenundzwanzig Jahren, sprach geläufig französisch und verstand, wie wir erst am Ende der Reise erfuhren, ganz gut, was wir Deutsche zusammen sprachen. Warum er dies früher nicht merken ließ, weiß ich nicht; er hat durch diese Verläugnung unserer edeln Muttersprache manchen kleinen Stich hinnehmen müssen. So gutmüthig er von Natur war, so machte es ihm doch ein eigenes Vergnügen, seine Bedienten und die Leute, mit denen er in Berührung kam, durch allerhand kleine Geschäfte stets in Athem zu halten, ja sie fast zu quälen. So hätte er nie selbst Hand an seine Sachen gelegt; er stieg vom Pferde, warf dem Araber den Zügel zu, sagte zum Griechen: „Hussein, Mantel und Säbel!" welche Gegenstände dieser ihm abnehmen sollte, während der Indier ihm die gestopfte Pfeife fast in den Mund stecken mußte, und blieb dann stehen, bis das Zelt aufgeschlagen war, worauf er sich auf seine Matratze streckte und durch allerhand Kleinigkeiten die Drei stets auf den Beinen zu erhalten wußte.

Wir waren auf diese Art bei ihm gut eingerichtet und mit Beiziehung unseres eigenen Mobiliars unter seinem Zelt ganz vergnügt. Das Erquickendste auf dem ganzen Zug war der Caffee, den unser Giovanni, falls er bei guter Laune war, sogleich bereitete. So saßen wir denn unter dem Zelte, dessen Oeffnung regelrecht vom Winde abgekehrt war, in den Händen die kleinen türkischen Täßchen und rauchten behaglich aus dem Nargileh. Draußen hatten die beiden Kochkünstler kleine Gruben in den Sand gemacht, in denen sie Holzkohlen anglühten, um darüber die Speisen zuzubereiten. Scham, der Hengst wälzte sich vor Vergnügen auf dem Boden und das kleine Fohlen sog an seiner Mutter, - ein Familienbild. Im Hintergrunde war das buntscheckige Lager mit hunderten von Feuern. Die Leibschwadron Ibrahims hatte ihre Pferde in ein Viereck gestellt und sie auf die übliche Art an einem Hinterfuß gefesselt. Die Leute lagen ohne Zelte in diesem Carré. Sie hatten ihr Gepäck fast wie unsere Kavallerie im Lager geordnet, auf den Sattel Mantelsack, Säbel und Pistolen gelegt und die Lanze mit der rothen Fahne daneben gesteckt. Ihr Oberst, der Pole, lag in der Mitte in einem großen Pelze und um ihn standen ein paar Negerknaben, die ihn zu seiner Bedienung begleiteten.

Während wir alle diese Gegenstände mit Muße betrachteten, schlug plötzlich eine schmetternde, jedoch nicht unangenehme Hornmusik an unser Ohr. Es war die Reiterei unter Ali Bey, die jetzt nachkam. Da sie, wie wir später erfuhren, nicht eher von Gaza abmarschiren konnte, als bis das Dampfboot, der Hadschi Baba, auf welchem Ibrahim sich befand, das Signal gegeben hatte, daß es abgefahren sey, und dasselbe, obgleich sich der Pascha am achtzehnten eingeschifft hatte, erst am neunzehnten wirklich abfuhr, so hatten sie bis gegen zehn Uhr auf den Signalschuß warten müssen und rückten jetzt erst ein, nachdem wir schon ein paar Stunden im Lager waren. Hinter der Musik ritt der Pascha, ein Mann mit großem Bart, umgeben von mehreren Ober- und Unteroffizieren; dann die Lanciers, in recht gutem, in Betracht ihres fürchterlichen Rückzugs sogar vortrefflichem Zustand. Sie hatten alle ihre Waffen, Säbel, Pistole und Lanze, so wie jeder eine lederne Wasserflasche; Geschirr und Sattelzeug der Pferde war in Ordnung, die Uniformen ziemlich gut, und jeder hatte außer einer Art Mantel noch eine Kaputze, die er über den Kopf ziehen und auf der Brust befestigen konnte. Die zweite Abtheilung bestand aus reitender Artillerie, vielen Kürassiren ohne Helm und Küraß; nur einige wenige hatten denselben umgeschnallt, andere sogar an den Sattelknopf gehängt. Diese Waffengattung ist aber auch wohl die unzweckmäßigste für heiße Länder, wie Syrien und Aegypten. Dann kamen wieder Lanzenreiter, und den Beschluß machte die Bespannung von achtzig bis neunzig Geschützen je zu vier Maulthieren, deren Geschirre sich in der besten Ordnung befand. Pferde und Maulthiere hatten sich in Gaza wieder erholt und sahen gut genährt, frisch und munter aus. Später kam noch ein kleines Piket Reiter, die eine Masse Reitpferde der Pascha's begleiteten; doch war keines darunter, das unseren arabischen Pferden zu vergleichen gewesen wäre, was die Türken und Aegyptier selbst anerkannten. Sie umgaben diese Thiere oft Stunden lang, besahen den schönen Bau, die starken, reinen Beine, und strichen mit dem öftern Ausruf: Ei w' Allah! (bei Gott, das ist schön!) über die feine Haut und die seidenartige Mähne. Dabei war es sehr eigenthümlich, daß die Beduinenschechs dem Hengst den Vorzug gaben, die ägyptischen und türkischen Pascha's dagegen die Stute für vorzüglicher erkannten. Oft hielten sie vor unsern Zelten lange Debatten hierüber, welche wir am besten schlichten konnten, indem wir sie auf das Fohlen aufmerksam machten, dessen starke Glieder, so wie der wunderschöne, edle Kopf, einst die Vorzüge beider vereinigen würden, was sie zugaben.

Wir machten noch einen Gang durch sämmtliche Lager, sowie ins Dorf, wo wir einen Topf voll Milch einkauften, um daraus für den Abend einen *Riz au lait* bereiten zu lassen. Der Tränkungsplatz war uns heute das Interessanteste; dort standen die kleinen Esel und Pferde des ärmeren Volks in erster Reihe, um getränkt zu werden, weil sie zuerst angekommen waren; dann kamen die Pferde der Kavallerie und hinter ihnen die geduldigen Kameele, welche bis zuletzt warten mußten. Das Wasser befand sich in einer Art Teich, um welchen die Thiere gereiht wurden, so daß sich eine große Zahl zugleich tränken ließ, weßhalb heute das Gezänk und Geschrei nicht sehr groß war. Das Wasser, obgleich matt, wie fast an der ganzen syrischen Küste, ließ sich dennoch genießen.

In unser Zelt zurückgekehrt, nahmen wir unsere Abendmahlzeit ein, die aus Reis bestand, worin ein Stück Hammelfleisch gekocht war, ferner aus ein paar Hühnern, Orangen, getrockneten Feigen, Rosinen und Datteln. Während wir bei Tische saßen, kam unser Dollmetscher, meldete, unsere Nachtwache sey angekommen, und fragte, ob er ihnen etwas Caffee zubereiten und den übriggebliebenen Pillau geben dürfe. Natürlich ließen wir ihn diese großmüthige Idee ausführen, und bald bezogen die ägyptischen Lanciers ihren Posten um unser Zelt. Ihren Wachtkommandanten, seines Ranges Hauptmann, luden wir zu uns und wirtheten ihn mit Punsch, den unser Engländer zubereitet hatte. Der Araber erzählte uns durch den Dollmetscher Einiges vom fürchterlichen Rückzug über Damaskus, rauchte seine Pfeife und zog sich dann wieder zurück, wobei er in ehrerbietiger gebückter Stellung rückwärts das Zelt verließ. Wir legten unsere Teppiche auf den Boden, scharrten einen Haufen Sand zu einem Kopfkissen zusammen, worauf der ausgezogene Rock gelegt wurde, und bereiteten so unsere Lagerstätte. Dann traten wir nochmals vor's Zelt, um den wundervollen, sternhellen Himmel zu betrachten. Ich habe die Sterne, besonders die Venus, nie herrlicher glänzen sehen, als in den Nächten, die wir in der Wüste zubrachten: wir haben Versuche gemacht, und gefunden, daß ihre Strahlen hell genug waren, um, wie das Mondlicht, einen wenn auch schwachen Schatten auf unsere weiße Zeltwand zu werfen. Unsere Wache bestand aus zehn Mann, die im Kreis um unsere Zelte postirt waren und, in weiße Mäntel eingehüllt, regungslos an ihren Lanzen lehnten.

Die Nacht verging ziemlich ruhig, und ich hörte nur zuweilen das Geschrei einiger Hunde, die sich bei unsern Zelten herumbalgten, so wie das entfernte Geheul der Schakals, Töne, welche mit nichts Anderem zu vergleichen sind. Es ist ein heiseres, pfeifendes Bellen; doch hielten die vielen Wachtfeuer diese Thiere heute Nacht in Respekt. Der Aufbruch der Karavane war auf fünf Uhr bestimmt, und schon um vier fing Alles im Lager an sich zu regen. Man packte auf, riß die Zelte ein, die meisten tränkten ihre Pferde noch einmal, und um fünf bewegten sich die Kolonnen nach einer vom Pascha getroffenen Einrichtung vorwärts. Wally Bey nämlich, ein sehr vernünftiger Mann, befahl, daß sich die kleinen Thiere, Esel, schlechten Pferde, gleich am Morgen an die Spitze des Zugs stellen sollten, um zuerst abzumarschiren. Dann kamen die Kameele und zuletzt die Reiterei. Er wollte damit bezwecken, daß die Esel, die mit den Kameelen und Pferden nicht gleichen Schritt halten konnten, wenigstens am Morgen einen Vorsprung hätten und man nicht genöthigt seyn möchte, jene zu weit zurückzulassen und sie so den Angriffen der Beduinen bloßzustellen. Dennoch überholten Kameele und Pferde sie im Lauf des Marsches, und die Spitze bes Zugs, wie er sich Morgens in Bewegung gesetzt, kam am Abend zuletzt auf den Lagerplatz. Diese Anordnung des Pascha war sehr gut, und er sorgte auch so ziemlich dafür, daß sie befolgt wurde. Es waren aber auch wirklich manche Lastthiere zum Erbarmen bepackt, Kameele wie Esel.

Wir ließen Alles an uns vorüberziehen und waren im besten Packen begriffen, um mit der Leibschwadron aufzubrechen, als unser Dollmetscher und Koch dem Baron den leeren Korb zeigte, worin noch gestern der so schön geschlachtete und gekochte Hammel gewesen war. Man hatte uns keine Faser gelassen; wir begriffen aber nicht, wer der Dieb seyn könne; ein gewandter auf jeden Fall, denn unser Fleischkorb hatte unter unsern Bedienten mitten im Zelt gestanden, um welches obendrein noch die zehn Lanciers Wache hielten. Im Stillen hatten wir auf diese edlen Kriegsknechte selbst den Verdacht geworfen; doch sagte uns im Lauf des Tages der polnische Obrist, als wir es ihm erzählten, es werden wohl Hunde gewesen seyn, die sich in großer Menge bei den Zelten herumtrieben. Wir ritten mit dem Polen fort, den ich im Verlauf der Reise recht lieb gewann. Er hatte merkwürdige Schicksale gehabt, war Renegat und hieß jetzt Husseyn Effendi, was so viel heißen will, als Herr Husseyn. Er führte zwei sehr schöne arabische Windhunde mit sich, die glücklich den Rückzug überlebt hatten. In den Tagen, ehe wir an die eigentliche Wüste gelangten, wie heute, wo der Weg dann und wann an grünen Wiesen und Haiden vorbeilief, schossen die beiden flinken Thiere zuweilen in merkwürdigen Sprüngen den Gazellen nach, die sich am Horizont in Heerden von zwanzig bis dreißig Stücken sehen ließen; doch erreicht der Hund höchst selten eine Gazelle, es sey denn, der Boden wäre ziemlich weich oder das Wild erkrankt.

Das Terrain zeigte heute, wie schon gesagt, hie und da noch einiges Grün, jedoch höchst sparsam, und man sah an den Haiden, auf denen kein Gras, sondern nur kleine, stachlichte Gesträuche wuchsen, so wie am feinen Sand, der alle Wege einige Zoll hoch bedeckte, daß wir uns der großen Wüste näherten. Palmen trafen wir nur wenige, zerstreut in einer Vertiefung des Terrains, wo sich das Regenwasser sammeln konnte. Auch weiß ich nicht, ob's Einbildung von mir war oder Wirklichkeit, daß ich bei jedem gelinden Windhauch, der uns von der Wüste entgegen kam, die schon sehr starke Hitze noch bedeutend verstärkt zu fühlen glaubte. Der ganze Charaktere der Natur war, obgleich großartig, doch heute schon sehr einförmig, ein bedeutungsvolles Vorspiel zu dem, was unser in den nächsten Tagen harrte. An Schatten war natürlich den ganzen Tag nicht zu denken und die Hitze quälte mich schon jetzt bedeutend. Das Schlimme in jenen Ländern ist, daß man sich nicht der

Witterung gemäß kleiden darf. Während des Tages drückt die glühende Hitze, trotz der leichtesten Bekleidung, fast zu Boden, und so wie die Sonne sinkt, fällt der Thau und die Nacht tritt mit einer Frische, ja mit einer Kälte ein, die einen dicken Mantel nothwendig macht. Der Sand wird ein paar Zoll tief feucht, und wir benützten dieß, unsere welk gewordenen Orangen, die Wasserschläuche und den zu Staub verbrannten Tabak wieder aufzufrischen.

Nachdem wir eine Zeit lang neben unserm Obrist hingeritten waren, ließen wir unsere Pferde einen stärkern Schritt gehen, um an die Spitze des Zugs zu kommen, und obgleich wir zuletzt scharfen Trab ritten, brauchten wir doch gegen anderthalb Stunden, um dieselbe zu erreichen. Welche Trachten, welche Physiognomien, interessante und höchst gemeine, welches Elend neben Pracht und Luxus wir hinter uns ließen, ist mit keiner Feder zu beschreiben. Den Vortrab bildeten einige fünfzig junge Türken und Araber, meistens Oberoffiziere Mehemed Ali's, die ohne ihre Truppen nach Aegypten zurückzogen. Die Herrn waren ziemlich gut gelaunt und beschäftigten sich, trotz des unermeßlichen Elends, das hinter ihnen zog, mit allerlei Kindereien, jagten einander nach und belustigten sich vorzüglich mit dem Dscherid, einem Wurfspieß von ungefähr drei Fuß Länge mit stumpfer eiserner Spitze, den sie einander zuschleuderten, um ihn, sich vom Sattel zur Erde biegend, wieder aufzuheben.

Auch Wally Bey ritt voran und hatte heute, so wie mehrere andere Generale, die ohne Commando mitzogen, ein Reitkameel bestiegen. Neben ihm ritt der Tartar-Gassi, (Chef der Tartaren), oder, wenn man will, der Generalpostmeister. Er war ein schöner Mann in reichem Kostüm, und ich werde, da er uns später viele Freundschaft erwies, auf ihn zurückkommen. Wir stiegen ab und setzten uns unter eine gewaltige Aloe am Weg, um die Menge an uns vorbeiziehen zu lassen und wieder zu unsern Freunden zu gelangen. Nach einer mäßigen Schätzung ergaben sich ungefähr zweitausend Kameele und gegen dreitausend Pferde, Maulesel und Esel, die Kavallerie nicht gerechnet. Fast sämmtliche Lastthiere dienten zur Fortschaffung von Menschen, nur einige ganz kleine Waarenzüge waren dabei. Weiber und Kinder mochten es an viertausend seyn, so wie zweitausend Männer von fast allen Nationen. Nichts interessanter, als die großen Harems der Paschas, die, größtentheils auf Kameele geladen, an uns vorüberzogen. Da trug ein armes Kameel drei, vier Weiber mit einigen Kindern, und die ganze Familie scherzte und lachte; auch kokettirten sie von ihrem Sitz herunter, so wie ein Europäer zu ihnen hinaufsah, besonders drei türkische Damen, mit denen sich unser Engländer viel zu schaffen machte. Sie waren auf ein Kameel geladen und gaben uns für Orangen, die wir ihnen reichten, kleine Confituren oder auch die leeren, aber sehr niedlichen Hände. Von der ärmeren Klasse hatten meistens zwei oder drei Weiber zusammen einen Esel, auf dem sie abwechselnd ritten. Andere waren sogar genöthigt, den ganzen Weg zu Fuß zu machen, und ich habe Weiber gesehen, die außer zwei Kindern, die sie fast beständig tragen mußten, noch ihren Mundvorrath nebst Kochgeschirr schleppten. Woher sollten sich diese Armen mit Wasser versehen? Doch gingen sie dahin unter dem Schutze ihres geliebten Wortes: „Bakulum", „wir wollen sehen!" Und die, welche wirklich sehend Aegypten erreichten, konnten sich glücklich schätzen; denn manche schlossen ihre Augen in der Wüste und sahen ihr Heimathland, das Delta mit seinen üppigen Feldern und grünen Palmen, nicht wieder. Wir hatten heute einen Marsch von sieben Stunden gemacht; da aber Wally Bey sich alle Mühe gab, den ihm anvertrauten Troß so glücklich als möglich nach Aegypten zu bringen, und deßhalb öfters am Tage die Spitze halbe Stunden lang halten ließ, um die Nachzügler zu sammeln, so gelangten wir erst um drei Uhr auf den Lagerplatz.

Wir zogen auf eine große Haide, die rings von Sandhügeln eingeschlossen war, und in deren Mitte ein altes, zerfallenes Gebäude stand, mit dicken Mauern und einem Graben, das ein Fort gewesen zu seyn scheint. Unser Lager glich dem gestrigen. Nachdem unsere Anstalten getroffen waren, machten wir unserem Obrist einen Besuch, der, wie gestern, in der Mitte seiner Lanciers lag und uns von seinen beiden Negersklaven mit Caffee und Pfeifen bewirthen ließ. Die Reiter tränkten ihre Pferde, was heute schon mit mehr Schwierigkeiten verbunden war, als gestern; der Brunnen, den wir vorfanden, war sehr schlecht und schlammig, und dabei so klein, daß es bis morgen früh gedauert hätte, bis alle Thiere getränkt gewesen wären. Deßwegen machten die Araber große Gruben, etwa drei Fuß tief, in den Sand, in denen sich, weil wir noch in der Nähe des Meeres waren, Wasser sammelte, das, obgleich durch den Sand etwas filtrirt, doch immer noch salzig und so übelschmeckend war, daß wir selbst Caffee und Thee, den wir damit bereiteten, trotz seiner Stärke kaum genießen konnten.

Als das Lager etwas ruhiger geworden war, machten wir einen Gang durch dasselbe und sahen den Soldaten und Weibern bei ihrer Abendmahlzeit oder ihrem Kochgeschäfte zu. Die meisten der letztern hatten nichts als einen großen irdenen Topf, in dem sich Oliven befanden, die sie mit den Fingern herausholten und zu einem Stück Brod aßen; Andere kochten ein Gericht Zwiebeln mit Hammelfett, was schon besser war, und die, welche Reis auf dem Feuer hatten, gehörten zur wohlhabenden Klasse. Hie und da bereitete ein Schwarzer das Abendessen für seinen

Herrn, den Pascha, und solche Heerde waren stets von einer Masse kleiner ägyptischer Kinder umringt, denen zuweilen vergönnt wurde, die am Topf herunterlaufende Brühe mit einem Stück Brod abzuwischen, was die armen Geschöpfe sehr glücklich machte. Es war oft rührend anzusehen und ein Beweis von der Gastfreundschaft, die seit undenklichen Zeiten in diesen Gemüthern herrscht, daß uns selbst die Aermsten mit freundlicher Geberde von ihren Zwiebeln oder Oliven anboten; ja ein Abyssinier, der an seinem Feuer kauerte und sein Stück trocken Brod aß, winkte uns mit vielsagendem Blick heran und wickelte aus seinen Lumpen ein Stück Zucker, von dem er etwas abbrach und uns reichte. Auch die ägyptischen Soldaten fühlten sich durch den Besuch, den wir ihnen abstatteten, sehr geehrt und umstanden uns haufenweise, wobei sie es gern sahen, wenn wir uns nach ihren Chargen erkundigten.

Es kam mir anfangs eigen vor, so viele ägyptische Soldaten mit Kreuzen und Sternen geschmückt zu sehen; ich konnte mich keiner Affaire entsinnen, in der sie sich in jüngster Zeit so mit Ruhm bedeckt hätten, um diese Ehrenzeichen zu verdienen. Doch klärte sich die Sache bald auf: jede Charge in der türkischen und ägyptischen Armee wird nicht wie bei uns durch Tressen am Kleid, sondern durch ein kleines messingenes oder silbernes Ehrenzeichen von verschiedener Gestalt bezeichnet. So trägt der Corporal ein kleines Sternchen von Messing, der Sergenant dasselbe von Silber, und der Feldwebel noch einen kleinen Halbmond darunter; der Lieutenant (On-Baschi) hat Stern, Halbmond, und bei der Artillerie zwei Geschützröhren, bei der Kavallerie zwei Säbel; der Kapitän (Jüs-Baschi) dasselbe in größerem Maßstab, mit einigen Kugeln versehen, der Major (Bim-Baschi) die Spitzen des Kreuzes mit kleinen Diamanten besetzt, und der Obrist (Miralaje) das ganze Kreuz nebst Halbmond von Brillanten, so daß es beinahe aussieht wie der türkische Orden, den man gewöhnlich fälschlich Nischah nennt. Nischah heißt bloß Zeichen, und so werden alle Sterne und Kreuze genannt, die einen Rang bezeichnen. Der eigentliche Orden heißt Nischah-Estendar (Zeichen der Ehre). - Die Geschirre der Kavalleriepferde und der Artilleriebespannung sind sehr einfach, aber stark und zweckmäßig; der Sattel hält die Mitte zwischen einem ungarischen Bock und dem deutschen Sattel, und die Bügel sind etwas länger geschnallt, als wie sie der Beduine der Wüste gebraucht. Die Truppen, welche mit uns zogen, waren nicht mit Zelten versehen, alle bivouakirten.

Noch machten wir Wally Bey einen Besuch, und der Baron hatte die bei unsern kleinlichen Vorräthen kühne Idee, ihn und seinen Adjutanten, einen alten Miralaje, so wie den Obristen der Leibwache, zum Souper einzuladen, was die Herren annahmen. Bei unsern Zelten angekommen, trafen wir sogleich alle Anstalten, um die edlen Gäste bestmöglichst zu bewirthen. Unsere letzten Hühner wurden gebraten, Pillau gekocht und ein Reisbrei ohne Milch zubereitet. Auch schmorte der Koch aus Orangen, Cibeben, Feigen, und Gott weiß was sonst noch, ein Compot zusammen. Wir schaufelten an den Wänden des Zelts den Sand etwas in die Höhe, um eine Art Divan zu bilden, stopften alle vorräthigen Pfeifen und erwarteten unsere Gäste. Sobald es dunkel wurde, kam der Pascha mit einem Gefolge von acht oder neun Adjutanten und Sklaven, die ihm Säbel, Mantel, Orden, Pfeifen nachtrugen. Er wurde an der Schwelle empfangen und auf unsern Sanddivan geleitet, eine Einrichtung, die den dicken Mann zu lautem Gelächter veranlaßte. Sein erster Adjutant setzte sich am Eingang des Zeltes auf die untergeschlagenen Beine und die Sklaven lagerten sich draußen bei unsern Bedienten um's Feuer. Kurz darauf erschien auch der Obrist, und die Pfeifen wurden in Bewegung gesetzt. Der englische Kapitän und der Obrist Husseyn Effendi machten die Dollmetscher und wir unterhielten uns mit Sr. Exellenz recht angenehm. Der aufgetragene Pillau schien dem Pascha nicht sehr zu schmecken, wogegen er dem süßen Reis sehr zu Leibe ging. So waren wir im besten speisen begriffen, als sich vor unsern Augen ein großes Wunder begab. An der Thür erschien einer der ägyptischen Lanciers und trug unter jedem Arm ein Ding, das ich beim nähern Betrachten mit freudigem Schreck für eine Champagnerflasche erkannte. Und dem war so. Der Soldat murmelte einige Worte, die wir nicht verstanden, und

„Wie ein Gebild aus Himmels Höhen,"

standen die beiden Flaschen auf der Erde. Wir sahen einander an; keiner wußte, woher diese Gabe kam. Wir dachten an den Pascha, doch ließ dieser mit einem langgezogenen Maschallah seine Finger ruhen, und seine Ueberraschung war zu ungekünstelt. Dagegen machte Husseyn Effendi ein halb lächelndes Gesicht, und als wir ihn bestürmten, gestand er, die Flaschen rühren von ihm her und seyen ein Geschenk Ibrahim Paschas. Champagner in der Wüste! eine Idee, so seltsam als angenehm! Wir ließen die Pfropfen fliegen und tranken den sehr guten Wein auf das Wohl Ibrahims, unserer Gäste und der Lieben zu Hause.

Wir hatten einen sehr vergnügten Abend. Der Engländer schlug Waffenproben vor, der Pascha ließ seine Pistolen holen, und da draußen die Nacht zu dunkel war, um eine Schießbahn zu arrangiren, so meinte der Engländer in beliebter Kürze, man könne vor die Zeltthür ein Licht stellen und darnach schießen, eine Idee, die ohne Gefahr für unsere Umgebung ausgeführt werden konnte, da die Thür vom Lager abwärts nach der Wüste gekehrt war. So schoßen wir, und ich muß mit Stolz erklären, daß der Occident den Orient überbot. Der Pascha schoß mehrmals vorbei, und als ihn dieß ärgerte und er genauer zielte, schlug seine Kugel an den Fuß des Leuchters und warf ihn um, daß das Licht erlosch, wogegen Baron T. beim zweiten Schuß die Wachskerze mitten auseinander riß. Dieser Jubel und der Champagner machten uns sehr lustig, und ich muß den Arabern nachsagen, daß sie der Sieg des Abendlandes nicht ärgerte, sondern sie ihren Beifall in vielen Ausrufungen kund gaben. Der Baron hatte eine kleine Pistole, welche ohne Pulver nur mit dem Zündhütchen geladen wurde und eine Kugel von der Größe der schweren Rehposten schoß. Da ich den Schützen kannte, so hielt ich ihm mit der Hand ein Stück weißes Papier an die Zeltthür, das er in der Mitte durchschoß, eine That, die den Pascha ungemein überraschte. Es war schon spät, als wir uns trennten und unsere Sandbetten einnahmen.

Wir hatten Morgens, als wir unsere Kameele beluden, eine merkwürdige Scene mit einem Araber, der aus dem Lager zu uns kam und etwas in seinen Burnus gewickelt trug. Es war ein armes kleines Fohlen, das er vor uns hinlegte und dem Baron zum Kauf anbot, wobei er erzählte, die Stute, welche das Thierchen vor zwei Tagen geworfen, sey gefallen und er habe es gestern mit Kuhmilch erhalten. Da aber jetzt die Wüste komme, wo nichts dergleichen zu haben sey, so wolle er das Fohlen, das von sehr edlen Eltern abstamme, uns um zehn Piaster - ungefähr einen Gulden - verkaufen; unsere Stute sey im Stande, die beiden zu ernähren. Dieser Vorschlag war natürlich nicht annehmbar; doch dauerte uns das arme Thier, und wir versuchten, ihm einige Milch, die wir von der Stute nahmen, einzuflößen. Aber es war schon zu schwach, und als der Araber sah, daß wir den Kauf nicht eingehen wollten, sagte er, er schenke es uns, und lief eilends davon. Was sollten wir mit dem armen Geschöpf machen? Es mitnehmen, war unmöglich; wir hatten mit dem unserigen Sorge und Mühe genug; ließ man es liegen, so mußte es elend verschmachten oder wurde noch lebendig von den Schakals zerrissen. Nach kurzem Rath beschlossen wir, es schnell zu tödten, und unser Maler erschoß es mit zwei Schüssen aus seinem Doppelgewehr.

Schon um sieben Uhr war heute die Hitze fast unerträglich. Die Beduinen und Araber hatten, von der vielleicht richtigen Idee geleitet, daß, was die Kälte abhalte, auch die Hitze nicht durchlasse, sich bis über den Kopf in ihre Mäntel und Decken gehüllt und zogen schweigend dahin. Auch die Türken und Araber an der Spitze trieben heute nicht ihre Spiele, sondern ritten einzeln und schienen ernst gestimmt durch den Gedanken an die nahe Wüste, in deren eigentliches Gebiet wir noch heute Abend gelangen sollten. Schon jetzt hatte alle Vegetation aufgehört, und der Sand war so tief, daß uns das Gehen, was wir den Tag über zuweilen versuchten, sehr beschwerlich wurde. Auch zog sich durch dieses schlimme Terrain und die große Hitze die Caravane sehr auseinander, und wenn man früher die Leute in Gruppen plaudernd und lachend zuammenreiten sah, so trennte sich heute Alles, und man ritt so einsam wie möglich. Jeder schien zu fürchten, dem Andern verpflichtet zu werden und ihm kleine Gefälligkeiten in den folgenden schweren Tagen mit Wucher zurückgeben zu müssen. Auch wir waren durch eine Nachricht, die uns heute Morgen der Obrist mitgetheilt hatte, ziemlich verstimmt. Die Reiterei, hieß es, werde wahrscheinlich auf dem heutigen Lagerplatz in der Nähe eines größern, aber armseligen Dorfes, El Arisch, drei Tage liegen bleiben, um die dort befindlichen, für den syrischen Krieg aufgehäuften Vorräthe aufzuzehren, weil sie der Pascha nicht nach Aegypten nehmen könne.

Von drei Uhr Nachmittags an hatten wir ein kleines Vorspiel der Wüste: rings um uns her war gelber, feiner Sand. Indessen wurden die Schrecken dieser Umgebung durch große grüne Palmenwälder gemildert, die sich am Horizont vor unsern Blicken erhoben. Wir erreichten sie um fünf Uhr und sahen, daß sie sich bis an's Meer erstreckten, dem wir heute noch einmal recht nahe kamen; der Strand war keine hundert Schritte von unserm Wege entfernt. Hinter diesem Palmenwald war wieder eine ziemliche Sandebene, in deren Mitte El Arisch lag, ein Haufen von etwa zweihundert Häusern, „gelb, wie der Sand, der sie umweht," niedrig und schmutzig.

Wir waren mit etwa hundert Reitern dem Zuge voran geeilt, unter ihnen der Tartar-Gassi, der uns winkte, ihm zu folgen. Im Angesicht des Dorfes ließ er seinem Pferde den Zügel und jagte dahin; wir folgten ihm. Es war ein prächtiger Anblick: der aufwallende Sand, die Beduinen mit ihren langen Lanzen und fliegenden Mänteln, die Araber mit den goldgestickten Uniformen und gelb- und rothseidenen Kopftüchern, Alles bunt durcheinander in vollem Galopp dem Dorfe zueilend. So muß ein Angriff der alten Mamelucken ausgesehen haben. Wir wußten nicht recht, was sie zu solcher Eile antrieb, denn wir waren der Caravane weit voraus. Hinter uns erstiegen die ersten Kameele in breiten Reihen die Sandhügel, und es war ein äußerst lebendiges Schauspiel, wie jeder einzelne Reiter, der zwischen ihnen auftauchte und uns so in vollem Jagen sah, ebenfalls sein Pferd ausgreifen ließ und uns zu erreichen suchte. Aber der Tartar-Gassi, ein umsichtiger Mann, war mit Baron T., der ihn im Augenblick überholt hatte, der erste im Dorf und bemächtigte sich gleich des Brunnens, den er mit Wachen umstellte, um seine und unsere Pferde zuerst tränken zu können. Dieses Wasser, in einem Schöpfbrunnen, dessen Rad durch ein Kameel gedreht wurde, war ziemlich gut, und die Pferde, nachdem sie ein wenig abgekühlt waren, erquickten sich sehr daran. Dann überließen wir den Brunnen den Nachfolgenden, die immer zahlreicher wurden, und gingen vor's Dorf, wo eine einzelne Sykomore mitten im Sand stand, von großen und kleinen Aloen umgeben. Hier wollten wir die Caravane erwarten, und einstweilen versuchten wir mit den Arabern, die uns neugierig umstanden, einige Käufe abzuschließen. Dank unserer Gelehrsamkeit in der arabischen Sprache, machten wir ihnen ungefähr begreiflich, daß wir einen Hammel, Hühner, Eier etc. wünschten, und kamen nach vielen Pantomimen auch wirklich damit zu Stande. Sie brachten uns die verlangten Artikel, wofür sie unsinnige Preise verlangten und natürlich auch erhielten; denn bei einem so großen Markte, wie er sich heute und morgen hier eröffnen mußte, war an kein Feilschen zu denken.

Nachdem wir anderthalb Stunden gewartet, in welcher Zeit uns der ganze Troß mit Bequemlichkeit hätte einholen können, waren wohl viele einzelne Reiter, aber weder fremde noch unsere eigenen Kameele zur Stelle. Der Tatar-Gassi hatte sich von uns getrennt, um die Postetappe in El Arisch zu besichtigen. Postetappe in der Wüste mag sonderbar klingen, aber es ist so, und ich werde später darauf zurückkommen. Wir erstiegen eine kleine Höhe vor El Arisch, auf welcher der Friedhof lag, und sahen, daß die Caravane uns nicht folgte, sondern beschäftigt war, ihr Lager bei den oben erwähnten Palmen aufzuschlagen; ein sehr vernünftiger Gedanke, um dessen willen wir gern die halbe Stunde wieder zurückritten. Man war auf dem Platz, wie immer bei der Ankunft in voller Thätigkeit, und Alles beschäftigte sich mit Abladen der Thiere und Aufschlagen der Zelte. Die Kavallerie bildete ein ungeheures Viereck, in dem sich der größte Theil des Trosses befand, uns eingerechnet. Einige waren bis vor El Arisch gezogen, um ganz in der Nähe des Orts besser Lebensmittel erhalten zu können.

Zum erstenmal war heute die Umgebung unseres Lagers wahrhaft malerisch. Nördlich erblickten wir zwischen zwei großen Sandhügeln, von denen einer mit einer halb zerfallenen Moschee und vielen umgestürzten Leichensteinen bedeckt war, das Meer; südlich und westlich umgaben uns die dichten Palmenwälder, östlich sahen wir gegen die Wüste. Sobald unser Zelt aufgeschlagen war, nahm ich das Gewehr, um einen kleinen Ausflug in die Umgegend zu machen. Ich erstieg die Moschee, die sich in der Nähe besser ausnahm, auf mich aber dennoch einen sehr traurigen Eindruck machte. Ich trat in das offen stehende Gebäude; vom Meer her strich ein frischer Luftzug durch die Halle und bewegte eine der kleinen hölzernen Lampen, die an Schnüren von der Decke hingen, knarrend hin und her. Ich lehnte lang an einem Pfeiler der Thür und sah über das Meer hin. Beim genauen Betrachten der umherliegenden Grabsteine fand ich einen, dessen ausgehauener Turban mir sagte, ein Muselmann ruhe darunter; aber auf der andern Seite des Steins war mit einem scharfen, schneidenden Instrument, vielleicht einem Säbel oder Dolche, ein Kreuz eingegraben. Einige Zeit stand ich und dachte nach, was diese beiden Symbole auf einem und demselben Grabe zu bedeuten hätten, bis mir endlich einfiel, ähnliche Gräber in Konstantinopel gesehen zu haben. Es waren Renegaten, die dort lagen, und als man sie unter dem Turban zur Ruhe gebracht, hatten ihre Angehörigen oder Freunde mit frommer Sorgfalt später ein Kreuz auf ihre Leichensteine gekritzelt. Es muß ein sonderbares Schauspiel am Tage der Auferstehung seyn, wenn sich, durch die beiden Zeichen irre geführt, zwei Auferstehungsengel dem Grabe nähern und jeder mit dem Finger an die Seite klopft, wo sein Zeichen steht. In diesem Augenblick bewegte sich etwas hinter mir: ich wandte mich um, es war der polnische Obrist Husseyn Effendi, der, vielleicht meine Gedanken halb und halb errathend, mich mit einem sonderbaren Blick ansah. Ich suchte mit einem Scherz seinen Gedanken eine andere Wendung zu geben, und lief, ihn am Arme nehmend, den Sandhügel gegen das Meer hinab.

Wir gingen eine Zeit lang an demselben fort und ich las kleine Steinchen und Muscheln aus dem Sande, um sie zum Andenken mitzunehmen. Der Pole trug mein Gewehr und schoß nach einem großen Vogel, der sich aus den Palmen erhob. Die Tränkungsanstalten für Menschen und Vieh waren in diesem Wald eingerichtet; man hatte große Löcher in die Erde gegraben und mit Baumstämmen eingefaßt, um dem Verschütten vorzubeugen. Als ich mich den Palmen nährte, konnte ich mit Freiligrath sagen:

Hört ihr aus dem Palmendickicht
Das Gebrüll und das Gestampf?

Obgleich sich hier kein Löwe und kein Leopard um den Leichnam eines Weißen zankten, so stritten sich doch Beduinen und Araber mit viel lauterem Gebrüll um einige Tropfen Wasser. Es war mir stets lächerlich, dem Wortgemeng und Gezänke dieser Leute zuzuhören; beim geringsten Anlaß fuhren sie geifernd gegen einander, aber so erbost sie auch oft waren, zu Prügeln, wie bei uns, kam es sehr selten. Viel eher konnte einer seine Pistole oder den Yatagan vom Gürtel reißen und seinen Gegner plötzlich erschießen oder niederstechen.

Bei unsern Zelten hatte der Koch Giovanni unsern eingekauften Hammel abgezogen und in einer großen Kasserole über das Feuer gehängt, um das Fleisch abzukochen und es so besser mitnehmen zu können.

Um ihn standen ein Dutzend Weiber und Kinder, welche sich die unbrauchbaren Abfälle erbettelten und freudig davontrugen. Wir beschlossen unser Tagewerk wie gewöhnlich, speisten etwas zu Nacht, rauchten unsere Pfeifen, und dabei wurde, wie der gute Baron sich ausdrückte, große Oper gehalten, das heißt, wir ergötzten uns an deutschen Liedern und Arien, die wir uns gegenseitig vortrugen. Doch war diese Unterhaltung heute Abend nicht recht lebhaft; die Bestätigung der Nachricht, daß die Reiterei drei Tage hier liegen bleiben werde, hatte uns verstimmt. Allein die Nacht deckte uns mit ihrem Schleier zu und wir schliefen ruhig. Am andern Morgen wurde mit Wally Bey Kriegsrath gehalten. Der Gedanke, für nichts und wieder nichts drei volle Tage zu verlieren, war uns sehr peinlich; zu unserer größten Freude eröffnete uns aber der Pascha, daß nur er mit dem größten Theil der Kavallerie liegen bleibe, daß aber der Tartar Gassi mit einigen hundert Reitern und dem ganzen übrigen Trosse schon morgen mit dem Frühesten wieder aufbrechen werde. So war uns demnach wieder geholfen und ein Rasttag kam den armen Pferden, besonders der Stute mit dem Fohlen, sehr zu statten. Den Tag über beschäftigten wir uns damit, vor Allem unsere Kleider aus verschiedenen Ursachen genau zu untersuchen, so wie auch unsere Waffen in den besten Stand zu setzen; denn wir hatten jetzt eine Strecke von drei Tagreisen zurück zu legen, auf der es die Beduinen meistens unternehmen, die Caravanen anzufallen. So hatten sie vor kaum vierzehn Tagen einen Trupp von achtzig Kameelen theils aus einander gesprengt, theils geplündert.

Der Aufbruch der Truppen, denen wir uns anschließen wollten, war auf vier Uhr bestimmt und der Sammelplatz das Dorf El Arisch. Es war noch Nacht, als wir unsere Zelte abbrachen und uns anschickten, den Lagerplatz der Reiterei zu verlassen. Vom Meere her pfiff ein scharfer Wind, gegen den ich mich nur durch meine dicke wollene Decke schützte, in welche ich mich wickelte, während ich, auf einem alten Sacke sitzend, dem Beladen der Kameele zusah. Mir war es diesen Morgen vorgekommen, als seyen unsere Kameele nicht mehr alle beisammen; sonst lagen, wie schon gesagt, diese Thiere rings um unser Zelt, heute aber umgaben sie nur einen Theil desselben und ließen gegen El Arisch zu eine Lücke. Vielleicht daß unsere Kameeltreiber heute Morgen noch einige zur Tränke geführt hatten; doch war dieß unwahrscheinlich, da sie es früher nie gethan. Ich theilte meine Besorgniß dem Capitän E. mit; dieser übersah mit einem Blick die Kameele, schnallte darauf mit stillem Lächeln einen Riemen von seinem Sattel los, den er zu einem gewissen Zweck dort verwahrte, und entfernte sich. Nicht lange, so hörte ich die Stimme des Capitäns mit einigen Sekter Besewenk's, was etwa so viel heißen will, als: „Geh zum

Teufel, Schuft!" eigentlich aber unübersetzbar ist. Auch vernahm ich einen klatschenden Laut, wie wenn sein Riemen mit irgend einem andern Leder in Berührung gekommen wäre.

Ich sprang auf und fand den Engländer beschäftigt, mit seinem unerschütterlichen Gleichmuth einen unserer Kameeltreiber, es war Herr Akrabut, zu peitschen, wobei er immer rief: „Die Kameele, die Kameele!" Der Araber, ein ungemein starker Mensch mit Muskeln wie von Stahl, der den Engländer zermalmt hätte, wand sich schreiend unter den Streichen und überschüttete ihn mit einer Fluth uns unverständlicher Worte. Auf unser Befragen stellte es sich heraus, daß wirklich drei Kameele fehlten, und gerade zwei des Engländers. Er hatte den Kameeltreiber darnach gefragt, und da dieser zur Antwort gegeben, sie werden wahrscheinlich gestohlen seyn oder sich verlaufen haben, so hatte er in der angegebenen Weise seinen Riemen gebraucht. Der Kameeltreiber mochte noch so oft betheuern, er wisse nichts von den Kameelen, die Hand des Kapitäns ruhte nicht, und wenn sich einer der andern Araber darein mischen wollte, so bekam dieser ebenfalls sein Theil zugemessen. Da wir wußten, daß der Kapitän schon manche Reise der Art gemacht, und er sich in allen Sachen sehr praktisch zeigte, so ließen wir ihn gewähren; denn wenn die Kameele wirklich gestohlen waren, so saßen wir in der allerunangenehmsten Klemme, indem es wohl nur durch die allergrößten Geldopfer gelungen wäre, vom Trosse andere zu bekommen. Der Lärm des eben geschilderten Trauerspiels hatte unterdessen die nächsten Soldaten herbeigezogen, diese wieder andere, und so waren wir bald von einem großen Kreise umgeben. Auch unser Bekannter, der dicke Obrist, durch den Lärm aus seiner Nachtruhe gestört, trat aus dem Zelt, und kaum hatte er gehört, um was es sich handle, so nahm er sein kurzes Pfeifenrohr, das ihn nie verließ, und fing an, den zweiten unserer Kameeltreiber, den Herrn Mahmud, durchzuhauen. Dieser war aber nicht so standhaft wie sein Kamerad; denn kaum hatte er einige Streiche empfangen, so fiel er auf seine Knie und rief, er wolle die Kameele wieder herbeischaffen, und nach Verlauf einer guten Viertelstunde brachten sie die Thiere wirklich herbei. Die Hallunken, in El Arisch zu Hause, hatten während der Nacht die drei Kameele dahin geführt und glaubten, unter dem Vorwand, sie seyen gestohlen, von uns Geld zum Ankauf anderer zu erpressen. Doch, Dank dem Riemen des Kapitäns! wir erhielten sie wieder. Wir hatten aber durch das Intermezzo eine halbe Stunde verloren und mußten uns jetzt beeilen, um zur rechten Zeit nach El Arisch zu kommen. Dort standen schon die meisten Züge geordnet und erwarteten das Signal zum Aufbruch.

Noch war es ziemlich dunkel und kalt. Vor uns im Osten begann sich der Himmel etwas aufzuklären und ließ uns kaum erkennen, daß das Terrain aus lauter Sandhügeln bestand. Wir gingen einem großartigen Schauspiel entgegen, der eigentlichen Wüste, und die Nacht als Vorhang, der sich langsam hob, ließ uns nicht plötzlich in jene einförmige Dekoration schauen. Nach und nach röthete sich der Himmel, und als wir die Hügel erstiegen hatten, die hinter El Arisch liegen, warf die Sonne ihren ersten Strahl über das Sandmeer, auf demselben einen glänzenden Streifen bildend, wie auf der See. Alles vor uns öde und still, kein Baum und kein Strauch, nicht die geringste Unterbrechung in der weißlich gelben Fläche, auf der ein feiner, staubartiger Sand lag, vom Nachtwind zu kleinen Wellen gekräuselt; kein betretener Pfad, der uns anzeigte, daß vor einigen Tagen eine große Menschenmasse denselben Weg gekommen war und gewiß für den Augenblick tiefe Spuren hinterlassen hatte. Der Wind weht jeden Fußtritt zu; hier ist der Mensch gar nichts mehr; die ungebändigte Natur läßt sich von ihm kein Merkzeichen aufdrücken.

Schon vor Aufgang der Sonne hatte uns der Wind einen unangenehmen süßlichen Geruch entgegen getragen, der sich verstärkte, wie wir über El Arisch hinaus kamen, und wie die aufgehende Sonne Alles hell um uns beleuchtete, sahen wir mit Entsetzen, woher der unheimliche Duft rührte; die Leichen der Menschen und Thiere, die von den frühern Kolonnen zurückgeblieben waren, verpesteten rings die Luft. Der erste Todte, den ich sah und vor dem ich mich sehr entsetzte, war ein Neger, der mit zusammengezogenen Gliedmaßen im Wege lag. Doch bald gewöhnten wir uns an diesen Anblick; denn ich übertreibe nicht, wenn ich sage, daß wir von El Arisch an, die drei folgenden Tage hindurch, alle vierzig bis sechzig Schritte die Leiche eines Menschen oder eines Thieres fanden, oft sogar von solchen, die am Morgen mit uns ausgezogen. Ich habe nie eine gräßlichere Gleichgültigkeit gegen den Tod gesehen, als bei diesem Volk. Waren sie durch Wunden oder Ermattung genöthigt zurückzubleiben und verloren die Caravane aus dem Gesicht, so ergaben sie sich in ihr Schicksal, legten sich ruhig hin, mit dem Gesicht nach der Seite, wo sie glaubten, daß Mekka liege, wickelten sich in ihren Mantel und erwarteten so den Tod, der dann, aber meist erst nach qualvollen Stunden, in Gestalt des Hungers, der Hitze oder des Erstickens durch den Sand, ihren Leiden ein Ende machte. Was in unsern Kräften stand, dergleichen fürchterliche Scenen zu verhüten, haben wir redlich gethan und nicht immer Dank dafür geerntet. Nicht selten entgegnete uns der Unglückliche, den wir durch Brod und Wasser gestärkt hatten: „Warum hast du das an mir gethan? Ich hatte mich in mein Schicksal ergeben, und morgen werde ich alle Qualen von Neuem durchmachen müssen."

Der Tatar-Gassi hatte am Morgen Rath gehalten und alle Reiter gebeten, die Caravane, die sich noch immer über eine Stunde ausdehnte, so oft als möglich zu durchkreuzen und Alles, was zurückblieb, anzutreiben. So hatte ich zuweilen mein Augenmerk auf die Frau gehabt, die ihre beiden Kinder rechts und links in Körben an ihrem Esel hängen hatte und selbst den Rücken des Thieres einnahm. Ich hatte ihr dann und wann Orangen und Brod mitgetheilt, was sie im Anfang gar nicht nehmen wollte, indem sie Gott weiß welche Absicht darunter erblickte. Im Verlauf des heutigen Tages hatte ich sie einigemal, aber in den letzten Reihen bemerkt, und der unsichere, langsame Schritt des armen Esels, wie das bleiche, krankhafte Aussehen der Kinder, weissagte mir nichts Gutes. Das Weib ging heute zu Fuß nebenher und theilte den beiden Kindern dann und wann eine Feige mit, nach welcher sie aber in allen Ecken ihrer Kleider herumsuchen mußte.

Wäre dieses Jammerbild das einzige im Zug gewesen, so hätte man öfter nach den Armen sehen können; indessen fing schon heute das Elend an ausschweifend zu werden. Es war der fünfte Tag des Marsches, so daß die nicht sehr große Provision des ärmern Volks fast ganz aufgezehrt war. Auch war das Wasser gestern sehr salzig und kraftlos gewesen und hatte sogar uns, die wir es doch mit Essig oder Caffee vermischen konnten, in eine gewisse Abspannung versetzt, die erst heute bei der großen Hitze recht fühlbar wurde. Keine Hand breit Schatten war auf dem ganzen Weg und die Thiere versanken über einen halben Fuß tief im Sand. Wir theilten von unsern Vorräthen rechts und links so viel aus, als wir entbehren konnten; es war aber eigen, daß sie uns nie um etwas ansprachen; eine Pfeife Tabak war das einzige, wornach sie ihre Hände ausstreckten. Neben diesen Scenen des stillen Elends sah man auch welche von empörender Rohheit. Solche Ausbrüche unnatürlicher Wuth mochten freilich dem allgemeinen Elend zuzuschreiben seyn, das die Leute sowohl moralisch als physisch entkräftete. So ritt ich zuweilen an einem Kerl vorbei, der auf einem alten Pferde saß und eine Frau hinter sich hatte. Rauchte dieser Mensch, so war er ruhig, das heißt, er blickte nur mit seinem verzogenen, grimmigen Gesicht boshaft lächelnd die Frau an; hatte er aber die Pfeife nicht im Mund, so beschäftigte er sich damit, die Frau mit seinem Kantschuh so lange zu schlagen, bis sie herunter sprang, worauf er ihr aber sogleich wieder befahl, aufzusteigen.

Ein anderer Vorfall, der trotz seiner Schändlichkeit etwas Komisches hatte, war folgender. Ein Infanterist besaß einen Maulesel, der in Folge des mehrtägigen Fastens in ziemlich erbärmlicher Verfassung war, und auf welchem das Weib des Soldaten ritt. Das Thier konnte sich mit seiner Last kaum mehr fortbewegen, weßhalb der Aegypter seine Gemahlin in ruhigem Tone ersuchte, abzusteigen und wenigstens ein paar Stunden zu Fuß zu gehen, weil, wenn das Thier, wie vorauszusehen, falle, sie den ganzen Weg marschiren müßte. Sie gab aber diesen vernünftigen Ermahnungen kein Gehör, sondern blieb ruhig sitzen. Jetzt nahm der Mann seinen Stock und versetzte ihr einen derben Hieb; sie aber sprang flugs zu Boden, fiel über ihren Herrn und Gebieter her und schlug ihn weidlich durch, ohne daß der Aermste im Stande war, sich ihrer zu wehren. Als endlich ihr Müthchen gekühlt war und sie erschöpft zur Seite trat, sagte der Soldat ganz ruhig: „Sieh, du hast mich jetzt geprügelt, weil du weißt, daß ich seit einigen Tagen fast nichts gegessen und deßhalb keine Kraft habe; aber laß mich nach Kairo kommen, wo ich Reis und Brod genug bekomme, so will ich dir all diese Hiebe zehnfach wieder geben; das schwör' ich dir bei Allah und seinem Propheten!" Und wenn ihn nicht in der Wüste der Tod überrascht hat, so wird er, wie ich die Araber kenne, redlich sein Wort gehalten haben. Ich fürchte aber, er wird sich erst im Paradies an ihr rächen können; denn so oft ich mich auch in dem folgenden Tag nach ihm umsah, ich habe ihn nicht wieder zu Gesicht bekommen.

Wie wir oft Hülfe bringend einschritten, so traten wir zuweilen auch als Rächer und Vergelter auf. Als der Baron und ich einmal etwas hinter dem Zug zurückblieben, hörten wir aus einem Gebüsch heftiges Zanken und Geschrei. Wir ritten hinzu und sahen, wie eben ein Negerjunge, der das Pferd einer alten, lahmen Frau führte, diese herunterwarf und im Begriff war, sich selbst aufzuschwingen. Wir verhalfen der Frau wieder zu ihrem Pferd, und ich konnte mich nicht enthalten, den Jungen derb abzuprügeln. Neben der Gefahr, daß die Zurückbleibenden die Kolonne nicht wieder erreichen konnten und im Sand umkamen, waren es auch die Beduinen der Wüste, die, uns wie Raubthiere umschwärmend, jedem Nachzügler gefährlich wurden. Wo sich diese Menschen aufhalten, und wo sie für sich und ihre magern Pferde Unterhalt finden, ist mir unerklärlich. Rings konnten unsere Augen auf der Fläche und hinter den niedrigen Sandhügeln nichts entdecken; häufig aber sah man hinten am Zug plötzlich rechts und links Sand auffliegen, hörte einige Schüsse fallen, ein wüthendes Geschrei, und wenige Augenblicke darauf waren die fabelhaften Reiter der Wüste so rasch wieder verschwunden, wie sie gekommen waren, hier einen Sack entführend, dort ein Pferd mitreißend, dessen Reiter sie herunter geschossen oder geworfen hatten. Ich werde den Anblick nie vergessen, wo sie auf den kleinen Pferden dahin flogen, den Säbel zwischen den Zähnen, und im raschen Laufe sich rückwärts wendend, noch einmal aus dem langen Gewehr feuerten. Gar gern wären wir einmal mit ihnen in's Handgemenge gekommen. Davon war indessen keine Rede; so wie man die Pferde gegen sie wandte oder das Gewehr auf sie anlegte, stoben sie auseinander, wie Spreu vor dem Winde. Heute hatten wir aber doch einen kleinen Auftritt der Art.

Es mochte ungefähr drei Uhr seyn, als ich mich in der Mitte des Zugs befand und sah, daß die Reiter an der Spitze und auf den Seiten plötzlich in Bewegung kamen und einige zwanzig links ins Feld hineinjagten. Ich lenkte mein Thier ebenfalls dahin und galoppirte ihnen nach. Man hatte hinter einigen hohen Hügeln ein paar Beduinen gesehen, welche ein Kameel führten. Trotz allen Zeichen, womit man ihnen bedeutete, näher zu kommen, hatten sie versucht, sich auf der entgegengesetzten Seite davon zu machen, weßhalb unsere Reiter Jagd auf sie machten. Auch die Beduinen, welche ebenfalls beritten waren, säumten nicht, ließen das Kameel zurück, welches ihnen mit seinen langsamen Schritten auf der Flucht hinderlich war, und stoben davon. Unsere Reiter, darunter auch ich, breiteten sich auf der Fläche aus; man versuchte, jenen den Paß abzuschneiden, und der erste, der ihnen nahe kam, war der Baron. Bald überholte er die Beduinen und hielt sie mit einer Schwenkung einen Augenblick auf, wodurch die nachfolgenden Reiter Zeit bekamen, sich über sie her zu werfen, sie von den Pferden zu reißen und zu binden. Das unterdeß eingefangene Kameel hatte man schon als eines von denen erkannt, die vor wenigen Tagen von den Beduinen geraubt worden. Die beiden Wüstenbanditen nahm man zwischen die Pferde und schleppte sie mit fort.

Unser heutiger Marsch war der stärkste, den wir bis jetzt gemacht. Schon war es vier Uhr und wir sollten noch eine starke Stunde von unserm Lagerplatz entfernt seyn. Die Caravane hatte sich gewaltig auseinander gezogen, und nachdem unsere Menschenjagd vorbei war, ließ der Tartar-Gassi die Spitze halten, damit sich die Züge wieder sammeln könnten. Doch geschah dieß heute sehr langsam, und allen Thieren war große Ermüdung durch die Hitze und den tiefen Sand anzusehen. Bei diesen Wüstenreisen ist das noch die einzige Annehmlichkeit, daß der Sand, wenn nicht gerade der Samum oder der heiße Wind weht, keinen Staub gibt, was die Qual des Durstes vielfach vermehren müßte. Wir hielten an einem Hügel und sahen die Caravane langsam vorbeiziehen; ein jämmerlicher Anblick: lauter gebeugte, schwankende Gestalten, Thiere, die sich kaum auf den Beinen halten konnten, und wenn man bemerkte, wie viele der Kameele und Pferde seit gestern schon gefallen waren, mußte dieß mit Schreck für die folgenden Tage erfüllen. Gar manche, die gestern noch ritten und sich mit ihrem Gepäck geborgen glaubten, gingen heute im tiefen Sand, auf's Unsinnigste bepackt.

Es dauerte eine gute Stunde, ehe sich die ganze Caravane wieder gesammelt hatte. Da fiel mir plötzlich ein, daß ich die Frau mit dem kleinen Esel, von der ich oben sprach, nicht wieder gesehen habe; auch der Baron hatte sie vergebens unter den langsam Ankommenden gesucht. Wir ritten einigemal so rasch wie möglich in den Reihen herum; sie war aber nirgends zu finden, und so wandten wir unsere Thiere, um eine Strecke zurückzureiten; es konnte ja der Unglücklichen erst kürzlich etwas zugestoßen seyn - vor einer halben Stunde hatte man sie noch gesehen - und so war es auch. Einige hundert Schritte hinter dem Zug fanden wir sie in einer schrecklichen Lage. Ihr Esel war gefallen und sie konnte sich nicht mehr aufrichten. Da hatte sie denn mit stiller Resignation ihre beiden Kinder aus den Körben genommen, ihnen die Schleier um die Köpfchen gewickelt und sie nebeneinander in den Sand gelegt. Sie selbst machte im Augenblick, wo wir ankamen, mit der größten Ruhe Anstalten, die uns darauf zu deuten schienen, daß auch sie sich darein ergeben habe, den glühenden Sand als ihr Todesbette zu betrachten. Sie hatte ihn etwas zusammengescharrt, um ihr Haupt darauf zu legen, und sich mit einem Tuch Mund und Nase fest verbunden. Anfangs gab sie unserem Zureden, sich zu erheben, nicht nach, bald aber ermunterte sie sich, als sie sah, mit welcher Begierde ihre beiden Kinder das Brod und die Früchte verschlangen, welche wir ihnen gaben. Wir legten die beiden Körbe, nachdem sie die Kleinen wieder hineingesteckt hatte, auf das Pferd des Barons; sie selbst setzte sich auf meinen Esel, und wir trieben, mit gespannten Pistolen hinterhergehend und nach allen Seiten scharf spähend, die beiden Thiere zu raschem Schritte an. Schon hatten wir die Caravane beinahe wieder erreicht, als einige zwanzig Reiter uns entgegensprengten, die der umsichtige Tartar-Gassi, der uns vermißt hatte, nach uns ausschickte. Wir stellten ihm die Geretteten vor, und aus Achtung für den Baron gab er eines der Kameele Ibrahim Pascha's her, auf welches die Familie geladen wurde. Sie hat auch, wie wir später hörten, Kairo glücklich erreicht.

Gegen sechs Uhr langten wir mit der Spitze auf unserm heutigen Lagerplatz an; ein kleines Thal ohne Baum und Strauch, ringsum, so weit das Auge reichte, nichts wie Sand, und über demselben der dunkelblaue Himmel. Schon früher schien dieser Platz zum Lager gedient zu haben, denn es lagen da noch mehrere gefallene Thiere, und die kleinen Anhöhen rings herum waren mit Leichen aller Art bedeckt, die man wahrscheinlich aus dem Lager dorthin geschleppt hatte. Auch fanden wir noch einige Stellen, wo Feuer gewesen war, und im Sand eine unangenehme Hinterlassenschaft unserer Vorgänger, eine ungeheure Masse kleiner Flöhe, die später hervorkamen und uns die Nacht über entsetzlich plagten. Ueberhaupt weiß ich mich keines unangenehmeren Lagerplatzes zu erinnern als des heutigen. Der Geruch der faulen Leichen rings herum, das Schreien der Schakals, wie es Abend wurde, die unendliche Oede in der ganzen Natur, das stille passive Benehmen unserer Leidensgefährten, alles dieß beengte mir die Brust, und zum erstenmal stieg in mir der Gedanke recht lebendig auf, es müsse doch entsetzlich seyn, hier in dieser unendlichen Leere sein Grab zu finden, ein Grab, das nie ein Freundesherz besuchen, nie eine liebende Hand schmücken kann.

Wir schlugen unser Zelt neben dem des Tartar Gassi auf, und bald loderte vor demselben ein mächtiges Feuer, woran unsere Kochkünstler das Abendessen zubereiteten. Wir brachten nach dem Abendessen früher als gewöhnlich unsere Lagerstätte in Ordnung; denn uns Alle hatte der erste Tagmarsch in der eigentlichen Wüste an Geist und Körper gelähmt. Ich wickelte mich in meine Decke und versuchte zu schlafen, was mir sonst nach den ersten Minuten gelang. Nicht so heute; ich warf mich herum und konnte nicht zur Ruhe kommen. Von draußen herein spielte durch unsere Zeltthür der rothe Schein des Feuers, das einer der Kameeltreiber unterhielt, während die andern, unter ihre Pelze zusammengekauert, schliefen. Auch hatte mich nie so sehr wie heute das heisere Gebell der Schakals gestört, die um unser Lager ihre Abendmahlzeit hielten. Ich konnte nicht schlafen und nahm meinen Mantel und Säbel, so wie das Buch meines lieben Freiligrath, das ich stets im Nachtsacke mit mir führte, und trat vor's Zelt. Da lag das Lager ruhig vor mir und der mitleidige Schlaf hatte fast alle die armen Menschen mit seinem wohlthätigen Schleier bedeckt und sie hinweggeführt aus dieser Einöde in ihre Heimath, in das Delta, unter die frischen grünen Palmen am Nil. An den Feuern umher saßen einzelne Gestalten, das Gewehr auf den Knieen, und schauten stieren Auges in die Flammen. Doch nur gegen die Mitte des Lagers waren Feuer angemacht, an den äußern Enden, wo die Aermeren ruhten, war es finster und still; da schien sich nichts zu regen, und noch weiter hinaus wurde es noch ruhiger, denn da fing das Reich der Todten an.

Dicht vor unserer Zeltthür war eine Gruppe, bei der ich lange sinnend verweilte. Unsere Kameeltreiber hatten ihre Thiere um das große Feuer sich lagern lassen, und die guten Geschöpfe ruhten wiederkäuend im Kreise; ein eigener Anblick: die Flamme bestrahlte die Köpfe der Thiere und ihre großen glänzenden Augen, mit denen sie wie nachdenkend in das Feuer sahen. Zu ihren Vorderfüßen, deren einer, um sie zu fesseln, mit einem Strick in die Höhe gebunden wird, lagen ihre Herren, und der, welcher das Feuer zu unterhalten hatte, lehnte sich an den Hals seines Thiers. In größerem Kreis um unsere Zelte lagen die Reiter, die dem Zug folgten, ägyptische Offiziere, Beduinen und Araber, mit dem Kopf auf dem Sattel, das Gewehr zur Seite, den Mantel über sich gezogen.

Ich setzte mich an's Feuer zu den Kameelen, und während ich dem Treiber die Flamme unterhalten half, horchte ich in die Wüste, wo sich zwischen dem Gebell der Schakals zuweilen der heisere Schrei eines Raubvogels vernehmen ließ. Ich dachte an Freiligrath. Wie wahr steht in seinen Gedichten die Scene, die ich hier vor meinen Augen sah! Seine Malereien fand ich meistens treu bis in's kleinste Detail. Ich schlug mir sein „Gesicht des Reisenden" auf und las:

Mitten in der Wüste war es, wo wir Nachts am Boden ruhten;
Meine Beduinen schliefen bei den abgezäumten Stuten.
In der Ferne lag das Mondlicht auf der Nilgebirge Jochen;
Rings im Flugsand umgekomm'ner Dromedare weiße Knochen.

Schlaflos lag ich; statt des Pfühles diente mir mein leichter Sattel,
Dem ich unterschob den Beutel mit der dürren Frucht der Dattel.
Meinen Kaftan ausgebreitet hatt' ich über Brust und Füße;
Neben mir mein bloßer Säbel, mein Gewehr und meine Spieße.

Tiefe Stille; nur zuweilen knistert das gesunk'ne Feuer;
Nur zuweilen kreischt verspätet ein vom Horst verirrter Geier;
Nur zuweilen stampft im Schlafe ein's der angebund'nen Rosse;
Nur zuweilen fährt ein Reiter träumend nach dem Wurfgeschosse.

Ja, genau so war es, alter Freund, und du bist wahrscheinlich früher schon einmal auf dieser Erde gewesen und hast als Beduine die Wüste durchzogen; da hat vielleicht der heiße Sand, der dich bedeckte, deine Gedanken mumienartig eingetrocknet, und wie du von Neuem auf die Welt kamst, sind sie frisch und lebenskräftig wieder in dir aufgetaucht. Ja, über uns stand am dunkeln Himmel der Mond und rang mit den Wachtfeuern um die Herrschaft über unser Lager. Schwach vertheidigten sich die letztern gegen jenen gewaltigen Herrscher, der uns rings umzingelte und dem auch ich nicht verwehren konnte, daß er mich mit demselben weißen Leichentuch überzog, worunter rings auf den Höhen die Todten schliefen. Die röthlichen Flammen der Feuer spielten zuweilen schwach gegen die weißen Zeltwände und zitterten über die ruhenden Menschen hin, kurz und heftig, als wollten sie Schutz und Hülfe suchen gegen den bleichen Schein. - Er ruht auf der Nilgebirge Jochen, und wenn ich wahrscheinlich wieder lange im schönen Deutschland bin, in einer hellen Nacht, so scheint er wieder auf diese Fläche und beleuchtet nicht mehr wie heute starre, verzerrte Todtengesichter, aber - weiße Knochen.

Am andern Morgen brachen wir um fünf Uhr auf und hatten dasselbe trostlose Terrain wie gestern, doch kam es mir heute viel weniger unheimlich vor, es begann in meiner Brust bereits ein Gefühl aufzugehen, das mich in den letzten Tagen der Wüstenreise ganz beherrschte, und nachdem es mich in Kairo unter dem Gewühle der Menschen verlassen, mich stets wieder beschlich, so oft ich von einem Thurm oder den Wällen der Stadt in die Wüste hinaussah. Es war das Gefühl der Freiheit, der Unabhängigkeit. In unsern eng umstellten Verhältnissen, bei unsern tausend Bedürfnissen, wo wir, wird nur ein einziges nicht befriedigt, gleich unsere Schritte gehemmt fühlen, lernen wir leider die Unbedeutenheit des einzelnen Menschen, seine Hülflosigkeit nur zu gut kennen; wir gewöhnen uns, den Menschen nur als Rad einer großen Maschine, und noch dazu als leicht ersetzliches zu betrachten. Wie anders fühlt man in der Wüste, trotz dem, daß hier die Umgebungen so kolossal, so unermeßlich sind, und man glauben könnte, diese leeren, weiten Strecken beengen die Brust und zeigen uns, wie klein, wie so gar nichts wir seyen. Dies ist nicht der Fall. Wir Europäer freilich, die wir von Bedürfnissen so viel zusammengerafft hatten, als wir bekommen können, vermochten uns nicht so trotzig hinzustellen und zu sagen: ich bin mir allein genug, ich brauche euch nicht. Aber wie frei muß dem Araber das Herz schlagen, wenn er aus den engen, dumpfigen Stuben wieder hinauskommt in die Wüste, wo er allein steht, sich selbst genug, wo er sich selbst beschützt und allein für sich sorgt. Bei diesen wilden, aber freien Menschen ist keine Rede vom Kleben an der Scholle, ein Ausdruck, der mich immer beengt hat. Kameeltreiber zu seyn, ist nach unsern Begriffen gewiß kein beneidenswerthes Loos; aber man biete jenen Menschen Alles, ein viel reicheres und besseres Leben, und stelle ihnen dabei die Bedingung, den Sand zu verlassen und ihre Hütte am Wasser des Nils unter Palmen aufzuschlagen: nur wenige werden ihren Stand verlassen. Die Ausdauer dieser Leute, ihre Munterkeit bei den größten Anstrengungen ist bewundernswürdig; wenn alle Thiere im Laufe des Tages ermatteten, so trieben diese Menschen, die doch eben so gut den Weg machten, von Morgens bis Abends Possen, oder sie sangen, und unser Akrabut wußte, wie unser Dollmetscher sagte, sehr hübsche Mährchen zu erzählen, und nicht immer aus tausend und einer Nacht oder einem andern Buche, sondern er war Poet und erfand die meisten selbst. Diese Leute, welche ihr ganzes Leben durch die Wüste ziehen, erhalten durch dieselbe von außen wenig Eindrücke und wenig Bildung, sie sind fast ganz auf ihr Inneres angewiesen. So mag es leicht kommen, daß, wenn sie in brennender Sonnenhitze den ganzen Tag gleichmäßig neben ihren Kameelen hergehen, sie sich vor Allem die Lust eines Trunkes klaren Wassers ausmalen, dazu einen schönen Springbrunnen denken, wie sie ihn irgendwo gesehen, ihn mit Orangen umgeben, und der

Hintergrund eines Mährchens ist fertig. Der Träumende tritt zum Brunnen, und nachdem er den brennenden Durst gelöscht, wachen im Unersättlichen tausend neue Wünsche auf: zwischen den Bäumen ein schönes Weib, dessen Besitz ihm der Zauberer oder Drache streitig macht. Welche große Rolle überhaupt die Kameeltreiber in der morgenländischen Geschichte und den Erzählungen, besonders in tausend und einer Nacht spielen, weiß jeder. So lange die Welt steht, wird man von Mohamed dem Kameeltreiber von Medina sprechen, und es mag wohl seyn, daß die kluge erzählende Sultanin im heißen Sand der Wüste empfangen und geboren wurde.

Auf dem ganzen bisherigen Zuge schien mir der gestrige Tag der am meisten entmuthigende gewesen zu seyn; vielleicht als der erste der Wüste war er von Allen als Schwelle zu den übrigen mit Schauder und Schreck betreten worden, und sie fingen heute wieder an, freier aufzuathmen, und nahmen sich die Schrecknisse, die sie in den frühern Tagen noch vor sich gesehen, jetzt, wo sie mitten darin waren, nicht mehr so zu Herzen. Dazu kam die tröstliche Betrachtung, daß wir die Höhe des Berges erstiegen hatten und nun abwärts gingen. Die Hälfte des Weges war zurückgelegt, ja mehr als die Hälfte, da wir nach zwei Tagen hoffen konnten, die äußere Gränze des Delta zu erreichen, und wenn auch Sandweg, doch zur Seite Gras und Palmen zu haben.

Von unbeschreiblicher Ausdauer war mein Maulthier, mit dem ich in diesen Tagen den Weg oft doppelt und dreifach gemacht habe. Bald war ich vorn, bald hinten im Zuge, um mir von den ernsten und komischen Auftritten so viel einzuprägen, als nur möglich. Könnte es mir doch gelingen, wenn auch mit wenigen Strichen, die verschiedenen Gruppen und einzelnen Figuren zu zeichnen, die mir auffielen, wenn ich, vorn haltend, die Caravane an mir vorbeiziehen ließ! Jedes Thier bietet ein neues, interessantes Bild. Die Kameele, die in ihrem ruhigen, gemessenen Gange eher Maschinen als lebenden Wesen zu vergleichen sind, erhalten ihre Reiter in beständiger Bewegung. Obgleich der Araber ungemeine Fertigkeit besitzt, durch die verschiedenartigsten Lagen und Stellungen dem unangenehmen Stoße dieser Thiere auszuweichen, so wackelt ihm doch fortwährend der Kopf auf dem Halse, und die Kameelreiter sehen deßhalb mit ihren ernsten Gesichtern chinesischen Pagoden nicht unähnlich. Bald reiten die Leute auf dem Höcker, bald legen sie sich der Länge nach auf das Gepäck, und oft sitzen sie Stunden lang hinter dem Packsattel auf den untergeschlagenen Beinen. Die Kameele gingen meistens in einzelnen Zügen von zwanzig bis dreißig Stücken, eines hinter das andere gebunden, und eine solche Truppe wurde etwa von zehn Treibern begleitet, die sich längs der Reihe vertheilten und die Thiere antrieben; denn obgleich sie im Allgemeinen von selbst ihren ruhigen Gang einhalten, so gibt es doch auch unter ihnen widerspenstige und faule.

Das Kameel ist mir immer als eines der sonderbarsten Geschöpfe erschienen: die seltsame Figur, der große Kopf mit der hängenden Oberlippe und den Katzenohren, der ganze Körper wolligt, wie der eines Schafes, was man jedoch nicht oft sieht, weil meist der ganze Körper geschoren ist und man nur am Höcker und an beiden Seiten, die der Packsattel bedeckt, die Wolle stehen läßt. Ein altes Mährchen erzählt von der Schöpfung des Kameels: das Pferd habe sich einst gegen den Schöpfer beschwert, es sey zum ewigen Lasttragen verdammt, zu welchem Zweck ihm der Mensch einen Sattel auflege, der ihm den geraden Rücken krumm drücke und die Haut schinde; es müßte doch weit klüger seyn, wenn ihm gleich der Sattel gewachsen wäre. Drauf habe Gott das Kameel mit dem Sattel oder vielmehr Buckel erschaffen, um dem Pferd zu zeigen, wie unrechtmäßig es geklagt habe, und wie sehr der gewünschte natürliche Sattel es entstellen würde. – Es ist merkwürdig, wie genau jedes Kameel die Last weiß, die es zu tragen vermag. Dieselbe ist in den heißern Strichen vier- bis fünfhundert Pfund, in den kälteren sechs- bis siebenhundert. Keines läßt sich über sein Maß beladen. Hat es dieses, so versucht es aufzustehen; bepackt man es noch weiter, so stößt es ein eigenthümliches Geheul des Unwillens aus, das sich bis zu einem gewissen Grade verstärkt, und hört man noch nicht auf, es immer mehr zu beladen, wieder abnimmt; wenn das Thier endlich ganz schweigt, schweigt es für immer. Es bleibt am Boden liegen, und weder durch Stockschläge noch durch Zureden ist es zu vermögen, sich aufzurichten; nimmt man auch einem auf diese Art mißhandelten Thiere seine ganze Last wieder ab, es erhebt sich nicht wieder; weder Hunger noch Durst bringen es von der Stelle; es erwartet ruhig den Tod.

Wir sahen heute ein Beispiel der Art. Der Unfall begegnete den drei ägyptischen Damen, von denen ich schon früher sprach. Ihr Thier hatte an den ziemlich corpulenten Wesen mit ihrem Bettwerk und Gepäck schon genug zu tragen und schien ermüdet. Heute nun mochte dem Eunuchen, der den Harem begleitete, das Gehen zu sauer werden; er schwang sich auf den Hals des Thiers; dieses erhob hierüber ein gewaltiges Geheul und legte sich nach wenigen Schritten zu Boden. Der Eunuch sprang ab und fing unter dem Zettergeschrei der Damen an, das Thier zu prügeln; es blieb aber ruhig liegen. Sich lange aufzuhalten und hinter dem Zuge zurückzubleiben, schien den Damen nicht räthlich; sie wären ein artiger Fang für die herumschwärmenden Beduinen geworden. Also stiegen sie ab, um das ermattete Thier eine Weile erleichtert laufen zu lassen. Es blieb aber liegen, und selbst als man Bettwerk und Kisten herunterwarf, war es nicht zum Aufstehen zu bringen. Man mußte es zurücklassen, und es wäre den drei fetten Grazien wahrscheinlich schlecht ergangen, hätte sich nicht der englische Kapitän ihrer angenommen und ihnen durch den Tatar-Gassi ein anderes Kameel verschafft. Indessen waren sie genöthigt, eine Zeit lang zu Fuß zu gehen, was sie sehr zu beugen schien, und auch bei ihrer Tracht - den weiten seidenen Beinkleidern und goldgestickten Jäckchen - die nur zum Liegen auf dem Divan bestimmt ist, sonderbar genug aussah.

Das größte Lob unter den Thieren der Caravane verdiente unzweifelhaft der weit geduldigere Esel, ein Thier, das bei uns durch die ewigen Vorwürfe der Faulheit und Dummheit schwer verläumdet wird. Kein Thier trägt im Verhältniß seiner Größe so viel und unermüdlich wie der Esel. Bei unserm Zuge waren welche grausam bepackt, und sie gingen doch mit kleinen, aber emsigen Schritten vorwärts, bis sie unter ihrer Last zusammenbrachen, was bei einer großen Masse dieser armen Thiere der Fall war. Pferde von besonders edlen Racen befanden sich, außer den unsrigen, im Zuge gar nicht: dauerhafte, starke, sogar schöne Pferde genug, doch keine ohne in die Augen springende Mängel und Fehler. Dagegen gab es unter den Reitern ausgezeichnet schöne Gestalten. So erinnere ich mich dreier Drusen - es waren Brüder - die in ihrem malerischen Kostüm ein herrliches Bild gaben. Sie trugen weite, rothe, goldgestickte Beinkleider, einen farbigen seidenen Gürtel und eine blaue gestickte Jacke mit aufgeschlitzten Aermeln, die über die Schultern fielen, auf dem Kopf den weißen Turban, und waren sehr gut mit reichgeschmückten Waffen, Säbeln, langhalsigen Pistolen und langen Flinten versehen. Ihre schönen Physiognomien waren, bei vieler Guthmüthigkeit, doch trotzig und wild. Ihre Pferde, obgleich sehr schlank und mager, waren äußerst schnell und ausdauernd, und wurden von ihnen mit erstaunlicher Gewandtheit geführt. Bei den Spielen, welche die Reiter beim Beginn des Zuges trieben, zeichneten sich die drei immer aus, besonders bei einem, wo der Reiter eine große Araberlanze in die rechte Hand nimmt, das Pferd im Carriere reitet und dabei diese Waffe über dem Kopf nach allen Seiten wie eine Feder schwenkt, auf einmal die Spitze in den Sand stößt und sein Pferd um diesen Drehpunkt mit unglaublicher Geschicklichkeit bald auf die rechte, bald auf die linke Seite wendet, je nachdem er die Lanze links oder rechts in den Sand stößt.

Daß es tolle, leicht erregbare Menschen waren, hätte unser Maler beinahe zu seinem Unglück erfahren. Einer derselben näherte sich ihm und bat um eine der Percussionspistolen, die F. im Gürtel hatte. Er reichte sie ihm bereitwillig; sie war nicht geladen. Der junge Druse betrachtete sie mit großer Aufmerksamkeit und Neugierde, untersuchte hauptsächlich den Hahn, und als er weder Stein noch Pfanne fand, bat er durch Zeichen, man möchte ihm die Manipulation des Abfeuerns zeigen. F. setzte eine Kapsel auf die Batterie, ohne sie, wie er sonst that, fest hineinzudrücken; denn die Zündhütchen waren etwas zu klein für die Pistole, und oft konnte man den Hahn drei-, viermal niederschlagen lassen, ehe es losging. So ging es auch dem Drusen; er drückte ab, und da kein Feuer erfolgte, gab er die Waffe kopfschüttelnd zurück. F. spannte jetzt nochmals, und da das Zündhütchen durch den ersten Schlag des Hahns gehörig eingedrückt war, erfolgte die Explosion. Auf dem Gesichte des Drusen wurde ein leichter Verdruß sichtbar; er glaubte wohl, Gott weiß welche Zauberei stecke hinter dem Schloß, daß es ihm versage, oder wir Franken können allein abdrücken und halten ihn zum Besten. Doch bat er nochmals um die Pistole, und als F., wahrscheinlich um ihn zu necken, das Zündhütchen wieder nur leicht aufsetzte, wodurch es, als der Druse losdrückte, nochmals versagte, und F. es nun selbst wieder mit lächelnder Miene abbrannte, riß dem jungen Türken plötzlich die Geduld, seine Züge drückten Zorn und Verachtung aus, er warf sein Pferd zurück, riß seine Pistole aus dem Gürtel, legte auf den Maler an, und es wäre sicher ein Unglück geschehen, wenn nicht ein alter, langbärtiger Beduine mit einem äußerst schlauen Gesicht, der neben mir ritt und wahrscheinlich den Zusammenhang kannte - denn er hatte beim vergeblichen Bemühen des Drusen höhnisch gelächelt - mit einem gewaltigen Sporenstoß sich zwischen Beide geworfen und die Pistole des Drusen auf die Seite geschlagen hätte, worauf sich dieser mit wilden Blicken entfernte. Später schien er aber sein Unrecht einzusehen; er kam am andern Morgen zum Maler herangeritten und übergab ihm seine eigene geladene Pistole mit dem Bedeuten, er soll auf ihn schießen. Doch rauchten statt dessen die Beiden eine Pfeife zusammen und der Friede war wieder hergestellt.

Unser heutiges Nachtlager war, wie das gestrige, nur von Sand und todten Körpern umgeben; zur Tränkung der Thiere hatte man Gruben in den Sand gemacht, in denen sich jedoch nur ein salziges, übelschmeckendes Wasser sammelte. In der besten, das heißt der größten, stand ein riesiger Neger und schöpfte für unsere Pferde und die der Paschas das Wasser in einem großen metallenen Gefäß, und da dieses jedesmal dem Pferde vorgehalten wurde, so kann man denken, wie lange es dauerte, bis alle getränkt waren. Auch fehlte es nicht an Zank und Streit, den aber gewöhnlich der Neger auf eigene Faust schlichtete, indem er jeden Araber und Beduinen, der sich mit dem Pferde vordrängen wollte, mit seinem Gefäß auf den Kopf schlug, wobei der Getroffene nicht selten ins Wasser zu ihm hinabfiel. Dieser Neger war aber auch ein wahrer Athlet, und ich habe ihn Pferde, die ihm zu nahe kamen, zurückwerfen sehen, daß sie sich beinahe überschlugen. Wir spendeten ihm einen gelinden Bakschis von einigen Piastern, in dessen Folge er uns allen Uebrigen vorzog. Dieser Kerl war ein Angestellter bei der hiesigen Poststation.

Das Wort Poststation in der Wüste wird Jedem sonderbar vorkommen. Aber auch dies ist eine von den vielen guten und schönen Einrichtungen, die der Geist Mehemet Ali's ins Leben gerufen. Er versuchte auf alle mögliche Weise, dem öden, unwirthbaren Landstrich der Wüste Einrichtungen aufzuzwängen, um den zahlreichen Caravanenzügen den Weg von Aegypten nach Syrien zu erleichtern. Nicht nur, daß er, wie ich schon früher bemerkt, längs des ganzen Weges, etwa von sechs zu acht Stunden, Brunnen anlegen ließ, die zum Theil schon fertig, zum Theil im Bau begriffen waren, unter den jetzigen Verhältnissen aber nicht vollendet werden: er hat auf dem ganzen Wege von Kairo nach Acre Poststationen anlegen lassen, die aus einem Wohnhaus für die Tataren und Stallungen für Kameele, Pferde und Esel bestehen. Jetzt natürlich war auch dieses Institut nicht mehr im gewöhnlichen Gange. Was konnte dem Pascha jetzt daran liegen, Menschen und Vieh aufzuopfern und den Kaufleuten oder sonstigen Reisenden eine schnellere Verbindung mit einem Lande zu verschaffen, aus dem man ihn gejagt hatte? Ueber die Aufhebung dieser Posten wird sich wohl Niemand mehr gefreut haben, als die Angestellten selbst. Diese Menschen führten ein trostloses Leben. Wir haben welche getroffen, die seit drei Jahren ihren Bezirk nicht verlassen, kein grünes Feld, kein Wasser gesehen hatten, als das schlechte, das ihnen in Schläuchen zugeschickt wurde.

Der Tatar-Gassi, der heute Abend wieder unser Gast war, erzählte uns als Chef der Post Einiges über die Einrichtung. Man muß nicht glauben, daß es dabei auf eine ganz geregelte Anstalt abgesehen gewesen, wie bei uns, daß man etwa ohne Weiteres Briefe etc. damit befördern konnte und dergleichen. Der Hauptzweck war, den amtlichen Weg offen zu halten; doch konnte sich jeder Privatmann leicht einen Ferman auswirken, vermöge dessen ihm für eine gewisse Summe Pferde und Kameele gestellt wurden, die auf jeder Station wechselten und womit er seine Effekten oder sich selbst befördern konnte.

Bei den Posttransporten, wo es auf Schnelligkeit ankommt, bedient man sich des Reitkameels, des Hadschins. Es ist dieselbe Spezies, wie das gewöhnliche Lastkameel, aber eine edlere Race und von demselben verschieden, etwa wie das englische Rennpferd vom gemeinen Ackergaul. Ich widerlege hiemit die falsche Vorstellung Vieler, welche auch ich theilte, als wäre der Hadschin eins mit dem zweihöckerigten Dromedar. Das Reitkameel, welches ein Alter von dreißig Jahren erreicht, wird schon mit zwei Jahren zum „Rachwan" dressirt, zu jenem Paß oder angenehmen Trab, den einige persische Pferderacen von Natur haben, zu welchem Zweck man ihm einen Vorderfuß mit dem Hinterfuß derselben Seite durch einen ziemlich langen Strick verbindet, es zuerst gehen läßt, dann langsam antreibt, bis es gewöhnt ist, im Trab die beiden Beine jeder Seite zugleich aufzuheben und sie nicht wie das Pferd zu kreuzen. Die Ausdauer und Schnelligkeit dieser Thiere ist bewunderungswürdig. Sie traben gleichmäßig fort und machen mit ihren langen Beinen sehr große Schritte. Das Pferd kann sie wohl auf einen Augenblick im Carrière überholen, doch hält es keine Stunde mit ihnen aus. Ein Hadschin kann ohne große Anstrengung in einem Tage gegen fünfzehn deutsche Meilen laufen, und frißt dabei nicht mehr als ein anderes Kameel. Unser Tartar-Gassi hatte zu Anfang der Feindseligkeiten eine Depesche Ibrahims von Acra nach Kairo zu bringen, welche Strecke von hundertfünfzig türkischen Stunden, also, - diese zu fünf Viertel deutschen gerechnet, - gegen hundertneunzig Stunden, er, so lautete der Befehl des Pascha, bei Verlust seines Kopfes in drei Tagen zurücklegen sollte. Der Tartar-Gassi, der auf allen Stationen die besten Reitkameele kannte, übergab seine Depesche schon in der Hälfte des dritten Tages. Indessen soll dies Reiten wegen der starken Bewegung des Thieres sehr ermüden und die Brust angreifen. Dies ist auch natürlich; der Sattel liegt oben auf dem Höcker, so daß der Reiter die volle Kraft der Bewegung auszuhalten hat. Da der Reiter mit den Beinen nicht schließen kann, so ist der Sattel mit einer Lehne versehen, und trotz dieser Lehne und einem Bügel an der linken Seite, in welchen der Reiter, wie bei uns die Damen, einen Fuß setzt, ist es doch schwer, das gehörige Gleichgewicht zu erhalten.

Der Tartar-Gassi ließ uns während des Marsches ein Reitkameel besteigen. Jemand, der zum Schwindel geneigt ist, würde keinen Augenblick oben sitzen bleiben. Und doch ist es etwas Schönes um diese Reiterei. Ich habe stets mit Vergnügen die Pascha's auf ihren Hadschins daher kommen sehen. Das große Thier, das mit seinem Reiter aus weiter Entfernung im Augenblick zur Stelle ist, und in langen Sätzen eben so rasch vor uns verschwindet, hat etwas fabelhaft Großartiges.

Unser heutiger Marschtag war in Betreff der Hitze, der Oede, die uns rings in der Natur umgab, so wie des Elends, das in der ganzen Caravane herrschte, dem gestrigen gleich. Wir waren unser etwa zwanzig Reiter, die Nachmittags dem Zuge voran eilten, weil uns ein ortskundiger Beduine gesagt hatte, hinter jenen Sandhügeln dort liege unser heutiges Nachtquartier. Noch eine halbe Stunde, und vor unsern Augen breiteten sich zwei große Oasen aus: Wiesen von ziemlichem Umfang, mit hohen, schönen Palmen dicht besetzt, welche der gelbe Sand scharf umgränzte;

ein eigener Anblick, den wir später im Delta öfters hatten. Das frische Grün des süßbewässerten Bodens verliert sich nicht allmählig im Sande, der es umlauert, sondern bricht plötzlich ab. Auf einer Anhöhe neben den Oasen sahen wir ein altes, verfallenes Gemäuer liegen, an dem sich, wenn uns unsere Augen nicht trügten, ein kleiner Markt aufgestellt hatte. Wir sahen Beduinen umhergehen und mit ihren langen Stöcken eine Schafheerde zusammentreiben, die, im Gemäuer zerstreut, sich einige Grashalme aufgesucht hatte. Es hielten Weiber da mit Körben voll Eier und Säcken voll Brod, und einige Kameele, die auf ihren Knieen ruhten, trugen große Lasten von gelb glänzenden Orangen. Wir deuteten dies als ein Zeichen, daß, da uns Menschen mit Lebensmitteln entgegen kamen, das Ende der Wüste und damit die Fleischtöpfe Aegyptens in der Nähe seyn müßten. Das Gemäuer war ein zerfallenes Fort, das die Franzosen unter Bonaparte auf ihrem fruchtlosen Zuge gegen Acre errichtet hatten. Wir sprengten im Carrière mit lautem Hurrah vorwärts; die, denen es hauptsächlich galt, die Araber mit den Vorräthen, schreckten sichtlich empor und griffen, hinter die alten Mauern tretend, nach ihren langen Gewehren. Doch änderte sich bald die Scene, als wir, freilich für unsinnige Preise, ihnen von ihren Lebensmitteln abkauften.

Der Tartar Gassi hatte uns im dichtesten Palmenwalde den Platz für unsere Zelte angewiesen, da, wo die alten Stämme gleich hohen Säulen emporstiegen und stolz die zierliche Krone trugen, die zwar keinen vollkommenen Schatten gewährte, doch den Rasen mit einem fein gezackten grünen Gewölbe deckte. Es ist etwas Eigenes um die Palme; welch reizende Vorstellungen weckt im Abendländer das Wort Palme, und vollends Palmenwald! Wie ärmlich erscheinen uns dagegen unsere Wälder, wo nur der plumpe Eichbaum wächst, und die starke Buche und die schwarze traurige Tanne! Aber es geht uns mit der Palme wie mit so vielen Dingen, die uns die Ferne und die Unerreichbarkeit im Zauberlichte zeigt, daß unsere Phantasie stets bereit ist, einem Brennspiegel gleich, in stärkern Strahlen zurückzuwerfen. Wir lesen, wie schon die ältesten Völker, die Juden namentlich, Palmblätter streuten und damit den Weg der Könige und großen Männer heiligten. Welcher Mährchenkranz flattert für uns um die Krone der Palme! an welchem Quell, wo Abdallah oder Said ruhten, oder wie die Helden alle heißen, stand nicht eine Palme! Mir kam dieser Baum früher immer vor, wie das sichtbare Zeichen einer neuen, geheimnißreichen Welt, eines glänzenden Zauberkreises; sein Anblick durchzuckte mein Herz, wie wenn mich in der Ouvertüre einer großen Oper die immer längern Paukenwirbel, die schneidenden Wehlaute der Hörner auf etwas Außergewöhnliches vorbereiten. Es war in der Nacht, als wir auf der Rhede von Rhodus anlangten, und ich im hellsten Mondlicht, das wir seit lange gesehen, einen Palmbaum über die grauen Mauern blicken sah. Da stand ich lang im Anblick des schlanken Orientalen versunken, und die Phantasien, welche, mit diesem Baum verknüpft, in einem Winkel meines Herzens schlummerten, rankten nach allen Seiten wild und üppig empor; gewiß sehr natürlich, denn wir lagen ja vor Rhodus. Aber als ich später viele tausend dieser Bäume gesehen, und unter ihnen liegend, die Sonne, die durch ihre spitzen Blätter dringt, schwer empfand, stiegen unsere deutschen Eichen- und Buchenwälder sehr in meiner Achtung. Wo die Palmen noch so dicht stehen, gewähren sie keine Kühle und bieten dem Auge keine Abwechslung, keine Nüancen der Farbe, immer nur ein einfaches, dunkles Grün.

Indessen war uns der wenige Schatten, den uns heute die Oase darbot, nach einem mehrstündigen Ritt durch öde, baum- und strauchlose Sandflächen, sehr erwünscht. Wir suchten uns einen Platz, wo die Bäume so weit auseinander standen, daß wir je zwischen drei und vier unser Zelt aufschlagen und die Pferde bei ihnen anbinden konnten. Bald kam der ganze Zug der Caravane nach, und so Viele der Wald aufnehmen konnte, lagerten sich in demselben, die übrigen um das Fort und auf der andern Seite. Die Anstalt zur Tränkung des Viehs war heute ganz gut: ein langer gemauerter Behälter, wie ich ihn schon früher beschrieben, mit einem Schöpfrade, an welches ein Kameel gespannt wird, um das Wasser in die Höhe zu winden. Mochten sich nun die ärmern Klassen in der Caravane an die Schrecken der Wüste gewöhnt haben, oder war es das Grün der Oase, oder der Markt, auf dem sich freilich keiner etwas kaufen konnte, der ihnen aber doch Abfälle vom Tisch der Reichern gewährte: sie waren heute ungleich munterer und lebhafter, als gestern und vorgestern. Die meisten kehrten, nachdem wir eine Stunde gelagert, statt des starren Hinbrütens, worin sie die vorigen Tage versunken waren, zu ihrer alten Lebhaftigkeit zurück. Wir hatten für uns neue Brodvorräthe angekauft und das alte, fast ganz vertrocknete, so viel es sich thun ließ, unter das Volk vertheilt. Und es war rührend anzusehen, mit welcher Freudigkeit sie diese kleinen Gaben empfingen, und wie wenig dazu gehört, diese Menschen vergnügt zu machen; besonders die Schwarzen sprangen um unsere Zelte herum, tanzten und trieben allerhand Kindereien.

Unser heutiges Lager hatte aber auch etwas sehr Freundliches und wahrhaft Phantastisches, besonders als die Nacht kam und hinter den weißen Sandhügeln der Mond aufstieg. Da saßen wir in unserem Zelt, dessen Thüre wir weit zurückgeschlagen hatten, und schauten in's bunte Gewühl, das sich in der seltsamsten Beleuchtung vor unsern Augen bewegte. Die Araber hatten unter den Bäumen große Feuer angelegt, die sie mit kleinen Sträuchern unterhielten, welche in Menge in der Oase wachsen. Dieses Brennmaterial, sehr dürr und trocken, hat das Eigene, daß es, auf die glühenden Kohlen gelegt, wie Stroh plötzlich zu einer haushohen Flamme aufflackert, die dann eben so rasch wieder zusammensinkt. So schien der ganze Wald mit riesigen Irrlichtern belebt, die jetzt kaum bemerkbar glimmten, dann plötzlich emporfahrend, die umherliegenden Menschen grell beleuchteten. Und dabei der Jubel der Araber, wenn auf die verlöschenden Kohlen, bei deren Schein man nichts mehr von ihnen sah, als ihre glänzenden Augen, mit denen sie sinnend dem Verglimmen des Feuers folgten, eine neue Ladung Gesträuch gelegt wurde, und jetzt die Flamme auf einmal emporloderte. Da erhoben sie ein wildes, lange nachhallendes Geschrei, ihr Hurrah, das uns Anfangs zuweilen erschreckte. In solchem Augenblicke sahen die Gruppen wie eine Dekoration aus, die man kunstreich geordnet und beleuchtet. Vor einem Feuer, das nicht weit von unserem Zelte brannte, stand der Neger, der uns gestern beim Wasserschöpfen so treffliche Dienste geleistet, mit seiner riesigen Figur, regungslos an eine große Palme gelehnt, ein schönes Bild, wie ich es nie gesehen. Mann und Baum schienen von Bronze, welche das aufflackernde Feuer vergoldete. Selbst die Thiere schienen an diesem Feuerwerk Gefallen zu finden; Scham, unser edler Hengst, wieherte fast den ganzen Abend vor Freude, und das kleine neugierige Fohlen, das am Abend von seinen Banden befreit wurde, tappte zuweilen zu unserm Feuer hin, um sich die Sache in der Nähe zu besehen. Der Palmenwald hatte etwas Zauberhaftes; von unten wurden die hohen Stämme durch die flackernden Feuer röthlich angestrahlt und oben versilberte das Mondlicht die Spitzen der Blätter, die der Abendwind hin und her wiegte.

Unser englischer Kapitän hatte unter den Vorräthen auf dem Markt einen Korb mit Nilfischen alsbald für sich in Beschlag genommen und von seinem Koche zubereiten lassen. Fische in der Wüste! und sie waren noch dazu sehr gut; nur gaben sie zu einer kleinen Streitigkeit zwischen dem wunderlichen Kapitän und seinem Kochkünstler Anlaß. Ersterer hatte befohlen, sie alle zu braten; da aber ihre Anzahl nicht unbedeutend war, hatte Husseyn einen Theil für Morgen aufheben wollen. Als wir die umfangreiche Schüssel, die man uns vorsetzte, geleert hatten und ganz gesättigt waren, fragte der Engländer, ob das alle Fische seyen, und als dies der Koch verneinte, mußte er die übrigen zur Strafe auch noch zubereiten, blos weil der Kapitän einmal gesagt hatte, sie sollten alle gebraten werden; denn keiner von uns rührte mehr ein Stück an.

Nachdem wir am Abend noch einen Gang durch sämmtliche Lager gemacht und alle Pferde gemustert hatten, was namentlich der Baron jeden Tag that, um unter den vielen Hunderten vielleicht etwas

Ausgezeichnetes zu finden, statteten wir dem Tartar Gassi, der neben uns lagerte, noch einen Besuch ab. Er theilte uns die nicht sehr erfreuliche Nachricht mit, es sey ihm bei der allgemeinen Ermattung sämmtlicher Menschen und Thiere nicht möglich, ferner so rasch wie bisher den Zug fortzusetzen, weßhalb er morgen nur einen kurzen Marsch von vier Stunden machen und übermorgen in Salahieh der Caravane zwei Tage Ruhe gönnen werde. Er sah unsere Bestürzung hierüber, weßhalb er uns den Vorschlag machte, wir sollten morgen mit der Caravane bis zum Lagerplatz ziehen und dann mit einigen zwanzig Reitern, die er uns mitgeben wolle, noch eine Etappe weiter machen, so daß wir morgen schon nach Salahieh kämen, wo, als auf der Grenze Aegyptens, alle Gefahr wegen der streifenden Raubbeduinen vorbei sey und wir unsern Marsch in beliebiger Schnelligkeit fortsetzen könnten, ein Vorschlag, den wir nach einiger Ueberlegung annahmen.

Am nächsten Morgen brachen wir um fünf Uhr mit der Caravane auf und gelangten schon gegen eilf Uhr auf den für heute derselben bestimmten Lagerplatz, einer gewöhnlichen Poststation mit gemauertem Brunnen und Schöpfrad. Wenn uns schon früher diese gut eingerichteten Tränkungsanstalten in Erstaunen gesetzt hatten, so fanden wir auf unserm heutigen Wege etwas, das uns wirklich mit Achtung erfüllte vor dem Geiste Mehemed Ali's, der es versucht, der gewaltigen Wüste europäische Kultur aufzudringen. Es waren dies hölzerne Thürme, die eine Telegraphenlinie zwischen Kairo und Jaffa herstellen sollten, aus rohen Planken zusammengezimmert, von ungefähr vierzig Fuß Höhe, oben mit einer Plattform versehen und in zwei Stockwerke getheilt, in welchen starke Leitern die Dienste der Treppen versahen. Natürlich waren sie alle noch unfertig und auf keinem befand sich etwas von der eigentlichen Einrichtung der Telegraphen; und ehe die türkische Regierung etwas zu ihrer Vollendung thun kann, haben die herumstreifenden Araber oder die edlen türkischen Soldaten selbst die Thürme wieder abgerissen und verbrannt, um ihren Pillau damit zu kochen.

Kaum waren wir angelangt, so übergab uns der Tartar Gassi, seinem Worte treu, einige Reiter, die uns als Bedeckung dienen sollten; es waren aber keine zwanzig, sondern nur acht; da er indessen, wie auch mehrere andere Offiziere, uns nochmals versicherte, es sey von hier auf dem Wege nach Kairo auch nicht mehr die geringste Gefahr zu besorgen, und wir ja zudem doch unser fünfzehn gut Bewaffnete waren, so begnügten wir uns mit der Escorte, die aus lauter jungen kräftigen Männern bestand - auch die Drusen, von denen ich oben sprach, waren darunter - tränkten unsere Pferde und machten noch einen Besuch bei Mahmud Pascha, der, obgleich der Tartar Gassi das Kommando hatte, die höchste Person bei der Caravane war. Dieser ließ von seinen Kameelen ein paar Flaschen Champagner herunter langen und sie uns zu einem Bügeltrunk kredenzen. Wir ließen nicht ohne ein leises schmerzliches Gefühl all die guten Menschen hinter uns, die uns vom Pascha bis zum geringsten Neger, wo sie nur immer konnten, Gefälligkeiten erwiesen hatten. Trotz dem, daß Alle mit Abpacken der Thiere und Aufschlagen des Lagers beschäftigt waren, traten viele in unsern Weg und murmelten ihr Maschallah, während sie die Hände auf Stirne und Brust legten; ja einige alte Beduinenhäuptlinge, die sich schlecht verproviantirt hatten und denen der gute Baron stets von seinen Privatvorräthen mitgetheilt, faßten den Zügel seines Hengstes und legten ihm die Hand auf das Knie und an den Bügel und riefen Allah und den Propheten an, ihn ferner zu beschützen. Und dieß Alles war reine Gutmüthigkeit, ohne andere Absicht; sie konnten doch nimmer daran denken, uns je wieder zu sehen, und dachten auch wohl nicht daran; wir begegneten indessen später einigen derselben in Kairo.

Ich machte vor unserm Aufbruch noch einen kleinen Tauschhandel mit einem Araber, einem Manne, der sich auf dem Marsche sehr oft zu mir gehalten und mich über dies oder jenes belehrt hatte. Ich gab ihm meinen himmelblauen Schlafrock, der sehr zierlich mit Roth ausgeschlagen war, dem man aber sehr die Stürme ansah, die er auf der Reise durchgemacht, und der Alte verehrte mir dagegen einen eisernen Pistolenladstock, der wieder einer Zange als Scheide diente, mit welcher man Kohlen auf die Pfeife zu legen pflegt. Darauf nahmen wir zärtlichen Abschied von einander, indem mich der Araber bei der Hand ergriff und dann, sich vorn überbeugend, seine Stirn an die meinige legte.

Es war heute wieder eine glühende Hitze und unsere drei Herren Kameeltreiber, die sonst beständig lustig und guter Dinge waren, mochten es in ihrem Innern schwer empfinden, daß sie heute weiter marschiren mußten, als die andere Caravane; denn sie zogen schweigend neben ihren Kameelen dahin, und selbst Herr Akrabut wollte unserm Koch Giovanni, trotz dessen vielmaliger neckender Aufforderung, kein Mährchen erzählen. Als wir etwa eine halbe Stunde vom Lagerplatze entfernt waren, bemerkten wir eine ältliche Frau, eine Aegypterin mit blauem Hemde und Schleier, die uns in einiger Entfernung folgte. Giovanni mußte auf Befehl des Barons zurück und sie fragen, warum sie die Caravane verlassen, worauf sie entgegnete: ihr Mann, ein Jüs-Baschi in der Armee Ibrahims, sey auf dem Zuge geblieben; sie habe bis gestern einen Platz auf einem Kameel bei einer Bekannten gehabt; dieses sey jedoch gestern gestürzt, und sie vertraue zu uns Franken, wir werden sie nach Kairo mitnehmen. Der Baron erlaubte dem armen Weibe, auf unser erstes Kameel zu steigen, das bis jetzt neben dem kleinen Fohlen Wasser und Kohlen getragen hatte; diese Artikel waren aber jetzt sehr zusammengeschmolzen und deßhalb Platz genug auf dem großen Thier. Das kleine Pferdchen, das Anfangs die neue Nachbarschaft mit neugierigem Blick betrachtete, schien sich bald daran zu gewöhnen; denn die Frau liebkoste es beständig und deckte ihm bei der großen Hitze ihren Schleier über den Kopf.

Wir verloren die große Caravane, mit der wir Gaza verlassen, aus dem Gesicht, und zogen, eine kleine bildend, weiter durch die Sandwüste, die aber hier schon viel von ihrem schauerlichen Charakter verloren hatte. Zur Seite des Weges erschienen hie und da kleine Gesträuche bis zu drei Fuß Höhe, und der Weg war statt des gestrigen losen Sandes heute schon so hart, daß die Kameele an den meisten Stellen mit ihren breiten Fußballen nicht mehr einsanken. Es mochte gegen drei Uhr seyn, als der Baron, der mit einigen Reitern etwas voraus war, plötzlich laut ausrief: „Wasser! Wasser!" und links querfeldein gegen einen großen Teich sprengte, der sich bei der Krümmung des Weges unsern Blicken zeigte. Auch ich forcirte meinen Maulesel zu einem armseligen Galopp und hörte bald, daß es kein Trink-, sondern Salzwasser sey. Aber wenn somit auch die Hoffnung auf ein gutes Nilwasser vereitelt war, so wußten wir doch beim Anblick dieser Seen, deren sich nun auch rechts mehrere zeigten, daß wir uns dem Delta näherten; denn es mußten jene Moorwasser seyn, die man auf den Karten von der Mündung des Nils aus gegen Osten weit in's Land hinein verzeichnet sieht.

Der Tartar Gassi hatte uns freilich gesagt, wir haben von seinem Lagerplatz bis zur nächsten Poststation - sie hieß Kantra - nur noch fünf Stunden; aber es wurde Abends sieben Uhr, ehe wir sie erreichten. Sie hatte Tränkungsanstalten wie die gestrige, doch waren die Gebäude für die Postbeamten comfortabler eingerichtet, als auf allen andern, und zwischen zweien derselben stand ein großes, schönes Zelt aus dickem Segeltuch aufgeschlagen, unter dem der Chef der Post, ein dicker Aegyptier, lag, der uns sagen ließ, wir möchten unsere Zelte nicht aufschlagen, er müsse auf Verlangen den Reisenden Platz in dem seinigen geben - also eine Wüstenpassagierstube.

Etwas sehr Merkwürdiges hatte diese Station: hier befand sich zugleich eines der Kameelgestüte Mehemed Ali's. Es waren fünf oder sechs große, starke Kameelhengste da, einige zwanzig Stuten und sieben oder acht Fohlen. Diese kleinen Thiere sahen höchst sonderbar aus. Die Biegung des Kopfes, der wie der Schnabel eines Raubvogels nach unten gekrümmt ist, tritt bei ihnen viel stärker hervor, als bei den Alten, und gibt ihrem Kopfe eine gewisse Aehnlichkeit mit dem eines Habichts. Dabei trägt das Thier seinen wolligen Körper äußerst unbeholfen auf den langen Beinen und ist außerordentlich eigensinnig. So wollten die Araber, als es anfing dunkel und kühl zu werden, einige dieser Thiere, die sich draußen in die Sonne gelegt hatten, zum Aufstehen bewegen, um sie in den Stall zu treiben. Aber die kleinen Geschöpfe stießen ein Geschrei des Unwillens aus und mußten mit Gewalt aufgehoben und fortgetragen werden. Die Thiere wohnten in einem umschlossenen Hof, an den rechts und links zwei Schuppen stießen und Alles war aus Steinen aufeinander gesetzt. Die Postknechte, so wie die Aufseher des Gestüts waren Neger und Abyssinier, und unter ihnen sehr schöne Menschen.

Wir richteten uns im großen Zelte des Postmeisters so gut wie möglich ein. Ein ziemlich starker Wind, der sich am Abend erhob, bewegte die langen Zeltwände hin und her. Es war das erstemal seit unserer Wüstenreise, daß wir wieder einmal den Luftzug bemerkten, und da das Posthaus auf einer kleinen Anhöhe lag, so strich er recht frisch und kühl bei uns vorüber und eilte zum Delta voran, um dort wahrscheinlich unsere Ankunft anzuzeigen. Der dicke Postmeister, der sich zu uns in's Zelt kauerte, war ein recht gemüthlicher Aegyptier. Er erzählte uns, er sey schon fünf Jahre auf dieser Station, ohne sie je verlassen zu haben; seine Bedürfnisse lasse er sich auf Kameelen von Kairo kommen; sogar das reine Trinkwasser mußte er sechs Stunden weit herschaffen lassen. Gerade heute hatte er wieder einen Transport bekommen; er brachte uns auf einer kleinen Schüssel einige Confituren von Kairo, die er als die vorzüglichsten ihrer Art pries; sie waren eben so fett und unangenehm süß, wie die türkischen. Von der Politik wußte der alte Herr so gut wie gar nichts, und er verwunderte sich sehr, als wir ihm erzählten, Ibrahim Pascha habe sich durch die Engländer und eine Handvoll Türken aus dem Lande jagen lassen. Natürlich hatte er vom Zuge Ibrahims durch die Wüste gehört, und die Kolonne Achmed Pascha Meniklis war schon vor einiger Zeit hier durchgezogen. Aber das Warum hatte ihn wenig gekümmert.

Am andern Morgen brachen wir zeitiger als sonst auf, indem wir nach Salahieh, dem ersten ägyptischen Dorfe, wie man uns gesagt, zehn Stunden hatten. Der Weg besserte sich im Laufe des Tages zusehens, und gegen Mittag, wo die Sonne recht glühend auf uns schien, tauchte vor uns von Süden nach Südwesten aus dem gelben Sande ein langer grüner Streifen auf. Es waren Palmenwälder, die jedoch bald wieder verschwanden, und gegen ein Uhr hatten wir heute noch einmal und zum letztenmal den vollen Anblick der trostlosen Wüste um uns: rings, so weit das Auge reichte, eine glatte, hellgelbe Sandfläche, worauf die Sonne mit unbeschreiblicher Schwere lag und die Thiere und uns fast zu Boden drückte. Die Araber hatten wieder wie gewöhnlich ihre Teppiche über den Kopf gezogen und saßen zusammengekauert auf ihren Pferden, wobei sie ihre

Waffen, Lanzen und Säbel nachlässig über den Sattelknopf legten. Unsere kleine Caravane hatte sich ganz auseinander gezogen, denn jeder ließ sein Thier gehen, wie es eben wollte; jeder war zu matt, um den Fuß zu einem Sporenstoß zu erheben oder auch nur den Mund zu einem Zungenschlag aufzuthun. Der Nachtwind hatte die ganze Fläche, so weit wir sahen, scharf angehaucht und lauter kleine Wellen hineingeschnitten, so daß das Kameel an der Spitze sich jedesmal Bahn machen mußte, wie wenn man bei uns zu Hause an einem Wintermorgen der erste ist, der die über Nacht gefallene Schneedecke zertritt. Der ganze Anblick der heutigen Wüste, das matte Dahinschleichen unserer Thiere und die Glut der Sonne drückten uns Alle so darnieder, daß wir mit schweren Athemzügen nach der Gegend blickten, wo uns vorhin die Palmen erschienen und wieder verschwunden waren. Aber wir wußten, noch ehe der Abend kam, hatten wir sie erreicht, und konnten, unter ihrem Schatten geborgen, nach jenem schrecklichen Feind, der Wüste, zurückblicken, der uns heute zum letztenmal in seiner ganzen fürchterlichen Gestalt erschien. Wir wußten, daß die Sonne, die uns jetzt zu versengen drohte, denselben Weg mit uns hatte und wir nach der Richtung, wo sie am Horizont verschwand, Menschen, ein Dorf, Wasser und frisches Grün finden würden.

Doch wie mußte es denen seyn, die ohne Compaß oder sichern Führer vom Wege abkamen und umherirrend nicht wußten, wohin, um diesem großen, allgewaltigen Grabe zu entfliehen? Der Gedanke an ein Verirren, so nahe am Ziele unserer Reise, stieg in mir leise auf, und meine stets rege Phantasie ließ mir ein solches Unglück so möglich werden, daß ich zum Anführer unserer Beduinen, der vorne an der Spitze war, hineilte, um ihn auszufragen, ob er auch sicher wisse, wo wir uns eben befanden. Der Alte hob den Burnus, den er über das Gesicht geworfen hatte, etwas in die Höhe und sah mich so listig lächelnd an, als habe er meine Furcht errathen; dann bedeutete er mir in der lebhaften Zeichensprache, die diesem Volke eigen ist: vor uns sey das Delta, rechts das Meer, aber links - hier streckte er seinen Arm nach Osten aus, wo sich die große Wüste bis an's rothe Meer und weiter hin zieht - links sey gar nichts als Sand, und wer dort einmal hineingerathen sey, könne ruhig ein Loch in den Sand machen und den Burnus über den Kopf ziehen. Dahin schaute ich und gefiel mir darin, mich immer tiefer in das Wüste, unendlich Oede zu denken, das sich da ausbreitete und unsern Fuß berührte.

Einige Minuten mochte ich so fortgeritten seyn, als mir plötzlich däuchte, ich sehe am fernen Horizonte, nach der Richtung der Wüste, einen dunkeln Streifen erscheinen, in der Art, wie wir früher die Palmenwälder vor uns gesehen hatten. Was konnte das seyn? Einige Schritte vor mir ritt der Baron, der ein sehr scharfes Gesicht hat und mit einem lauten Ach! plötzlich sein Pferd anhielt und es nach jener Gegend wandte. Ich rief ihm zu, was er vom Streifen dort halte, und ob er etwas Genaueres sehe, worauf er erwiderte: dort sey auf einmal Wasser erschienen; er sehe die Wellen sich bewegen und umher große Palmen und andere Bäume, wie von starkem Winde bewegt, auf und ab nicken. Ich zog am Mantel unseres Beduinenchefs, der sein Gesicht schon wieder bedeckt hatte, und zeigte, als er mich fragend ansah, nach jener Gegend. Als habe er ein Gespenst gesehen, verzog der Alte mit einem lauten Maschallah sein Gesicht und starrte in die Wüste hinein. Auch die andern Araber und unsere Kameeltreiber wurden aufmerksam und blickten mit demselben Entsetzen hinaus, und Giovanni, der Dollmetscher, näherte sich uns und rief dem Baron zu: das sey das Wüstengespenst, das die Reisenden irre führe, vom Weg ab in das Innere der Wüste, das stets zurückweiche und nicht eher verschwinde, bis die Caravane, die ihm gefolgt, den richtigen Weg nicht wieder finden könne und verloren sey. Es war also die Fata Morgana. Der Baron sprengte darauf zu und wir folgten ihm, obgleich uns die Beduinen abzuhalten suchten, und bald konnte auch ich etwas von der sonderbaren Erscheinung erkennen. Es war, wie schon gesagt, ein weiter Wasserspiegel, an seinen Ufern wuchsen grüne frische Bäume, und doch war nichts da, als verbrannter gelber Sand. Es verursachte uns Allen ein recht unheimliches Gefühl, und doch freuten wir uns, noch am letzten Tag unserer Wüstenreise der Fata Morgana oder dem Wüstengespenst begegnet zu seyn. Das Phänomen verdient in der That den Namen eines Gespenstes der Wüste, womit es die Araber bezeichnen, eines bösen Geistes, der den Wanderer vom Wege ablockt und ihm das, was sein kochendes Gehirn mit glühenden Farben ausmalt, neckend vorgaukelt. Woher kommt es, daß dieses trügerische Spiel selbst den, der es von natürlichen Ursachen ableitet, Anfangs mit Bangigkeit, ich möchte sagen mit Entsetzen erfüllt? Dort, wo sich der Sand hundert Meilen weit ausdehnt, wo weder Baum noch Strauch ist, keine Spur von Wasser, dort erschienen uns auf einmal Gruppen von schlanken Bäumen, die einen stolz dahinfließenden Strom umstanden, auf dessen Wellen wir die Strahlen der Sonne spielen sahen. Freundlich grün bedeckte Hügel tauchten auf und verschwanden wieder; kleine Häuser und Burgen mit trotzigen Mauern und Wällen wurden in den Wäldern sichtbar, deren Stämme sich wie dünne Halme im Wind hin und her bogen.

So weit wir auch gegen die Erscheinung ritten, wir kamen ihr doch nicht näher. Alles schien vor uns Schritt für Schritt zurückzuweichen. Lange standen wir so und sahen dem Zauber zu, und allmählig verlor sich das Unheimliche, das im Anblick lag. Es war ein so reges Leben in dieser

Scheinlandschaft, das Wasser so glänzend, die Bäume so saftig grün, so stolz und schlank, wie ich sie nie gesehen. Alles schien dort viel freundlicher, als in der wirklichen Welt, und zog uns so mächtig an, daß wir, die doch nicht der Durst vorwärts trieb, dort Wasser zu suchen, wo keines war, gerne fort und fort dem Spuk nachgejagt wären, und so wohl begreifen konnten, wie er den Verirrten, der verzweifelnd, mit brennendem Auge Wasser und menschliche Wohnungen zu sehen glaubt, an sich lockt, um ihn einsam verderben zu lassen. Langsam kehrten wir zu unsern Beduinen zurück, die nicht von der Stelle gegangen waren. Noch schauten wir oft zurück in die Wüste, wo die Erscheinung allmählig erblaßte und endlich zu einem Streifen zusammenschmolz, einem dünnen Rauche vergleichbar, der über die Fläche zieht.

Wir ritten noch eine gute Stunde durch tiefen Sand und erblickten endlich die Palmen wieder, die wir früher schon gesehen. Indessen waren wir ihnen bedeutend näher gerückt und sahen nun bald auch zu unserer Rechten den grünen Boden vom gelben Sand sich scharf abgrenzen und dichte Wälder von Palmen erscheinen. Ich sprach schon früher davon, wie plötzlich man im Delta aus dem tiefen Sand in das fruchtbare Land tritt, das sich wie die Ausläufer eines Berges bald in denselben hinein erstreckt und der Wüste einen großen Raum streitig macht, bald von dem Sande überwältigt wird und eben so weit zurückweicht. Die ganze Grenze des Delta's wird hier von einer weiten Schlangenlinie gebildet. Jetzt traten unsere Pferde noch bis über die Fesseln in tiefen Sand und die Sonne brannte glühend auf uns; gleich darauf stießen unsere Araber und die Kameeltreiber an der Spitze ein lautes, freudiges Hurrah aus; eine angenehme Kühle kam uns entgegen, und die Pferde schnaubten und schüttelten sich munter, sobald ihr Huf den weichen Rasen betrat, dessen angenehmer Duft uns, die wir ihn so lange entbehrt, ungemein erquickte.

Wir hatten das Delta erreicht und ritten durch einen Palmenwald, in dem die Stämme dicht beisammen standen und von einer Größe waren, wie man sie bisher noch nicht gesehen. In den Zweigen trieben wilde Tauben und andere Vögel ihr lustiges Spiel; in einem Kleefeld, dessen wir zur Linken ansichtig wurden, standen bei den Wassergräben, die es durchschnitten, langbeinige weiße Reiher und wandten nur den Kopf, ohne sich durch unsern Lärm verscheuchen zu lassen. Kühe und Pferde grasten unter den Palmen und schienen verwundert unsere fremdartigen Gestalten zu betrachten. Bald kamen wir auf eine grüne Fläche hinaus, welche an der einen Seite das Dorf Salahieh, an der andern Palmenwälder und rechts ein schwacher Arm des Nil begrenzte. Wie wohl that uns das Grün der Bäume und der Glanz des langsam fließenden

Wassers! Ein Wanderer, der den ganzen Tag in glühender Sonnenhitze auf der staubigen Landstraße gewandelt ist und kein Mittel gefunden, seinen glühenden Durst zu löschen, bis er Abends die Ebene verläßt und zwischen den Bergen, die er nun ersteigt, einen klaren Felsbach murmeln hört, nur ein solcher hat einen Begriff von der Freude, die uns durchströmte, als wir den Boden hinter uns hatten, der pestartige Gerüche aushaucht, die Herz und Körper matt und krank machen, und nun hier gesunde Menschen uns umstanden, Menschen, die, wenn auch in zerlumpter Tracht, uns doch munter ansahen und nicht mit dem unbeschreiblichen Blick des Elends, wie unsere Reisegefährten aus der Wüste.

Salahieh besteht, wie alle arabischen Dörfer, aus Wohnungen, die kaum den Namen von Hütten verdienen. Auf vier roh aus Erde und Lehm aufgeführten Wänden liegt ein Dach von Palmenstämmen, die, faserig und leicht, durch aufgelegte Steine festgehalten werden. Da die Faulheit des Arabers die Hütte zu niedrig macht, als daß man darin stehen könnte, so vergrößern sie später den Raum, indem sie den Fußboden im Innern um einige Schuh tiefer graben. Von den öffentlichen Gebäuden, die sich allenfalls in einem solchen Dorfe befinden, ist nur das Haus, in welchem man die Steuern, das heißt Gerste, Weizen und Reis aufbewahrt, dauerhafter und in besserem Styl gebaut. Die Moschee dagegen ist eine Halle von der Größe und Gestalt, wie bei uns eine mittelmäßige Scheune. Von der Decke hängen ein paar hölzerne Lampen an Schnüren und zwei weiße Stäbe bezeichnen die K e b e l l i n i e , die Richtung nach Mecca. Der Fußboden ist mit schlechten Matten oder alten Teppichen bedeckt, welche letztere dann gewöhnlich Vermächtnisse Verstorbener sind, die den Teppich, auf dem sie ihr ganzes Leben lang gebetet, auch noch nach ihrem Tode zu demselben Zweck gebraucht wissen wollen.

Zu unserer Verwunderung schienen wir nicht die einzigen Reisenden, die hier ihr Lager aufgeschlagen hatten. Auf der Wiese vor dem Dorf stand ein großes Zelt und daneben ein kleineres, welches durch eine Art Gang mit jenen zusammenhing. Vor dem Zelt lag einer der prächtigsten persischen Teppiche ausgebreitet, die ich je gesehen; wahrscheinlich wollte der Herr desselben noch die angenehme Kühle des Abends genießen. Einige Schwarze rückten Polster zurecht; ein anderer hatte ein großes silbernes Nargileh vor sich, das er in langen Zügen anzurauchen versuchte. Nach diesem Wahrzeichen mußte der Herr des Zeltes ein Türke oder Araber seyn, und wir hatten uns nicht getäuscht. Nicht lange, so zog ein sehr gut gekleideter Diener die Vorhänge des Zeltes auseinander und ein ältlicher, aber sehr schöner und stattlicher Mann, wie die höchsten Offiziere der ägyptischen Armee gekleidet, trat heraus und ließ sich auf dem Teppich nieder. Unsere Bedienten waren keine zwanzig Schritte davon beschäftigt, die Zelte aufzuschlagen, wobei wir in unsern europäischen Kostümen halfen, ein Anblick, der dem alten Herrn gewiß sehr neu war, was er jedoch als ächter Muselmann mit keiner Miene verrieth. Erst nachdem er einige Züge aus seinem Nargileh gethan und ein paar Tassen Caffee getrunken, winkte er einem der Bedienten, die hinter ihm standen. Ich stand den Zelten des Türken am nächsten und betrachtete mit untergeschlagenen Armen die interessante Gruppe und die imposante Figur des alten Mannes, und als der Bediente gegen mich kam, stellte ich mich ihm in den Weg, um seine Botschaft abzufangen. Allein es ging mir wie dem Bastard in der Jungfrau von Orleans: „er war an einen Würdigern gesendet," und schoß an mir vorbei, auf den Baron zu, der neben dem Zelte stand. Indessen gehörte, besonders für einen Muselmann, keine prophetische Gabe dazu, den Chef unserer Caravane zu erkennen; in vielen Fällen der Art zog die große Figur und ernste Haltung des Barons die Abgeordneten gerade zu ihm hin, besonders wenn er zu Pferde saß. Ich folgte dem Bedienten und hörte, wie unser Dollmetscher Giovanni einige arabische Worte, die ihm jener sagte, ungefähr so übersetzte: „Mein Herr, der Ferik Pascha Mehemed Ali's, Mustapha, vormaliger Gouverneur von Creta, bittet Gott, deinen Einzug hier zu segnen, und wünscht zu wissen, wer du seyst und welche Geschäfte dich hieher führten?" worauf ihm der Baron kürzlich unsere Reise beschrieb und vorzüglich heraushob, wir seyen mit der ägyptischen Armee, die uns morgen oder übermorgen folgen werde, von Gaza durch die Wüste gezogen. Der Sklave zog sich zurück und wir fuhren in unsern häuslichen Beschäftigungen fort, luden die Kameele ab und fesselten die Pferde, die sich nicht weniger als wir über den Grasboden zu freuen schienen und sich darauf herumwälzten.

Bald hatte sich vor dem Zelt ein Markt gebildet, und wir kauften seit langer Zeit wieder um weniges Geld Hühner, frische Eier, Butter und Milch. Was uns aber am angenehmsten schien und auch später immer am besten schmeckte, war das Wasser des Nils, das wir, obgleich es trübe war, köstlich fanden.

Es war ein sehr schöner Abend, und die durch die Palmen und das Wasser abgekühlte Atmosphäre kam uns gegen die Hitze der Wüste wie die Luft eines schönen Frühlingsabends im Vaterlande vor. Die kleinen braunen Kinder der Araber spielten um uns herum und erinnerten mich lebhaft an die Zeiten meiner Jugend, wo auch ich beim ersten Grün, das die graue Erde überzog, hinaus unter die Bäume eilte, um mich auf dem Rasen zu wälzen und freudig zu jubeln; war es doch auch hier der erste Frühlingstag nach einem schlimmen Winter, der uns freilich nicht die

Erde mit Schnee überzogen, aber noch viel öder und erstorbener gezeigt hatte.

Der Pascha, der aus einer gewaltig langen Pfeife große Rauchwolken in die Luft schickte, schien unsere Pferde seiner Aufmerksamkeit zu würdigen; seine Blicke folgten allen ihren Bewegungen mit großem Interesse; ja, als das kleine, neugierige Fohlen, das wie gewöhnlich, sobald es seiner Bande entledigt war, um die Zelte zog, ihm einmal sehr nahe kam, wiegte er wohlgefällig lächelnd sein graues Haupt und versuchte es zu streicheln; aber der Wildfang entfloh ihm in lustigen Sprüngen. Ich machte einen kleinen Spaziergang durch das Dorf, und als ich zurückkam, saßen der Baron und der englische Kapitän beim Pascha, mit dem sie sich eifrig über Pferde unterhielten. Der Pascha wollte vermuthlich seinen Reichthum zeigen und ließ seinen ganzen Marstall vorreiten. Derselbe bestand aus zwei Stuten und vier Hengsten, starke, kräftige Thiere, aber von keiner eigentlichen Race; es war das Blut des Arabers, mit dem des ägyptischen Pferdes gemischt. Sie hatten einen edel geformten Kopf und eine gute Croupe, waren aber dabei so fett, wie alle Erzeugnisse des Delta. Die Sais ritten sie ohne Sattel, zuerst im Schritt, dann im Galopp, zuletzt im Carriere vorbei. Die Reiter saßen auf den dicken, glatten Pferden recht gut; doch hatten sie ihnen einen Riemen um den Hals gelegt, woran sie sich beim schnellen Pariren festhielten, was sehr klug war; denn ich bin überzeugt, daß die schweren Thiere den besten Reiter aus dem Sitz gebracht hätten.

Der Pascha schien mit Vergnügen die Lobsprüche entgegen zu nehmen, die ihm beide Herrn über seine Pferde spendeten, und als sie sich beurlaubten, folgte ihnen einer der Diener Mustaphas, der uns Alle auf sieben Uhr zum Abendessen einlud. Wir fanden uns pünktlich ein, und da es schon anfing zu dunkeln, hatte der Pascha rings sein Zelt schließen lassen und Lichter in demselben angezündet. Es war von grüner doppelter Leinwand, rund und weit geräumiger, als das unsrige; an der Zeltstange, die in der Mitte stand und das spitze Dach trug, hingen des Paschas Säbel und seine Pistolen; auf dem Boden saß er selbst, dem Zelteingang gegenüber, auf einem sehr schönen Teppich, der den ganzen Raum einnahm. Mit einer Handbewegung lud er uns zum Sitzen ein, und wir ließen uns im Kreise nieder. Stets hatten wir große Noth mit unserm Dollmetscher Giovanni, der nur Arabisch, etwas weniges Türkisch und ein Gemisch von Französisch und Italienisch sprach. Trotz dem wollte er, wenn wir bei vornehmen Türken zum Besuche waren, nicht zurückbleiben; er sah es als einen Schimpf für sich an, wenn sein Herr von andern Dollmetschern bedient wurde. Auch heute Abend stand er an der Zeltthür, um sein Amt zu versehen; es wies sich aber aus, daß der Pascha nur türkisch sprach, und so mußte uns dessen Dragoman seine Worte in's Französische übersetzen, wodurch die Unterhaltung leidlich von Statten ging. Doch kaum hatte sich, als einmal im Gespräch eine Pause eingetreten war, der Dollmetscher etwas zurückgezogen, so hatte auch Giovanni ein Auskunftmittel gefunden, um am Gespräche Theil nehmen zu können. Als dieses wieder begann, sprach der Pascha mit seinem Diener türkisch, dieser übersetzte es unserm Giovanni in's Arabische, und dieser gab es uns in gräßlichen Brocken von Italienisch und Französisch wieder. Es dauerte lange, bis diese Uebersetzungsmaschine recht in Gang kam, und man kann sich denken, wie viel gegenseitig verloren ging, bevor es an die rechte Behörde gelangte.

Gleich bei unserem Eintritt bot man uns Caffee und lange Pfeifen an, und ungefähr eine Stunde darauf, um acht Uhr, schien das Souper mit einem kleinen Vorspiel, bestehend aus geschälten Mandeln, geschnittenen Aepfeln, Rosinen, Datteln und getrockneten Feigen, den Anfang nehmen zu wollen. Auch wurde in kleinen Tassen Raki oder Dattelbranntwein präsentirt. Daß weder von Tellern, noch von Messer und Gabel die Rede war, brauche ich nicht zu erwähnen. Der Tisch bestand, wie immer, aus einer großen, runden, kupfernen Platte, die auf einem fußhohen Untersatze auf der Erde stand. Anfangs bemühten wir uns Alle, so anständig wie möglich zu sitzen, das heißt, mit untergeschlagenen Beinen oder wenigstens knieend. Es freute den alten Pascha ungemein, wenn er sah, wie wir so oft unsere Stellung wechselten, und er lachte jedesmal herzlich darüber.

Wir hatten den Tag über fast gar nichts gegessen, und da wir nun zu sechs die kleinen Schüsselchen herzhaft angriffen, waren sie bald geleert, wurden aber noch viel schneller durch die hinter uns stehenden Diener aus großen Körben wieder gefüllt. Nachdem dieß mehrmals geschehen war, wurde der erste Gang mit einer zweiten Lage von Dattelbranntwein geschlossen, dann wieder Pfeifen und Caffee gebracht, und die Unterhaltung begann von Neuem, viel lebhafter als früher, aber auch, da sie durch zwei Dollmetscher ging, viel zerrissener. Der Pascha, der auf der Brust das Nischah seiner Würde, einen großen Brillantstern, trug, wurde sehr redselig, wozu wohl der Raki das Seinige beitragen mochte, und ließ uns unter Andern sagen, obgleich er Türke sey und unter den Befehlen Mahmuds II. Gouverneur von Creta gewesen, so sollen wir doch nicht glauben, daß er verrätherischerweise zu Mehemed Ali übergegangen; er sey, als Creta zum ägyptischen Paschalik geschlagen worden, Gouverneur geblieben und habe so den Herrn gewechselt. Bei der jetzigen Umwälzung der Dinge habe ihn Mehemed Ali behalten, ihm ein Kommando in der Armee gegeben und gegenwärtig sey er hier in Salahieh mit großen Vorräthen an Fourage und Lebensmitteln, um sie an die Kolonnen der ägyptischen Armee, die von Gaza herüberkämen, zu vertheilen.

Es war neun Uhr, als der zweite Gang des Abendessens erschien, dem wir sehr hungrig entgegen sahen. Er bestand aus geschälten harten Eiern, eingemachtem Geflügel, kleinen getrockneten Nilfischen und dergleichen mehr. Mich hatte das Sitzen auf den untergeschlagenen Beinen und Knieen so entsetzlich müde gemacht, daß mir in dieser Stellung ferner kein Bissen geschmeckt hätte, weßhalb ich die Dehors gröblich verletzte und mich der Länge nach auf den Bauch hinlegte, so daß meine Füße die Zeltwand berührten und mein Kopf in angenehmer Entfernung über den aufgetragenen Schüsseln schwebte. Der Pascha brach bei diesem Anblick in ein unauslöschliches Gelächter aus und ermunterte die Andern, es mir nachzuthun, weil er ihnen wohl ansah, wie viel Gewalt sie sich anthaten, was sie sich auch, mit Ausnahme des Barons, nicht zweimal sagen ließen. Der Baron konnte Stunden lang knieen, ohne müde zu werden.

So wurde es zehn Uhr, und da kein neues Gericht erschien, sondern die Bedienten die leer werdenden Schüsseln immer wieder mit Fischen und den andern alten Speisen füllten, so besorgten wir, das Souper möchte zu Ende seyn, und dann wäre es für uns, die wir den ganzen Tag geritten und gehungert, ausnehmend frugal gewesen. Da wir nicht zu fürchten hatten, vom Pascha verstanden zu werden, so äußerten wir laut unsere Besorgnisse, was zu sehr lächerlichen Scenen Anlaß gab. Wenn ich zu dem neben mir Liegenden sagte: „ich glaube wahrhaftig, der alte Herr denkt, wir haben genug an Eiern und getrockneten Früchten," so nickte der Pascha, der uns aufmerksam zuhörte, lächelnd mit dem Kopf und machte ein Bewegung mit der Hand nach Brust und Stirn, als hätten wir ihm ein Compliment gemacht. Der einzige, der noch auf ein solides Gericht hoffte, war der englische Kapitän; er verwarf daher auch unsern Vorschlag, von Giovanni in unserm Zelt einen kräftigen Reisbrei fertigen zu lassen, der uns zu Hause für die Früchte und Eier schadlos halten sollte. Er behauptete, es müsse bald ein Hauptschlag geschehen, das heißt, ein Hauptgericht erscheinen, und doch strich der alte Gouverneur von Creta seinen wallenden Bart und wischte sich mit einem gestickten Mousselintuch die Hühnerbrühe ab, die seine Finger bis zum zweiten Gelenk bedeckte. Es wurde eilf Uhr; aus Ungeduld tranken wir beständig Dattelbranntwein, der in großer Menge gereicht wurde und dessen Geist wir dann wieder durch starken Caffee und Tabak niederschlugen. Auch griffen wir, da an ein weiteres Gericht gar nicht mehr zu denken war, wieder zu den vorhin verschmähten Schüsseln mit Eiern und Früchten und leerten sie, wobei besonders unser Maler sehr traurige Betrachtungen anstellte. Nun erschienen zwei Diener und trugen die kupferne Tischplatte hinaus. Jetzt glaubte selbst der Kapitän, daß Alles vorbei sey, und Baron T. fing schon an, unserm Dollmetscher eine Danksagung für das treffliche Souper in den Mund zu legen, als sich die Zeltthüre weit von einander that und die Tischplatte wieder erschien, beladen mit einem gebratenen Lamm, das den angenehmsten Duft verbreitete. Nie ist ein Osterlamm mit mehr Ehrerbietung empfangen worden; es war rührend anzusehen, wie sich alle Gesichter ringsum aufklärten, was auch der Pascha zu bemerken schien und freundlich dazu lächelte. Jetzt erschien ein Diener, den wir bisher nicht gesehen, und Giovanni sagte uns, es sey der Koch, der das Lamm zerlegen und mit eigenen Augen sehen wolle, wie das Gericht, an dem er seine ganze Kunst erschöpft, den Gästen schmecke. Das Tranchiren ging sehr einfach von statten: er streifte seine Hemdärmel bis zum Ellbogen in die Höhe, nahm dann von den Rippen zu beiden Seiten des Thieres, so viel er fassen konnte, und riß sie von einander, so den Bauch öffnend, worin ein wahrer Schatz vergraben lag, ein süßer Pillau, mit Kastanien und Rosinen gewürzt. Darauf riß er mit unglaublicher Geschicklichkeit von den Schenkeln, dem Rücken und dem Halse des Thieres Stücke Fleisch ab, die er vor uns hinlegte, so wie auch große Haufen des Pillau, den er mit den Händen aus dem Bauche des Thiers schaufelte.

Und wir erhoben die Hände zum lecker bereiteten Mahle,

griffen herzhaft zu, und nicht eher wurde wieder ein Wort gesprochen, bis der größte Theil des Lammes vertilgt war. Den Rest nahm der Koch wieder hinaus und gab es draußen den Bedienten. Vom Pillau, den der Pascha vor sich hatte, drehte er am Ende der Mahlzeit zwei große Kugeln, die er dem Baron und dem Kapitän, als den höchsten in der Gesellschaft, eigenhändig in den Mund steckte. Freilich eine große Ehre, um die wir sie aber nicht sehr beneideten. Darauf kamen noch kleine Schüsselchen mit Confituren und süßen Sachen, denen ich aber im Orient nie Geschmack abgewinnen konnte; sie sind meistens sehr fett und widerlich süß.

Der letzte Akt des Soupers hatte uns Alle in heitere Stimmung versetzt, und wir thaten dem Pascha den Gefallen, recht viel von seinem Raki zu trinken, den er uns oft mit eigener Hand credenzte. Es war ungefähr ein Uhr geworden, als wir aufstanden und uns mit vielen Danksagungen von dem alten Herrn beurlaubten, der uns mit seinen besten Segenswünschen entließ.

Es war das herrlichste Wetter, als wir uns am andern Tage sehr früh erhoben. Die Sonne vergoldete die Stämme der Palmen, und ihr Strahl bildete aus den Thautropfen, die an den Gräsern hingen, Tausende von Diamanten, ein Anblick, um so freundlicher für uns, als wir ihn so lange nicht genossen hatten. Rasch wurden unsere Kameele beladen und wir waren in kurzer Zeit zum Aufbruch fertig. Als wir eben abreiten wollten, ließ uns der freundliche Pascha zu einer Tasse Caffee einladen. Wir sagten dem guten alten Manne ein herzliches Lebewohl, und nachdem ihm der Baron noch das Vergnügen gemacht hatte, ihm auf seinem Fuchshengste zu zeigen, wie ein deutscher Reiter zu Pferd sitze und es in der Gewalt habe, zogen wir lachend und singend unseres Wegs.

Anfänglich lief unser Pfad einen Damm am Nil entlang, und außer den Palmen, den einzigen Bäumen, die wir bisher gesehen, erschienen hie und da einzelne Platanen, Cedern, auch einige Maulbeerbäume in Gruppen beisammen; auf ihren Zweigen wiegten sich zahllose wilde Tauben und eine Art Wiedehopf, etwas kleiner als die unsrigen, aber von schönem glänzendem braunem Gefieder. Wir schossen viele dieser Vögel, die dann gleich aus freier Hand gerupft und an den Sattelknopf gehängt wurden, um Abends eine feine Schüssel zu bilden. Für uns, die wir aus dem öden Syrien kamen, war es sehr erfreulich, zu sehen, wie hier jeder Fußbreit Landes auf's Sorgfältigste benutzt wird. Alle Felder sind durch Wassergräben im Vierecke von ungefähr sechs Fuß getheilt. Ein Schöpfrad, das in einem runden, gemauerten Brunnen durch Thiere, oder bei kleineren auch durch Menschenhände getrieben wird, füllt diese Gräben, welche so dem ganzen Felde frisches Wasser mittheilen. Dergleichen Schöpfräder hat Mehemed Ali, wie man sagt, im ganzen Delta nicht weniger als fünfmalhunderttausend auf seine Kosten bauen lassen. Das schöne, gleichmäßig angebaute Land ringsum gleicht mit seinen gesund aussehenden Arbeitern dem großen Garten eines reichen Herrn, und leider ist es im größten Theil von Aegypten wirklich so. Der Fellah säet und erntet für die Regierung, der er nicht etwa nur einen Theil seines sauer Erworbenen abgibt: die unmäßigen Steuern lassen ihm von seinem Verdienst nur eine Kleinigkeit übrig; ein Verhältniß, das indessen von dem Aegyptier nicht so schwer empfunden wird, wie es uns beim ersten Anblick erscheint, und wie es den allgemeinen Menschenrechten nach wirklich ist. Der Fellah kann ja kein Eigenthum für seine Kinder sammeln, denn das Grundstück, auf dem er säet, das Haus, in dem er wohnt, und das Schöpfrad, das ihm sein Wasser liefert, gehören der Regierung; ja sogar die Palmbäume, die das Delta umgränzen, sind größtentheils Eigenthum des Pascha; der Bauer bekommt für die Pflege und Wartung der Bäume nur einen kleinen Theil der Früchte. Es sey ferne von mir, die Administration und das Steuerwesen Mehemed Alis, die schon von so vielen besser Unterrichteten besprochen worden sind, hier auseinander setzen, oder sie gar vertheidigen zu wollen. Aber das große Geschrei über die schreckliche Unterdrückung und das Elend des ägyptischen Bauern haben wir durchaus nicht gerechtfertigt gefunden. Es ist wahr, das Gesetz steht mit der Peitsche hinter ihm und zwingt ihn zu immerwährender Arbeit, dafür hat aber auch der Fellah zu leben, und man braucht in einem ägyptischen Dorfe nicht, wie in der Türkei in Dörfern, ja in Städten, wie Schumla, lange nach einigen Lebensmitteln herumzuschicken. Sobald wir uns im Delta einem Dorfe näherten, war augenblicklich ein kleiner Markt um uns versammelt und wir kauften zu den billigsten Preisen Hühner, Eier, Butter, Milch, oder was wir sonst bedurften. Die Wohnungen der Fellahs sind freilich nicht glänzend, aber es war uns noch in frischem Andenken, was wir auf der Landreise durch die Türkei gesehen, und gegen die Hütten von Giorgewo sind die Häuser der Fellahs recht wohnlich.

Nach einigen Stunden verließen wir den Damm und wandten uns durch den Palmenwald, der Grenze des Delta, wieder in die Wüste, und um nicht allen Krümmungen, die wie schon gesagt, hier das angebaute Land bildet, folgen zu müssen, ritten wir einen Sandweg gerade aus. Uns zur Seite zogen sich die Palmen in einem Bogen zurück, dessen Ende wie ein Vorgebirg wieder in den Weg hinein trat. Nach einigen Stunden hatten wir es erreicht, und ruhten in seinem Schatten einige Zeit aus, um dann wieder auf eine neue Walddecke, die vor uns auftauchte, loszurücken. Nach diesen Etappen, wenn ich es so nennen darf, die, da die Palmenwälder gegen den Sand ziemlich regelmäßige Bogen bilden, fast gleichweit von einander entfernt sind, berechneten unsere Beduinen den Weg, und wenn wir sie fragten, wie lange wir noch zu marschiren haben, so hieß es: wir haben bis zum Nachtquartier noch so und so viel mal Schatten.

Wir waren noch ein paar Stunden von dem Dorfe Abu Hamud, das wir heute erreichen wollten, als die Sonne sank und die Palmen lange Schatten in unsern Weg warfen. Die Hitze, die den Tag über ziemlich stark gewesen war, ließ nach, und wir hatten noch einen köstlichen Abend. Da der Weg ziemlich hart, auch stellenweise mit Rasen bedeckt war, so stiegen wir ab und ließen die ermüdeten Thüre am Zügel nachlaufen, während wir unsere Phantasien und Plane, die wir in Betreff Kairo's gefaßt hatten, einander mittheilten. Mit welchen Farben malten wir uns die Herrlichkeiten der alten Kalifenstadt aus! wie ehrerbietig wollten wir dem Rauschen des Nilstromes horchen, ob er uns nicht vielleicht etwas von vergangenen Zeiten erzähle! Neben diesen poetischen Gedanken stiegen auch recht prosaische auf; so wenn wir uns die Eleganz des englischen Gasthofs, den wir beehren wollten, vergegenwärtigten. Wir waren diesen Abend Alle recht froh gestimmt und schickten manchen Gruß nach der Heimath. Das Herz ist an einem schönen Abend stets geneigter, angenehme Eindrücke, besonders Schönheiten der Natur aufzunehmen und zu warmen Gefühlen zu verarbeiten, die es lebendiger schlagen, das Blut rascher kreisen machen. Wir sahen fast ängstlich links, wo die Wüste ihre Hand nach uns ausstreckte, auf den gelben Sand, in dem die letzten Strahlen der Sonne, wie auf einem Wasserspiegel, einen goldenen Weg zeichneten. Rechts sahen wir die Stämme der Palmen von demselben Lichte gelb angestrahlt, und unter ihnen blickte hie und da ein kleines Hüttchen heraus, vor dem dunkelfarbige Kinder spielten. Hier führte unser Weg dicht bei einem Brunnen vorbei, wo junge Araberinnen ihre Gefäße füllten, oder die vollen Krüge mit unbeschreiblicher Zierlichkeit auf dem Kopfe trugen, und dabei lachten und schäkerten. Auch gaben sie uns bereitwillig von ihrem Wasser und schöpften gern für unsere Kameele und Pferde eine Rinne voll. Wir fühlten uns lebhaft in eine uralte Zeit versetzt, denn hier hat sich in Kostüm und Sitten wenig geändert, und Rebekka muß wie jene Araberin ausgesehen haben, die uns freundlich lachend nach der Reihe ihren Krug bot.

Vor uns hatten wir eine kleine Anhöhe, hinter welcher unser Nachtquartier lag. Herr Akrabut, der Mährchenerzähler, war der Erste, der mit seinem Kameel oben war, und blieb dort halten, ein langes, freudiges Geschrei ausstoßend. Wir eilten zu ihm und sahen durch eine Lichtung im Palmenwald ein großes Stück des Delta vor uns liegen und an zwei Stellen den Nil. Dies sah ich, aber der Baron der ein sehr scharfes Auge hat, rief uns zu, nach den Gläsern zu greifen und nach den Höhen zu sehen, die wir am fernen Horizont bemerkten. Mir schien es anfänglich eine Hügelreihe; doch als ich genauer hinsah, waren es die Pyramiden von Ghize.

Ich weiß nicht, ich glaubte, mich müsse ein eigenes gewaltiges Gefühl beim Anblick dieser Steinmassen durchzucken, die uns so fern sind und doch seit der frühesten Jugend schon bekannt. Als ich noch ein kleiner Knabe war, wußte ich schon, daß es im Lande Aegypten ungeheure Pyramiden gebe, und wie sie ungefähr aussehen. Von da an hielt ich sie im Herzen fest und ließ sie mit meinem Begriff wachsen. – Jetzt standen sie vor mir, und – wie der Mensch ist – nicht der stolze Gedanke, so weit hinaus gekommen zu seyn in die Welt und diese Pyramiden zu schauen, bald zu berühren diese Steine, an denen der Staub von Jahrtausenden klebt und an denen eine ungeheure Geschichte spurlos vorübergestrichen, ließ mein Herz stärker schlagen, sondern als wäre es ängstlich, einen kleinen Gedanken bei diesen gewaltigen Zeichen einer großen Zeit zu fassen, fuhr es in sich zurück und schwärmte beim Anblick der Pyramiden von Kindheit und Liebe, so daß ich endlich wie aus dem Schlafe erstaunt auffuhr und meinen Gefährten nacheilte, die schon weit voraus waren.

Wir hatten noch eine halbe Stunde zum Eingange des Dorfes, wo wir übernachten wollten. Bei demselben, etwas vom Wege ab, lag versteckt unter hochstämmigen Palmen, dichten Platanen und Akazien, recht still und heimlich, das Grab eines türkischen Heiligen, aus einem kleinen Gebäude mit einer Kuppel bestehend. Wir passirten eine steinerne Brücke, die über einen Arm des Nils führt, und schlugen unser Zelt auf einem Rasenplatz vor dem Dorf Abu Hamad auf, welches uns noch bei Weitem erbärmlicher schien, als Salahieh. Von einer Menge neugieriger Weiber, Kinder und Männer umringt, packten wir ab und richteten uns in unsern Zelten ein, wobei das Volk alle Gegenstände, die zum Vorschein kamen, aufmerksam betrachtete. Man mußte die Augen überall haben, damit die Sachen wieder in unsere Hände kamen. Wie im ganzen Orient, waren auch hier für die Männer die Percussionsschlösser an unsern Gewehren ein Gegenstand der größten Verwunderung; sie konnten nie begreifen, wie das kleine kupferne Zündhütchen im Stande seyn sollte, dem Pulver Feuer mitzutheilen. Die Weiber hingegen lachten über unsere blechernen Kochgeschirre und Casserole, so wie über unsere Leuchter und die Wachskerzen, die darin stacken, eine Sache, die ihnen sehr wunderbar vorkam, besonders als wir sie anzündeten.

Beim Einreiten in's Dorf hatten wir auf den umliegenden Feldern große Schaaren von weißen Vögeln entdeckt, die Reihern glichen. Schon oft hatten wir einzelne bei Acre und Jaffa gesehen und waren ihnen, so viel es uns Zeit und Weg erlaubte, Stunden lang nachgestrichen, ohne zum Schuß kommen zu können. Heute nun war die Gelegenheit zu schön, mit diesen Thieren nähere Bekanntschaft zu machen, um sie unbenutzt vorbei gehen zu lassen. Der Maler und ich nahmen unsere Flinten und gingen aus dem Dorfe, um uns hinter einigen Hecken her an einen Platz zu schleichen, wo die Vögel auf einem sumpfigen Reisfelde gravitätisch auf und ab spazierten. Doch ehe wir nahe genug kamen, flog neben uns eine Schaar wilder Tauben auf, und wir konnten unmöglich unterlassen, unsere Gewehre auf sie abzufeuern, was auch mehrere zu Boden brachte. Das Knallen hatte aber die Reiher aufgeschreckt und sie zogen mit schwerem Flügelschlag einige Felder weiter. Wir folgten rasch, und obgleich wir, hinter Schöpfrädern und Brunnen fortschleichend, ihnen oft sehr nahe kamen und auf sie schossen, konnten wir doch keinen einzigen erreichen. Die Thiere schienen unserer zu spotten und hoben sich nach jedem Schuß unversehrt in die Luft, ohne auch nur eine Feder zurückzulassen.

So jagten wir sie um das ganze Dorf herum, bis in die Nähe des oben genannten Grabmals, wo der ganze Schwarm erst eine Zeit lang in der Luft kreiste und sich dann mit einemmal auf die Bäume niederließ, die davon ganz weiß, wie mit Schnee bedeckt, aussahen. So still es vorhin um das Grabmal gewesen war, so lärmend wurde es jetzt; denn außer den Reihern, die sich schreiend um die Plätze auf den Aesten zu zanken schienen, hatten sich hier wilde Tauben, Wiedehopfe und andere Vögel zahlreich eingefunden, wahrscheinlich um an diesem Orte, der den Arabern heilig ist, ungestört ihre Nachtruhe zu halten. Wir traten an das Gemäuer, das, ein paar Fuß hoch, das Grab und den Garten umgab, und sahen wie die Vögel, die früher so scheu vor uns geflohen waren, jetzt in der schönsten Schußweite es sich vor unsern Augen bequem machten und uns vertrauensvoll ganz nahe kommen ließen. Es wurde uns wirklich schwer, dieses Vertrauen zu respektiren und nicht unter sie zu schießen; doch würde auf einen Schuß in die dicht gedrängten Haufen eine ganze Masse gestürzt seyn, und wir wünschten nur ein einziges Exemplar zu haben, um es unserem Doktor heimzubringen, und wilde Tauben für die Küche hatten wir bereits in Menge. Schon wollten wir uns, da es stark dämmerte, nach den Zelten zurückbegeben, als noch ein großer Reiher, der sich wahrscheinlich verspätet hatte, im schweren Flug über uns hinschwebte. Der Maler gab Feuer, das Thier stürzte herab, und in demselben Augenblicke hob sich der ganze Schwarm, der sich auf den Bäumen gelagert hatte, und flog mit lautem Geschrei über unsern Köpfen weg. Wir aber machten uns mit unserer Beute davon; denn die Schüsse und der Lärm der Vögel hatten mehrere Dorfbewohner herbeigezogen, die über unsere Jagd an ihrem geheiligten Orte unwillig schienen.

Wir hatten heute einen ganz ähnlichen Weg, wie gestern. Nachmittags gegen drei Uhr sahen wir vor uns ein kleines Dorf liegen, das uns wunderlich vorkam. Jedes der niedrigen Häuser schien, was wir sonst nie gesehen hatten, auf der Terrasse eine Menge Schornsteine zu haben, die von der Höhe wie das Haus selbst, aber mit einem kleinen Kuppeldach bedeckt waren und nach allen Seiten kleine Löcher hatten. Als wir näher kamen, wurde unsere Jagdlust rege, denn das ganze Feld und selbst die Straße war mit zahllosen Schaaren von Tauben bedeckt, die so zahm waren, daß sie unter die Hufe unserer Pferde liefen. Schon wollten wir einige Schüsse unter sie thun, als der Chef unserer Beduinen uns davon abhielt: es seyen keine wilden Tauben, sondern zahme, die in den von uns für Schornsteine gehaltenen Aufsätzen der Häuser nisteten und täglich in großer Anzahl nach Kairo geliefert würden.

So näherten wir uns denn rasch der Hauptstadt und hatten schon den Umkreis erreicht, in dem sie ihre gierigen Fänge ausstreckt, um Nahrung für sich herbeizuschleppen. Auch kamen wir Nachmittags an ein großes Gebäude, von mehreren kleinen umgeben, wie man uns sagte, eine Anstalt zur Erziehung der Kinder ägyptischer Soldaten. Da jeder dieser Vaterlandsvertheidiger sich verheirathen darf, so ist es nicht mehr als billig, daß der Staat auch für die hieraus entstehende Generation sorgt; denn das Weib des ägyptischen Soldaten begleitet den Mann in's Feld, um ihn zu bedienen; sie putzt seine Waffen und Uniformsstücke, sorgt in den meisten Fällen für die Unterhaltung und Wartung des Pferdes und bereitet ihrem Gemahl das Brod, indem sie das Korn oder den Reis, den der ägyptische Soldat empfängt, auf einer kleinen Handmühle mahlt und runde, dünne Kuchen daraus backt; eine Masse von Geschäften, die sie, wenn ihr obendrein auch noch die Last aufläge, ihre Kinder um sich zu haben, deren in den meisten Fällen nicht wenige sind, völlig erdrücken würde. Deßhalb können sie die Knaben, wenn sie das dritte Jahr erreicht haben und gesund und stark sind, an jene Erziehungshäuser abliefern, die dann nach Landesart für sie sorgen; d. h. die Kinder lernen etwas im Koran lesen und werden dabei frühzeitig, da sie Soldaten werden sollen, zu allen möglichen Waffenübungen angehalten.

Die Gebäulichkeiten dieser Erziehungsanstalt waren ziemlich geräumig und aus Steinen aufgeführt; es schien aber, als würden sie nicht sonderlich unterhalten. Wir hatten nicht Zeit, das Innere zu besehen, doch ließen wir uns später in Kairo darüber unterrichten und hörten, daß die Einrichtung sehr einfach ist. Das Ganze besteht außer kleinen Zimmern, worin die Zöglinge am Boden auf Strohteppichen schlafen, und einem gemeinschaftlichen Saale, wo man sie im Lesen unterrichtet, nur aus einem großen Hof zum Spielen und einem Garten, oder vielmehr einem Stück Feld, wo sie im Bebauen und Bewässern der Aecker unterwiesen werden. So gut und menschlich vielleicht der Zweck einer solchen Anstalt seyn mag, und so sehr sie dem ägyptischen Soldaten bei der uns sehr mißlich erscheinenden Erlaubniß sich verheirathen zu dürfen, seine Lasten erleichtert, so schlimm wirkt das Zusammenwohnen dieser Kinder, die in den meisten Fällen schon zuvor verdorben sind, auf ihre Sittlichkeit.

Es war bereits Abend geworden, als wir unser letztes Nachtquartier vor Kairo erreichten, worüber wir Europäer uns nicht wenig freuten. Aber unsere Beduinen und Kameeltreiber wären, als wir die Wüste einmal hinter uns hatten, mit uns, glaube ich, durch das Delta bis nach Oberägypten gezogen; so gut, wie sie und ihre Thiere es bei uns hatten, bekamen sie es schwerlich so bald wieder. Besonders gefielen ihnen die ungeheuren Portionen Pillau, die Giovanni täglich für sie zubereitete, und die sie in Ermanglung einer großen Schüssel aus den kleinen Gefäßen, die er einigemal für sie füllte, auf einen zusammengefalteten Burnus schaufelten und von diesem mit den Händen zum Munde führten. Auch verschmähten sie, ihrem Gesetz zum Trotz, die Ueberreste eines schlechten rothen Weins nicht, den wir zuweilen in den ägyptischen Dörfern fanden und ihnen zukommen ließen.

Die Einwohner des Dörfchens, bei dem wir lagerten, drängten uns mit den mannigfaltigen Artikeln, die sie zu Verkauf brachten, so sehr, daß wir unsere Leute um die Zelte stellen mußten, um sie einigermaßen abzuhalten. Da viele mit denselben Artikeln kamen, so fiel uns oft die Wahl schwer; denn obgleich eifrige Concurrenten, überboten sie sich doch nicht, wie bei uns, im Herabsetzen der Preise, sondern hielten sie in einer verdrießlichen Uebereinstimmung auf derselben Höhe, weßhalb sich unser Kapitän, der meistens die Einkäufe besorgte, damit half, daß er nur von den hübschesten jungen Weibern und Mädchen etwas nahm, worüber die alten ein gewaltiges Geschrei erhoben. Es gab ein solches Gezänk, ja am Ende ein Handgemenge, daß wir vor lauter Lachen mit unserem Geschäft inne halten mußten. Nichts possierlicher, als der Eifer, ich möchte sagen die Wuth, mit der die Weiber, schwer bepackt, herbeirannten, um ihre Artikel durch Anpreisungen und Liebkosungen an den Mann zu bringen. So kamen welche, die auf dem Kopf ein Körbchen mit Butter und Eiern, unter einem Arm einige Hühner, in der andern Hand ein Gefäß mit Milch trugen, und trotz dem Drängen und gegenseitigen Stoßen diese Sachen so geschickt zu balanciren wußten, daß sie nichts davon verschütteten und zerbrachen. Ein paar kleine schmutzige Kinder hielten sich meistens am blauen Hemd ihrer Mutter fest, und da sie aus Angst vor den Franken nicht wagten, dieses Asyl zu verlassen, so wurden sie beim Vordringen mit fortgerissen und beim Zurückstoßen nicht selten unsanft auf den Boden gesetzt, und ihr Gekreisch mischte sich harmonisch mit dem Geschrei der Weiber. Endlich hatten wir glücklich unsern Bedarf an Lebensmitteln beisammen; es war wenig, hatten wir ja morgen nicht mehr nöthig, unsern Pillau und unsere Hühner selbst zu kochen. Wir zogen uns in's Zelt zurück, um dem Schwarm zu entgehen, mit dem wir aus verschiedenen Gründen nicht zu sehr in Berührung kommen mochten.

Wir berathschlagten über den Küchenzettel. Heute, am letzten Tag unserer Wüstenreise, wollten wir ein Uebriges thun, besonders den noch vorräthigen Zucker, den wir morgen nicht mehr brauchten, gehörig anbringen. Zu dem Ende schlug der Baron einen süßen Reis vor, was einstimmig angenommen wurde. Dann waren wilde Tauben da, die wir am Morgen geschossen, Hühner, Eier und ein saftiges Stück „Mouton," eine Lieblingsspeise des Engländers, der aber trotz dieser Auswahl von

Speisen noch einen Pillau mit Hammelfett wünschte und dessen Anfertigung neben den verschiedenen andern Artikel seinem Koch auftrug, was bald zu einem lächerlichen Streit zwischen Beiden Veranlassung gab. Wir sahen während des Speisens dem Kapitän an, daß er mit Verlangen auf seinen Pillau wartete; doch kam er immer nicht, und Hussein wollte schon das Tischzeug abräumen, als sich der Engländer nach seinem Lieblingsgericht erkundigte, und zu seinem nicht geringen Aerger erfuhr, unser Giovanni habe heute die Küche besorgt und keinen Pillau kochen wollen, weil er geglaubt, wir haben an den andern Gerichten genug. Ruhig ließ der Engländer Teller und Bestecke fortbringen, und erst nachdem der Caffee getrunken und eine lange Pfeife angesteckt, citirte er seinen Koch und sagte ihm im gelassensten Tone: „Bessewenk, warum hast du keinen Pillau gekocht?" Der Koch stotterte die Weigerung Giovannis her, und der Kapitän fuhr fort: „So mach jetzt den Pillau." Wir konnten uns kaum des Lachens enthalten, aber der Kapitän meinte, er kenne diese Menschen; man müsse sie das buchstäblich erfüllen lassen, was ihnen befohlen worden, und er hatte allerdings Recht. Wir machten uns mit Raki, den wir im Dorfe gekauft, noch einen Punsch zurecht und legten uns dann zum Schlafen nieder. Ich mochte etwa eine Stunde geruht haben, als ich durch ein gelindes Tellergeklapper erwachte. Schlaftrunken öffnete ich die Augen und glaubte, als ich sah, daß Hussein den Tisch deckte, wobei ihm der Kapitän aufmerksam zusah, es müsse bereits Morgen seyn; doch ein Blick auf die Uhr belehrte mich, daß es ein Uhr in der Nacht war. Auch die andern Reisegefährten erwachten, man fragte den Engländer, ob er noch einmal speisen wolle; dieser entgegnete ruhig, Hussein werde gleich den vergessenen Pillau bringen. Er erschien wirklich mit einer bedeutenden Schüssel voll, und der Kapitän lud uns dazu ein. Wir versicherten ihm lachend, der Schlaf sey uns viel lieber als sein Pillau, worauf er sich allein an die Schüssel legte, einen Löffel voll genoß und dann Hussein befahl, die ganze Bescheerung wieder fortzunehmen. Auf diese Art erzog der Mann seine Leute; er hatte im langen Umgang mit diesen Menschen gelernt, daß sie durchaus nicht wie europäische Bediente zu behandeln seyen; ein Verweis rührte sie nicht im Geringsten. Allerdings mißhandelte er sie zuweilen, aber sie flogen auf einen Wink von ihm zu seinen Diensten herbei. Mit unsern Leuten war es ganz anders, besonders mit Giovanni. Der gute Baron behandelte ihn freundlich, verlangte wenig von ihm und ertheilte ihm, selbst wenn er sehr nachläßig war, nur einen gelinden Verweis. Dafür that dieser Herr aber auch meist, was er wollte, und wenn er es auch nicht wagte, sich offen gegen den Baron zu empören, so verrichtete er doch seine Geschäfte, wenn er schlecht gelaunt war, mit dem größten

Widerwillen, und uns behandelte er nicht selten sehr nachläßig. Ich habe nie einen Menschen gesehen, der seinem Herrn gegenüber eine unverschämtere Stellung annehmen konnte. Oft, wenn ihm der Baron einen Befehl ertheilte, verschränkte er die Arme, stellte sich trotzig hin und fragte in seiner *lingua franca: „Qui voulete?"* War dieser Mensch aber bei guter Laune, so hatten wir an ihm den besten, gewandtesten Diener, den man sich denken kann, und es gab nichts, was Giovanni nicht ausgeführt hätte. Er war sehr muthig, ich glaube auch ehrlich, ließ sich im Handel von seinen Landsleuten nicht betrügen und kochte sehr gut. Indessen rathe ich jedem Reisenden, bei der Annahme eines solchen Dollmetschers, den er unter den Eingeborenen wählen muß, sehr vorsichtig zu Werke zu gehen. Das Beste ist, wenn man diese Route macht, seinen Dragoman von Konstantinopel mitzunehmen, wo es deren giebt, die durch ihre Solidität und Brauchbarkeit bekannt sind und zuweilen von der Pforte zu kleinen Geschäften benutzt werden, es aber vorziehen, Reisende zu begleiten. Ein solcher kann sich leicht einen Ferman verschaffen, der ihm in den Ländern, die dem Sultan untergeben sind, dasselbe Ansehen giebt, dessen die Tartaren oder Begleiter der türkischen Post im Innern des Reichs genießen. So kostspielig ein solcher Diener ist, so hätten wir doch einen genommen; aber wegen der Botschaften, die stets zwischen Mehemed Ali und der Pforte gewechselt wurden, war im Augenblick kein einziger in Konstantinopel zu haben. Unser Giovanni war in Smyrna gedungen worden, wo er zur Zeit in einem französischen Gasthof den Lohnbedienten machte. Ich glaube, der Wirth empfahl ihn deßhalb so dringend, um seiner los zu werden. Er reiste auch gleich stehenden Fußes mit, ohne seine vielen Kleider mitzunehmen, die er sich nach Beirut nachkommen lassen wollte. Doch haben wir auf der ganzen Tour von der Equipage keinen Faden zu Gesicht bekommen.

Der Engländer hatte wegen der Bosheit dieses Burschen schon oft seinen Aerger an den Tag gelegt, und wir sahen ihm an, wie gern er einmal mit ihm angebunden hätte; doch nahm sich Giovanni lange in Acht, mit dem Kapitän in Berührung zu kommen, bis er eines Morgens, als ihm die Kameeltreiber zu langsam aufpackten, von seinem Pferde sprang und jedem einen Hieb mit dem Kantschuh versetzte. Da gab der Kapitän seine Pfeife ganz ruhig an Hussein, machte seine Reitpeitsche los und prügelte unsern Dragoman mit den Worten durch: „Wie kannst du, Schuft, meine Leute schlagen?" Dies that für lange Zeit gut, und er war die Folgsamkeit selbst; in der Folge durfte der Kapitän nur mit den Augen winken, und Giovanni kam herbei, sich nach seinen Befehlen zu erkundigen.

Wir schliefen die Nacht unruhiger als je; außer verschiedenen kleinen Thieren, die uns sehr belästigten und die der Verkehr mit den

Arabern uns zugeführt, störte uns auch der freudige Gedanke, morgen in Kairo einzurücken. Beim ersten Schein des Tages waren wir munter und putzten uns so gut wie möglich heraus, um wenigstens in ziemlichem Anstand unsern Einzug in der Hauptstadt zu halten. Doch konnten wir die Eindrücke der Wüstenreise unmöglich vertilgen, und wir sahen einer Bande fahrender Abenteurer nicht unähnlich. An der Spitze des Zugs gingen die Kameele; auf dem ersten hing das Fohlen, jetzt wieder allein, denn die ägyptische Dame, die uns gefolgt war, ließ der Baron heute absteigen, weil er nicht Lust hatte, mit einem Stück Harem anzukommen. Die Last unserer beiden Packkameele hatte sich auch sehr vermindert, da unsere Vorräthe geschmolzen waren. Auf dem vierten und fünften saßen der Maler und der Doktor in europäischen Röcken, das Fez auf dem Kopfe und um dasselbe ein Tuch turbanartig gewunden, ihre Gewehre auf dem Rücken und aus langen Pfeifen rauchend. Auf dem sechsten ritt Friedrich, der Reitknecht, der wohl am sonderbarsten kostümirt war und den Arabern häufig Stoff zum Lachen gab. In seinem Anzug waren Orient und Occident drollig vermischt. Auf eine weite graue türkische Hose hatte er braune Kamaschen geknöpft, die etwas defect geworden waren und die rothen Pantoffeln an dem Fuße sehen ließen; über einer rothgewürfelten französischen Weste mit langen Schößen, die den halben Oberschenkel bedeckten, trug er einen weißen englischen Rock, der ihm im Stehen bis auf die Füße reichte; um den Hals hatte er einen alten Shawl, mit dem er kokettirte und ihn stets mit einer ungeheuern Schleife aufband. Das siebente Kameel war das meinige, auf dem aber Hussein saß, der mir zu Anfang unserer Wüstenreise seinen Maulesel abgetreten hatte. Der Baron, welcher den gekauften arabischen Fuchshengst ritt, ein unermüdliches Thier, dessen Adel und Ausdauer man bei den härtesten Touren durch den tiefen Sand nicht genug bewundern konnte, trug einen blauen Ueberrock, einen rothen Shawl um den Leib, woran ein kleiner persischer Dolch in einer schön gearbeiteten silbernen Scheide hing und hatte um den Kopf ein roth und gelbes Tuch gewickelt, wie es die Beduinen tragen. Der Kapitän hatte, wie er selbst in der größten Hitze that, seinen feinen arabischen Mantel umgehängt, dessen Gewebe aus Kameelhaaren sehr dünn war und auf dessen schwarzem Grund sich die Gold- und Silberstickereien prächtig ausnahmen; er trug die Dienstmütze der englischen Armee. Mein Maulesel - ich habe von seinen glänzenden Eigenschaften schon früher gesprochen - hatte trotz aller Strapazen nichts von seinen Fehlern und seinem Fleische verloren. Mein Anzug dagegen war äußerst defect geworden, und da meinem Rocke schon längst die meisten Knöpfe fehlten, so war mir der Riemen eines breiten persischen Schwertes, das ich um meine Lenden gegürtet hatte, als Halt des Gewandes viel nützlicher als die Waffe selbst. Unsere sämmtlichen Kleider waren von Sonne und Sand arg mitgenommen, und von unserer Wäsche mag ich gar nicht reden.

Wir rückten mit starken Schritten Kairo näher und betraten mit Ehrfurcht diesen Boden, der, einem großen Kirchhofe gleich, allmählig wieder herausgibt, was ihm vor Jahrtausenden anvertraut worden, und auf welchem nach langer Zeit der Erschlaffung ein neuer Zauberer erschienen. Man staunt, wenn man sieht, was Mehemed Ali in diesem Land und mit seinen Mitteln hervorgebracht. Neben der armseligen Hütte des Fellah erheben sich großartige Steingebäude, Schulen, Kanonengießereien, Gewehrfabriken und wohleingerichtete Gestüte; aber je mehr diese Anstalten, unter denen die schon erwähnte Telegraphenlinie durch die Wüste gewiß nicht die unbedeutendste ist, von dem Geiste dieses Mannes zeugen, um so mehr bedauert der ruhige Beobachter, daß er als Zauberer auftrat, der Alles mit einem Schlage erstehen ließ, und nicht als ruhig schaffender Geist, der erst die Wurzel festen Grund fassen läßt, ehe er den stolzen Baum aufrichtet. Mir ist Aegypten vorgekommen wie ein wilder Mensch, dem man die elegantesten Kleider anzieht und ihn zu einer Partie Boston setzt, wo er es mit geübten Spielern aufnehmen soll, er, der kaum weiß, was Karten sind.

Wenn man Kairo zurückt, besonders von der Seite, wo wir herkamen, so glaubt man, von der Straße abgesehen, die einige Stunden vor der Stadt wieder in tiefem Sand dahinzieht, man nähere sich einer der großen Städte Europas. Wir waren heute Morgen kaum einige Stunden geritten, so kamen wir an ein großes steinernes Gebäude, weiß angestrichen, auf's Beste erhalten und mit Gärten umgeben. Es war eine der höheren Militärschulen des Pascha, wo die Söhne der Generale, Beamten und selbst der Soldaten, wenn man Talent an ihnen entdeckt, zu Offizieren gebildet werden. Gegen Mittag zogen wir durch ein größeres Dorf, wo wir an vielen Gebäuden sehr schöne Ueberreste altarabischer Baukunst entdeckten, und kaum hatten wir es verlassen, so sahen wir weit vor uns zwischen weißen Gebäuden, Palmen- und Akaziengruppen am äußersten Horizont gelbe Spitzen auftauchen - Kairo, so erklärte unser Beduinenchef mit lautem Geschrei.

Der Himmel, der bei unserm Auszug am Morgen ganz blau gewesen war, hatte sich ganz sonderbar verändert, wie wir es nie gesehen. Am Horizont nach Südwesten färbte er sich zuerst hellgelb, wie wenn dort große Staubwolken aufstiegen, und überzog sich nach und nach ganz mit einer dunkelgelben Farbe, wie man es wohl bei uns bei sehr starken Gewittern sieht. Dabei wehte uns ein heftiger Südwind mit erschlaffender Hitze an und führte uns einen feinen Sand entgegen, vor dem man kaum die Augen offen halten konnte. Es war der Samum, der um diese Zeit anfängt, den Caravanen verderblich zu werden. Hinter dem Dorfe, von dem ich eben sprach, mußten wir unser Gesicht mit einem Tuch verhängen, um nicht zu erblinden. Der Sand, den dieser Wind mit sich führt, ist so fein und fällt mit solcher Gewalt auf Menschen und Thiere, daß er durch alle Bedeckungen und Kleidungsstücke hindurchdringt; obgleich wir unsere Ueberröcke so fest wie möglich zugeknöpft hatten, fand er seinen Weg hindurch und bedeckte den ganzen Körper. In Kairo, wo wir noch einige Tage Samum hatten, sahen wir, wie der feine scharfe Staub durch die fest verschlossenen Fenster drang und alle Möbeln bedeckte. – Neben Hitze und Wassermangel ist dieser Wind in den großen Wüsten der schlimmste Feind der Caravanen. In den Monaten Mai, Juni, Juli und August dauert er oft mehrere Monate hinter einander und bedeckt bald den Reisenden mit jenem feinen Staub wie uns, bald aber wirbelte er mächtige Sandhügel auf und begräbt ganze Caravanen. Schon der heiße Hauch dieses Windes erschlafft und entnervt Menschen und Thiere. Unsere Kameele und Pferde schlossen die Augen und drangen mit Mühe vorwärts, und mein Maulesel wandte sich nicht selten um, um dem Sturme zu entgehen. Dabei fuhr der Sand mit solchem Gesause bei uns vorbei, daß es nicht möglich war, sein eigenes Wort zu verstehen.

Bald kamen wir zu Gebüschen von Palmen, Platanen und Akazien, und von Zeit zu Zeit an großen öffentlichen Bauten vorbei, die uns Schutz gewährten. Die kleinen Felder der Fellahs mit ihren Schöpfrädern und armseligen Hütten hörten allmählig auf, und dagegen erschienen ziemlich gut angelegte Gärten und weiße reinliche Villen vornehmer Aegyptier oder auch Europäer. Jetzt zogen wir bei einem mächtigen Kornhaus vorbei, das mit starken Mauern umgeben war. Es hatte nur Luftlöcher auf der Nordseite, und dorthin waren auch alle Dachlucken gerichtet, um die kalten Winde einzulassen und die heißen abzuhalten. Rechts, etwas weiter vom Wege ab, standen die Gebäude eines der kleineren Gestüte Mehemed Ali's, in dem mehrere Schuh hohen Klee, der sie umgab, fast versteckt. Im Felde waren die Pferde angebunden, wo sie in dieser Jahreszeit Tag und Nacht bleiben und den Klee, reihenweise langsam vordringend, abfressen. Andere Gebäude an der Straße bezeichnete der Beduinenchef als eine Landwirthschaft Ibrahim Paschas. Der Weg führte durch die großen Gärten, wo er versucht, Olivenbäume zu ziehen, die aber, wie in ganz Aegypten, auch hier nicht fortkommen wollen. Der Weg durch diese Anlagen war sehr angenehm; er bildete eine Allee von prächtigen Platanen so gerade gepflanzt und gut gehalten, wie man sie bei uns in einem gut angelegten Garten nur sehen kann. Noch eine Stunde, und Kairo mit seinen zahlreichen Moscheen und Kuppeln lag vor uns, ein großartiges Panorama. Rechts sah man über Palmbäumen hinweg die Spitzen der Pyramiden; vor den Mauern Kairos lag die Stadt der Gräber und einzelnen Moscheen, in denen die Kalifen begraben sind; dahinter erhob sich die Citadelle mit ihren großen Werken, und links über der Stadt ragte der Mokkatamm empor, mit kleineren Forts und Pulvermanazinen, von denen man die schönste Aussicht über das Land genießt.

Wir hatten noch einen harten Kampf mit Sand und Samum zu bestehen, ehe wir in die Nähe der Stadt kamen und uns die umgebenden Höhen gegen den Sturm schützten. Unsere Caravane hatte sich ansehnlich vergrößert; die Landleute, die nach der Stadt gingen, um ihre Produkte zu verkaufen, gesellten sich zu uns und hielten sich dicht hinter den Kameelen und Pferden, um so von dem fliegenden Sand weniger zu leiden. Jetzt unterschieden wir vor den Mauern der Stadt eine kleinere Stadt aus grünen Zelten; es waren die Kolonnen der Armee, die von Damaskus herübergekommen waren und dort lagerten. Bald waren wir mitten unter ihnen; die Soldaten kamen schaarenweise aus ihren Zelten hervor, theils aus Neugierde, theils um etwas von ihren Kameraden zu erfahren, die noch zurück waren. Auch mehrere Offiziere, die einen Artilleriepark im Lager besichtigten, kamen im Galopp herbei. An ihrer Spitze ritt ein ziemlich wohlbeleibter Mann mit schwarzem Haar und Bart und ausdrucksvollem Gesicht, den seine Kleidung und reiche Waffe als einen höhern Offizier bezeichneten. Er wandte sich an den Baron, und wir wunderten uns nicht wenig, als er sich im besten Französisch nach der zurückgebliebenen Armee erkundigte. Nachdem er die gewünschte Auskunft erhalten, sagte er, er hoffe uns wieder zu sehen, und sprengte durch die Reihen der Soldaten, die ihm ehrerbietig Platz machten, nach dem Lager zurück. Es war, wie wir später hörten, Soliman Pascha.

So hatten wir denn die Wüstenreise hinter uns, und mit einem Gemisch von Freude, Staunen und Neugierde ritten wir in die belebten Straßen Kairos ein. Tausend fremde Eindrücke stürmten auf uns ein, die Sinne verwirrend, und das Gedränge der Menschen aller Farben, der Kameele, Pferde, Esel, und die prächtigen Moscheen und stattlichen Häuser schwammen noch in einem wunderlichen, unklaren Gemisch vor unsern Augen, als wir in den Hof des Hotels einritten, wo wir vom Wirth in englischer, von einem Kellner in französischer und von einem Hufschmiede, der gerade im Hause zu thun hatte, - es war ein Schwabe, - in deutscher Sprache angeredet und herzlich begrüßt wurden.

Fünftes Kapitel.

Aufenthalt in Aegypten.

Kairo. - Die Stadt. - *Dr.* Pruner und Fischer. - Reitesel. - Der Sklavenmarkt. - Das Irrenhaus. - Der Nil. - Die Insel Roda. - Die Pferde im Klee. - Schubra. - Aegyptische Brütöfen. - Die Citadelle. - Die Stadt der Gräber. - Die Pyramiden. - Arabische Tänzerinnen. - Abreise von Kairo. - Meine Krankheit. - Die Nilfahrt. - Alexandrien. - Audienz bei Mehemed Ali.

Nie in meinem Leben ist mir der Anblick der europäischen Luxusgegenstände, mit denen wir unsere Häuser einrichten und wohnlicher machen, so angenehm erschienen, als hier, wo wir nach der Reise durch die Wüste auf einmal in das schön eingerichtete Hôtel traten. Dort fast gar nichts, hier Alles. Wahrhaftig, ich muß gestehen, daß es mir erging, wie Jemand, der zum ersten Mal diese schönen Möbel, Betten, Teppiche und Divans sieht, und es war mir ein eigenes Gefühl, mich einmal wieder auf eine Erhöhung setzen zu können und nicht, wie in den letzten vier Wochen, fast immer am Boden kauern zu müssen. Besonders der Gedanke an ein Ding, was Bett heißt, war uns sehr fabelhaft geworden; denn die einzige Nacht, die wir auf dem Carmel in einem solchen geschlafen hatten, war durch das Vorhergehende und Nachfolgende fast verwischt worden, und schwebte nur noch als ein schöner Traum vor uns. Hier im Great-Western-Hôtel war doch wirklich Alles auf's Beste eingerichtet, und man hätte es füglich in eine unserer ersten Hauptstädte versetzen können; denn außer den Divans, die übrigens sehr praktisch sind, außer dem Oberkellner, einem sehr schönen Neger und dem Anblick des Hofes, wo Kameele um ihr Futter lagen und braune Beduinen in ihre weiße Mäntel gehüllt, sich mit ihren langen Pfeifen beschäftigten, war hier nichts Orientalisches zu sehen. Das Innere des großen Hauses, das früher einem reichen Türken gehört hatte, war ganz auf unsere Art eingerichtet worden, hatte schöne Treppen, einen großen Speisesaal, ein kleineres Theezimmer und eine Menge anderer sehr gut eingerichteter Cabinete für die Fremden. Letztere waren mit Spiegeln, Stühlen, Waschtischen, kurz allem Möglichen versehen, was man nur bei uns findet. Um die eisernen Bettladen waren Vorhänge von dichtem grünem Gaze, die man fest verschließen konnte, um die Mücken abzuhalten.

Unser erstes Geschäft war, daß wir uns aller Kleider entledigten und sie bis zu ihrer Reinigung in ein leeres Gemach werfen ließen, denn außer dem Wüstenstaub hatten wir aus den Lagern unserer Kameraden noch viel Anderes mitgebracht, von dem sich Einiges in anständiger Gesellschaft nicht nennen läßt. Unsere Pferde waren in einem guten Stall untergebracht, und alle drei bedurften sehr der Pflege, besonders die Stute und das Fohlen, die auf dem Marsche sehr gelitten hatten. Es wurde von allen Leuten, denen wir unsere Fahrt mit diesen Thieren erzählten, als ein Wunder angesehen, daß das kleine Pferdchen überhaupt noch am Leben sey; denn es hatte die ersten vierzehn Tage seines Lebens noch mehr Entbehrungen und Mühseligkeiten auszustehen gehabt, als wir. Unser heutiges Diner an einem auf's Schönste besetzten Tische kam uns anfänglich ziemlich ungewohnt und unbequem vor, und wir fühlten Alle, daß die Manier der Orientalen, bei ihren Mahlzeiten halb zu liegen, gegen unsere Stühle doch so übel nicht sey; denn ich versichere, daß wir auf unsern Stühlen Alle müde wurden und wir uns nach der Mahlzeit gleich auf die Divans streckten, um auszuruhen. Da wir erst Nachmittags angekommen waren, so gab es mit dem Abladen der Effekten und dem Abfertigen unserer Kameeltreiber, so wie mit andern kleinen Geschäften so viel zu thun, daß der ganze Nachmittag damit hinging. Unsere Führer durch die Wüste, vor Allen der Herr Akrabut, bedauerten sehr, nun wieder allein fortziehen zu müssen, und sie sagten uns ohne Hehl, daß sie sobald nicht wieder Reisende zu geleiten hätten, mit denen sie sich in jeder Hinsicht so gut stünden, als sie bei uns gethan.

Am folgenden Morgen begannen wir bald unsere Touren durch die Stadt. Unser erster Besuch war zu einem Landsmann, einem deutschen Arzte, der sich schon seit mehreren Jahren hier in Kairo aufhält und dessen Güte, Freundlichkeit und Gefälligkeit, sowohl der Herzog Paul von Württemberg, als auch Herr von Schubert nicht genug zu rühmen wußten. Obgleich wir keine Empfehlungsbriefe an ihn hatten, nahm uns doch *Dr.* Pruner mit einer Liebe und Herzlichkeit auf, die besonders in einem fremden Lande so wohlthut. Mit Aufopferung seiner kostbaren Zeit zeigte und beschrieb er uns viel von den Merkwürdigkeiten Kairo's und außer mehreren Stunden, die er uns täglich widmete, brachten wir fast jeden Abend bei ihm zu, wo wir an einem andern deutschen Arzt, *Dr.* Fischer, eine eben so lehrreiche als angenehme Bekanntschaft machten. Beide Männer sind aus Baiern gebürtig, haben in Deutschland ihre Studien gemacht und sind nach Kairo gegangen, um neben den hier herrschenden Krankheiten orientalische Sprachen zu studiren.

Was bei den meisten orientalischen Städten den Reisenden, der sie betritt, so angenehm berührt, ist der Contrast des Innern mit dem Aeußern der Stadt, und wovon Kairo eine rühmliche Ausnahme macht. Den Ausspruch vieler Reisenden, daß Kairo das Paris des Morgenlandes sey, mußten auch wir bestätigen; denn ein solches Leben und Treiben auf den Straßen, wie hier, verbunden mit der Reinlichkeit derselben, mit dem Anblick der mannigfaltigsten Völkerstämme, den Bazars, wo zwischen den Gewölben mit Erzeugnissen des Orients Buden mit europäischen Fabrikaten, und Deutschen, Franzosen oder Engländern gehörend, sich befinden, trifft man nirgend wie hier. Obgleich die Straßen ungepflastert sind, so findet man auf ihnen weder Staub noch Schmutz. Ersteren nicht, weil der lehmige Boden fest zusammengetreten ist und letzterer kann nicht entstehen, weil es hier in Kairo höchst selten regnet, früher kaum drei bis vier Mal im Jahre, jetzt aber, seit Ibrahim Pascha vor der Stadt große Anpflanzungen von Bäumen, namentlich von Akazien anlegen ließ, hat man die Bemerkung gemacht, daß es hier um Kairo viel öfter regne, als sonst.

Die Häuser der Stadt sind auf dieselbe Art wie die von Constantinopel gebaut, nur daß die hiesigen viel höher und meistens aus Steinen aufgeführt sind; doch haben sie hier, so wie dort, nur kleine schmale Thüren und unregelmäßige Fenster, die nicht nur bald klein, bald groß sind, sondern auch ohne alle Symmetrie am Hause angebracht. Alle sind mit oft sehr künstlich geschnitzten Gittern versehen und viele haben obendrein noch bunte Glasfenster, so daß in den Gemächern auch beim hellen Sonnenschein ein mystisches Halbdunkel herrscht. Die gelbe Farbe des gewöhnlichen Bausteins würde den Straßen etwas Düsteres geben, wenn nicht der fast immer heitere Himmel und die helle Sonne oft zu freundlich hineinschauten. Doch macht bei der beständigen Hitze, die in einigen Monaten fürchterlich wird, das Dunkle einzelner enger Straßen keinen unangenehmen Eindruck und man wandelt in dem Schatten der hohen Häuser behaglich wie in einer Laube herum. In einigen Quartieren sind an den Dächern der Häuser große Matten und Tücher quer über die Straßen gespannt, welche dieselben freilich etwas dunkel machen, aber das Bild einer Laube, was ich vorhin erwähnte, noch mehr rechtfertigen. Der Schatten und die Kühle, die fast beständig hier herrschen, thut dem Wanderer, der von draußen herein kommt, ungemein wohl.

Das Leben und Treiben auf den Gassen und in den Bazars ist hier eben so mannigfaltig, wie das in Stambul und Damaskus; nur sieht man hier nicht, wie in ersterer Stadt, den fatalen blauen Ueberrock der Beamten und Militärs, sondern Mehemed Ali hat seinen Leuten vernünftiger Weise die zum Klima besser passende Nationaltracht gelassen. Die Soldaten haben ihre weiten Hosen behalten, die vom Knie abwärts enge sind, und ebenso die kurzen Jacken, und er hat ihnen nur das Feß und andere Waffen gegeben. Der Beduinen, die mit ihren großen Kameelzügen oft die ganze Straße versperren, sieht man hier fast mehrere, als in Damaskus, so wie einem beinahe auf jedem Schritt schwarze Nubier und kupferfarbige Abyssinier begegnen. Was hier das Auge des Europäers vielfach auf sich zieht, ist der Contrast des Orients und Occidents, der sich wohl nirgends näher und schroffer gegenüber steht. In den Vorstädten erregt es ein eigenes Gefühl, neben der Lehmhütte des Fellahs, die halb in den Boden gegraben ist, ein großes stattliches Gebäude zu erblicken, das ganz auf europäische Art gebaut, mit regelmäßigen Fenstern, weiß angestrichen ist und eine Geschützgießerei des Pascha enthält. Längs dem Portal, das ganz wie bei uns mit Thorflügeln versehen ist, und vor dem ein paar alte Kanonen als Ecksteine eingerammt sind, zieht eine lange Reihe Kameele vorbei, mit Erzeugnissen des Südens beladen, von Negern geführt und von Beduinen als Schutzwache umgeben, und eben so ist es, wenn man in den englischen Parkanlagen des Pascha auf der Insel Roda herumwandelt und sendet den Blick über die mit grünem Strauchwerk eingefaßten Schlangenlinien hinweg auf den Nil, hin zu den Pyramiden oder auf die uralten Grabeskirchen der Mamelukenkönige. Mehemed Ali's Geist hat hier in kurzer Zeit viel hervorgerufen, doch mir erscheint das ganze Aegypten nur wie ein großes Treibhaus. Während wir in den unsrigen durch künstliche Wärme Produkte des Südens ziehen wollen, will der Vicekönig durch die Wärme seines Geistes Einrichtungen des Nordens nachahmen, um Früchte von ihnen zu ziehen; doch wird der rohe unbearbeitete Boden Aegyptens den Werken Mehemed Ali's nicht gestatten, Wurzel zu fassen und sie werden unter einem neuen Herrscher dahin welken.

Wie in Constantinopel die Kaik's die Fiaker der Stadt genannt werden können, so sind es hier die Reitesel, die an allen Straßenecken in großen Schaaren halten; ein Thier, so voll Vorzügen und Tugenden, wie die einzelnen Exemplare dieser Gattung, die man bei uns sieht, voll Fehler und Laster. Schon das Aeußere des ägyptischen Esels zeigt eine gute Herkunft; er ist klein, aber äußerst lebendig und sein Haar ist so seidenartig und glatt, wie das des schönsten Pferdes. Jeder ist mit einem gepolsterten Sattel, der zwei Bügel hat, sowie mit einem gewöhnlichen Zaumzeuge, versehen. In der Nähe der Gasthöfe, besonders des unsrigen, hielten sich immer eine Menge Eseltreiber mit ihren Thieren auf, und kaum hatten wir das Hôtel verlassen, um einen Gang in die Stadt zu machen, so waren wir augenblicklich so umringt, daß wir im wahren Sinn des Worts nicht von der Stelle konnten, und oft, wenn wir auch gar nicht daran gedacht hatten, einen Esel nahmen, um nur fort zu kommen. Doch kostete es keine kleine Mühe, bis man in den Besitz eines solchen Thieres gelangt, indem die Zudringlichkeit der hiesigen Eseltreiber noch viel ärger ist, als die der Stambuler Pferdevermiether. Man wird gestoßen und gedrückt, und so wie man einen Esel am Zaum fassen will, wird er einem nicht selten vor der Nase fortgeschoben und man muß einen andern besteigen. Sitzt man aber auf diese Weise erst hoch zu Esel, so findet man, daß es eine sehr angenehme Art ist, sich durch das Gedränge auf den Straßen fortzubewegen. Das kleine Thier setzt sich sogleich in einen Trab, für den ich gar keine Benennung weiß, man sitzt weich, wie in einem Sessel, und die kleinen Beine des Thiers trippeln so schnell vorwärts, daß man rasch von der Stelle kommt. Neben jedem Esel läuft der Sais, der durch sein immerwährendes Geschrei die Leute aufmerksam macht und zum Ausweichen bewegt. Wenn man oft in dem Gedränge von Menschen, Kameelen, Pferden und Eseln keinen Ausweg sieht, so trabt der Esel doch lustig zu und findet immer ein Loch, durch welches er hindurch schlüpft. Daß es hiebei nicht ohne Stöße abgeht, kann man sich leicht denken; denn obgleich der Sais beständig schreit: Jemilak, Schimilak - weichet zur Rechten, zur Linken! oder einem, den man in Gefahr ist zu überreiten, zuruft: Rikle Gembek, was so viel heißen will: nimm deinen Rücken, dein Bein in Acht, so ist es doch oft nicht möglich, sogleich auf dies Geschrei bei Seite zu reiten und man carambolirt sehr unsanft mit andern Reitern.

Als wir so zum ersten Mal durch die Straßen Kairo's galoppirten, brach jeder über die komische Figur, die der Andere auf dem Esel machte, in lautes Gelächter aus, besonders unser Baron und der Maler, als die größten, sahen am sonderbarsten aus, da beide, wenn sie aus den Bügeln traten, ohne Beschwerde mit ihren Füßen hätten die Erde berühren können. An den Ecken der Straßen, wo sie scharf und eben so rasch herumliefen, wunderte ich mich immer, daß nicht einmal eines von diesen Thieren hinstürzte, und doch ist uns dies nie passirt; selbst wenn wir an der Ecke einen andern Zug Esel trafen und wir im Galopp gegenseitig ausweichen mußten.

Man sieht hier in Kairo wenig Pferde auf den Straßen, sondern fast alle Stände bedienen sich der Esel. Selbst Said Bey, der Sohn des Viecekönigs und Soliman Pascha begegneten uns nicht selten auf Mauleseln. Die Damen der vornehmen Klasse, die auch zu Esel in den Straßen paradiren, sind dabei seltsam vermummt. Vor dem Gesicht hängt ein dunkles Stück Tafft oder Kattun, in das ein paar Löcher für die Augen geschnitten sind, und der ganze Körper ist in ein großes Stück Seidenzeug oder dunkeln Kattun gehüllt, den sie vorn mit beiden Händen zusammenhalten, aber dabei die Arme so viel wie möglich absperren, damit ihre Figur recht breit aussieht, was ihnen nobel erscheint. So eine

Reihe Weiber hinter einander sieht durch die schwarze Farbe ihrer Gewänder wie ein Leichenzug aus. Die Frauen der ärmeren Klasse und der Fellahs, die natürlich zu Fuß gehen, haben eine so einfache Kleidung, daß sie bei wenig kräftigerem und schönerem Körperbau, als man gewöhnlich bei dieser Klasse sieht, dem Auge unangenehm seyn müßten. Ihr ganzer Anzug besteht nämlich aus einem baumwollenen Hemde, meist von dunkelblauer Farbe mit kurzen Aermeln, das sich überall dem Körper anschmiegt, und die meistens vollen und runden Formen leicht erkennen läßt. Der Lohnbediente unseres Gasthofs, Namens Mechmed, ein noch ziemlich junger Mensch in dem schönen malerischen Mameluken-Kostüme, weiter rother Hose, weißem Unterkleid und darüber eine rothe Jacke, Alles mit Goldschnüren besetzt, ritt die ersten Tage mit uns in Kairo herum und führte uns gleich auf den Sklavenmarkt, der, wie er nicht mit Unrecht meinte, uns sehr interessiren würde. In Constantinopel hatten wir von dieser Anstalt wenig oder gar nichts gesehen, da man dort in diesem Punkte dem Franken keine Rechte zugesteht. Hier aber in Kairo ist es anders, und es verbietet dem Europäer kein Gesetz, auf dem Sklavenmarkt zu sehen, was er will; nur hängt es natürlich von dem guten Willen des Sklavenhändlers selbst ab, ob er ihm seine schönste Waare zeigen will.

Durch einen langen dunkeln Thorweg tritt man auf einen geräumigen Hof, der rings mit Gebäuden umgeben ist. Links beim Eingange bestand das Gebäude aus einer offenen Gallerie, zu der man auf einer Treppe hinauf stieg; auf den andern Seiten waren kleine Gemächer, in denen sich die schöneren Sklavinnen befanden und an den halbgeöffneten Thüren dieser Kammern standen die Sklavenhändler, meistens wild aussehende Gestalten, als Wache. Auf dem Hofe saßen die schwarzen Sklaven und Sklavinnen, von einander abgesondert, auf Matten, und die unglücklichen Geschöpfe müssen hier der Kühle der Nacht und des Morgens, so wie der Hitze des Tages ausgesetzt sitzen bleiben, bis sie verkauft sind. Die ganze Kleidung der Neger besteht aus einem grauen Stücke Packtuch, das sie um die Hüften geschlagen haben, eben so die der Negerinnen, nur ist das Stück Zeug bei letzteren so groß, daß sie auch noch einen Theil der Brust damit bedecken können. So sitzen sie und warten, bis ein Käufer eintritt, der sich das, was er braucht, oberflächlich heraussucht, dann aus der Reihe der Andern hervortreten läßt und wie man eine Waare untersucht, von allen Seiten genau betrachtet. Der Anblick dieser armen Menschen ist wirklich schrecklich und empörend. Ich habe gesehen, wie zwei junge Negerinnen - einer der Sklavenhändler sagte mir, es seyen Schwestern - gewaltsam von einander getrennt wurden. Die eine war eine schöne volle Gestalt, die andere etwas schmächtiger, beide saßen auf der Matte und hatten sich mit ihren Armen umfaßt. Den Wink eines vornehmen Aegypters, der die schönere kaufen wollte, ließ sie, als habe sie ihr Schicksal, von der Schwester getrennt zu werden, geahnet, lange unbeachtet, bis sie der Sklavenhändler mit einem Stoße zum Aufstehen zwang. Sie wurde besehen und gekauft, worauf sich das arme Geschöpf weigerte, ihre Schwester zu verlassen, die sie gewaltsam festhielt. Es war eine empörende Scene. Man trennte sie mit Gewalt, und da sich das kräftige Mädchen heftig vertheidigte, wurde sie von zwei andern Sklaven erfaßt und unter lautem Schreien und Weinen fortgetragen.

So etwas ereignet sich häufig, so daß sich der Orientale nicht mehr darum kümmert.

Um Eintritt in die kleinen Kämmerchen, in welchen die weißen Sklavinnen und Abyssinierinnen, überhaupt die schöneren, aufbewahrt werden, mußten wir nach dem Rath unseres Mechmed öfters hingehen und anfänglich nur mit den zur Wache vor der Thür stehenden Arabern sprechen, ihnen Tabak oder ein kleines Trinkgeld geben und sie von selbst davon anfangen lassen, ob wir nicht ihre Sklavinnen sehen wollten. An einem dieser Wächter, der eine Art Rang unter den andern zu behaupten schien - er trug einen grünen Turban - machten wir uns nun, gaben ihm Tabak und gewannen seine Neigung besonders durch einige Cigarren, die wir ihm spendeten. Auch nahmen wir ihn mit in ein nahe liegendes Caffeehaus und hatten durch diese kleine Höflichkeit sein Herz bald so eingenommen, daß er uns selbst in die kleinen Zimmerchen der besseren Sklavinnen führte. Doch war gerade nicht sehr viel Schönes da; nur in einem einzigen Gemach befanden sich neben drei Abyssinierinnen, die eben nicht übel aussahen, eine Griechin und eine Mulattin, von denen die erstere noch ziemlich hübsch war. Sie waren, so wie die Mulattin, ungefähr in demselben Kostüme gekleidet, wie die arabischen Tänzerinnen, hatten aber, wie alle Weiber, ein großes Stück Tafft als Mantille um sich geschlagen, das sie aber auf unsern Wunsch fallen ließen und es überhaupt gerne sahen, daß wir ihre schönen Gestalten bewunderten. Die Mulattin war selbst eine Art Tänzerin und machte mit ihrem Körper ziemlich graziöse Wendungen und Biegungen. Natürlich waren hier die Gesichter unverschleiert, was für uns das Interessanteste war. Die Haare hatten sie lang den Rücken hinabhängen und kleine Gold- und Silbermünzen darein geflochten. Der Preis einer solchen weißen Sklavin ist zwischen zwei, drei, auch sechs bis achthundert Gulden. Ausgezeichnet schöne Mädchen werden natürlich mit ganz andern Preisen bezahlt. Eine Negerin kommt nicht so theuer; sie wird mit sechszig bis dreihundert Gulden bezahlt. Die fünf Sklavinnen, die wir auf unsern Spaziergängen öfters besuchten, hielten es nicht unter ihrer Würde, uns um allerhand kleine Dinge zu bitten, die wir bei uns hatten. So gefielen ihnen hauptsächlich unsere Handschuhe, die wir ihnen schenkten und sie dadurch sehr glücklich machten.

Auf der andern Seite des Hofes, wo sich die Gallerien befanden, waren die kleinen Negerknaben zu sehen, die zum Kauf ausgestellt waren. Sie waren eben so wenig bekleidet, wie die Schwarzen im Hofe, und da ihnen dies bei der wechselnden Temperatur, so wie bei ihrer schlechten Kost - die schwarzen Sklaven nämlich bekommen nichts wie Brod und Zwiebel - sehr unangenehm vorkommen mußten, so thaten jedes dieser armen Kinder in seiner Unschuld Alles, um den Blick des Käufers auf sich zu ziehen. Einige sprangen und tanzten, Andere schnitten allerlei lächerliche Grimassen oder hüpften wie die Affen herum, wieder Andere saßen sehr gravitätisch da und grüßten uns so ehrerbietig wie möglich. Diese Kinder von acht bis vierzehn Jahren waren nach ihren Eigenschaften oder dem, was sie allenfalls gelernt hatten, in verschiedene Abtheilungen gesondert. An einer Seite saßen die, welche nichts konnten und erst bei ihrem Herrn etwas lernen mußten, dort welche, die die schwere Kunst verstanden, eine Pfeife zu stopfen oder ähnliche Kleinigkeiten zu verrichten, und abgesondert von diesen saßen die Unglücklichsten von allen, Unglückliche, denen eine barbarische Sitte Alles genommen, was ihnen die Natur gab, und sie dadurch unter das Vieh herabdrückte. Doch werden diese künftigen Haremswächter am meisten gesucht und am besten bezahlt.

Einer eigenthümlichen Sitte gemäß sind nicht alle Sklavinnen, die man auf dem Markt zum Verkauf ausgestellt sieht, wirklich zu haben, sondern unter den weißen Sklavinnen befinden sich auch welche, die zur Strafe hieher geschickt wurden, indem bei schweren Vergehungen im Harem, als: Streitigkeiten unter sich oder mit den Eunuchen, der Herr des Hauses das Recht hat, seiner Sklavin ihre schönen Kleider auszuziehen und sie auf dem Markt zum Verkauf auszustellen. Der Sklavenhändler bekommt natürlich die Weisung, sie nicht fortzugeben, sondern sie muß hier nur auf kürzere oder längere Zeit unter den Andern sitzen, wo sie in beständiger Angst schwebt, welchen Herrn sie nun bekommen wird; denn ihr ist es nicht bekannt, daß sie nur zum Schein hier dem Verkauf ausgestellt ist.

Eine andere Anstalt, die nicht weit vom Sklavenmarkte liegt und das Elend der Menschen noch viel schauderhafter zeigt, ist das Irrenhaus. Die Gemächer, in welchen sich die Wahnsinnigen befinden, liegen ebenfalls um einen großen Hof, auf welchen auch die Fensteröffnungen gehen. Da letztere sehr groß sind und mit starken Eisenstäben versehen, woran die Unglücklichen liegen und sich gegenseitig anstarren, so glaubt man bei dem immerwährenden Geheul und Zähneknirschen, das man hier hört, sich in einer Menagerie bei wilden Thieren zu befinden. Ich habe nie einen schrecklicheren Anblick gehabt, als die verzerrten Physiognomien dieser Menschen mit langem, struppigtem Haupt- und Barthaar, wenn sie an ihre Gitter stürzten und uns mit ihren rollenden, roth unterlaufenen Augen anstierten. - Doch genug von diesen Scenen!

Wir besteigen unsere Esel wieder und reiten durch die belebten Straßen Kairo's, um sie ein wenig zu durchkreuzen und einige schöne Gebäude anzusehen. Das Merkwürdigste hier für Kairo ist der neue Palast Ibrahim Paschas, ganz auf europäische Art gebaut und mit heller, freundlicher Farbe angestrichen. Hohe Bogenfenster mit den schönsten Spiegelscheiben gehen auf einen freien Platz, eine Art Boulevard, der mit Akazien bepflanzt, auch mit einigen andern europäisch gebauten Häusern umgeben ist, und auf dem man glaubt, sich mitten in einer unserer größten Städte Europas zu befinden. Von hier ritten wir wieder zurück durch die Straßen und sahen das Gebäude und den Garten, auf dessen Terrasse General Kleber erstochen wurde. Durch das Thor von Boulak kamen wir jetzt auf einen schönen Weg hinaus, der rechts und links von den schönsten Gartenanlagen umgeben, nach Fostat oder Alt-Kairo, an den Nil führt. Wenn uns nicht der Kalender sagte, daß wir im Monat Februar wären, so könnte man glauben, wir hätten wenigstens schon Ende Mai, denn so üppig und schön blühte und grünte Alles um uns her. Der Klee steht fast mannshoch und die Felder sind mit den schönsten Gemüsen unserer Sommermonate bedeckt. So gewährt die Gegend von Kairo einen angenehmen Anblick. In dem Klee stehen große Schaaren von Pferden und fressen ihn ab, dort arbeiten die Schöpfräder mit Ochsen getrieben und führen das Wasser des Nils aus den größeren Gräben und Teichen, worin es noch von der Ueberschwemmung her steht, durch die kleinen Kanäle über die Felder hinweg. Bald erreichen wir Alt-Kairo mit seinen einzeln abgesperrten Quartieren und der mittelalterlich saracenischen Bauart, treten im Vorbeigehen in den Hof der Moschee Amru's, eines Generals des Omar, deren Halle von hundertvierzig Säulen getragen wird. In der Mitte erhebt sich neben einer schönen Palme ein Brunnen, wo vormals das Zelt Amru's gestanden haben soll, welches der Sage nach Ursache wurde, daß man Alt-Kairo erbaute. Auf das Zelt des Generals nämlich ließ sich eine Turteltaube häuslich nieder, weßhalb Amru, aus Schonung für das Thier, sein Zelt nicht abbrechen ließ und um dasselbe baute sich später Alt-Kairo an, woher auch noch sein heutiger Name Fostat kommen soll, der das Zelt eines Nomaden bedeutet.

Von hier erreichten wir bald den Nil, den schönen alten Strom, die eigentliche Gottheit Aegyptens. Ohne an die Segnungen zu denken, welche dieser Fluß jährlich über das Land ausgießt, erfreut sein äußerer Anblick schon das Auge und es gibt in Europa keinen Fluß, dessen Wassermasse mit der des Nils zu vergleichen wäre. Schon bei Luxor hat seine Breite dreizehnhundert Fuß und sie steigt bei Montfalont und Syout auf zweitausend achthundert und später in der tieferen Ebene, wo keine Gebirge die Ausbreitung des Stromes hemmen, im Januar bei mittlerem Wasserstand, sogar auf zweitausend achthundert und fünfzig Pariser Fuß. Aber wenn man erst recht einsehen will, was Aegypten Alles dem Nil verdankt, so muß man nur das Land betrachten, wenn es vor der Stromschwelle, fast ohne alle Quellen, von der Sonne verbrannt und zerrissen wird. Um Ostern und Pfingsten wehen die heißen, aus Süden kommenden Chamsimwinde und unter ihrem Hauche liegt das Land wie ein in Fieberglut aufgelöster Kranker. Alles Grün auf der Erde ist verbrannt und die Landschaft, bei dem geringsten Windhauch in Staub eingehüllt, gewährt einen traurigen Anblick; nur der Palmbaum behält seine grünen Blätter, die aber auch, von der Hitze ermattet, flach herunter hängen. So dauert dieser Zustand der gänzlichen Trockenheit, wo auch die Pest und andere Seuchen gewöhnlich heftig grassiren, bis zum 17ten Juni, der Nacht des Tropfens, Leylet en Nucktah, jene unbegreifliche wunderbare Nacht, in welcher - und das wissen die ägyptischen Astrologen fast bis auf die Minute auszurechnen - der himmlische Tropfen in den Nil fällt, der, wie der Sauerteig das Brod, die Fluthen zur Gährung bringt und nach und nach überschwellen läßt.

In dieser Nacht ist Alles lauter Freude und Entzücken; man tanzt und jubelt und freut sich auf's Neue des Lebens, wie aus einer harten Gefangenschaft erlöst, und fast alle Leute bringen diese Nacht auf den platten Dächern ihrer Wohnung zu. Hier wird gegessen und getrunken und allerhand Sachen getrieben, um die Zukunft dieses neuen Erntejahrs zu erforschen. So legt man Brodteig hin, der, anschwellend, Glück und Fruchtbarkeit verkündet, im Gegentheil aber ein böses Omen ist. Auch macht man aus dem Nilschlamm Kugeln, die mit Nilwasser übergossen werden, und deren schnelleres oder langsameres Zerrinnen auch etwas bedeutet.

Nach dieser Nacht des Tropfens hören, nach dem Glauben der Aegyptier, alle Krankheiten auf ansteckend und tödtlich zu seyn, und alle Kranken, selbst die von der Pest befallenen, verlassen ihre Häuser und treten wieder in Berührung mit den übrigen Menschen. Von diesem Zeitpunkt an beginnt aber auch wirklich durch die ganze Natur ein neues Leben zu pulsiren. Das Steigen des Nils, das anfangs sehr langsam vor sich geht, aber immer rascher und stärker wird, und zu Anfang Juli schon recht bemerkbar ist, wird täglich durch besonders hiezu angestellte Ausrufer den Leuten nach dem Maße des Nilmessers auf der Insel Roda verkündet. Dieser Ausrufer geht mit einem Knaben durch die Straßen und nachdem Beide ein Wechselgespräch mit einander gehalten haben, in welchem sie die Gottheit preisen, die fließendes Wasser gab und den Nil übertreten ließ, verkündet der Munnadi en Nil, d. h. der Ausrufer des Nils, wie hoch das Wasser gestiegen sey, wobei er aber oft, um den Leuten eine Freude zu machen oder ein höheres Trinkgeld zu bekommen, gewaltig lügt. Das Steigen und Fallen des Nils ist der eigentliche Kalender der ägyptischen Bauern, denn nach der Höhe des Wasserstandes säen sie ihr Getreide. So wird schon im August die Moorhirse, so wie einige andere Gewächse gesäet, deren bald nachher aufsprossendes Grün am besten unter der Decke des später anströmenden Wassers fortkommt. Im Monat September erreicht das Wasser des Nils seinen höchsten Stand. Das untere, flachere Nilthal sieht schon wie ein See aus und längs des ganzen Stroms, von Oberägypten an bis in's Delta beginnen Freudenfeste Aller Art. Die frischen Nordwinde, die nun wehen, stellen die Communication zwischen Oberägypten, die der heiße Südwind abgebrochen hat, wieder her, und eine Menge von Booten mit großen dreieckigten Segeln fährt, von diesem Winde getrieben, rasch nach Oberägypten. Für Kairo bereitet sich an diesem Tag ein besonderes Fest vor, d. i. die Durchstechung des Dammes bei Alt-Kairo, was mit großen Feierlichkeiten vor sich geht. Schon Tags vorher läuft der Munnadi mit seinem Knaben festlich geputzt durch die Straßen und verkündet in einer blumenreichen Redeart, daß das Wasser den höchsten Stand erreicht habe. So beginnt z. B. der Munnadi. „Gott ist Gott. Er breitete den Erdkreis aus und sein Ruhm sey hochgepriesen!" worauf der Knabe antwortet: „Ja, und gab fließende Wasser, durch welche die Gefilde grün werden," und das geht so fort. Am Ende preist er noch den Freigebigen, der ihm ein gutes Trinkgeld geben wird und bittet Gott, ihn nicht vor die Thüre des Geizigen zu führen, „der," so sind ungefähr seine Worte, „das Wasser im Kruge mißt, oder die Brode noch im Teige zählt, oder die Katzen zur Essenszeit hinausschließt und die Hunde von seiner Mauer hinwegtreibt." Dagegen ermahnt er auch alle, sich bestens zu schmücken, um die großen Festlichkeiten bei Durchstechung des Dammes nicht zu versäumen. „Seht nur!" ruft er, „wie sich die Welt geschmückt hat - die Damen haben sich geputzt - der Junggeselle sieht sich nach der Gesellin um - der Jungfrau bereitet man den Brautschatz." In Alt-Kairo geht es sehr lustig her. Hier sind in der Nähe des großen Dammes Zelte aller Art aufgeschlagen, und Gaukler, Tänzer, treiben überall ihr Wesen. In großen Buden sind Caffeehäuser und Scherbetbereiter, und es geht da zu, wie auf einem großen Jahrmarkte bei uns. In dem noch trockenen Kanal wird die Arusch oder Braut des Nils aufgestellt, das

Andenken an eine alte barbarische Sitte, nach welcher jährlich dem überschwellenden Flusse eine Jungfrau geopfert wurde. Die jetzige Nilbraut aber ist nur eine aus Lehm und Nilschlamm zusammengesetzte Figur, die an der Stelle sitzt, wo der Damm durchstochen wird und ruhig ihr Schicksal erwartet. Um sie herum tanzt und jubelt das jüngere Volk bei Musik und Feuerwerk, das die Nacht vor dem festlichen Tage abgebrannt wird, bis zum nächsten Morgen, wo bei den ersten Strahlen der aufgehenden Sonne von der Citadelle der Donner der Kanonen erschallt und unter dem ungeheuren Jauchzen der Menge in Gegenwart der hohen Behörden der Damm durchgestochen wird. Ganze Schaaren Kinder stehen entkleidet in dem trockenen Kanal und erwarten das strömende Wasser, indem sie zuerst herumwatend einander hinwerfen, allerlei Balgereien treiben und die arme Nilbraut necken, die schon von den ersten Fluthen des Wassers aufgelöst wird und in Nichts zerrinnt. Endlich, wenn das Wasser höher und höher steigt, läuft das lustige Volk entweder an's Ufer oder umschwimmt schreiend das geschmückte Schiff Akabah, das ebenfalls von den Wellen flott gemacht wurde und auf dem strömenden Wasser unter lärmender Musik dahin fährt. Das Wasser fließt nun durch den großen Kanal in die kleineren und dann in die Gräben der Felder, und in kurzer Zeit ist alles Grün um Kairo mit Wasser bedeckt. In den letzten Tagen des Monats September fängt das Wasser schon allmählig an wieder zu sinken. Die höher liegenden Felder treten hervor. Gegen Ende Dezembers sieht man fast noch überall kleine Seen und Teiche, die allmählig verschwinden und gegen Anfangs März fließt der Strom wieder ruhig in seinem alten Bette dahin.

Von Alt-Kairo aus besuchten wir die Insel Roda, wo sich der uralte Nilmesser befindet und wo Ibrahim Pascha in neuerer Zeit einen botanischen Garten angelegt hat. Ersterer ist einer großen Cisterne ähnlich, deren aus Quadersteinen aufgeführte Wände mit Bildhauerarbeiten verziert sind. Da das Bauwerk oben offen ist, so sieht man unter den Wasserspiegel, in dessen Mitte sich eine achteckige Säule erhebt, worauf Namen und Zeichen eingegraben sind, nach denen man weiß, wie hoch das Wasser steht. Doch sind an dieser Säule keine Maße angegeben, sondern nur die Namen der verschiedenen Höhen des Nilufers, so wie der Dörfer, die das Wasser in der Wirklichkeit dann erreicht, wenn der Spiegel desselben in dem Nilmesser bis zu dem betreffenden Namen gestiegen ist. An drei Mauern dieses Behälters finden sich Nischen und an der vierten eine Treppe, auf welcher man zu dem Wasser hinabsteigen kann. Oben um den Rand sind Koransprüche mit sehr zierlicher Schrift in den Stein gehauen.

Der Garten des Pascha ist, wie ich schon früher bemerkte, halb auf englische Art angelegt und soll schon jetzt einen ziemlichen Reichthum von verschiedenen Gewächsen enthalten. Gegen Alt-Kairo bestehen die Ufer der Insel aus schönen, massiven Mauern, die den Garten umgränzen, und sind mit bequemen Treppen versehen, um vom Boote aus bequem in den Garten steigen zu können. Die Einfassungen verschiedener Parthieen dieser Anlagen bestehen aus Gittern, die sehr künstlich aus Rohr geflochten sind. Bei unserem Klima und seinem immerwährenden Regen würden diese Gitter halb verfaulen, aber hier halten sie, wie uns der jetzige Gärtner, ein Franzose, versicherte, viele Jahre. An einem Theil des Gartens befinden sich große Boskets von Palmen, Sykomoren, Feigen und Orangen und zwischen diesen Bäumen hat der Pascha ein Gartenhaus gebaut, das auf der einen Seite einen Saal, auf der andern aber eine Grotte hat, die mit den schönsten Muscheln und Korallen aus dem rothen Meer verziert ist. Es gewährte uns ein wahrhaftes Vergnügen, auf den grün angestrichenen Bänken dieses Gartens zu sitzen, dessen Einrichtung uns so ganz an die Heimath erinnern würde, wenn sich nicht neben uns schlanke Palmen erhöben und man nicht auf dem andern Ufer die Pyramiden in majestätischer Reihe sähe. – –

Obgleich wir schon eine ganze Pferdefamilie beisammen hatten, war es doch das erste Geschäft unseres Barons, Erkundigungen nach guten Pferden selbst einzuziehen, oder durch Leute, die sich hiezu gleich anboten, einziehen zu lassen. Zu Letzteren gehörte in erster Reihe der Schwabe, von dem ich bei unserer Ankunft in Kairo sprach; er war Thierarzt und kannte die Pferde der Stadt so ziemlich. Hauptsächlich war es ein brauner Hengst, den der Baron suchte, doch wollte er nur ein Pferd von der edelsten Race, die hier eben so selten sind, wie bei uns. An Leuten, die ihre Thiere präsentirten, fehlte es auch hier, wie überall, nicht; oft wurden solche als das Schönste, was man sehen könnte, angekündigt, und wenn man sich nun die Mühe gab, sie zu besehen, waren es die erbärmlichsten Pferde. So erinnere ich mich unter Anderem, daß der Lohnbediente Mechmed eines Morgens uns schon um fünf Uhr aus dem Schlafe weckte, um einen Arnautenschech zu melden, der, wenn es dem Baron genehm sey, einen prachtvollen braunen Hengst vorführen wolle. Sein Wunsch wurde ihm natürlich gewährt. Der Baron zog sich nach einiger Zeit an und ging hinunter. Doch kam er bald darauf wieder zurück und erzählte mir mit lautem Lachen: der prachtvolle braune Hengst sey ein ganz miserabler Fuchswallach gewesen, für den der Arnaut noch obendrein eine unmäßige Summe gefordert habe. So ging es zuweilen den ganzen Tag fort und der Baron konnte kaum die Zeit auftreiben, um alle die Pferde anzusehen, die ihm vorgeführt wurden. Es war überhaupt jetzt nicht die geeignete Zeit, um die Pferde der reichen Paschas und Kaufleute, worunter doch am ersten etwas Vorzügliches zu finden war, anzusehen; denn in diesen Monaten waren die Pferde nicht mehr in der Stadt, sondern man hatte sie, nach ägyptischem Ausdrucke, in den Persim gethan.

Wenn nämlich, wie jetzt, der Klee recht hoch steht, schickt der vornehme Aegyptier seinen ganzen Marstall auf's Land, entweder in seine eigenen Kleefelder oder in andere, die er zu diesem Zwecke miethet. Hier werden die Pferde, reihenweise an einem Hinterfuße gefesselt, auf das Kleefeld gebracht, wo sie so viel fressen können, wie ihnen beliebt oder so viel sie den Tag erreichen können. Am folgenden Morgen rückt man mit ihnen vorwärts und so immer weiter, bis das ganze Kleefeld abgefressen ist. Die Sais wohnen unter einem Zelt dabei, um die Pferde beaufsichtigen zu können. So sieht es in dieser Jahreszeit um Kairo aus, als haben lauter Nomadenstämme hier ihren Weideplatz erwählt. Doch wird dadurch das Besichtigen der Pferde äußerst erschwert, da man oft Stunden lang zu reiten hat, um von einem Persim zum andern zu gelangen.

Die Gestüte Mehemed Ali's, die um Schubra, dem Sommerlandsitz des Paschas, auf den Kleefeldern sich befanden, mußten natürlich auch angesehen werden, weshalb wir an einem schönen Morgen auf Reiteseln dahin aufbrachen. Längs dem Ufer des Nils ritten wir auf einer sehr schönen Straße, die mit einer Reihe dicht belaubter Akazien besetzt war, nach dem Landsitze des Pascha. Er besteht aus einer großen Gartenanlage mit Wohnhäusern des Pascha und aus mehreren Höfen, die umher liegen. Auf einem derselben befindet sich ein Elephant, den wir im Vorbeigehen ansahen. Das große, sehr starke Thier befand sich auf dem Hofe und war mit einer schweren Kette, die es um den Hinterfuß hatte, an eine Sykomore befestigt. Ein Junge, der höchstens acht oder neun Jahre alt war, spielte mit ihm. Es war komisch anzusehen, wie der kleine Kerl an dem Rüssel, den er wie einen Baum mit Händen und Füßen umklammerte, auf die langen Stoßzähne kletterte, von da die Ohren ergriff und seine Beine an den Kopf stemmend, auf denselben gelangte. Das riesenhafte Thier ließ Alles geduldig mit sich vornehmen, kniete auf das Geschrei seines kleinen Wärters nieder, stand wieder auf und am Ende nahm es den Knaben mit seinem Rüssel vom Kopfe herunter und setzte ihn sanft auf die Erde.

Wir verließen den Hof wieder und erreichten bald darauf Schubra, da uns der Eintritt in die Gärten ohne viele Schwierigkeiten erlaubt wurde. Diese sind in gemischtem Geschmack, bald italienisch, bald englisch, bald orientalisch angelegt, gewähren aber im Ganzen einen sehr schönen Anblick. Das Wohnhaus des Pascha ist auf Terrassen gebaut, die mit hohen, schlanken Gängen von Rebenlaub bedeckt sind. Eben solche gewölbte Lauben führen fast durch den ganzen Garten und selbst die Beete haben je nach ihren Figuren solche Laubbögen über sich. Der interessanteste Theil des ganzen Gartens ist der neue Pavillon des Pascha, der in einem Gebüsche von Palmen, Orangen, Feigen, Sykomoren, Platanen und noch andern dichtbelaubten Bäumen versteckt liegt.

Das Gebäude, fast ganz aus Stein aufgeführt, ist von sehr beträchtlicher Länge und Breite. Seine vier Seiten gleichen durch die vielen hohen Bogenfenster langen Gallerien. An den vier Ecken des ganzen Gebäudes befinden sich andere Pavillons, die auf dieselbe Art vorspringen, wie die Bastionen bei den Festungswerken. Auf breiten Marmortreppen gelangt man an die Thore des Gebäudes, deren sich auf allen vier Seiten befinden, und bleibt beim Anblick des Hofes überrascht stehen, so sinnreich und prachtvoll ist die Construction desselben erdacht und ausgeführt. Das Innere des ganzen Gebäudes bildet nämlich ein ungeheures Marmorbecken, das von den vier Seiten des Gebäudes, welche Bogengänge bilden, die nach Innen von schlanken Säulen getragen werden, umgeben ist.

Auf allen Seiten sind große Röhren angebracht, die geöffnet werden können und aus denen sich dann der Hof in kurzer Zeit mit Wasser füllt. In der Mitte desselben ist ebenfalls aus schönem Marmor eine Art Insel aufgeführt, die mit Orangenbäumen besetzt ist und auf der sich, wie überall an den Ufern dieses künstlichen Sees, Ruheplätze befinden. Dieser Pavillon ist zu großen, glänzenden Abendgesellschaften bestimmt, und dann muß der Anblick des Hofes wirklich zauberhaft seyn. Das Ganze war in dem Augenblick, wo wir es besahen, noch nicht fertig, und man legte eben die letzte Hand an die Einrichtung und die Röhren, um das Gebäude mit Gas beleuchten zu können. An den vier Ecken des Hofes sind colossale aus Stein gehauene Löwen, die immerfort Wasser in das Becken speien, und noch mehrere andere dergleichen Fontänen, und bei jeder derselben sind Gaslampen angebracht, deren Flamme unter dem Wasserstrahl brennen soll, was einen ungemein schönen Anblick gewähren muß. Die Eckpavillons sind halb europäisch, halb orientalisch eingerichtet, mit Divan und Teppich, Spiegel und Kronleuchter.

An einer andern Stelle des Gartens zeigte man uns ein Plätzchen, das sehr gemüthlich war, wo nämlich der Pascha, wenn er sich in Schubra aufhält, gewöhnlich sein Morgen- und Abendgebet verrichtet. Es ist ein kleines Rondel mit dichten Hecken umgeben und auf seiner Mitte befindet sich ein Divan aus Rasen und Moos mit einem Geländer aus zusammengewachsenen Baumstämmen. Die Richtung nach Mecca wird hier durch eine Sykomore bezeichnet, die, wie man sagt, vor dem väterlichen Hause des Vicekönigs gestanden haben soll und die er zum Andenken hieher verpflanzen ließ.

Wir bestiegen unsere Esel wieder und trabten um Schubra herum nach einigen großen Gebäuden, die mitten in den Feldern liegen und wo sich die Gestüte Mehemed Ali's befinden. Die weitläufigen Gebäude schienen mir ziemlich gut eingerichtet. Sie umschlossen mehrere hintereinanderliegende Höfe, auf denen sich eine große Anzahl kleiner Fohlen herumtrieb. Die Stallungen sind anders und wie es mir schien, zweckmäßiger eingerichtet, als die unsrigen, und sie haben statt e i n e r Stallgasse, wie bei uns, deren drei, indem nämlich an dem mittleren Gange die Pferde auf beiden Seiten stehen, mit den Köpfen gegeneinander gekehrt, und an jeder der beiden Wände des Stalles ist gleichfalls eine Gasse frei gelassen, so daß man auch hinter den Pferden her gehen kann.

Auf den Feldern, die zum Gestüte gehören, waren die Hengste und Stuten von einander abgesondert, auf dieselbe Art in dem Klee angebunden, wie ich es schon früher beschrieb. Wir ritten zu ihnen hinaus und wunderten uns sehr, so wenig oder fast gar nichts vollkommen Edles unter diesen Thieren zu finden. Von den Stuten war keine einzige da, die der Mühe werth gewesen wäre, daß man sie mit nach Europa genommen hätte; unter den Hengsten dagegen befanden sich wohl einige sehr starke und edle Thiere, aber diese waren in den früheren Kriegen mit den Wechabiten erbeutet worden und schon in einem Alter von achtzehn bis zwanzig Jahren, deßhalb für uns nicht zu brauchen.

Auf dem Rückwege nach Kairo führte uns Mechmed in eines jener Häuser, in dem sich die merkwürdigen Brütöfen befanden, in welchen die Aegyptier schon seit uralter Zeit die Hühner durch künstliche Wärme fabrikmäßig aus den Eiern hervorlocken; eine Erfindung, die selbst einen Engländer befriedigt haben würde. Die Hitze in den Gängen zu diesen Oefen war ziemlich stark und die ganze Einrichtung so eng und winklich, daß ich nur mit vieler Mühe mit unserem Mechmed hinein kriechen konnte, um wenigstens einen kleinen Begriff von dieser Anstalt zu bekommen. Zu beiden Seiten eines engen Ganges befinden sich kleine Kammern und über jeder derselben ein runder gewölbter Ofen. Der Boden dieser beiden Kammern ist mit feinem Stroh oder Binsen bedeckt, auf welche, nachdem der Ofen mit Mistkuchen geheizt worden ist, die Eier reihenweise neben einander gelegt werden. Doch wird anfänglich nur die Hälfte dieser Oefen geheizt, unter denen die Eier bis zum eilften Tage liegen bleiben; dann läßt man das Feuer oben ausgehen und bringt die Eier aus der Kammer auf die Backsteine des Ofens selbst, die von der Heizung der vorigen Tage noch eine ziemliche Wärme behalten. Jetzt wird auch die andere Hälfte der Kammern geheizt und ebenfalls mit Eiern belegt. Da die Oefen mit einander in Verbindung stehen, so erhalten die, in welchen das Feuer jetzt ausgegangen ist, von den andern noch immer so viel Wärme, als die kleinen Hühner zum Auskriechen bedürfen, was eben so wie unter der Henne am zwanzigsten oder einundzwanzigsten Tage geschieht. Von hundert Eiern kriechen gewöhnlich sechzig bis siebzig Küchlein aus und da dem Bauer für zwei Eier, die er gebracht, eines dieser Thierchen gegeben wird, so hat der Staat an den übrig bleibenden noch einen ziemlichen Nutzen, wenn man bedenkt, daß in Unter- und Oberägypten jährlich an sechzehn bis siebenzehn Millionen dieser Hühner ausgebrütet werden.

Unser Rückweg nach Kairo auf der guten Straße neben dem Nil war heute in den spätern Nachmittagsstunden reizend und schön. Das Wasser, von den letzten Strahlen der Sonne vergoldet, floß zwischen seinen üppigen grünen Ufern so still und ruhig dahin, und auf ihm schwammen die kleineren Boote, mit Frucht oder verschiedenem Grün beladen, das, hoch aufgethürmt, dem Boot mit einer schwimmenden grünen Insel viele Aehnlichkeit gibt. Ohne diese Fahrzeuge mit ihren kurzen Masten, an denen sich aber eine ungeheuer lange Segelstange befindet, kann man sich den Nil gar nicht denken. Wo man im Hintergrunde die Pyramiden sieht, dürfen diese seltsamen Segelstangen auch nicht fehlen. Die Fellahs, die ihre Geschäfte in Kairo besorgt hatten, kamen einzeln und in Schaaren zurück; die Weiber trugen Krüge und Körbe auf der Achsel und auf der Schulter, was bei der Geschicklichkeit, mit der sie diese Sachen zu balanciren wissen, sehr artig aussieht. Diese Weiber der ärmeren Klasse haben, wie ich schon früher bei Gaza bemerkte, etwas sehr Graziöses, ja Elegantes in ihren Bewegungen, besonders wenn sie mit ihren hohen Krügen über Gräben und Hecken daher springen. Bei solchen Gelegenheiten habe ich sie oft gesehen, wo sie ohne Zuthat das schönste Bild abgegeben hätten. So begegneten uns noch heute Abend dicht vor Kairo zwei junge Weiber in eifrigem Gespräch und sehr raschem Gange und eine trug einen flachen Korb auf dem Kopfe, dicht vor uns sprangen sie die Straße hinab und schlugen einen Feldweg ein, der tiefer lag, wodurch wir in den Korb sehen konnten. Statt Früchte oder sonst etwas, das wir darinn vermuthet hätten, war der Boden mit etwas Klee bedeckt, auf dem ein kleines nacktes Kind von einigen Monaten lag, das sich mit beiden Händen am Rand fest hielt und vergnügt in die Welt sah.

Bei den Thoren der Stadt verließen wir unsere Esel, um noch einen Gang auf die Acropolis oder die Citadelle der Stadt zu machen, welche an einem Abhange des majestätischen Mokkatams liegt. Dieser alte Bau, von Sultan Saladin gegründet, hat schon viel Veränderungen erlitten und Ströme von Blut fließen sehen. Auf einem breiten gepflasterten Wege steigt man hinan und kommt oben zum großen Burgthor, vor dem sich links die Menagerie des Pascha befindet. Wir konnten sie nicht sehen, da der Wärter abwesend war.

Von den älteren Bauwerken hier oben sieht man nur noch einige Ruinen von dem Palaste Saladin's; sonst ist Alles, was an die Saracenen erinnern könnte, bei der Umwandlung der Citadelle in eine moderne Festung nach europäischer Art gänzlich verschwunden. Von neueren Gebäuden ist hier oben die Residenz Mehemed Ali's, so wie die Sitzungssäle für den obersten Gerichtshof und für den Oberrichter oder Kadi der Stadt. Jetzt läßt der Vicekönig aus prächtigem Alabaster, der in der Umgegend gefunden wird, eine neue Moschee bauen, zu welcher auch die noch übrigen Granitsäulen vom Palaste Saladins verwendet werden. Mechmed führte uns an eine Stelle der Festungswerke, wo die Mauern, dann der Felsen des Berges über hundert Fuß tief senkrecht hinabgehen und erzählte uns, daß, als Mehemed Ali die Mameluken hieher gelockt und den größten Theil niedergemacht, hier an dieser Stelle ein alter Schech mit seinem Pferde hinabgesprungen und glücklich entkommen sey. Das Schönste, was wir auf dieser Stelle genossen, ist die ungeheure Aussicht, die man rings herum hat. Wie immer sind es auch die Pyramiden, die zuerst den Blick auf sich ziehen und die man hier an den Ufern des mächtigen Stromes in West und Südwest in ihrer ganzen Ausdehnung vor Augen hat. Dort sieht man die drei großen Pyramiden von Ghizeh mit den sechs kleineren, die daneben stehen; dann weiter gen Süden die Gruppe der Pyramiden von Abusir und endlich ganz in der Ferne die Pyramiden von Sakkarah sich scharf am Horizont abzeichnen. Vor uns am Fuße jener ersten Pyramiden, die mitten in dem gelben Sande stehen, der sich hinter ihnen tausende von Meilen weit ausdehnt, liegt das Dörfchen Ghizeh, dessen saftig grüne Felder von jenem verbrannten Gelb scharf abstechen. Sie werden von den Fluthen des Nils bespült, der, ein mächtiger Zauberer, zu beiden Seiten grüne Felder und schlanke Dattelpalmen in dichten Reihen hervorruft. Jenseit des Stromes liegt Fostat und zu unsern Füßen im weiten Kreis die ägyptische Hauptstadt Kairo, ihrem Namen nach die Siegreiche, aber nach einer andern Bedeutung des Worts auch die Geplagte und oft Beunruhigte. Gegen Nordost sieht man gleich vor den Mauern der Stadt den großen Kirchhof von Bab en Nusr, der aber nicht, wie gewöhnlich, nur Grabsteine hat, sondern sich durch die Masse seiner thurmartig gewölbten Familienbegräbnisse auszeichnet. An ihn stößt ein anderes noch weit prächtigeres Todtenfeld, die Gräberstadt der Mamelukenkönige, und man kann diesen Grüften mit Recht den Namen einer Todten- oder Gräberstadt geben. Auf einer Länge von fast einer Stunde Weges sieht man dort große stattliche Gebäude mit gewölbten Kuppeln, hohen Minarets, die mit der schönsten

Bildhauerarbeit bedeckt sind, in denen Niemand wohnt und in denen jene Herrscher beigesetzt wurden, nachdem ihnen der Tod den Säbel entwunden. Man hätte zu diesen Wohnungen der Todten nicht leicht einen ruhigeren, stilleren Platz wählen können. Er liegt an einem Abhange des Mokkatamberges, Sand im Sande, aus dem sich die Gebäude selbst, meistens aus graugelben Steinen erbaut, von gleicher, öder, trauriger Farbe erheben. Hinter ihnen beginnt die syrische Wüste, durch die wir hergezogen, eine weite Fläche, auf der man von hier aus kleine Oasen sieht, einzelne Palmengruppen und dazwischen die weißen Gebäude, ebenfalls nur mit dürftigem Grün umgeben, an denen wir vor einigen Tagen vorübergezogen.

Die Residenz des Pascha's, aus vielen größeren und kleineren Sälen bestehend, ist theilweise ganz orientalisch, theils halb europäisch eingerichtet. In den großen Gerichts- und Audienzsälen sieht man nur Divans und Teppiche, in den Privatgemächern des Vicekönigs dagegen hat man mit Spiegeln, Kronleuchtern, Teppichen etc., einen wahren Luxus getrieben. Das Schlafgemach des Pascha's ist klein, mit einem sehr dicken persischen Teppich bedeckt und in der Mitte desselben ist auf diesem das Lager, aus einigen dicken Matratzen bestehend, über die feine Decken gebreitet sind, auf welchen wieder eine Menge kleiner Kissen liegen. An den vier Ecken dieses Lagers erheben sich schlanke, vergoldete Säulen, die einen gewölbten Baldachin unterstützen, von dem nach allen Seiten feine Seidenflore herabhängen, um den Schlafenden vor den zudringlichen Mücken zu bewahren, die eben so wenig den Herrscher wie den Fellah verschonen.

Neben diesem Schlafgemach war ein anderes Zimmerchen mit kleinen Divans, einem Tisch, Fauteuils und einem prächtigen französischem Kamin aus weißem Marmor. Sehr schön eingerichtet waren die Badgemächer, die aus drei hintereinander liegenden Zimmerchen bestehen, von denen die Wände, Fußboden und Decke der beiden letzteren aus sehr schön gesprenkeltem, glänzend polirtem Alabaster bestehen. Die Einrichtung zum Baden selbst bestand, wie bei uns, aus einer großen Wanne; doch war auch eine Vorrichtung da, um das letzte Kabinet nach türkischer Art mit Wasserdämpfen füllen zu können.

Das älteste Gebäude auf der Citadelle ist der sogenannte Josephsbrunnen, der nach Einigen vom Sohne Jakobs seinen Namen haben soll, nach Andern aber vom Sultan Saladin, der ebenfalls den Namen Jussuff - Joseph hatte. So viel ist gewiß, daß der Kalif, der vielleicht hier die Ueberreste der alten Bauwerke gefunden haben mag, ihn erweitern und vom Sande der Wüste reinigen ließ. Dieser Brunnen ist eine trichterartige Schlucht in den Felsen, deren unterste Tiefe bei zweihundert und fünfzig

Fuß betragen soll. Da es unten nichts anderes zu sehen gab, als gewöhnliches Nilwasser, so stiegen wir nicht hinab.

Wir hatten heute eine lange Tour gemacht und beeilten uns deßhalb nach unserem Hôtel zurückzukommen, wo die Fleischtöpfe Aegyptens auf uns warteten. Etwas Anderes, was wir bei unserer Zurückkunft fanden und was uns noch mehr erfreute, als das wirklich gute Diner, war unser lieber Fürst Aslan, der heute von Damiette, wohin er von Gaza mit dem Dampfschiffe Ibrahim Pascha's gegangen war, hier ankam. Er wollte sich eine Zeit lang in Kairo aufhalten, und wußte noch nicht, wo er von hier aus seinen Stab hinsetzen würde. Wir hatten zum Diner unsere Freunde Pruner und Fischer eingeladen und unterhielten uns mit ihnen und dem Fürsten von unsern Abenteuern auf der Wüstenreise, als plötzlich der Chef unserer Caravane, der Tartar Gassi, in den Saal trat, der uns aufgesucht hatte, und wir verlebten alle zusammen einen fröhlichen, aber etwas theuren Abend; denn den vaterländischen Wein, den wir tranken, es war Hochheimer, ließ sich unser englischer Wirth mit fünfzehn Gulden die Flasche bezahlen.

Wenn ich jetzt in der Heimath von einem Besuch der ägyptischen Pyramiden, jener uralten Bauwerke, erzähle, so liegt mir das wieder eben so fern und hinter Traumschleiern verborgen, und ich könnte in Versuchung kommen, jene Zeit, wo wir uns einen Esel satteln ließen, um jene Weltwunder, die dicht vor unsern Augen lagen, zu besuchen, für eine fabelhafte zu halten, wenn nicht zuweilen dieser ganze merkwürdige Tag und das Bild dieser colossalen Steinhaufen, von lebhafter Erinnerung beleuchtet, hell und klar vor mein Inneres träte. Unser Mechmed hatte schon den Tag vorher für dauerhafte, starke Esel gesorgt, von denen wir jeder einen bestiegen, und der übrigbleibende mit Eßwaaren beladen wurde, da wir erst am Abend zurückkommen konnten. Wir waren mit dem englischen Kapitän und Mechmed zu sechs. In Alt-Kairo, wo wir uns mit den Thieren vermittelst einer Barke über den Strom mußten setzen lassen, gab es bei dieser Gelegenheit eine lustige Scene; denn um die Esel in das Boot zu bringen, mußte man zur Gewalt seine Zuflucht nehmen, wobei es denn äußerst komisch aussah, wenn so ein Thier von zwei Mann am Kopf und Schweif gehalten, in das Fahrzeug geschleppt wurde. Auf dem andern Ufer des Nils ritten wir eine Zeit lang unter zahlreichen Palmen dahin und erreichten in Kurzem das Dorf Ghizeh, wo sich die größten Brütöfen befinden, denn hier allein werden jährlich an hundert und dreißigtausend Eier ausgebrütet. Bei diesem Dorfe und schon früher auf den Feldern hatte sich unsere Gesellschaft mit jedem Schritte vermehrt; denn alle Fellahs, die uns erblickten, verließen ihre Arbeit und liefen uns nach. Einige boten kleine aus Thon gebrannte Mumien zum Verkauf an, Andere eben solche

Käfer, Ohrgehänge, kleine Figürchen, die man in Mumien gefunden; aber die meisten wollten uns begleiten, um uns beim Ersteigen der Pyramiden oder beim Hineinklettern in's Innere hülfreiche Hand zu leisten. Bald hatten wir aber, besonders von diesen Letzteren, so viele um uns, daß auf jeden von uns, Mechmed eingerechnet, wenigstens zehn gekommen wären, weßhalb dieser, da sich der Haufen noch immer mehrte und uns mit lautem Geschrei umschwärmte, einschritt und einen Theil fortzujagen suchte. Doch dies war nicht so leicht geschehen, obgleich unser Kapitän dabei aus allen Kräften half. Wenn das Volk auch vor dem hochgeschwungenen Stocke Mechmeds einen Augenblick zurückwich, so waren sie doch gleich wieder in der Nähe und die Bemühungen des Kapitäns, sie fortzujagen, waren wirklich lächerlich. Er ritt sein eigenes Pferd und verfolgte damit zuweilen die Einzelnen, die sich zu nahe an uns gedrängt, über Klee- und Fruchtfelder hinweg, ohne jedoch einen mit der geschwungenen Peitsche zu treffen; denn obgleich sich das Pferd sehr schnell wandte, so waren doch die Fellahs viel geschwinder und fingen an, ihn weidlich zu necken.

Bald hatten wir die Pyramiden vor uns liegen und was ich schon früher einmal bemerkte, daß sie aus einiger Entfernung dem Auge nicht so colossal erscheinen, mag wohl daher kommen, daß jede ihrer Seiten ein regelmäßiges Dreieck bildet. Ein Arm des Nils trennte uns noch von ihnen. Da keine Brücke über ihn führte, so mußten wir ihn auf den Eseln durchwaten; doch war das Wasser schon so klein, daß wir ohne viele Mühe hindurchkamen. Nur gewährten uns einige Weiber, die vor uns wateten, einen lächerlichen Anblick; diese, um ihr blaues Hemd nicht naß zu machen, hoben es in die Höhe und waren schon fast in der Mitte des Wassers, als sie uns am Ufer ansichtig wurden. Sie erhuben ein lautes Geschrei und wir sahen ihnen an, daß sie lange schwankten, was schlimmer sey, ihre Kleider naß zu machen oder unsern Blicken ausgesetzt zu bleiben; doch mußte ihnen das erste als das größte Uebel erscheinen, denn sie blieben in ihrer früheren Position und erreichten das jenseitige Ufer glücklich mit Ausnahme einer einzigen, die beim Hinaufspringen auf das Gesicht fiel.

Das jenseitige Ufer war sehr schmal von Grün eingefaßt, auf dem sich noch einige Palmen erhoben; dann fing die Sandregion an, in welcher auch die Pyramiden stehen, graugelb wie der Boden. Je näher man nun diesen Colossen kommt, je riesenhafter dehnen sich die Formen nach allen Seiten aus und als wir um den Fuß der größten Pyramide, der des Cheops, herumritten und an den Steinmassen empor sahen, kamen sie mir nicht mehr wie ein Gebäude vor, sondern wie ein Gebirge, dem die Natur eine regelmäßige Form gegeben. Man muß aber auch bedenken, daß die Basis dieser Pyramide einen viereckigen Platz bildet, wie wir selbst in unsern größten Städten fast keinen größeren haben. Jede ihrer Seiten mißt dreihundert Schritte und die ganze Fläche umfaßt fünfmalhundert fünfzigtausend Pariser Quadratfuß. Jetzt, wo sich durch die Winde der Wüste an allen Seiten große Sandhaufen um den Fuß der Pyramide gehäuft, haben ihre Seiten unten nur noch siebenhundert sechzehn Pariser Fuß; doch braucht man noch immer eine gute Viertelstunde Zeit, um das ganze Gebäude zu umgehen. Die Höhe der Pyramide des Cheops beträgt nach den neusten Messungen vierhundert sechzig Pariser Fuß.

Ueber dem Eingang bieten herabgefallene Baustücke eine ziemliche Fläche dar, auf welche wir uns setzten, um unser Frühstück zu verzehren. Mechmed war beschäftigt, die Beduinen, die uns ins Innere so wie auf die Pyramide hinauf begleiten sollten, auszusuchen, was unter einem unerhörten Schreien und Lärmen vor sich ging. Die Ausgewählten machten einen fürchterlichen Skandal, indem sie zu uns heraufschrieen, daß sie auf alle Fälle die besten und stärksten seyen und Mechmed mit vieler Umsicht gewählt habe. Die Andern dagegen schimpften auf ihn und prophezeiten uns nichts Gutes, wenn wir uns solchen schwachen Kerls anvertrauen wollten.

Der Kapitän, der es nicht lassen konnte, die Leute auf alle erdenkliche Art zu necken, fing auch hier wieder sein Spiel an. Mechmed hatte die Leute, die er für uns ausgesucht, zu unsern Füßen an den Eingang der Pyramide gestellt, und die Andern umgaben diese in einem weiten Kreise; auch hatten sich eine Masse Weiber eingefunden, die auf den Steinen umherkauerten und uns bald Wasserkrüge zum Trinken anboten, bald aus ihren Schleiern kleine Figürchen und Münzen hervorwickelten, die wir ihnen abkaufen sollten. Anfangs amüsirte sich der Kapitän damit, daß er die Ueberreste unseres Frühstücks unter das Volk vertheilte, wobei er hauptsächlich gegen die „Damen" galant war und ihnen die besten Brocken an den Kopf warf. Doch als er so alle Eßwaren verschleudert hatte, begann er den unter uns stehenden Fellahs Sand auf die Köpfe zu scharren, worüber diese ein lautes Geschrei erhoben, was ihn aber so amüsirte, daß er, glaube ich, dies Spiel lieber den ganzen Tag fortgesetzt hätte, als die Pyramiden zu besteigen.

Mechmed traf jetzt die Anstalten, das Innere der Pyramiden zu besehen, wozu er die mitgenommenen Lichter anzündete und unter den Fellahs vertheilte. Außer diesen wurden jedem von uns zwei dieser Leute zugetheilt, von denen der eine vorausging und der andere nachfolgte, um uns so eingeschlossen vor dem Fallen auf dem glattgeschliffenen Granitboden zu verwahren.

In das Innere der Pyramide führt ein Gang, der so hoch und schmal ist, daß man sich eben darin fortbewegen kann. Seine vier Wände bestehen aus dicht an einander gefügten Granitstücken, die geglättet sind, und da obendrein dieser Gang in einem Winkel von sieben und zwanzig Grad abwärts führt, so kann man sich leicht denken, daß es nöthig ist, sich vor dem Ausglitschen zu bewahren. Außer den dichten Staubwolken, die unsere Fußtritte in dem Gebäude aufwühlten und dem Willkommen, den uns einige große Fledermäuse spendeten, indem sie um unsere Köpfe flogen, machte eine Hitze von 23° Reaumur, welche als die mittlere Temperatur des Landes beständig in diesem Gebäude herrscht, das Hineinkriechen äußerst beschwerlich und unangenehm. Auf diese Art führt der Gang hundert Schritte abwärts, und man muß alsdann unter demselben Winkel an der andern Seite wieder aufwärts steigen, um in die oberen Gemächer zu gelangen. Doch ist dies letztere noch bei Weitem beschwerlicher und wirklich gefährlich; denn der Boden dieses aufwärts steigenden Ganges ist horizontal, und an seinen Wänden finden sich kleine Vorsprünge, auf welche man die Füße stellt und so mit gespreizten Beinen aufwärts gelangt. Auch hier hat man vor und hinter sich einen der Fellah, was sehr nöthig ist, da dieser Vorsprung aus Granit besteht und ebenfalls geglättet ist. So krochen wir gebückt einer hinter dem andern her, von Staub und Hitze belästigt und fast ganz im Dunkeln; denn unsere armseligen Wachskerzen erhellten den Raum nur spärlich, auch war ein Theil der Fellahs, welcher sie trug, voraus in das obere Gemach geeilt. Plötzlich hörten wir von dort einen tiefen Ton erschallen, dumpf und zitternd, gleich dem einer großen zersprungenen Glocke, der sich mit voller Gewalt durch die Gänge des ungeheuern Gebäudes fortpflanzte. Es waren unsere Fellahs, die mit einem Stein gegen die Wände des Sarkophages schlugen, der hier oben steht. Jetzt erreichten auch wir das obere Gemach, die Kammer des Königs genannt. Seine Wände, Decke und Fußboden bestehen aus geschliffenem Granit, auf welchem die Besucher der Pyramide mit Kohle und Kreide ihre Namen und Bemerkungen geschrieben. Der leere Sarkophag, von dem ich oben sprach, besteht auch aus geschliffenem Granit, ist sieben Fuß lang und drei Fuß breit und hoch. Wenn man die kleine Thüröffnung sieht, die kaum so breit ist, wie dieser Sarg, so kommt man auf die Vermuthung, daß dieser Stein eben so wie die Gänge und Kammern während dem Bau der Pyramide aufgestellt wurde und sich der obere Theil allmählig darüber erhob. Auf die ersten Besucher dieser Grabeskammer wird es einen freudigen Eindruck gemacht haben, beim Oeffnen des in dem Sarkophag befindlichen Mumienbildes eine Mumie zu finden, mit einem goldenen, von Edelstein glänzenden Brustharnisch, der mit unbekannten Charakteren beschrieben war. Jetzt ist der Sarkophag natürlich leer.

Wir stiegen wieder abwärts und besuchten die Kammer der Königin, die am Ende des horizontalen Ganges liegt, von dem ich oben sprach. Sie enthält weiter nicht viel Merkwürdiges und man sieht dort nur vier nackte glatte Wände. Unterhalb dieser Kammer und oberhalb der des Königs hat man vor noch nicht langer Zeit andere Gemächer entdeckt, zu welcher schachtartige Oeffnungen führen, die man vermittelst Querhölzer, die wie Leitersprossen übereinander stehen, erreichen kann. Da diese Sache jedoch, wie uns Mechmed versicherte, ziemlich gefährlich und dagegen wenig belohnend ist, indem man in diesen beiden Gemächern auch weiter nichts sieht, wie die nackten Wände, so unterließen wir diese Partie und krochen durch den Gang, zu welchem wir hereingekommen, wieder an die freie Luft, die uns nach der dumpfen heißen Atmosphäre, die drinnen herrscht, angenehm und erfrischend war.

Wir setzten uns an den Fuß der Pyramide hin, um von den überstandenen Mühseligkeiten auszuruhen und ließen dabei unsern Blick auf dem ungeheuern Bau umhergleiten. Wenn man die colossalen und doch so regelmäßigen Formen der Pyramide eine Zeit lang genau betrachtet hat, so wird die riesenhafte Größe dieser Bauwerke dem Auge erst recht klar, und man muß in Erstaunen gerathen über die damalige Zeit, der es möglich war, solch' ein Werk aufzuführen; denn außer dem Aufbauen der Pyramide selbst wie das Anfertigen und Herbeischaffen des Materials, war das Errichten der schiefen Fläche, die mit dem Bau wuchs und auf welcher die Steine bequemer hinaufgeschafft wurden, eine eben so große Arbeit. Nach Herodot brauchten hunderttausend Menschen zehn Jahre Zeit, um die Steine aus dem arabischen Gebirg heranzuschleppen und dann wieder zwanzig Jahre, um die Pyramide selbst aufzurichten. Früher, als das Aeußere derselben noch mit geglätteten Granitplatten belegt war, fand sich auf einer derselben eine Rechnung eingehauen, woraus man ersah, daß die ganze Beköstigung der Arbeitsleute an der großen Pyramide nur für Zwiebel, Rettig und Knoblauch an fünfmalhunderttausend Gulden gekostet hat. Danach kommt freilich auf jeden jährlich ein Gulden fünf Kreuzer und also in fünf Tagen ein Kreuzer, woraus man gewöhnlich die außerordentliche Wohlfeilheit in jenen Zeiten zu belegen sucht; doch scheint es mir viel eher, als habe man mit jener Rechnung die ungeheure Summe anzeigen wollen, die das Ganze gekostet, wenn man schon für diese Kleinigkeiten so viel ausgab; denn Herodot fährt, nachdem er Obiges erzählt, fort: „und wenn sich dieses so verhält, wie viel muß nicht sonst noch aufgewendet worden seyn für Eisen zum Arbeitszeug und für Speise und Kleidung der Arbeiter!" Es ist mir unbeschreiblich, wie man schon so viel hat schreiben und sprechen können und Vermuthungen aufstellen über den Zweck, den die ägyptischen Könige bei Erbauung der Pyramiden vor Augen gehabt. Wer die alte Geschichte dieses Landes und das Land selbst kennt, wo man auf jedem Schritte die fast abgöttische Verehrung findet, welche die Aegyptier mit ihren Todten trieben, und wie sie Allen bis zu den Leichnamen der Thiere hinab, die sie verehrten oder fürchteten, nach Kräften und Vermögen Grabgewölbe oder Denkmale erbauten, der wird, wenn er das Innere der Pyramiden kennt, nicht daran zweifeln, daß es gewiß weit eher Grabgewölbe sind, die sich die Eitelkeit der Könige erbaute, als Deckel von ungeheuern Cisternen oder gar natürliche Formationen der Kalksteingebirge, was auch schon behauptet wurde. Das Ersteigen der Pyramide, zu dem wir nun schritten, ging mit viel weniger Schwierigkeiten vor sich, als das Hineinkriechen in dieselben. Man klettert an einer der Ecken hinauf und wir hatten, um den Sonnenstrahlen auszuweichen, die nördliche gewählt. Obgleich aus der Entfernung die Seiten dieser Gebäude ganz glatt aussahen, so bilden doch die auf einander gethürmten Steine fast regelmäßige Staffeln von zwei bis drei Fuß Höhe und eben solcher Breite, über welche man, wie auf einer Treppe, zum Gipfel der Pyramide hinansteigt. Zu den Fellahs, die uns in das Innere derselben begleitet, hatten sich unter allerhand Vorwänden noch eine Menge anderer gesellt, die sich weder durch die drohende Miene unseres Mechmeds, noch durch die Reitpeitsche des Kapitäns hinwegtreiben ließen. Unter den vielen Weibern und Mädchen, die uns mit ihren Wasserkrügen umstanden, waren mehrere von hübscher Figur und frischem Gesicht. Einer derselben, sie hieß Miriam, kaufte ich einige der kleinen aus Thon gebrannten Mumien ab und sagte ihr durch Pantomimen etwas Schönes, worauf sich meine Begleitung, die schon aus drei Fellahs bestand, sogleich noch um einen vermehrte, der mir, als ich ihn wegweisen wollte, mit ziemlich begreiflichen Geberden sagte, er sey ja der Bruder des Mädchens, das ich so eben angesprochen.

Jetzt fingen wir an hinaufzuklettern, was durch die Unterstützung der Fellahs, jeder von uns hatte wenigstens drei, sehr rasch von Statten ging. Zwei hatten meine Arme erfaßt, sprangen eine Staffel hinan und zogen mich so mit lautem Geschrei hinauf, wobei die Andern nachschoben. Ich machte ihnen verständlich, daß ich gern zuerst oben seyn möchte und versprach ihnen dafür eine Kleinigkeit mehr. Das wirkte und ich hatte vor allen Andern den Gipfel erreicht. Dieser bildete eine breite Platte, worauf man bequem ein kleines Haus bauen könnte; doch liegen einige große Steinblöcke hier herum, hinter welche ich mich setzte, um mich vor dem Wind, der hier oben etwas stark wehte, zu schützen. Bald kamen auch die Andern nach und der Kapitän, der keinen Fellah mit sich genommen hatte, war der Letzte. Außer den Beduinen, die Mechmed zu unserer Führung angenommen hatte, war eine gewiß noch eben so große Anzahl für ihre eigene Rechnung mit hinauf gesprungen, so daß wir mit einem großen Gefolge hier oben anlangten. Sogar von den Weibern kletterten viele, flink wie die Gemsen, zwischen den Männern mit hinauf, was bei der Geschicklichkeit, mit der sie dabei ihren Wasserkrug zu halten wußten, nicht übel aussah. Sie setzten sich dieser Strapatze nur deßwegen aus, um vielleicht für einen Trunk, den wir oben aus ihren Krügen thun würden, einige Para zu bekommen. Die Aussicht hier oben ist sehr schön, doch ist das Gefühl, die Pyramiden bestiegen zu haben, belohnender, als der Anblick des flachen Landes mit dem Nil, der sich wie ein silbernes grün eingefaßtes Band durch den gelben Sand hinzieht.

Auf der einen Seite haftet der Blick an Kairo und auf der andern Seite irrt er in der großen lybischen Wüste herum, in die man von hier aus ziemlich weit hineinsieht. Neben uns lag die Pyramide des Cephren, die an vierhundert Fuß hoch ist, so wie die des Mykerimus, die noch um ein Bedeutendes kleiner ist, als jene, aber vor Alters die prächtigste gewesen seyn soll; denn ihr Ueberzug bestand aus geschliffenem Porphyr, Sienit und Granit. Bis jetzt hat man in ihr Inneres noch keinen Weg gefunden. Auf einem der Blöcke, von weichem Kalkstein, die hier oben lagen, schnitten wir mit dem Messer unsere Namen ein. Das Hinabsteigen ging noch rascher vorwärts, als das Hinaufklettern, und ich muß gestehen, daß die Fellahs für das Wenige, was sie verdienten, sich große Mühe gaben. Ich zählte bei dem Herabspringen zweihundert und sechs dieser Lagen von Werkstücken oder Staffeln.

Nach einigen Streitigkeiten, die wir unten noch mit unsern Begleitern hatten, indem sie unter allerlei Vorwänden außer ihrer vorher bestimmten Bezahlung noch etwas verlangten, gingen wir um die Pyramide herum, wo auf der andern Seite bei dem bekannten ungeheuern Bilde der Sphinx unsere Eseltreiber mit den Thieren waren. So colossal diese Figur ist, so steht sie doch neben den Pyramiden kleinlich, fast unscheinbar da. Nach Wilkensons chronologischen Tafeln ist dies Werk das jüngste von allen, von Thothmes IV. aus der Masse eines hier stehenden Felsen ausgehauen worden. Dies Denkmal ist schon häufig beschrieben worden, doch leidet das Bild durch die Barberei mancher Besucher und den Sand. Besonders das Angesicht ist sehr verstümmelt, die Nase fehlt ihm ganz und der Kopfschmuck, der wahrscheinlich von Metall und eingefugt war, ist völlig verschwunden. Von dem Altar und der Tafel, welche man zwischen den vordern Löwenfüßen wieder aufgefunden hat, sieht man nichts mehr; denn der Sand der Wüste häuft sich um die Sphinx immer tiefer an. Am Fuße der Pyramiden sind viele Grabkammern in den Felsen gehauen, aus denen man die Mumien weggeführt. In einer derselben setzten wir uns hin und tranken die letzte Flasche unseres mitgenommenen Cyperweins dem Andenken der Todten, die hier nach mehrtausendjähriger Ruhe ihren Gräbern entrissen worden waren, und uns in ihren kühlen Wohnungen einen Platz zum Ausruhen gönnten.

Vor ungefähr zehn Jahren war noch in Kairo unter der Regierung des alten Mehemed eine gar schöne, lustige Zeit. Die Kultur hatte noch keine Polizei dort eingeführt, und die Leute konnten in ihren vier Pfählen so ziemlich thun, wozu sie Lust hatten. Oeffentliche Tänzerinnen, Sängerinnen, Alles dergleichen war privilegirt. Es wurden Karten in ungeheurer Menge gelöst, und es war dies eine große Finanzspekulation des Pascha. Es muß damals in der alten Kalifenstadt ein Leben gewesen seyn, als ob sich das Paradies zur Erde herabgelassen und die Langeweile in den Himmel gezogen wäre. Dies dauerte aber nicht lange; denn da diese Betreiber der schönen Künste allmählig zu laut wurden, mischten sich die Consuln der fremden Mächte hinein, und der Pascha, vielleicht selbst geärgert durch das Unwesen, das er hervorgerufen, befahl von heute auf morgen: alle ausgegebenen Erlaubnißscheine sind erloschen, und wer trotz dem sein Geschäft forttreibt, wird exemplarisch bestraft. Und wirklich, die Bestrafungen wurden ganz originell ausgeführt; die Regierung ließ am folgenden Tag Alles, was sich durch Empfang einer Karte als Tänzerin, Sängerin etc. selbst angezeigt hatte, und noch in Kairo oder dessen Umgebung zu finden war, aufgreifen, nach Oberägypten abführen und dort mit Soldaten verheirathen, aus welcher glücklichen Verbindung wohl ein neues Heroengeschlecht seinen Ursprung nehmen wird.

Wer nur, wie wir, die schönen Araberinnen kennt, wer so oft gesehen, wie sie die geringfügigsten Dinge mit einer gewissen Grazie und Leichtigkeit ausführten, wer so viel gehört hat von den reizenden Tänzen dieser Houris, der kann sich denken, wie leid es uns that, einem solchen Ballet nicht beiwohnen zu können. Daß sich viele dieser Tänzerinnen noch heimlich in Kairo aufhielten, wußte jeder; es hielt aber bei der wachsamen Polizei sehr schwer, sie, besonders vor den Augen der Christen, zum Tanzen zu bewegen. Ein deutscher Bekannter jedoch, den wir dort trafen und der so ziemlich eingebürgert war, forschte einige Zeit herum, und kam endlich eines Abends uns anzuzeigen, daß er mit Hülfe einiger ägyptischen Bekannten des andern Tags eine Unterhaltung der Art zu arrangiren suchen werde.

Am folgenden Abend holte er uns in Begleitung eines andern Deutschen ab, der sich uns als der Mann präsentirte, welcher uns den Genuß einer ächt levantinischen Abendunterhaltung, von den Arabern, wie alle gesellschaftlichen Vergnügungen, Phantasie genannt, bereitet habe. Dies war indessen nur auf die vielfachen Verwendungen seiner Frau, einer Kophtin, möglich geworden. Unser neuer Bekannter hatte diese würdige Dame auf die unter jener Christensekte gewöhnliche Weise, nämlich nur auf beliebige Zeit, zum Weibe genommen, wofür er ihren Aeltern, da sie sich weder durch Schönheit noch Jugendfrische gerade auszeichnete, die mäßige Summe von zehn Thalern beim Empfange und eben so viel bei der Zurückerstattung, ob mit oder ohne Kindern, zu entrichten hatte. Während der Ehe mußte er sie gehörig nähren, kleiden und sonst gut behandeln, was von ihr durch Treue, Liebe und thätigste Besorgung des Hauswesens nach ihrem Vermögen dem theuern Herrn und Gatten vergolten wurde. Dieses musterhafte Wesen hatte uns durch wirksame Empfehlungen den Eintritt in den Harem des armenischen Münzdirektors, der ein entlegenes Quartier der Stadt bewohnte, verschafft.

Das Haus hatte alle für den Zweck erforderlichen Eigenschaften. Es lag so weit von der Stadt ab, daß man die schreienden Töne der Violinen nicht hören konnte; auch war es mit hohen Mauern umgeben; welche keine neugierigen unbefugten Blicke hineinließen. Wir traten in ein Zimmer, recht hübsch nach orientalischem Geschmacke eingerichtet, in welchem sich bereits etwa zwanzig Personen befanden, und wurden vom Hausherrn, nachdem wir uns neben ihm niedergelassen, nach den hergebrachten Formeln freundlichst bewillkommt. Drei Seiten des Zimmers waren mit dem unentbehrlichen Divan besetzt, worauf des Armeniers Familie und einige seiner Bekannten lagen und saßen. Die Zahl der Damen mochte etwas weniger als die Hälfte der ganzen Versammlung betragen. Auf der Seite des Zimmers, wo kein Divan war, saßen am Boden drei arabische Musiker mit Tambourin und Violinen aus Kokosnußschaalen, mit zwei Saiten bespannt, die sie mit ziemlicher Fertigkeit spielten und dann und wann mit Gesang begleiteten. Von der Decke hingen ein paar Leuchter und der Fußboden war mit hübschen Teppichen belegt.

Sobald wir nach allen Seiten, durch Auflegen der Hände auf das Herz und dann an den Kopf, gegrüßt, wurden uns von den Frauen Pfeifen und Caffee gereicht, so wie auch bald von der einen, bald von der andern Branntwein in kleinen Gläsern, der in unglaublicher Menge getrunken wurde. Dazwischen mußten wir Mandeln und Oliven essen, welche letztere man mit den Fingern aus der Brühe holen mußte, und hinterher kam stets ein goldgesticktes Tuch, um die Hände zu reinigen. Dies ging den ganzen Abend mit kurzen Pausen so fort, und die Höflichkeit verlangte, so wenig als möglich abzuschlagen.

Die weibliche Gesellschaft, die wir heute zum ersten Mal in ziemlicher Freiheit und Natürlichkeit sahen, trug reiche orientalische Kleidung, weite seidene Beinkleider, gold- und silberdurchwirkte Jäckchen und Cachemirshawls als Gürtel. Einige hatten das Haar gescheitelt und das auf den Rücken lang hinabwallende mit seidenen Schnüren, an denen Gold- und Silbermünzen hingen, durchflochten. Die bemerkenswerthesten der Damen waren die jüngste Tochter des Hauses, ein jugendfrohes Mädchen von vierzehn Jahren, Bamba mit Namen, aus deren einnehmenden Zügen noch Frische und Sanftmuth sprachen. Ein andere interessante Figur war die Schwiegertochter, ein junges Weib von ungefähr zwanzig Jahren, die sich durch sehr schönen Wuchs, anständiges Benehmen und edle Gesichtszüge auszeichnete. Was mich an ihr besonders anzog, war eine tiefe Melancholie, die auf ihrem ganzen Wesen lag, ein Zug, den man bei den Orientalen so selten findet. Endlich muß ich noch einer hübschen, aber sehr beleibten Frau von gleichem Alter erwähnen, welche eine Art von schwarzseidenem Schleier, den sie über dem Kopf trug, nur dazu zu benützen, um den Schnee eines sehr stark entblößten Busens von seltener Fülle, durch periodisches, nur einen Augenblick dauerndes Bedecken desto mehr hervorzuheben. Sie blieb so kokettirend fast den ganzen Abend am nämlichen Platze sitzen und rauchte mitunter eine Pfeife. Die Physiognomien der ältern Frauen waren sehr uninteressant und trugen den Stempel gewöhnlicher Leidenschaften und eine Schlaffheit in den Zügen, welche durch die bei den Türkinnen fast immer herunterhängende Unterlippe noch stärker markirt wird.

Von den Männern möchte ich nicht viel sagen. Unser Wirth war ein wohlbeleibter Armenier, der uns alle ihm zu Gebot stehende Aufmerksamkeit erwies, und unter den übrigen habe ich auch kein ausgezeichnetes Gesicht bemerkt. Bamba hatte sich neben mich gesetzt und suchte mich durch allerhand kleine Aufmerksamkeiten zu unterhalten. Bald klopfte sie in ihre Händchen und verlangte vom eintretenden Schwarzen, er solle mir Nohr (Feuer) bringen, indem sie glaubte, meine Pfeife sey ausgegangen, bald bot sie mir ein Crystallgläschen voll Dattelbranntwein und da sie zu hübsch war, um ihr etwas abzuschlagen, so nahm ich, was sie mir reichte.

Plötzlich ging die Musik, welche uns bisher nur mit verschiedenartigen Phantasien und arabischen Melodien beglückt hatte, in taktgerechte tanzbare Weisen über. Die Thür öffnete sich, und zwei arabische Tänzerinnen traten herein. Es waren junge Mädchen zwischen sechzehn bis zwanzig Jahren, von ungemein schönem und schlankem Körperbau. Sie trugen weite, weiß seidene, mit Gold gestickte Beinkleider, welche jedoch nicht unten zusammengeschnürt waren, sondern frei um die kleinen Füßchen hingen, die ohne Strümpfe nur mit einem rosaseidenen Schuh bekleidet waren. Den Oberkörper bedeckte eine Art Weste oder Mieder, das sehr tief ausgeschnitten war, von gelber Seide, auf der Brust mit goldenen Troddeln besetzt. Die beiden Kleidungsstücke wurden durch einen rosaseidenen Gürtel, der sehr knapp um die Hüften gelegt war, zusammengehalten. Ihre Jäckchen von rother Seide mit Silberstickerei hatten weite weiße Aermel, welche bis über die Finger herabfielen; doch waren sie nicht um die Hand befestigt, sondern flatterten bei jeder Bewegung zurück und zeigten die wohlgeformten Arme, an welchen goldene und silberne Spangen glänzten. Ihre nicht sehr dunkeln Gesichter hatten etwas Edles; besonders die scharf geschnittenen zierlichen Brauen über den glühenden Augen, so wie der sein gespaltene Mund waren voll Lieblichkeit und Anmuth.

Der Tanz begann, und anfangs waren ihre Bewegungen, die sie nur mit dem Oberleib und den Armen ausführten, abgemessen und ruhig, bald aber wurden sie lebhafter und je länger je leidenschaftlicher. Ihre Augen flammten; ihre Brust hob sich zum Athmen hoch empor und ihr Körper nahm die mannigfachsten Stellungen und Biegungen an, Sie drehten sich schlangenartig mit einer Gewandtheit und einem Anstand um einander, wie ich es nie gesehen. Jetzt sanken ihre Arme herunter und der ganze Körper schien ermattet zusammen zu fallen; dann glaubte man zu sehen, wie sich ein neuer Gedanke in ihnen entwickelte und sich durch die leidenschaftlichsten Bewegungen auszudrücken suchte. Dazu spielte die Musik unermüdet fort, und je einfacher ihre Weisen waren, um so mehr traten aus diesem einfarbigen Hintergrund die glühenden Mädchen hervor. Wie die Spanierinnen ihre Castagnetten, so trugen sie an dem Daumen jeder Hand eine kleine silberne Glocke, mit welcher sie durch Anschlagen der Finger die Musik begleiteten. Je vollendeter in ihrer Art diese Tänze ausfielen, je größer war das Beifallrufen der versammelten levantinischen Gesellschaft, besonders des weiblichen Theils derselben. Nur Bamba legte sich zuweilen in den Divan zurück und sah mich lächelnd mit einem seltsam forschenden Blicke an.

Nach einer Pause begann der zweite Tanz, dessen Touren eine Idee ausdrückten und also einigermaßen zu beschreiben sind. Eine der Tänzerinnen nahm ein kleines, mit Rosenwasser gefülltes Gläschen zwischen die Zähne, mit welchem sie, ohne einen Tropfen zu verschütten, die raschesten, schwierigsten Bewegungen ausführte. Sie wiederholte beinahe ganz den frühern Tanz, und es war gewiß keine Kleinigkeit, dabei beständig das Gläschen so zu halten, daß sein Inhalt nicht herausfloß. Endlich trat sie vor einen der männlichen Gäste und faßte ihn mit beiden Armen um die Mitte des Leibes, wobei sie den Oberleib zurückbog und ihre Bewegungen ohne Unterbrechung fortzog; zuletzt beugte sie sich über ihn, goß langsam das Rosenwasser über seine Kleider, ließ das Gläschen fallen und sprang, nachdem sie ihn auf die Lippen geküßt hatte, in die Mitte des Zimmers zurück.

Jetzt trat die zweite auf, machte zuerst wieder einen unbeschreiblichen Pas, bückte sich immer tiefer, und je näher sie dem Boden kam, je ruhiger, ich möchte fast sagen, absterbender, wurden ihre Bewegungen. Plötzlich sank sie ganz auf den Teppich nieder und blieb da in einer malerischen Stellung regungslos, worauf die andere hinzusprang, sie um die Mitte des Leibes faßte, und es versuchte, sie durch die zärtlichsten Liebkosungen ins Leben zurückzurufen, wobei ihre Gesichtszüge Schmerz und Verzweiflung mit ergreifender Wahrheit ausdrückten. Allmählig belebte sich die scheinbar Ohnmächtige wieder, erhob sich zuerst langsam mit sichtbarer Ermattung, aber von Augenblick zu Augenblick wurden ihre Bewegungen stärker, bis endlich beide den Tanz, als wollten sie ihre Freude ausdrücken, mit noch größerer Glut als früher beendigten, was von der Gesellschaft durch ein vielfaches „Maschallah" (Gott ist groß) belohnt wurde.

In einer andern Tour näherte sich eine der Tänzerinnen einem auf dem Divan sitzenden alten Kophten und machte ihm pantomimisch eine Liebeserklärung, die er jedoch zu verschmähen schien, worauf sie alle Künste der Verführung anwandte, um sich den Widerspenstigen geneigt zu machen. Sie umkreiste ihn mit flehenden Mienen, beugte den Kopf beinahe auf seinen Schoos und sah ihn von unten herauf an, wobei sie zuweilen die Augen schloß, die Lippen öffnete und bei einem unbeschreiblichen Lächeln die schneeweißen Zähne sehen ließ, bis sie ihn am Ende wirklich erweicht hatte, und er die Bittende vom Boden aufhob. Zuweilen wurden ihnen von den Männern Goldstücke auf die Wangen und zwischen die Lippen gelegt, und in den Zwischenpausen spielten sie auf ihren Tambourins, womit sie einen traurigen eintönigen Gesang begleiteten.

Auch das Publikum war nicht ganz müßig; hie und da sprang eine von den Damen vom Divan auf und mischte sich in den Tanz; wir sogar mußten einmal daran Theil nehmen. Später führte die ganze Gesellschaft eine Pantomime oder auch nur ein Tableau auf, indem die Männer mit den Tänzerinnen auf dem Teppich dabei Stellungen annahmen, die nach europäischen Begriffen eben nicht alle anständig waren. Andere bildeten auf dem Divan mit den Frauen die malerischsten, phantastischsten Gruppen, welche in guter Ordnung und, wie es mir schien, nach einer Verabredung sehr häufig wechselten. Unser deutscher Freund sagte uns später, es seyen Scenen aus arabischen Mährchen, und bei jedem dieser Bilder recitirte ein alter Kophte, unter Begleitung der Musik Stellen daraus, um sie verständlicher zu machen.

Endlich wurden wieder Pfeifen und Caffee gebracht, und der Deutsche erzählte uns noch Einiges vom orientalischen Familienleben, woraus wir ersahen, daß dasselbe fast ganz materiell ist. Unter Anderem rechnete er uns vor, was die reiche Weste und der Shawl seiner Frau koste, und konnte uns nicht genug rühmen, wie vortheilhaft es für uns wäre, für einige Zeit eine Heirath mit einer Kophtin zu schließen, wie er gethan. Mir schlug er dazu die kleine Bamba vor, und das arme Mädchen zeigte sich gar nicht abgeneigt dazu. Der Mann verstand es, recht artige Luftschlösser zu bauen.

So war es zwei Uhr geworden. Wir beurlaubten uns bei unserm freundlichen Wirthe, der uns heute einen interessanten Blick in das Leben der Orientalen hatte thun lassen, wie es selten einem Reisenden vergönnt ist. Als wir aus dem Hause traten, stand der Mond über Kairo. Die sonst so lebendige Stadt war wie ausgestorben und als wir durch die gelben Gräber der Kalifen, die mit ihren Minarets und Kuppeln eine kleine Vorstadt bilden, dem Thore zuschritten, das zunächst unserer Wohnung lag, hörten wir nichts, als das Geheul der Schakals aus der Wüste von Suez, welche, vom Mondlicht beleuchtet, sich unermeßlich vor uns ausdehnte. Die Nacht war schön; wir warfen noch einen Blick zurück auf das Haus des Armeniers, dessen vergitterte Fenster noch erhellt waren. Keiner sprach ein Wort. Dort die eben genossene wilde Abendunterhaltung, hier der Nil und die Pyramiden in ihrer ruhigen Größe - welch ein Contrast!

Auf unserer ganzen Reise bei allen Mühseligkeiten und Strapatzen, die wir ausgestanden, war ich Gott sey Dank! beständig sehr wohl gewesen, ja, was wirklich auffallend war, selbst auf dem Meer, wo sich doch fast jeder dem mächtigen Element beugen und ihm durch die Seekrankheit seinen Tribut entrichten muß, konnte ich in voller Gesundheit all' das Schöne genießen, was uns umgab. Da aber alle unserer Gesellschaft mehr oder minder von dem Klima gelitten hatten und krank gewesen waren, Doctor B. und Maler F. während unseres Aufenthalts in Beirut, der Baron zwischen dem Libanon und Antilibanon, so wunderte ich mich gar nicht, daß ich hier in Kairo, als wir uns gerade auf der Citadelle befanden, um noch einmal die schöne Aussicht zu genießen, von einem plötzlichen Unwohlseyn befallen wurde, das ich den ersten und zweiten Tag gar nicht achtete, sondern mit den Freunden die gewöhnlichen Spaziergänge machte. Selbst unser lieber Freund, *Dr.* Pruner, den wir nach wie vor jeden Abend besuchten, meinte anfänglich, ich hätte mir nur eine kleine Erkältung zugezogen; doch wurde ich den dritten Tag plötzlich so krank, daß ich mich zu Bette legen mußte, und da ich bis zu unserer Abreise von Kairo nicht wieder aufstand, nahmen für mich die Herrlichkeiten Aegyptens ein schnelles und trauriges Ende. Ich dachte anfänglich wohl an die Pest, die in Kairo wieder einmal ausgebrochen war, und das war das Einzige, was mich beunruhigte; doch zeigte sich meine Krankheit bald ganz anderer

Art: es war ein Ruhranfall, der aber so heftig war, und sich überhaupt in diesem Klima so gefährlich äußert, daß, wie mir nachher unser Doctor sagte, er während ein paar Tage für meine Wiederherstellung nicht viel Hoffnung gehabt hätte. So angenehm mir anfangs der Aufenthalt in Kairo gewesen, so war er mir doch jetzt etwas verleidet, und da *Dr.* Pruner obendrein gesagt hatte, sobald ich mich in der reinen frischen Luft des Nils befände, würde die Krankheit fast von selbst aufhören, so kann man denken, daß ich mich sehr nach der Abreise sehnte, die auch unser guter Baron um meinetwillen sehr beschleunigte. Es wurde eine Barke gemiethet, mit den nöthigen Rudern und Lebensmitteln für einige Tage versehen, die uns auf dem Strome in drei Tagen nach Adfeh, wo der große Mammuthkanal beginnt, bringen sollte. Am 15. März des Morgens wurden unsere beiden Pferde mit dem Fohlen, das sich von den Strapatzen der Wüstenreise sehr erholt und wieder ganz munter war, auf dem Fahrzeuge eingeschifft. Der Baron hatte bei einem deutschen Schreiner in Kairo für jedes der Pferde einen Kasten machen lassen, wovon der für die Stute so breit war, daß das Fohlen ebenfalls Platz darin hatte; er mußte dafür aber die ungeheure Summe von vierundsechzig spanischen Thalern bezahlen. Die Freunde packten mir meine Sachen zusammen und ich erhob mich Nachmittags wieder zum ersten Mal aus dem Bette, um einen Esel zu besteigen und mit den andern nach Boulak zu reiten, wo unsere Barke lag.

Anfänglich konnte ich mich kaum auf dem Sattel erhalten, doch als ich der frischen Luft wieder etwas gewohnt war und aus der Stadt hinaus in die Felder kam, wo der frische Duft des Klees und die Wohlgerüche der Orangen- und Citronenbäume auf mich einströmten, wurde mir allmählig wohler. Die Bemerkung, die schon so oft gemacht worden ist, daß nichts so sehr eine Erinnerung aufzufrischen vermag, wie der Sinn des Geruchs, kann ich besonders im Andenken an diesen Tag bestätigen, denn wenn im Allgemeinen kein Bild, keine Beschreibung der Gegenden, wo wir waren, dieselben so zu vergegenwärtigen im Stande ist, wie der Geruch einer Blüthe, den wir auch da genossen, oder auch nur der Rauch des Tabaks, den wir aus jenen Ländern mitbrachten, so taucht mir doch von all' diesen Erinnerungen keine lebendiger auf, als der Tag unserer Abreise aus Kairo, wo ich seit mehreren Tagen wieder zum ersten Mal aus dem dumpfen Krankenzimmer in die frische Luft trat, wenn ich heute bei einem Kleefeld vorübergehe oder der süße Duft der Orangenblüthe mich anweht.

Unsere Barke war eine der größten, die auf dem Nil fahren, um Passagiere oder Güter nach Alexandrien zu bringen. Vorn standen die Kasten mit den Pferden und an der Spitze des Fahrzeugs war der Kochheerd für unsere Ruderer, so wie die Plätze, wo sie abwechselnd schliefen und ausruhten. Hinten befand sich auf dem Fahrzeug ein Kajütehäuschen, das aus zwei Zimmern bestand, einem größern und einem kleinern; das erstere nahmen die Reisegefährten in Beschlag und in dem hintersten quartierte ich mich ein, bildete aus meinem Pelz und meinem Teppich ein Lager, worauf ich mich sogleich hinstreckte, denn der Ritt von Kairo hieher hatte mich doch etwas angegriffen.

Unsere guten Bekannten aus Kairo, die Doctoren Pruner und Fischer, so wie unsere Reisegefährten durch Syrien und die Wüste, der Fürst Aslan und der Kapitän E., die beide noch in Kairo bleiben wollten, begleiteten uns an Bord und nahmen herzlichen Abschied von uns. Die beiden ersten, unsere Landsleute, verließen uns mit herzlichem Händedruck, wobei wir gegenseitig die Hoffnung aussprachen, uns später einmal im Vaterlande wieder zu sehen. Auch der englische Kapitän, der schon mehrere Jahre in Bombay stationirt war, sprach seine Hoffnung aus, bald wieder nach England zurückzukehren und dann durch Deutschland reisend uns zu besuchen; nur unser guter Georgier, der Fürst Aslan, den wir so lieb gewonnen hatten, wie er uns, nahm mit dem Gedanken, daß er uns nimmer wiedersehen würde, einen recht traurigen Abschied von uns. Die Thränen rollten ihm über den großen schwarzen Bart, als er uns alle nach einander umarmte, und als er sich an mein Lager setzte, rief er einmal über das andere aus; *O mon dieu! o mon dieu!* und setzte in seinem gebrochenen Französischen hinzu: „Wir sind so lange zusammen geritten, und haben so viele Lieder mit einander gesungen; jetzt muß ich allein ziehen und weiß noch nicht wohin. Ihr geht alle nach Haus, und ich darf nicht mehr in meine Heimath zurückkehren." Er hatte den Baron gebeten, seinen Bruder Skandar mit nach Alexandrien zu nehmen, der dort einige Geldgeschäfte besorgen sollte, was dieser natürlich gerne gethan hatte. Doch war es uns unangenehm, daß Skandar sein dienstfertiges Benehmen gegen uns noch immer beibehielt, und uns fortwährend die kleinen Gefälligkeiten erwies, die wir wohl von dem Kammerdiener, aber nicht von dem Bruder des Fürsten Aslan annehmen konnten. So schlief er auch bei den Bootsleuten, und da der Baron seinem Bruder versprochen hatte, sich nicht merken lassen zu wollen, daß er um die Sache wisse, so durften wir ihn nicht zu auffallend hervorziehen.

Gegen vier Uhr holte sich unser Reis oder Schiffshauptmann vom Baron die Erlaubniß zum Abfahren, und ließ, da wir einen schwachen, und auch nicht ungünstigen Wind hatten, daß große Segel aufziehen, die Ruderer fingen an zu arbeiten und wir hatten bald Boulak im Rücken. Auf der ganzen Fahrt nach Adfeh sah ich von der Gegend nicht viel; denn obgleich, wie *Dr.* Pruner mir vorhergesagt hatte, die frische Luft des Nils recht wohlthuend auf mich einwirkte, so wehte der Wind beständig so stark, daß mir unser Doctor B. verbot, mein Zimmer zu verlassen und mich der Luft auszusetzen. Von den wirklich reizenden Ufern des Nil, von dem frischen grünen Klee und den unzähligen Palmbäumen, unter denen dem Strome entlang zahlreiche Dörfer liegen, von den blühenden Mimosen und den weißbedeckten Baumwollstauden sah ich nur hin und wieder eine Gruppe, die bei meinem kleinen Kajütenfensterchen dann und wann wie ein schöner Traum vorbeiflog.

Als das wirksamste Mittel zu meiner Wiederherstellung hatte mir *Dr.* Pruner das strengste Fasten anbefohlen, was mir in der schlimmsten Zeit der Krankheit auf meinem einsamen Zimmer in Kairo nicht schwer fiel; doch hier, wo mein Appetit wieder stärker wurde, reizte mich der Anblick des Kochfeuers, das Giovanni in einigen irdenen Töpfen vor der Thür der Kajüte angelegt hatte, und worin Kartoffeln gekocht und Hühner gebraten wurden, so mächtig, daß mir mein Brodwasser gar nicht mehr schmecken wollte; selbst die Bootsknechte beneidete ich um ihren Pillau mit Mischmisch, getrocknete und zusammengepreßte Aprikosen, Datteln und Mandeln.

Am dritten Tage unserer Fahrt des Morgens war das Wetter so warm und angenehm, daß ich meine Kajüte verlassen und mich auf das Deck derselben setzen konnte. Selten hat mich der Anblick einer schönen Gegend so erfreut, wie heute der des klaren Stroms mit seinen schönen Ufern. Vor uns auf der linken Seite lag Adfeh mit seinen großen Schleußenwerken, welche die Fluth des Nils in den Mammuthkanal lassen, der das Trinkwasser nach Alexandrien führt, und mit einigen wohl aussehenden Häusern, um welche die kleinen sonderbar geformten Hütten des ägyptischen Landvolkes herum lagen. Letztere haben nirgends eine so seltsame Form wie hier. Sie sind zuckerhutförmig aus Nilschlamm und großen irdenen Krügen zusammengesetzt und besser zum Aufenthalt der unzähligen Tauben, die der Fellah zum Verkauf aufzieht, als zur Wohnung der Menschen selbst eingerichtet. In Adfeh mußten wir unsere Pferde ausschiffen, um sie auf eine andere Barke im Kanal zu bringen, was letzteres große Schwierigkeiten verursachte; denn die Thiere, besonders der Hengst, denen der Aufenthalt in den Kästen nicht mochte behagt haben, waren nur mit der größten Mühe wieder hineinzubringen. Das Uebersiedeln aus einem Boote in das andere hatte uns mehrere Stunden Zeit gekostet, und es war Mittags drei Uhr geworden, als wir unsere Fahrt auf dem Kanal fortsetzten. Obgleich die Bootsleute ein Segel aufzogen, war doch der Wind so schwach, daß sie fast jeden Augenblick an's Ufer springen mußten, um die Barke vorwärts zu ziehen.

Dieser Kanal, besonders für das Land hier, ist ein ungeheures Werk, was wir erst recht am andern Morgen erkannten, als wir zu beiden Seiten die großen Wasserflächen des Abukir- und Maeotissees sahen, welche der schmale Damm trennt, auf den der Kanal gegraben ist. Er ist breiter als unsere meisten Kanäle und wäre als das Werk des schaffenden Geistes Mehemed Ali's noch mehr zu bewundern, wenn einem nicht unwillkührlich dabei einfiele, daß von den fünfundzwanzigtausend Arbeitern, die damit beschäftigt waren, vielleicht ein Fünftheil während der Arbeit umgekommen ist. Je näher wir Alexandrien kamen, je mehr zogen sich die kleinen Hütten der Fellahs zurück; an ihrer Stelle erfreuten schön angelegte Gärten mit weiß angestrichenen, auf europäische Art erbauten Häusern das Auge und erinnerten an die Heimath, der wir mit jedem Schritte näher kamen. Bald sahen wir die auf der flachen Gegend einsam und colossal emporragende Pompejussäule, die uns jetzt bis Alexandrien beständig im Gesichte blieb. Da ich mich hier auch noch in Acht nehmen mußte, viele Wanderungen zu unternehmen, so habe ich sie später nicht besuchen können. Ihr riesenhafter Schaft besteht bei einem Durchmesser von acht Fuß und bei achtundsechzig Fuß Höhe aus einem einzigen Stück rothen ägyptischen Granits.

Um Mittag waren wir bei Alexandrien angelangt, die Pferde wurden ausgeschifft, der Baron bestieg den Hengst und ich als Kranker setzte mich auf die Stute. Die Andern blieben bei dem Gepäck und wir ritten voraus, um Quartier zu bestellen, das wir auch bald und auf's Beste eingerichtet im Gasthofe „Croce di Malta" fanden.

Alexandrien, die einst so prächtige und große Stadt, bietet jetzt, besonders von Außen, dem Auge nicht viel Angenehmes dar. Die Umgegend ist sehr flach und sandig und entbehrt fast gänzlich des Anblicks grüner Bäume und blühender Gartenanlagen, wie man um Kairo so viele sieht. Nur an dem Mammuthkanal sieht man, wie ich auch schon früher sagte, Anpflanzungen und Landhäuser, die das Auge, nachdem es sich an dem gelben Sand und den Wassermassen des Meeres, so wie der beiden Seen gesättigt hat, zu erfrischen im Stande sind. Die beiden Häfen, die Alexandrien schon in der ältesten Zeit hatte, werden noch jetzt gebraucht, und die Einfahrten derselben sind noch ebenso durch verborgene Klippen und Untiefen den größern Schiffen gefährlich, wie damals. Der westlich von der Stadt liegende sogenannte alte Hafen ist besser als der neue äußere Hafen; doch ist die Einfahrt in ersteren sehr gefährlich; denn obgleich er dem Auge in West ganz geöffnet erscheint, gehört doch ein sehr geschickter Pilot dazu, um schwere Schiffe hinein zu bringen. Dieser fährt in einer kleinen Barke voraus und zeigt den Fahrzeugen mit einer Fahne den Weg. Dies Manöver sieht aus, als führe man zum Vergnügen in dem Hafen herum, denn die Untiefen verengen die Einfahrt nach so verschiedenen Richtungen, daß das Schiff sich in Schlangenwindungen auf dem Wasser fortbewegt.

Im Innern der Stadt ist das Türkenviertel, von winklichten, engen Straßen durchzogen, an denen sich die Bazars befinden, so wie die leicht gebauten mit Erkern versehenen Häuser der Orientalen, wie wir sie schon oft gesehen. Das Frankenviertel ist hier viel wohnlicher und reinlicher gebaut, als selbst in Smyrna, und stößt an einen Platz oder vielmehr an eine breite Straße, wo man sich plötzlich nach einer der prächtigsten Städte Europas versetzt glaubt, denn hier ließ Ibrahim Pascha die schönsten stattlichsten Paläste massiv aus Steinen aufführen, die er dann an die Generalconsuln oder an Privaten vermiethete. Hier lag auch unser Gasthof, der, was das Gebäude selbst, so wie die innere Einrichtung anbelangte den in Kairo bei Weitem übertraf, ja sich mit den ersten Gasthöfen am Rhein messen konnte.

Am Tage nach unserer Ankunft machten wir die Bekanntschaft der Herren Generalconsul von Dumreicher und Anastasi, welche uns mit Freundschaft und Artigkeit überhäuften. Da wir in Kairo nicht Gelegenheit gehabt hatten, den Vicekönig zu sehen, der sich jetzt gerade hier in Alexandrien befand, so war uns das Anerbieten des Herrn Anastasi, uns eine Audienz bei Mehemed Ali zu verschaffen, so wie uns selbst hin zu begleiten, sehr erwünscht. Da der Vicekönig es liebt, Fremde zu sehen, und obendrein der Baron einen Brief des Herzogs Paul von Württemberg an ihn abzugeben hatte, so machte es nicht viel Schwierigkeiten, die Erlaubniß zu erlangen, ihm vorgestellt zu werden.

Am folgenden Morgen holte uns Herr Anastasi in seinem Wagen ab, und es war für uns Alle ein eigenes Gefühl, nach langer Zeit wieder einmal in einer bequemen Wiener Kalesche zu sitzen. Wir fuhren nach dem Hafenpalaste, einem großen, weitläuftigen Gebäude mit hohen Bogenfenstern, an das ein kleiner Garten stößt, in welchem sich der Harem des Pascha befindet. Wir stiegen zu einer breiten, gewölbten Treppe in den ersten Stock, wo sich die Gemächer Mehemed Ali's befinden. Sie sind ebenso wie die seiner Residenz zu Kairo eingerichtet; nur befanden sich hier neben den andern Geräthschaften und Verzierungen nach europäischem Geschmack in einigen Zimmern große Mahagonitische, auf denen prächtige Uhren und Vasen standen. In einem Vorgemach, wo einige Diener am Boden saßen, mußten wir einen Augenblick warten, und wurden dann in ein anderes Zimmer geführt, zu welchem eine große Flügelthüre, die offen stand, in einen Saal führte, dessen Fenster auf den Hafen gingen, und der an allen Wänden Divans hatte.

So oft ich früher an Mehemed Ali gedacht und von den Werken gelesen, die sein großer Geist und seine kräftige Hand in's Leben gerufen, hatte ich mir mit denselben analog unter dem Vicekönig einen großen, starken Mann mit kräftiger Stimme und gebietendem Wesen vorgestellt, und da es meinen Gefährten auch so gehen mochte, so sahen wir uns anfänglich in dem Saale nach dem Vicekönig um, der dort seyn sollte, wobei wir zwei kleine schmächtige Männer übersahen, die in unscheinbarer Kleidung in einer Ecke des Zimmers am Divan standen und angelegentlich zusammen sprachen. Der eine von diesen war der Vicekönig selbst und der andere sein vertrauter Geschäftsmann, Boghos-Jussuff, der schon seit langen Jahren alle Stürme des Lebens mit ihm ausgehalten. Der Minister entfernte sich bei unserem Eintritt, und der Vicekönig wandte sich rasch gegen uns, wobei er uns zur Begrüßung mit beiden Händen entgegen winkte. Er trug ein braunes Oberkleid mit weiten Aermeln und auf dem Kopfe das Feß. Sein Dollmetscher trat zu einer andern Thüre herein, und nachdem der Baron dem Pascha seinen Brief gegeben, wurden wir ihm Alle vorgestellt, wobei der alte Herr freundlich lachte. Dann sprang er mit einer Geschwindigkeit, die mich in Erstaunen setzte, auf den Divan, schlug die Beine übereinander, und lud uns mit einer Handbewegung ein, zur Rechten und zur Linken Platz zu nehmen. Der Baron und der Herr Anastasi saßen an seiner Seite und der Dollmetscher stand mit dem Briefe des Herzogs Paul vor dem Divan und übersetzte ihn dem Vicekönig, der zuweilen wohlgefällig seinen Kopf wiegte und uns der Reihe nach freundlich ansah. Dann sagte er einige Worte über den Herzog, den er liebgewonnen hätte, und erkundigte sich nach seinem Befinden und seinem Aufenthalt. Was die Natur der Figur dieses Mannes versagte, ein imponirendes Aeußere, das hat sie seinem Kopfe in desto größerem Maße gegeben. Ich habe nie ein Gesicht gesehen, das neben so gutmüthigen, Vertrauen erweckenden Zügen so viel Geist und so viel Klugheit, ich möchte sagen Schlauheit, ausdrückte. Es war nicht voll, ohne darum mager zu seyn und hatte eine frische, gesunde Farbe und seine Züge, obgleich sich schon das vorgerückte Alter darin aussprach, hatten doch einen frischen, kräftigen Ausdruck. Am lebhaftesten sprachen seine Augen, die er aber auch zu Beobachtungen zu gebrauchen wußte; denn außer daß er uns der Reihe nach scharf und durchdringend ansah, wenn uns der Dollmetscher seine Reden übersetzte, als wolle er auf unserem Gesicht den Eindruck lesen, den seine Worte auf uns gemacht, so fixirte er uns auch jedesmal, wenn wir leise zusammen einige Worte deutsch sprachen. So sagte ich dem Maler unter Anderem einige lächerliche Worte über die komischen Bewegungen, die der Dollmetscher mit seinen Händen machte, wenn er sprach, natürlich ohne dabei aber nur eine

Miene zum Lachen zu verziehen, doch mochten meine Augen vorher mit etwas munterem Ausdruck auf dem Dollmetscher geruht haben, genug, der Pascha sah mir die Worte vom Munde ab und als hätte er sie verstanden, fing er an leise zu lachen und sah darauf den Dolmetscher wieder an. Er schien überhaupt den Morgen sehr gut gelaunt und lachte bei den Erzählungen, die ihm der Baron über den Wüstenzug machte, wobei er von dem guten Zustand der Soldaten sprach und auch einiger komischen Auftritte erwähnte, die vorgefallen, oftmals laut auf, wobei er sich seinen langen schneeweißen Bart strich. Das Gespräch drehte sich hauptsächlich um die letzten Kriegsereignisse und um den Rückzug seiner Armee, über welchen zu sprechen er gar keinen Anstand nahm. Doch schloß er hiebei zuweilen seine Augen und zuckte die Achseln.

Nachdem wir beinahe eine kleine Stunde bei ihm gewesen, Caffee getrunken und eine Pfeife geraucht hatten, bei welchem letztern wir die prachtvollen Mundstücke bewunderten - sie bestanden aus ungeheuern Bernsteinstücken, die mit goldenen Ringen umgeben und mit Diamanten und Rubinen besetzt waren - erhob sich der Pascha etwas von seinem Divan, und wir standen auf, um uns zurückzuziehen. Dem Baron und dem Herrn Anastasi reichte er seine Hände hin und begrüßte uns zum Abschiede durch Auflegen derselben an Brust und Stirn.

Wir zogen uns in's Vorzimmer zurück, wo sich Boghos-Jussuff noch befand, von dem wir uns ebenfalls verabschiedeten. Dieser merkwürdige Mann ist um Weniges größer, als der Vicekönig und hat, wie dieser, einen schneeweißen langen Bart. Seine Kleidung bestand aus einem hellgelben Kaftan und auf dem Kopfe hatte er einen dicken, weißen Turban. Diese beiden Männer haben lange Jahre mit einander gearbeitet und sich allmählich so verstanden, daß sie jetzt fast wie Freunde zusammen leben. In früheren Jahren, wo das Blut Beider noch jugendlicher strömte und leichter aufzureizen war, hat es oft arge Händel zwischen Herr und Diener gesetzt, und als ich bei unserem Eintritt in den Saal die Beiden so lebhaft zusammen sprechen sah, wobei der Pascha im Eifer des Gesprächs an dem Kleide des Ministers zupfte, fiel mir die Zeit ein, wo einstmals dieselbe Hand über dem Kopfe Jussuf's die verdächtige Bewegung des Enthauptens machte. Doch wurde damals der Vezier von seinen Freunden gerettet, indem man ihn verborgen hielt und die Mienen des Pascha beobachtete, als man ihm hinterbrachte, jener sey enthauptet worden. In derselben Stunde liefen andere üble Nachrichten ein von einem neuen Aufstand der Wechabiten, so wie von Unordnung der Mameluken in Kairo, so daß der Pascha ausrief: „O hätte ich meinem Jussuf noch!" den man jetzt natürlich hervorbrachte, worauf er wieder zu Gnaden angenommen wurde.

Seit jener Zeit fielen zwischen dem Herrn und dem treuen Diener keine Mißhelligkeiten mehr vor, Boghos-Jussuf stieg von Tag zu Tag in der Gunst des Vicekönigs, und sein guter Rath soll auch jetzt zur endlichen Entwickelung der türkischen Angelegenheit viel beigetragen haben.

Sechstes Kapitel.

Fahrt von Alexandrien nach Malta.

Das Dampfboot: der Orientale. - Postverbindung zwischen Bombay und Liverpool. - Einrichtung des Orientalen. - Seekrankheit. - Malta. - Die Quarantaine. - Fort Immanuel. - Ein Geburtstag. - Emir Beschir. - Abreise von Malta.

Das englische Dampfboot, der Orientale, der die regelmäßige Post zwischen Liverpool und Alexandrien besorgt, war vorgestern angekommen. Dieselbe Gesellschaft, welche dieses Dampfschiff, so wie das andere mit dem Namen L i v e r p o o l, das denselben Dienst versieht, besitzt, besorgt die Postverbindung auf eine etwas theure, aber ungemein schnelle Art, zwischen England und Bombay. Passagiere und Briefe werden gleich bei ihrer Ankunft in Alexandrien auf den Kanal gebracht und in Barken, die mit einer Menge von Pferden gezogen werden, in zwei und einem halben Tag nach Kairo gebracht, wo in dem Hôtel, das auch wir bewohnten, eine Caravane, bestehend aus Reitkameelen, Pferden und Maulthieren, die zum Gebrauch für die Damen bequem eingerichtete Sänften tragen, für sie bereit steht, die den Weg von Kairo nach Suez in sechsunddreißig Stunden zurücklegt, wobei die Passagiere obendrein noch einige Stunden der Nacht in einem Hause zubringen können, das die Gesellschaft mitten in der Wüste erbaute und mit den nöthigen Bequemlichkeiten versehen ließ. Bei Suez erwartet ein indisches Dampfboot die Reisenden und führt sie in fünf Tagen nach Bombay. Da das Schiff von Alexandrien nach Liverpool gegen vierzehn Tage gebraucht, so legt man also die ganze Tour von Bombay dorthin in dreiundzwanzig bis vierundzwanzig Tagen zurück, für diese Strecke eine ungeheuer schnelle Reise, die aber auch mit schwerem Gelde bezahlt werden muß.

Da der Orientale am folgenden Tage wieder zurück nach Liverpool fuhr, wobei er Malta berührte, so nahmen wir unsere Plätze bis dahin, wo wir unsere Quarantaine abhalten wollten.

Am folgenden Morgen wurden die Pferde in ihren Kästen eingeschifft, was trotz der Höhe des Schiffs bei den schönen und praktischen

Einrichtungen der Engländer sehr leicht von Statten ging. Wir verließen unsern Gasthof Nachmittags mit dem angenehmen Gefühl, in jeder Hinsicht dort gut behandelt worden zu seyn. Unserer Gesellschaft hatte sich ein Kaufmann aus der Schweiz angeschlossen, Herr Imhof, der uns in der Folge ein lieber Reisegefährte wurde. Wir verdankten seine Bekanntschaft, wie so vieles Andere, dem Herrn von Dumreicher, der uns, so wie der bekannte Reisende, Baron von Katte, den wir auch in den letzten Tagen kennen zu lernen das Vergnügen hatten, an Bord des Orientalen begleitete. Wir mußten, da das Dampfboot draußen vor dem alten Hafen lag, denselben seiner ganzen Länge nach auf unserer Barke durchfahren, wodurch wir Gelegenheit hatten, die schönen Linienschiffe und Fregatten der ägyptischen Marine, wenn auch nur von außen, doch in der Nähe besehen zu können. Wenn man auch von diesen Schiffen sagt, daß sie, obgleich mit ungeheurem Gelde bezahlt, doch nicht viel werth seyen, so fanden wir dagegen den äußern Anblick derselben so schön und majestätisch, wie den der englischen Schiffe, die wir gesehen. Doch will dieses Lob, bei unserer Unkenntniß der Sache, nicht viel sagen.

Das Dampfboot, das wir nun bestiegen, war das größte, das ich je gesehen. Gegen dieses Gebäude mußten unsere Rhein- und Donaudampfschiffe, so wie der Seri Pervas und Crescent, auf denen wir gefahren, wie kleine Nachen aussehen. Wir blickten aus unserem Boote an den riesenhaften Wänden empor, wie an einem großen Hause, und ebenso erschienen uns die zwei Reihen Fenster der beiden Decke, die über einander lagen; gegen die ungeheure Größe des Schiffs und der beiden Masten war der Schornstein sehr klein. Nachdem wir unsere Sachen untergebracht und die schönen Kajüten gesehen, in denen wir einige Tage wohnen sollten, betrat ich das obere Deck, und warf noch einen Blick zurück auf die Stadt und auf den Welttheil, welchen wir so eben verlassen, wahrscheinlich für immer.

Da lag die Stadt ausgebreitet vor unsern Blicken, und die breiten und schönen Gebäude, die man hie und da sah, schienen, der flachen Ufer halber, wie aus den Wellen emporzusteigen. An mehreren Punkten sieht man feste Schlösser, dort auf dem Hügel das Schloß Napoleons, und was das Auge von der Landseite so sehr vermißt, das Grün der Bäume, in einzelnen Palmengruppen, die hie und da in Gärten zu kleinen Wäldchen vereinigt stehen. Der Palast des Pascha mit seinen großen Fenstern ragt über dem Mastenwald des Hafens empor. Die kahlen Dünen, welche letzteren einfassen, verschwimmen allmählig in den grünen Wellen der gewaltigen See, auf welcher unser Schiff schaukelte und von dem wir die letzten Grüße nach jenen Ländern schickten, wo wir so viel Schönes und Großes gesehen.

Kurz nach unserer Ankunft auf dem Schiff wurde den Matrosen mit der Pfeife ein Signal gegeben, die darauf sogleich von den Masten und Raaen, an welchen sie beschäftigt waren, herabkamen und unter dem Deck verschwanden. Wie wir nachher hörten, wurde ihnen dadurch der Befehl ertheilt, sich vor der Abfahrt zu waschen und zu rasiren, und sie kamen auch bald hernach wieder auf's Deck mit wohl dressirten Backenbärten und wie es mir schien, viel sauberer als vorher. Das Schiff sollte erst mit dem Anbruch des nächsten Tages seinen Lauf beginnen, und wir verbrachten den Abend mit Besichtigung des Schiffs und mit Spaziergängen auf dem obern großen schönen Deck, wobei wir die außerordentliche Reinlichkeit und zweckmäßige Einrichtung dieses Colosses in allen seinen Theilen bewundern mußten. Es war, wie schon gesagt, ein Zweidecker. Auf dem untern Deck befand sich am Hintertheil die achtzig Fuß lange Kajüte mit einer Einrichtung prächtiger, als ich sie je gesehen. Außer dem bequemsten Divan, Ruhebetten, war hier eine Bibliothek von den besten englischen und französischen Reisewerken. Um diesen Saal lag ein Theil der Schlafkabinette für die Herrn des ersten Platzes, jedes war mit zwei Betten versehen, die über einander lagen, hatte einen Waschtisch, eine Commode und einen bronzenen Hängleuchter, dessen Licht, da er wie der Kompaß in doppelten Kreisen hängt, auch bei der stärksten Bewegung des Schiffs stets oben bleibt. Thüren, Wände und Getäfel des Speisesaals so wie dieser Kabinette bestehen aus dem feinsten Holze, das vergoldet und eingelegt ist. Von diesem Deck führte rechts eine Treppe in den untern Stock, wo sich andere Schlafgemächer befanden, die eben so schön eingerichtet sind, wie die obern, und links eine zweite in die Kabinette der Damen, deren drei und drei jedesmal mit einem Vorzimmer versehen sind. Auch befindet sich hier an dieser Seite noch ein kleiner Saal, in welchem die Damen vor dem Schlafengehen den Thee nehmen können. Vom Speisesaal aus laufen um das ganze untere Deck herum kleine Zimmer für die Schiffsoffiziere und Steuerleute, so wie zur Aufbewahrung von Vorräthen aller Art. Zu beiden Seiten sind die Radkasten und an der Spitze des Schiffs auf demselben Deck befinden sich Ställe, wo neben einer Unmasse von Federvieh, ein paar Schweine und eine Milch gebende Kuh eingestellt ist. Dies untere Deck, wo in der Mitte sich die Treppen befinden, auf welchen man zum kellerartigen Gewölbe der Maschine hinabsteigt, dient bei Regenwetter den Passagieren zum Spazierengehen. Dicht neben dem Speisesaal ist eine andere Treppe, die auf das obere Deck führt, das nicht, wie bei den kleinen Schiffen, mit Kajütenhäuschen und Geschichten aller Art beengt ist, sondern eine große Fläche darbietet, auf welcher sich außer dem Schornstein und den Masten zu beiden Seiten nur ein kleiner Theil der bis hier hinaufreichenden Radkasten und am Hintertheil ein kleines Haus befindet, das in drei Zimmer eingetheilt ist. Das mittlere ist vornen offen und in demselben befindet sich das Rad des Steuerruders, hinter welchem der Steuermann auf einer kleinen Erhöhung steht, von wo er das ganze Schiff übersehen kann. Rechts neben demselben ist ein Rauchzimmer für die Herren, und links ein Kabinet für die Damen, wo sie bei Regenwetter frische Luft schöpfen können. So zweckmäßig das Schiff an sich eingerichtet ist, sind auch alle Anstalten zur Verköstigung der Passagiere, die in der ziemlich bedeutenden Summe, welche man für den Platz bezahlt, mit einbegriffen ist. Dafür kann man sich aber auch fast den ganzen Tag mit Essen und Trinken beschäftigen. Den Morgen zwischen sieben und acht wird Caffee getrunken, um eilf Uhr gefrühstückt, um fünf Uhr das Diner servirt, Abends um acht ist die Theestunde und gegen zehn Uhr wird noch einmal Wein, Butter, Brod und Käse für solche aufgesetzt, die für die Dauer der Nacht ihren Magen auf kräftige Art verschließen wollen.

Außer diesen zahlreichen Mahlzeiten steht es dem Passagiere zu jeder Stunde des Tages frei, sich von dem gewöhnlichen Tischwein, Porter, Butter und Brod mit Käse geben zu lassen, so viel er mag, ohne daß ihm dafür etwas angerechnet wird. Die gewöhnliche englische Küche an sich ist schon außerordentlich gut und war es außerdem noch mehr durch die Sachen, die das Schiff auf den verschiedenen Landungsplätzen mitnahm. So hatten wir z. B. außer allen möglichen Südfrüchten auch zwei große Schildkröten an Bord, wovon die eine schon auf der Reise bis Malta geschlachtet und *Turtle soup* daraus gekocht wurde.

Ich hatte nirgends so sehr Gelegenheit, die tragikomischen Wirkungen der Seekrankheit zu beobachten, wie auf dieser Fahrt. Bei unserem trefflichen Diner auf dem Dampfboote am Tage der Einschiffung, als es noch ruhig im Hafen vor Anker lag, fehlten von den neunzig Passagieren des ersten Platzes, wovon ein Drittheil Damen waren, Niemand an der Tafel und Alles war lustig und guter Dinge. Eben so waren Abends beim Thee fast alle Tische besetzt. Doch schon während der zweiten Hälfte der Nacht, als sich unser Schiff in Bewegung setzte, hörte ich zuweilen durch die dünnen Kajütenwände ein tiefes Seufzen von dem einen oder dem andern meiner Nachbarn, und als wir am andern Morgen das Verdeck betraten, kam freilich fast die ganze Gesellschaft noch herauf, doch war schon bei Manchem die gesunde Gesichtsfarbe verschwunden und eine verdächtige Blässe an ihre Stelle getreten. Auch ging Mancher, der gestern noch keck und munter auf dem Verdecke gewandelt war, jetzt schwankenden Schrittes längs den Gallerien und wagte es nicht mehr, das Geländer oder das Tau loszulassen, das er einmal ergriffen.

Das Gefühl, nicht mehr allein gehen zu können, und die Angst, ohne Anhaltspunkt hinfallen zu müssen, verbunden mit einem gewissen unangenehmen Druck in der Magengegend sind die sichersten Vorboten der Seekrankheit, die auch heute auf unserem Schiffe bei der ziemlich hohen See während dem Frühstück mit gierigen Händen um sich griff. Nur wenige waren schon am Morgen so krank geworden, daß sie sich legen mußten und nicht um eilf Uhr in der Kajüte erscheinen konnten. Die meisten hatten alle ihre Kraft zusammen genommen und sich mit an die Tafel gesetzt, wo dann das plötzliche Eintreten des Unwohlseyns zu den komischsten Scenen Veranlassung gab. Hier suchte einer die unangenehmen Vorwürfe, die ihm sein Magen machte, durch eine Masse Speisen zu beschwichtigen, die er hastig verzehrte, aber trotz dem wurde er immer blässer und mußte sich, an den Wänden hintappend, bald entfernen. Zwei Andere unterhalten sich von der Seekrankheit, wobei Einer über das Aussehen des Andern lacht und Beide machen sich gegenseitig über die aufsteigende Röthe des Gesichts lustig. Doch wird unterdessen die Unterhaltung immer schwerfälliger, das Lachen immer gezwungener und endlich steht einer hastig auf, drückt die Serviette vor den Mund und entfernt sich; der Andere scheint ihm einen Augenblick spottend nachzusehen, doch werden seine Blicke unsicherer, die Nase spitzer und er kann sich kaum vom Tische erheben, um, während ihm dicke Schweißtropfen auf die Stirne treten, seinen Nachbarn mit zitternder Stimme zu sagen, er wolle nur sehen, was sein kranker Freund droben mache.

Von Allen, die heute Morgen zum Frückstück erschienen, hielt höchstens noch ein Drittheil bis zu Ende aus, wozu auch unsere Gesellschaft gehörte. Ich muß gestehen, daß auch ich einige verdächtige Regungen in meinem Innern spürte, doch nahm ich mich zusammen und eilte nach Beendigung des Dejeuner oben auf's Deck an die frische Luft, wo mir gleich wieder ganz wohl wurde. Außer diesem kleinen Anfall der Seekrankheit hatte ich, wie auf den frühern Fahrten, auch auf dieser das Glück, beständig bei gutem Appetit zu bleiben, was mir besonders in Betracht der herrlichen Schildkrötensuppe, die es jetzt täglich gab, äußerst lieb war. Die Pferde standen auf dem unteren Deck in ihren Kästen, hatten da, fast im Mittelpunkt des Schiffes, wo die Schwankungen am wenigsten bemerkt werden, einen guten Platz und befanden sich recht wohl. Auch Friedrich, der edle Reitknecht, amüsirte sich an der englischen Küche ganz vortrefflich und war glücklich, das Bischen Englisch, was er in London gelernt, hier mit Anstand von sich geben zu können. Obendrein hatte er einen kleinen Markt etablirt und verkaufte seine aus Jerusalem mitgebrachten Rosenkränze und Kreuze mit bedeutendem Gewinn an die Matrosen.

Am folgenden Tag war unsere Mittagstafel bis auf wenige Personen reducirt; auch von unserer Gesellschaft hatten ein paar die frische Luft droben dem guten Diner unten vorgezogen, so daß an der langen Tafel nur ungefähr zehn Personen sich befanden, worunter noch der Kapitän mit den Offizieren und der Conducteur des Schiffes. Letzterer war ein merkwürdiges kleines Männchen. Er hatte schon denselben Posten, den er jetzt versah, auf dem Admiralsschiffe Nelson's in der Schlacht bei Abukir bekleidet, hatte vier Frauen gehabt und war, obgleich er sich fast immer auf der See befand, Vater von fünfundzwanzig lebendigen Kindern, von denen das erstgeborne vierzig Jahre älter war, als das jüngste. Von den wenigen Passagieren, die außer mir an der Seekrankheit gar nicht litten, unterhielt ich mich häufig mit einem alten Engländer, mit dem ich auf dem Verdeck an den Tauen und Segelstangen diverse gymnastische Uebungen ausführte. So steif und gebrechlich der Mann auch aussah, so übertraf er mich doch, was das Klettern anlangte, beständig, was ich mir erst erklären konnte, nachdem er mir gesagt, daß er früher Marineoffizier gewesen.

Obgleich zuweilen die See recht hoch ging, so daß beim Diner die Tafel mit hölzernen Rahmen von verschiedenen Größen versehen wurde, worein man während dem Essen Teller, Flaschen und Gläser stellte, so ging doch unsere Fahrt so rasch und glücklich von Statten, daß wir schon mit Anbruch des vierten Tages Malta vor uns liegen sahen. Da diese Insel keine bedeutende Berge hat, sondern nur kleine Erhöhungen, so gewährt sie dem Auge von Weitem keinen so imposanten Anblick, wie viele andere Inseln. Selbst die Festungswerke scheinen in der Ferne nicht so großartig, wie sie wirklich sind, und erst als wir bei dem großen Hafen dicht unter den Mauern der Stadt Valetta vorbeifuhren, erkannte man die ungeheuren Werke, die hier Menschenhände aufgeführt haben. Diese riesenhaft hervortretenden Bollwerke mit ihren dicken Mauern scheinen mit dem Fels, auf dem sie fußen, nicht aus zusammengefügten Steinen, sondern aus einem einzigen Gusse zu bestehen. Wir fuhren in den Quarantänehafen, den rechts das Fort Immanuel, links die Stadt Valetta mit dem Fort St. Elmo, an dessen Spitze der prachtvolle Leuchtthurm steht, begrenzen. Ersteres enthält die Quarantäneanstalt, in der wir nun ein paar Wochen verweilen mußten, und bildet mit seinen weit ausgedehnten Bastionen und Wällen, so wie mit den palastähnlichen Gebäuden, eine kleine Stadt für sich. Valetta macht mit seinen stattlichen Häusern einen noch prachtvolleren Anblick. Da diese Stadt an den Felsen hinangebaut ist, so kann man von unten in seine geraden, steil hinangehenden Gassen schauen.

Bei unserer Ankunft in dem Hafen begrüßte uns ein Glöckchen von der Mauer der Stadt und warnte zugleich alle andern Schiffe, mit uns in Verbindung zu treten. Zugleich wurde auf unserem Schiffe die gelb und weiße Quarantäneflagge aufgezogen und unterhalb dem Fort Immanuel warfen wir Anker. Sobald das Schiff ruhig stand, waren alle Seekranken, wie immer, völlig genesen, und erschienen, wenn auch noch etwas bleichen Angesichts, bei dem letzten Frühstück, das wir auf dem Schiffe genossen.

Von dem Fort stieß eine Barke ab, in der sich einige Sanitätsbeamten befanden, die sich nach der Anzahl der Passagiere erkundigten, die hier in Malta zurückblieben, um die Anzahl der Zimmer darnach zu bestimmen.

Bei dem Ausschiffen der Pferde in ein großes plattes Fahrzeug hätte es um ein Haar Unglück gegeben. Die Stute wurde in Gurten gehängt und ohne Kasten auf das Boot hinabgelassen, wogegen der Hengst, dem nicht zu trauen war, in dem Kasten ausgeschifft wurde; doch mochte ihm das Schweben in der Luft nicht behagen und obgleich er an den Füßen gefesselt war, fing er an, sich mit dem Leib gegen die schwachen Wände des Kastens zu werfen und so toll zu schlagen und zu drücken, daß wir jeden Augenblick befürchteten, die Bretter würden auseinander gehen und das Thier in's Meer stürzen. Doch fiel er glücklicherweise bei den Anstrengungen, die er machte, in dem Kasten zusammen, ohne sich wieder aufrichten zu können. Die Quarantäne für die Thiere befindet sich unterhalb dem Fort am Ufer des Hafens, wohin wir den Friedrich und die beiden Pferde begleiteten und dann mit unsern Effecten eine andere Barke besteigen mußten, die von der, worin sich die Sanitätsbeamten befanden, in's Schlepptau genommen und bis vor die große steinerne Treppe des Forts Immanuel gebracht wurde. Dort warf man uns das Schlepptau zu, die vordere Barke mit den Beamten legte etwas weiter oberhalb an und überließ uns unserem Schicksale, d. h. einer der Aufseher mit großem Stock rief uns zu, wir sollten unsere Sachen auf den Rücken nehmen und ihm in die Gebäude folgen. Was war zu thun? Daß Jemand unsere Koffer angreifen und sich so dem aussetzen sollte, wie wir, dreiundzwanzig Tage Quarantäne zu halten, daran war nicht zu denken, doch waren die Leute so gefällig, uns eine Tragbahre herabzubringen, vermittelst welcher wir unsere Effekten nach und nach die hohen Treppen hinauf in den Hof des Schlosses brachten.

Alles, was wir bisher über Quarantäne gelesen und was wir in Adrianopel selbst erfahren, ließ uns mit einem gewissen Schrecken daran denken, noch einmal die Bekanntschaft einer solchen Anstalt machen zu müssen; doch wurde das unangenehme Gefühl, das uns beschlich, wenn wir an die Tage dachten, welche auch wir am Eingang zur Heimath wie eingesperrte wilde Thiere zubringen sollten, dadurch gemildert, daß man uns allgemein versicherte, die Quarantäne in Malta sey die beste von allen: und das muß wahr seyn. Wenigstens zähle ich die Tage, die wir dort zubrachten, obgleich im Allgemeinen der Freiheit beraubt, nicht zu den unangenehmsten unserer Reise.

Der Hof des Forts Immanuel lag, wie die Gebäude selbst, an fünfzig Fuß über dem Meere und war mit stattlichen massiven Häusern umgeben. In der Mitte desselben stand die aus Erz gegossene Bildsäule des Großmeisters, der das Fort angelegt und nach seinem Namen benannt. Die Gebäude zu beiden Seiten waren etwas kleiner als das, welches neben der Kirche dem großen Thore gegenüber lag. Eine Tafel über dem Eingange sagte uns, es sey der *palazzo di grand maestro,* und in demselben wurde uns eine Wohnung angewiesen, und ich glaube wohl die beste, die im ganzen Fort war. Sie bestand aus einem Salon, an dem zur rechten Seite das Zimmer lag, in welchem der Baron und ich wohnten. Links war ein kleineres für den Maler F., und diese drei Piecen hatten nach vornen große Glasthüren, die auf einen breiten Bogengang führten, der gegen Hafen und Stadt geöffnet, uns eine prächtige Aussicht gewährte. Hinter unserem Salon waren noch zwei andere Zimmer, wo der *Dr.* B. und Herr Imhof wohnten. Giovanni bekam ein Kämmerchen im untern Stock. Wir mußten unsere Sachen auch hier wieder höchst eigenhändig die Treppen hinaufschleppen, und fanden die Zimmer ohne alle Einrichtung. Doch hatten wir kaum die kahlen Wände etwas überrascht betrachtet, als einer der Sanitätsbeamten eintrat, uns anzukündigen, daß er für die Dauer unserer Quarantäne bei uns bleiben würde, und uns als Wache bestimmt sey. Zugleich übergab er uns einige Papiere, in welchem Möbel und Geräthschaften aller Art verzeichnet waren und die Preise derselben für die Dauer der Quarantäne, so wie ein anderes vom Restaurateur der Anstalt, bei dem wir Frühstück, Mittag- und Abendessen zu verschiedenen Preisen und zu jeder beliebigen Stunde haben könnten. Wir suchten uns auf ersterem die nöthigen Sachen aus und bestimmten dem zweiten die Stunden, in welchen wir unsere Mahlzeiten halten wollten, und waren noch vor Abend mit Allem versehen, was zu einer bequemen Einrichtung gehört. Obgleich die Preise auf englische Art in Guineen und Schillingen angesetzt waren, fanden wir sie doch nicht übermäßig groß, besonders wenn man bedenkt, daß die armen Gefangenen in andern Quarantänen gern für dergleichen Sachen das Drei- und Vierfache bezahlen würden. Um frische Luft zu schöpfen und kleine Spaziergänge zu machen, war uns hinter dem Palaste eine Bastion angewiesen worden, von wo wir eine weite Aussicht auf das Meer und einen großen Theil der Insel hatten. So lagen dreiundzwanzig Tage vor uns, eine ziemliche Zeit, die, wenn wir auch unter uns genug Unterhaltung hatten, doch zuweilen hätte langweilig werden können, wenn wir die Stunden des Tages nicht zwischen Arbeiten, Spazierengehen, Essen und Trinken eingetheilt hätten.

Am Morgen gegen acht Uhr wurde in dem Saal gemeinschaftlich gefrühstückt und dann zog sich jeder in sein Zimmer zurück, wo Tagebücher geordnet und Briefe geschrieben wurden. Unser Maler sammelte für seine Mappe und führte kleine Zeichnungen aus, die er an Ort und Stelle angefangen. Der Doktor B. stellte seine kleinen Sammlungen an Muscheln, Steinen, Alterthümern etc., die er, so viel es die Schnelligkeit unserer Reise erlaubt, hie und da aufgesucht und mitgenommen hatte, zusammen und verpackte sie auf's Sorgfältigste für die Weiterreise. Im Laufe des Morgens trat auch gewöhnlich noch eine kleine Pause ein, wenn einer oder der andere, der gerade des Arbeitens müde war, in den Saal ging und durch das Anklopfen seiner Pfeife oder ein sonstiges Geräusch uns andere ebenfalls herbeilockte, wo alsdann gewöhnlich einige Flaschen Porter getrunken wurden, die wir Tags vorher durch Wetten gegenseitig verloren hatten, denn, mochte es der Aufenthalt auf dem englischen Schiffe seyn, oder daß wir uns gerade auf einer englischen Besitzung befanden, genug, wir hatten die Leidenschaft des Wettens von den Söhnen Albions angenommen und wetteten über alles Mögliche, über das Wetter, über die Bewegung der Schiffe auf der See, hauptsächlich über die Zahl der Kugeln, die in verschiedenen Haufen auf unserer Bastion lagen, wobei einer die Uebrigen nicht selten scherzweise anführte. So hatte unser pfiffiger kleiner Doktor eines Morgens die Bastion nach allen Seiten gemessen und gewann den Nachmittag, in Bezug auf diese Maße, natürlich alle Wetten. Um drei Uhr wurde zu Mittag gespeist und alsdann spazierten wir eine Stunde auf der Bastion herum, wobei uns das Wetter noch so ziemlich günstig war; denn obgleich es zuweilen stürmte, regnete es doch wenig, und wir hatten die letzte Zeit sehr gutes Wetter. Gegen sieben Uhr wurde Thee getrunken und dann war, wie auch meistens auf unserer Tour in Syrien, wie der Baron es nannte, große Oper, das heißt, jeder sang, was ihm gerade einfiel und was er konnte. Herr Imhof, welcher Bekannte in der Stadt Valetta hatte, ließ von dorther eine Guitarre kommen, wodurch diese Abendunterhaltungen ziemlich glänzend ausfielen.

So verging uns die Zeit ziemlich schnell und wir waren schon über die Hälfte unserer dreiundzwanzig Tage, als der Geburtstag unseres Barons kam, den wir mit allem möglichen Pomp feierten. Die ganze Länge des Bogengangs vor dem Palaste wurde mit kleinen Lichtchen illuminirt und in dem mittleren Bogen sogar ein Transparent aufgestellt, auf dem ein Johanniterkreuz prangte, da der Baron Ritter dieses Ordens ist. Unsere Festlichkeiten machten den Sanitätsbeamten in der Anstalt viel zu thun; denn alle unsere Mitgefangenen wollten die glänzende Illumination sehen und drängten sich auf dem Hofe zusammen, ja sogar auf dem Quai der Stadt, am andern Ende des Hafens, bewegten sich viele Menschen hin und her, denen so etwas in einer Quarantäne noch nicht mochte vorgekommen seyn. An den beiden Enden des Bogenganges hatten wir Feuerkörbe aufgestellt und das Material zu den Bränden war äußerst originell. Wir hatten von Kairo große Stücke verschiedener Mumien mitgenommen, die in eine Kiste gepackt waren, welche unglücklicherweise beim Einschiffen in den Orientalen in's Wasser fiel, wodurch die Mumien, wie wir beim Auspacken in Malta sahen, in kleine Stücke zerfallen und gänzlich unbrauchbar geworden waren. Desto schöner aber brannte und roch das Erdpech und die Specerei, als wir sie in die Feuerkörbe thaten.

Die Zeit unserer Quarantäne, die uns, wie schon gesagt, sehr schnell vorbei ging, schien nur in den letzten Tagen viel langsamer zu werden, was aber gewöhnlich der Fall ist. Jetzt spähten wir stündlich auf das Meer hinaus und dachten bei jedem Dampfschiff, das wir kommen sahen, ob es nicht das sey, was uns von hier weiter führen sollte, denn man wußte selbst in Malta noch nicht, welches Schiff gerade in den Tagen, wo unsere Quarantäne beendigt sey, abgehen würde, ob ein französisches oder ein italienisches. Auch trübte die Erzählung von einem unangenehmen Vorfall in dem Quarantänehafen sehr die letzten Tage unseres Aufenthaltes. Von einem türkischen Schiff nämlich, das hier Quarantäne hielt, waren, wie man sagte, fünf Matrosen entsprungen, die man freilich am andern Tag wieder einbrachte, doch hatte sich diese Nachricht sehr schnell verbreitet und man fürchtete nun, die italienischen Staaten möchten sich durch diesen Fall veranlaßt sehen, die von Malta kommenden Schiffe in ihren verschiedenen Häfen mit einer neuen Quarantäne zu belegen, was für uns äußerst unangenehm gewesen wäre.

Mehrere von den großen Schiffen der englischen Flotte, die wir in Marmarizza gesehen, fanden wir ebenfalls hier. Die meisten hatten schon ihre Quarantäne abgehalten und lagen im großen Hafen, von wo aus wir sie während unseres Aufenthaltes mehrere Male nach Sicilien segeln sahen, wo sie, bei dem Mangel an gutem Wasser auf Malta selbst, ihre Tonnen füllten. Gegen Mitte April kam auch das andere große Dampfboot der Liverpool auf seiner Tour nach Alexandrien hier an, und einige Stunden nach ihm ein kleines neues Dampfboot, der Lotus, das Mehemed Ali für die Fahrten auf dem Nil in England hatte bauen lassen. Dem kleinen Schiff war kurz von Malta etwas an der Maschine gebrochen, weßhalb ihn der Liverpool von hier aus in's Schlepptau nahm, was äußerst komisch aussah; denn der Lotus erschien hinter dem Riesen so unbedeutend, wie bei unsern Rheindampfbooten der angehängte Nachen. Mein alter Engländer, mit dem ich auf dem Orientalen die Kletterübungen ausgeführt und der sich ebenfalls hier befand, sagte mir: man könne den Lotus ganz bequem wie eine große Schaluppe auf das Deck des Liverpools stellen.

Endlich brach der Tag unserer Erlösung an. Die Tagebücher waren ziemlich geordnet und wir hatten schon den Abend vorher unsere Sachen gepackt, so daß wir beim ersten Zeichen zur Freiheit die Anstalt verlassen und nach Valetta überschiffen konnten. Doch dämpfte eben jener Engländer am letzten Morgen unsere Freude für einige Augenblicke wieder, denn es fiel ihm plötzlich ein, er sey unwohl geworden, was uns Allen, wenn es der Quarantänearzt erfahren hätte, wahrscheinlich eine Zulage von einigen Tagen zu Wege bringen mußte. Glücklicherweise gelang es jedoch unserem Zureden ihm verständlich zu machen, daß er nicht krank sey, und ihn nur die Freude, sich jetzt bald nach Alt-England einschiffen zu können, so angegriffen habe. Auch malten wir ihm mit sehr schwarzen Farben unser Aller Zustand, wenn die Behörde von seinem Unwohlseyn Kenntniß bekäme, weßhalb er denn allen diesen Gründen nachgab, sich von seinem Sopha erhob und seine Nachtmütze, die er tief über die Ohren gezogen hatte, wieder ablegte. Ich glaube, die zärtlichste Mutter kann auf die Gesundheit ihres Kindes nicht mit größerer Sorgfalt Achtung geben, als wir in der Quarantäne einer auf den andern. Doch sollte unsere Gefangenschaft geendigt seyn. Der Quarantänearzt erschien, erkundigte sich nach unserem Befinden, wobei Herr Imhof scherzweise meinte, wir sollten den Herrn statt aller Antwort in die Küche schicken, dort würde man für unsere Gesundheit das glänzendste Zeugniß ablegen können; dann reichte der Arzt jedem von uns die Hand, und wir konnten in die Gesellschaft anderer ehrlicher Leute zurückkehren.

Es war gerade ein Sonntag, als wir unserm Fort Immanuel Lebewohl sagten und nach Valetta überschifften. Auf den Straßen dieser Stadt war ein regsames Leben, und daß Alle, die wir sahen, europäisch gekleidet waren, war unsern Augen ein neuer Anblick; besonders befremdete es uns anfangs, die schönen Malteserinnen ohne Schleier auf den Straßen umher wandeln zu sehen, etwas, woran wir uns jedoch sehr bald wieder gewöhnten, doch haben die hiesigen Damen auch für ein Auge, das direkt aus Deutschland kommt, in ihrer Kleidung etwas Fremdartiges, denn keine Malteserin geht auf die Straße, ohne einen Rock von schwarzer Seide oder anderem Zeug und eine eben solche Mantille, die sie jedoch wie die

Türkinnen über den Kopf werfen, so daß man von der ganzen Figur nichts sieht, als die schlanke Taille und ein frisches lebhaftes Gesicht, das den hiesigen Damen eigen ist, und aus welchem die dunkeln Augen eine sehr lebhafte Sprache führen.

Zu unserer großen Freude kam heute ein italienisches Dampfschiff in den Hafen, das morgen wieder abfahren sollte. Es brachte die Nachricht mit, daß kein italienischer Hafen wegen des erwähnten Vorfalls auf dem türkischen Schiff gesperrt sey oder die ankommenden Fahrzeuge Quarantaine halten lasse. Wir besahen heute und den folgenden Tag von der Stadt und Umgegend so viel wie möglich; für letzteres nahmen wir eine der eigenthümlichen hier gebräuchlichen Carossen, einen großen viersitzigen Kasten, der auf zwei Rädern ruht und von einem Pferd gezogen wird. Wir fuhren nach Civita vecchia, der ältern und früher bedeutenderen Stadt der Insel. Obgleich es schon sehr warm war, blühte und grünte noch nicht viel auf den Feldern und da fast überall der nackte Fels hervorblickte, aus dem die Insel besteht, so kann ich gerade nicht sagen, daß der Anblick von der Höhe der alten Stadt dem Auge ein sehr freundlicher und angenehmer gewesen wäre.

Auf dem Heimwege lernten wir einen sehr interessanten merkwürdigen Mann kennen. Wir besuchten nämlich das von einem Engländer mit schönen Parkanlagen versehene Landhaus, wo sich Emir Beschir, der alte Fürst der Drusen, damals gerade befand. Es war unsere Absicht eigentlich nur gewesen, den schön angelegten Garten zu sehen, in welchem wir zufällig unsern Giovanni trafen, der von Valetta aus einen Spaziergang hieher gemacht hatte, um einen Bekannten aufzusuchen, der sich in Diensten des Emir befand. Giovanni, der eine Gelegenheit, sich als Dollmetscher zu zeigen, nicht gern vorbei gehen ließ, bat den Baron, er möge sich doch bei Emir Beschir melden lassen, was den alten Fürsten gewiß erfreuen würde. Da es uns Allen sehr lieb war, diesen merkwürdigen Mann kennen zu lernen, so ließ sich der Baron melden, und wir wurden gleich vorgelassen.

In einem großen Zimmer des ersten Stockwerkes war eine Ecke mit Teppichen belegt und durch große Sophakissen abgetheilt, woran der alte Fürst auf dem Teppich sitzend lehnte und aus einem arabischen Nargileh rauchte. Giovanni kniete vor ihm nieder und nachdem er ihm den Saum des Kaftan geküßt, nannte er dem Emir unsere Namen, worauf dieser Stühle herbei bringen ließ und wir mußten uns im Kreis um ihn herum setzen.

Emir Beschir ist ein Mann von mittlerer Größe; seine Figur, die trotz seinem hohen Alter noch ziemlich kräftig erscheint, und besonders sein ausdrucksvolles Gesicht mit dem noch sehr lebhaften Auge, lassen den mächtigen Fürsten der Berge erkennen, der das wilde freie Volk Libanons zu zügeln verstand. Er trug einen hellbraunen Kaftan, einen bauschigen Turban und sein schneeweißer Bart hing ihm fast bis auf den Gürtel. Es machte einen unangenehmen Eindruck auf mich, den Mann hier zu sehen in seiner Umgebung, wo er sich nicht heimisch fühlen kann. Aus seinem schönen Schlosse, mitten im Libanon gelegen, hieher versetzt in ein europäisches Haus, dessen Einrichtung seiner ganzen früheren Lebensweise widerspricht, kam er mir vor, wie ein gefangener Löwe. Nach einem kurzen Gespräch, das wir durch Giovanni mit ihm hielten, verließen wir das Landhaus und kehrten nach der Stadt zurück.

Am folgenden Morgen besuchten wir unter Anderm die Kirche des heiligen Johannes, in der die Großmeister des Ordens und viele Ritter begraben liegen. Sie ist auf das Prächtigste ausgeschmückt und besonders schön und interessant ist der Boden des Schiffes, der aus den Leichensteinen der hier begrabenen Ritter besteht. Sie sind von weißem Marmor, und die Wappen und Namen derselben sehr schön mit bunten Steinen eingelegt. In den untern Gewölben sahen wir neben mehrern andern das Grabmal des tapfern Großmeisters von Rhodus Villiers de l'Isle Adams, den Sultan Soliman durch Eroberung jener Insel vertrieb und der sich hieher zurückzog.

Gegen Mittag kehrten wir noch einmal nach unserer Quarantaine zurück und holten die Pferde ab, die bis jetzt da geblieben. Um den Quarantainehafen herum brachten wir sie nach dem großen Hafen auf das italienische Dampfboot, Francesco I., stiegen dann wieder zur Stadt hinauf, um unsere Sachen zusammen zu packen und uns selbst einzuschiffen, da das Boot gegen Abend abfuhr. Unser theurer Giovanni, der anfangs große Lust bezeugt hatte, mit nach Deutschland zu gehen, hatte sich hier in Malta eines Andern besonnen und bat den Baron, ihn von hier nach Beirut zurückkehren zu lassen. Man mußte unsere liebe Heimath sehr bei ihm verschwärzt haben; denn seinen geänderten Entschluß motivirte er durch die über Deutschland eingezogenen Erkundigungen, daß es ein unsicheres Land sey, wo sich die Leute auf der Straße todtschlügen und Alles Soldat werden müßte. Gegen so triftige Gründe war nun freilich nichts einzuwenden und der Baron entließ ihn in Gnaden mit einem reichlichen Geschenk für die Dienste, die er gethan und nicht gethan hatte. Als wir das Schiff betraten, und er auf der Barke, die uns hingebracht, wieder zurückkehren sollte, wankte sein Entschluß aufs Neue und er versicherte schluchzend, daß er einen so guten Herrn, wie den Baron, ungern verlasse, er würde einen solchen nicht wiederfinden, und Gott wisse, mit welchen Leuten er künftig durch das Land ziehen müsse. Noch in der Barke rief er uns mehrmals sein

Addio! Addio! zu und setzte weinend hinzu: *Il pauvre Giovanni! Il pauvre Giovanni!*

Das Schiff war ziemlich besetzt und obgleich die Stunde der Abfahrt schon da war, kamen noch immer Boote, die Passagiere und Wagen brachten. Neben diesen umschwärmte uns eine Menge Nachen, in denen Knaben saßen, die kleine Goldstücke vom Grund des Meeres heraufholten, die wir ihnen hinab warfen. Jetzt wurden die Treppen des Schiffs auch hinaufgezogen, der Kapitän bestieg den Radkasten, der letzte Kanonenschuß zum Zeichen der Abfahrt donnerte gegen die Stadt und im gleichen Augenblick, wo die sicilianische Flagge an dem Mast hinaufflog, begannen die Räder ihre Bewegung, das Schiff schoß dahin und wir verließen Malta, wo wir eine so angenehme Gefangenschaft verlebt hatten.

Siebentes Kapitel.

Heimkehr.

Syracus. - Das Ohr des Dionys. - Messina. - Neapel. - Der Vesuv. - Genua. - Mailand. - Chiavenna. - Der Splügen. - Chur. - Tübingen. - Ankunft in Stuttgart.

Es war Nacht und hinter uns drückte sich mehr und mehr, einem untergehenden Sterne vergleichbar, das rothe Licht des Leuchtthurms von St. Elmo. Die See wogte unruhig und über mir stampften ungeduldig unsere Pferde das Verdeck. Rückblicke auf das Erlebte füllten meine Seele mit phantastischen Bildern, bis ich einschlief, um beim Erwachen einen der herrlichsten Morgen zu begrüßen. Das Meer war wie ein glatter Spiegel, und die Küste von Sicilien breitete sich vor unseren Blicken aus. Aber als wir endlich in dem entzückenden Hafen von Syrakus einfuhren, mußten wir zuvor einem Visitirboot Rede stehen, das uns vermittelst einer langen, heraufgereichten Stange unsere Quarantainescheine abnahm, worauf sie in der Barke mit eisernen Zangen auseinander geklaubt wurden. Erst nach dieser unserer Legitimation konnten wir uns der Landungsboote bedienen, die jetzt in Schaaren heranfuhren. Bei Betrachtung der Stadt kam uns die angenehme Gesellschaft eines Dänen, Namens Mattison, der früher schon in Syracus gewesen war, sehr zu gute, und wir verlebten im Umgange mit ihm und seiner schönen Gattin heitere Stunden. Da unser Dampfboot den ganzen Tag im Hafen liegen blieb, so hatten wir Muße, die Stadt sammt ihrer nächsten Umgebung zu besichtigen; weil aber erstere nicht viel Interessantes bietet, so machten wir uns bald auf den Weg, um die berühmten Steinbrüche mit dem Ohr des Dionys zu besuchen.

Der Eingang zu diesen Bächen besteht aus einer sehr steilen, über hundert Fuß hohen Felswand, deren Zerklüftungen mehrere weite Thore bilden. Durch letztere gelangt man ins Innere, das einen großen, oben offenen Felsenkessel darstellt. Die Wände sind auf die mannigfaltigste Art durchbrochen und bieten dem Blicke seltsame Höhlen und Figuren dar, während auf dem Boden herum mächtige Steinblöcke liegen, von denen einer in der Mitte etwas über die Schlucht hinausragt und auf seiner Höhe spärliche Ueberreste eines alten Mauerwerks unterscheiden läßt. Man hält diese für die Trümmer einer Burg des Tyrannen von Syrakus.

Ein paar hundert Schritte links vom Eingang laufen zwei über hundert Fuß hohe glatte Felswände unter einem rechten Winkel zusammen, und an der einen mündet sich eine Höhle, die fast wie ein colossales gothisches Thor aussieht. Neben demselben, rechts und etwa sechzig Fuß über dem Boden, bemerkt man eine kleine Oeffnung, an deren Form die Meisselarbeit nicht zu verkennen ist. Gewaltige Epheuzweige bekleiden die Wand mit dem saftigsten Grün. Die Höhle selbst ist gegen achtzig Schritte lang, schlangenförmig gewunden und führt zu einem kleinen, in Trichterform zusammenlaufenden Gemach, in welchem der Sage nach Dionys die Gefangenen vermittelst eiserner Ringe an die Wand fesseln ließ. Die Decke bildet mit den Seiten fast einen gothischen Bogen, und in die Spitze ist eine fußtiefe runde Rinne gehauen, die oben durch den ganzen Gang läuft, wenige Fuß vor dem Eingang die rechte Wand durchbricht und in das von außen sichtbare kleine Gemach führt. Letzteres ist das sogenannte Ohr des Dionys, in welchem der Tyrann auf die Reden der im Gemach am Ende der Höhle eingesperrten Gefangenen zu lauschen pflegte. Man gelangt nach diesem Raume vermittelst eines über eine Rolle geschlagenen Seils, an welchem ein Lehnsessel befestigt ist, und kann sich daselbst in Wirklichkeit überzeugen, wie die von unten kommenden Töne sehr verstärkt werden; es ist deshalb wohl glaubwürdig, daß in einer Zeit, als der Eingang, der später durch Erdbeben weiter gerissenen Höhle noch kleiner war, in dem Kämmerchen oben das geringste Geräusch deutlich vernommen wurde und der Tyrann diesen Vortheil benützte, um verdächtige Personen unten einzusperren und zu behorchen.

Die übrigen Höhlen sind minder merkwürdig. In den meisten trieben Seiler ihr Handwerk, deren mithelfende Kinder uns sehr eifrig anbettelten und zum Besten unseres naturforschenden Doctors ganze Säcke mit Petrefekten herbeischleppten.

Unser nächster Besuch galt den unfern gelegenen Ruinen der alten Neapolis, von welcher außer vielen Todtenkammern noch Ueberreste eines alten griechischen Theaters vorhanden sind. Es ist fast rings herum in den Fels gehauen, und die grauen Steinstufen sind mit freundlichem Grün durchwachsen. Man hat von hier aus eine herrliche Aussicht über Hafen und Meer, und in der Nähe bildet das Wasser eines alten Aquäducts, der noch heute die Stadt versorgt, einen romantischen Fall.

Das Kloster San Filippo ist interessant durch eine sehr tiefe Gruft, in welcher sich die Leichen unbalsamirt sehr gut erhalten, und von hier aus begaben wir uns, nachdem wir in einer erbärmlichen Locanda Erfrischungen eingenommen hatten, nach dem Kloster der Kapuciner, das wegen seiner wild romantischen Lage in den großen Latomien berühmt ist. Von dem traulichen Klostergarten aus führt ein natürliches Felsenthor in die schauerlichen Steinbrüche, welche wahrscheinlich während des peloponesischen Kriegs als Gefängnisse für die Athener dienten. In einer der Höhlen sieht man einen ähnlichen Gang, wie bei dem Ohr des Dionys; er ist jedoch, vielleicht wegen Untauglichkeit des Gesteins, nicht ausgeführt worden.

Mittlerweile war die Stunde unseres bestellten Diners herangekommen, und wir suchten die Aermlichkeit desselben durch den feurigen Syrakuser zu würzen. Der herrliche Abend verlockte uns noch zu einem Gang nach der Quelle der Arethusa, bei deren spärlichem, aber klarem Wasser ein ganzer Haufe Wäscherinnen ihr Geschäft trieb. Endlich mahnte uns ein Schuß von unserm Dampfboot zum Aufbruch. Ich habe das Meer selten so ruhig und klar gesehen, wie an diesem Abende, und der spät aufgehende Vollmond gestattete uns noch den Anblick des Aetna mit den Schneefeldern unter dem Krater, von denen Messina den Stoff zu seinem Gefrornen nimmt. Unter derselben kommen öde Lavastriche, hin und wieder mit spärlichem Grün besät, das aber später reicher wird und mit den fruchtbaren paradisischen Gegenden bei Catanea sowohl, als mit der ganzen Küste malerisch zusammenhängt. Am 22. April Morgens weckte mich das Stillestehen der Räder und das Klirren der Aickerkette aus meinem Schlummer. Ich eilte aufs Verdeck, und das schöne Messina lag in der Form einer Sichel vor unsern Blicken ausgebreitet. Trotz des frühen Morgen war doch der Kai bereits voll rührigen Lebens. Auf den Bergen und dem fernen Meere lag ein feiner Morgenduft, der, immer tiefer sinkend, die Schluchten ausfüllte und uns einen herrlichen Tag versprach. Wir fuhren ans Land und erhielten in einem Gasthofe ein paar hübsche Zimmer für die beiden Tage, welche unser Boot im Hafen liegen bleiben sollte.

Die Stadt ist nach dem letzten großen Ausbruch des Aetna (1696) in großartigem Styl wieder aufgebaut worden, namentlich die Hafenseite, welche eine Front der schönsten Regierungs- und Privatgebäude bietet. Die Straßen der untern Stadt sind breit, meist gerade und schneiden sich rechtwinklig, aber nach der Festung und dem Gregoriuskloster hin werden sie enge und gebrochen. Wir durchschritten den Dom, dessen schönes Gewölbe das erwähnte große Erdbeben umstürzte und das man jetzt theilweise aus Holz wieder aufgeführt hat. Im Schiff der Kirche sahen wir schöne Granitsäulen aus Aegypten, und auch das Portal haben die Werke des Heidenthums schmücken müssen, da man die Vorderseite eines prächtigen Neptuntempels bei Sylla hieher versetzte. Im Kloster zeigte man uns als Merkwürdigkeiten verschiedene große Mosaikgebilde, in denen die Farben der Steine, besonders die hellblauen, wirklich prächtig zu nennen waren. Nachdem wir unser Mittagsmal etwas früher, als es hier landesüblich ist, eingenommen hatten, traten wir den Weg nach dem Telegraphen, einem der schönsten Punkte auf der Nordküste der Insel, zu Esee an. Der Weg führte zwischen blühenden Mandel- und Orangenbäumen sanft aufwärts. Welch einen Gegensatz bot nicht hier die Landschaft gegen die Scenerie im Orient, wo die Scheitel der Berge gleich den Köpfen seiner Bewohner glatt und kahl rasirt sind! Nach einer halben Stunde hatten wir den höchsten Küstenpunkt, den Standort des Telegraphen, erreicht, und nun lag die calabrische Küste mit ihren seltsam geformten Felsen und Schluchten vor uns, bis sie sich am Horizont in blauen Nebel auflöste. Rechts hatten wir Messina unter uns; hinter ihm sahen wir die Spitzen des Aetna und weit hinaus in das jonische Meer; zu den Füßen des Berges, auf dem wir saßen, brauste die Scylla und Charybdis, und die Wellen schossen durch den engen Pfad hinaus in ein anderes Meer, das sich zu unserer Linken endlos ausdehnte. Dort sahen wir, wenige Seemeilen von der Küste, kleine Inselchen, darunter befand sich eines in der Gestalt eines abgekürzten Kegels, der Vulkan Stromboli, welcher beständig Rauchwolken ausstieß.

Der andere Tag war einem Besuch der lieblichen Umgebung von Scaletta geweiht, und am 24. April mußten wir uns in aller Frühe wieder auf unserm Dampfboot einfinden, obschon sich dieses erst gegen 9 Uhr in Bewegung setzte. Die Meerenge ist hier so schmal, wie die Donau vor dem Kaszan, Strömung und Brandung aber, besonders beim Südwind, sehr stark, obschon die gefürchteten Ungeheuer, die Scylla und Charybdis, mit ihren Gefahren durch Wegräumung der hemmenden Klippen und Sandbänke aus dem Reiche der Wirklichkeit verdrängt wurden. Das Meer ging an diesem Tage sehr hoch, und es begannen sich bei vielen Passagieren sehr belästigende, mitunter aber auch possierliche Symptome von Seekrankheit einzustellen. Der folgende Morgen brachte uns den schönen Golf von Neapel mit dem Vesuv zu Gesicht. Wir hielten den Rauch des

Vulkans anfänglich für Morgenwolken, erkannten aber beim Näherkommen den gelben Dampf, den der Krater beständig ausstieß. Nach einigen Stunden erreichten wir die Insel Capri, deren sonderbar geformte Felsen an der Südküste ein colossales Thor bilden, und langten um zehn Uhr im Golf von Neapel an.

Welch prächtiger Anblick! Schon lange hatte ich mich darauf gefreut, da diese Gegend von allen Reisenden als das Einzige geschildert wird, was man dem Anblick von Constantinopel an die Seite setzen könnte. Indeß fand ich das Schauspiel hier großartiger, weil das Auge mit Wonne auch an den Einzelnzügen haften muß, während bei Stambul die Schönheit des Ganzen mehr auf e i n e n Punkt zusammengedrängt ist, den man viel schneller erfaßt.

Aber ehe wir in dieses Paradies einziehen durften, hatten wir ein kleines Fegfeuer von Seiten der Paßbeamten zu bestehen, die uns, nachdem sie uns unverdächtig erfunden, einem zweiten Purgatorium, dem Mauthpersonale überantworteten, und so stund es geraume Zeit an, bis wir in dem Hotel de Russie, dem Vesuv gegenüber gelegen, anlangten. Hier sollte sich unsere Gesellschaft trennen, da der Baron, der Maler und der Doctor 10 Tage in Neapel bleiben wollten, ich aber mit den Pferden auf dem Dampfboot, das uns hergebracht hatte, die Tour über Genua nach Mailand zu machen gedachte. Da übrigens dieses Fahrzeug zwei Tage im Hafen liegen blieb, so säumte ich nicht, meine Zeit zu Besichtigung der Stadt und Umgegend möglichst zu benützen. Es war Sonntag, und ich ließ einen Wagen kommen, um zuvörderst die Alterthümer von Buzzuoli zu besuchen. Nachdem wir schon vor dem Gasthofe ein Paar Dutzend Cicerone, die uns überall hin begleiten wollten, bekämpft hatten, kamen wir glücklich über den Corso an den Eingang der Grotte Pausilippo, wo uns unser Führer vom Wagen aus die Stelle von Virgils Grab zeigte, ohne daß wir übrigens Zeit gewonnen hätten, dieses idyllische Plätzchen zu betreten. Der Weg durch den Pausilippo ist vom Anfang bis zum Ende in den Felsen gehauen, und in der Mitte der Grotte, von Neapel aus links, befindet sich im Gestein eine Kapelle der heiligen Jungfrau, die in dem dunkeln Gang durch ihre stets brennenden Lampen und durch die Blumensträuße vor dem Altar einen eigenthümlichen Eindruck übt.

In Buzzuoli stiegen wir einen Augenblick ab und setzten sodann unsern Weg um den Meerbusen herum nach Baja fort, um die dortigen Bäder zu betrachten, worauf wir das sogenannte Grab Agrippinens und die Gefängnisse des Nero besuchten. Dann begaben wir uns nach dem Averner See, der zwar nicht größer ist, als ein gewöhnlicher Teich, aber ungemein schöne, romantische Ufer hat. Der Zugang zu der Grotte der Sibylle wird durch einen kleinen Einschnitt in den Berg gebildet, dessen Wände mit frischem Moos und duftigen Pflanzen bedeckt sind. Am andern Ufer des Sees, theilweise im Wasser liegend, sieht man die Trümmer des alten Apollotempels, so viel sie der neue Berg, der sich nicht weit davon erhob, verschonte. Wir fuhren nach Buzzuoli zurück, besahen noch das alte römische Amphitheater, das zu Thierkämpfen eingerichtet war, die sogenannten Fischteiche des berüchtigten Pollio und die Trümmer eines alten Gebäudes, angeblich der Schule Virgils, worauf wir endlich an dem Meerbusen von Bajä zurückkehrten, bei diesem Anlaß uns eines Abends erfreuend, wie ihn nur Italien, nur Neapel gewähren kann. Das tiefblaue Meer war ruhig, und Capri und der Vesuv prangten in den schönsten Farben. Auf der ganzen Strecke fanden wir Menschen, die sich des Lebens freuten - spielend. Kinder und erwachsene Mädchen, die zu dem Klang einer Cyther oder zu dem Klappern von Castagnetten tanzten. Auf dem Corso angelangt, entließen wir unsern Wagen, um uns noch eine Zeit lang in der glänzend beleuchteten Strada Toledo mit ihrem bunten Menschengewühle zu ergehen. Am andern Tage wollten wir den Vesuv besteigen und machten uns zu diesem Ende schon Morgens um vier Uhr auf den Weg, den wir bereits mit Leuten aller Art, namentlich aber mit nach der Stadt ziehenden Fischern und Gemüßehändlern bedeckt fanden. Das Wetter war sehr schön, und wir fuhren wohlgemuth in einem Vetturino an dem schönen Golf hin, bis wir Portici erreichten, wo wir unsere Wagen einstellten und Pferde nebst einem Führer zu Besteigung des Berges nahmen. Wer kennt nicht schon aus Beschreibungen den schönen Weg bis zum Eremiten, wo man nach jedem Schritt mit dem Rückblick eine neue prächtige Aussicht gewinnt? Bald hinter den Gärten fingen die schwarzen Lavafelder an. Wir ritten noch eine Strecke aufwärts über einen aus Lava gebildeten Felskamm und ließen daselbst unsere Thiere, um unseren Füßen das mühsamere Stück Arbeit zuzutrauen; denn von hier geht es über scharfe Lavablöcke, weichendes Gerölle und Asche den Kegel hinan. Wir brauchten eine volle Stunde bis wir oben waren, und fühlten uns nun in einem Grade erschöpft, daß uns der mitgebrachte Thränenwein sehr zu statten kam. Erst nach dieser Erfrischung war es uns möglich, uns des wunderbaren Panoramas recht zu erfreuen. Der Maler und ich versuchten, unter Begleitung unseres Führers den Krater zu ersteigen, was uns mit vieler Mühe und Beschwerniß von Seiten der gelben qualmenden Dünste gelang, hielten es aber nicht lange aus, sondern traten bald den Rückweg wieder an, um uns mit unsern Freunden den reichlichen Vorrath von *lacrymae Christi* belieben zu lassen. Das Hinuntersteigen ging viel schneller, und schon nach 5 Minuten hatten der Baron und ich unsere Pferde wieder erreicht. In Portici stiegen wir abermals in unsern Wagen und fuhren nach Pompeji hinaus. Inzwischen war es sehr heiß geworden und wir freuten uns, nach einer Stunde von der staubigen Chaussee aus nach den Häusern abbiegen zu können, in denen die bei der Ausgrabung von Pompeji beschäftigten Arbeiter wohnten. Die wieder erstandene Stadt sieht man von außen nicht, da sie von einem gewaltigen Aschen- und Lavawalle umgeben ist. Wir traten durch ein kleines Thor ein und sahen die stillen, öden Straßen mit kleinen Häusern besetzt, die aber alle wie in einem bewohnten Orte zu Tag liegen. Sie sind nur ein Stockwerk hoch und die Decken eingestürzt; aber Verzierungen und Malereien haben sich aufs Beste erhalten. Sehr niedlich ist das nunmehr ganz aufgedeckte Forum, auf dem die besten Säulen soviel als thunlich wieder zusammengestellt und aufgerichtet werden. Wir sahen ferner das bekannte Mosaikgemälde, eine Schlacht vorstellend, das Haus des Diomedes mit seinen gewölbten Kettengängen und die Stelle, wo man das Geripp der Frau des Diomed gefunden haben will. Seitwärts von der Stadt liegt das jetzt ganz zu Tag geförderte Amphitheater, das in Eiform und vollkommen nach den Regeln der Akustik gebaut ist.

Wir bestiegen unsere Wagen wieder und machten in Torre del Greco Mittag, uns der herrlichen Aussicht auf den Golf, wie auch auf die schönen Villen und Dörfer bis Castella Mare erfreuend. Am andern Morgen waren für mich die schönen Tage von Aranjuez vorüber, da das Schiff, in welchem ich mit den Pferden abzufahren gedachte, am Mittag Anker lichten sollte. Da gab es denn genug zu packen, so daß ich keine Gelegenheit fand, mich weiter in der Stadt umzusehen, und als ich die Paßplakereien bereits bereinigt glaubte, stellte sich noch im letzten Augenblick heraus, daß ich den Bedienten Friedrich zurücklassen mußte, weil in Betreff der Paßvisirung ein Versehen statt gefunden hatte. Die Thiere blieben daher während der ganzen Fahrt ausschließlich meiner Obhut überlassen, was mir nicht wenig Sorge machte, weil ich namentlich das Fohlen nicht genug vor der liebkosenden Ueberfütterung oder vor den Neckereien der Passagiere zu schützen vermochte. Am andern Morgen machten wir ein Paar Stunden vor Civita Vecchia Halt, und Tags darauf langten wir zeitig zu Livorno an, wo das Schiff bis zum Abend liegen blieb - eine Fristung, die ich dazu benützte, mir die Stadt zu betrachten. Es dunkelte schon, als wir den Hafen verließen, und ich fühlte mich glücklich in dem Bewußtseyn, daß dies die letzte Nacht war, welche ich zur See zubringen sollte; gleichwohl aber hatte ich noch einen Schrecken zu bestehen mit dem ich alle vergangenen hätte würzen können. Mein Fohlen nämlich wurde von einer heftigen Kolik befallen, warf sich auf den Boden seines Kastens nieder, schlug mit den Füßen um sich und traf zuweilen die Stute, die auch manchmal ungeduldig zu werden anfing. Kurz, ich war in den größten Nöthen und versuchte alle erdenklichen Abhilfmittel erfolglos, bis mir endlich einer von den vielen theilnehmenden Passagieren - denn alle hatten das hübsche Thierchen lieb gewonnen - ein Instrument anbot, das er zum Besten seiner Kinder an Bord führte, und mich dadurch in die Lage setzte, meinem kleinen Patienten eine wirksame Erleichterung zu verschaffen.

Als ich am andern Morgen auf das Verdeck trat, sah ich die beiden Leuchtthürme von Genua vor mir, und einige Stunde später wurde in dem schönen Golf der majestätischen Stadt der Anker niedergelassen. Da hatte ich denn meine liebe Noth, bis ich mit Hilfe eines jungen Kurschmids aus der Stadt meine Pferdefamilie am Lande hatte, welche endlich am Thore, wo ihr Signalement aufgenommen werden sollte, von der ungewohnten Musik der Wachparade nicht länger Stand hielt, so daß das Geschäft der Signalisirung später im Stalle vollendet werden mußte. Während der Paar Tage, die ich mich in Genua aufhielt, ersah ich die Gelegenheit, diese Stadt der Paläste in allen ihren Theilen zu mustern; auch wollte es mein gutes Glück, daß ich dem Flottmachen einer neugebauten Fregatte anwohnen konnte - eine Festlichkeit, zu deren würdiger Begehung sich auch der König von Sardinien eingefunden hatte.

Nachdem sich meine Thiere von der Anstrengung der Seereise genugsam erholt hatten, trat ich mit dem Bedienten Friedrich, welcher mir von dem Baron gleich am andern Tag nachgesendet worden war, an einem schönen Abend den Landweg durch Italien an, da ich die Pferde der drückenden Hitze des Tages nicht aussetzen mochte. Der Weg nach Mailand wird mit Postwagen in 36 Stunden zurückgelegt; ich aber brauchte dazu acht Tage, weil ich wegen des Fohlens nur kleine Märsche machen konnte - trotz der schönen Natur eine sehr ermüdende Aufgabe, da mir Niemand zur Seite war, um seine Gefühle gegen die meinigen auszutauschen.

In Mailand hatte ich mir bald einige liebe Bekannte erworben, die ihr Möglichstes thaten, mir die schöne Stadt genußreich zu machen. Ich sah hier, was schon Tausende vor mir gesehen und beschrieben haben, und erinnere mich mit Freuden der vielen angenehmen Stunden, die ich hier verbrachte. Besonders hatte ich Muße, den ganzen Schmelz schöner italienischer Abende zu genießen, und mit Sehnsucht denke ich an einige Straßen und Plätze zurück, durch die ich öfters gewandelt bin. Wie schön war an einem solchen Abende der Platz vor dem Dom mit seinen hellerleuchteten Caffeehäusern und dem mächtigen Marmorgebäude im Hintergrunde, dessen hochragende weiße Spitzen sich an dem dunkeln Himmel scharf abzeichneten.

Am 6. Juni ritt ich Abends aus Mailand fort, die Brust mit all dem Angenehmen erfüllt, was ich in der schönen Stadt genossen, und lebhafter als je an die Heimath denkend, die ich nun bald wieder betreten sollte. Meine Caravane war wie früher organisirt: der Reitknecht führte die Stute, das Fohlen sprang nebenher, und ich ritt den Hengst, welcher mir die kurze Tour nach Monza recht sauer machte, denn er sah heut' zum erstenmal in seinem Leben eine Locomotive, die ihn zu den unangenehmsten Sprüngen veranlaßte; auch behielt er den Anblick nur zu gut im Gedächtniß, denn so oft er später irgendwo Rauch aufsteigen sah, wurde er unruhig und konnte nur mit Mühe von den gröbsten Unarten abgehalten werden. Am Abende des nächsten Tages erreichte ich Lecco am Comersee und traf daselbst einen scheerenkundigen Landsmann, den ich aus einer kleinen Verlegenheit gegen den Wirth erlöste - eine Gefälligkeit, die er mir durch eifrige Handreichung, welche er dem Reitknechte leistete, dankte. Er schloß sich meiner Caravane an; aber das Aussehen meiner beiden Begleiter war so abenteuerlich, daß mich in der Nähe von Chiavenna ein Mensch, der an der Straße Steine klopfte, mit der Frage anging, wann wir unsere Vorstellungen beginnen wollten; er sey nämlich einer der Tamboure des Orts, und wir möchten ihn die Ankündigungen austrommeln lassen, damit er etwas verdiene.

Bisher hatte ich stets günstiges, ja heißes Wetter gehabt; aber von Chiavenna aus, wo mein Schneiderlandsmann zurückblieb, änderte sich die Scene, und ich mußte, statt früher nur Morgens und Abends zu reisen, den umgekehrten Plan befolgen. Doch auch so wurde mir bei meiner leichten Bekleidung die Kälte sehr empfindlich, und namentlich litt das an rauhes Wetter nicht gewöhnte Fohlen, welches sich zuweilen gegen den Wind gar nicht emporarbeiten konnte. Auf dem Splügen wurde ich von einem lustigen Schneegestöber begrüßt, und in der Nähe des östreichischen Zollhauses waren die Bergwasser theilweise mit Eis bedeckt. Ich übernachtete in dem Dorfe Splügen und reiste am andern Morgen gegen 9 Uhr wieder weiter, die wegen ihrer schauerlichen Wildheit so berühmte und berüchtigte *via mala* begehend, obschon ich sie - vielleicht in Folge meiner Erfahrungen im Libanon - lange nicht so schlimm fand, als ich mir vorgestellt hatte. Allerdings jagte mir einmal mein Hengst einen ziemlichen Schrecken ein. Man führte ihn nämlich an dem sogenannten verlornen Loche, wo vorspringende Felsen es unmöglich machten, den Weg auf dem rechten Ufer der Schlucht fortzusetzen, vermittelst einer Brücke, die mit einem einzigen Bogen kühn zwischen den hohen Felsen hängt, auf die linke Seite. Bei dem Brausen der an den Wänden niederfallenden Wasserbäche kamen dem Thiere vielleicht die Leiden der Seefahrt oder das Sausen des Dampfes ins Gedächtniß - kurz, es wollte nicht auf die Brücke und machte Miene, wieder umzudrehen. Natürlich brauchte ich endlich Gewalt, und Sham sprang nun mit einem mächtigen Satze auf die Brücke, wo er sich seiner Gewohnheit gemäß auf die Hinterbeine stellte und so eine Strecke vorwärts marschirte - ein fatales Courbettiren über einem 400 Fuß tiefen Abgrund. Mein nächstes Nachtlager war Thusis, wo mir im Stalle ein schwarzer Ziegenbock eine Partie schlechte Cigarren abnahm (zwar nicht um sie zu rauchen, sondern um sie zu fressen), und am andern Nachmittag mußte ich wegen Sturm und Regen für zwei Tage in Chur Herberge nehmen. Sodann führte mich mein Weg über die Haltorte Oberrieth und Sanct Gallen nach Rorschach, von wo aus ich mit dem Dampfboote nach Constanz fuhr. Hier mußte ich wegen des Fohlens einen halben Tag bleiben und zu größerer Schonung des Thierchens mich wieder auf dem Bodensee einschiffen, um den weiten Umweg um den See nach Ludwigshafen zu vermeiden. Noch am selben Abend ritt ich nach Stockach, wo ich übernachtete. Jetzt, so nahe dem Ende meiner Reise, zählte ich jede Minute und jeden Schritt; die Märsche erschienen mir nochmal so lang, namentlich zwischen Stockach und Tuttlingen, wo ich obendrein von einem furchtbaren Gewitter überfallen wurde. Dem Hengst kam das Donnern und Blitzen so schrecklich vor, daß eröfters über die Chausseegräben davon wollte.

Je näher ich übrigens dem Ziele meiner Reise kam, desto mehr quälte mich die Furcht, es könnte meinen Pferden auf dem kurzen noch übrigen Wege ein Unfall zustoßen und dadurch alle meine Mühe und Sorge zu nichte werden. Glücklicherweise jedoch betraf mich nichts Unangenehmes, und ich brachte die ganze Familie gesund und wohlbehalten über Schömberg und Hechingen nach Tübingen. Hier begrüßte ich einige meiner frühern Bekannten und verlebte in ihrem Kreise wieder einmal einen lustigen deutschen Abend. Einige gaben mir am andern Tage das Geleite gegen Waldenbuch, wo ich noch einmal übernachten mußte.

Mit einem eigenen Gefühle trat ich den letzten Tag meiner Reise an, zwischen Furcht und Hoffnung schwebend; denn ehe ich meine Pferde abgeliefert hatte, war ich ja keinen Augenblick vor einem Unfall sicher. Ich hatte schon eine ziemliche Strecke des Wegs zurücklegt, als wir plötzlich einen Menschen in der wohlbekannten Livree der königlichen Stallbedienten auf uns zukommen sahen. Er war mir auf einen Brief, den ich von Tübingen nach Stuttgart geschrieben, entgegen geschickt worden. Mein Friedrich hatte ihn schon gekannt, ehe er die große Tour unternommen, und obendrein machte es die Freude, wieder im lieben Schwaben zu seyn, daß er ihn wahrhaft rührend begrüßte.

Bald darauf näherte sich uns ein Reiter, den ich schon von Weitem als den Königlichen Stallmeister Baron v. H. erkannte. Jetzt wurde ich mit der Gegend vertrauter, denn ich war früher in dieser Richtung nie über Degerloch hinausgekommen. Es freute mich innig, hier den ersten herzlichen Gruß auf heimathlichen Boden der liebenswürdigen Mutter unseres guten Barons v. T. darbringen zu können, welche von ihrem Landsitze aus mir freundlich entgegenkam.

Unten im Thale tauchten Thürme und Häuser auf, die mir wohl bekannt waren. Noch wenige Schritte zwischen den mit Reblaub bedeckten Bergen abwärts, und meine Pilgerschaft hatte ihr Ende erreicht. Ich war in Stuttgart.